utb 6408

D1922478

Eine Arbeitsgemeinschaft der Verlage

Brill | Schöningh – Fink · Paderborn
Brill | Vandenhoeck & Ruprecht · Göttingen – Böhlau · Wien · Köln
Verlag Barbara Budrich · Opladen · Toronto
facultas · Wien
Haupt Verlag · Bern
Verlag Julius Klinkhardt · Bad Heilbrunn
Mohr Siebeck · Tübingen
Narr Francke Attempto Verlag – expert verlag · Tübingen
Psychiatrie Verlag · Köln
Psychosozial-Verlag · Gießen
Ernst Reinhardt Verlag · München
transcript Verlag · Bielefeld
Verlag Eugen Ulmer · Stuttgart
UVK Verlag · München
Waxmann · Münster · New York
wbv Publikation · Bielefeld
Wochenschau Verlag · Frankfurt am Main

Ulrich Veit lehrt Ur- und Frühgeschichte an der Universität Leipzig. Seine Forschungsschwerpunkte liegen im Bereich der Gräber-, Siedlungs- und Sozialarchäologie im europäischen Raum. Außerdem beschäftigt er sich seit vielen Jahren mit Fragen der archäologischen Theoriebildung und Methodologie sowie mit wissenschaftsgeschichtlichen Themen.

Ulrich Veit

Grundfragen der Prähistorischen Archäologie

Eine Einführung in archäologische Frage- und Begründungsweisen

Narr Francke Attempto Verlag · Tübingen

Umschlagabbildung: *In situ*-Aufnahme eines freigelegten Urnengrabs der späten Bronzezeit/frühen Eisenzeit aus Cuxhaven-Berensch (Niedersachsen).
Foto: © Professur für Ur- und Frühgeschichte, Universität Leipzig.

Bibliografische Information der Deutschen Nationalbibliothek
Die Deutsche Nationalbibliothek verzeichnet diese Publikation in der Deutschen Nationalbibliografie; detaillierte bibliografische Daten sind im Internet über http://dnb.dnb.de abrufbar.

DOI: https://doi.org/10.36198/9783838564081

Dischingerweg 5 · D-72070 Tübingen

Internet: www.narr.de
eMail: info@narr.de

Einbandgestaltung: siegel konzeption | gestaltung
Druck: Elanders Waiblingen GmbH

utb-Nr. 6408
ISBN 978-3-8252-6408-6 (Print)
ISBN 978-3-8385-6408-1 (ePDF)
ISBN 978-3-8463-6408-6 (ePub)

MIX
Papier | Fördert gute Waldnutzung
FSC® C016368
FSC www.fsc.org

Inhalt

Vorwort 9

Erster Teil: Ausgangssituation und Schlüsselbegriffe 15

1 Zur Einführung 17
1.1 Ausgangsfragen und Grundpositionen 21
1.2 Anknüpfungspunkte und Abgrenzungen 25
1.3 Zum Aufbau dieser Arbeit 33

2 Über Selbstverständnis und Ziele der Prähistorischen Archäologie 37
2.1 Disziplinaritäten 38
2.2 Zielkonflikte 43
2.3 Tradition und Aufbruch 53

3 Theorie(n) in der Archäologie 59
3.1 Über Theorie 63
3.2 Theorie in der deutschsprachigen Archäologie 67
3.3 Bausteine zu einer Theorie der Prähistorischen Archäologie 70

4 Schlüsselbegriff ›Kultur‹ 79
4.1 Zur Geschichte des Kulturbegriffs 81
4.2 Der archäologische Kulturbegriff 86
4.3 Kultur im Kontext 97

5 Über Potenziale und Grenzen archäologischer Vergangenheitserschließung 105
5.1 *Ladder of inference* und *black box* 109
5.2 ›Funktionale‹ und ›intentionale‹ Daten 117
5.3 Ausblick 120

6 Prähistorische Archäologie als Historische Kulturwissenschaft . 123
6.1 ›Erklären‹ und ›Verstehen‹ 126
6.2 Historische Kulturwissenschaft 128
6.3 Praktische Konsequenzen 132

Zweiter Teil: Grundlagen archäologischer Materialerschließung 137

7 Die archäologische Begriffsbildung und der archäologische Prozess 139
7.1 Über Begriffsbildung 140
7.2 Historische Begriffe als ›Idealtypen‹ 142
7.3 Der archäologische Prozess 146

8 Das archäologische Material 155
8.1 Vom ›historischen‹ zum ›archäologischen Material‹ 157
8.2 Zur ›Objektivität‹ archäologischer Überlieferung 162
8.3 Der archäologische Befund 166

9 Klassifikation und Materialordnung 173
9.1 Klassifikation und Quellensystematik 174
9.2 Unscharfe Kategorien 186
9.3 Stratigraphische Klassifikation und Ordnung 192

10 Typologie und relative Altersbestimmung 199
10.1 Oscar Montelius und die ›Typologische Methode‹ 200
10.2 Rezeption und Kritik der Typologischen Methode 203
10.3 Archäologie jenseits von Typologie und linearem Zeitkonzept 211

11 Chronologie und Periodisierung 217
11.1 Grundbegriffe des prähistorisch-archäologischen Zeitdiskurses 217
11.2 (Re-)Konstruierte Zeit: Radiometrie, Seriation, Stratigraphie 225
11.3 Selbst- und fremdbestimmte Zeit 228

12 Raum- und Kulturanalyse ... 237
12.1 Im Raume lesen wir die Zeit ... 238
12.2 Das archäologische Kulturkonzept und das Studium prähistorischer Raumprozesse ... 241
12.3 Neuere Ansätze zum Studium prähistorischer Raumprozesse ... 249

Dritter Teil: Modi und Kontexte archäologischen Fragens und Begründens ... 257

13 Analogieschluss und Modellbildung ... 259
13.1 Ein Problem – drei Verfahrensweisen ... 260
13.2 Der ethnographisch-archäologische Vergleich ... 267
13.3 Kulturanthropologische Modellbildung und historische Erklärung ... 272

14 Spuren lesen und materielle Texte entschlüsseln ... 283
14.1 Spuren lesen ... 284
14.2 Materielle Texte entschlüsseln ... 290
14.3 Sinnverstehen und Erklären in der Archäologie ... 297

15 Erzählen und Erklären ... 303
15.1 Der Archäologe als Erzähler? ... 305
15.2 Über historische Modellbildung ... 313
15.3 Die Erklärung kulturellen Wandels ... 317

16 Erinnern, vermitteln und vermarkten ... 325
16.1 Dimensionen der Erinnerungskultur ... 331
16.2 Verwaltung, Vermittlung, Vermarktung ... 339
16.3 Vergangenheitsbilder im Widerstreit ... 343

17 Prähistorische Archäologie als Naturwissenschaft? ... 347
17.1 Disziplinäre Grenzen überschreiten – fachübergreifende Fragen beantworten ... 351
17.2 Was ist »naturwissenschaftliche Archäologie«? ... 357
17.3 Kultur- oder Naturwissenschaft? ... 362

Vierter Teil: Bilanz und Ausblick ... 367

18 Prähistorische Archäologie zwischen Humanismus und Posthumanismus ... 369
18.1 Wichtige Stationen der Fachentwicklung ... 371
18.2 Aktuelle Herausforderungen ... 376
18.3 Neue Perspektiven ... 380

19 Zum Verhältnis von Theorie und Kritik in der Archäologie ... 389
19.1 Archäologie und Theorie ... 391
19.2 Archäologie und Kritik ... 394
19.3 Fazit und Ausblick ... 398

Literatur ... 405

Liste der Abbildungen ... 471

Liste der Tabellen ... 475

Personenregister ... 477

Sachregister ... 482

Vorwort

Das vorliegende Buch ist keine klassische Facheinführung, die Studienanfängerinnen und Studienanfänger an den Methoden- und Wissenskanon eines bestimmten Studienfaches heranführt. Im Mittelpunkt meiner Darstellung stehen vielmehr die theoretischen und methodologischen Grundlagen der Archäologie, die ich am Beispiel der Prähistorischen Archäologie herausarbeiten möchte. Dazu stelle ich die Theorien und Konzepte zur Debatte, die die archäologische Forschung anleiten und spüre zugleich ihrer Genealogie nach. Neben den einschlägigen programmatischen Stellungnahmen und ausgewählten Fallstudien müssen dabei aber auch die vielfältigen Praxen archäologischen Forschens einschließlich ihres akademischen wie gesellschaftlichen Kontexts in den Blick genommen werden. Denn ohne diese Praxen würde es auch die einschlägigen Theorien und Konzepte nicht geben.

Ziel dieses Buchs ist eine kritische Bilanz und Revision des Projekts einer ›Prähistorischen Archäologie‹ (bzw. ›Ur- und Frühgeschichte‹), das vor rund zweihundert Jahren entstand und vor rund hundert Jahren erste akademische Würden errang. Seither hat dieses Fach eine dynamische Entwicklung durchlaufen, in deren Rahmen sich nicht nur beständig neue Perspektiven auftaten, sondern immer wieder auch vermeintliche disziplinäre Selbstverständlichkeiten in Frage gestellt wurden. Dies gilt insbesondere für die letzten drei bis vier Jahrzehnte, die zu einer vorher unbekannten Unübersichtlichkeit geführt haben. Hier werde ich versuchen, rückblickend etwas Ordnung in die unterschiedlichen Diskursstränge und fachlichen Auseinandersetzungen zu bringen. Ebenso wichtig scheint es mir aber, die fachlichen und philosophischen Grundlagen, von denen diese Debatten ausgingen, im Auge zu behalten. Denn nur so wird deutlich, welchen Weg das Fach gegangen ist und warum es heute dort steht, wo es steht. In diesem Sinne liegt der Fokus der Studie – anders als wir es gewohnt sind – eher auf der *longue durée* als auf dem *dernier crie* der archäologischen Theorie- und Methodendebatte. Dies bestimmt auch die Auswahl der Referenzen. Neben aktuellen Beiträgen verweise ich selektiv auch auf wichtige Arbeiten aus älteren Forschungsperioden, die neu zu lesen und zu bewerten mir lohnenswert erscheint.

Die Ideen, die ich hier präsentiere sind nicht neu, sondern das Ergebnis einer längeren Beschäftigung mit dem Thema. Ein wesentlicher Impuls für die Entstehung dieses Buches war die Absicht, einmal zusammenfassend die Grundzüge jener Fachtheorie zu präzisieren, deren Konturen ich in verschiedenen, weit verstreut publizierten Vorarbeiten angerissen habe. Bei der konkreten Textarbeit zeigte sich allerdings, dass es dazu nicht ausreichen würde, die existierenden Vorarbeiten aus mittlerweile rund vierzig Jahren lediglich nebeneinander zu stellen. Vielmehr erwies es sich als nötig, die vorhandenen Bausteine neu zusammenzufügen, das Themenspektrum zu ergänzen und die Darstellung soweit wie möglich an den aktuellen Diskussionsstand anzupassen. Denn auch wenn mein Kernanliegen das Gleiche geblieben ist, wie jenes, das ich im Untertitel meines ersten Beitrags zu diesem Thema im Jahre 1984 formuliert habe (»Ansätze zu einer theoretischen Grundlegung der Vorgeschichte«), so hat sich zwischenzeitlich nicht nur meine Perspektive auf das Fach verändert, sondern ebenso das Fach selbst und die Welt, in der es steht.

Insofern schien es mir folgerichtig, die Veränderungen selbst zum Gegenstand meines Nachdenkens zu machen, allerdings ohne dabei den historischen Kern des Projekts ›Prähistorische Archäologie‹ ganz aus den Augen zu verlieren. Zugleich war es mir wichtig aufzuzeigen, dass die verhandelten archäologischen Frage- und Begründungsweisen Vorläufer und Entsprechungen in zahlreichen anderen Wissenschaftsbereichen, auch jenseits der Kulturwissenschaften, besitzen, die uns heute als Brücken zur inter- bzw. transdisziplinären Verständigung dienen können.

Wenn der Haupttitel dieses Buches an Karl Hermann Jacob-Friesens bemerkenswerten Band »Grundfragen der Ur- und Frühgeschichtssforschung« aus dem Jahre 1928 anschließt, so ist dies zwar kein Zufall, dahinter verbirgt sich indes keine programatische Aussage. Dazu sind die beiden Arbeiten und die Umstände unter denen sie entstanden, viel zu unterschiedlich (s. die Einführung zu Kap. 3). Neben dem Bezug zur Stadt Leipzig, in der Jacob-Friesen (1886–1960) seine Karriere begann, teile ich mit ihm aber immerhin die Grundhaltung, die in seinem vielzitierten Motto zum Ausdruck kommt: »Voraussetzung für Wissenschaftlichkeit ist nicht Glaube, sondern Zweifel« (ebd. 1).

Um eine Überschaubarkeit der Darstellung zu gewährleisten habe ich Zahl und Umfang der Kapitel dieses Buches – und damit zugleich seine inhaltliche Spanne – bewusst begrenzt. Dazu gehört zunächst, dass ich auf die detaillierte Behandlung einzelner Forschungsmethoden und -techniken vollständig verzichtet habe. Dies scheint mir auch deshalb gerechtfertigt, da diese Methoden in verschiedenen speziellen Einführungen von ausgewiesenen Experten bereits kompetent dargestellt worden sind.

Angesichts der Gefahr, sich zu sehr im Detail zu verlieren, musste auch der Umfang der behandelten Phänomene begrenzt werden. So habe ich beispielsweise auf eine breite Darstellung der unterschiedlichen archäologischen Quellengattungen, wie sie in anderen Facheinführungen zu finden ist, verzichtet. Stattdessen versuche ich lediglich exemplarisch aufzuzeigen, worin der mögliche Nutzen und die Probleme entsprechender Systematisierungen liegen (Kap. 9). Und ähnlich selektiv bin ich bei vielen anderen der hier behandelten Themen (z. B. Stratifizierung, Typologie, Periodisierung, Chorologie, archäologische Arbeitsfelder und Praxisformen) vorgegangen. Die ausgewählten Beispiele dienen dabei immer v. a. dazu, allgemeinere Zusammenhänge, im Sinne der leitenden Prinzipien hinter den unterschiedlichen Deutungsansätzen archäologischer Quellen, zu veranschaulichen. Ich bin ich mir allerdings bewusst, dass sich damit sicherlich nicht alle wesentlichen Aspekte abdecken lassen. Und auch sonst bleibt die Darstellung – als Konsequenz der unleugbaren Begrenztheit der eigenen Perspektive und der Vorläufigkeit des Nachdenkens über viele der behandelten Fragen – zwangsweise in vielen Abschnitten skizzenhaft und unvollständig. Trotzdem hoffe ich, den Leserinnen und Lesern mittels dieser neuen Form der Präsentation der (Prähistorischen) Archäologie einige Anregungen zum Überdenken und zur Weiterentwicklung ihrer eigenen Position geben zu können.

Ich danke den zahlreichen Personen, mit denen ich mich in den letzten Jahrzehnten in der einen oder anderen Weise über die behandelten Fragen austauschen konnte, den Fachkolleginnen und -kollegen im In- und Ausland ebenso wie den zahlreichen Studierenden, die meine Lehrveranstaltungen besucht haben. Von ähnlich großer Bedeutung wie hilfreiche Bestätigungen und Ermunterungen dürfte für meine Meinungsbildung Widerspruch gewesen sein. Insofern schulde ich auch jenen Kolleginnen und Kollegen meinen Dank, deren Arbeiten mich zum Widerspruch und zur argumentativen Auseinandersetzung mit den betreffenden Positionen angeregt haben. Dies gilt noch mehr für diejenigen, die meine Einwände aufgegriffen haben und mit mir in einen offenen fachlichen Streit um das bessere Argument eingetreten sind. Die betreffenden Diskussionen lassen sich über die im Folgenden zitierten Publikationen leicht nachvollziehen.

Um niemanden das Gefühl der Zurücksetzung zu vermitteln verzichte ich darauf an dieser Stelle allzu viele Namen zu nennen. Stattdessen möchte ich zunächst an meinen akademischen Lehrer Karl J. Narr (1921–2009) erinnern, der meinen Einstieg ins Fach kritisch begleitet und mich dabei auch über die Promotionsbetreuung hinaus intellektuell wie praktisch großzügig unterstützt hat. Danken möchte außerdem Manfred K. H. Eggert, der mir 1993 die Möglichkeit eröffnete meine Vorstellungen zu Theorie und Methode der Prähistorischen Archäologie als wissenschaftlicher Assistent und später als Hochschuldozent in Tübingen weiter zu entwickeln. Mit ihm konnte ich intensiv über viele der hier behandelten Grundfragen nachdenken und diskutieren. Trotz mancher – generationell bedingter – inhaltlicher Differenzen über Ziele und Möglichkeiten unseres gemeinsamen Faches, erscheinen mir meine Tübinger Jahre rückblickend betrachtet, nicht zuletzt auch in publizistischer Hinsicht, als eine sehr produktive Periode.

Sie dauerte – auch aufgrund der großzügigen Unterstützung durch Manfred Korfmann (1942–2005) – letztlich bis 2011, als ich in Leipzig ein neues, ebenso anregendes wie herausforderndes akademisches Umfeld fand. Den zahlreichen festen und freien Mitarbeiterinnen und Mitarbeitern an der Professur für Ur- und Frühgeschichte der Universität Leipzig möchte ich ebenso wie die Kollegen und Kolleginnen aus den Nachbarfächern für die vertrauensvolle, persönlich angenehme und konstruktive Zusammenarbeit danken. Dieses Umfeld hat wesentlich dazu beigetragen, dass ich – ungeachtet aller anderen von mir gesuchten wie nicht gesuchten Herausforderungen – den Freiraum hatte, um dieses Buch zu schreiben. Besonders hervorheben möchte an dieser Stelle meine langjährige Mitarbeiterin Melanie Augstein (jetzt Wilhelmshaven), die die Arbeit und das Miteinander an der Professur über einen langen Zeitraum ganz wesentlich mitgeprägt hat.

Mein besonderer Dank im Zusammenhang mit diesem Buchprojekt gebührt Matthias Halle, Matthias Meinecke, Mario Schmidt und Jonas Veit für die sorgfältige redaktionelle Kontrolle und kritische Durchsicht von Teilen des Manuskripts sowie für wertvolle inhaltliche Hinweise und Anregungen. Dem Verlag Narr Franke Attempto danke ich für die Aufnahme des Buches in sein Programm und meinem Lektor Stefan Selbmann für die kompetente und engagierte Betreuung des Projekts.

Nicht verschwiegen sei schließlich der bedeutende Beitrag, den meine Frau Diana am Zustandekommen dieses Buches hat – auch ohne dass sie auf dessen Gestaltung unmittelbar Einfluss genommen hätte. Ihr sei die Arbeit daher gewidmet.

Der besseren Lesbarkeit wegen habe ich mich entschlossen in diesem Buch das generische Maskulinum der älteren Texte, auf denen es aufbaut, beizubehalten. Die Umsetzung der – nahezu jährlich wechselnden – Vorschläge hier größere Gerechtigkeit walten zu lassen, hätte mich schlichtweg überfordert. Gleichwohl sind jeweils alle Geschlechter mitgedacht. Dass die frühe Prähistorische Archäologie, wie die gesamte akademische Welt, lange Zeit v. a. durch Männer – und zweifellos zu einem gewissen Maß auch durch Männerphantasien – geprägt worden ist, gehört zu ihren nachträglich nicht mehr zu verändernden Ausgangsbedingungen, an der auch kritische jüngere Kolleginnen und Kollegen nicht vorbeikommen. Ich bin mir indes durchaus bewusst, dass diese Tatsache eine besondere Herausforderung für die Archäologiegeschichte ebenso wie für eine Theorie der Archäologie bildet.

Leipzig, den 31.8.2024 Ulrich Veit

Erster Teil:
Ausgangssituation und Schlüsselbegriffe

1 Zur Einführung

»Field Archaeologists dig up rubbish,
Theoretical Archaeologists write it
down.«
(Paul Bahn 1989, 15)

In ihren Kindertagen hat man die Prähistorische Archäologie (bzw. ›Vorgeschichte‹, ›Urgeschichte‹ oder ›Ur- und Frühgeschichte‹) als eine »hervorragend nationale Wissenschaft« (Gustaf Kossinna 1914) angepriesen, später hat man etwas weniger euphorisch, aber doch nicht ohne Stolz, von einer »hervorragend antiquarischen Wissenschaft« (Walter Torbrügge 1959) gesprochen. Keine dieser Beschreibungen vermochte mich jemals so richtig zu überzeugen. Wenig einwenden ließe sich m. E. indes – zumindest im Sinne einer Zustandsbeschreibung – gegen die Formulierung: »eine hervorragend praktische Wissenschaft«. Das ›Ausgraben‹ und das damit gedanklich eng verbundene ›Entdecken untergegangener Kulturen‹ stehen auch heute noch, nicht nur in der archäologisch interessierten Öffentlichkeit, sondern gleichermaßen im Fach selbst, hoch im Kurs. Insofern gerät derjenige, der mit dem Begriff der ›Theorie‹ operiert und Regeln und Begründungen für weitergehende Deutungen archäologischen Materials fordert, schnell in die Rolle des Spielverderbers (Veit 2017). Genügt es nicht, einfach den ausgegrabenen Funden und den Fragen, die sich daraus für uns ergeben, zielgerichtet nachzugehen? Setzen uns nicht die Funde selbst auf eine Spur, der es dann nur konsequent zu folgen gilt, ohne dass man dabei groß über die ›Spielregeln‹ dieses Tuns nachdenken müsste?

Hinter solchen und ähnlichen Forderungen verbirgt sich ein Fachverständnis, das im Kern auf eine Wiedergewinnung einer verloren gegangenen vergangenen ›Realität‹ abzielt. Dabei wird unterstellt, dass einem solchen Anliegen im Grunde einzig der fragmentarische Charakter der Überlieferung im Wege stehe. Entsprechend gilt es als probates Mittel um voranzukommen, über konkrete Feldforschung weitere Einzelteile des riesigen Puzzles[1], das die Summe der archäologischen Überreste darstellt, zu beschaffen [Abb. 1]. Sind diese Teile erst einmal gefunden, so werden sie sich

1 Zu Sinn und Unsinn der Puzzle-Metapher in der Archäologie: Kümmel 2006.

– so zumindest die Hoffnung – von selbst zu einem Bild zusammenfügen. Zugleich werden dadurch kulturelle Vorurteile, die bis dahin zu einer Verzerrung unseres Bildes der Vergangenheit geführt haben, erkennbar und somit gegenstandslos.

Abb. 1: ›Archäologie ist ein großes Puzzle‹: Die Puzzle-Metapher scheint für alle Archäologiefächer gleichermaßen relevant, sie lässt sich jedoch am besten mit Blick auf die Klassische Archäologie visualisieren. Auf steinernen Ruinenfeldern der Klassischen Antike lassen sich die Einzelteile des Puzzles klar erkennen und das Auge des Beobachters scheint geradezu aufgefordert mit der Arbeit des Zusammensetzens direkt zu beginnen (Tempel des Serapeion, Ephesos, Türkei). Viele Altertumsinteressierte geben sich aber auch nur der Ruinenromantik hin und machen sich auf diese Weise die Vergänglichkeit alles Irdischen bewusst. Frühneuzeitliche Herrscher haben dazu bekanntermaßen ihre Gärten mit künstlichen Ruinen bestückt (Berlin, Schlossgarten Glienicker). Zum Phänomen ›Ruine‹ allg.: Schnapp 2014.

Vor dem Hintergrund der jüngeren Grundsatzdebatten in der Prähistorischen Archäologie wird eine solche Vorstellung eines harten Kerns unantastbarer Fakten, die sich jeder ideologischen Vereinnahmung widersetzten, heute immer häufiger als naiv und anachronistisch empfunden (Veit 2020a). An ihre Stelle ist stattdessen ein Verständnis getreten, das die prähistorische Vergangenheit primär als ein modernes Konstrukt betrachtet, d. h. als das Ergebnis eines – reflektiert wie unreflektiert – durch unsere aktuellen sozialen und kulturellen Erfahrungen geleiteten Nachfragens. Diese Position aufgreifend wird auch in der vorliegenden Studie die Existenz einer Vergangenheit, im Sinne einer unseren Erkundungen vorausliegenden ›Realität‹, in Frage gestellt und für eine ›konstruktivistische‹ Position votiert.

Dies ist aber nicht dahingehend zu verstehen, dass damit zugleich die Prinzipien der archäologischen Quellenforschung und Quellenkritik ihre Berechtigung verlören und wir dementsprechend nur noch ›ideologische‹ Auseinandersetzungen um Gegenwartsprobleme zu führen hätten. Aus einer solchen Festlegung folgt lediglich, dass wir die Ergebnisse unserer Erkundungen nicht länger nur quellenkritisch, sondern viel grundsätzlicher, nämlich ebenfalls ›ideologie-‹ bzw. besser: ›erkenntniskritisch‹ reflektieren müssen. Und das gilt nicht nur für ganz konkrete Forschungszusammenhänge, sondern für das Fach insgesamt. Insofern plädiere ich dafür, neben die (Prähistorische) Archäologie selbst eine Art von ›Metaarchäologie‹ als Instanz kritischer Selbstreflexion treten zu lassen, die – ähnlich wie Johann Gustav Droysens berühmte Historik (1972; 1977) – ein systematisches Nachdenken über Standpunkt, Ziele, Grundlagen, Methoden und Aussagemöglichkeiten des Faches institutionalisiert.

Aufbauend auf einer überschaubaren Zahl eigener sowie zahlloser fremder Vorarbeiten, möchte ich mit dieser Arbeit einen Beitrag zur Debatte über die aktuelle Bedeutung und zukünftige Rolle der Prähistorischen Archäologie leisten. Dabei geht es jedoch ausdrücklich nicht eine abstrakte, von der bewegten Fachgeschichte losgelöste ›Theorie‹ der Prähistorischen Archäologie. Ziel ist vielmehr eine kritische Evaluation der im Fach verfügbaren abstrakten Konzepte und methodischen Prinzipien (›kognitive Identität‹) aus gut zwei Jahrhunderten. Dies schließt auch die vielfältigen Bemühungen um die Herausbildung und Aufrechterhaltung einer spezifischen ›historischen‹ und ›sozialen Identität‹ des neuen Faches mit ein (Veit 1995; 2001). Gleichwohl unterscheidet sich mein Projekt – auch wenn es konsequent auf deren wichtige Ergebnisse Bezug nimmt – sowohl von einer traditionellen affirmativen ›Archäologiegeschichte‹ als auch von distanzierteren wissenschaftsgeschichtlichen Ansätzen im Fach (Veit 2011a). Sein eigentlicher Fokus ist ein systematischer und kein genuin wissenschaftshistorischer.[2] Denn es scheint mir wichtig, Wissenschaftsgeschichte und Theorie konsequent auseinanderzuhalten. Mit Marc-Antoine Kaeser (2006, 308, s.a. Wiegert 1995, 183) bin ich daher der Überzeugung, dass die größte Gefahr für eine (interne) Wissenschaftsgeschichte der Archäologie in einem »Präsentismus« liegt, der die Vergangenheit strategischen Zielen der Gegenwartsforschung unterwirft und dadurch zugleich in Teilen negiert.

Eine solche Haltung ist indes für viele der wissenschaftsgeschichtlichen Erkundungen, die seit etwa 1990 im Rahmen der jüngeren Theoriedebatte in der deutschsprachigen Archäologie entstanden, charakteristisch. So spricht beispielweise Alexander Gramsch (2006, 15) von einer »Schwesternschaft von Theorie und Wissenschaftsgeschichte« und postuliert ein dialektisches Verhältnis zwischen beiden Bereichen. Wissenschaftsgeschichte ist für ihn

> »kein Selbstzweck, sondern auf die heutige archäologische Praxis ausgerichtet; sie soll ein besseres Verständnis für die Ausrichtung der aktuellen Forschung ermöglichen und zur eventuellen Veränderung befähigen. Fachgeschichte muss deshalb die Mechanismen der Wissensproduktion in Relation zum jeweiligen sozialen und politischen Kontext erfassen. Umgekehrt muss aus einem neuen theoretischen Verständnis auch ein neues Verständnis für die historischen Grundlagen der Archäologie entstehen« (ebd.).[3]

Dies scheint mir nur insoweit zutreffend, als sich jedes neue wissenschaftliche Fach bzw. Wissenschaftsparadigma in der Tat zugleich eine, ihr eigenes Tun begründende Geschichte konstruiert.[4] Andererseits sollte sich eine

---

2 Um Missverständnisse zu vermeiden, ist es vielleicht nützlich, an dieser Stelle darauf hinzuweisen, dass einige meiner eigenen Publikationen einer solchen enger wissenschaftshistorischen Perspektive folgen und ich mich darin entsprechend – soweit möglich – Stellungnahmen zur aktuellen Fachdebatte enthalte. Dies gilt etwa für Veit 1995; 2015, 2020c. – Dies führt bei Lesern, die sich diesen Texten mit einer anderen Erwartungshaltung nähern, mitunter zu Irritationen.

3 Diese Haltung steht zweifellos in engerer Verbindung mit Forschungsschwerpunkten, die eine klare politische Agenda verfolgen, wie die Genderarchäologie oder die *One World Archaeology* wie sie der *World Archaeological Congress* 1986 ausrief. Letztere stellt sich gegen dezidiert gegen nationalistische, kolonialistische und imperialistische Bestrebungen im Fach (s. Trigger 1984).

4 Bei Gramsch ist dies insofern der Fall, als er versucht, die Position der jüngeren ›Theoretischen Archäologie‹ (seit etwa 1990) letztlich als eine notwendige Reaktion auf die NS-Vorgeschichte des Faches darzustellen. Eine spezielle Ausprägung eines solchen Gründungsmythos findet sich auch bei F. Fetten (1998, 102). Das Kernproblem

kritische Wissenschaftsgeschichte – gerade auch wenn sie von Archäologen selbst betrieben wird – nicht zu sehr vom jeweils vorherrschenden Paradigma abhängig machen. Ihre Aufgabe sehe ich eher darin, frühere Selbststilisierungen des Faches aufzudecken und an ihren spezifischen zeithistorischen Kontext rückzubinden. Umgekehrt ergeben sich die konkreten paradigmatischen Festlegungen für die Fachgegenwart nicht zwangsweise aus dem jeweils als richtig erkannten Verlauf der Fachgeschichte, sondern aus den Fragen der Gegenwart. In diesem Sinne ist die hier entwickelte Perspektive zwar nicht unbeeinflusst von meinen fachhistorischen Erkundungen, aber doch keine direkte Konsequenz dieser. Sie ruht eher auf allgemeinen erkenntnistheoretischen Prinzipen, deren Wirksamkeit ich durch Beispiele aus der Wissenschaftsgeschichte illustriere.[5]

1.1 Ausgangsfragen und Grundpositionen

Ein solches Unternehmen verspricht nicht nur Einsichten in die Verfasstheit der Prähistorischen Archäologie, sondern auch solche, die das archäologische Projekt insgesamt betreffen. Allerdings mahnt uns der Blick auf die Wissenschaftsgeschichte, mit dem Begriff der Archäologie als einem Kollektivsingular vorsichtig zu hantieren. Die Geschichte der Archäologie besteht aus verschiedenen, teilweise nur recht locker miteinander verbundenen Geschichten. Und entsprechend vielgliedrig stellt sich die Situation dieses Fächerverbundes gerade an den deutschen Universitäten dar (s. z. B. Eggert 2006). Die verschiedenen Archäologiefächer scheinen heute weniger durch eine gemeinsame Geschichte verbunden als vielmehr durch ähnliche

---

entsprechender, unmittelbar auf die Rechtfertigung aktueller Entwicklungen im Fach gerichteter Fachgeschichten liegt in der oftmals geringen Recherchetiefe, die im Zusammenhang mit dem theoretischen Anspruch, dann zu Interpretationen führt, die durch die konkreten fachgeschichtlichen Quellen nicht gedeckt sind. – Generell ist bemerkenswert, wie sehr sich das neue, theorieoffene Fachverständnis in Deutschland (anders als im englischsprachigen Raum) zunächst über die Überwindung der völkischen Vorgeschichtsforschung samt ihrer negativen Nachkriegsfolgen – und weniger über neue Theoriekonzepte – definiert hat (Härke 2000). Indem man auf diese Weise den alten durch einen neuen Gründungsmythos ersetzt, unterminiert man zugleich die eigene Kritik an der »affirmativen und teleologischen Forschungsgeschichte« (Gramsch 2006, 15) der älteren Forschung.

5 Anders formuliert könnte man auch von einer »propädeutischen Bedeutung« (K. Hübner 1986, 92) der Wissenschaftsgeschichte für die Wissenschaftstheorie sprechen.

gesellschaftliche und akademische Prägungen und insbesondere durch gemeinsame Herausforderungen in einer sich schnell wandelnden Welt.

Anders als einige Kollegen (U. Fischer 1987; Eggert 2001/2012) bin ich nicht der Ansicht, das Wissen der Prähistorischen Archäologie (bzw. der Archäologie insgesamt) sei in einer grundsätzlich anderen Art und Weise konstruiert als z. B. jenes der Ethnologie oder der Geschichtswissenschaft – mit der Konsequenz, dass die Prähistorische Archäologie deshalb einer ganz eigenen Epistemologie bedürfe. Vielmehr werde ich im Folgenden darzulegen versuchen, dass die prähistorisch-archäologische Forschung grundsätzlich vor denselben Problemen steht wie andere Kulturwissenschaften. Hier wie dort setzen die Deutungen bei Alltagserfahrungen an, die in der Folge systematisiert und systematisch geprüft werden.

Dies lässt sich auch daran ablesen, dass die meisten Grundprinzipien, die heute archäologische Argumentationsweisen bestimmen, über andere, ältere akademische Disziplinen (von der Geologie bis zur Germanistik) in die Prähistorie hinein vermittelt wurden. Schon aus diesem Grund kann von einer Eigenständigkeit nur bedingt die Rede sein. Wie eng auf den ersten Blick ganz unterschiedliche Fächer miteinander verknüpft sind, hat nicht zuletzt auch Carlo Ginzburgs (1988) brillante wissenschaftsgeschichtliche Studie zum Indizienparadigma gezeigt.[6]

Die Zurückweisung der Vorstellung einer strengen Eigenlogik archäologischen Argumentierens gegenüber der Argumentation in anderen Wissenschaften bedeutet andererseits aber nicht, die Eigenständigkeit des Faches Ur- und Frühgeschichte in Abrede zu stellen. Diese Eigenständigkeit muss m. E. nur über andere Kriterien als über eine eigenständige Epistemologie, etwa über ein spezifisches Forschungsfeld, definiert werden.[7]

Insofern als hier der Versuch unternommen wird, die großen Linien der Debatte um die konzeptionellen Grundlagen der Forschungen im Bereich Prähistorische Archäologie zusammenzuführen, besitzt diese Schrift zweifellos einen einführenden Charakter. Indes war es nicht mein Ziel, eine Facheinführung im engeren Sinne vorzulegen. Facheinführungen präsentieren ihren Gegenstand, ein bestimmtes akademisches Fach, gewöhnlich als

6 Mit diesem Hinweis soll jedoch nicht unterstellt werden, dass sich archäologisches Argumentieren vollständig darunter subsumieren ließe. Das Spurenparadigma bildet vielmehr – wie später noch auszuführen sein wird – nur ein – wenn auch wichtiges – Element archäologischer Argumentation.

7 Oder, wie Manfred K. H. Eggert meint, einer eigenen ›Ontologie‹. Näheres dazu weiter unten.

eine historisch gewachsene und systematisch gegliederte Einheit mit klaren Erkenntnisansprüchen und einem erprobten Methodenkanon. Gefordert ist vom Verfasser solcher Schriften außerdem ein mehr oder minder enger Bezug auf den aktuellen Fachkonsens und – damit verbunden – eine weitgehende Ausblendung oder Relativierung von Fachkontroversen.[8]

Absicht der vorliegenden Studie ist es hingegen, Einschränkungen dieser Art soweit wie möglich zu vermeiden.[9] Die Prähistorische Archäologie wird hier daher nicht als etwas fest Gefügtes präsentiert werden, sondern als ein offenes und unabgeschlossenes Projekt, dessen Ziele verhandelbar und vor dem Hintergrund von aktuellen Entwicklungen in Gesellschaft, Politik und Wissenschaft auch verhandlungsbedürftig sind. Dabei lassen sich vergangene Konstellationen archäologischer Wissensproduktion als eine Kontrastfolie zur Beurteilung der Gegenwart des Faches benutzen.

Teil meines Anliegens ist auch, Innenansichten des Faches mit externen Perspektiven auf das Fach zu konfrontieren. Dies bedeutet etwa, den fachintern produzierten Einsichten der Archäologiegeschichte jene einer disziplinübergreifenden Wissenschaftsgeschichte und Wissenschaftsforschung gegenüberzustellen.[10] Eine externe Perspektive einzunehmen ist für jemanden, der sich tagtäglich selbst im Fach bewegt, natürlich eine Herausforderung – und die Gefahr, dabei der eigenen Betriebsblindheit zu erliegen, ist nicht zu leugnen. Trotzdem halte ich es für legitim und produktiv, die unterschiedlichen Fachpraxen und -politiken auch einmal aus einer ethnographischen Perspektive zu betrachten.

---

8 Im Idealfall soll zudem die besondere Faszination, die von dem Fach ausgeht, an die Studierenden vermittelt werden: Hänsel 2001, 256. – Hinzu kommen in typischen Facheinführungen häufig gewisse Informationsangebote für Studienanfänger im Sinne einer Studienfachberatung, wie etwa Hinweise zu Studienmöglichkeiten, Berufsperspektiven und Beschäftigungsaussichten (s. z. B. Eggert/Samida 2009/2013, für die archäologischen Fächer insgesamt: Eggert 2006).

9 Ganz ähnlich sah das Eggert (2001/2012, 5f.) – ohne jedoch den Anspruch, eine klassische Einführung vorzulegen, deshalb aufgeben zu wollen. Diese Qualität ist dem Buch von einigen Rezensenten (Hänsel 2001; Hansen 2001a) abgesprochen worden, was – angesichts von vier Auflagen – seiner Verbreitung allerdings offenbar nicht geschadet hat. Leider gibt es keine Erhebungen darüber, in welcher Weise diese und andere Facheinführungen von ihrem Zielpublikum konkret rezipiert werden und wie effektiv sie in der Erreichung ihrer Ziele sind. Sicher scheint mir jedoch mit den meisten Rezensenten, dass Eggerts Arbeit ihr Publikum eher im Bereich der bereits mit dem Fach und seinem Gegenstand Vertrauten gefunden haben dürfte.

10 S. dazu auch die Fallstudie von Antonia Davidović (2009) sowie die wichtigen Kommentare dazu von Matthias Jung (2009).

Der Begriff ›Praxis‹ umschreibt dabei weder allein den Anwendungssektor archäologischen Wissens (Denkmalpflege, Museum) noch den letztlich v. a. auf dem Gesichts- und Tastsinn (›Sehen‹, ›Begreifen‹) beruhenden primären Umgang mit Sachquellen (Ausgrabung, Dokumentation, Klassifikation, Fundstatistik). Entscheidender scheint mir in diesem Rahmen die Frage, wie entsprechende Beobachtungen am archäologischen Material von uns unter Rückgriff auf unsere (mehr oder minder reflektierten) eigenen sozialen und kulturellen Erfahrungen ›auf den Begriff‹ gebracht und letztlich zu auf die Gegenwart zielenden historischen (oder: ethnographischen) ›Erzählungen‹ verarbeitet werden. Insgesamt reichen die Praktiken, die in den Blick zu nehmen sind, vom Entdecken und Ausgraben über das Sammeln, Ordnen, Interpretieren und Modellieren, Experimentieren und Simulieren bis zum Erzählen und Exponieren [Abb. 2].[11] Zusammenfassend spreche ich diesbezüglich auch von *archäologischen Frage- und Begründungsweisen.*

Abb. 2: Zusammenstellung relevanter Praktiken im Berufsfeld ›Archäologie‹ – Hintergrundmotiv: Der prähistorische Steinkreis von Stonehenge, Wessex, England.

Es geht in diesem Buch also nicht um die Darstellung spezieller ›Methoden‹ und ›Techniken‹ im Bereich der archäologischen Ausgrabung und Materialanalyse (Luftbildarchäologie, Feuchtbodenarchäologie, Stratigraphie, Seriation, ^{14}C-Analyse, Paläogenetik usw.) und ihre jeweiligen Anwendungs-

11 Dazu gehören in einem weiteren Sinne aber auch neue Formen fachwissenschaftlicher Metareflexion (kritische Fachgeschichte, Archäologische Ethnographie), die an anderer Stelle von mir diskutiert worden sind (Veit 2011a).

möglichkeiten. Angesichts der breiten Diversifizierung dieses Feldes würde das den Rahmen eines solchen Bands sprengen. Gefasst werden soll vielmehr das Gemeinsame unterschiedlicher methodischer und interpretativer Zugänge und die unterschiedlichen Formen des Archäologischen, die daraus hervorgegangen sind.

Die einzelnen Kapitel orientieren sich dabei an zentralen Leitbegriffen und Konzepten des Faches. Dabei gebe ich jeweils zunächst eine knappe, allgemeinverständlich gehaltene Bestimmung des behandelten Gegenstands anhand ausgewählter Literatur. Darauf aufbauend werden die Komplikationen und Widersprüche thematisiert, die sich – auch mit Blick auf die Nachbarwissenschaften – aus der konkreten Fachterminologie und -praxis ergeben und Vorschläge für eine Lösung der erkannten Probleme formuliert.

Aus dem Gesagten dürfte bereits klargeworden sein, dass sich das vorliegende Buch weniger an Erstsemester als an schon etwas weiter fortgeschrittene Studierende und professionelle Archäologinnen und Archäologen wendet. Angesprochen werden Personen, die mit den Gegenständen und Methoden der Prähistorischen Archäologie bereits in einem gewissen Umfang vertraut sind, die aber – vor dem Hintergrund konkreter Fragen im Rahmen ihrer eigenen Forschungen auf diesem Gebiet – tiefer in deren erkenntnis- und kulturtheoretische Zusammenhänge eindringen wollen. Anders gewendet könnte man auch sagen, die Schrift wende sich speziell an diejenigen Kolleginnen und Kollegen, die einen Sinn für Abstraktion besitzen, die es für sinnvoll und nötig erachten, die eigene Arbeit (selbst-)kritisch zu hinterfragen und die bereit sind, Alternativen zum *Status quo* zu erwägen.

Darüber hinaus würde es mich freuen, wenn das Buch auch im Kreise benachbarter altertumswissenschaftlicher und historischer Fächer, die vor ganz ähnlichen Problemen wie die Prähistorische Archäologie stehen, auf Interesse stoßen würde. Wäre der Begriff ›Theorie‹ durch die Debatten der jüngeren Vergangenheit nicht so verschlissen (s. Veit 2020a), könnte man sagen, das Buch wende sich primär an theoretisch interessierte Archäologen und Kulturwissenschaftler.

1.2 Anknüpfungspunkte und Abgrenzungen

Versuche einer bei Fragen der Theorie ansetzenden Einführung in die (Prähistorische) Archäologie sind, zumal in monographischer Form, bisher selten unternommen worden. Kennzeichnend für Facheinführungen ist stattdessen gerade im deutschsprachigen Raum die Verbindung einer speziellen Form der Fachgeschichte (mit Berufung auf bestimmte Forscherinnen und Forscher, die Grundlegendes geleistet haben) mit einer Darstellung der zentralen Methoden zur Quellenerschließung. Die sich hinter entsprechenden Forschungspraxen verbergende »Ratio«[12] blieb indes oft unausgesprochen, was ihr den Nimbus der Selbstverständlichkeit und Unanfechtbarkeit verlieh.

Was mit dieser Formulierung gemeint ist, mag ein kurzer Blick auf Hans Jürgen Eggers überaus einflussreiche »Einführung in die Vorgeschichte« aus dem Jahre 1959 illustrieren. Gegenstand, Fachgeschichte und Methodik des Faches sind hier meisterlich miteinander verwoben – und zwar in einer Art und Weise, die angesichts der Ausdifferenzierung und Vervielfältigung unseres historischen und methodischen Wissens so heute nicht mehr möglich wäre.[13] Mit diesem Ausdifferenzierungsprozess, der mit David L. Clarke (1973) auch als »loss of innocence« beschrieben werden kann, ist die relative paradigmatische Geschlossenheit des Faches verloren gegangen, die ihrerseits eine Theoriediskussion im modernen Sinne erst hervorgebracht hat (s. Veit 2020a).

Eggers Arbeit hingegen entstand noch in einer Zeit, als eine ›kulturhistorische Deutung‹ archäologischer Quellen[14] unangefochten das Zentrum der prähistorischen Forschung bildete und in der zudem quellenunabhängige naturwissenschaftliche Datierungen des Materials noch nicht in größerem Maße verfügbar waren. Dies gab seiner Argumentation eine spezifische Ausrichtung und lässt sie aus heutiger Sicht überholt wirken.

Obgleich sich die Rahmenbedingungen in den genannten Punkten bereits deutlich verändert hatten, übernahm Manfred K. H. Eggert (2001/2012) in seiner erstmalig rund vierzig Jahre nach Eggers Buch veröffentlichen Facheinführung noch weitestgehend Eggers' Gliederungskonzept und beschränkte sich darauf, die von ihm präsentierten methodischen Konzepte

---

12 So der Begriff von Ulrich Fischer (1987), der es nicht für angemessen hielt, im Zusammenhang eines, wie er meinte, primär antiquarisch gestimmten Forschungsfeldes von Theorie zu sprechen.

13 Historische Gesamtperspektiven auf die Ur- und Frühgeschichte aus der Feder einer Person sind sehr selten (z. B. Piggott 1965/1974; Kristiansen 1998; Cunliffe 2016). Methodeneinführungen konzentrieren sich vermehrt auf Teilbereiche, etwa traditionelle oder naturwissenschaftliche Methoden. Archäologische Feldmethoden werden traditionell separat behandelt.

14 Im Sinne einer ideologisch geläuterten, entideologisierten ethnischen Deutung.

kritisch zu hinterfragen. Die schleichende Entwertung einiger der bei Eggers behandelten methodischen Prinzipien (Typologie, Horizontalstratigraphie, historisch-vergleichende Methode) durch neue naturwissenschaftliche und mathematische Verfahren, wird aus der Methodenkritik von Eggert zwar deutlich, er hat es seinerzeit aber noch nicht für nötig erachtet, den fachwissenschaftlichen Methodenkanon grundsätzlicher in Frage zu stellen.[15]

Dementsprechend spielen in Eggerts Einführung beispielsweise weiterführende siedlungs- und sozialarchäologische Ansätze und ihre spezielle Methodik (z. B. Jankuhn 1977; Steuer 1982), die seit den 1970er Jahren den klassischen kulturhistorischen Ansatz zunehmend abgelöst haben, keine nennenswerte Rolle. Und auch jene theoretischen Aufbrüche, welche in der englischsprachigen Forschung das kulturhistorische Paradigma nacheinander auszuhebeln und das Fach auf diese Weise neu zu begründen versucht haben, scheinen in Eggerts Darstellung nur ganz am Rande auf. Ihre Bedeutung wird sogar ganz bewusst heruntergespielt, sieht Eggert (2001/2012, 5) darin doch nur luftige Überbauphänomene, die seine Arbeit an einer (vermeintlich) festen Basis nicht erschüttern könnten.

Dies wird auch in zahlreichen Exkursen zur archäologischen Epistemologie, die das Referat anerkannter Konzepte und Methoden prähistorisch-archäologischer Forschung immer wieder unterbrechen, deutlich. Hier lässt Eggert letztlich nur ein Prinzip, jenes des ›Analogieschlusses‹, gelten: »Der Stellenwert von Analogien in der Archäologie lässt sich dahingehend präzisieren, dass archäologisches Interpretieren und analogisches Deuten letztlich synonym sind« (ebd. 347). Darin – und in der Exklusivität in der Eggert dieses Prinzip auf die Prähistorische Archäologie bezieht – liegt vermutlich der entscheidende Unterschied zum vorliegenden Band. Er würdigt

15 Dies ist der Hintergrund, warum ich in dieser Schrift auf eigenständige Kapitel zur sog. ›horizontalstratigraphischen Methode‹ sowie zur ›archäologisch-historischen Methode‹ verzichtet habe. Die ›typologische Methode‹ hingehen hat zumindest indirekt noch Einfluss auf die aktuelle Debatte und wird daher behandelt (Kap. 10).

neben der Abduktion auch eine lange Reihe anderer Erkenntnisprinzipen und zeigt zugleich Möglichkeiten ihrer Verknüpfung auf (Kap. 13 ff.).[16]

Das meiste des hier zu Eggerts »Prähistorischer Archäologie« Gesagte gilt gleichermaßen für die deutlich kompaktere und stärker auf studentische Bedürfnisse zugeschnittene Einführung, die Eggert gemeinsam mit Stefanie Samida im Jahr 2009 nachgeschoben hat. Neben prähistorisch-archäologischem Methodenwissen wird darin in gewissem Umfang auch Wissen über die verschiedenen Arbeitsfelder des Faches, d. h. die einzelnen prähistorischen Epochen, vermittelt. Entsprechend bleibt für die Behandlung von Grundfragen und über die Fachgrenzen hinausweisenden Perspektiven jedoch nur wenig Raum. Lediglich ein kurzer, »Kulturwissenschaftliche Leitkonzepte« überschriebener Abschnitt ist Aspekten gewidmet, die die traditionelle archäologische Kulturgeschichtsschreibung, die Leitschnur der Darstellung bildet[17], transzendieren.[18] Anders als Eggert und Samida

16 Nach der Fertigstellung des Manuskripts zu diesem Buch ist 2024 eine überarbeitete und erweiterte fünfte Auflage von Eggert 2001/2012 mit dem neuen Untertitel »Konzepte – Methoden – Theorien« erschienen. Der Begriff ›Theorien‹ bezieht sich dabei v. a. auf zwei neu in den Band eingefügte Kapitel zu »Theorien und Archäologie« bzw. »Praxistheorien und Praxeologie«. Während in den älteren Auflagen nur »gleichsam ›inkognito‹ immer wieder Theoretisches vermittelt worden« (ebd. 14) sei, wird die Theorieebene in dieser Neubearbeitung von Eggert also ganz direkt adressiert. Wichtig im Zusammenhang des hier vertretenen Ansatzes ist, dass Eggert eine archäologische ›Gesamttheorie‹ im Sinn einer ›Metatheorie‹ der Archäologie zwar grundsätzlich für denkbar erachtet, eine solche sei für das Anliegen des Faches letztlich aber von nur von eingeschränktem Wert (S. 493). Dem würde ich nicht widersprechen wollen, denn nichts läge mir ferner, als eine Gesamttheorie der (Prähistorischen) Archäologie vorlegen zu wollen. Unverzichtbar scheint mir jedoch eine von konkreten Erkenntnisbemühungen losgelöste Metareflexion über die – stetem Wandel unterworfenen – Grundlagen archäologischer Erkenntnis. Stoff für eine solche ›Metaarchäologie‹ bietet nicht nur der Blick auf die einschlägige Theoriedebatte (mit ihren speziellen Publikationsformen), sondern ebenso der genaue Blick auf die konkreten fachwissenschaftlichen Praxen und die daraus hervorgehenden Ergebnisprotokolle bzw. Publikationen.

17 So heißt es programmatisch: »Es ist unser Ziel, diese Vergangenheit soweit wie irgend möglich auf der Grundlage ihrer Hinterlassenschaft zu erfassen.« (Eggert/Samida 2009, 310) – Zu den »Grundbegriffen« eines solchen Paradigmas auch ebd. 91ff.

18 Konkret angesprochen werden die Bereiche »Umwelt«, »Erinnerung«, »Dinge« und »Bilder« (Eggert/Samida 2009/2013, 267 ff.).

verzichtet Martin Trachsel (2008) in seiner Einführung auf Fallstudien und konzentriert sich stattdessen auf eine breiter angelegte Fachsystematik.[19]

Ausführlicher und strukturierter als die zuletzt genannten Arbeiten behandelt eine aktuelle Einführung in die Archäologie des Mittelalters und der Neuzeit (Scholkmann et al. 2016) grundlegende Fragen archäologischer Erkenntnistheorie. Dabei knüpft diese Schrift unmittelbar an die theoretischen und methodischen Debatten v. a. der deutschsprachigen Ur- und Frühgeschichtsforschung an. Insbesondere in den Kapiteln »Quellenkritik« sowie »Quelleninterpretation und Theorie« (ebd. 101–148) entwerfen die Verfasser eine Gesamtperspektive auf den archäologischen Prozess von der Quellensystematik bis zur narrativen Umsetzung von Forschungsergebnissen, die strukturelle Ähnlichkeiten zum hier verfolgten Ansatz aufweist.[20] Die einzelnen Abschnitte sind allerdings zu kurz, um die aufgeworfenen Grundsatzfragen systematisch – und d. h. auch unter Herleitung der philosophisch-kulturwissenschaftlichen Grundlagen archäologischen Forschens – zu entwickeln.

Der wichtigste Unterschied zu meinem Projekt (neben der anderen fachlichen Zuordnung) ist jedoch ein inhaltlicher. Während ich hier einem konstruktivistischen Ansatz folge, propagieren Barbara Scholkmann et al. im Kern eine positivistische Agenda, die in der Tradition Eggers' auf die Wiedergewinnung einer vergangenen »Realität« abhebt (ebd. 101–103 et passim). Die notwendigen Konsequenzen der von den Autoren durchaus zur Kenntnis genommenen kulturwissenschaftlichen Wende werden nicht gezogen. Stattdessen dominiert die Spiegelmetaphorik der klassischen Urgeschichtsforschung, bei der es vor allem darum geht, überlieferungsbedingte Verzerrungen unseres Bildes der Vergangenheit analytisch rückgängig zu machen.[21]

---

19 Chronologie, Humanökologie, Sozialstruktur und soziale Organisation, Interaktion, Kultureller Wandel, Kognitionsforschung, Symbol/Ritual/Religion (Trachsel 2008, 233 ff.). Aber auch in dieser Schrift fallen die archäologischen Grundsatzfragen gewidmeten Abschnitte zwangsweise viel zu knapp aus, um dem Leser einen annähernd zutreffenden Eindruck von den betreffenden Forschungsfeldern und den zugehörigen Diskussionen zu vermitteln

20 Die entsprechenden Teile des von insgesamt 16 Autorinnen und Autoren verantworteten Buches stammen wesentlich aus der Feder von Rainer Schreg.

21 Das zentrale Problem wird darin gesehen, dass die archäologischen Quellen »nur einen kleinen Ausschnitt der vergangenen Realität erfassen« (Scholkmann et al. 2016, 101). – Im Gegensatz zu Positionierungen, die eine »Unbestechlichkeit« archäologischer Quellen betonen (Meller 2008, 14 – dazu auch Veit 2011b, 302–304), wird hier allerdings

Diese Perspektive erhält im Bereich der sog. ›Historischen Archäologie(n)‹ eine besondere Färbung durch die dort vorherrschende Vorstellung, Sachquellen, archäologische Quellen, böten ein wesentliches Korrektiv einer allein auf Schriftquellen fixierten Geschichtswissenschaft (s.a. Andrén 1997). Der damit konstruierte Gegensatz von historischer These und archäologischer Antithese löst sich indes heute in einer stärker kultur- und medienwissenschaftlichen Betrachtungsweise zunehmend auf – und damit auch alte Grenzziehungen zwischen Archäologie und Geschichtswissenschaft (s. zuletzt Veling 2024).

Neben Einführungen deutschsprachiger Autoren steht mit dem Band »Basiswissen Archäologie: Theorien, Methoden, Praxis« von Colin Renfrew und Paul Bahn (2009) Studierenden der Ur- und Frühgeschichte zusätzlich ein aus dem Englischen übersetzter Band zur Verfügung. Er überzeugt – wie die englische Originalausgabe – vor allem durch seine klare Struktur, die sich an einer Liste von W-Fragen (Was? Wo? Wann? Wie? Warum?) orientiert.[22] Nützlich für Studienanfänger ist sicherlich auch der von Renfrew und Bahn parallel herausgegebene Band zu archäologischen Schlüsselbegriffen (Renfrew/Bahn 2005), zu dem es zwar keine Übersetzung, jedoch ein deutschsprachiges Pendant gibt (Mölders/Wolfram 2014).[23]

Anders als im deutschen Sprachraum gibt es im englischsprachigen Raum inzwischen allerdings auch schon eine ganze Reihe von speziellen Einführungen in Fragen der archäologischen Theoriebildung (z. B. Dark 1995; Hodder 1999; Johnson 1999/2010; Harris/Cipolla 2017). Sie wenden sich speziell an Fachstudierende, die im Rahmen von Bachelor- und Master-Programmen entsprechende Theoriekurse zu absolvieren haben. Trotz ihrer engen Orientierung an der englischsprachigen Debatte sowie der nahezu vollständigen Auslassung kontinentaler, speziell deutschsprachiger Theoriebeiträge sind diese Arbeiten durchaus auch hierzulande lesenswert.

---

klargemacht, dass archäologische Quellen »keineswegs objektiv« – bzw. objektiver als Schriftquellen – seien (ebd.).

22 Die Einführung von Renfrew und Bahn unterscheidet sich in ihrem Aufbau und ihrer geographischen Reichweite vor allem deshalb von der kontinentaleuropäischen Tradition, weil sie primär für den absatzstarken amerikanischen Raum konzipiert worden ist. In den USA gibt es eine lange Tradition von sehr systematisch angelegten Facheinführungen, die in der Tradition der *Cultural Anthroplogy* stehen; siehe z. B. Rouse 1972; Hole/Heizer 1973; Thomas 1989; Fagan 1991.

23 Auf Facheinführungen aus anderen Ländern (z. B. Gallay 1986; Courbin 1988; Demoule et al. 2009; Klejn 1997; Mongait 1985) kann ich hier aus Platzgründen nicht näher eingehen.

Insbesondere der Band »Archaeological Theory in the New Millenium« von Oliver J. Harris und Craig N. Cipolla, der im Sinne des *ontological turn* Elemente einer nichtdualistischen postmodernen Archäologie versammelt, zeigt jedoch zugleich, wie sehr sich die Debatten in beiden Sprachräumen selbst auf der Ebene der Facheinführungen zwischenzeitlich bereits entkoppelt haben.

Jedenfalls fehlt es – abgesehen von einigen Pionierstudien zu einzelnen Aspekten – bislang an einem deutschsprachigen Pendant zu diesem Band. Die einzige auf Deutsch publizierte Einführung in die archäologische Theorie ist das bereits 1997 erschienene Buch »Theorien in der Archäologie« des Vorderasiatischen Archäologen Reinhard Bernbeck. Die darin präsentierten Konzepte und Fallbeispiele sind dem Kernbestand an Schlüsseltexten, den die amerikanische *New Archaeology* während der 1960 bis 1980er Jahre erarbeitet hat, entnommen. Darüber hinaus gibt Bernbeck einen Ausblick auf einige jüngere ideologiekritische Ansätze (Postprozessuale Archäologie, Marxismus und Feminismus), die den Blick auf die gesellschaftlich-politische Dimension des Faches frei machen.[24] Sie spielt auch in der jüngeren deutschsprachigen Debatte eine immer größere Rolle, allerdings weniger in der Fachforschung selbst als im expandierenden Bereich einer archäologischen Wissenschafts- bzw. Wissensgeschichte.[25]

In diesen Bereich gehört, ungeachtet seines systematischen Anspruchs, auch Eggerts »Archäologie: Grundzüge einer Historischen Kulturwissenschaft« aus dem Jahre 2006. Der Verfasser skizziert darin detailliert Gemeinsamkeiten und Unterschiede der verschiedenen an den deutschsprachigen Universitäten etablierten Archäologie-Fächer. Darüber hinaus versucht er, die disziplinären Grundlinien einer noch zu schaffenden übergreifenden Disziplin ›Archäologie‹ aufzuzeigen und diese gegenüber anderen Disziplinen wie etwa der Geschichtswissenschaft abzugrenzen.

Eggert geht hier sogar so weit, der Archäologie einen von jenem der Historie grundsätzlich abweichenden »›ontologischen‹ Status« zu beschei-

24 Zu erinnern ist darüber hinaus auch an den Sammelband Eggert/Veit 1998, der allerdings keine Einführung im engeren Sinne darstellt.

25 Vonseiten der Philosophie und mit Bezugnahme auf die Denktradition der Historik siehe Ott 2023. Von sozialwissenschaftlicher Seite hat insbesondere Matthias Jung in zahlreichen Einzelbeiträgen die prähistorisch-archäologische Grundsatzdebatte bereichert (s. insbesondere Jung 2006). Eine kommentierte Zusammenstellung und Kontextualisierung dieser Beiträge bietet Veit 2024.

nigen.[26] ›Archäologie‹ und ›Geschichte‹ repräsentierten für ihn zwei ›natürlich‹ voneinander geschiedene und deshalb nicht unmittelbar aufeinander zu beziehende Bereiche. Damit wendet er sich bewusst gegen Stimmen, die Prähistorische Archäologie lediglich als eine – wenngleich in methodischer Hinsicht durchaus spezielle – Ausprägung von Geschichtswissenschaft präsentieren.[27] Eine solche Position verkennt allerdings, dass, selbst wenn man die Prähistorische Archäologie strikt von der Historie abtrennen würde, innerhalb des dann übrig gebliebenen engeren Bereichs der Geschichtswissenschaft tiefgreifende ›ontologische‹ (besser vielleicht: ›epistemologische‹) Unterschiede bestehen blieben. Denn auch Geschichte ist nicht gleich Geschichte. Arnold Esch (1985, 564) hat diesbezüglich beispielsweise auf den »Quantensprung der Schriftlichkeit«, den die Erfindung des Buchdrucks markiert, verwiesen. Dieser verändere nicht einfach den Quellenbestand und unsere Kenntnis von der Geschichte, »nein: die Geschichte selbst wird eine andere« (ebd.). Aber, und dies ist mir wichtig, sie bleibt – zumindest terminologisch und in einem weiteren Sinne auch epistemologisch (Veyne 1990) – gleichwohl ›Geschichte‹.[28] Insofern wäre m. E. eher umgekehrt zu fragen, wie es zu rechtfertigen ist, dass nicht alle ›Quantensprünge der Schriftlichkeit‹ auch in der Fächersystematik zum Ausdruck kommen. Wissend um diese ›Quantensprünge‹ – und ihren unsteten Verlauf – sehe ich jedenfalls kein grundsätzliches Problem darin, die Prähistorische Archäologie unter dem Dach einer quellenmäßig breit aufgestellten und methodisch pluralistisch angelegten Geschichtswissenschaft zu führen.

---

26 »Zusammenfassend lässt sich feststellen, daß in der Archäologie – im Gegensatz zur Historie – ein Teil der ›Tatsachen‹ ein gewisses Maß an theoretischem und interpretatorischem Gehalt aufweist. Wenn somit auf der Ebene der Quellen bzw. ›Tatsachen‹ ein Unterschied zwischen Archäologie und Historie besteht, so geht es dabei natürlich um ihren ›ontologischen‹ Status. Während historische Tatsachen im Sinne von R. J. Evans unabhängig vom Historiker existieren, gilt das nicht in gleichem Maße für die Unabhängigkeit archäologischer Tatsachen vom Archäologen. Befunde müssen in dieser Hinsicht mit einem Vorbehalt versehen werden.« (Eggert 2002a, 26).

27 Eggert 2015, 484 mit Bezug auf Veit 2014e, 26.

28 Dem »kombinatorischen Scharfsinn« des Mediävisten stellt Esch so beispielhaft den »sicheren Zugriff« des Zeithistorikers gegenüber (Esch 1985, 564). Kombinatorischer Scharfsinn ist es aber auch, der den guten Prähistoriker bzw. Archäologen auszeichnet. – Im Grunde führt Eggert mit methodologischen Argumenten hier die überkommene inhaltliche Trennung zwischen Vorgeschichte und Geschichte wieder ein, die er sonst selbst kritisiert (Eggert 2001/2012, 1f.). – Zur Einheit der Geschichte auch Eggers (1959, 16), dessen Position Eggert (2001/2012, 22) durchaus zustimmend referiert.

Auch Eggerts Vorstellung einer alle archäologischen Fächer integrierenden, übergeordneten Fachdisziplin ›Archäologie‹ widerspricht dem von mir bevorzugten Ansatz. Anders als dieser verfolge ich hier nicht das Ziel, den kleinsten gemeinsamen Nenner aller Einzelarchäologien herauszuarbeiten und zugleich Allgemeingültigkeit beanspruchende Demarkationslinien zwischen den verschiedenen Archäologiefächern (im Sinne der Definition von Unterformen zu einem Haupttypus) zu ziehen. Ein Blick in die Fachgeschichte zeigt nicht nur, dass Fächergrenzen permanent neu ausgehandelt werden, sondern auch, dass oftmals gerade von solchen ›Grenzstreitigkeiten‹ wesentliche neue Impulse ausgehen. Wichtiger als eine normative Festschreibung bestehender Fachgrenzen ist nach meiner Auffassung die Beantwortung der Frage, in welcher Weise konkrete archäologische Forschung in Theorie und Praxis auf generelle epistemologische und kulturtheoretische Positionen Bezug nimmt. In diesem Sinne geht es mir im Folgenden auch darum, die im Fach zirkulierenden Vorstellungen über Ziele, Werkzeuge und den Nutzen prähistorisch-archäologischer Erkenntnisgewinnung kritisch auf ihre kulturwissenschaftlichen Grundlagen zurück zu beziehen.[29]

1.3 Zum Aufbau dieser Arbeit

Insofern als ich im Rahmen der vorliegenden Studie ebenso an inner- wie überfachliche Debatten sowie an nationale wie internationale Forschungstraditionen anknüpfe, ist der Argumentationsgang notwendigerweise verschlungen. Einige Kapitel verfolgen außerdem Themen, die vom Hauptstrang der Argumentation etwas abweichen. Daher ist es jederzeit möglich, einzelne Abschnitte zu überspringen, sind die einzelnen Kapitel doch so angelegt, dass sie auch isoliert rezipiert werden können. Regelmäßige interne Verweise stellen Verknüpfungen zu anderen Teilen des Buches her, so dass es möglich sein sollte, sich eigene Wege durch den Text zu bahnen.

---

29 Ein ähnliches Ziel verfolgt der Philosoph Konrad Ott in seinem gerade erschienenen Buch »Epistemology, Economics, and Ethics. A Practical Philosophy of Prehistoric Archaeology« (2023). Ich habe große Sympathie für diesen – aktuelle Aufgeregtheiten der fachwissenschaftlichen Theoriedebatte ignorierenden – Versuch fachwissenschaftliche Praktiken der Prähistorischen Archäologie auf ihre philosophischen Grundlagen hin zu durchleuchten. Allerdings hat der Verf. das Fach und seine Geschichte nicht gesamthaft im Blick, sondern geht von seinen begrenzten Erfahrungen im Kieler Forschungsverbund ›Roots‹ aus. Zahlreiche der von mir in diesem Buch vorgesellten Akteure und Schlüsselpublikationen tauchen daher in seiner Arbeit nicht auf.

Trotzdem habe ich mich um eine nachvollziehbare Systematik bemüht. Grundlegend ist dabei eine Vierteilung des Bandes.

Im ersten Teil werden Ausgangsbedingungen und Grundlagen prähistorisch-archäologischer Forschung und Verständigung diskutiert. Dazu wird zunächst – mit Bezug auf drei Schlüsselbegriffe (Prähistorische Archäologie, Theorie, Kultur) – die historische und systematische Ausgangssituation für die weiterführenden Erörterungen zu Theorie und Praxis archäologischer Frage- und Begründungsweisen dargelegt (Kap. 2–4). Darauf aufbauend geht es um die spezifischen Potentiale und Grenzen archäologisch gegründeter Vergangenheitserschließung sowie um die tieferen epistemologischen Grundlagen der Prähistorischen Archäologie (Kap. 5 und 6).

Im zweiten Teil dieser Arbeit werden zunächst Grundfragen archäologischer Begriffsbildung erörtert sowie das Konzept des »archäologischen Prozesses« im Sinne einer Abfolge von Stufen der primären Erschließung des »archäologischen Materials« vorgestellt (Kap. 7 und 8). Es folgen diese Fragen vertiefende Abschnitte zu den Themen »Klassifikation und Materialordnung«, »Typologie und Altersbestimmung«, »Chronologie und Periodisierung« sowie »Raum- und Kulturanalyse« (Kap. 9–12).

Der dritte Teil der Studie ist unterschiedlichen Modi archäologischen Fragens und Begründens, wie dem »Analogieschluss«, der »Modellbildung«, dem »Spurenlesen« und der »Entschlüsselung materieller Texte« gewidmet (Kap. 13 und 14). Im Anschluss daran geht es um das Verhältnis von »Erzählen« und »Erklären« in der Archäologie sowie um die Verflechtungen von Archäologie und Gesellschaft und die sich daraus ergebenden praktischen Aufgaben des Faches (Kap. 15 und 16). Das abschließende Kapitel des dritten Teils setzt bei der Frage nach der Bedeutung fächerübergreifer Kooperationen für die Entwicklung der Prähistorischen Archäologie an und beleuchtet davon ausgehend exemplarisch das wechselhafte Verhältnis von Archäologie und Naturwissenschaft (Kap. 17).

Der abschließende vierte Teil diese Studie (»Bilanz und Ausblick«) umfasst zwei Kapitel. Im ersten beschreibe und bewerte ich vor dem Hintergrund der konkreten Fachentwicklung nochmals zusammenfassend die aktuelle Situation der Prähistorische Archäologie »zwischen Humanismus und Posthumanismus« (Kap. 18). Das abschließende Kapitel diskutiert unter Bezugnahme auf die aktuelle Grundsatzdebatte die Frage nach dem Verhältnis von Theorie und Kritik in der (Prähistorischen) Archäologie. Es endet mit einem persönlichen Fazit zur Zukunft des Faches.

Beginnen möchte ich aber zunächst mit einer Vorstellung der Prähistorischen Archäologie in ihrer historisch gewachsenen Gestalt, die auf aktuelle Diskussionszusammenhänge und Problemlagen des Faches hinführen soll. Im Anschluss daran werde ich versuchen, den historischen wie systematischen Ort der Theorie im Rahmen unserer Bemühungen um eine archäologisch gegründete (Ur-)Geschichtsforschung näher zu bestimmen.

2 Über Selbstverständnis und Ziele der Prähistorischen Archäologie

»The essential of the archaeologist, as we interpret his function today, is that he is an historian, and his aim is the writing of history by the methodological study of all objects – beautiful or ugly, important or trivial – that survive from the prehistoric past.«
(Glyn Daniel 1975, 10)

»The past is a cultural construction no different from heaven.«
(Mark P. Leone 1978, 30)

Bevor ich näher auf grundsätzlichere Fragen zu Erkenntnis- und Argumentationsweisen der Prähistorischen Archäologie eingehe, ist es zunächst sinnvoll, diese Fachwissenschaft in ihrer Spezifik und geschichtlich gewachsenen Gestalt kurz vorzustellen. Gewöhnlich werden in diesem Zusammenhang drei Aspekte unterschieden: ein Gegenstands-, ein Quellen- und ein Methodenaspekt. Ausgehend von diesen Begriffen möchte ich an dieser Stelle in einem ersten Zugriff versuchen, Eigenart und Struktur jener Fachwissenschaft namens ›Prähistorische Archäologie‹ knapp zu umreißen. Das bedeutet zugleich, das etwas näher zu fassen, was in der jüngeren Wissenschaftsforschung als die ›kognitive Identität‹ eines Faches bezeichnet wird (s. Veit 1995 mit Bezug auf Lepenies 1981). Dieser Begriff zielt auf die Spezifik und Kohärenz fachwissenschaftlicher Orientierungen, Paradigmen, Problemstellungen und Forschungswerkzeuge. Eng damit verbunden ist das Konzept der ›sozialen Identität‹, das sich auf die institutionelle Struktur des Faches und die Herausbildung eines spezifischen Fachhabitus bezieht. Das Konzept der ›historischen Identität‹ schließlich richtet den Blick auf die Personen und Leistungen in der Vergangenheit, auf die sich die Mitglieder der betreffenden Gemeinschaft von Forschenden berufen, in denen sie also ihre aktuelle Arbeit begründet sehen.

Angesichts der komplexen Geschichte der Urgeschichtsforschung wäre es allerdings naiv, würde man als Ergebnis einer solchen Erkundung ein klar konturiertes Gebilde erwarten. Vielmehr geht es im entsprechenden Zusammenhang immer auch um eine Auslotung jener Identitätskonflikte, von denen in der Einleitung bereits kurz die Rede war. Sie sind als Motoren für die weitere Fachentwicklung von kaum zu unterschätzender Bedeutung. Gleichwohl hat es in der Vergangenheit immer wieder Versuche gegeben, die Vielfalt der betreffenden Erkenntnisbemühungen zugunsten eines einheitlichen Fachkonzepts zu beschneiden. Dabei werden dann notwendigerweise immer wieder auch bestimmte ältere Traditionsbestände abgeschnitten. Diese können jedoch unter veränderten Rahmenbedingungen später wiederentdeckt und rehabilitiert werden.

2.1 Disziplinaritäten

Was also macht im Kern jene Fachwissenschaft aus, die von mir hier als ›Prähistorische Archäologie‹ bezeichnet wird, die man aber mit gleichem Recht auch ›Prähistorie‹, ›Vorgeschichte‹, ›Ur- und Frühgeschichte‹ oder ›Ur- und Frühgeschichtliche Archäologie‹ nennen könnte? All diese Begriffe wurden und werden – meist ohne Rücksicht auf die jeweils darin enthaltenen Bedeutungsnuancen – weitgehend synonym gebraucht (Fetten 1998; Hoika 1998).[1] Über ihren Einsatz bestimmen oft mehr fachhistorische bzw. wissenschaftspolitische Aspekte als inhaltliche Erwägungen. So neigen etablierte Fachinstitutionen eher dazu, an überkommenen Bezeichnungen festzuhalten, während Neugründungen eher zu neuen Begriffsbildungen führen. Ein gutes Beispiel für die Wandelbarkeit entsprechender Konventionen ist die seit Längerem zu beobachtende Tendenz, den Begriff ›Ur-

1 Insbesondere wird nur noch selten ein Unterschied zwischen ›Vor-‹ und ›Urgeschichte‹ gemacht. – Der Begriff ›Frühgeschichte‹ wird meist auf jenen Bereich bezogen, für den in begrenztem Umfang neben archäologischen auch schon schriftliche Quellen verfügbar sind, aber die Umsetzung dieser Regel ist keineswegs einheitlich. Zu diesen Fragen ausführlicher: Veit 2001. – Kritisch auf die klassische Trennung zwischen ›Urgeschichte‹ und ›Frühgeschichte‹ blickt neuerdings Alexander Veling (2024). Er schlägt vor, methodisch offener stattdessen von der ›Archäologie des 1. Jahrtausends‹ zu sprechen. Damit löst er das methodische Problem der Vermittlung zwischen archäologischen und Schriftquellen (s. Wenskus 1979; Andrén 1997) aber nicht auf, sondern relativiert es – ganz im Einklang mit aktuellen Forschungstendenzen (Scholkmann/Kenzler/Schreg 2016, 130–141.) – lediglich.

und Frühgeschichte‹ durch ›Ur- und Frühgeschichtliche Archäologie‹ zu ersetzen. Mehr als inhaltliche Erwägungen dürfte dabei die Möglichkeit, von der positiven Aura des Begriffs ›Archäologie‹ zu profitieren, eine Rolle spielen. Aber es gibt daneben durchaus auch inhaltliche Argumente, die für solche Anpassungen sprechen. In diesem Fall ist es die Idee einer archäologischen Einheitswissenschaft, die zugleich mit einer stärkeren Abgrenzung der Prähistorie zur Geschichtswissenschaft einhergeht.[2]

Lange galt der ›prähistorische Mensch‹ als zentraler Gegenstand der Prähistorischen Archäologie. Dies gilt mit Einschränkungen auch noch heute, allerdings ist inzwischen klar, dass dieser nicht mehr – wie noch im 19. Jahrhundert – als genereller Typus, sondern nur im Plural, d. h. in seinen jeweiligen Vergesellschaftungsformen und Umwelten untersucht werden kann. Entsprechend interessiert sich das Fach für alle menschlichen Gemeinschaften bzw. ›Kulturen‹, die – wie man früher sagte – im ›Zustand der Schriftlosigkeit‹ lebten. Dies betrifft sowohl Zeiträume, in denen es noch überhaupt keine Schrift (und entsprechend auch keine schriftliche Überlieferung) gab, als auch Epochen, in denen Schriftkulturen und solche mit ausschließlich oraler Überlieferung nebeneinander – vielfach auch miteinander – existierten (Frühgeschichte). Insofern kann man zusammenfassend sagen, die Ur- und Frühgeschichte bzw. Prähistorie befasse sich in universalem Maßstab mit Ursprüngen und Randbereichen menschlicher Zivilisation.[3]

---

2 Teile der im späten 20. Jahrhundert älteren Forschergeneration (z. B. Karl Josef Narr und Hansjürgen Müller-Beck) standen einer Umbenennung der Ur- und Frühgeschichte in Ur- und Frühgeschichtliche Archäologie skeptisch gegenüber, weil sie darin die Tendenz zur Verengung des Gegenstands in Richtung auf das Methodische hin, also auf eine bloße Grabungsarchäologie, sahen. Für sie war die universalgeschichtliche Ausrichtung entscheidend, die eine Anbindung an die Geschichtswissenschaft voraussetzte.
Dieser Sachverhalt und die sich daraus ergebenden Bedeutungsunterschiede zwischen verschiedenen Fachbezeichnungen sind in der heutigen Generation nicht mehr präsent. Ich verwende die Begriffe daher synonym und ohne implizite Assoziation mit einem bestimmten Forschungsprogramm (Universalgeschichte, Materielle Geschichte – vgl. auch Veit 2001).

3 Dabei hat allerdings die Idee der Schriftlichkeit als einer Leitdifferenz zur Unterscheidung prähistorischer Gesellschaften ihre frühere Bedeutung weitgehend verloren. Neben der Aufwertung der mündlichen Tradierung einerseits und andererseits der Feststellung, dass Schriftverwendung in vielen frühen Schriftgesellschaften nur einen sektoralen Charakter hat, mag zu dieser Einsicht auch das Erlebnis gravierender Medienumbrüche in der Gegenwart beigetragen haben.

Dieser universalgeschichtliche Aspekt kommt in der Praxis allerdings selten zum Tragen. Ihm gegenüber steht die relative räumliche Begrenztheit eines Großteils der archäologischen Forschung, die sich aus der raumzeitlichen Differenziertheit der Quellen ergibt, die ihrerseits eine weitgehende regionale (und auch epochale) Spezialisierung nötig macht. Auch die vielgliedrige nationalstaatliche bzw. föderale Struktur der meisten Fachinstitutionen, nicht zuletzt der Bodendenkmalpflege, fördert eher ein Arbeiten im kleineren räumlichen Maßstab, d. h. auf regionaler oder nationaler Ebene. Damit möchte ich den durchaus gut etablierten internationalen Austausch im Fach nicht kleinreden. Aber diese Zusammenarbeit zeichnet sich v. a. dadurch aus, dass attraktive, aber räumlich begrenzte Forschungsfelder (in Mitteleuropa, im Mittelmeerraum oder im Vorderen Orient, darüber hinaus besonders in Staaten ohne ausgeprägte eigene Archäologietradition) parallel durch Forschergruppen aus unterschiedlichen Nationen untersucht werden. Universalgeschichtliche Synthesen und breitere kulturvergleichende Studien – jenseits populärwissenschaftlicher Zusammenstellungen und so genannter ›Buchbindersynthesen‹ sind hingegen eher die Ausnahme (Müller-Karpe 1966–1974) und scheinen inzwischen – zusammen mit dem Konzept einer ›Universalgeschichte‹ insgesamt – auch etwas aus der Mode gekommen.[4] Verbreiteter sind Arbeiten mit einem klaren regionalen und chronologischen Bezug. Und auch hier geht die Tendenz heute eher weg von der traditionellen Ursprungs- und Beziehungsforschung hin zu einer differenzierten Kontext- und Prozessanalyse.

Dies ändert indes nichts an der Tatsache, dass sich das Fach – in Ermangelung von Zeitzeugen bzw. protokollierten Zeitzeugenberichten – auf die ›Befragung‹ dinglicher Überreste konzentrieren muss. Im Fokus stehen zwangsweise ›Sachaltertümer‹, d. h. mehr oder minder zufällig auf uns gekommene materielle ›Überreste‹, zumal (aber nicht ausschließlich) solche, die die Spuren menschlicher Gestaltung oder zumindest menschlichen Handelns bekunden (›materielle Kultur‹, s. auch u. Kap. 4 und 8). ›Traditionen‹ in Form eines begründenden und legitimierenden Wissens um die Vergangenheit (mündliche Traditionen, Geschichtsschreibung bzw. das ›Kulturelle Gedächtnis‹ im Sinne von Jan und Aleida Assmann: J. Assmann 1992; A. Assmann 2007) sind dem Fach nicht (mehr) zugänglich, auch wenn sie durchaus direkte Auswirkungen auf die materielle Überlieferung

4 Deshalb verwundert es nicht, dass entscheidende und weltweit viel beachtete Anregungen auf diesem Feld häufig von Außenstehenden kommen (z. B. Diamond 1998).

gehabt haben dürften. Insofern ist das Ergebnis der fachwissenschaftlichen Bemühungen eine eng an Objektbeobachtungen gebundene, deshalb aber nicht zwangsläufig zugleich auch ›objektive‹ Geschichtsschreibung (Veit 2011b). Dies zeigt sich auch daran, dass seit der Entstehung des Faches »erfundene Traditionen« (Hobsbawm/Ranger 1983) – wie z. B. die Idee eines (indo-)germanischen Urvolks – im Fachdiskurs immer wieder eine bedeutsame Rolle gespielt haben.

Eng mit dem Quellenaspekt verbunden ist der Methodenaspekt. Unter einer ›Methode‹ wird in den historischen Wissenschaften gewöhnlich eine mehr oder weniger komplexe, regelhafte Verfahrensweise zur Gewinnung, Aufbereitung und Analyse von historischen Quellen verstanden. Man unterscheidet dabei zwischen qualitativen und quantitativen Methoden: Bildwerke oder exzeptionelle Einzelfunde, wie beispielsweise die berühmte »Himmelsscheibe« von Nebra (s. Meller/Bertemes 2010), erfordern jenseits archäometrischer Forschungen im engeren Sinne eher den Einsatz qualitativer Methoden; dort wo große Zahlen ähnlicher Funde oder Befunde verfügbar sind, bieten sich hingegen eher quantitative Methoden an. Mit der zunehmenden Digitalisierung des Wissens werden darüber hinaus in Zukunft auch *big data*-Anwendungen für das Fach an Bedeutung gewinnen (Kristiansen 2014).

In der Außenwahrnehmung wird die Methodendebatte in der Prähistorischen Archäologie allerdings häufig auf den Bereich ›Ausgrabung/archäologische Feldarbeit‹ verengt. Genau besehen bildet die ›Grabungsmethodik‹ jedoch nur einen kleinen Teil der methodischen Kompetenzen, über die ein Prähistorischer Archäologe verfügen sollte [Abb. 3]. Er ist zugleich (oder auch in der Hauptsache) als Materialkenner und -analytiker, als Konservator sowie als Chronist und Geschichtsschreiber gefordert. Auf all diesen Feldern kommen spezielle Methoden und Techniken zum Einsatz, die heutzutage selbst voluminöse methodenorientierte Facheinführungen nicht mehr systematisch behandeln können (s. Eggert 2001/2012; 2024).

Abb. 3: Archäologische Feldarbeit im Rahmen einer Lehrgrabung: Grabungen am ›Burrenhof‹ bei Grabenstätten im Bereich eines Gräberfelds der vorrömischen Eisenzeit (Institut für Ur- und Frühgeschichte und Archäologie des Mittelalters, Universität Tübingen).

Dies gilt noch mehr für die zahlreichen naturwissenschaftlichen Methoden und Techniken[5], die die Fachpraxis in immer stärkerem Maße mitprägen. Ihre Anwendung und die Beurteilung der Qualität der erzielten Ergebnisse setzen häufig nicht nur eine teure apparative Ausstattung, sondern auch breite naturwissenschaftliche Kompetenzen voraus. Deshalb werden solche Forschungen heute in der Regel von Personen mit einer entsprechenden Spezialisierung bzw. in größeren Fächerverbünden durchgeführt (s. Kap. 17). Der besondere epistemologische Status dieser Forschungen zeigt sich nicht zuletzt auch daran, dass in solchen Zusammenhängen, anders als in der traditionellen Archäologie, nicht mehr durchgängig von ›Quellen‹ und ›Quellenrecherche‹, sondern vermehrt von ›Daten‹ und ›Datenerhebung‹ die Rede ist. Die Daten bilden dann die Grundlage, mit der im Idealfall bestimmte forschungsleitende Hypothesen formuliert und getestet werden können (s. Kap. 13).

Dieser Sachverhalt macht auch deutlich, dass hier unterschiedliche wissenschaftliche Kulturen (Lepenies 1985; Kreuzer 1987) aufeinandertreffen, was zu massiven Verständigungsproblemen zwischen den verschiedenen Fraktionen führen kann. Vor diesem Hintergrund erstaunt es, dass sich in der

5 Techniken meint in diesem Zusammenhang Methoden, die so anerkannt sind, dass sie routinemäßig eingesetzt werden.

Prähistorischen Archäologie die Zusammenarbeit zwischen Archäologen, die sich selbst primär meist als ›Geisteswissenschaftler‹ verstehen, und Naturwissenschaftlern (bzw. naturwissenschaftlichen Archäologen) auf der praktischen Ebene bis heute vielerorts vergleichsweise problemlos vollzieht. Dies hängt damit zusammen, dass Bemühungen beider Parteien oft auf dieselbe ›wissenschaftliche‹ bzw. ›objektive Geschichte‹ abzielen, die es letztlich nicht geben kann (s. Kap. 3).

Dass es in der Vergangenheit dennoch immer wieder zu heftigen Auseinandersetzungen zwischen sog. ›traditionellen‹ und sog. ›naturwissenschaftlichen‹ Ansätzen im Fach gekommen ist, hat hingegen andere Gründe. Es hängt damit zusammen, dass mit neuen Methoden erzielte Ergebnisse etablierte alte Geschichtsbilder (und damit zugleich akademische Lebenswerke) infrage gestellt und so heftige Gegenreaktionen unter deren Anhängern provoziert haben.[6] Dabei ist ein vermeintlich unüberbrückbarer Gegensatz zwischen beiden Richtungen konstruiert worden. Allerdings sind auch die heute häufig als ›geisteswissenschaftlich‹ etikettierten, traditionellen Methoden des Faches (etwa die ›Stratigraphie‹ oder die ›Typologie‹) im Kern keineswegs ›geisteswissenschaftlich‹, sondern in der Mehrzahl ebenfalls ›naturwissenschaftlich‹ (genauer: ›naturgeschichtlich‹) gegründet (s. Kap. 9.3, 10, 17). Insofern ist es m. E. falsch, in diesem Zusammenhang von der Konfrontation unterschiedlicher Disziplinaritäten zu sprechen (s. Kap. 4).[7]

2.2 Zielkonflikte

Fassen wir die bisherige Argumentation zusammen, so lässt sich festhalten, dass die Prähistorische Archäologie durch dreierlei charakterisiert ist: Die zeitliche (und kulturelle) Entrücktheit ihres Gegenstands (die Ursprünge und Ränder menschlicher Zivilisation), die sinnlich erfahrbare Konkretheit ihrer Quellen (materielle, in der Regel keine Schrift tragende Überreste vergangener Zeiten) sowie die Technizität ihrer Erkenntnisgewinnung (z. B.

6 So z. B. Kossack/Küster 1991 als späte Reaktion auf die ›Radiokarbon-Revolution‹, s. Kap. 11.3.

7 Solange der Unterschied nur auf der Ebene der angewandten Methoden, nicht aber auf der Ebene der konkreten Erkenntnisziele liegt, verbietet es sich hier von Inter- oder gar Transdisziplinarität zu sprechen, wie dies Stefanie Samida und Manfred K. H. Eggert (2012; 2013) tun, deren Ausführungen entsprechend ein sehr eng gefasster Disziplinbegriff zugrunde liegt (s. Kap. 16).

der Ausgrabung als primär technischem Prozess der Entbergung der Vergangenheit). In diesem Sinne kann man sie zweifellos als eine Wissenschaft der Gegensätze beschreiben [Abb. 4].

DAS

GERMANISCHE TODTENLAGER

BEI SELZEN

in der Provinz Rheinhessen,

dargestellt und erläutert

von den

Gebrüdern W. und L. Lindenschmit.

Die Gräber mit Eisenwaffen stammen aus der Zeit der Völkerwanderung.

MAINZ,

VERLAG VON VICTOR V. ZABERN.

1848.

Abb. 4: Titelseite des Buchs »Das germanische Todtenlager bei Selzen in der Provinz Rheinhessen« der Mainzer Kunstmaler und Altertumsforscher Wilhelm und Ludwig Lindenschmit aus dem Jahre 1848. – Das Titelbild vereinigt Grabungswerkzeug und Funde unter einer deutschen Eiche und veranschaulicht auf diese Weise den Gegensatz von ›Imagination‹ und ›Methode‹ in der Archäologie (Exemplar der Bibliothek des Instituts für Ur- und Frühgeschichte und Archäologie des Mittelalters der Universität Tübingen, das laut Stempelaufdruck ursprünglich aus einer württembergischen Adelsbibliothek stammt).

Der in dieser Charakterisierung mitenthaltene Gegensatz zwischen ›Imagination‹ und ›Methode‹ (bzw. zwischen Romantik und Aufklärung) lässt sich exemplarisch übrigens bereits am Werk zweier Gründergestalten des Faches, nämlich Heinrich Schliemann (1822–1890) und Rudolf Virchow (1821–1902) veranschaulichen. Der eine, Schliemann, versuchte – auf der Basis des positivistischen Denkens seiner Zeit – Wege zu finden, um historische und mythische Überlieferungen mittels Ausgrabungen zu bestätigen, der andere, Virchow, wollte die Quellen gerade von solchen mythischen bzw. historischen ›Anhaftungen‹ befreien und für sich sprechen lassen (Veit 2006d). In dieser Tradition geht es der prähistorischen Forschung noch heute sowohl um die Bewahrung und Vergegenwärtigung der (lokalen, regionalen, menschlichen) Tradition wie um eine möglichst vorbehaltlose historische Aufklärung durch radikale Entmystifizierung der Quellen.[8]

Ein weiterer für das Fach konstitutiver Gegensatz wird durch das Begriffspaar ›Provinzialität‹ und ›Universalität‹ umschrieben. ›Provinzialität‹ verweist hier zunächst auf die zentrale Bedeutung einer von gebildeten Laien getragenen Forschungspraxis für die Herausbildung eines Faches, das die heimischen Altertümer ins Zentrum seines Erkenntnisinteresses stellte. Urgeschichtsforschung war so gesehen lange Zeit ›Heimatforschung‹ im besten Sinne – und ist dies teilweise auch heute noch. In der territorial streng gegliederten archäologischen Denkmalpflege[9] ist ›Provinzialität‹[10] in gewisser Weise sogar zum gesetzlichen Auftrag erhoben worden. Denn wenn auch sicherlich nicht das grundsätzliche Interesse der Amtsträger, so enden doch die Zuständigkeiten – nicht nur was Fragen der Erhaltung betrifft, sondern auch solche der Forschung und Vermittlung – auch heute noch häufig an der Landesgrenze [Abb. 5].

8 Genau derselbe Gegensatz findet sich auch in aktuellen Auseinandersetzungen um Fürstensitze, Fürstengräber, Herrenhöfe und frühe Städte, wobei man die ›Aufklärer‹ daran erkennt, dass sie diese Termini gerne in Anführungszeichen setzen. Dies soll deutlich machen, dass es sich lediglich um abstrakte Arbeitsbegriffe handelt und Konnotationen aus anderen Feldern ihres Gebrauchs wegzudenken seien.

9 In Deutschland liegt die Zuständigkeit dafür bei den Ländern, die unterste Ebene der Denkmalpflege bilden die Kommunen.

10 Wertneutral verstanden, wie z. B. im ›Provinzialmuseum‹.

Abb. 5: Portal des Landesmuseums für Vorgeschichte in Halle (Saale), Sachsen-Anhalt. Der Bau des Architekten Wilhelm Kreis wurde 1918 eingeweiht und war der erste in Deutschland der Vorgeschichte gewidmete Museumsbau (Findeisen 1984; Brülls 2016). Als Vorbild diente dem Architekten erstaunlicherweise die römerzeitliche Porta Nigra in Trier. Der Bau dokumentiert die wachsende gesellschaftliche Bedeutung des Faches im frühen 20. Jahrhundert, die zu dessen institutionellem Ausbau in den 1920er und 1930er Jahren führte.

Demgegenüber steht auf theoretischer Ebene ein universeller Anspruch des Faches (Eggert 2001/2012, 8), der indes selten auch wirklich eingelöst wird. Dabei ist gerade dieser Anspruch letztlich Garant dafür, dass das Fach wie kein zweites langfristige und großräumige Veränderungen in den Blick nehmen kann, etwa die erste Besiedlung der Ökumene, die Implementierung und Ausbreitung einer produzierenden Wirtschaftsweise (mit ihren Sekundärfolgen) oder – in jüngeren Zeiten – die Peripherien und Ränder der frühen Hochkulturen (s. z. B. Parzinger 2014). Hierin liegt ein wesentliches Potential der Prähistorischen Archäologie zur Erweiterung unseres historischen Wissens über die Grenzen eines traditionellen, nationalstaatlich bzw. geschichtsraumspezifisch begrenzten Geschichtsbildes hinaus [Abb. 6].

Abb. 6: Das ›Forschungsmuseum Schöningen‹ (Lkr. Helmstedt, Niedersachsen), das im Jahre 2013 unter noch unter dem Namen ›paläon‹ eröffnet wurde, repräsentiert eine neue Generation von Archäologiemuseen. Im Zentrum des stehen die einzigartigen, 300.000 Jahre alten Speere, die im Bereich des angrenzenden Tagebaus gefunden wurden. Sie werden dem *Homo heidelbergensis* zugerechnet, der hier u.a. Pferde jagte. – Verantwortlich für das Museumsgebäude zeichnete das Züricher Architekturbüro ›Holzer Kobler Architekturen‹. Passend zum Thema bemüht das futuristisch wirkende Gebäude die Metapher der geologischen Schichtabfolge.

Daneben gibt es in jüngerer Zeit aber auch immer wieder Stimmen, die von prähistorisch-archäologischen Untersuchungen einen ganz praktischen Nutzen erwarten – etwa ein besseres Verständnis gegenwärtiger Verhältnisse und zukünftiger Entwicklungen im Bereich des Umwelt- und Klimawandels (z. B. Schauer 1999; Daim 2011) oder der »Technikfolgen-Beobachtung« (Zimmermann/Siegmund 2002). Zuletzt stand sogar die »Pandemiebewältigung« als Aufgabe von Archäologie und Altertumswissenschaft im Raum (Käppel et al. 2020). Solche Ansprüche des Faches auf unmittelbare gesellschaftliche Relevanz sind bisher allerdings ebenso wenig eingelöst worden, wie die ältere Vorstellung, mittels archäologischer Methodik ließen sich territoriale Ansprüche moderner Nationalstaaten rechtfertigen.[11]

Daher erscheint es angemessener in der Gewinnung methodisch abgesicherten Wissens über die prähistorische Vergangenheit zunächst einmal vor allem eine intellektuelle Bereicherung unserer modernen Kultur zu sehen, wie dies in der Mitte des 20. Jahrhunderts bereits Vere Gordon Childe

11 So z. B. Gustaf Kossinnas entsprechende Interventionen bei den Friedensverhandlungen von Versailles, dazu: Grünert 2002, 267–271.

(1992–1957) vorgeschlagen hat.[12] Dabei war sich schon Childe bewusst, dass es sich dabei keineswegs um ein wertfreies Wissen handelt. Vielmehr zeigt die Fachgeschichte eindrücklich, wie immer wieder versucht wurde, auch mit vermeintlich peripheren Wissensbeständen Politik zu treiben. In diesem Sinne haben sich Identitätskonstrukte, die auf prähistorischen Befunden aufsetzen, wiederholt als äußerst problematisch erwiesen. Dies gilt nicht nur für ältere Versuche, das Fach als eine »hervorragend nationale Wissenschaft« (Kossinna 1914) zu positionieren, sondern ebenso für jüngere Bemühungen, die archäologische Überlieferung zu einem Vehikel zur Konstruktion einer neuen europäischen Identität zu machen.[13]

Diese Mahnung ist jedoch nicht dahingehend zu verstehen, dass sich der Prähistorische Archäologe nicht für das zu interessieren habe, was um ihn herum heute vorgeht, und man ihn darin bestärken müsse, er solle seinen Interessen und Neigungen im ›Elfenbeinturm‹ eines kleinen Faches nachgehen.[14] Seine Fragen an die Überlieferung sind und bleiben immer auch diejenigen seiner Gegenwart. Das bedeutet aber ausdrücklich nicht, dass die Antworten, die es auf aktuelle Herausforderungen gibt, denen der Politik entsprechen oder dieser gefallen müssen (Veit 2022a).

---

12 »Ich bin Archäologe und verwende meine Zeit darauf, Material zu sammeln über das Verhalten von Menschen, die längst gestorben sind. Es macht mir Spaß, das zu tun, und die Gesellschaft bezahlt mich ganz gut für diese meine Arbeit. Aber weder habe ich, noch hat die Gesellschaft praktisch und unmittelbar Verwendung für das Wissen, das ich zusammentrage; ja wir sind davon überzeugt, daß dies Wissen weder die Produktion von Bomben noch die Produktion von Butter vermehren wird. Jedoch glauben wir, daß sich auch archäologische Erkenntnis eines Tages als nützlich für diese oder jene Gesellschaft erweisen wird. Ich wage sogar zu hoffen, daß die archäologische Erkenntnis, die in das vorliegende Buch eingegangen ist, insofern von Nutzen sein mag, als sie den Lesern zu besserem Denken und damit zu menschlicherem Verhalten hilft.« (Childe 1974, 135).

13 Eggert 2001/2012, 419 ff. und Eggert 2006, 203 mit Blick auf die Europaratskampagne »Archäologisches Erbe: Die Bronzezeit – Das erste goldene Zeitalter Europas« (1994).

14 Sowohl in Eggert 2001/2012, 418 als auch in Eggert/Samida 2009/2013, 311 wird die Metapher vom Elfenbeinturm der Wissenschaft aufgegriffen und durchaus positiv konnotiert: »Bei der schmähenden Verwendung des Begriffs wird gewöhnlich übersehen, dass die damit bezeichnete Weltabgeschiedenheit, letztlich eine wesentliche Voraussetzung für erfolgreiche Forschung ist.« Mit diesem Votum ist hier noch die – vor dem Hintergrund aktueller Debatten fast schon anachronistisch wirkende – Vorstellung der Existenz einer klaren Trennung zwischen der Wissenschaft selbst und der Vermittlung wissenschaftlicher Ergebnisse an die Öffentlichkeit verbunden.

Spezialisierungen im Fach ›Prähistorische Archäologie‹		
zeitlich	**räumlich**	**thematisch**
Jägerische Archäologie (ältere Steinzeiten)	Mittel- und Nordeuropa	Archäometrie / Naturwiss. Archäologie
Archäologie des Neolithikums	West- und Südwesteuropa	Archäobiologie (Archäozoologie und -botanik)
Archäologie der Metallzeiten	Ost- und Südosteuropa	*Physische Anthropologie / Archäogenetik*
[Provinzialrömische Archäologie]	Mittelmeerraum: *Klassische Archäologie*	Archäoinformatik
Archäologie des frühen Mittelalters	Vorderer Orient: *Vorderasiatische Archäologie*	Experimentelle Achäologie / Ethnoarchäologie
[*Archäologie des Mittelalters und der Neuzeit*]	Sonstige Teile der Alten Welt	Theoretische Archäologie
Industriearchäologie, Zeitgeschichtliche A.	Neue Welt (*Amerikanische Archäologie*)	Archäologiegeschichte

Tabelle 1: Fachliche Ausdifferenzierung der Prähistorischen Archäologie. – *Kursiv:* Bereiche, die heute im Rahmen eigenständiger Fachwissenschaften gelehrt werden.

Diese kurzen Hinweise mögen genügen, um anzudeuten, dass die Prähistorische Archäologie in ihrer heutigen Gestalt kein formal klar strukturiertes Gebäude darstellt. Viel eher gleicht sie einem komplexen architektonischen Gebilde mit vielfältigen An- und Umbauten. Dazu gehören neben wenigen ›Kathedralen des Wissens‹ auch aufgelassene, ruinöse Bereiche, die einer Wiederentdeckung und -verwendung harren, ebenso wie Räume im Rohbau, die für Versprechen stehen, die erst noch eingelöst werden müssen. Diese Situation ist sicher zum Teil auch der Preis für eine beispiellose Expansion und Ausdifferenzierung, die das Fach im letzten Jahrhundert nicht nur entlang der Dimensionen Raum und Zeit, sondern auch in thematischer Hinsicht erlebt hat [Tab. 1]. Dabei sind im Bereich der heute häufig so genannten »Historischen Archäologien« (U. Müller 2017) unter Übernahme des Feldforschungsparadigmas der Prähistorischen Archäologie ganz neue

Fächer entstanden.[15] Eine solche erfolgreiche Tochtergründung ist beispielsweise die ›Archäologie des Mittelalters und der Neuzeit‹, die sich – befeuert durch die konsequente Ausweitung des Denkmalbegriffs und die sich daraus ergebenden öffentlichen Verantwortlichkeiten – in den letzten 30 Jahren sehr dynamisch entwickelt hat (Scholkmann et al. 2016).

Dies gilt auch für den oben schon angesprochenen Bereich ›Archäometrie/Naturwissenschaftliche Archäologie‹, der sehr direkt von den erweiterten ingenieurtechnischen Möglichkeiten profitiert. Es gilt aber auch für die ›Archäogenetik‹ (Krause 2020) oder die ›Archäoinformatik/Digitale Archäologie‹ (Shennan 1997). Dagegen besitzen andere thematische Bereiche wie ›Experimentelle Archäologie‹ (Fansa 1990; 1997), ›Ethnoarchäologie‹ (Struwe/Weniger 1993) oder auch die ›Theoretische Archäologie‹ (z. B. Eggert/Veit 2013; Hofmann/Stockhammer 2017) gerade in Mitteleuropa noch deutliches Entwicklungspotential (s. Kap. 3, 18, 19).

Umgekehrt zeigt der Bereich der ›Archäologiegeschichte‹, im Zusammenhang mit einem gesteigerten Bedürfnis nach einer historischen Verankerung des eigenen Tuns, gegenwärtig Zeichen einer gewissen Konjunktur, die vor vierzig Jahren, als ich mich dafür zu interessieren begann, noch nicht abschätzbar war.[16] Dazu haben neue Bereiche, wie die sich parallel entwickelnde ›Genderarchäologie‹, beigetragen, die ebenfalls in starkem Umfang wissenschaftsgeschichtlich ausgerichtet war und ist.[17] Allerdings

---

15 »›Historische Archäologie‹ wird nach wie vor relativ unscharf benutzt. Die gewählten Zeitspannen, die sie abdeckt, scheinen gegenwärtig eher pragmatischen Überlegungen denn inhaltlichen Konzepten zu folgen. Deutlich wird, dass ›Historische Archäologie‹ in Europa als zeitlicher Begriff sehr weit umgrenzt wird und somit von archaischen und antiken Kulturen bis zur Gegenwart reichen kann. « (U. Müller 2017, 4). Nach Anders Andrén (1997) verbindet alle betreffenden Fächer, die Aufgabe zwischen Text- und Sachquellen zu vermitteln. Müller (2017, 3f.) beklagt indes Andréns unklaren bzw. eingeschränkten Materialitätsbegriff sowie sein eher traditionelles Verständnis von Schriftquellen. Konzept böte den Begriff daher wenig Neues gegenüber der ›Mittelalterarchäologie‹. Hervorzuheben ist darüber hinaus m. E. auch eine gewisse Doppeldeutigkeit, muss man muss sich doch fragen, ob es eine ›unhistorische Archäologie‹ geben kann – und ob diese dann durch die ›Prähistorische Archäologie‹ repräsentiert würde. Letzteres würde uns direkt ins 19. Jahrhundert zurückwerfen (s. noch Smolla 1947/1996).

16 Veit 2012 mit weiterer Literatur; s. a. Schlanger/Nordblad 2006; Eberhard/Link 2015.

17 Der zweite Schwerpunkt, die Frage nach der Rolle der Frau in der Ur- und Frühgeschichte (bzw. allgemein nach der konkreten Ausprägung von Gender-Kategorien in dieser Epoche) ist wissenschaftssystematisch Teil einer weiter gefassten Sozialarchäologie (zur Definition s. Veit 2013c). Beide Bereiche können in diesem Band aus Platzgründen ebenso wenig separat behandelt werden wie andere thematische Spezia-

führt die angedeutete Ausdifferenzierung zwangsweise auch zu einer immer größeren Spezialisierung und damit zu einer Trennung zwischen primärer Forschung und einer – wie auch immer motivierten – Fachgeschichte als dem Gedächtnis dieser Forschung. So wird eine Rückkopplung zwischen beiden Bereichen zusehends schwieriger.

Diese neue Art von Selbstreflexion hat aber immerhin dazu beigetragen, die aktuelle Fachpraxis kritisch zu überdenken, verweist sie doch auch auf die große Zahl von leitenden Hinsichten, unter denen man sich mit der Ur- und Frühgeschichte beschäftigen kann. Das Spektrum reicht von einer von Neugierde getriebenen kulturellen Praxis der Freizeitgestaltung bis hin zur Archäologie als »eine[r] allgemeine[n] Kulturtechnik zur Rettung von verlorenen Zeiten, eine[r] Maschine zur Bändigung der Furie des Verschwindens« (Ebeling 2004, 27). Entsprechend vielfältig sind die Rollen, in die (Prähistorische) Archäologen im Laufe der Fachgeschichte geschlüpft sind. Dazu gehören jene

- des Sammlers und Kenners, der sich mit Gleichgesinnten über die Gegenstände der gemeinsamen Begierde austauscht und der in der Lage ist, ein Publikum mit objektbezogenen Geschichten gelehrt zu unterhalten,
- des Entdeckers, Ausgräbers und Helden in der Tradition Schliemanns, der nicht nur entbehrungsreich ins Feld zieht, um dem Boden seine letzten Geheimnisse zu entlocken, sondern der über seine Arbeiten auch öffentlichkeitswirksam Bericht erstattet, wobei Forschungsanstrengungen und Forschungsgegenstand teilweise eins werden,
- eines sich auf Sachquellen stützenden (Kultur-)Geschichtsschreibers, der diese besondere Form von Wissen zu bewahren, zu erweitern und an nachfolgende Generationen zu vermitteln sucht [Abb. 7],

---

lisierungen (z. B. Umwelt-, Wirtschafts- und Religionsarchäologie, siehe Eggert/Veit 2013).

Abb. 7: Archäologie im Braunkohlenrevier: Breuersdorf, Sachsen. – Der Gedanke an die Bedrohung und zugleich Rettung der in Boden verborgenen Geschichtszeugnisse ist ebenso alt wie aktuell. Das Bild veranschaulicht den ungleich erscheinenden Kampf zwischen Bergbauindustrie und Bodendenkmalpflege.

- eines auf archäologische Quellen spezialisierten Verhaltensforschers, der die Anpassung von prähistorischen Gemeinschaften an ihre natürliche und soziale Umwelt erforscht und so zu generellen Einsichten in den Zivilisationsprozess zu kommen hofft,
- eines Anthropologen bzw. Kulturtheoretikers, der sich für die Regeln (v. a. langfristigen) kulturellen Wandels interessiert und damit einen Beitrag zu einem systematischen Menschenwissen leisten möchte,
- eines Kulturkritikers, der archäologische Quellen nutzt, um gegenwärtige gesellschaftliche Debatten voranzutreiben und dadurch die Welt ein wenig gerechter zu machen.

Forschung	Denkmalpflege	Museum	Archäologie-markt
Grundlagen-debatte	Denkmalarchiv	Sammlung und Erhaltung	Wissenschaftsjour-nalismus
Methodendebatte	Denkmalerhal-tung / Ausgra-bung	Bestands-erschließung	Living History, Reenactment
Archäologische Projektforschung	Öffentlichkeitsar-beit	Öffentliche Präsentation	Archäologie-Tourismus

Tabelle 2: Zentrale Arbeitsbereiche der Prähistorischen Archäologie.

Dazu kommen verschiedene inzwischen gesellschaftlich etablierte Rollen- und Berufsbilder [Tab. 2], wie das des Kustos oder des Konservators (Denkmalpflegers), von Personen also, die die ›Schätze‹ der Vergangenheit in öffentlichem Auftrag zu bewahren suchen und dabei immer auch als Vermittler ihres Wissens in der Öffentlichkeit auftreten. Vermittlungsaufgaben im Hinblick auf archäologisches Wissen nehmen heute aber zunehmend auch Journalisten, Tourismusexperten und Schausteller (*reenactment*) wahr. Insofern ist der Umgang mit prähistorisch-archäologischen Quellen nicht nur kulturelle Erinnerung, Wissenschaft und Kulturkritik, sondern zugleich immer auch Politik, Verwaltung, Kunst und nicht zuletzt auch Geschäft (s. Kap. 16).

2.3 Tradition und Aufbruch

Historisch betrachtet ist die Prähistorische Archäologie – wie die Archäologie insgesamt – trotz aller heutigen Internationalität im Kern ein Produkt des europäischen Denkens, konkreter: ein Projekt der europäischen Neuzeit. Seine zentrale Leistung ist zweifellos die Erschließung der zeitlichen Tiefe menschlicher Anwesenheit auf diesem Planeten und die Nachzeichnung von dessen sukzessiver Inbesitznahme und seiner Umgestaltung durch den Menschen. Der frühen Urgeschichtsforschung ist es damit gelungen, die Lücke, die sich mit zunehmender Vergangenheitserschließung zwischen der Naturgeschichte und jüngeren dynastischen bzw. nationalen Geschichten auftat, zu schließen. Auf diese Weise etablierte sie eine der Aufklärung verpflichtete Alternative zur biblischen Urgeschichte, die die Schöpfungsgeschichte (der Welt und des Menschen) noch kurzschlüssig mit der jüngeren

Geschichte des biblischen Volkes verbunden hatte (Veit 2014b). Wissenschaftssystematisch wird die Ur- und Frühgeschichte deshalb bis heute zumeist als Teil einer breit angelegten Universalgeschichte angesehen. Ihr spezieller, auf Sachquellen bezogener Methodenbestand hat darüber hinaus in den letzten Jahrzehnten aber auch entscheidend mit dazu beigetragen, unser Bild jüngerer Geschichtsepochen zu bereichern bzw. zu modifizieren.

<table>
<tr><td colspan="4">1. Methodische Grundlegung (frühes 19. Jh.)</td></tr>
<tr><td>›Dreiperiodensystem‹ (Ch. J. Thomsen)</td><td>Stratigraphie (Ch. Lyell)</td><td>›Antediluvialer Mensch‹ (J. Boucher de Perthes)</td><td>Ursprung der Art (Ch. Darwin)</td></tr>
<tr><td colspan="4">2. Frühe Synthesen (mittleres und spätes 19. Jh.)</td></tr>
<tr><td>Nordische Altertumskunde (J. J. A. Worsaae)</td><td>Altertumskunde in den deutschen Ländern (L. Lindenschmit)</td><td>Anthropologie, Ethnologie und Urgeschichte (J. Lubbock, R. Virchow)</td><td>Evolutionismus / Historischer Materialismus (L. H. Morgan, K. Marx, F. Engels)</td></tr>
<tr><td colspan="4">3. Kulturen und Völker in Bewegung (ausgehendes 19./frühes 20. Jh.)</td></tr>
<tr><td>Ex oriente lux (O. Montelius, V. G. Childe)</td><td>›Völkergeschichte‹ (G. Kossinna)</td><td>›Kulturkreislehre‹ (O. Menghin)</td><td>›Hyperdiffusionismus‹ (E. Smith)</td></tr>
<tr><td colspan="4">4. Neue Perspektiven (Mitte 20. Jh.)</td></tr>
<tr><td>Sozialgeschichte (V. G. Childe)</td><td>Funktionalismus (R. Hachmann)</td><td>Umweltarchäologie (G. Clark)</td><td>Archaeological Science</td></tr>
<tr><td colspan="4">5. Die amerikanische New Archaeology (ab 1960er: L. Binford u. a.)</td></tr>
<tr><td>Neoevolutionismus</td><td>Systemtheorie</td><td>Kulturökologie</td><td>Quantifizierung</td></tr>
<tr><td colspan="4">6. Reaktionen auf die New Archaeology und Weiterentwicklungen (seit 1970)</td></tr>
<tr><td>Generelle Zurückweisung der New Archaeology als ›unhistorisch‹ (G. Daniel u. a.)</td><td>Weiterentwicklung zur Prozessualen Archäologie (D. L. Clarke, C. Renfrew u. a.)</td><td>Postprozessuale Archäologien (I. Hodder, M. Shanks/Ch.Tilley u. a.)</td><td>Neue Richtungen: World & Gender Archaeology</td></tr>
</table>

Tabelle 3: Wichtige Stationen der frühen Entwicklung der Prähistorischen Archäologie im 19. und 20. Jahrhundert.

In diesem Sinne vereint das Projekt einer Prähistorischen Archäologie die Neugier der Aufklärung, die schwärmerische Begeisterung der Romantik, den Positivismus des naturwissenschaftlichen Zeitalters, Aspekte des Historismus und verschiedener Anthropologien (Historischer Materialismus, Kulturanthropologie) [Tab. 3]. Allerdings sind die gesellschaftlichen Rahmenbedingungen, die im 19. und frühen 20. Jahrhundert zur Herausbildung und Etablierung des Faches ›Prähistorische Archäologie/Prähistorie‹ beigetragen haben (Fortschrittsdenken und Ursprungssuche, Nationalismus z. T. verbunden mit Rassismus), zwischenzeitlich durch andere Dispositionen ersetzt worden. Aus der einstigen ›Vorgeschichtsforschung‹ – im Sinne einer Wissenschaft von den als kulturell einheitlich und einfach verstandenen Anfängen menschlicher Geschichte – ist eine Wissenschaft geworden, die sich mit einer Vielzahl unterschiedlicher, durchaus komplexer ›Kulturen‹ und deren räumlicher Interaktion befasst. Ja, der Begriff der ›archäologischen Kultur‹ selbst, im Sinne klar abgrenzbarer menschlicher Gemeinschaften mit einer einheitlichen kulturellen Ausstattung, ist fragwürdig geworden (s. Kap. 4.2 und 12). Dies gilt gleichermaßen auch für andere in der Entstehungszeit des Faches und weit darüber hinaus so zentrale kulturelle Ordnungsbegriffe wie ›Primitive‹ und ›Zivilisierte‹ bzw. ›Naturvölker‹ und ›Hochkultur‹.

Mit Blick auf die zunehmend undeutlicher werdende Grenze von Kultur und Natur (Latour 1995) lässt sich Entsprechendes übrigens auch für den holistischen Kulturbegriff sagen. Mensch-Objekt-Beziehungen werden deshalb heute neu, nämlich ›symmetrisch‹, gedacht. Mensch-Ding-Hybride treten an die Stelle autonomer menschlicher Akteure, die der materiellen Welt ihren Willen aufzwingen. Solche kulturtheoretischen Verschiebungen erschüttern zwangläufig das Selbstverständnis eines Faches, das seine vornehmste Aufgabe lange darin sah, darzulegen, wie menschlicher Geist sich die natürliche Umwelt Schritt um Schritt Untertan gemacht hat.[18] Denn vor allem dafür stand und steht bis heute der für das Fach weiterhin zentrale Kulturbegriff (s. Kap. 4).

Diese neue Situation stellt die Prähistorische Archäologie – wie viele andere Fächer auch – heute vor die Herausforderung, sich in einem gewissen Sinne ganz neu erfinden zu müssen. Dabei gilt es zwischen den Prinzipien der eigenen Tradition und neuen gesellschaftlichen Herausforderungen zu vermitteln. *Archaeology as Anthropology* war eine der Antworten, die das

18 Ein Beispiel dafür ist Childes (1936) klassischer Buchtitel »Man Makes Himself«.

späte 20. Jahrhundert auf die Herausforderungen der Moderne anbot und die die *Great Tradition*, die große Tradition archäologisch-altertumswissenschaftlicher Forschung des späten 19. und frühen 20. Jahrhunderts, in die *Great Divide*, die Auseinandersetzung zwischen Alter und ›Neuer‹ Archäologie, führte (Renfrew 1980) [Abb. 8]. Modernisierung und Methodisierung archäologischer Erkenntnisgewinnung waren leitende Prinzipien dieser Bewegung, die u. a. auf kulturanthropologische Modellbildung, Prozessorientierung und Quantifizierung setzte. Ihre Wirkungen reichen weit über die engere *New Archaeology*, in der diese Ideen in den 1960er Jahren erstmals erprobt wurden, hinaus. Aus einer solch modernisierten Archäologie sind in der internationalen anglophonen Forschung auf dem engeren Gebiet der Theoriedebatte in der Folge unterschiedliche postmoderne Ansätze (Poststrukturalismus, Postkolonialismus, Genderforschung usw.) bis hin zu Konzepten einer ›Symmetrischen Archäologie‹ (z. B. Olsen 2007; 2010) hervorgegangen.

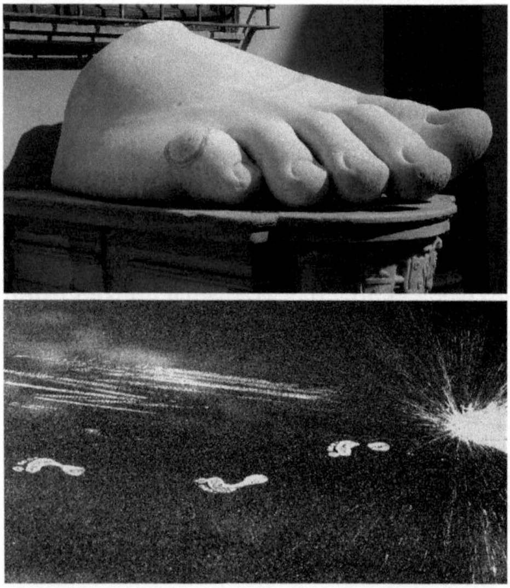

Abb. 8: Monumentalarchäologie vs. archäologische Spurensuche. Die ›*great divide*‹ (Colin Renfrew) lässt vereinfachend auch als die Trennung zwischen einer auf ›sprechende‹ Monumente und einer auf unscheinbare Spuren ausgerichteten Archäologie beschreiben. Während sich erstere auf hermeneutische Verfahren stützt, versucht Letztere soziokulturellen Wandel, wie er sich aus der Analyse unscheinbaren Spuren ableiten lässt, zu erklären.

Während Anhänger dieser verschiedenen Richtungen noch um die Deutungshoheit im Fach ringen, wird dessen Praxis und öffentliche Wahrnehmung indes weiterhin vorwiegend durch ältere kulturhistorische Fragestellungen und die eng damit verbundenen traditionellen Methoden geprägt. Im Mittelpunkt steht dabei weiterhin die quellennahe und auf Individualisierung gerichtete Rekonstruktion konkreter Fälle kulturellen Austauschs und kulturgeschichtlicher Entwicklung. Gerade im deutschsprachigen Raum hat eine Rezeption und Adoption prozessualer und postprozessualer Methodologien erst mit großer zeitlicher Verzögerung eingesetzt (Eggert 1978; Bernbeck 1997; Eggert/Veit 1998).[19] Die fachliche Erneuerung beschränkte sich hier lange Zeit auf eine technisch-methodische Ebene, etwa in Form der Etablierung neuer mathematisch-naturwissenschaftlicher Verfahrensweisen. Und selbst in diesem Bereich gab es lang andauernde Rückzugsgefechte.[20]

Erheblich verstärkt hat sich in den letzten Jahren die in Deutschland ohnehin traditionell starke naturwissenschaftlich-technische Komponente archäologischen Forschens (s. Kap. 17). Sie geht heute vielfach mit einer gewissen Tendenz zum Spektakulären einher: Gewaltexzesse, Anthropophagie, Naturkatastrophen, Archäoastronomie, weiträumige Kulturkontakte, großräumige Migrationen u. a. Alle diese Bereiche, so meint man, erschlössen sich erst durch eine interdisziplinär agierende, naturwissenschaftlich-technisch aufgerüstete Hightech-Archäologie, deren Analysen »unmittelbare Einblicke in das Leben der Vergangenheit« (Alt 2010, 12) eröffneten.[21] Im Kontext einer solchen, naturwissenschaftlich gegründeten Hightech-Archäologie erscheinen die angestammten ›Quellen‹ des Faches, die bis heute die Vitrinen und Magazine unserer Museen füllen – wie Steinartefakte, Keramik und Metallfunde – zunehmend als bloße Dekoration von (nicht ganz) neuen technisch-naturwissenschaftlich generierten Narrativen.

---

19 Mit der spezifischen Bedeutung der deutschen Teilung und die Rolle der DDR-Archäologie in diesem Zusammenhang habe ich mich an anderer Stelle befasst: Veit 2025.

20 Dies zeigt exemplarisch der Kampf um die Anerkennung der ^{14}C-Methode, dazu kritisch etwa: Eggert 1988; für die Gegenseite zuletzt: Kossack/Küster 1991.

21 Unverständlich bleibt mir in diesem Zusammenhang, dass selbst Samida und Eggert (2013, 105) diese Aussage Kurt W. Alts zustimmend kommentieren, welche doch diametral ihrer eigenen Aussage widerspricht, dass sich der kulturhistorische Aussagewert von Messungen nicht von selbst ergebe. Zugleich evoziert sie Grundüberzeugungen des Positivismus des 19. Jahrhunderts, die im Zeitalter einer theoretisch reflektierten Archäologie überwunden sein sollten.

Anders als Stefanie Samida und Manfred K. H. Eggert (2013, 101–103), die beklagen, diese neue Art naturwissenschaftlich-archäometrischer Forschung führe letztlich nur zur Sammlung von Massen kulturgeschichtlich irrelevanter Daten, bin ich der Ansicht, dass sich hinter entsprechenden Projekten durchaus konkrete Forschungsfragen verbergen. Allerdings sind es allzu oft jene des 19. und frühen 20. Jahrhunderts (so zuletzt auch Burmeister 2019, 357). Auf diese Weise erfahren mit den neuen paläogenetischen Methoden derzeit etwa die überkommenen, ethnisch vorgestellten neolithischen Kulturen ein erstaunliches *Revival* (Brandt et al. 2013; Haak et al. 2010). Zugleich bleiben dabei die Ergebnisse jüngerer kulturtheoretischer Debatten, die uns ganz neue Fragen zur Lösung aufgeben, bei der Formulierung der Forschungsfragen in diesen Kontexten oft noch unberücksichtigt (z. B. Frieman/Hofmann 2019; Brück/Frieman 2021). Vor diesem Hintergrund besitzen die dabei erzielten Ergebnisse oftmals nur einen zeitlich eng begrenzten Aussagewert (Meier/Patzold 2021). Und ohnehin werden sich die großen Fragen, die hier verhandelt werden, nicht von heute auf morgen lösen lassen – insbesondere, wenn man den breiten ideengeschichtlichen Hintergrund, in dem sie stehen, unberücksichtigt lässt.

Um nicht falsch verstanden zu werden: Ich möchte hier keiner nostalgischen Rückbesinnung des Faches auf seine ›ureigenen Quellen‹ das Wort reden und den neuen Methoden einer ›Molekularen Archäologie‹ ihre Relevanz und Berechtigung absprechen. Ich erachte es aber für überfällig, dass man über diese sich schleichend vollziehenden Veränderungen archäologischer Praxis nachzudenken beginnt und die sich daraus für das Fach ergebenden Konsequenzen ernsthaft diskutiert. Genau dazu bedarf es so etwas wie einer ›Theorie der Archäologie‹, die forschungsleitende Ideen und Fragen transparent und diskursfähig macht. Auf diese Weise bildet sie idealerweise ein Gegengewicht zu einer vor allem durch Sachzwänge und die Verfügbarkeit neuer Techniken getriebenen archäologischen Praxis. In diesem Sinne ist es begrüßenswert, dass Fragen der ›Theorie‹ in den letzten Jahren auch im deutschsprachigen Raum in einem gewissen Umfang salonfähig geworden sind.

3 Theorie(n) in der Archäologie

»Man hat zu Recht gesagt, daß die Theorie, wird sie nicht durch die Pforte einer empirischen Disziplin eingelassen, wie ein Geist durch den Kamin kommt und die Möbel in Unordnung bringt. Doch es ist ebenso richtig, dass Geschichte, wird sie nicht durch die Pforte einer theoretischen Disziplin eingelassen, die sich mit gleichen Phänomenen befasst, wie eine Horde von Mäusen in den Keller schleicht und das Fundament unterwühlt.«
(Erwin Panofsky 1975, 25)

Die Geschichte der Ur- und Frühgeschichtsforschung im deutschsprachigen Raum bietet auf den ersten Blick wenig Anknüpfungspunkte für theoretisch interessierte Archäologen.[1] Das meiste von dem, was grundsätzlich dafür in Frage käme, ist heute aus politischen Gründen obsolet – oder die entsprechenden Fachvertreter haben sich durch ihr politisches Engagement im Dritten Reich als mögliche Vorbilder disqualifiziert. Letzteres gilt etwa für die hochbegabten Oswald Menghin (1888–1973) und Herbert Jankuhn (1905–1990). Der Erstgenannte, der in den 1920er Jahren ein neues, universalhistorisches Konzept der Prähistorischen Archäologie (s. Kap. 18.1) entwickelt hat, ist nach 1945 ins argentinische Exil gegangen, der Zweitgenannte erhielt in der jungen Bundesrepublik eine neue Chance und hatte wesentlichen Einfluss auf die Weiterentwicklung der Siedlungsarchäologie zu einem interdisziplinären Ansatz.[2] Spätere Diskussionen um seine politischen Verstrickungen haben ihn in den letzten beiden Jahrzehnten posthum für große Teile des Faches zu einer Unperson werden lassen.

Eine gewisse Ausnahme unter den wenigen theorieaffinen Urgeschichtsforschern der Frühzeit der Faches bildet lediglich Karl Hermann Jacob-Frie-

---

1 Im englischsprachigen Raum hat in den 1980er Jahren die Auseinandersetzung mit dem Werk V. Gordon Childe als ein Katalysator für die Theoriedebatte gewirkt: Veit 1984.

2 Jankuhn 1977. – Seine frühen sozialarchäologischen Arbeiten waren einem Führer-Denken verbunden: z. B. Jankuhn 1942; zur Person: Steuer 2004; Mahsarski 2011.

sen (1886–1960), dessen 1928 publiziertes Buch »Grundfragen der Urgeschichtsforschung: Stand und Kritik der Forschung über Rassen, Völker und Kulturen in urgeschichtlicher Zeit« sich in Argumentation und Diktion wohltuend von anderen zeitgenössischen Grundsatztexten einer »völkischen Urgeschichtsforschung« (z. B. Kossinna 1911) abhebt.[3] Insofern erstaunt es zunächst nicht, wenn heute gerade dieses Buch einer jüngeren Generation theoretisch interessierter deutschsprachiger Archäologen eine Möglichkeit zur positiven Anknüpfung an die Geschichte des Faches zu bieten scheint.

Im Rahmen einer Tagung unter dem Titel »Die Archäologie in der Krise? Grundfragen der Urgeschichtsforschung – 76 Jahre nach Jacob-Friesen« wurde beispielsweise die von Jacob-Friesen seinerzeit gepriesene »Jugendlichkeit und Kraft« des Faches plakativ mit einer primär durch finanzielle Zwänge diktierten Fachgegenwart kontrastiert. Unklar bleibt aber selbst in der später publizierten Druckfassung der Tagungsbeiträge, wo der konkrete Beitrag Jacob-Friesens zur aktuellen Theorie-Debatte zu suchen sei. Während Manfred K. H. Eggert (2005, 220) in den jüngeren Bemühungen um eine Theorie der Prähistorischen Archäologie seit etwa 1980 einen direkten Bezug zum Anliegen Jacob-Friesens in seinem Grundfragen-Band zu erkennen meint, betont Svend Hansen (2005, 175), dass an Jacob-Friesens Buch »heute nicht mehr umstandslos angeknüpft werden« könne, weil sich die Perspektiven inzwischen zu stark verschoben hätten.

Stefan Burmeister (2005, 164) wiederum exemplifiziert diese Aussage aufs Beste, wenn er ein wünschenswertes Fachverständnis skizziert, das speziell »die Förderung des kulturellen Gedächtnisses und die kritische Begleitung gesellschaftlicher Diskurse« in den Mittelpunkt stellt. Seine Schlüsselbegriffe sind »Sinnstiftung« und »Identität« (und zwar »menschliche« und nicht »nationale Identität«, ebd.). Allerdings ist Burmeister offenbar entgangen, dass er damit dem Anliegen Jacob-Friesens, das ihm als Aufhänger für seine Ausführungen dient, dezidiert widerspricht und er im Grunde die Position der damaligen Gegner Jacob-Friesens stärkt. Denn Jacob-Friesens Programm setzte mit seinen Schlüsselkonzepten der »Fundmorphologie«, der »Fundchronologie« und der »Fundgeographie« bekanntermaßen auf eine Methodisierung der archäologischen Wissensgewinnung – und eben nicht auf ideologiekritische Grundsatzdebatten und

3 Dass auch in dieser Tradition differenzierte Argumentationen möglich waren, belegt Wahle (1941).

Fragen der gesellschaftlichen Relevanz archäologischer Studien. Jacob-Friesens Buch muss deshalb eher als Vorläufer von David L. Clarkes »Analytical Archaeology« aus dem Jahre 1968 gesehen werden denn als Vorläufer postmoderner Identitätsdebatten. Dies wird nicht zuletzt durch das Diktum, das Jacob-Friesen seiner Arbeit voranstellt, nachdrücklich bestätigt: »Voraussetzung für Wissenschaftlichkeit ist nicht Glaube, sondern Zweifel« (Jacob-Friesen 1928, 1). Clarke (1973) sprach später analog von einem Verlust der Unschuld (*loss of innocence*), der uns von den Ahnvätern unseres Faches trenne.

Ähnliches gilt auch für viele andere Aspekte der gegenwärtigen Debatte, denen Jacob-Friesen sicherlich ebenfalls energisch widersprochen hätte. So setzte er beispielsweise mit seiner Warnung, Ergebnisse anderer Wissenschaften als vermeintliche Tatsachen in die Urgeschichtsforschung einzubauen, eher auf Disziplinarität anstelle der heute oft beschworenen Inter- und Transdisziplinarität. Und statt für die Vorlage von auf eine breite öffentliche Wirksamkeit angelegten Büchern durch Fachvertreter plädierte er für eine zunächst auf Fachleute beschränkte Debatte über die Möglichkeit von größeren Synthesen im Feld der Ur- und Frühgeschichtsforschung.[4]

Hinzu kommt, dass Begriffe wie »Kulturwille« und »Kulturhöhe« heute ebenso obsolet sind wie jene spezifische Vorstellung einer genetischen »Kulturgeschichte«, für die sich Jacob-Friesen (1928, 231) stark machte. Umgekehrt spielen in seinen Ausführungen zeitbedingt heutzutage so zentrale Schlagworte wie ›*agency*‹, ›*gender*‹ oder ›*materiality*‹ keinerlei Rolle. Und selbst wenn man heute versucht, die Relevanz von Jacob-Friesens akademischem Lehrer, Karl Lamprecht (1858–1915), im Rahmen der Debatte um den sog. *Spatial Turn* (Döring/Thielmann 2008) zu begründen, so bedarf es eines großen argmentativen Aufwands (s. Veit 2014b).

Diesen hat man sich in der Prähistorischen Archäologie bisher zumeist gespart, und so offenbart sich hier nochmals das grundsätzliche Dilemma wesentlicher Teile der jüngeren Theoriedebatte innerhalb der deutschsprachigen Prähistorischen Archäologie. Statt auf eine differenzierte Untersuchung wissenschaftsgeschichtlicher Zusammenhänge setzt man einseitig entweder auf Affirmation (wie im Falle des Werks Jacob-Friesens) – oder alternativ auch Abgrenzung gegenüber älteren Ansätzen, z. B. gegenüber

4 »Alle diese synthetischen Darstellungen sind zweifellos geistreiche Versuche, aber sie sind mehr empfunden, als bewiesen. Sie sollten deswegen nicht in einer Form geboten werden, die sich an das große Publikum wendet […]« (Jacob-Friesen 1928, 233).

einer das Böse der NS-Vorgeschichtsforschung personifizierenden Gründergestalt wie Gustaf Kossinna (1858–1931) (s. Veit 2000b; Veit 2013a).

In diesem Fall wird die Fachgeschichte einfach von einer Erfolgsgeschichte (mit kleineren Rückschlägen) zu einer Missbrauchs-Geschichte umgeschrieben (Härke 2000). Zu deren zentralen Elementen gehört bis heute die Vorstellung vom nationalsozialistischen Missbrauch des Faches und dem sich daraus ableitenden »Kossinna-Syndrom« (Smolla 1980; s. a. Härke 1991; 1994) der Nachkriegszeit, das für den Positivismus archäologischen Denkens verantwortlich gemacht wird. Dies stellt eine fatale Verkürzung der von Zeitzeugen wie Günter Smolla (1919–2006) anschaulich beschriebenen, wesentlich komplexeren Verhältnisse dar. Und daher ist die historische Identität theoretischer Archäologie im deutschsprachigen Raum bis heute meist negativ bestimmt – in Abgrenzung gegenüber politisch verdächtigen, älteren Konzepten.

Die Dominanz eines solchen politischen Identitätsdiskurses geht auf der anderen Seite oft einher mit einem Defizit begrifflicher und konzeptioneller Klarheit. Statt systematisch theoretische Grundsatzpositionen zu entwickeln und von konkurrierenden Positionen abzugrenzen, werden nicht selten unterschiedliche, als modern geltende Positionen unkritisch amalgamiert. Dies liegt wohl nicht zuletzt auch an Defiziten im Bereich einer Theorie-Ausbildung für die bis heute im deutschsprachigen Raum breit etablierte Lehrformate und Lehrmaterialien fehlen (Veit 2020a).

Insofern darf es nicht überraschen, wenn ›Theorie‹ für viele Studierende – ebenso wie für manche Studierte – bis heute so etwas wie einen noch unentdeckten Kontinent darstellt (Veit 2018b). Man kennt ihn und seine merkwürdigen Bewohner – die ›Theoretiker‹ – zwar vom Hörensagen, hat aber den richtigen Weg dorthin noch nicht gefunden. Diesem Defizit möchte ich im Folgenden entgegenwirken, indem ich im weiteren Verlauf dieser Schrift versuche, einige Prinzipien einer theoretisch informierten Archäologie herauszuarbeiten. Ich tue dies nicht nur in ›archäologischer Manier‹ [Abb. 9], sondern auch auf die reale Gefahr hin, dass dadurch manches Geheimnisvolle, das ›Theorie‹ heute umrankt, verloren geht.

Abb. 9: ›Bookhenge‹: Mit etwas Fantasie kann man sich Feld der ›archäologischen Theorie‹ wie eine archäologische Ruinenstätte, etwas das südenglische ›Stonehenge‹, vorstellen. Sie bestünde in diesem Fall wesentlich aus Büchern und Buchfragmenten, die in einen Kontext zu bringen wären. Mit diesem Bild soll allerdings nicht das alte Vorurteil befeuert werden, Theoretiker setzten nur auf Buchwissen, statt sich direkt mit den unmittelbaren Quellen, den archäologischen Funden aber eben auch den fachwissenschaftlichen Praxen (s. Abb. 2), auseinanderzusetzen. – Die in einem anderen Kontext von mir beauftragte Darstellung orientiert sich an alten Stichen, die das berühmte Monument bekannt gemacht haben (s. Chippindale 2012).

In einem ersten Schritt möchte ich zunächst erkunden, welche Rolle ›Theorie‹ bei unserem Bemühen, der Gegenwart eine weit zurückliegende Vergangenheit wissenschaftlich zu erschließen, spielen könnte bzw. spielen sollte. Dazu müssen wir uns allerdings zunächst einmal darauf verständigen, was wir unter dem Begriff ›Theorie‹ fassen wollen, was also ein Denken in theoretischen Kategorien gegenüber anderen Argumentationsweisen auszeichnet.

3.1 Über Theorie

»Archäologen sind in der Nähe von Stonehenge auf einen riesigen Kreis mit auffälligen Gruben gestoßen. Sie haben auch schon eine Theorie, wozu die Anlage einst gedient haben könnte.« (Spiegel online, 22.06.2020). Diese willkürlich ausgewählte Formulierung umschreibt recht genau die öffentliche Vorstellung vom Zusammenhang zwischen Archäologie und Theorie: Archäologen entwickeln ›Theorien‹, die rätselhafte archäologische Befunde erklären. Sie beinhalten Aussagen zur ehemaligen Funktion und Bedeutung dieser Befunde, die sich im Fachdiskurs und vor dem Hintergrund weiterer Feldforschungen bewähren müssen.[5]

Diese Bedeutung, die ›Theorie‹ als Synonym zu ›Hypothese‹ oder ›Modell‹ versteht, ist auch im Fach selbst durchaus präsent und steht hier einem breiteren Verständnis von ›Theorie‹ als einem eigenen, von der archäologischen Praxis – die Interpretationspraxis eingeschlossen – abgehobenen Bereich der Grundsatzreflexion gegenüber. Danach gelten ›Theorien‹ in erster Linie als ›Werkzeuge‹, die dem Erfahrungswissenschaftler einen Zugang zur von ihm erforschten ›Realität‹ ermöglichen. Sie erfüllen dazu eine Reihe von wichtigen Funktionen. Sie liefern eine grundlegende Orientierung; sie definieren den Objektbereich; sie legen fest, welche Aspekte der Realität zum Gegenstand der Forschungstätigkeit gemacht werden sollen; sie stellen das begriffliche Bezugssystem zur Verfügung; sie erlauben, die als relevant definierten Aspekte (Dimensionen) des Objektbereichs systematisch darzustellen, zu klassifizieren und Beziehungen zu postulieren. Im Idealfall ermöglichen Theorien sogar die Vorhersage zukünftiger Ereignisse und geben Hinweise auf vorhandene Wissenslücken. In diesem Sinne sind Theorien aus dem Forschungsprozess heute nicht mehr wegzudenken.

Etwas schwieriger wird es mit der Begriffsbestimmung, sobald nicht mehr von ›Theorien‹, sondern von ›Theorie‹ als einem Kollektivsingular die Rede ist. In diesem Fall könnte man vielleicht so formulieren: ›Theorie‹ markiert ›das Andere‹ normaler Forschung. Der Begriff kennzeichnet eine

5 Eine glänzende Parodie auf den Prozess (rechts-)archäologischer Theoriebildung bietet auch Hans Traxlers (1979) Schrift »Die Wahrheit über Hänsel und Gretel«, mit der er 1964 Öffentlichkeit und Medien narrte. Beide taten sich schwer damit, die vermeintlich auf archäologischen Fakten gründende Umdichtung des Grimmschen-Märchens als *Fake* einzuordnen (ebd. 129 ff.). Eine dazu passende, ebenfalls bei der Archäologie ansetzende Medienkritik bietet der »Archaeology Today«-Sketch der britischen Komikertruppe *Monty Python's Flying Circus* (Drehbuch in Gratzke 1995, 38–44). Das populäre Verständnis von ›Theorie‹ ist auch Gegenstand des Monty Python-Sketches »Theory on Brontosauruses by Anne Elk« (ebd. 172–175). Der Zusammenhang zwischen paläontologischer und archäologischer Theoriebildung wird uns später noch beschäftigen (Kap. 17). – Die oben erwähnte ›Rechtsarchäologie‹, deren Ursprung im späten 19. Jahrhundert auf den durch Jacob Grimm (1786–1863) geformten und komplexen Begriff ›Rechtsaltertümer‹ zurückgeführt wird, hat es ungeachtet der oben geschilderten Episode zwischenzeitlich zur eigenständigen Fachdisziplin entwickelt (Lück 2012, 35–37). Sie befasst sich aus rechtsgeschichtlicher, aber zunehmend auch aus feldarchäologisch-denkmalpflegerischer Perspektive »mit der Erforschung, Auswertung, Systematisierung und Inventarisierung von Sachzeugen der (in der Regel älteren) Rechtslebens einschließlich der damit verbundenen Örtlichkeiten, Symbolik und Handlungen« (ebd. 35).

reflexive Haltung, die im Gegensatz zur Geschäftsmäßigkeit der ›normalen‹ Forschung steht und etablierte fachwissenschaftliche Konzepte und Praxen konsequent hinterfragt.[6] Das setzt ein Zurücktreten von der aktuellen ›Forschungsfront‹ zugunsten einer Grundsatzreflexion über Sinn und Ziel des eigenen (wissenschaftlichen und gesellschaftlichen) Tuns voraus. Theorie in diesem Sinne bezeichnet also immer ein Denken in großen Zusammenhängen, welches über die engere Fachwissenschaft und zugleich auch über die Wissenschaft hinaus in gesellschaftliche und politische Zusammenhänge weist.

Innerhalb dieser weiten Bestimmung lassen sich verschiedene Grundhaltungen unterscheiden. Als *Avantgarde* verspricht Theorie eine Befreiung von den Fesseln des etablierten wissenschaftlichen Weltbildes, ein Aufbrechen des *Common Sense.* Als *Aufklärung* sucht sie nach rationalen Erklärungen für bisher unhinterfragt als gegeben Akzeptiertes. Als *Ideologiekritik* geht es ihr um die Aufdeckung subjektiver Befangenheiten der gegenwärtigen Forschung, um Bewusstmachung von deren Vorurteilen und ideologischen Voreingenommenheiten. Aus diesem Grunde war mit Theoriedebatten in der Vergangenheit nicht selten der Aufruf zum aktiven ›Kampf‹ gegen das wissenschaftliche und gesellschaftliche Establishment verbunden – verstanden auch als Einsatz gegen die Benachteiligung bestimmter gesellschaftlicher Gruppen und für eine neue Ethik der Brüder- bzw. Schwesterlichkeit (s. Kap. 19). Tatsächlich dürfte hier jedoch nicht selten auch ein ausgeprägter Wille zur Macht leitend gewesen sein.

Anders als unter ›Theoretikern‹ ist in den Augen des anerkannten wissenschaftlichen ›Praktikers‹ Theorie häufig nicht nur unangenehm, sondern gilt als ein Ärgernis, trägt sie in seinen Augen doch eher dazu bei, konkrete Forschungsfortschritte zu verhindern als sie zu befördern (Krausse 2006, bes. 21). Aus der begrenzten Perspektive dessen, der in einem abgeschlossenen konzeptionellen Rahmen die empirische Forschung voranbringen und ›normale Wissenschaft‹ (Thomas S. Kuhn 1976) betreiben möchte, ist eine solche Einschätzung durchaus konsequent. Allerdings verhindert sie nachhaltig, dass die blinden Flecken, die jedes Fach besitzt, ausgeleuchtet werden.

Insofern als die Theorie gerade an diesem Punkt ansetzt, ist sie als ein gefährliches bzw. subversives Denken zu qualifizieren, das Wissenschaft und

---

6 Dazu auch Thomas S. Kuhns (1976) klassische Unterscheidung zwischen ›normaler Wissenschaft‹ und ›Wissenschaft in der Krise‹.

auch Gesellschaft herausfordert, indem es das, was zu einem bestimmten Zeitpunkt als gesichertes Wissen gilt, in Frage stellt. Und in diesem Sinne ist sie immer mit einer gewissen Anmaßung verbunden, nämlich der, es besser zu wissen – und der für Außenstehende verstörenden Gewissheit des Theoretikers, letztlich darin bestätigt zu werden. Dies führt nicht selten zu schroffen Reaktionen, die Theorieaffinität für den ›Theoretiker‹ selbst auch als Stigma erfahrbar werden lassen können.[7]

Wie insbesondere die englischsprachige archäologische Grundsatzdebatte exemplarisch zeigt, ist ›Theorie‹ zudem eng an die ›soziale Person‹ des ›Theoretikers‹ gebunden, die mit programmatischen Aussagen eine bestimmte Denkrichtung, in bewusster und nicht selten polemischer Abgrenzung zu anderen, älteren Ansätzen, vorgibt.[8] Das Ergebnis theoretischer Reflexion findet dabei seinen vornehmsten Ausdruck in einer besonderen literarischen Gattung: dem theoretischen Manifest, das mitunter durchaus monographische Dimensionen annehmen kann. Diese Publikationsform prägt ihrerseits wiederum eine Kernpraxis theoretischer Basisarbeit: die – zu bestimmten Zeiten auch kollektive – Lektüre schwieriger Texte in der Erwartung, so zum innersten Kern wissenschaftlicher Grundfragen vorzustoßen (Felsch 2015; Raulff 2014).

---

7 So hat Bernhard Hänsel (2001) etwa in einer Besprechung Eggert vorgeworfen, mit seiner theoretisch ausgerichteten Einführung in die Prähistorische Archäologie (Eggert 2001/2012) verfolge er in erster Linie das Ziel einer »Abrechnung« mit dem Fach, speziell mit der deutschen Prähistorie der Nachkriegszeit. Ausgangspunkt für diesen Streit ist, dass Eggert es sich nicht hat nehmen lassen, die Nichtübereinstimmung der Realität des Faches mit seiner abstrakten Vorstellung davon entsprechend deutlich zu kommentieren. Die Ausführungen Hänsels sind in vieler Hinsicht überzogen, lesenswert sind sie dort, wo ein Gegenkonzept zu dem Eggerts aufscheint, etwa wenn er sich dezidiert gegen den von Eggert geforderten Rückzug des Faches in den berühmten ›Elfenbeinturm‹ positioniert. Dass Eggert in diesem Punkt selbst nicht ganz konsequent ist, hat berechtigterweise Michael Strobel (2002) in seiner Besprechung des Eggert-Bands anklingen lassen. Hansen (2001a) beklagt im selben Kontext, Eggert habe durch die spezielle Ausrichtung seiner Arbeit auf den »›empirie-nahen Kern‹ des Faches« (Eggert 2001/2012, 5) die Chance vergeben, dem Fach eine längst überfällige Einführung in theoretische Orientierungen zu geben.

8 Wissenschaftsgeschichtlich betrachtet handelt es sich dabei um ein relativ junges Phänomen, das mit dem Aufkommen der amerikanischen *New Archaeology* verbunden werden kann. Es wird exemplifiziert durch Personen wie Lewis R. Binford, David L. Clarke, Colin Renfrew, Ian Hodder (dazu z. B. Veit 1998). Ihnen gegenüber steht der »Great Synthesizer« im Sinne Childes (Trigger 1980) und der Feldarchäologe älteren Schlags, dem Kent Flannery (1982) mit seinem »Golden Marshalltown« ein Denkmal gesetzt hat.

Dies kollidiert natürlich mit der unter Archäologen immer noch weit verbreiteten Grundüberzeugung, die Wahrheit sei letztlich im Boden verborgen und sie warte nur darauf freigelegt zu werden. In diesem Sachverhalt dürfte der tiefere Grund dafür liegen, dass es eine theoretische Archäologie bis heute so schwer hat. Überall dort, wo es eine solche aber gibt (wie im englischsprachigen Raum oder aber auch in Frankreich[9]), finden wir die oben skizzierten generellen Elemente von ›Theorie‹ auch in der Prähistorischen Archäologie.

3.2 Theorie in der deutschsprachigen Archäologie

Im deutschsprachigen Raum hat sich eine ›Theoretische Archäologie‹, die diese Bezeichnung verdient, erst in den letzten drei bis vier Jahrzehnten entwickelt. Dies zeigt sich nicht zuletzt daran, dass es echte ›Programmschriften‹ jenseits bloßer forschungsgeschichtlicher Bilanzen oder Beiträge mit einem engen thematischen Fokus (z. B. auf die Frage der ethnischen Deutung oder eine materialistische Urgeschichtsforschung) hier regelmäßig erst seit den 1990er Jahren gibt.[10] Neben renommierten Forschern, die die

9 Die in Deutschland wenig beachtete Theoriedebatte in der französischsprachigen Archäologie wurde – in der Nachfolge ihres Begründers und sicherlich bedeutendsten Vertreters André Leroi-Gourhan (1911–1986) – lange wesentlich durch Jean-Claude Gardin (1925–2013) und Alain Gallay (1938-2021) repräsentiert, die Informatik und Semiotik ins Zentrum ihrer Arbeit stellten (Gardin 1980; Gallay 1986). Paul Courbin (1922–1994) publizierte außerdem eine viel beachtete Abrechnung mit der amerikanischen *New Archaeology* (Courbin 1988). Während Technologiestudien aber auch ethnoarchäologische Ansätze in der frankophonen Theoriedebatte eine lange Tradition besitzen, hat in jüngerer Zeit die Idee einer Symmetrischen Archäologie an Bedeutung gewonnen. Eine wichtige Rolle spielt hier Laurent Olivier (2008; 2019), der die Gegenwärtigkeit des Archäologischen betont und (von der Protohistorie kommend) die Zeitgeschichtliche Archäologie für sich als Forschungsfeld entdeckt hat. Zur Einordnung der Ansätze siehe auch Cleuziou et al. 1991; Dallas 2016; Gallay 2016; Moscati 2016.

10 Als Vorläufer könnte man Beiträge von v. Uslar 1955; Bittel 1967; Narr 1974 und U. Fischer 1987 nennen. – Der relative Mangel an derartigen Publikationen ist aber nicht so zu verstehen, dass man in der Nachkriegszeit weitgehend darauf verzichtet hätte, grundsätzlicher über das eigene Tun nachzudenken. Man publizierte jedoch viel quellennäher und thematisch enger, was sicherlich auch mit den seinerzeit noch deutlich schwierigeren Produktionsbedingungen für wissenschaftliche Publikationen zusammenhing (siehe z. B. Smolla 1996, ein für lange Zeit unveröffentlicht gebliebener Beitrag aus dem Jahr 1947). Noch entscheidender dafür mag jedoch gewesen sein, dass die Ziele und epistemologischen Grundlagen des Faches noch weniger umstritten waren als heute (antiquarische Grundstimmung und begrenzte historische Zielsetzung), was

Situation der deutschen Ur- und Frühgeschichtsforschung einem fachübergreifenden oder internationalen akademischem Publikum nahe bringen wollen (Narr 1990; Kossack 1992), sind es jetzt v. a. jüngere Forscher, die mit ihren Beiträgen vor dem Hintergrund internationaler Debatten im Fach neue Akzente zu setzen versuchen. Entsprechend geht es in den Beiträgen um den Abbau von Herrschaftsstrukturen im Fach und eine offene Debattenkultur (Härke 1992), eine Öffnung gegenüber theoretischen Ansätzen und kulturanthropologischer Modellbildung (Eggert 1992), eine Anpassung des Faches an die veränderten gesellschaftlichen Rahmenbedingungen (Siegmund 2001) sowie um eine konsequentere Abkehr von Positivismus (Meier 2012).

Dadurch wird eine ältere Reflexion über routinemäßig im Fach angewandte Methoden und deren Konsequenzen für unser Bild der Vergangenheit, wie sie sich beispielsweise im systematischen Nachdenken über archäologische Quellenfilter und damit verbundene Erkenntnisgrenzen (Eggers 1959; ähnlich: Piggott 1965) spiegelt, um eine ›ideologiekritische‹ Perspektive ergänzt. In diesem Rahmen spielte auch die – vergleichend betrachtet eher späte – fachgeschichtliche Aufarbeitung der NS-Vorgeschichtsforschung, ihrer Vorläufer und Folgen eine wichtige Rolle (Smolla 1980; Härke 2000; Leube 2002).

Archäologisch gegründete Vergangenheitsbilder erscheinen in diesem neuen Zusammenhang weniger als Rekonstruktionen denn als moderne Konstrukte, die es mit Blick auf die spezifischen sozialen Hintergründe (Schichtzugehörigkeit, Geschlecht, Rasse usw.) und Interessen der beteiligten Forscher zu dekonstruieren gelte. Allerdings ist daraus bis heute kein *Mainstream*-Phänomen geworden, sondern lediglich ein Seitenast der weiteren Fachdebatte. Und auch die ›soziale Person‹ des ›Theoretikers‹ als einer Institution fachwissenschaftlicher Grundlagenreflexion ist im deutschsprachigen Raum bislang eher schwach entwickelt. Dies liegt, wie bereits angedeutet, teilweise sicher auch daran, dass sich der Prähistorische Archäologe seinem Habitus und Selbstverständnis nach nicht als der klassische *homme de lettres* versteht. Eine ausgefeilte Rhetorik liegt ihm in der Regel ebenso fern wie literarische Ambitionen. Dominant ist vielmehr der pragmatisch vorgehende Praktiker. Entsprechend stehen viele Vertreter dieses Faches dem ›Spekulativen‹ und ›Theoretischen‹ heute in ihrer Mehrheit eher zurückhaltend gegenüber.

---

mit der Überschaubarkeit des Faches und den spezifischen Reproduktionsbedingungen im Fach zusammenhing (Härke 1994).

Anders als häufig vermutet wird (Wolfram/Sommer 1993; Härke 2000), ist diese Haltung m. E. weniger Ausdruck dessen, was einmal als das »Kossinna-Syndrom« der deutschen Vorgeschichtsforschung (Smolla 1980) beschrieben wurde, also eine direkte Gegenreaktion auf den ›Missbrauch‹ des Faches für politische Zwecke im Dritten Reich.[11] Sie ist vielmehr vor allem ein Erbe des positivistischen Denkens des 19. Jahrhunderts, dem das Fach in seiner heutigen Form seine Entstehung verdankt.[12] Konstitutiv für seine Entstehung war die strikte Abgrenzung gegenüber fiktiven, philosophischen Urgeschichten[13] und damit verbunden der Anspruch, Aussagen über die Vergangenheit an die Untersuchung (Beobachtung) authentischer Quellen zu binden – und somit geschichtsphilosophischer Spekulation so weit wie nur möglich zu entsagen.

Erst die Rezeption der seit den 1960er Jahren im englischsprachigen Raum geführten Debatten um eine ›Theorie der Archäologie‹ hat auch im deutschsprachigen Raum zumindest in Teilbereichen des Faches zu einer veränderten Wahrnehmung von dessen Aufgabenstellung geführt und das reflexive Potential erhöht (Eggert 1978b; Bernbeck 1997; Eggert/Veit 1998). Paradigmastiftend haben sie bislang aber nicht gewirkt, obwohl der grundlegende Zusammenhang zwischen Geschichte und Theorie lange bekannt ist. Vielmehr sind große Bereiche des Faches bis heute von diesen Entwicklungen weitgehend unberührt geblieben, was sich nicht zuletzt auch am Fehlen breiter, kontrovers geführter Grundsatzdebatten ablesen lässt. Die leitenden Grundsätze fachwissenschaftlichen Arbeitens werden allenfalls in eher ›zeremoniellen‹ Zusammenhängen zu besonderen Anlässen wie Museums- oder Ausstellungseröffnungen bzw. Jubiläumsveranstaltungen zentraler Fachinstitutionen, beschworen (zuletzt: Wemhoff/Rind 2018). Dies

---

11 Der Wissenschaftshistoriker Mitchell G. Ash (2001) lehnt Begriffe wie ›Missbrauch‹ oder ›Indienstnahme‹ in diesem Zusammenhang als unreflektierte Moralisierungen ab und geht von einem fundamental zweiseitigen Prozess aus. Wissenschaft und Politik hätten als Ressourcen für einander gedient. In aktuellen Beiträgen zur Archäologiegeschichte dominiert häufig ein stark moralisierender Tonfall. Zur Kritik: Veit 2013a.

12 Insofern bin ich anders als Sabine Wolfram (2000, 187) nicht der Meinung, dass die implizite Leitvorstellung »Vorsprung durch Technik« ein Symptom des Kossinna-Syndroms ist. Man hat vielmehr schon in der positivistischen Frühphase des Faches auf stark Technik gesetzt. Die gilt später auch für herausragende Vertreter der NS-Archäologie wie Hans Reinerth oder Herbert Jankuhn. Letzterer war ja auch in der Nachkriegszeit eine bestimmende Gestalt.

13 Gemeint sind damit hypothetische Mutmaßungen über den Urzustand menschlicher Gesellschaft, wie bei Lewis Henry Morgan (1908) oder Friedrich Engels (1884/1919).

schließt zwangsläufig eine kontroverse Debatte, wie sie der Begriff ›Theorie‹ impliziert, aus (Veit 2022a).

Vor diesem Hintergrund verwundert es nicht, dass dieser Begriff im archäologischen Sprachgebrauch bis heute nicht nur vielerorts noch immer eher negativ konnotiert ist, er wird häufig auch negativ definiert, nämlich durch Bezugnahme auf sein vermeintliches Gegenteil: Praxis, gesichertes Wissen. Dementsprechend fällt in diese Kategorie alles, was nicht den unmittelbaren Umgang mit den archäologischen Primärquellen (Ausgrabung usw.) betrifft oder aber ganz konkreten fachpraktischen Zielen dient (z. B. Denkmalschutz, museale Vermittlung). Die Kennzeichnung eines Ansatzes als ›theoretisch‹ entspricht damit in gewisser Hinsicht der im Fach verbreiteten Kennzeichnung eines Fundes oder Befundes als ›rituell‹ im Sinne von ›alles was nicht praktisch erklärbar ist‹: Wir wissen es nicht genau zu sagen – und genau deshalb ist der Gegenstand als ›rituell‹ (respektive: ›theoretisch‹) zu klassifizieren (s. Kap. 9.2). Solche Residualkategorien des noch Unverstandenen sind für ein tiefer reichendes Verständnis der Zusammenhänge indes generell nur wenig hilfreich. Notwendig ist vielmehr eine positive Gegenstandsbestimmung. Einer solchen kann man sich dadurch annähern, dass man sich über die Aufgaben verständigt, die Theorie für ein Fach wie die Prähistorische Archäologie zu leisten hat (s. Veit 2020a).

3.3 Bausteine zu einer Theorie der Prähistorischen Archäologie

Eggert (1996, 17) hat im Hinblick auf eine Theorie der Prähistorischen Archäologie bereits vor längerer Zeit drei inhaltlich eng miteinander verbundene, aber analytisch voneinander trennbare Bereiche herausgestellt:

1. eine *Theorie der archäologischen Erkenntnis*, in deren Zentrum ein Nachdenken über die Struktur archäologischer Quellen und den spezifischen – Eggert zufolge wesentlich analogischen – Charakter archäologischer Interpretationen stehe,
2. eine *Theorie der materiellen Kultur*, deren Aufgabe es sei, den Stellenwert und die Funktion von Sachgütern im kulturellen Gesamtzusammenhang zu bestimmen, sowie
3. eine *Theorie der archäologisch-kulturanthropologischen Interpretation*, deren Aufgabe es sei, das gegenseitige Verhältnis von Archäologie und

Kulturanthropologie zu bestimmen und Möglichkeiten ihrer Integration aufzuzeigen.

Damit hat er eine Diskussionsgrundlage geschaffen, von der aus sich eine konkretere Vorstellung einer Theorie der Prähistorischen Archäologie und ihrer Arbeitsbereiche entwickeln lässt. Allerdings bin ich der Ansicht, dass Eggerts Modell mindestens in zweierlei Hinsicht ergänzungsbedürftig ist. Die vorgeschlagene Konzeptualisierung unterschlägt zunächst einmal, dass sich eine Theorie der Prähistorischen Archäologie zwangläufig nicht nur auf den archäologischen Erkenntnisvorgang selbst, sondern auch auf den mit diesem anvisierten ›Geschehenszusammenhang‹ bezieht; sie besitzt also einen epistemologischen (= erkenntnistheoretischen) und einen ontologischen (= gegenstandstheoretischen) Aspekt. Es handelt sich einerseits um eine Reflexionsform der archäologischen Forschungspraxis, andererseits um ein System von Aussagen über das Wesen menschlicher Kultur und insbesondere über Prozesse zeitlicher Veränderung.[14] Eine Theorie der Archäologie muss deshalb immer auch eine *Theorie der Kultur* bzw. eine *Theorie des kulturellen Wandels* bzw. des geschichtlichen Verlaufs beinhalten. Als Kulturwissenschaft teilt sie diese mit zahlreichen anderen Fächern (Ethnologie, Soziologie, Geschichte, Kunstgeschichte usw.). Lediglich in Fragen der Operationalisierung wird sie gezwungen sein – im Hinblick auf ihre spezifischen Quellen – eigene Lösungen zu entwickeln. Insgesamt sollte jedoch eine gewisse Kompatibilität der Grundbegriffe und Leitkonzepte bestehen bleiben.

14 Smolla (1964, 33) sprach diesbezüglich schon in den sechziger Jahren von einer »notwendigen Polarität zweier Fragestellungen: der historischen – was wissen wir von der Vergangenheit? – und der archäologischen – was können wir aus den sichtbaren Überresten dieser Vergangenheit unmittelbar erschließen?« Dabei diagnostizierte er ein Missverhältnis zu Lasten des historischen Aspekts.

	»Metaarchäologie«	
»Theorien mittlerer Reichweite« als Grundlage archäologischer Methodik		
Formationstheorie	Ethnoarchäologie	Experimentelle Archäologie
Spezifische Theorien in der Archäologie Archäologische Theorien & Theorien in der Archäologie		
Mikrotheorien	Mesotheorien	Makrotheorien

Tabelle 4: Unterschiedliche Ebenen archäologischer Theoriebildung. Die »Metaarchäologie« als systematisierte Selbstreflexion der Archäologie entspricht der sog. »Historik« in der Geschichtswissenschaft. »Theorien mittlerer Reichweite« versuchen die Lücke zwischen vergangener Realität und archäologischen Befund durch bestimmte Formen der Generalisierung zu überbrücken.

Andererseits aber ist eine ›Theorie der Archäologie‹ immer auch mehr als eine Theorie der archäologischen Wissenschaft(en). Sie kann sich nicht nur auf die Reflexion der fachlichen und methodischen Verfahren der archäologischen Erkenntnis beschränken, sondern sollte auch die lebensweltlichen Ursprünge des archäologischen Denkens sowie seine lebenspraktischen Funktionen der kulturellen Orientierung mit einbeziehen. Aus diesem Grunde wäre Eggerts Liste zusätzlich noch um eine *Theorie archäologischen Wissens* zu erweitern. Sie hätte die gesellschaftlichen Bedingungen und soziokulturellen Funktionen archäologischen Wissens zu thematisieren.

Auf der Grundlage dieser Vorüberlegungen lassen sich m. E. drei wesentliche Ebenen prähistorisch-archäologischer Theoriebildung unterscheiden [Tab. 4]:

1. Der weite Bereich dessen, was ich mit dem Begriff ›Metaarchäologie‹ bezeichnen möchte.[15] Darunter verstehe ich die Gesamtheit des Nach-

15 Der Amerikaner Lester Embree (1992, 35) gibt folgende Definiton von »metaarchaeology«: »Some theoretical archaeologists have contributed, in varying degrees, to discussions of archaeological logic, archaeological epistemology, and archaeological metaphysics. Their work falls in the same class as programmatic writings, critiques of culture history and cultural reconstructionism, discussion of the wider significance of methods, and the history of archaeology as written within the discipline. The unifying theme here is a concern with how archaeology is, has been, ought to be

denkens über die kognitiven, historischen und sozialen Grundlagen archäologischen Forschens. Dazu gehört die Reflexion über die generellen strukturellen Bedingungen und Beschränkungen archäologischer Erkenntnis ebenso wie das Nachdenken über die sich wandelnde Stellung des Faches Archäologie im Rahmen von Wissenschaft und Gesellschaft. Einen Kernaspekt markiert dabei die Frage nach dem angemessenen Erkenntnismodus (Erklären/Verstehen) gerade auch vor dem Hintergrund der Spezifik des archäologischen Quellenzugriffs. Einen anderen zentralen Aspekt bildet die Frage nach dem Verhältnis der Ur- und Frühgeschichtlichen Archäologie zu anderen archäologischen Disziplinen ebenso wie zu ihren Nachbarwissenschaften, insbesondere zu Geschichtswissenschaft, Ethnologie und zu den Naturwissenschaften.

2. Davon abzugrenzen ist der weite Bereich der ›Theorien mittlerer Reichweite‹. Darunter verstehe ich in lockerer Anlehnung an die englischsprachige Diskussion jene Gruppe von Theorien, mit denen man die Lücke zwischen dem archäologischen Befund, der grundsätzlich statischen Charakter hat, und der Dynamik des vergangenen kulturellen Systems zu schließen versucht. Theorien dieser Art beschreiben Prozesse, die dazu führen, dass aus einem lebendigen kulturellen System die heute noch erhaltenen Quellen selektiert und konserviert wurden. Zu diesem Bereich gehören neben einer archäologischen Formationstheorie, wie sie von Michael B. Schiffer u. a. konzipiert wurde[16], insbesondere die Ethnoarchäologie (bzw. entsprechende Analogie-Konzepte) und die Experimentelle Archäologie. Sie liefern die Grundlage für eine Beurteilung der grundsätzlichen Aussagekraft der gängigen archäologischen Analy-

---

or ought not to be practised. ›Metaarchaeology‹ seems a good general name for secondary, reflective, and non-substantive research of this sort.« Er hebt sie gegenüber einer »philosophy of archaeology«, wie sie von ausgebildeten Philosophen betrieben wird, ab: »Metaarchaeology and philosophy of archaeology can be confused because they have similar themes. Both stand back from substantive research and ask how it obtains its result, what it assumes, how it ought to proceed, and so on. But when archaeologists engage in metaarchaeology they do so out of archaeological concerns, for archaeological purposes, and they present their results to archaeological audiences. When a philosopher of archaeology (who is a philosopher of science) philosophies about archaeology it is from within a different discipline, for different purposes, and before a different audience. These considerations are significant because members of distinct disciplines are differently trained« (ebd.).

16 Schiffer 1976; für den deutschsprachigen Bereich siehe auch die Arbeit von Ulrike Sommer (1991) zur archäologischen Taphonomie.

semethoden wie Stilanalysen, regionale und lokale Siedlungsanalysen oder Gräberanalysen.

3. Schließlich gibt es noch den weiten Bereich spezifischer Theorien, also von Verallgemeinerungen, die zur Erklärung ganz bestimmter empirisch ermittelter Sachverhalte konzipiert wurden. Sie lassen sich unter anderem nach dem Grad ihrer Ausformulierung (in *ad hoc*-Theorien bzw. systematisch entwickelte Theorien), nach ihrer Komplexität (einfache, komplexe Theorien), nach ihrer Herkunft (aus der Archäologie oder aus anderen Disziplinen), nach ihrer zeitlichen Orientierung (synchron/diachron) sowie nach ihrem möglichen Gegenwartsbezug differenzieren.

Wichtigstes Kriterium bildet hier die Reichweite. Entsprechend können wir idealtypisch Makro-, Meso- und Mikrotheorien unterscheiden. Beispiel für eine archäologische Makrotheorie, wäre etwa der in jüngerer Zeit verschiedentlich von Archäologen aufgegriffene Welt-System-Ansatz des Historikers Immanuel Wallerstein (1986), der in den Augen seiner Verfechter in der Archäologie (Kristian Kristiansen, Andrew Sherratt, Patrice Brun u. a.) Erklärungen für großräumige Verbreitungen bestimmter Wirtschafts- und Gesellschaftsformen und ihrer Dynamik liefert.[17] Eine entsprechend große Reichweite besitzen aber auch die verbreiteten Neolithisierungstheorien bzw. die Theorien zur Entstehung sozialer Komplexität bzw. zur Staatsentstehung. Speziellere Theorien beschäftigen sich dagegen mit der Erklärung regionaler oder lokaler Erscheinungen. Sie beantworten etwa die Frage, was die Ursache des Siedlungsabbruchs in der Region X oder an der Fundstelle Y gewesen sein könnte.[18]

Neben der Frage nach der Reichweite einzelner Theorien verdient die Unterscheidung zwischen synchronen und diachronen Theorien Beachtung: Synchrone Theorien liefern Erklärungen spezifischer Sachverhalte bzw. Erscheinungen. Dazu gehören beispielsweise Aussagen über die vermutete ehemalige Funktion bzw. Bedeutung einer bestimmten Objekt- bzw. Befundgruppe. Diachrone Theorien liefern dagegen Erklärungen für sich im Befundbild abzeichnende Veränderungen. Die Ursachen können sowohl exogener Natur (wie im Diffusionismus) als auch endogener Natur (wie im Funktionalismus) sein. Eine forschungsgeschichtlich besonders wichtige

17 Siehe dazu etwa Kristiansen 1998 oder Sherratt 1993.

18 Schon eine solche Aussage erfüllt streng genommen die Definitionskriterien, die oben gegeben wurden: Sie macht eine allgemeine Aussage, die inhaltlich über eine bloße Konstatierung eines Hier und Jetzt hinausgeht.

Gruppe diachroner Theorien sind die ›Ursprungstheorien‹ (z. B. Theorien zum Ursprung der Germanen bzw. Indogermanen, der Metallurgie, der Brandbestattungssitte usw.). Der Übergang zwischen den genannten beiden Gruppen von Theorien ist allerdings fließend, da wir regelmäßig gezwungen sind, aus statischen Befunden (etwa aus der einer bestimmten archäologischen Objekt- bzw. Befundgruppe) auf dynamische Prozesse zu schließen.

Mit diesen Überlegungen ist zumindest ein erster grober Rahmen gegeben, wie eine Theorie der Archäologie nicht nur unter wissenschaftsgeschichtlichen Gesichtspunkten als Abfolge konkurrierender Paradigmen, sondern auch unter systematischen Gesichtspunkten konzipiert werden könnte und welche Arbeitsbereiche sie abzudecken hätte.[19]

Diese Konkretisierung mag auch dabei helfen, falsche Erwartungen an Theorie zu vermeiden. Denn die Rolle von ›Theorie‹ in der Archäologie wird heutzutage sowohl über- und unterschätzt. Unterschätzt wird sie überall dort, wo man meint, auf sie verzichten zu können, überschätzt dort, wo man meint, sie biete einfache Lösungen für komplizierte Probleme. Dies geht mitunter sogar so weit, dass angenommen wird, Theorie sei in der Lage, Defizite archäologischer Quellenüberlieferung zu kompensieren. Wer dies erwartet, wird zwangsläufig enttäuscht werden.

Andererseits ist ›Theorie‹ aber auch kein Hexenwerk, keine Geheimkunst, die einzig wenigen Eingeweihten vorbehalten bleibt. ›Theorie‹ im hier verstandenen Sinne meint zunächst v. a. das Bemühen um ein klares Denken, das Zusammenhänge transparent macht. Voraussetzung dafür ist nicht zuletzt eine gut reflektierte Begrifflichkeit, die es ermöglicht, komplexe Problemlagen, wie sie ein Nachdenken über Archäologisches reichlich bietet, präzise und zugleich anschaulich zu beschreiben. Denn viele der aktuellen Verständigungsprobleme im Fach resultieren letztlich aus einer unreflektierten und uneinheitlichen Verwendung entsprechender fachwissenschaftlicher Begriffe und Konzepte [Tab. 5].

---

19 Zur Theorie und ihren praktischen Nutzen siehe auch M. A. Kaeser (2018), der sich auf die international weniger bekannte Theoriedebatte in der französischen Archäologie beruft s. Cleuziou et al. 1991; Scarre 1999.

Paradigmen	Leitbilder	Konzepte	Methoden
Dem Einzelfach übergeordnete, epochenspezifische Leitideen, die eine bestimmte Betrachtungsweise der zu untersuchenden Phänomene vorgeben.	Mehr oder minder hypothetische, nur teilweise explizierte Vorstellungen über Elemente ur- und frühgeschichtlicher Lebensweise und Kultur (›Theorien‹ im umgangssprachlichen Sinn).	Empirisch begründbare und überprüfbare Sachverhalte die v. a. die zeitliche, räumliche und soziale Gliederung des Fundstoffes betreffen.	Auf bestimmten Grundprinzipien aufbauende Verfahren zur zeitlichen, räumlichen und kulturellen Ordnung archäologischer Materialien. Diesen Methoden sind bestimmte Techniken zugeordnet, mit denen routinemäßig Untersuchungen durchgeführt werden können.
›Evolutionismus‹	›heidnische Vorzeit‹	›Dreiperiodensystem‹	›Stratigraphie‹
›Historismus‹	›Urmensch‹	›Neolithikum‹	›Kombinationsstatistik‹
›Diffusionismus‹	›Matriarchat‹	›Urnenfelderkultur‹	›Seriation‹
›Funktionalismus‹	›Germanen‹	›Fürstensitz‹	›Formenkreis‹
›Strukturalismus‹	›Völkerwanderung‹	›Häuptlingstum‹	›Dendrochronologie‹

Tabelle 5: Wissenschaftstheoretische Grundbegriffe mit zugeordneten Begriffen und Konzepten aus der Prähistorischen Archäologie. – Die Mehrzahl dieser Begriffe wird in den folgenden Kapiteln auf ihren ›theoretischen‹ Gehalt hin durchleuchtet und problematisiert werden.

Und hier liegt m. E. ein, wenn nicht sogar das zentrale Arbeitsfeld theoretischer Archäologie und zugleich ihr primärer Beitrag zur Fachdebatte – ein Beitrag, der heute ironischerweise weniger durch uneinsichtige ›Praktiker‹ gefährdet wird, als durch die Theoretiker selbst. Denn diese erklären die von ihnen verwendeten theoretischen Begriffe immer weniger, sondern setzen sie selbst zunehmend nur noch als Instrumente einer »Identitätspolitik« ein (Groebner 2012, 122 – Der Begriff ist schon dort in Anführungszeichen gesetzt.). Valentin Groebner skizziert ein Szenario ›theoretisch‹ motivierter Geschichtsforschung in dem Fachbegriffe »gar nicht mehr als die scharf geschliffenen Untersuchungsinstrumente [gelten], als die sie in der akademischen Selbstdarstellung ausgegeben werden. Sie sind zu sakrosankten Begriffsmonstern und zu leeren Totalisierungen geworden. Der Sprecher wählt den Beobachtungsabstand einfach so groß, bis alles in einem Hyperraum aufgeht, in dem außer ihm niemand mehr anwesend ist« (ebd 118 f.). Theorie werde in einem solchen Fall als Erlaubnis dafür genommen, die für jede Forschung unabdingbare Selbstverortung nicht leisten zu müssen: »das heißt, die Welt um sich herum und die eigene Position darin nicht zu thematisieren und den privilegierten Platz des Allgemeinen in Anspruch zu nehmen. Mit Hilfe der Theorie kann der jeweilige Autor damit sozusagen überall sein, und zwar als ein gegen skeptische Kollegen mit Besser-Wissen unüberwindlich Gerüsteter.« (ebd. 118).

Dies deckt sich mit meinen eigenen Beobachtungen aus dem Bereich der archäologischen Wissenschaften. Und dieses Buch ist ein Versuch hier gegenzusteuern, damit wir zu einem reflektierten Umgang mit den Begriffen und Konzepten kommen, die wir täglich im Munde führen.[20] Was ich konkret damit meine, sollte im folgenden Kapitel noch deutlicher werden, in dem ich mich dem Begriff ›Kultur‹ zuwende. Rolf Hachmann (1987b, 12) sprach diesbezüglich nicht zu Unrecht vom »schlechthin grundlegenden« Begriff unseres Faches, beklagte aber zugleich, dass er von kaum einem der maßgebenden Fachgelehrten konsequent reflektiert worden sei.[21]

20 Als Ratschlag an Studierende formuliert Groebner (ebd. 124) die Aufgabe folgendermaßen: »Jede theoretische Position, jedes Konzept, jede als Kürzel eingesetzte Denkfigur, deren Kenntnis Sie bei Ihrem Leser & ihrer Leserin voraussetzen, müssen sie an der Stelle, an der Sie sie zum ersten Mal auftreten lassen, in Ihren eigenen Worten erklären. Je knapper und handfester diese Definition ausfällt, desto besser. Als Autorin & Autor dürfen Sie auf den Zauber des Begriffs, den Sie verwenden, selbst nicht vertrauen [...] Texte sind nur dann ansteckend in ihrer Begeisterung, wenn Sie ihre Begeisterung in ihren eigenen Worten zu erklären vermögen«.

21 Diese Situation hat sich in den letzten drei Jahrzehnten zumindest etwas gebessert. Man findet Erläuterungen zum allgemeinen und archäologischen Kulturbegriff inzwischen nicht nur in speziellen Theorieforen (Fröhlich 2000; Eggert 2013b), sondern ansatzweise auch in Facheinführungen (Eggert/Samida 2009/2013, 93–104).

4 Schlüsselbegriff ›Kultur‹

»In Anbetracht der Tatsache, daß die Vor- und Frühgeschichte den ersten Abschnitt einer umfassenden Kulturgeschichte darstellt, hat eine Klärung der Grundfragen dieser Wissenschaft – und dazu gehört die Frage nach dem Wesen der Kultur – mehr als nur fachwissenschaftliche Bedeutung. Zugegeben, das ist ein Gesichtspunkt, der für jeden, der nur sein Fachgebiet sieht und der weder mehr sehen kann, noch mehr sehen will, von untergeordneter Bedeutung ist. Der, welcher die Dinge so sieht, wird aber einräumen müssen, daß es – mindestens als wissenschaftstheoretisches Postulat – eine Kulturwissenschaft gibt. Wer sich als Vertreter einer solchen Wissenschaft fühlt, steht nun einmal – ob er will oder nicht will – unter dem Zwang zur ständigen Reflexion.«
(Rolf Hachmann 1987b, 26)

Wie aus dem bisher Gesagten deutlich geworden sein dürfte, liegt mir nichts ferner als die Prähistorische Archäologie an dieser Stelle als eine ›Spaten-‹ bzw. ›Ausgrabungswissenschaft‹ zu präsentieren.[1] Vielmehr sehe ich die zentrale Aufgabe des Faches in einer methodisch offenen, disziplinierten und kritisch reflektierten Annäherung an die ältesten Abschnitte der Geschichte. Empirische Grundlage dafür bilden die grabend erschlossenen materiellen Überreste und Spuren, die menschliches Wirken im Boden hinterlassen hat. In diesem Sinne ist die Prähistorischen Archäologie Teil einer weiter gefassten Geschichtswissenschaft, auch wenn die Geschichtswissenschaft selbst in dieser Hinsicht noch heute ambivalent ist und die Urgeschichte teilweise

1 Dies wäre selbst dann unangemessen, wenn man die jüngeren technisch-methodischen Entwicklungen auf diesem Gebiet etwa in den Bereich der Prospektion, der Digitalisierung, der Datenaufnahme und -aufbereitung mitdenken würde.

als etwas jenseits der Geschichte versteht (Meier/Patzold 2021, 15–19). Mehr noch als ›Geschichtswissenschaft‹ hat sich die Prähistorische Archäologie seit ihren Anfängen selbst oft eher als eine eigenständige ›Geistes-‹ bzw. ›Kulturwissenschaft‹ verstanden, konkreter als eine spezielle Form von ›Kulturgeschichtsschreibung‹.[2] Diejenigen, die weniger auf Individualisierung und Historisierung, sondern auf Generalisierung und interkulturellen Vergleich setzten, sprachen hingegen von ›Prähistorischer Archäologie als Kulturanthropologie‹ (Veit 1990). Daraus ist im Gefolge der Ausrufung eines *cultural turns* Jahre später ›Archäologie als Kulturwissenschaft‹ bzw. als ›Archäologie als Historische Kulturwissenschaft‹ (Eggert 2006; 2010a) geworden.

Allerdings besteht im Fach bislang keine Einigkeit darüber, was konkret unter einer solchen Forderung zu verstehen sei. Dies hängt nicht zuletzt damit zusammen, dass gegenwärtig sehr unterschiedliche Kulturbegriffe aufeinandertreffen und miteinander konkurrieren.[3] Häufig fehlen im Fachdiskurs auch klar ausformulierte Kulturkonzepte, und der Leser wird stattdessen mit impliziten Vorstellungen darüber konfrontiert, in welcher Weise konkrete archäologische Materialien als Ausdruck menschlichen Kulturschaffens gedeutet werden können. Die dahinterstehenden Vorstellungen müssen in solchen Fällen erst umständlich aus entsprechenden Praxen rekonstruiert werden. Aber selbst dort, wo Autoren ihre Position explizieren und sich zu einem bestimmten Kulturkonzept bekennen, ist eine Übereinstimmung von Theorie und Praxis noch lange nicht garantiert. Denn Praxis und – nachholende – theoretische Begründung sind meist nicht deckungsgleich (Veit 2020a). Um etwas Ordnung in die Vielfalt der aktuell im Fach zirkulierenden Vorstellungen über und Konzeptualisierungen von Kultur zu bringen, bietet es sich an, zunächst einen kurzen Blick auf die Begriffsgeschichte von ›Kultur‹ zu werfen.

2 Der Begriff ›Kulturgeschichte‹ wird in archäologischen Zusammenhängen zumeist recht unspezifisch verwendet und signalisiert v. a. eine quellenbedingte Abgrenzung zur Politik- und Ereignisgeschichte (alternativ dazu auch die Begriffe ›Struktur-‹ und ›Alltagsgeschichte‹). Die kategoriale geschichtswissenschaftliche Unterscheidung zwischen ›Sozial- (und Wirtschafts-)‹ sowie ›Kulturgeschichte‹ (Nipperdey 1968; Gombrich 1991; Hardtwig/Wehler 1996) hat in der mitteleuropäischen Urgeschichtsforschung keine größere Rolle gespielt. Das ›Soziale‹ wird in diesem Sinne auch heute noch regelmäßig als eine Unterkategorie des ›Kulturellen‹ geführt, umgekehrt wie in der britischen *Social Archaeology* (Renfrew 1984).

3 Man kann das gut erkennen, wenn man beispielsweise die einschlägigen Sammelbände von Krausse/Nakoinz (2009) und von Heitz/Stapfer (2017) gegenüberstellt.

4.1 Zur Geschichte des Kulturbegriffs

Der Begriff ›Kultur‹ – abgleitet von lat. *cultura*: Bebauung, Pflege, Ausbildung – besitzt eine lange, bis in die Antike zurückreichende Geschichte. Zunächst im Zusammenhang mit Bodenbau gebraucht (*agri cultura),* war es Cicero (106–43 v. Chr.), der ihn erstmals in übertragener Bedeutung verwendete (K. E. Müller 2003, 15 f.). Für ihn bedeutete Kultur die Veredlung und Pflege der Natur im Menschen im Sinne einer Bändigung der Leidenschaften und einer Bildung des Geistes. In diesem Sinne nutzte man den Begriff auch in der Spätantike, im Mittelalter und in der Renaissance (›Cultura‹ als ›das zu Pflegende‹). Der Renaissance verdanken wir darüber hinaus das Konzept der »Nationalkultur« [Tab. 6].

Ethnozentrisches Kulturmodell	Abgrenzung der eigenen Kultur gegen die Unkultur der »Barbaren«.
›Translatio‹-Modell	Otto von Freising postulierte im 12. Jh. eine Erbfolgebeziehung zwischen den verschiedenen Kulturen, die geeignet schien, die beobachtbare Verlagerung des Zentrums der geschichtlichen Entwicklung vom Morgenland ins Abendland zu erklären.
Konzept der Nationalkulturen	(seit der Renaissance) Nationalkulturen stehen idealerweise gleichwertig nebeneinander (um totalisierende Ansprüche zu begrenzen und eine friedliche Koexistenz zu gewährleisten). Dabei gilt die Muttersprache als wesentliche Grundlage für die Bildung von verschiedenen Nationalkulturen.
Konzept des zivilisatorischen Fortschritts	(Aufklärung) Der Siegeszug des Fortschritts überrolle die indigenen Kulturen und nivelliere so Differenzen zwischen ihnen. Folge sei eine zunehmende Vernetzung der Welt und die Entstehung einer einheitlichen Weltkultur.
Volksgeist-Konzept	(Romantik, insbes. bei Johann Gottfried Herder, 1744–1803): Es gibt es keine monogenetische Entwicklung der Kultur, beobachtbar sei vielmehr eine kulturelle Polygenese: Jedes Volk und jede Kultur entsteht aus einem eigenen Ursprung, alle Lebensformen sind gleichberechtigt, und eine Epoche kann nur dann gerecht beurteilt werden, wenn man sie nicht im Licht einer späteren, sondern aus sich selbst heraus, betrachtet.

Tabelle 6: Einige frühe Vorstellungen über Kultur und Kulturen (nach A. Assmann 2001).

In einem modernen ethnologisch-kulturwissenschaftlichen Sinne wurde der Kulturbegriff erst seit der zweiten Hälfte des 18. Jahrhunderts verwendet. Für Immanuel Kant (1724–1804 – »Anthropologie in pragmatischer Hinsicht«, 1798) bildete ›Kultur‹ etwa die vernunftgeleitete Gegenmaxime zur ›Rohigkeit‹ der menschlichen ›Natur‹. Damit einher ging die aufklärerische Beschwörung des zivilisatorischen Fortschritts, der in einem einzigartigen Siegeszug die indigenen Kulturen überrolle und ihre Differenzen nivelliere. In Aussicht stand hier also die Entstehung einer einheitlichen Weltkultur.

Gegen diese Vorstellung hat sich insbesondere Johann Gottfried Herder (1744–1803) gewandt. Statt des Modells einer monogenetischen Entwicklung der Kultur präferierte er die Idee einer kulturellen Polygenese: Jedes Volk und jede Kultur entstünden aus einem eigenen Ursprung, alle Lebensformen seien gleichberechtigt, und eine Epoche könne nur dann gerecht beurteilt werden, wenn man sie *nicht* im Licht einer späteren, sondern aus sich selbst heraus betrachten würde.[4] Mit seinen Überlegungen legte Herder bekanntermaßen die geistigen Grundlagen für den Nationalismus des 19. Jahrhunderts. Dennoch findet man bei Herder zugleich auch so etwas wie das Konzept einer Weltkultur. Sprache markiert für ihn nämlich nicht nur die Differenz zwischen den Kulturen, sondern sie ermöglicht mittels Übersetzung auch die Kommunikation über kulturelle Grenzen hinweg. Die Schrift fungiert darüber hinaus als ein zentraler Stabilisator kultureller Traditionen ebenso wie als Grundlage eines Archivs menschlicher Traditionen.

In diesem Sinne fehlt schriftlosen ›Kulturen‹, wie sie die frühe Ethnologie und Prähistorie erforscht haben, ein ganz wesentliches Element der Kultur. So war es durchaus konsequent, wenn man diese Völker in der deutschen Anthropologie des ausgehenden 19. Jahrhunderts nicht als ›Kulturvölker‹, sondern als außerhalb der Geschichte stehende ›Naturvölker‹ begriff, die man mittels exakter ›naturwissenschaftlicher‹ Methoden zu erforschen suchte (Zimmerman 1999, 205). Ihr Interesse an der »›entblößten‹ Humanitas« der Naturvölker (ebd.) machte die deutsche Anthropologie zu einem Gegenentwurf zum lange vorherrschenden Humanismus, der sich primär für die als entwickelt angesehenen antiken Völker und ihre kulturelle Hinterlassenschaft interessierte. Auf diese Weise wurde die Anthropologie (bestehend aus physischer Anthropologie, Ethnologie und Urgeschichte)

4 A. Assmann 2001 – Im Hintergrund stand dabei aber immer auch die Vorstellung vom Menschen als einem instinktverunsicherten und instinktreduzierten Mängelwesen (A. Gehlen), das sich erst durch von ihm selbst geschaffene Institutionen komplettiert.

»die erste Geisteswissenschaft, die eine Identifikation mit und Verehrung zu ihren Studienobjekten nicht voraussetzte« (ebd. 200).

Dies ist der wissenschaftsgeschichtliche Rahmen, in dem auch die Idee einer Prähistorie der Menschheit erstmals konkretere Gestalt angenommen hat – bezeichnenderweise in einem Kontext, der den Begriff ›Kultur‹ zurückwies. Dass der Kulturbegriff letztlich doch so zentral für das Fach werden konnte, hat vor allem mit der weiteren Entwicklung des Faches seit dem Beginn des 20. Jahrhunderts zu tun, auf die ich weiter unten näher eingehen werde. Allerdings musste der Kulturbegriff seinerzeit nicht ganz neu ins Fach eingeführt werden. In einem eher pragmatischen Sinne war er dort auch schon früher präsent – und zwar im Zusammenhang mit einer sich entwickelnden kulturgeschichtlichen Sammlungspraxis und der damit verbundenen Herausbildung eines ›kulturellen Erbes‹. Diese Geschichte beginnt – von gewissen Vorläufern einmal abgesehen – in den fürstlichen Schatzkammern und Privatsammlungen im Italien der Renaissance, deren Kern zunächst Kunstwerke mit Symbolcharakter waren (Pomian 1988, 61). Eine wichtige Richtungsänderung erfolgte hier im 19. Jahrhundert mit dem Eintritt der mittelalterlichen und prähistorischen Objekte in die entsprechenden Sammlungen und mit der Etablierung großer öffentlicher Museen (ebd. 60). Letztere sind sichtbarer Ausdruck der vielfältigen zeitgenössischen Bemühungen um eine »Allgemeine Cultur-Geschichte der Menschheit« (Gustav Friedrich Klemm, 1843–1852), zu der in der Folge vermehrt auch prähistorisch-archäologische Forschungen einen Beitrag leisteten.

Exemplarisch zeigt dies der Blick auf die zu Beginn des 19. Jahrhunderts von Christian Jürgensen Thomsen (1788–1865) betreute Kopenhagener Altertumssammlung (Thomsen 1837), die den Ausgangpunkt der Entstehung des späteren Dänischen Nationalmuseums bildete (Jensen 1987; Hansen 2001b). Für den deutschsprachigen Raum ist in diesem Zusammenhang besonders an die Gründungen des Römisch-Germanischen Zentralmuseums (RGZM) in Mainz sowie des Germanischen Zentralmuseums in Nürnberg im Jahre 1852 zu erinnern. Zusammen mit Bemühungen um den Aufbau einer Bodendenkmalpflege konnte sich an diesen Orten, wie auch andernorts im Europa des 19. Jahrhunderts, eine Praxis der Bergung, Archivierung, Ordnung und musealen Präsentation prähistorischen ›Kulturguts‹ etablieren, die von der Idee eines jeweils besonderen, bis in die Vorzeit zurückreichenden nationalen Erbes angetrieben wurde.[5] Die damit begründete Tradition wurde auch im daran anschließenden ›naturwissenschaftlichen Zeitalter‹, in der zweiten Hälfte des 19. Jahrhunderts, fortgeschrieben. Dies trug langfristig zu einer Weitung des engen, vornehmlich an Sprache und Schrift orientierten Herder'schen Kulturbegriffs bei.

Prähistoriker haben dazu in doppelter Weise einen Beitrag zu leisten versucht: Sie bemühten sich sowohl um den Ausweis der Anfänge menschlicher Kultur auf unserem Planeten wie auch um den Ausweis ›untergegangener‹ bzw. ›ausgestorbener Kulturen‹ in Epochen und Regionen, aus denen keine (ausreichende) schrifthistorische Überlieferung vorliegt. Spätestens seit dem Ende des 19. Jahrhunderts gehörte es zum Selbstverständnis der Prähistorischen Archäologie, dass sie sich aufgrund ihrer spezifischen Quellen und Methoden in der Lage sah, in diesen beiden Bereichen wesentliche Erkenntnisse zum Weltwissen beizusteuern.

Versteht man Kultur als ein Gattungsmerkmal, so stellt sich die Frage ihres ersten Auftretens. Diese lässt sich nicht mit Blick auf die fossilen Überreste von Frühmenschen beantworten, sondern nur mit Blick auf dessen kulturelle Hinterlassenschaften. Genau hierauf richtete sich deshalb die Expertise der frühen Urgeschichtsforschung (s. Richter 2018, 11–25). Dabei standen von Anfang an die in einer Vielzahl von Varianten überlieferten Artefakte aus geschlagenem Stein im Zentrum des wissenschaftlichen Interesses. Ihre Analyse hatte zunächst das Ziel, den Nachweis einer intentionellen Herstellung zu erbringen, also Artefakte von Pseudoartefakten zu scheiden. Darüber hinaus war man bemüht, unter jenen Objekten, deren Artefaktcharakter unzweifelhaft belegt werden konnte, bestimmte Typklassen zu unterscheiden, die ihrerseits teilweise bestimmten Funktionen zugeordnet werden konnten. Mit zunehmender Expertise auf diesem Gebiet ging es dann vermehrt auch darum, bestimmte zeit- und raumspezifische ›Grammatiken‹ der Steinbearbeitung herauszuarbeiten. In ihnen offenbarte sich der frühe Mensch der prähistorischen Forschung als ein echtes ›Kulturwesen‹ (s. Veit 2020d).

Dieser Sachverhalt kommt in einer facheigenen, den spezifischen Bedingungen archäologischer Forschung angepassten (Minimal-)Definition von

5 Das Römisch-Germanische Zentralmuseum in Mainz (seit 1852) nimmt hier insofern eine besondere Stellung ein, als es nicht mit Originalfunden bestückt war, sondern mit Kopien bekannter Funde aus anderen Sammlungen arbeitete (Böhner 1982).

Kultur zum Ausdruck. Sie lautet in den Worten Karl Josef Narrs folgendermaßen:

> »›Kultur‹ ist im weiteren Sinne alles, was auf mittelbare Weise und dauerhaft aus der Natur gemacht und ihr hinzugefügt wird. (›Dauerhaft‹ bedeutet dabei, daß solche Leistungen nicht augenblicklicher Art waren oder auf einzelne Individuen beschränkt blieben, sondern von Gruppen gepflegt [*colere*!] oder gar Gemeingut der Menschheit wurden; ›mittelbar‹ meint, daß die Veränderungen und Hinzufügungen nicht lediglich durch den Gebrauch natürlicher Körperorgane, unveränderter Naturdinge oder nur mit Hilfe der Körperorgane veränderter Naturdinge erfolgen.)« (Narr 1978a, 17).

Eine solche Definition scheint auch unter den veränderten Bedingungen der aktuellen Diskussion entsprechender Fragen noch brauchbar. Allerdings betont man, einer alten, auf Henri Bergson (2013) zurückgehenden und von André Leroi-Gourhan (1980) fortgeführten französischen Denktradition folgend, heute stärker die Kontinuitäten als die Diskontinuitäten im Prozess der Menschwerdung. In diesem Zusammenhang spielt das Konzept des *Homo faber* eine zentrale Rolle um Fragen einer Ko-Konstruktion von Natur und Kultur über das Medium Technik zu verhandeln (Hussain 2018, 61). In diesem Konzept sieht auch die Gegenwartsphilosophie einen Ausweg aus den Dualismen der Vergangenheit, wie insbesondere dem Kultur-Natur-Dualismus (Stiegler 2009). In vielen Bereichen der Urgeschichtsforschung selbst sind solche Dualismen allerdings durchaus weiterhin präsent, beispielweise in der anglophon geprägten Debatte um den *Homo sapiens* und die Frage nach der Herausbildung kultureller Modernität.[6]

6 Sie betont die Einheit des modernen Menschen und sucht den evolutionären Grenzübertritt zwischen Tier und Mensch zeitlich genauer zu fixieren. Dabei spielt das Auftauchen prähistorischer Kleinkunst eine besondere Rolle (Conard 2004; Conard/Kind 2017). – Demgegenüber verweist der Begriff des *Homo faber* auf ein breites Übergangstadium zwischen Natur und Kultur, das sich in differenzierten Studien zur Veränderung der Steinbearbeitungstechnologie niederschlägt.

4.2 Der archäologische Kulturbegriff

Quantitativ betrachtet macht die Debatte um kulturelle Ursprünge nur einen vergleichsweise kleinen Teil des prähistorischen Fachdiskurses aus. Die Mehrzahl der Studien, die im 20. Jahrhundert entstanden sind, war nicht der Frage nach der Entstehung der Kultur, sondern Fragen nach ganz konkreten prähistorischen ›Kulturen‹ gewidmet, die ihrerseits lange Zeit als unmittelbarer Ausdruck bestimmter ›Völker‹ bzw. ›Ethnien‹ (Gustaf Kossinna) oder auch ›Gesellschaften‹ (V. Gordon Childe) verstanden wurden. Sie sind auf diese Weise zu Trägern einer spezifischen Form prähistorischer ›Ereignisgeschichte‹ gemacht worden, die in der Lage schien, friedliche (Handel, Gabentausch) ebenso wie gewaltsame Interaktionen (Krieg, Eroberung) zwischen entsprechenden, mittels Verbreitungsanalysen archäologisch bestimmten Einheiten zu rekonstruieren[7]. Darüber hinaus ging es der Prähistorie in Fortschreibung der ethnologischen ›Kulturkreislehre‹ auch um genealogische Zusammenhänge zwischen den etablierten archäologischen Kulturen – und entsprechend um den Ausweis bestimmter ›Urkulturen‹, auf deren Grundlage sich alle späteren Kulturen gebildet hätten (Menghin 1931).

Auf dieser Grundlage hat sich ab der Mitte des 20. Jahrhunderts die jüngere Diskussion um das archäologische Kulturkonzept entfaltet. Für den deutschsprachigen Raum hat Manfred K. H. Eggert (2013b, 18 ff.) die bislang ausführlichste Übersicht über die weit verzweigte Debatte gegeben.[8] Er unterscheidet darin idealtypisch für die Prähistorische Archäologie insgesamt sechs verschiedene Kulturbegriffe, die er jeweils mit bestimmten Autoren verbindet[9]: einen konventionellen (Karl J. Narr), einen funktionalistisch-antitheoretischen (Rolf Hachmann), einen positivistisch-antitheoretischen (Jens Lüning), einen historistisch-diffusionistischen (Wolfgang Kimmig), einen evolutionistischen (Manfred K. H. Eggert) sowie einen semiotisch-kommunikationstheoretischen (Ulrich Veit).

Diese Gliederung ist gewiss geeignet, eine erste Orientierung zu geben. Sie besitzt allerdings eher den Charakter einer vorläufigen Auflistung als einer wirklichen Systematik. Denn nicht alle genannten Typen sind wirklich eigenständig. ›Konventioneller‹ und ›diffusionistischer‹ Kulturbegriff sind

---

7 S. Veit 1984; 1989; Hachmann 1987a; Wotzka 1993 sowie unten Kap. 12.2

8 S. daneben auch Hachmann 1987a; Wotzka 1993; 2000.

9 Ich nenne hier nur ausgewählte Namen, deren Schriften Eggert besonders intensiv diskutiert.

beispielsweise eng miteinander verknüpft, ebenso wie ›funktionalistischer‹ und ›evolutionistischer‹ Kulturbegriff.[10] Gordon Childe ist es in seinem Werk sogar gelungen über die Jahrzehnte seiner Arbeit alle vier Formen miteinander zu verbinden (McNairn 1982; Trigger 1980; Veit 1984). Doch zu den ›Konzepten‹ im Einzelnen:

Der *konventionelle Kulturbegriff* steht in der Tradition der Kulturdefinition von Gordon Childe (1929, v–vi), die auf wiederkehrende Kombinationen von bestimmten – funktional voneinander unabhängigen – Kulturelementen rekurriert[11]. Diese entsprechen spezifischen »archäologischen Kulturen«, die ihrerseits das Ergebnis unterschiedlicher Kulturkontakte sind. Die Archäologie rekonstruiert deren räumliche Anordnung und Abfolge und rekonstruiert auf diese Weise eine einzigartige und nicht vorhersagbare ›Kulturgeschichte‹ (s. Kap. 12).

Der *funktionalistisch-antitheoretische Kulturbegriff* orientiert sich am ethnologischen Funktionalismus (Alfred Radcliffe-Brown; Bronislav Malinowski) und versteht unter Kultur ein »dynamisches Gebilde« bzw. »einen komplizierten zusammenwirkenden Funktionszusammenhang«, der sich stetig verändert (Hachmann 1982, 159 f.). Hachmann bezieht in sein Konzept aber auch Elemente des Strukturalismus (Claude Lévi-Strauss, Jean Piaget) mit ein, da Kultur auch strukturelle Aspekte besitze.[12] Zugleich betont er die biotischen Grundlagen menschlicher Kultur, die die Spielräume des Menschen zur freien Entscheidung zwar begrenzen aber letztlich nicht nehmen. In diesem Sinne ist sein Kulturbegriff – ebenso wie jener von Narr – ein primär idealistischer. Insofern überrascht es nicht, dass in Hachmanns stets quellennahen Arbeiten der traditionelle archäologische Kulturbegriff eine wichtige Rolle spielt, dessen Grundlagen und Probleme er anderorts kenntnisreich erörtert hat (Hachmann 1987b; 1987c).

Der *historistisch-diffusionistische Kulturbegriff*, der von Eggert v. a. an den Arbeiten Wolfgang Kimmigs (1983) zu den großräumigen Kulturbeziehungen der vorrömischen Eisenzeit in Mitteleuropa exemplifiziert wird, ist ebenfalls nur eine etwas andere Ausprägung des traditionellen bzw. konventionellen-Kulturbegriffs. Die dafür einschlägigen Studien über ›Importfunde‹ bzw. ›Fremdgüter‹ orientieren sich, indem sie zwangsweise

10 Vermittelt etwa über gemeinsame Konzepte wie ›System‹ und ›Anpassung‹.

11 »recurrent assemblage of types«: Childe 1956, 33; 112 – siehe auch Narr 1985.

12 »Kultur hat sowohl strukturelle als auch funktionalistische Aspekte und das in einem Sinne, der trotz aller Bedingungen an diese für den Menschen die Freiheit voraussetzungslosen Handelns gewährleistet.« (Hachmann 1982, 159).

Produktions- und Liefergebiete voneinander abgrenzen, implizit am Modell der Nationalökonomie. Damit bestätigen sie letztlich das im Fach lange vorherrschende ethnische Paradigma. Dabei hätten gerade solche Funde durchaus auch ein Anlass sein können, intensiver darüber nachzudenken, auf welcher Basis man im archäologischen Fundmaterial zwischen (ethnischen) Identitätsmarkern und frei zirkulierenden Gütern unterscheiden kann. Allerdings hat man in der Archäologie solche Fragen, denen sich in der Ethnologie innovativ schon früh etwa Marcel Mauss gestellt hat (dazu Schüttpelz 2002), lange Zeit eher gemieden.

Der von Eggert als »positivistisch-antitheoretisch« charakterisierte Kulturbegriff Lünings (1972) gehört – abgesehen davon, dass Lüning den Terminus ›Kultur‹ benutzt – eigentlich nicht auf eine solche Liste. Denn Lüning zielt im Kern nicht auf eine Kulturanalyse, sondern hebt allein auf eine zeitliche Ordnung des archäologischen Materials ab: Die Keramikseriation wird zum Maßstab für die Datierung anderer ›(Kultur-)Elemente‹ (= Fundtypen) und hilft uns auf diese Weise dabei, eine Chronik des archäologischen Materials zu erstellen.[13]

Lüning ist damit seinerzeit einen ähnlichen Schritt gegangen wie die amerikanische *New Archaeology* schon einige Jahre vor ihm. Auch dort erachtete man den traditionellen archäologischen Kulturbegriff in Sinne Childes mit seinen ethnischen Implikationen als problematisch und ersetzte ihn durch das abstrakte Konzept ›Anpassung‹ (s. Flannery 1982). Das unterscheidet diesen Zugriff auf das Problem gewiss vom Zugriff Jens Lünings, der am Kulturbegriff festhält, auch wenn er ihn zugleich inhaltlich weitestgehend entleert. Gemeinsam ist beiden Ansätzen jedoch, dass sie ihren jeweiligen Beitrag zur Kulturdebatte als einen Akt der Befreiung

---

13 Lüning (1972, 169 f.) ist sich dessen übrigens vollkommen bewusst: »Dieser Kulturbegriff eignet sich also für ganz bestimmte Aufgaben und nur für diese. Er gibt im Rahmen des heutigen Wissensstandes vollständige Auskunft über die zeitliche Gliederung des Fundstoffes, er besagt wenig für seine räumliche Gliederung, und er leistet fast nichts für die kombinierte Betrachtung beider Aspekte, für eventuelle funktionelle Beziehungen zwischen den einzelnen Kulturelementen und -bereichen, für das Verhältnis zu politischen, sozialen, religiösen, militärischen, wirtschaftlichen und anderen Kategorien der neolithischen Menschen. Hierüber muß man sich im Klaren sein, wenn man das Neolithikum unter anderen aus chronologischen Aspekten betrachten will und sich dabei fälschlicherweise der Kulturen als scheinbar vorgegebenen Größen bedient.« Man kann Lüning höchstens ankreiden, dass er in diesem Zusammenhang am Begriff ›Kultur‹ festhält. Als »antitheoretisch« (Eggert) würde ich weder seinen noch den Ansatz von Hachmann bezeichnen, sind beide Autoren doch sehr explizit in ihren Ausführungen.

von den Fesseln des traditionellen archäologischen Kulturbegriffs (des konventionellen Kulturbegriffs Eggerts) verstanden. Dieser, da waren sie sich einig, präfiguriere das archäologische Material in einer unzulässigen Weise – und stehe daher einer Analyse neuer Form (z. B. als Struktur- oder Umweltgeschichte) im Wege.

Systematisch gesehen steht der Kulturbegriff der *New Archaeology* zwischen Eggerts ›funktionalem‹ und ›evolutionistischen‹ Kulturbegriff, verbindet er doch Elemente wie Systemtheorie, Ökologie und Neoevolutionismus (Clarke 1968/1978, sowie einführend Bernbeck 1997; Eggert/Veit 1998). Den *evolutionistischen Kulturbegriff* von dem Eggert spricht, könnte man insofern in Abgrenzung zum sog. ›funktionalistisch-antitheoretischen Kulturbegriff‹ auch als ›funktionalistisch-theoretisch‹ charakterisieren. Allerdings erscheint mir die zusätzliche Bestimmung der betreffenden Ansätze als ›theoretisch‹ bzw. ›antitheoretisch‹ vor dem Hintergrund des bisher Gesagten als ideologisch und irreführend. Sowohl Hachmann als auch Eggert geht es auf einer grundsätzlichen Ebene um universale Prinzipien und Erklärungen. Und in der Praxis argumentierten beide – überall dort, wo es angemessen erscheint – ›kulturhistorisch‹. Beide Perspektiven sind komplementär und schließen einander nicht aus.

Konventioneller Kulturbegriff (Gustaf Kossinna, Gordon Childe)	Archäologische Kultur als wiederkehrende Kombination von Typen, die sich in klar abgrenzbaren Kulturräumen manifestiert. – Der konventionelle Kulturbegriff wurde u. a. durch Jens Lüning in Frage gestellt, der die Existenz klar abgrenzbarer archäologischen Kulturen aufgrund von empirischen Beobachtungen verneint und die komplexe Datenmatrix primär zur Klärung chronologischer Fragen nutzen möchte.
Funktionalistischer Kulturbegriff (Grahame Clarke, Rolf Hachmann)	Archäologische Kultur als spezifische Anpassung an naturräumliche und soziale Bedingungen. Kulturgrenzen spiegeln in diesem Sinne v. a. naturräumliche Differenzen.
(Kultur-)Historisch-diffusionistischer Kulturbegriff (Wolfgang Kimmig, Stuart Piggott)	Archäologische Kulturen bilden die Grundlage zur Untersuchung großräumiger kultureller und ökonomischer Interaktionen, die durch das Agieren sozialer Eliten bestimmt werden.
Prozessual-systemtheoretischer Kulturbegriff (David L. Clarke, Colin Renfrew)	Fortentwicklung von 2. mit Bezug auf den Neoevolutionismus: Kultur [= Gesellschaft] wird als ein wandelbares System aus verschiedenen, teilweise autonomen Teilsystemen verstanden. Der Charakter des Systems und weniger die Intentionen der historischen Akteure bestimmten die Optionen für die Entwicklung bzw. Veränderung (Pfadabhängigkeit). – Synonym dazu kann man auch von einem ›evolutionistischen‹ Kulturbegriff (Manfred K. H. Eggert) sprechen.
Prozesual-geschichtswissen-schaftlicher Kulturbegriff im Kontext prähistorisch-archäologischer Weltsystem-Ansätze (Andrew Sherratt, Kristian Kristiansen)	In bestimmten Bereichen der prozessualen Archäologie ist es in der Folge zu einer Adaption der ›Weltsystem-Theorie‹ I. Wallersteins gekommen. Dies hat zu einer gewissen Rehabilitierung des Historischen geführt und zugleich die Möglichkeit zu Rückbindung an die unter 3. geführten Debatten eröffnet.
Semiotisch-kommunikations-theoretischer Kulturbegriff (Ian Hodder, Ulrich Veit)	Erweiterung des Kulturbegriffs im Sinne des Kulturbegriffs von Clifford Geertz (Kultur als ein Geflecht von Bedeutungen). Ausgangspunkt für diese Weiterentwicklung war das »Materielle Kultur als Text«-Paradigma der britischen Sozialanthropologie (Edmund Leach), das im Fach kontrovers diskutiert wurde.

Tabelle 7: Zentrale Positionen in der Debatte um den ›archäologischen Kulturbegriff‹ (verändert nach Eggert 2013b). Nicht aufgeführt sind hier Ansätze einer ›Symmetrischen Archäologie‹, die die alte Kultur-Natur-Dichotomie auflösen wollen (s. Kap. 18).

Der *semiotisch-kommunikationstheoretische Kulturbegriff* schließlich lässt sich als eine notwendige Erweiterung des funktionalistischen Ansatzes verstehen, die der Tatsache Rechnung trägt, dass im kulturellen Prozess ›Funktion‹ und ›Bedeutung‹ untrennbar miteinander verbunden sind. Wissenschaftsgeschichtlich hat sie ihren Ursprung im *Kultur-als-Text*-Paradigma der Postprozessualen Archäologie, das (von Prozessualisten) mit Blick auf blinde Flecken des Prozessualismus entwickelt worden ist (s. Kap. 14.2).

Insgesamt vermittelt Eggerts Darstellung den Eindruck, er betrachte die von ihm aufgelisteten Kulturkonzepte im Kern als einander ausschließend [Tab. 7]. Demgegenüber würde ich – ungeachtet gewisser Unverträglichkeiten, z. B. zwischen einer enger kulturhistorisch-diffusionistischen und einer enger evolutionistischen Perspektive – eher von einer Komplementarität sprechen. Jedes der Konzepte beleuchtet einen anderen Aspekt desselben Gegenstands. In diesem Sinne habe ich selbst in einigen Texten angeregt, in der Prähistorischen Archäologie über eine semiotisch-kommunikationstheoretische Erweiterung des Kulturbegriffs im Sinne des Materielle-Kultur-als-Text-Paradigmas nachzudenken und auszuloten, inwieweit ein solcher – auf bestimmten Feldern – zu einem besseren Verständnis konkreter archäologischer Materialien beitragen könnte.[14] Dabei ging es ganz konkret um Fragen einer möglichen ›Textualität‹ und ›Gedächtnisfunktion‹ materieller Kultur (s. Veit 2003a; 2003b; 2005 – sowie unten Kap. 14). Einen Alleinvertretungsanspruch der Semiotik (s. Leach 1978; 1982) leite ich daraus indes nicht ab. Andere Dimensionen des Kulturellen wie z. B. Traditionalität/Historizität, Raumbezogenheit, Adaptivität, Systemcharakter/Prozessualität, kulturelle Sinngebung/Identität sind zu einem Verständnis der beobachtbaren Phänomene ebenso nötig.

Mitentscheidend für das Resultat ist also die spezielle Fragestellung, mit der man sich den Quellen nähert. Dabei ist auch klar, dass sich nicht jede Quellengattung gleich gut zur Bearbeitung einer bestimmten Fragestellung eignet. Aus (Be-)Siedlungsdaten wird man z. B. eher Hinweise auf Adaptionsprozesse gewinnen können als aus Grabfunden, die möglicherweise eher etwas über das kollektive und kommunikative Gedächtnis

14 Ähnliches gilt für Hachmann, der seit den 1950er Jahren Aspekte des Funktionalismus in die Kulturdebatte in der Prähistorische Archäologie eingebracht hat, ohne nicht zugleich auch kulturhistorische Fragestellungen zu berücksichtigen.

einer Gemeinschaft aussagen.[15] Mitentscheidend ist aber auch, auf welchen Maßstabsebenen in Raum und Zeit man jeweils arbeitet.

Dass Semiotisches auch im Bereich archäologischer Forschung relevant ist, hat nicht zuletzt die jüngere Debatte über das Verhältnis von Ethnos und Kultur gezeigt. Grundlage dafür bildete die neuere kulturtheoretische Einsicht, dass ethnische und andere soziale Gruppierungen nicht länger automatisch als naturwüchsige und langlebige Strukturen angesehen werden können, sondern ganz im Gegenteil labile soziale Konstrukte darstellen, die ein eng an die jeweilige Situation gebundenes Wir-Bewusstsein ausdrücken. Darauf aufbauend hat insbesondere Sebastian Brather (2004) überzeugend dargelegt, dass die Assoziation von archäologischen Kulturen mit ›Völkern‹ (im Sinne eines konventionellen Ansatzes) einer kritischen Analyse nicht standhält. Denn wenn die oben formulierte Ausgangsposition korrekt ist, manifestieren sich mögliche Identitätsgruppen wie z. B. ›Ethnien‹ materiell nicht in bestimmten, konstanten Merkmalskombinationen, sondern allenfalls in arbiträren Symbolen. Diese sind aber mit den etablierten kombinatorischen Methoden des Faches nicht zu identifizieren.[16] Und neue – zumal naturwissenschaftliche – Methoden, die diese Lücke füllen könnten, sind nicht in Sicht.

Dies hat in der Konsequenz dazu geführt, dass die Frage der ›ethnischen Deutung‹ zugunsten eines weiter ausgreifenden Studiums prähistorischen Kulturwandels auf unterschiedlichen Skalenebenen, lokal, regional wie überregional, stärker in den Hintergrund getreten ist. Der Fokus verlagerte sich von der Suche nach klar abgegrenzten ethnischen Territorien auf den Ausweis einander überschneidender Kommunikations- und Wirtschaftsräume (Brather 2004; Wotzka 2000).

---

15 Gleichwohl sind für die Frage der Konservierung des Leichnams auch Fragen der Adaption an die jeweiligen Klima- bzw. Umweltbedingungen zu erörtern.

16 Gegenüber solchen methodischen Aspekten spielte die ethische Dimension, die die Debatte über den Kulturbegriff in der jüngeren ethnologischen Forschung prägte, in der Prähistorischen Archäologie zunächst keine Rolle. Siehe dazu z. B. Hannerz 1995, 75: »Manche Ethnologen ziehen es mittlerweile vor, auf das Kulturkonzept gänzlich zu verzichten, weil es – in Verbindung mit kollektiv zugeschriebenen Identitäten – zu einem Werkzeug von Ausgrenzung und Distanzierung geworden ist, mit dem sich Gewalt und Unterdrückung schüren lassen, ein weiteres Instrument staatlicher Überwachung und der Manipulation von Minderheiten.«

	Kulturkonzept:	Fokus auf ...	Kulturwandel als ...
spätes 18. / 19. Jh.	**Kulturstufen**	– die Abfolge von verschiedenen Entwicklungsstufen (unilineare, multilineare Evolution – evolutionäre, revolutionäre Dynamik)	– ein kollektiver Lernprozess
spätes 19. / frühes 20. Jh.	**Kulturprovinzen, Kulturkreise**	– die Interaktion zwischen klar unterscheidbaren, räumlich benachbarten »Kulturen« (friedlicher oder kriegerischer Kontakt)	– das Ergebnis von Kultur-kontakt (Diffusions-, Migrations- und Überlagerungs-prozesse)
ab ca. 1930	**Kultursystem(e)** (Überlebenssystem, System kollektiver Sinnkonstruktion)	– die Anpassung an die natür-liche und soziale Umwelt (teilweise Unterscheidung zwischen Funktion und Bedeutung, Struktur und System)	– Ergebnis einer Vielzahl von Interaktionen von Individuen und Gruppen mit der Umwelt und mit anderen Individuen und Gruppen.
Ab ca. 1980er	**»Kultur« als situatives Konstrukt**	– den konstruktiven Charakter von Kultur: Kultur als Ergebnis eines permanenten Prozesses bei dem diskursiv Bedeutungen ausgehandelt werden	– spezifisch und kontextabhängig

Tabelle 8: Historische Entwicklung des Kulturkonzepts im 19. und 20. Jahrhundert in den Kulturwissenschaften und in der Prähistorischen Archäologie.

Der Prähistoriker nimmt in diesem Zusammenhang zwangsläufig die Position eines externen Beobachters ein. Über die konkreten Handlungsmaximen der (prä-)historischen Akteure sagen ihm die Quellen zunächst nichts. Durch diese erzwungene Distanz wächst seinem Urteil jedoch, anders als mitunter unterstellt wird[17], im Vergleich zu anderen Kulturwissenschaftlern

17 Explizit z. B. bei Harald Meller (2008, 14): »Denn das zu Papier Gebrachte ist naturgemäß allzu oft intentionell gefärbt und verzerrt die tatsächlichen Vorgänge und handelnden Charaktere. Wir müssen uns also jeweils über die Verlässlichkeit der Schriftquelle vergewissern. Dies ist bei den archäologischen Quellen nicht der Fall, denn sie sind unbestechlich.« Eine solche These unterschlägt die Tatsache, dass die notwendige Übersetzung bzw. Versprachlichung der Beobachtungen am archäologischen Material zwangsläufig einen Rückgriff auf gegenwärtige Konventionen erfordert. Sobald wir

keine Objektivität zu. Denn wo immer beobachtbare Veränderungen im archäologischen Befund als Reaktionen von Personen und Gemeinschaften gedeutet werden, geschah und geschieht dies jeweils unter Zugrundelegung eines bestimmten Menschenbilds. Unsere Deutungen sind daher, wie alle historischen Deutungen, in letzter Instanz an nicht überprüfbare Prämissen gebunden, etwa an die Unterstellung einer bestimmen Form von Rationalität als Leitschnur des indirekt erschließbaren Handelns in prähistorischen Zusammenhängen.[18] Denkbar ist beispielsweise ein bestimmtes Macht- und Gewinnstreben – wie es etwa den in der Forschung weit verbreiteten Konzepten ›Prestige‹ und ›Status‹ zugrunde liegt – oder aber ein ausgeprägter Sinn für verwandtschaftliche Bindungen und Reziprozität.

Spätestens hier schlägt die Stunde der Kulturtheorie, denn sie hilft uns dabei, den heuristischen Wert unterschiedlicher Kulturkonzepte in ihrer Anwendung auf konkrete archäologische Fragestellungen systematisch zu erkunden [Tab. 8]. Auf diese Weise lässt sich die Plausibilität einer bestimmten Befunddeutung nicht nur quellen-, sondern zugleich auch ›ideologiekritisch‹ bewerten. In diesem Sinne verbindet sich mit einem Verständnis der Prähistorischen Archäologie als Kulturwissenschaft ein Zwang zur ständigen Reflexion (s. das Hachmann-Zitat am Beginn dieses Kapitels).

Insofern ist es nicht allein ihre Beschäftigung mit Objekten der sog. ›materiellem Kultur‹, die die Prähistorische Archäologie in den Rang einer Kulturwissenschaft erhebt (s. Hofmann/Schreiber 2013, 179), sondern ihre Weigerung sich mit *common sense*-Deutungen ihrer Quellen zufrieden zu geben. Umgekehrt wird mit der heute verbreiteten Kennzeichnung der Archäologie als der ›Wissenschaft von der materiellen Kultur‹ [Tab. 9] lediglich ein abstraktes Ding-Kollektiv konstruiert, das die Unterschiede zwischen den verschiedenen archäologischen Materialien eher verschleiert als enthüllt.[19] Angemessener scheint mir die Formulierung, die Archäologie beschäftige sich mit den ›Überresten‹ und (direkten wie mittelbaren) ›Spuren‹ vergangenen menschlichen Handelns (s. auch Kap. 5.2, 8, 14.1). Und

---

unsere Beobachtungen in durch unsere Geschichte und Kultur geprägte Begriffe fassen, sind wir selbstverständlich auch anfällig für Idealisierungen und Ideologisierungen aller Art.

18 Siehe etwa Max Webers Unterscheidung zwischen Zweck- und Wertrationalität (Weber 1922/1976, 12).

19 Der modernen kulturwissenschaftlichen Materialitätsforschung geht es ohnehin wesentlich um eine Rehabilitierung des Materiellen gegenüber idealistischen Philosophien und weniger um die Klärung konkreter historischer Fragen (s. Hahn 2005).

diese stehen dem ›kulturellen‹ Bereich (im klassischen Sinne) durchaus unterschiedlich nah. Eine prähistorische Tierplastik und ein als Speiserest in den Boden gelangter Tierknochen sind zwar gleichermaßen ›materielle Kultur‹, haben aber sonst nur wenig miteinander gemeinsam. Zu ihrer Erschließung bedarf es daher eines jeweils eigenen Ansatzes, der bei unterschiedlichen Kulturtheorien Anleihen nimmt (Semiotik, Kulturökologie).

Materielle Kultur als ...
• **Sammelbegriff** zur Charakterisierung der Quellengrundlage speziell der archäologischen Fächer (Sachkultur, materielle Überlieferung, *archaeological record*). Dieser Sachverhalt legt die archäologische Forschung zugleich auf einen spezifischen methodologischen Zugang fest und begründet so einen epistemologischen Sonderweg (Manfred K. H. Eggert).
• **Formel** für die Unerreichbarkeit einer nur in stummen Überresten greifbaren Vergangenheit, und damit als »unlesbarer Abfall« der lediglich indiziere, dass etwas gesagt wurde, aber nicht was gesagt wurde (Dietmar Schmidt).
• **Kampfbegriff** zur Kritik idealistischer bzw. mentalistischer Kulturkonzepte, die in Artefakten lediglich Kulturprodukte minderen Ranges (Verkörperungen von Ideen) sehen. Dadurch wird ›Materielle Kultur‹ zum Leitbegriff einer explizit kulturanthropologischen ausgerichteten Archäologie, die materielle Überreste kulturvergleichend deutet. Damit grenzt sie sich dezidiert gegenüber ›antiquarischen‹ wie gegenüber, das archäologische Material einseitig historisierenden Ansätzen ab.
• **Zentralbegriff** einer semiotisch bzw. kommunikationstheoretisch erweiterten Archäologie, die in den Objekten der materiellen Kultur vor allem Medien der (nonverbalen) Kommunikation sieht, deren (wechselnde) Bedeutung(en) sie zumindest fallweise zu erschließen sucht (*material culture as text*). Solche Kenntnisse seien nötig, um darüber hinausgehende Kulturzusammenhänge, die einem ›unbeteiligten‹ Beobachter verborgen bleiben, zu erschließen.
• **Zentralbegriff** einer neuen Form von Archäologie bzw. Kulturwissenschaft, die von einem Primat des Materiellen und der Materie im Prozess des kulturellen Wandels ausgeht – und entsprechend Bedeutungszuschreibungen aller Art an prähistorische Artefakte misstraut (Neomaterialismus).

Tabelle 9: Unterschiedliche Bedeutungsebenen des Begriffs/Konzepts ›Materielle Kultur‹. Um die umfangreiche jüngere Fachdebatte dazu zu verstehen, ist es unabdingbar, sich über die jeweilige Verwendung dieses Begriffs klar zu werden (weiterführend dazu Veit 2014a; 2018a; 2020b sowie die Kap. 13ff.).

Ein anderes Problem beim Gebrauch des Begriffs ›materielle Kultur‹ liegt darin, dass er noch immer den Gegenbegriff ›geistige Kultur‹ evoziert und wir auf diese Weise Gefahr laufen, den überkommenen Geist/Materie-Gegensatz zu aktualisieren. Dies gilt ganz besonders für den idealistisch geprägten Kulturbegriff der deutschen Geisteswissenschaft mit seiner einseitigen Fokussierung auf Ideen und Werte bzw. auf Artefakte und Kunstwerke (Bausinger 1980). Demgegenüber hat man dem gesamten Bereich des Sozialverhaltens als einem weiteren wichtigen Teilbereich des Kulturellen in den Geisteswissenschaften lange Zeit nur vergleichsweise wenig Beachtung geschenkt. Entsprechende Fragen wurden an die Soziologie delegiert, die ihrerseits wenig Interesse für kulturelle Bestimmungsfaktoren zeigte. Dies hat lange zu einer fragwürdigen Abhebung des Kulturellen von den gesellschaftlichen Realitäten geführt. Dabei ist aber oft übersehen worden, dass Kultur ja nicht nur eine Vorgegebenheit, sondern immer auch das Ergebnis von gesellschaftlichen Akten ist, die ihrerseits kulturbestimmt sind (s. Bausinger 1980, 59 f.).

Diese künstliche Spaltung ist bis in die – diesen Debatten eigentlich eher fernstehende – prähistorisch-archäologische Forschung hinein spürbar geworden, die ebenfalls lange einer einseitig kulturalistischen Sichtweise anhing, nach der sich menschlicher Geist in Materie einschreibt. Demgegenüber geht man heute im Sinne einer Symmetrischen Anthropologie in den Kulturwissenschaften zumeist von einer Ko-Konstitution von Geist und Materie aus. Dies macht es indes unmöglich, das Verhältnis materieller und geistiger Kultur – wie in der Prähistorischen Archäologie immer noch üblich – weiterhin in Form einer einfachen Abbildbeziehung zu denken: Materielle Kultur spiegele kulturelle Werte und Normen.[20]

Diese Unterstellung hatte der älteren, idealistisch geprägten Forschung im Umkehrschluss die Möglichkeit eröffnet, materielle (= archäologische) Kultur zur Grundlage für Rückschlüsse auf die ›eigentliche‹ (geistige) Kultur (oder später auch auf die ›Sozialstruktur‹ der betreffenden Gemeinschaften) zu machen.[21] Eine solche Sichtweise hatte den nicht unwesentlichen Vorteil, dass dadurch scheinbar klare inhaltliche Ableitungen auch von archäologischen Funden möglich wurden. Fehldeutungen konnten sich so allenfalls aus überlieferungsbedingten Verzerrungen des Fundbilds ergeben. Gleichzeitig

---

20 Diese wird besonderes dort deutlich, wo man beispielsweise Gräber als Spiegel vergangenen Lebens betrachtet (z. B. Christlein 1975; Haffner 1989). Nur selten geschieht dies so explizit im Titel der Arbeiten.

21 Im Rahmen (historisch-)materialistischer Ansätze wird hingegen primär mit Zwängen im Sinne von gesetzmäßigen Zusammenhängen zwischen Basis und Überbau argumentiert.

blieben jedoch die Ko-Konstruktion von sozialen Beziehungen über Objekte ebenso wie mögliche materielle Bestimmungsfaktoren kulturellen bzw. sozialen Wandels außerhalb des archäologischen Blickfelds.

4.3 Kultur im Kontext

Eine spezielle Ausprägung des idealistisch-normativen Kulturbegriffs bilden die bekannten ›Omnibus-Definitionen‹ von Kultur im Sinne der klassischen Bestimmung Edward B. Tylors von 1873: »Cultur oder Civilisation im weitesten ethnographischen Sinne ist jener Inbegriff von Wissen, Glauben, Kunst, Moral, Gesetz, Sitte und allen übrigen Fähigkeiten und Gewohnheiten, welche der Mensch als Glied der Gesellschaft sich angeeignet hat.« (Tylor 1873, 1). An diese Definition schließt Hans-Peter Wotzka an, wenn er ›Kultur‹ mit Blick auf die Prähistorische Archäologie als »die Gesamtheit der überwiegend sozial (nicht genetisch) tradierten menschlichen Lebensäußerungen« (Wotzka 2000, 55) bestimmt und präzisierend ergänzt, dass dazu Aspekte wie Sozial- und Rechtsordnung, Siedlungsweise, Wirtschaft und Ernährung, Umweltkonzepte, Religion, Bestattungswesen, Technologie, Kleidung und Kunst gehörten (Wotzka 2014, 141).

Aber auch eine solche offene Bestimmung von Kultur erweist sich bei näherer Betrachtung als angreifbar. Zum einen geht die damit verbundene Fixierung auf den Aspekt der Tradierung automatisch mit einer Ausblendung des kreativen Aspekts von Kultur im Sinne einer Schaffung von Neuem (*Homo faber*) einher, wie sie auch in Max Webers Vorstellung von Kultur als Ergebnis subjektiver und situativer Sinngebung (*Homo significans*) zum Ausdruck kommt.[22] Zum zweiten besteht hier die Gefahr, dass die prähistorische Kulturanalyse auf einer vorwiegend deskriptiven Ebene verharrt. Dies wiederum führt oftmals dazu, dass das Kulturelle, das Soziale, das

22 Dies gilt auch für Eggert/Samida (2009/2013, 95), für die Kultur im holistischen Sinne für die »Gesamtheit der menschlichen ideellen und materiellen Hervorbringungen, der Werte, Weltsicht und Traditionen sowie der sozialen und politischen Institutionen« steht. ›Kultur‹ erscheint als etwas Statisches bzw. Kanonisches und nicht als etwas Dynamisches bzw. Prozessuales – etwa als das Ergebnis sozialer Aushandlungsprozesse (A. Wimmer 2005). Die Prähistorische Archäologie bezieht sich hier unreflektiert gerade auf den Herder'schen Kulturbegriff. Dies entbehrt nicht einer gewissen Ironie, da insbesondere – wie weiter oben angedeutet – darin die in der Urgeschichte fehlende Schrift die Rolle eines Stabilisators kultureller Traditionen übernimmt.

Politische und selbst das Ökonomische weitgehend unreflektiert in eins gesetzt werden.[23]

Ungeachtet aller Überschneidungen zwischen den genannten Bereichen im praktischen Vollzug menschlichen Zusammenlebens, ist es sinnvoll hier analytisch zwischen verschiedenen Ebenen zu differenzieren. Denn ›soziales‹ Handeln ist nicht zwangsläufig zugleich ›kulturell‹ (im Sinne von ›traditional‹) – und ebensowenig ist es in jedem Fall ›ökonomisch‹. ›Sozial‹ nennt man gemeinhin ein Handeln, das auf den Anderen bezogenen ist (*animal social, Homo sociologicus*), und zwar gleichgültig, ob es sich auf ein sozial tradiertes Wissen bezieht oder nicht. Dies zeigt sich schon daran, dass es auch ein soziales Leben der Tiere gibt. Das soll nicht heißen, dass der Bereich des Sozialen und der Bereich des Kulturellen vollständig voneinander getrennte Sphären darstellen. Vielmehr ist das Gegenteil richtig: ›Kulturelles‹ besitzt insofern immer auch eine ›soziale‹ Komponente, als Ideen und Werte, ebenso wie Artefakte und Kunstwerke, jeweils in einem sozialen Raum entstehen und zirkulieren. Dennoch besitzt das Kulturelle zugleich eine Eigendynamik, d. h. es kann sich von seinen sozialen Trägern durchaus in gewissem Umfang emanzipieren. Paul Veyne (1995, 308 f.) unterscheidet diesbezüglich entsprechend zwischen zwei »Populationen«, einerseits der ›Gesellschaft‹ und andererseits den ›objektiven Geistern‹ wie Riten, Büchern oder Bildern, denen er ein gewisses Eigenleben zugesteht.[24]

Im Kern haben wir es jedenfalls mit unterschiedlichen Perspektiven zu tun. Und dies gilt in anderer Form beispielsweise auch für das Politische

---

23 Ähnlich auch Eggert 2013b, 36 Anm. 51. – In diese Richtung geht auch eine Bestimmung der Kultur(en) als von Kollektiven getragenen Standardisierungen (so bei Nakoinz 2009, 11 mit Bezug auf eine Begriffsbestimmung des Amerikanisten Klaus Peter Hansen [1995; 2009]).

24 »Neben der ›Gesellschaft‹ existieren andere Gedanken, die entwickelter und selbstsicherer sind, die Gedanken der ›objektiven Geister‹, der Riten, der Bücher auf den Regalen der Bibliotheken, der Bilder auf den Mauern der Kirchen und Grabmäler. Sie bilden eine eigene Population, die ihre Traditionen, ihre Trägheit und ihre Dynamik hat [...], und die mit den Menschen – stromauf, stromab – ihre komplizierten und höchst eigentümlichen Beziehungen unterhält. Die Menschen erfinden die Gedanken, sie entfliehen ihnen, und teilweise erfinden sie die Menschen [...]. Aber die zwei Populationen sind schließlich eben doch nicht deckungsgleich: es ist sinnlos, zu fragen, ob die Römer glaubten, die Toten würden unter der Erde leben, weil ein Ritus wollte, dass man am Tag der Beerdigung ein wenig Nahrung auf das Grab stellte. Mit anderen Worten, die Riten oder Bilder funktionieren von der menschlichen Gesellschaft her gesehen nur mit sehr geringem Ertrag; fast ihr gesamter Sinn verflüchtigt sich in der Gleichgültigkeit der umgebenden Humanpopulationen und ist kein gutes soziologisches Symptom.«

und das Ökonomische. Als ›politisch‹ bezeichnet man ein Handeln, das den Bereich der Familie und Verwandtschaft transzendiert und sich auf Beziehungen der Herrschaft bzw. Unterordnung zwischen Fremden bezieht. Als ›ökonomisch‹ gilt ein Handeln, das auf die Befriedigung von Grundbedürfnissen und die Versorgung mit Gütern und Dienstleistungen zielt. Teilweise wird das Prädikat ›ökonomisch‹ zusätzlich an die Bedingung geknüpft, dass die verfügbaren Ressourcen sparsam eingesetzt werden (*Homo oeconomicus*) (Veyne 1994, 70 f.).

Diese Liste von spezifischen Charakterisierungen des Menschlichen ließe sich leicht noch ergänzen. Jedoch reicht das Gesagte bereits aus, um deutlich zu machen, in welch hohem Maße die jeweilige Fragestellung das Ergebnis kulturwissenschaftlicher wie auch archäologischer Nachforschungen beeinflusst. Genau aus diesem Grunde sind Kulturstudien mehr als nur an konkreten Merkmalslisten orientierte Kultur(en)beschreibungen. Es sind vielmehr Kulturanalysen, deren Ziel es sein muss, empirisch fassbare kulturelle Kontexte und Entwicklungen fragend zu erschließen.

»Schichttortenmodell« der Kultur
»Narrengewand« der Kultur
▲ strukturelle und funktionale Regelmäßigkeiten der sozialen Organisation
▲ psychische Faktoren, sog. Grundbedürfnisse
▲ biologische Fundamente: Anatomie, Physiologie, Neurologie

»Rührkuchenmodell« der Kultur
Biotische, psychische, soziale und kulturelle Faktoren des menschlichen Daseins sind untrennbar und in einer für jede Kultur spezifischen Form miteinander verknüpft

Tabelle 10: »Schichttorten-« und »Rührkuchenmodell« der Kultur nach Clifford Geertz (s. Geertz 1987).

Dies ist eine anspruchsvolle Aufgabe, die noch dadurch erschwert wird, dass kulturgeschichtliche Erklärungen nicht nur auf die genannten soziokulturellen Fakten, sondern oft zusätzlich auch auf außerkulturelle Faktoren rekurrieren, etwa auf eine gemeinsame physische und psychische Grundausstattung des Menschen oder umgekehrt auf ein Durchschlagen des Bios auf den kulturellen Bereich, wie etwa im Falle von Rassentheorien. Diesen Sachverhalt veranschaulicht das sog. »Schichttortenmodell« von Clifford Geertz (1987, 60–65), das eine weit verbreitete ›stratigraphische‹ Auffassung von Kultur beschreibt [Tab. 10]. Diesem Modell zufolge besteht der Mensch aus ›Schichten‹, die die jeweils darunterliegenden ›Schichten‹ überlagern, die jeweils darüber liegenden hingegen stützen. Basis bildet ein biotisches Fundament des Menschen, darüber angesiedelt seien psychische Faktoren, sog. Grundbedürfnisse. Die nächsthöhere Ebene bildeten strukturelle und funktionale Regelmäßigkeiten der sozialen Organisation, die ihrerseits die Basis für das darüber gelagerte »Narrengewand der Kultur« darstellten. Der Mensch erscheint aus einer solchen Perspektive als »ein horizontal gegliedertes Tier, eine Art evolutionärer Schichttorte, bei deren Definition eine jede Lage – sei sie organisch, psychisch, sozial oder kulturell – ihren unverrückbaren Platz« einnehme. Ziel der kulturwissenschaftlichen Forschung ist entsprechend die Identifizierung kultureller Universalien und empirischer Gleichförmigkeiten jenseits der Vielfalt der konkret beobachtbaren Sitten und Bräuche in aller Welt, die letztlich nicht erklärbar ist.

Demgegenüber geht Geertz selbst allerdings davon aus, dass biotische, psychische, soziale und kulturelle Faktoren des menschlichen Daseins untrennbar und in einer für jede Kultur spezifischen Form miteinander verknüpft sind. Er spricht diesbezüglich in Abgrenzung zum »Schichttortenmodell« von einem »Rührkuchenmodell« der Kultur. Die Konsequenz dieser Sichtweise ist, dass Kultur nicht mehr länger generalisierend ›erklärt‹ werden kann, sondern die Zusammenhänge in jedem Einzelfall gesondert erschlossen und ›dicht beschrieben‹ werden müssten. Wie dies genau geschehen kann, hat Geertz im Rahmen verschiedener Feldforschungsprojekte, die von einem semiotischen Kulturbegriff ausgehen[25], dargelegt.

25 »Der Kulturbegriff, den ich vertrete und dessen Nützlichkeit ich in den folgenden Aufsätzen zeigen möchte, ist wesentlich ein semiotischer. Ich meine mit Max Weber, daß der Mensch ein Wesen ist, das in selbstgesponnene Bedeutungsgewebe verstrickt ist, wobei ich Kultur als dieses Gewebe ansehe. Ihre Untersuchung ist daher keine experimentelle Wissenschaft, die nach Gesetzen sucht. Mir geht es um Erläuterungen,

Inwieweit ein solches Konzept auch auf fragmentarische prähistorisch-archäologische Kontexte übertragen werden kann, ist umstritten. Angesichts des bis heute weitgehenden Fehlens überzeugender Beispiele dafür überrascht es nicht, dass man sich in der Archäologie – trotz dessen konzeptioneller Schwächen – weiterhin vornehmlich am »Schichttortenmodell« orientiert. So lässt sich aufzeigen, dass es leitend für die Entwicklung bestimmter Konzeptionalisierungen archäologischer Erkenntnismöglichkeiten war, etwa für Christopher Hawkes berühmtes *ladder-of-inference*-Modell (s. Kap. 5.1). Ähnliches gilt für die konsequent auf Generalisierung und Erklärung setzende amerikanische *New Archaeology* und ihre Ableger. Aber auch im weiteren europäischen Raum zieht man heute – zumindest dort, wo man um eine theoretische Begründung bemüht ist – weithin einen solchen ›analytischen‹ einem ›verstehenden‹ bzw. ›interpretierenden‹ Ansatz vor.

Dies hat in der Konsequenz zu einer zunehmenden Abkoppelung des Faches vom Mainstream kulturwissenschaftlicher Reflexion geführt. Denn in den *Cultural Studies* dominieren schon seit Geertz' Einwürfen im weitesten Sinne ›interpretierende‹ Ansätze, die nicht länger Strukturen aufzudecken suchen, sondern vom einzelnen Akteur ausgehen. Und dieser Akteur kann nach neuerer Lesart – dann als ›Aktant‹ bezeichnet – im Zweifelsfall auch ein Ding sein.[26] Nach diesem Verständnis sind Materialitäten nicht mehr auf Wissen und/oder soziale Beziehungen reduzierbar:

> »Artefakte sind keine Repräsentationen, sondern sie repräsentieren. Sie sind keine ›matters of fact‹, sondern ›matters of concern‹. Sie sind Medien, keine Übermittler, sondern Vermittler. Artefakte reduzieren Komplexität, indem sie Interaktionen rahmen, sie zusammenhalten und auf Dauer stellen, das heißt, sie lokalisieren Interaktionen. Doch zugleich globalisieren sie, indem sie immer schon auf andere Orte und Zeiten verweisen, auf das ›was in ihnen steckt‹, was an sie delegiert wurde. Folglich sollte die Soziologie dieser Interobjektivität

---

um das Deuten gesellschaftlicher Ausdrucksformen, die zunächst rätselhaft scheinen.« (Geertz 1987, 9).

26 In der von Bruno Latour und Michel Callon begründeten Akteur-Netzwerk-Theorie (ANT) kann alles Aktant sein, d. h. Akteur sein, wenn ihm Aktivität in der Welt (nicht nur in Erzählungen) zugesprochen wird. Im Hintergrund steht Michel Serres' »Soziologie der Übersetzung«, die »das Soziale als Verhandlung, Vermittlung und Kommunikation, an der verschiedene semiotische und materielle Kräfte beteiligt sind, zu denken [sucht]. Dieser heterogene Prozess lässt keine essentielle Trennung von Subjekt und Objekt zu, sondern versetzt diese eher in den Status eines Quasiobjekts.« (Wieser 2008, 424).

ihre Aufmerksamkeit schenken und nicht der Intersubjektivität. Es geht um die Dezentrierung der Grenze von Mensch und Technik, wie sie in den Wörtern ›Ding‹ (Zusammenkunft) und ›res‹ (Verhandlung) etymologisch angelegt ist.« (Wieser 2008, 424).

Die internationale Archäologie hat in diesen Punkten zwischenzeitlich mit einer ganzen Reihe von Theoriebeiträgen nachgezogen, deren Autoren diese Prämissen teilen (z. B. Olsen et al. 2012).[27] Vielleicht ist dies auch ein Grund für den aktuellen Bedeutungsgewinn einer ›Historischen Archäologie‹, die sich heute nicht mehr als unabhängige Antithese zur (Schrift-)Geschichte, sondern als deren konsequente Fortsetzung versteht. Reinhard Bernbeck (2015, 42–48) spricht in diesem Zusammenhang von »framed ambiquity«. Er meint damit einerseits das Weiterarbeiten der Archäologie in einem Rahmen, der durch die (schrift-)historische Forschung gesetzt wurde, und andererseits ein Insistieren auf die notwendige Vieldeutigkeit der materiellen Zeugnisse. Historische Narrative werden dabei nicht länger auf Objektivität und Korrektheit in der historischen Rekonstruktion verpflichtet, sondern sollen stattdessen vielfältige und alternative Erzählungen produzieren, die die Rezipienten zur eigenständigen Reflexion anregen. Das Ganze wird zugleich überwölbt vom Imperativ, dem Vergessen entgegen zu wirken und zugleich von der älteren Forschung (vermeintlich) marginalisierten Gruppen eine Stimme zu geben (s. Kap. 16.1 und 19).

Diese methodischen Vorgaben, die im politisch-gesellschaftlichen Diskurs um historisches Gedenken an Verbrechen gegen die Menschlichkeit im 20. Jahrhundert funktionieren mögen, stoßen in der Übertragung auf prähistorische Kontexte schon deshalb auf Schwierigkeiten, weil sich die grundsätzlichen Ambivalenzen der Bewertung archäologischer Materialien nur schwerlich durch Verweis auf moralische Dilemmata noch steigern lassen. Wo solche Ideen trotzdem im fachwissenschaftlichen Diskurs verhandelt werden, besteht daher immer der Verdacht, dass es sich dabei wesentlich um moderne Projektionen handelt. Dies ist m. E. mit der Hauptgrund dafür, dass in diesen Bereichen des Faches nicht nur im deutschsprachigen Raum weiterhin analytische Verfahrensweisen vorherrschen.[28] Sie scheinen

27 Allerdings fehlt es bislang noch an überzeugenden Fallstudien, die die ertragreiche Anwendbarkeit dieser Ideen gerade auch auf prähistorische Materialien belegen.

28 Eine solche Orientierung legt außerdem die verstärkte Kooperation von Prähistorischen Archäologen in Forschungsverbünden mit zahlreichen – weithin noch immer dem kritischen Rationalismus verpflichteten – Naturwissenschaften nahe.

gerade für die Behandlung von Fragen langfristigen kulturellen Wandels, für die die Prähistorische Archäologie aufgrund der großen zeitlichen Tiefe ihrer Quellen ganz besonders prädestiniert erscheint, besonders angemessen. Denn dabei geht es in der Tat um Dimensionen, die die subjektiven Erfahrungen Einzelner bzw. bestimmter sozialer Gruppen oder auch ganzer Generationen transzendieren.

Hier zeigt sich einmal mehr, dass das Studium prähistorischer Kultur weiterhin in ganz besonderer Weise ein Studium kulturellen Wandels ist. Dies gilt umso mehr, als die Prähistorische Archäologie heute – anders als im 19. und frühen 20. Jahrhundert – nicht mehr darauf angewiesen ist, Datierung und Deutung von Wandel am gleichen Material zu ergründen, was seinerzeit zirkuläre Argumentationen befördert und entwicklungsgeschichtlicher Spekulation Tür und Tor geöffnet hatte (Kap. 10 und 11). Heute hingegen lassen sich prähistorische ›Kulturabfolgen‹ in gewissem Umfang zusätzlich durch von Objektvergesellschaftungen unabhängige naturwissenschaftliche Datierungen absichern. Dadurch rückt erneut die Möglichkeit in unser Blickfeld, ›kulturellen Wandel‹ in der Prähistorischen Archäologie auf unterschiedlichen Maßstabsebenen nicht nur zu rekonstruieren bzw. zu beschreiben, sondern auch zu erklären (s. Kap. 15.3).

Das bedeutet aber umgekehrt nicht zwingend, dass raumzeitlich begrenzte, kontextuelle Analysen, die auch die subjektiven Erfahrungen Einzelner oder sozialer Gruppen thematisieren, in der Ur- und Frühgeschichtsforschung grundsätzlich keinen Platz haben (s. Kap. 14.2 und 15). Wichtig ist dabei m. E. nur entsprechende Bemühungen der Introspektion konsequent mit einer analytischen Außenperspektive zu verbinden. Allerdings sind in der jüngeren deutschsprachigen Theoriedebatte immer wieder Vorbehalte hinsichtlich der Möglichkeiten, sich mit ausschließlich archäologischen Mitteln Fragen der subjektiven Sinngebung prähistorischer Akteure zu nähern, geäußert worden. Dies hat dazu geführt, dass man verschiedentlich den epistemologischen Rahmen des Faches in grundsätzlicher Art und Weise zu begrenzen suchte. Um die einschlägigen Debatten, ihre Ergebnisse und Konsequenzen wird es im folgenden Kapitel gehen.

5 Über Potenziale und Grenzen archäologischer Vergangenheitserschließung

»Auch ein prähistorisches Artefakt ist in der Lage, uns eine Vorstellung von einer weit zurückliegenden Ideenkultur zu vermitteln, auch wenn keine anderen Zeugnisse über die Sprache oder die Mentalität dieser Gesellschaften überliefert sind. In Gegenständen ist Menschliches eingeschlossen. Ihre Wirkung beruht in einer zweifachen Weise auf Intentionen: zum einen können sie durch psychische Aktivität eines Interpreten gedeutet werden, zum anderen verdanken Objekte ihre Erscheinungsform den investierten psychischen Energien.«
(Gottfried Korff 1997, 177.)

Stellungnahmen wie die hier zitierte verweisen nicht nur auf das kulturwissenschaftliche Potenzial der Prähistorischen Archäologie, sie legen zugleich nahe, dass die ›Ruinen‹ und ›Relikte‹, auf die Archäologen ihre Aussagen stützen, einen grundsätzlich anderen Zugang zur Vergangenheit erlauben als Texte (A. Assmann 1996, 107). Nicht selten werden sie Texten gegenüber sogar als überlegen angesehen, etwa in Jacob Burckhardts Projekt einer ›Kulturgeschichte‹. Dessen Überzeugung nach bieten ›Spuren‹ gegenüber ›Texten‹ – verstanden als kodierte, bewusst übermittelte Botschaften – zwar lediglich indirekte Informationen, allerdings seien diese besonders dazu geeignet, das ›Unwillkürliche‹ einer Epoche zu dokumentieren, welches keiner Zensur und Vorstellung unterliege. Deswegen bescheinigt er ihnen einen höheren Grad an Wahrhaftigkeit und Authentizität als Texten (ebd.).

Eine solche Festlegung, die mitunter auch aus dem Munde selbstbewusster Archäologen zu vernehmen ist, scheint allerdings anfechtbar. Aber selbst wenn man sie zunächst einmal so stehen lassen möchte, bliebe doch zu klären, ob und in welcher Weise das in solchen Objekten im Sinne ›materialisierter Kultur‹ ›gespeicherte‹ Wissen vom Archäologen bzw.

Kulturhistoriker in der und für die Gegenwart aufgeschlossen werden kann. Angesichts fehlender kultureller Kodes, die uns die Artefakt-Bedeutungen erschließen könnten, bestehen diesbezüglich nicht nur im Fach selbst, sondern auch unter Kulturwissenschaftlern begründete Zweifel. Für den Germanisten Dietmar Schmidt (2005, 250) etwa stellt materielle Kultur, wie sie die Archäologie untersucht, nicht mehr dar als »unlesbaren Abfall«, der lediglich indiziere, dass etwas gesagt wurde, aber nicht was:

> »Die Assemblagen, zu denen die Dinge dem archäologischen Blick zusammentreten, können die Rekonstruktion der geschichtlichen Zusammenhänge nicht ermöglichen, die benötigt würden, um Dinge ›verständlich‹, das heißt, ihr symbolisches Wirken in Sinnhorizonten vergangener Subjekte einsichtig zu machen. Gerade daran erinnert der Abfall: Mit ihm liegt etwas vor, das aus diesen Sinnhorizonten stets schon ausgeschlossen war. Wenn Abfall dem Archäologen zum Zeichen wird, dann nicht als Wiederholung einer Botschaft, die vor Urzeiten schon einmal zirkulierte und als solche in materiellen Hinterlassenschaften konserviert worden ist, sondern als eine erstmals und erst jetzt merkliche Randzone, die einen je eigentümlichen Raum kultureller Signifikanz eröffnet, und die damit weniger das, was gesagt wird, indiziert, sondern dass gesagt wird, und die so die kulturellen Praktiken des Bedeutens und Deutens selbst zu lesen gibt«.

Auch Prähistorische Archäologen selbst haben sich immer wieder, sowohl praktisch wie auch aus einer theoretisch-methodologischen Perspektive, mit solchen Problemen auseinandergesetzt. Die Einlassungen dazu bewegen sich meist irgendwo zwischen Hoffnung und Verzweiflung. Diejenigen Fachvertreter, die in der Tradition des archäologischen Positivismus stehen, hoffen darauf, dass sich ihre Kärrner-Arbeit im Zusammentragen von Materialien in der Zukunft einmal auszahlen werde. Wenn nämlich genug Material zusammengetragen wäre, würden sich ›Spreu und Weizen‹ gleichsam wie von selbst trennen und sich ihnen die Konturen der versunkenen prähistorischen Welt zu erkennen geben.[1] Andere Archäologen haben die Lage skeptischer beurteilt und ihre Aufgabe primär darin gesehen, aus einer

1 Klassisch dazu ist die folgende Formulierung des Althistorikers Theodor Mommsen: »Ob jedes Stück, das er aufhebt und aufheben muss auch wirklich des Aufhebens wert sei, danach fragt der Archivar zunächst nicht. Wenn das weite Feld [...] einmal zu übersehen sein wird, so wird das taube Gestein unschädlich liegen bleiben, der wirklich fruchtbare Boden aber schon von denen, die es angeht, zu Acker- und Saatboden umgebrochen werden.« Antrittsrede vom 8. Juli 1858 vor der Preußischen Akademie der Wissenschaften, zitiert bei Ernst 2004, 246.

schlechten Ausgangslage noch das Beste zu machen (Piggott 1965). Dabei gelte es überzogene historische bzw. kulturwissenschaftliche Erkenntnisansprüche des Faches zurückzuschrauben (Eggert 2001/2012). Entsprechend wird teilweise bis in die Gegenwart eine grundsätzlich ›antiquarische‹ Grundausrichtung des Faches (U. Fischer 1987) betont.

Worauf gründen derartige Einschätzungen? Viele Archäologen würden sagen, dass sie auf unmittelbaren Erfahrungen in der konkreten Arbeit am Material beruhen. Ein Blick in die Fachgeschichte lässt allerdings Zweifel an dieser Lesart aufkommen. Er macht vielmehr deutlich, dass die unterschiedlichen – einander teilweise diametral entgegenstehenden – Einschätzungen in erster Linie das Produkt einer bestimmten Sozialisation im Fach sind. Besonders ein Blick über die engeren Grenzen der eigenen Fachtradition hinaus macht deutlich, dass es sich im Wesentlichen um paradigmatische Vorgaben darüber handelt, welche Erkenntnisbemühungen als produktiv und welche als unproduktiv qualifiziert werden. Denn abschließende Gewissheit über das grundsätzliche Vermögen des Faches, mittels der von ihm in Anschlag gebrachten Methoden valide Antworten auf die gestellten Forschungsfragen geben zu können, gibt es nicht. Dies gilt selbst für Bereiche, für die bereits eine gewisse Zahl sorgfältig durchgeführter Fallstudien vorliegt (ethnische Deutung, Sozialarchäologie, u. a.).

Wenn deshalb Festlegungen über die Aussagemöglichkeiten archäologischer Analysen getroffen werden, orientieren sich diese zuallererst an bestimmten Metaphern oder bildhaften Grundvorstellungen, die anderen Bereichen entlehnt und zunächst ungeprüft auf die Situation des Archäologen übertragen werden. Im positiven Fall ist es meist das Bild des ›Puzzles‹, dessen Lösung mit jedem neuen Teil, das ihm hinzugefügt wird, näher rückt. Andernorts ist es das Bild der archäologischen Überlieferung als einer unbekannten ›Schrift‹, die deshalb nicht entziffert werden kann, weil uns dazu ein Wörterbuch – oder zumindest ein zugleich mehrsprachig überliefertes Dokument – fehlt. Eggert (1977) hat diesbezüglich das suggestive Bild vom ›Rosetta-Stein‹ der Prähistorischen Archäologie geprägt, dessen bis auf weiteres ausstehender Fund entsprechenden Bemühungen enge Grenzen setze, die es anzuerkennen gelte.[2] Beide Bilder sind indes

2 Er bezieht sich damit auf die Entzifferung der Hieroglyphenschrift durch Jean François Champollion im Jahre 1822, die erst auf der Basis des mehrsprachig beschrifteten Steins von Rosetta möglich wurde. Grundlage dieser Entzifferung war die Entdeckung des Lautwerts der Hieroglyphen. Vor Champollion hatte man angenommen, die Hieroglyphen besäßen keinen ›Lautwert‹, sondern bezögen sich – anders als bei

schief. Ebenso wenig wie jeder Neufund ein anpassendes Teil im großen Puzzle der Vergangenheit liefert, lässt sich ›materielle Kultur‹ und zumal ›archäologische Kultur‹ strukturell unmittelbar auf Schrift oder Text beziehen. Die jüngeren Debatten zum ›Textparadigma‹ in der Archäologie haben klar gezeigt, dass eine einseitige Deutung materieller Überreste als ›prähistorische Hieroglyphen‹ entschieden zu kurz greift (s. Kap. 14).

Mit dieser Grundeinsicht wird unsere konkrete Interpretationsaufgabe zunächst zwar nicht einfacher, aber immerhin gewinnen wir damit einen gewissen Freiraum im Hinblick auf die Modellierung des prähistorisch-archäologischen Erkenntnisprozesses. Wir erkennen, dass, ebenso wie die Wissenschaftstheorie nur nachträgliche Rationalisierungen für komplexe Erkenntnisprozesse liefert, auch unsere Generalisierungen zum archäologischen Erkenntnisprozess keineswegs mit konkreter Forschung verwechselt werden dürfen. Es handelt sich vielmehr immer um Nachrationalisierungen, die nur eine Teilerklärung für das bieten, was konkret abgelaufen ist. Aus diesem Grunde sollte es uns nicht überraschen, wenn wir feststellen, dass die konkrete Forschung mitunter auch dort zu Erkenntnissen gelangt, wo es diese archäologischen und anderen Wissenschaftstheoretikern zufolge gar nicht hätte geben dürfte.[3]

---

den alphabetischen Schriftsystemen – unmittelbar auf die ›Wirklichkeit‹. Dies ist nicht der Fall, der einzige Unterschied zwischen der Hieroglyphenschrift und den alphabetischen Schriften besteht darin, dass erstere sich nicht ausschließlich auf die Ebene der phonologischen Artikulation bezieht, sondern auch auf die Ebene der semantischen Artikulation. Man spricht diesbezüglich auch von einer ›doppelten Kodierung‹. Neben den Lautzeichen (Phonogramme) gibt es auch Sinnzeichen (Determinative) sowie Laut+Sinn-Zeichen (Ideogramme). Durch Kombination dieser drei Funktionen gelang es den Ägyptern mit einer gegenüber rein ideographischen Schriften, die einen riesigen Zeichenbestand besitzen (wie z. B. das Chinesische), vergleichsweise geringen Zeichenzahl (ca. 700) auszukommen (siehe J. Assmann 1988 sowie Brunner-Traut 1985 zu Champollion). – Zu möglichen Konsequenzen dieser Einsichten im Bereich archäologischer Erkenntnistheorie ausführlicher Veit 2003a.

3 Paul Feyerabend (1983, 403) schreibt dazu mit Bezug auf die Entdeckungen in den Naturwissenschaften: »Die Ideen mit denen die Wissenschaftler das Bekannte darstellen und ins Unbekannte vorstoßen entsprechen nur selten den strengen Vorschriften der Logik oder reinen Mathematik, und der Versuch, sie ihnen anzupassen, würde der Wissenschaft die Elastizität rauben, ohne die es keinen Fortschritt gibt. Man erkennt: Tatsachen allein sind nicht stark genug, um zur Annahme oder Ablehnung wissenschaftlicher Theorien zu veranlassen, sie lassen dem Denken zu weiten Spielraum; Logik und Methodologie andererseits scheiden zu viel aus, sie sind zu eng. Zwischen diesen beiden Extremen liegt das sich immerfort wandelnde Reich der menschlichen Ideen und Wünsche.« (ebd. 403)

In diesem Sinne scheint es geboten, etwas genauer einige im Fach geläufige Ideen und Konzepte in den Blick zu nehmen, die generelle Einsichten in die Möglichkeiten und noch viel mehr über die Grenzen archäologischer Erkenntnis versprechen. Dazu gehören beispielsweise das *hierarchy of inference*- und das *black box*-Modell, die jeweils auf eigene Art das Spezifische der prähistorisch-archäologischen Erkenntnissituation abzubilden suchen. Dies versucht auf andere Art auch die v. a. in der Gräberarchäologie geläufige Gegenüberstellung sog. ›funktioneller‹ und ›intentioneller‹ Daten. In diesen weiteren Kontext gehören nicht zuletzt auch die jüngeren Debatten um das Konzept der ›Materiellen Kultur‹, auch wenn dessen Gebrauch im Fach sehr uneinheitlich ist und sich zugleich von seinem Gebrauch in anderen Fächern deutlich abhebt.[4]

5.1 *Ladder of inference* und *black box*

Zu den einflussreichsten und zugleich umstrittensten Systematisierungen bezüglich der Grenzen (prähistorisch-)archäologischer Erkenntnis gehört Christopher Hawkes berühmte *hierarchy of inference* bzw. *ladder of inference* aus dem Jahre 1954. Danach existieren hinsichtlich der verschiedenen kulturellen Teilbereiche wie Technik, Wirtschaft, Soziales, Religion systematische Unterschiede im Hinblick auf ihre archäologische Zugänglichkeit [Abb. 10]. Die größten Chancen für archäologische Untersuchungen böten sich der Archäologie im Bereich der Technik und – in begrenzterem Umfang – auch im Bereich der (Subsistenz-)Wirtschaft. Dagegen schienen Hawkes gesellschaftliche und politische Institutionen sowie insbesondere der Bereich religiöser Institutionen und des geistigen Lebens einem archäologischen Zugriff weitgehend entzogen.[5]

---

4 Dessen Auswirkungen auf die Prähistorische Archäologie sind momentan noch eng begrenzt und die entsprechenden Andeutungen (zuletzt: Hofmann et al. 2016) lassen noch keine klare Richtung erkennen.

5 »If material techniques are easy to infer to, subsistence-economics fairly easy, communal organisation harder, and spiritual life hardest of all, you have there a climax of four degrees of difficulty in reasoning.« (Hawkes 1954, 162).

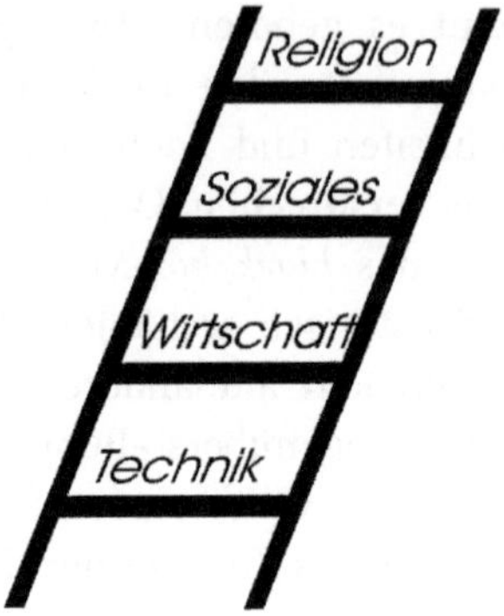

Abb. 10: Visualisierung des Modells einer ›Ladder of inferences‹ von Christopher Hawkes (1905–1992; nach Hawkes 1954).

Eine Gegenposition dazu formulierte bereits wenig später J. Grahame D. Clark. Ihm zufolge sind dem Archäologen alle Bereiche des prähistorischen Lebens, sofern sie materielle Spuren hinterlassen haben, zugänglich.[6] In ähnlicher Weise äußerten sich später auch Vertreter der amerikanischen *New Archaeology* bzw. der britischen Prozessualen Archäologie. Zugleich veranschlagten sie das erkenntnistheoretische Potenzial der Archäologie generell sehr viel höher und sahen insbesondere im Hinblick auf die Rekonstruktion prähistorischer Gesellschaftssysteme eine der zentralen und zugleich lösbaren Herausforderungen des Faches.[7]

Manfred K. H. Eggert (1993, 145; s. auch ders. 1978b; 1998) hingegen hat im Rahmen seiner Grundsatzkritik an der *New Archaeology* Hawkes' Modell verteidigt und dessen Kritikern eine Missachtung der spezifischen Struktur archäologischer Quellen vorgeworfen:

> »Anders als Binford und Bradley hat mir der Grundtenor der Hawkes'schen Überlegungen immer eingeleuchtet – ich bin in der Tat der Auffassung, dass die Natur der Quellen die Interpretation eben dieser Quellen in einem im Einzelnen

6 »It might be argued that anything so intangible as religion must for ever elude the prehistorian, but the idea that because archaeology demands on material traces it must be limited in its reconstructions to the material aspects of prehistoric life is [...] fallacious; so long as an activity leaves tangible traces it is amenable to archaeological study.« (Clark 1957, 232).

7 Explizit etwa bei Renfrew 1984, 8f. und Bradley 1984, 3. – Richard Bradley beispielsweise kritisiert an Hawkes' Modell insbesondere die künstliche Unterscheidung einzelner kultureller Teilbereiche, die ethnographisch nicht nachvollziehbar sei.

näher zu bestimmenden Maße konditioniert und daher auch einzuschränken vermag« (Eggert 1993, 146).[8]

Beide Seiten argumentieren dabei also primär mit dem Informationsgehalt archäologischer Funde und Befunde, der einmal generell als sehr hoch, das andere Mal als bereichsabhängig sehr variabel und insgesamt eher gering veranschlagt wird. Erstaunlicherweise übergehen sie in ihren Bezugnahmen auf Hawkes die Begründung, die dieser selbst seinerzeit gegeben hat.[9] Nicht die Informationsdichte, sondern die besondere Nähe dieser Bereiche zum tierischen Verhalten begründeten für ihn die gute archäologische Erschließbarkeit von Erscheinungen im Bereich von Technik und Subsistenz. Umgekehrt blieben jene Bereiche, in denen sich der Mensch am deutlichsten von der Natur abhebe, dem Archäologen mehr oder weniger vollständig verschlossen.[10] Grundsätzlich gelte die Regel: »The more human, the less intelligible« (Hawkes 1954, 162). Das entscheidende Kriterium für die Möglichkeit einer Interpretation archäologischer Quellen ist für Hawkes also ganz offensichtlich nicht die Güte der Quellenüberlieferung, sondern die Zahl der verfügbaren Handlungsalternativen der betreffenden historischen Akteure. Sie gilt ihm in ›biologienahen‹ Bereichen als sehr klein, während in Bezug auf Sozialordnung und Religion die Spielräume oder

8 Sehr viel konkreter formuliert Stuart Piggott (1965, 40 f.) denselben Sachverhalt: »Die Art der archäologischen Quelle oder irgendeines anderen Befundes der Vergangenheit bedingt und begrenzt die Art der Information, die er liefern kann. Eine bronzene Axtklinge kann nicht unmittelbar darüber Auskunft geben, welche Sprache die Menschen, die sie herstellten, sprachen, noch darüber, wie sie ihre Erntedankfeste begingen; aber sie kann eine ganze Menge über die Technik des Metallgusses zur Zeit ihrer Herstellung aussagen und vielleicht auch etwas über Bewaffnung, über Handel und Wandel.«

9 Christopher Evans (1998, bes. 402) hat mit Blick auf die jüngere Rezeption von Hawkes' Ideen im englischsprachigen Raum zurecht die Oberflächlichkeit der Lektüre angeprangert, was dazu geführt hat, dass Hawkes' Ideen nahezu bis zur Unkenntlichkeit entstellt wurden.

10 »Human techniques, logically speaking, differ from animal only in the use of extracorporeal limbs, namely tools, instead of corporeal ones only; human subsistence-economics differ from animal more obviously, but only (again logically speaking) in the amount and degree of forethought which they involve; human communal institutions next transcend the animal level very considerably; and human spiritual life transcends it altogether. So the result appears to be that the more specifically human are men's activities, the harder they are to infer by this sort of archaeology« (Hawkes 1954, 162).

Freiheitsgrade der Akteure weitaus größer und Deutungen entsprechend schwieriger seien.[11]

So betrachtet ist Hawkes' Modell weniger die unvermeidliche Konsequenz praktischer Erfahrungen beim Umgang mit archäologischen Quellen als vielmehr Ausdruck eines sehr spezifischen, stark vom Historismus und Idealismus beeinflussten Kulturkonzeptes.[12] Kultur erscheint dabei als eine in sich weitgehend abgeschlossene Sphäre kultureller Werte und Normen. Sie ist nur dort rückerschließbar, wo eine ›eindeutige‹ schriftliche Überlieferung zur Verfügung steht. Eine Kultur- bzw. Geschichtswissenschaft ist die Archäologie deshalb für Hawkes auch nur in jenen Bereichen, in denen zusätzlich zu den archäologischen Quellen Schriftquellen zur Verfügung stehen – also im weiteren Bereich der Frühgeschichte.[13] Dort, wo das nicht der Fall ist, also im Bereich der eigentlichen Urgeschichte, bleibt das Fach im Grunde genommen dazu verdammt, die Rolle einer ›Naturgeschichte‹ des Menschen zu übernehmen.

Anders als Hawkes betrachtet Eggert die Prähistorische Archäologie zwar ohne Einschränkung als eine (Historische) Kulturwissenschaft, er betont aber zugleich, dass das Fach nur zu bestimmten, generell charakterisierbaren Feldern vergangener Kultur begründete Aussagen machen könne. Entscheidend für ihn ist dabei der Grad der ›Wechselwirkung‹ zwischen den

---

11 Ähnlich wie Hawkes unterscheidet übrigens auch Ulrich Fischer (1999, XXI) zwei deutlich trennbare ›Ebenen‹ des menschlichen Kulturapparats: »eine untere Ebene der Technik und eine obere der Symbolik«. Während erstere einigermaßen zugänglich sein, bliebe letztere dem Archäologen im Wesentlichen verschlossen.

12 Und vor allem in diesem Sinne ist es ja auch von der *New Archaeology* kritisiert worden.

13 In diesem Sinne unterscheidet Hawkes (1954, 156 f.) streng zwischen »text-free (prehistoric) archaeology« und »text-aided archaeology«. Allerdings ist Hawkes, was den Bereich der »text-aided-archaeology« betrifft, sehr großzügig und meint, etwa mit Rückgriff auf Homer, durchaus einen Schlüssel zur Deutung archäologischer Quellen bis zurück ins Neolithikum zu besitzen (ebd. 160). Textquellen gelten Hawkes als so aussagekräftig, dass sie als geeignetes Interpretament zur Deutung von materiellen Resten desselben größeren Traditionsraums genutzt werden können. Er entwickelt deshalb das Konzept, die Urgeschichte rückwärtsschreitend (im Sinne von Gustaf Kossinnas »retrospektiver Methode«) über die Frühgeschichte zu erschließen (ebd. 166).

Bereichen der materiellen und nichtmateriellen Kultur – und hier sieht er im Sinne von Hawkes eine ›natürliche‹ Ordnung als gegeben.[14]

Beide Positionen erscheinen mir problematisch. Eggert hat natürlich Recht, wenn er darauf hinweist, dass es zahllose kulturgeschichtliche Probleme gibt, die archäologisch deshalb nicht sinnvoll angepackt werden können, weil uns dazu ganz einfach entsprechend aussagefähige Quellen fehlen. Die Erzählungen und Gesänge am Lager- oder Herdfeuer jener frühen Gemeinschaften sind – so wenig man ihre ehemalige Existenz in Zweifel ziehen möchte – fraglos einer kulturwissenschaftlichen Analyse für immer entzogen. Dies gilt genauso für unzählige andere konkret benennbare Aspekte. Andererseits erscheint es auf einer basalen Ebene leicht nachvollziehbar, dass Fragen zur Technologie insofern einfacher zu beantworten sind als solche zu anderen Bereichen, da sich entsprechende Informationen dem einzelnen Objekt leichter ›einprägen‹.

Schwierigkeiten ergeben sich allerdings, wenn man nicht von ganz konkreten Phänomenen spricht, sondern – wie Hawkes dies vorschlägt – von einzelnen kulturellen Sektoren. Denn darüber, ob ein Faustkeil mehr mit ›Wirtschaft‹ oder mehr mit ›Kognition‹ oder ›Religion‹ zu tun hat, lässt sich durchaus streiten. Schon aus diesem Grunde scheint mir eine generelle Festlegung, welcher dieser Bereiche archäologisch als besser erforschbar gelten darf, problematisch.[15]

Noch fragwürdiger ist Hawkes' Perspektive insofern, als sie im Bereich von Technik und Subsistenz im Grunde die Existenz eines Menschen ohne Kultur, sozusagen eines ›talentierten Affen‹, der seine Selbstfindung versäumt hat, voraussetzt. Ebenso wie große Teile der traditionellen Ethnologie konstruiert Hawkes mit seinem Erkenntnismodell einen Gegensatz zwischen empirisch universellen Aspekten der Kultur, die in subkulturellen

---

14 »Nur was materialisierbar war, konnte auf uns kommen, und alles, was davon dem ›Zahn der Zeit‹ nicht widerstanden hat, ist unwiederbringlich dahin. Somit liegt die Stärke – aber auch das Problem – der Archäologie im Bereich der materiellen Kultur. Bei dieser Quellenlage bedarf es keiner besonderen Betonung, dass die wissenschaftliche Zugänglichkeit eines urgeschichtlichen Lebensbereiches in einem sehr direkten Maße von seiner Verknüpfung mit dem Materiellen abhängt. Anders ausgedrückt: Je enger die Wechselwirkung dieses Bereiches zur materiellen Kultur, umso eher ist er erforschbar« (Eggert 2001/2012, 338 f. – Zitat aus der 1. Aufl. – nahezu wortgleich auch noch in der 4. Aufl. S. 361).

15 Auch könnte man darauf verweisen, dass Werkzeuge insofern eine problematische Fundkategorie darstellen, weil sie uns eine möglicherweise trügerische Vertrautheit suggerieren (s. Veit 2003a, 466).

Sachverhalten verwurzelt sind (in sog. ›Grundbedürfnissen‹) und empirisch variablen Aspekten der Kultur. Dieser Vorstellung hat Clifford Geertz (1992, 64f.) in Bezug auf ihre kulturtheoretischen Implikationen mit Recht ganz entschieden widersprochen:

> »Daß die Menschen sich überall paaren und Kinder produzieren, eine Auffassung von Mein und Dein haben und sich auf die eine oder andere Weise gegen Regen und Sonne schützen, ist weder falsch noch – in jeder Hinsicht – trivial; aber derlei Feststellungen helfen uns schwerlich, ein Porträt des Menschen zu zeichnen, das ihm wirklich ähnlich sieht und nicht im bloßen Klischee steckenbleibt.«

Geertz legt besonderen Wert darauf, dass Verallgemeinerungen über den Menschen als Menschen nicht durch eine Suche nach kulturellen Universalien in Form einer »Meinungsumfrage bei allen Völkern der Welt entdeckt« werden. Vielmehr müssten wir von der Vorstellung Abschied nehmen, dass der Mensch »hinter«, »unter« oder »jenseits« seiner jeweiligen Sitten zu finden sei. Es gäbe keine von Kultur unabhängige menschliche Natur, Menschen seien unvollständige und unfertige Tiere, die sich mittels Kultur vervollständigten und vollendeten – und zwar nicht durch Kultur im Allgemeinen, sondern durch hochspezifische Formen von Kultur.[16]

---

16 »Es gibt keine von Kultur unabhängige menschliche Natur. Kulturlose Menschen wären mitnichten jene pfiffigen, auf die grausame Klugheit ihrer tierischen Instinkte zurückgeworfenen Wilden aus Goldings *Herr der Fliegen*; noch wären sie die Edelleute der Natur, wie es der Primitivismus der Aufklärung wollte: und schon gar nicht jene an und für sich talentierten Affen, die irgendwie ihre Selbstfindung versäumt haben, wie die klassische anthropologische Theorie nahelegt. Es wären vielmehr untaugliche Monstrositäten, die nur sehr wenige nützliche Instinkte besäßen, noch weniger erkennbare Empfindungen und keinerlei Intellekt: Es wären Idioten« (Geertz 1992, 75f.). – Geertz (1992, 61) distanziert sich damit von einer Auffassung von Kultur, die er als »stratigraphisch« bezeichnet: Der Mensch erscheint danach als »ein horizontal gegliedertes Tier, eine Art evolutionärer Schichttorte« (ebd.), wobei die Wissenschaft diese Schichten nacheinander ablöse, um darunter jeweils eine neue, ganz andere Schicht offen zu legen. So träten unter dem »Narrengewand« der Kultur, wie es der Ethnograph vor sich habe, bei vergleichender Betrachtung gewisse strukturelle und funktionale Regelmäßigkeiten der sozialen Organisation hervor. Sie überlagerten eine Schicht psychischer Faktoren (sog. Grundbedürfnisse), deren Basis schließlich das gemeinsame biologische Fundament (Anatomie, Physiologie, Neurologie) des Menschen bilde. Zentral ist im Rahmen dieses Modells die Annahme, die einzelnen »Schichten« seien in sich vollständig und irreduzibel. Diese Annahme wird von Geertz mit guten Argumenten in Frage gestellt. Er schlägt stattdessen vor, an die Stelle einer stratigraphischen eine synthetische Auffassung menschlichen Daseins zu setzten, die biologische, psychische, soziale und kulturelle Faktoren als Variablen innerhalb eines einheitlichen analytischen Systems behandelt (ebd. 71f.).

Noch entscheidender als die große Lernfähigkeit und Formbarkeit des Menschen, die im Bereich der Kulturtheorie häufig herausgestellt würde, sei in dieser Hinsicht die spezifische Lernbedürftigkeit des Menschen: seine extreme Abhängigkeit von Begriffsbildungen, vom Verständnis und der Anwendung konkreter »Systeme symbolischen Sinns«. Kurzum, der Mensch sei dasjenige Tier, das zur Ordnung seines Verhaltens am meisten auf extragenetische, äußerliche Kontrollmechanismen oder kulturelle Programme angewiesen sei. Kultur sei deshalb »nicht bloß schmückendes Beiwerk«, sondern »eine notwendige Bedingung menschlichen Daseins« (Geertz 1992, 71 f.).

Wenn dem so ist, dann können wir konkrete Aussagen über die Menschen bestimmter Räume und Zeiten, die über Banalitäten hinausgehen, nur dann treffen, wenn wir uns – egal ob wir Ethnologen, Historiker oder Archäologen sind – darum bemühen, jenes ›System signifikanter Symbole‹, welches das Wesen der Kultur ausmacht, mit zu unserem Forschungsgegenstand machen (s. auch Kap. 4.3).

Dies war in den 1970er Jahren auch die Botschaft des der Archäologie zugeneigten Ethnologen Edmund Leach (1973), von dem ein weiteres bekanntes Modell stammt, das die Grundproblematik archäologischer Erkenntnis gegenüber kulturwissenschaftlicher Erkenntnis veranschaulichen sollte: jenes der *black box*. Unter einer *black box* wird gewöhnlich ein imaginärer Mechanismus verstanden, dessen Arbeitsweise nicht direkt beobachtet werden kann. Beobachtbar ist lediglich das, was in die *box* hineingeht und was umgewandelt wieder herauskommt, so genannte *inputs* und *outputs*. Leach hält dieses Bild für besonders geeignet, um die spezifische Arbeitsweise der Prähistorischen Archäologie gegenüber jener der Ethnologie abzugrenzen. Im Gegensatz zum Ethnologen, der in der von ihm untersuchten Gesellschaft lebe und deren Funktionsweise direkt beobachten könne, sei für den Archäologen die Funktionsweise der Gesellschaft, die er untersucht, der Betrachtung entzogen. Beobachtbar sei lediglich das, was in das System an Grundbedingungen eingehe (geographische Bedingungen, Klima, mineralische und biologische Rohstoffe) und das, was später umgearbeitet wieder herauskomme (die strukturierten materiellen Reste, die ein solches System hinterlasse) [Abb. 11].

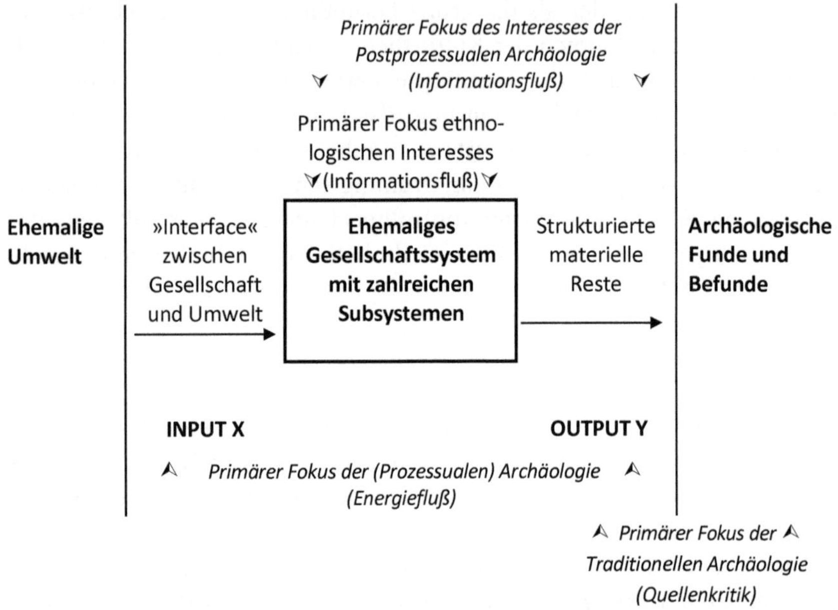

Abb. 11: *Black box*-Modell archäologischer Erkenntnis nach Edmund Leach (1910-1989; aus Leach 1973, Abb. 2 mit Ergänzungen). – Die drei Leitparadigmen der Prähistorischen Archäologie des späten 20. Jahrhunderts haben Ihren Fokus auf unterschiedliche Aspekte des skizzierten Zusammenhangs ausgerichtet. Leach fokussierte seinem Beitrag kontextbedingt auf die (Prozessuale) Archäologie und ihr Verhältnis zur Ethnologie (*Social Anthropology*).

Während die frühe *New Archaeology* auf der Grundlage eines systemtheoretischen Ansatzes nun aber davon ausging, dass aus der genauen Analyse solcher *inputs* und *outputs* das nicht direkt beobachtbare ehemalige Sozialsystem erschlossen werden könne, hält Leach eine solche Annahme für eine Illusion. Es gäbe immer eine Vielzahl von Möglichkeiten der Konstruktion eines Sozialsystems, die die durch *inputs* und *outputs* gesetzten Rahmenbedingungen erfüllten.[17] Im Gegensatz zu den Einlassungen der *New*

17 »There are always an indefinitely large number of alternative ways in which particular human social systems might be adopted to meet particular ecological and demographic situations. It is quite untrue that forms of social organisation are somehow ›determined‹ by the environmental situation and the cultural repertoire with which a particular group is equipped to encounter that environment« (Leach 1973, 767).

Archaeology determiniere der archäologische Befund in keinem Fall eine bestimmte Gesellschaftsform.[18]

In diesem Sinne ist Leachs Modell in erster Linie eine Kritik an der ökologisch-systemtheoretischen Verfahrensweise der *New Archaeology* (s. Eggert 1978b, 80f.). Seine Absicht war es hingegen nicht, eine grundsätzliche Differenz zwischen Archäologie und Ethnologie bzw. Kulturanthropologie aufzuweisen. Im Gegenteil, er sah gute Chancen für eine Zusammenarbeit beider Fächer – wenn auch nicht auf der Grundlage eines ökologisch-deterministischen, sondern im Rahmen eines kultursemiotischen Ansatzes.[19] Dazu verwies er auf ethnographische Beispiele, die belegten, wie kategoriale kulturelle Unterscheidungen, wie jene zwischen Kultur und Natur, zwischen Mann und Frau oder zwischen Lebenden und Toten, einen sichtbaren Ausdruck in der materiellen Kultur finden. Damit stützte er die These, dass das archäologische Material durchaus ein gewisses Potenzial zur Analyse auch der Bedeutungsdimension von Kultur besitzt.[20]

5.2 ›Funktionale‹ und ›intentionale‹ Daten

In eine etwas andere Richtung als die Überlegungen Hawkes und Leachs geht ein dritter Versuch, die Spezifik archäologischer Erkenntnisbemühungen modellhaft darzustellen und dem Fach zugleich neue Wege zu eröffnen. Er stammt von Heinrich Härke (1993) und geht von der Frage aus, wie im archäologischen Befund, speziell im Grabbefund, zwischen ›gesellschaftlicher

---

18 Die konträre Einschätzung gründet in unterschiedlichen Kulturkonzepten beider Seiten. Im Gegensatz zur *New Archaeology*, die letztlich auf einen Kulturbegriff zugunsten des Begriffs ›Anpassung‹ verzichten zu können glaubt, unterscheidet Leach in der Tradition der britischen *Social Anthropology* genau zwischen der ›Gesellschaft‹, als dem Aggregat sozialer Beziehungen, und der ›Kultur‹ als dem Inhalt dieser Beziehungen. Mit ›Gesellschaft‹ bezeichnet er also die Vereinigung von Menschen und die Beziehungen zwischen ihnen, ›Kultur‹ dagegen steht für die akkumulierten Hilfsmittel sowohl immaterieller wie materieller Art, welche die Menschen ererben, anwenden, verändern, zu denen sie neue hinzufügen, die sie weitergeben (Leach 1954; 1978).

19 »If archaeology and anthropology are to come together, as I think they might, it will be not under the banner of either ecological or economic determinism. What is common to the two disciplines is that they are concerned with men, and the unique peculiarity of men is that they have language and that they have ideas. That is where we can meet up« (Leach 1977, 169).

20 In welche Richtung solche Überlegungen weisen könnten, habe ich speziell mit Blick auf Grabfunde – als einer m. E. hierfür besonders geeigneten Quellengattung – anzudeuten versucht (Veit 1988; 1993a; 1996; 1999, später erweitert in Veit 2013b, 2016; 2023a).

Realität‹ und idealisierender Darstellung von Sachverhalten unterschieden werden könne. Härke greift dazu eine begriffliche Unterscheidung auf, die zuerst Wilhelm E. Mühlmann in seiner »Methodik der Völkerkunde« (1938, 108 ff.) benutzt hatte. Im Hinblick auf »völkerkundliche Tatsachen« schied dieser solche »über das geschichtliche Leben als Bewußtsein« von solchen »über das geschichtliche Leben als Tätigkeit«, wobei er die einen als »intentional« und die anderen als »funktional« bezeichnete.

> »Die intentionalen Daten seien dabei nicht identisch mit den technischen, wirtschaftlichen, kultischen oder sonstigen Betätigungen, sondern enthielten, was von ihnen gewußt, über sie vorgestellt, über sie geurteilt und mit ihnen gemeint sei. Die funktionalen Daten dagegen werfen Licht auf die praktische Bedeutung der einzelnen Betätigungen für das Leben und die Anpassung des Einzelnen und der Gemeinschaft« (Härke 1993, 142).

Härke überträgt dieses generelle Schema – das sich letztlich auf Johann Gustav Droysens für die historische Quellenkunde grundlegende Unterscheidung zwischen ›Überrest‹ und ›Tradition‹ zurückführen lässt (ebd.) – nun unmittelbar in den Bereich der Gräberarchäologie[21]: Grabbau, Bestattungsweise und Beigaben repräsentieren für ihn ›intentionale Daten‹: »Sie reflektieren das Denken der bestattenden Gemeinschaft und damit deren soziale Ideologie, aber nicht unbedingt auch die reale gesellschaftliche Position des Bestatteten« (ebd.). Bestimmte Merkmale der Beigaben hingegen – wie Größe, Machart, Abnutzungsspuren, Beschädigungen, Reparaturen – könnten, soweit sie nicht eine direkte Folge des Bestattungsrituals seien (z. B. rituelle Zerstörung), hingegen als funktionale Daten interpretiert werden.

Neben solchen technischen Fakten seien insbesondere (physisch-)anthropologische Daten, wie sie am Skelettmaterial erhoben werden, als ›funktional‹ bzw. ›nichtintentional‹ anzusprechen: Geschlecht, Alter, Körperhöhe, Körperbau, metrische Daten, epigenetische Merkmale, Gesundheitszustand, Verletzungen und Verwundungen. Diese Merkmale unterlägen nämlich keiner Selektion durch die bestattende Gemeinschaft und ließen sich nicht ohne weiteres manipulieren. Härke möchte deshalb darin die primäre Basis

21 Dabei hatte der Historiker Reinhard Wenskus bereits 1961 mit Blick auf Mühlmanns Unterscheidung vor Missverständnissen gewarnt. Insbesondere der Begriff ›funktional‹ sei schlecht gewählt, hätten doch auch ›intentionale Daten‹ im Leben einer Gruppe ›funktionale‹ Bedeutung (Wenskus 1961, 8f.).

für archäologische Schlussfolgerungen sehen, was seinerseits die Rolle der Physischen Anthropologie und anderer Naturwissenschaften aufwertet.

Härke geht sogar noch einen Schritt weiter, indem er (für den Fall, dass keine anthropologischen Daten zur Verfügung stehen) den ›intentionalen‹ Gräberdaten ›funktionale‹ Siedlungsdaten gegenüberstellt (Härke 1993, 144). Aber sind Siedlungsdaten wirklich in diesem Sinne ›funktionaler‹ als Gräberdaten? Vor dem Hintergrund ethnographischer Beobachtungen zur symbolischen Dimension häuslicher Räume, etwa Pierre Bourdieus (1979; vgl. ders. 1982) berühmter Studie über das kabylische Haus, erscheint mir eine solche einseitige Festlegung nicht gerechtfertigt. Funktionale und intentionale Daten sind hier – wie andernorts – nicht klar voneinander zu trennen. Wohnung, Ernährung und Fortpflanzung etwa sind wichtige Grundfunktionen des (Über-)Lebens, aber jeweils zugleich in vielfältige Bedeutungsgeflechte eingebunden, die ihre primäre Funktion überlagern. Daher macht es keinen Sinn, der ›unverfälschten‹ Realität eine ›falsche‹ Ideologie gegenüberzustellen.

Dergleichen haben übrigens auch die meisten der vermeintlich ganz sicher als ›funktional‹ anzusprechenden Daten, die die Physische Anthropologie erhebt, zugleich eine ›intentionelle‹ Dimension. Die Grenzen von Natur und Kultur verschwimmen hier in der Lebenspraxis. Dabei denke ich z. B. an den Einfluss, den bestimmte kulturelle Praktiken (Körpertechniken) bzw. kulturspezifische Ernährungsweisen auf den menschlichen Körper ausüben (z. B. Schädeldeformation, Hocker- bzw. Reiterfacette, Kariesbefall).[22]

In diesem Sinne wende ich mich nicht nur dagegen, dass in Härkes Konzept eine Trennung zwischen Funktion und Bedeutung, Natur und Kultur, Materiellen und Ideellem, Notwendigkeit und Zufall festgeschrieben wird, die so nicht existiert (Godelier 1990), sondern dass darüber hinaus weithin willkürliche Festlegungen getroffen werden, welche Bereiche des archäologischen Befunds mit einer der beiden Seiten assoziiert werden können.

Ungeachtet solcher Einwände hat innerhalb der deutschsprachigen Ur- und Frühgeschichtsforschung in den letzten Jahrzehnten ein problematischer Positivismus an Raum gewonnen, dessen Vertreter davon ausgehen,

---

22 Zwischen der qualititativen Auswertung der ›Grabbeigaben‹ und der Diagnose von Karies bzw. besteht im Grunde nur dann einen Unterschied, wenn man in einem vulgärmaterialistischen Sinne eine Instrumentalisierung Verstorbenen durch Bestattenden unterstellt. Eine solche These bedürfte jedoch einer zusätzlichen Begründung.

man könne im archäologischen Befund leicht zwischen sozialer Realität und deren ideologischer Verschleierung unterscheiden. Bisweilen wird sogar die Ansicht vertreten, der archäologische Zugang zur Vergangenheit sei in dieser Hinsicht dem auf Schriftquellen angewiesenen Zugang des (traditionellen) Historikers grundsätzlich überlegen. Barbara Scholkmann (1998, 76) hat dies mit Blick auf die Archäologie des Mittelalters einmal so formuliert:

> »Sachgüter liefern – soweit nicht intentionell deponiert – funktionale Daten, d. h. sie sind über die Tatsache hinaus, daß sie, wie andere Quellen zur Geschichte des Alltags auch, nicht zum Zweck der Überlieferung von Alltag und Sachkultur entstanden sind, in der Art ihrer Überlieferung nicht durch Normen irgendwelcher Art gefiltert, können also als objektive Quellen angesehen werden«.

Diese verbreitete Fehleinschätzung (anderes Beispiel bei Veit 2011b) hat letztlich zu einem Geschichtsbild geführt, bei dem die subjektiven Einschätzungen und Ziele der historischen Subjekte als Grundlage für intentionelle Handlungen jede Bedeutung verlieren. Was letzten Endes zählt, sind dann allein noch die ›objektiven Verhältnisse‹, in denen die Subjekte agieren. Jenseits von Idealismus und Historismus, jenseits aber auch eines modischen historischen Konstruktivismus à la Hayden White (1986a), werden wir damit auf einen mehr oder weniger rigiden Materialismus verwiesen (s. auch Kap. 17). Archäologisch gewonnene Geschichte (allein) ermögliche es, die ideologischen Schleier kultureller Eigenäußerungen zu durchstoßen und zum harten Kern der Geschichte vorzudringen. Als entscheidend für kulturellen Wandel gelten vielmehr allein ›objektive Faktoren‹, wie etwa die Verfügbarkeit überlebensnotwendiger Rohstoffe oder Umweltveränderungen. Unterstellt wird allenfalls eine gewisse allgemeine psychische Veranlagung zumindest einzelner Personen, Güter zu akkumulieren und sich dadurch eine Machtposition zu erarbeiten (z. B. Hayden 1995).

5.3 Ausblick

Im Zentrum dieses Kapitels standen verschiedene Konzepte, die vorgeben, die spezielle Struktur prähistorisch-archäologischer Erkenntnisweisen abzubilden und mit denen zugleich immer wieder eine Eigenständigkeit prähistorisch-archäologischer gegenüber anderen kulturwissenschaftlichen Erkenntnisweisen zu begründen versucht wird. Dabei werden insbesondere die Einschränkungen archäologischer gegenüber ethnographischen bzw. historischen Zugriffen hervorgehoben. Trotz der Plausibilität vieler der dahinterstehenden Ideen, ist es m. E. aber keinem dieser Konzepte überzeugend gelungen, ein tragfähiges Modell prähistorisch-archäologischen Erkenntnis zu etablieren.

Sie ›funktionieren‹ nur deshalb, weil sie willkürliche Trennungen zwischen vermeintlich universellen kulturellen Teilbereichen vornehmen. Eine solche Aufgliederung der Kultur in autonome Teilbereiche kommt der Prähistorischen Archäologie mit ihren speziellen Erkenntnisbedingungen insofern entgegen, als sie in einem speziell abgegrenzten Bereich des materiellen Lebens nicht hintergehbare Einsichten verspricht. Zugleich wird damit der Diskurs über andere Bereiche für geschlossen erklärt, und so das Fach auf ein reduziertes Forschungsprogramm eingeschworen.

Auch wenn solche Festlegungen aus wissenschaftstheoretischer Perspektive nichts Ungewöhnliches sind, sollte man sich doch des jeweiligen Preises, der dafür zu bezahlen ist, bewusst sein. Denn Erkenntnisfortschritt in den Wissenschaften beruht immer auf der Überschreitung vermeintlich unüberschreitbarer Grenzen. Neue, in einer ›experimentellen Praxis‹ gewonnene Einsichten werden von der Wissenschaftstheorie dabei erst sekundär durch die Formulierung neuer Regeln wieder eingefangen. Hier möchte ich daher für weniger Dogmatismus und mehr Offenheit plädieren. Eine Fachtheorie, die sich primär damit begnügt mit Blick auf die ›normale Forschung‹ Warnschilder aufzustellen, die zeigen was (theoretisch) nicht geht, verfehlt ihre eigentliche Aufgabe, der Forschung Impulse im Hinblick auf mögliche neue Fragestellungen und Quellenzugänge zu geben.

Und dies gilt übrigens nicht nur für die Prähistorische Archäologie. Aus deren bekannten *praktischen* Einschränkungen vor dem Hintergrund eines fragmentarischen Quellenbestands lässt sich m. E. keine Sonderstellung dieses Faches *in epistemologischer Hinsicht* ableiten. Vielmehr reiht sich die Prähistorische Archäologie problemlos in die Riege jener kulturwissenschaftlichen Fächer ein, in deren Zentrum die Auslegung von direkten und indirekten Ergebnissen menschlichen Handelns im Hinblick auf die dahinterliegenden Voraussetzungen, Intentionen und Konsequenzen steht. Die Prähistorische Archäologie bildet einen integralen Teil entsprechender fachübergreifender Bemühungen um die Auslegung und Ausdeutung entsprechender textlicher, bildlicher und materieller Zeugnisse, die üblicherweise aus einer für die Forschenden fremden Kultur stammen.

Diese ›Kunst‹ erhält im Fall der Prähistorischen Archäologie lediglich insofern eine besondere Akzentuierung, als es hier primär um eine Form des ›Spurenlesens‹ geht, die jenseits einer Entzifferung von in kommunikativer Absicht verfassten Texten angesiedelt ist (s. Kap. 14). Dies schließt andererseits nicht aus, dass prähistorische Artefakte in bestimmten Fällen zusätzlich auch als Träger kodifizierter Nachrichten fungierten, die zwischen verschiedenen Akteuren ausgetauscht wurden – mögliche Kommunikationsprobleme sowie partielle oder falsche Lesungen eingeschlossen. Insofern kommt das Fach – trotz aller wohlmeinenden Warnungen von Hawkes & Co. – m. E. nicht umhin, immer auch danach zu fragen, inwieweit spezielle Umstände und spezifische (bewusste oder unbewusste) Intentionen der historischen Akteure – und eben nicht nur basale Bedingungen menschlicher Existenz, postdepositionale Transformationsprozesse oder Besonderheiten der Quellenerschließung – zur beobachtbaren Befundkonfiguration beigetragen haben. Dies wiederum hat weitreichende Konsequenzen für die Frage, wie wir uns prähistorisch-archäologische Erkenntnis grundsätzlich vorstellen können. Die möglichen Alternativen dazu werden im folgenden Kapitel erörtert und bewertet.

6 Prähistorische Archäologie als Historische Kulturwissenschaft

»Geschichtswissenschaft als eine ›empirische Hypothesenwissenschaft‹ bedeutet […] nicht, ›Faktizität‹ zu leugnen, sondern, sich über den epistemologischen Status historischer ›Fakten‹ klarzuwerden, den konstitutiven Anteil der Fragestellung und Hypothesenbildung daran zu erkennen und sich damit schließlich auch über die Wirkung der Gegenwarts-Kultur, an der ein Historiker teilhat, bei der Hervorbringung historischer ›Fakten‹ bewusst zu werden.«
(Otto G. Oexle 1998, 148)

Prähistoriker sind in aller Regel keine Philosophen oder Erkenntnistheoretiker. Dessen ungeachtet folgen sie im Rahmen ihrer konkreten Forschungsbemühungen bestimmten erkenntnistheoretischen Leitideen – und mitunter reflektieren sie auf diese auch in ihren Veröffentlichungen.[1] Zugriffe, in denen dieses Diskursfeld systematisch erschlossen wird und Alternativen herausgearbeitet werden, sind hingegen eher selten.[2] Dies gilt zumal für weniger spezialisierte Texte, die auch in der akademischen Ausbildung eingesetzt werden können, um das Spektrum der Ansätze, ihre Vor- und Nachteile sowie die Unterschiede und Inkompatibilitäten zwischen ihnen deutlich zu machen. Dem soll hier begegnet werden.

In einem ersten Zugriff reicht es m. E. zunächst aus, drei epistemologische Grundpositionen idealtypisch nebeneinanderzustellen und ihre jeweilige Bedeutung für den prähistorisch-archäologischen Fachdiskurs herauszuarbeiten. Dabei geht es mir nicht so sehr um die wissenschaftsgeschichtliche Herleitung

1 Eines der bemerkenswertesten Beispiele dafür bildet das Einleitungskapitel in Stuart Piggotts »Ancient Europe« (1965), das in einer Zeit entstand, als sich die *New Archaeology* zu formieren begann, die Fragen der Epistemologie ganz ins Zentrum rückte (Binford/Binford 1968; Clarke 1968/1978).

2 S. etwa: Heinz et al. 2003; zuletzt auch: Gleser 2018; Ribeiro 2018; Veit 2020a.

dieser Ansätze, vielmehr möchte ich versuchen, eine epistemologische Perspektive für das Fach zu skizzieren, die als Leitlinie für die Ausführungen in den anschließenden Kapiteln dienen kann. Die zu behandelnden Grundpositionen lassen sich plakativ mit den Schlagworten ›Positivismus‹, ›Historismus‹ und ›Historische Kulturwissenschaft‹ kennzeichnen [Tab. 11].

›Positivismus‹ steht für Versuche der Gewinnung eines positiven Wissens über die frühe Vergangenheit des Menschen auf der Erde auf Grundlage einer vergleichenden Analyse der dafür verfügbaren authentischen Quellen. Anhänger eines solchen Geschichtsverständnisses gehen davon aus, dass sich hinter den archäologischen Quellen Fakten verbergen, die nur darauf warten, entdeckt zu werden. Ob zu deren Aufdeckung induktive und deduktive Verfahrensweisen (s. u.) eingesetzt werden, ist auf dieser Ebene der Argumentation zunächst einmal unwichtig. Entscheidend ist allein, dass am Ende begründete Aussagen über den konkreten Verlauf der frühen Menschheitsgeschichte, die in diesem Zusammenhang üblicherweise als ein Zivilisierungsprozess verstanden wird, stehen.

Paradigma	**Positivismus** (Fustel de Coulanges)	**Historismus** (L. von Ranke)	**Historische Kulturwissenschaft** (J. G. Droysen, Max Weber)
Ziel	Geschichte als eine induktive Wissenschaft: In den Quellen liegen die Fakten und warten darauf entdeckt zu werden.	Historische Faktenkenntnis (Abbildung und Rekonstruktion der Vergangenheit) – zeigen »wie es eigentlich gewesen«.	Ein relationales, auf die Erkenntnisinteressen der Gegenwart bezogenes, aber gleichwohl empirisch gegründetes Geschichtswissen.
Forschungsgegenstand	»Vergangenheit«	»Vergangenheit«	»historisches Material«
Methode	Wissenschaftliche Methode: Induktion als Mittel um vorhandene Wissenslücken zu füllen.	»Historische Methode«: Quellenkritik als methodische Kunst, zu objektiven Aussagen zu gelangen; Hist. Verstehen und Deuten als Methode um historisch einmalige Situationen nachvollziehen zu können.	Historische Hypothesenbildung: Von den Problemen der Gegenwart ausgehende Fragen werden an das »historische Material« gerichtet.

Objektivität historischer Erkenntnis	Ein objektives historisches Wissen ist sowohl wünschenswert als auch erreichbar.	Objektivierung wird dadurch erreicht, dass der Historiker, seine Persönlichkeit im Forschungsprozess unsichtbar werden lässt.	Auf Objektivierung angelegte Verfahrensweise, die die Perspektivität und Subjektivität eines jeden historischen Urteils berücksichtigt.
Theorie	Geschichtswissensch. als theoriefähig	Geschichtswissensch. als nicht theoriefähig (Einmaligkeitsthese)	Geschichtswissensch. als theoriefähig (Modellbildung)
	Beide Ansätze gründen letztlich auf der Annahme einer gleich bleibenden menschlichen Natur, die die historisch fassbare kulturelle Vielfalt ermöglicht.		Sucht Historizität auch auf einer Ebene jenseits der unmittelbaren Quellenaussage

Tabelle 11: Gegenüberstellung einiger klassischer epistemologischer Grundpositionen in den Kulturwissenschaften.

›Historismus‹ steht dagegen für eine auf Individualisierung und Verstehen angelegte Rekonstruktion vergangener Situationen und Geschehenszusammenhänge. Ziel ist in diesem Fall nicht ›Welterklärung‹. Vielmehr geht es darum zu zeigen, ›wie es eigentlich gewesen‹ (Leopold v. Ranke). Historisches Deuten und Verstehen werden als Grundlage dafür angesehen, bestimmte historische Situationen und Ereignisse verstehend – mitunter vielleicht auch einfühlend[3] – nachzuvollziehen und darüber erzählend – und unter Verzicht auf eine Bewertung – Bericht zu erstatten.[4] Auch wenn kulturübergreifende Generalisierung und Modellbildung (›Theoriebildung‹) dem eigentlichen ›historischen‹ Anliegen des Faches gegenüber als unangemessen scheinen und daher zurückgewiesen werden, gründet letztlich jedoch auch dieser Ansatz implizit auf der Annahme einer gleichbleibenden menschlichen Natur, die ihrerseits erst die historisch bzw. archäologisch fassbare kulturelle Vielfalt hervorbringt.

Jenseits von Positivismus und Historismus steht das Konzept einer ›Historischen Kulturwissenschaft‹, wie es etwa Max Weber konzipiert hat.

3 Zur Problematik des Einfühlungskonzeptes im Rahmen der Kulturwissenschaften: Kramer 1995.

4 Mommsen 1988.

Es zielt auf ein relationales, auf die Erkenntnisinteressen der jeweiligen Gegenwart bezogenes, aber gleichwohl empirisch gegründetes, also auf Quellenbeobachtungen gegründetes, Geschichtswissen. Dazu werden – zwangsweise von Problemen der Gegenwart ausgehende – Fragen im Sinne einer historischen Hypothesenbildung an das historische (bzw. archäologische) Material gerichtet.[5] Vorgeschlagen wird in diesem Zusammenhang also eine auf Objektivierung zielende Verfahrensweise, die zugleich die Perspektivität und Subjektivität des historischen Urteils mitberücksichtigt. Die postmodernen Ansätze des 20. Jahrhunderts haben diese Idee in vielfältiger Weise weiterentwickelt, beispielsweise indem sie den Zusammenhang von Erkenntnis und Macht in seinen unterschiedlichen Facetten erkundet und so den Begriff des Menschen, wie ihn eine alte Anthropologie geprägt hatte, ins Wanken gebracht haben (s. etwa Tanner 2004; weitere Belege bei Veit 2023a; 2023b).

6.1 ›Erklären‹ und ›Verstehen‹

Bereits ein kurzer Blick auf die prähistorisch-archäologische Fachgeschichte zeigt, dass die Tradition einer naturwissenschaftlichen Objektbefassung, wie man sie im 19. Jahrhundert pflegte, in der deutschsprachigen Urgeschichtsforschung nie vollständig aufgegeben worden ist (Hachmann 1990). Dies gibt zu der Vermutung Anlass, dass sich deren methodologische Prinzipien vor dem Hintergrund der zur Verfügung stehenden Quellen (im Wesentlichen Kombinationen und Serien von für sich genommen unscheinbaren Einzelfunden) und des spezifischen Quellenzugriffs hier als besonders angemessen erwiesen haben. Dagegen stößt mit Blick auf die archäologische Überlieferung ein stärker auf Individualisierung setzender Ansatz, wie ihn der Historismus einfordert, auf gewisse Schwierigkeiten. Dies hat dazu geführt, dass die Durchsetzung der Prinzipien des Historismus, die in der Prähistorischen Archäologie im frühen 20. Jahrhundert einsetzte, gegenüber jenen eines naturwissenschaftlich geprägten Positivismus letztlich unvollendet geblieben ist (Veit 2006a). Daran ändern auch regelmäßige verbale Bezugnahmen auf ein solches ›kulturgeschichtliches‹ Konzept des Faches nichts.

5 S. Böhme et al. 2000 und insbes. Oexle 1996; 2001.

Eine konsequente Anwendung historistischer Prinzipien finden wir tatsächlich lediglich dort, wo es um die Integration des archäologischen Faktenwissens in bestehende Geschichtsbilder geht, also konkret etwa im Hinblick auf großräumige kulturhistorische Synthesen. In diesem Sinne kann man beispielsweise die ›Siedlungsarchäologie (=siedlungsarchäologische Methode)‹ in der Tradition Gustaf Kossinnas auf einer ›zweiten Ebene‹ als ›Völkergeschichte‹ und somit als eine spezifische Form der ›Politik- und Ereignisgeschichte‹ auffassen. Ihr vorrangiges Ziel war es ja, geschichtsmächtige Auseinandersetzungen zwischen ›Völkerindividuen‹ im Sinne einer ›Urgeschichte der europäischen Nationen‹ (oft auf rassischer Grundlage) nachzuzeichnen. An der Basis solcher Bemühungen stand und steht jedoch ein durch und durch positivistischer Ansatz, der auf Gesetzmäßigkeiten in der Art und Weise, wie sich kulturelle Unterschiede im archäologischen Material abbilden, setzt.

Wenn heute von ›Erklären‹ die Rede ist, so orientiert man sich dabei in der Urgeschichtsforschung gewöhnlich am Verfahren der Induktion (d. h. man schließt vom Speziellen auf ein dahinterstehendes Allgemeines). Dies erlaubt es bestehende Wissenslücken zu schließen und hilft uns auf diese Weise, die prähistorische Welt rekonstruktiv zu erschließen. Das konkrete Vorgehen ist dabei in der Regel wenig formalisiert. Mögliche Erklärungen für bestimmte Fund- und Befundsituationen, die einen unterschiedlichen Generalisierungsgrad haben können, werden einfach zur Diskussion gestellt. Oft gewinnen diese ihre Überzeugungskraft letztlich auch weniger aus dem archäologischen Befund selbst, sondern aus ihrer Orientierung an vorgängigen, weithin akzeptierten Meistererzählungen (s. Kap. 15).

Deduktiv-nomologische Verfahren, die systematisch Hypothesen am archäologischen Material testen und daraus Gesetzmäßigkeiten abzuleiten suchen, wie sie die amerikanische *New Archaeology* bevorzugt, haben in Mitteleuropa in der praktischen Begründungsarbeit nie eine größere Rolle gespielt.[6] ›Erklärende‹ Ansätze in einem engeren Sinne bilden in Mitteleuropa eher die Ausnahme, obwohl auch hier bisweilen der Traum von der Archäologie als einer ›angewandten (Umwelt-)Wissenschaft‹ auftaucht. In solchen Kontexten werden aber, anstelle von Fragen der wissenschaftlichen

6 In einigen Schriften wurden diese Konzepte aber einem mitteleuropäischen Publikum vorgestellt, diskutiert und kritisiert (Eggert 1978; Bernbeck 1997). – Ein wesentlicher Einwand gegen diese Art der Argumentation, der auch im Ursprungskontext dieser Konzepte laut wurde, ist, dass hier meist lediglich ganz banale Zusammenhänge herausgestellt würden.

Begründung, v. a. Fragen der gesellschaftlichen Legitimation des Faches thematisiert (z. B. Daim 2011).

Wenige Ausnahmen bestätigen diese Regel, etwa aktuelle Beiträge von Ralph Gleser (2018; 2023) und Artur Ribeiro (2018). Sie richten ihren Fokus auf Formen des Erklärens jenseits der nomologischen Erklärung, speziell der narrativen Erklärung. Für das ›Historische Erklären‹ können sie dabei an Vorarbeiten der Analytischen Philosophie anknüpfen.[7] Inwieweit sich diese Ansätze allerdings gegenüber der aktuell dominanten Variante des Positivismus durchsetzen können werden, bleibt abzuwarten.[8] Angesichts der weiterhin bestehenden bzw. postmodern erneuerten Dominanz von Individualisierung gegenüber Generalisierung, aber auch wegen internen Widersprüchen in diesen Ansätzen, bin ich hier eher skeptisch (s. Veit 2024). Dazu kommen die altbekannten grundsätzlichen Vorbehalte gehen ein solches Modell (Eggert 2024, 491 ff.). Wenden wir uns deshalb einer erkenntnistheoretischen Alternative zu.

6.2 Historische Kulturwissenschaft

Anders als die beiden bereits vorgestellten Ansätze, ist die dritte Option des Faches, die einer ›Historischen Kulturwissenschaft‹, im Rahmen der Prähistorischen Archäologie bislang noch kaum ernsthaft erwogen worden. Wissenschaftsgeschichtlich gesehen hängt das m. E. damit zusammen, dass der kulturwissenschaftliche Aufbruch, der die deutschen Geisteswissenschaften im frühen 20. Jahrhundert erfasst hat, in den zeitgenössischen Debatten der prähistorischen Forschung so gut wie keine Rolle spielte. Die Ideen von Walter Benjamin, Ernst Cassirer, Georg Simmel, Max Weber oder Aby Warburg (um nur einige wichtige Impulsgeber zu nennen) fanden bei den mehrheitlich nationalkonservativen Prähistorikern keinen Widerhall. Stattdessen frönte man lieber einem kaum hinterfragten Positivismus, der sich u. a. in einer theoretisch oft unreflektierten Völker- und Rassengeschichte manifestierte (Härke 2000; Brather 2004). Diese mündete nach

7 Danto 1974 – zum weiteren Kontext auch Cleland 2011 und D. Hübner 2017.

8 Dazu auch Veit 2019. – Anders als im angloamerikanischen Raum (siehe die Übersicht bei Wylie 2017) und in Frankreich (Gallay 2016; Dallas 2016 mit Bezug auf das Werk von Jean-Claude Gardin) sind in Mitteleuropa ältere Versuche, Konzepte von Philosophie und Erkenntnistheorie für das Fach nutzbar zu machen (Girtler 1976; Frerichs 1981), langfristig folgenlos geblieben.

1945 zunächst in eine positivistisch-beschreibende Kultur(en)geschichte, die in manchen Bereichen des Faches bis heute fortbesteht. Daran haben bisher auch die jüngeren Bemühungen um eine kulturanthropologische bzw. sozial-, wirtschafts- und umweltgeschichtliche Erweiterung im Grundsatz nichts geändert.[9] Auch hier dominieren weiterhin positivistische Positionen, hat doch auch eine nachholende Aufarbeitung dieser Ideen – wie sie im Zuge des *Cultural Turn* in anderen Wissenschaftsbereichen stattfand (Oexle 1996; 2000; 2001) – nur begrenzt Resonanz im Fach gefunden. So hat eine substanzielle Auseinandersetzung mit den intellektuellen Erben der Historischen Kulturwissenschaft des frühen 20. Jahrhunderts wie Clifford Geertz, Pierre Bourdieu, Michel Foucault, Jan und Aleida Assmann oder Bruno Latour voraussetzen würde, gerade erst begonnen, und man kann nur hoffen, dass sie in den kommenden Jahren konsequent vorangetrieben wird.

Eine konsequentere Erschließung entsprechender kulturwissenschaftlicher Theoriebestände für das Fach scheint auch deshalb überfällig, weil zahlreiche Autoren, die heute in dieser kulturwissenschaftlichen Tradition arbeiten, den Begriff ›Archäologie‹ ins Zentrum ihrer Erkenntnisbemühungen gestellt haben, damit aber etwas ganz anderes als Facharchäologen meinen (Ebeling/Altekamp 2004).[10] Dies sollte in der Archäologie selbst als Anlass zur Klärung des eigenen Archäologiebegriffs verstanden werden (Veit 2011b). Diese entsprechende neue »kulturwissenschaftliche« Archäologie lediglich als eine »›Para-Archäologie‹« abzutun, die »eher eine Gefahr als eine Bereicherung für die ›echten‹ Archäologien« darstelle[11] weist hier in die falsche Richtung. Dies gilt umso mehr, wenn eine solche Warnung – wie in diesem Fall – explizit an den akademischen Nachwuchs adressiert wird. Gerade in der Verschiedenheit dieser beiden Archäologiebegriffe scheint mir – auch in der Ausbildung – ein großes Erkenntnispotential zu liegen. Denn nur eine profunde Kenntnis der jeweils anderen Seite ermöglicht es uns

9 Zur Kulturanthropologie zusammenfassend etwa: Veit 1990; zur Sozialarchäologie: Steuer 1982; Hansen/Müller 2011; zur Wirtschaftsarchäologie: Kerig/Zimmermann 2013; zur Umweltarchäologie: Brather 2006; Meier/Tillessen 2011.

10 Punktuell findet man in diesem Kontext sogar unmittelbare Bezüge zwischen der Geschichte der Prähistorischen Archäologie und der Etablierung einer modernen Kulturwissenschaft (Schmidt 2004; 2005); zur Kritik Veit 2006c sowie neuerdings ders. 2020b.

11 Eggert/Samida 2009/2013, 306. Zitat aus der Erstauflage – Etwas anders formuliert in der Neuauflage, S. 310.

letztlich, die unsichtbaren Mauern, die beide Diskurse voneinander trennen, sichtbar werden zu lassen und über mögliche Schnittstellen nachzudenken.[12]

An dieser Kritik ändert übrigens auch die Tatsache nichts, dass ein modernes archäologisches Lehrbuch den Begriff ›Historische Kulturwissenschaft‹ mit im Titel führt (Eggert 2006). Denn dieser Begriff steht in diesem Zusammenhang explizit nicht für einen Ansatz, der von einer grundsätzlichen und nicht hintergehbaren Historizität all dessen ausgeht, was zu einem bestimmten Zeitpunkt und an einem bestimmten Ort ›Kultur‹ ausmacht (s. o.). Vielmehr verbindet sich mit ihm die Forderung nach einer Rückbesinnung auf Positionen des klassischen Positivismus des 19. Jahrhunderts.[13] Entsprechend wird hier das Ziel einer ›Historischen Kulturwissenschaft‹, im Sinne einer empirisch vorgehenden Hypothesenwissenschaft, deren Forschungsbemühungen nicht auf eine ›Abbildung‹ oder ›Rekonstruktion‹ von Vergangenheit oder von vergangenen ›Tatsachen‹ zielen, sondern auf ein relationales, auf das Weltbild und die Erkenntnisinteressen der Gegenwart bezogenes aber gleichwohl empirisch gegründetes Geschichtswissen, verfehlt.

Dies zeigt sich beispielweise dort, wo Eggert – anstatt mit Weber den Gegenwartsbezug aller historischen Erkenntnis hervorzuheben – ein Loblied auf den sprichwörtlichen akademischen »Elfenbeinturm« anstimmt.[14] Eine solche Positionierung ist nicht nur im Umfeld aktueller Theoriedebatten ungewöhnlich, sondern scheint mir ganz grundsätzlich mit dem Konzept einer ›Historischen Kulturwissenschaft‹ im Weber'schen Sinn unvereinbar, das die Sozial- und Kulturwissenschaften bis heute nachhaltig prägt.

---

12 Ich habe die Problematik an anderer Stelle im Hinblick auf den Gegensatz zwischen einer prähistorisch-archäologischen und einer archäologisch-kulturwissenschaftlichen ›Thanatologie‹ konkretisiert (Veit 2023a).

13 Man beachte den expliziten Bezug auf die Position des noch im 19. Jahrhundert sozialisierten Sophus Müller (1898): Eggert 2006, 65. – Dieser Positivismus hebt sich von jenem der Prozessualen Archäologie dadurch ab, dass er einer hypothetisch-induktiven und keiner nomologisch-deduktiven Methodologie folgt.

14 »Wissenschaftliche Forschung kann sich nur unter Voraussetzungen vollziehen, für die diese Metapher steht.« (Eggert 2001/2012, 418). Kritisch dazu Bernhard Hänsel (2001, 256); Michael Strobel (2002, 73) verweist auf die Widersprüchlichkeit der Aussagen Manfred K. H. Eggerts zu diesem Punkt, da er an anderer Stelle davon spreche, die Prähistorische Archäologie produziere Orientierungswissen. Ich persönlich bin überzeugt, dass Wissenschaft sich, ohne Schaden zu nehmen, nicht ganz von der Gesellschaft abwenden kann. Zugleich muss sie aber immer auch einen gewissen Abstand von dieser bewahren – und zwar gerade um ihren gesellschaftlichen Auftrag erfüllen zu können (s. Veit 2022a).

Wie aber könnte dann eine stärkere Orientierung der Prähistorischen Archäologie in Richtung auf eine Historische Kulturwissenschaft (im engeren Sinne dieses Begriffs), wie ich sie hier vorschlage, konkret aussehen? Knapp formuliert scheinen mir hier insbesondere drei Aspekte zentral:

1. Ein verstärkter Fokus auf den konstruktiven Charakter archäologischen Wissens, statt der bisher dominanten Konzentration auf Rekonstruktion im Sinne der bloßen Wiedergewinnung einer ›vergangenen Realität‹. Von Fragen der Gegenwart ausgehend sollte versucht werden, das archäologische Material deutend zu erschließen.
2. Ein besonderes Interesse an der Bedeutungsdimension archäologischer Funde und Befunde. Ausgangspunkt dafür ist ein Verständnis des Menschen als einem Wesen, das in selbstgesponnene Bedeutungsgewebe verstrickt ist. Diese bestimmen sein Handeln in einer Weise, dass unsere Erklärungen lokal bzw. spezifisch sein müssen und nicht generalisierend, wie in den Naturwissenschaften (Geertz 1987, 9 mit Bezug auf Weber). Dies bedeutet allerdings nicht, archäologische Kontexte in einem ganz wörtlichen Sinne zu lesen bzw. zu übersetzen. Wohl aber bedarf es dringend einer kommunikations- und medienwissenschaftlichen Erweiterung des Faches, die die – wesentlich an modernen Kontexten erschlossenen – Prinzipen historischer Sinnbildung auf archäologische Materialien anzuwenden sucht. Eine entsprechende Neuausrichtung schlösse auch eine Neubewertung dessen ein, was man im Fach traditionell als ›materielle Kultur‹ bezeichnet. Der fachinterne Gebrauch dieses Terminus, für dessen Verständnis jeweils der Gegenbegriff der ›geistigen Kultur‹ mitzudenken ist, steht jedenfalls in einem diametralen Gegensatz zur Bedeutung, die diesem Begriff im Rahmen der kulturwissenschaftlichen Materialitätsdebatte zugewachsen ist, wo man sich darum bemüht, den Geist/Materie-Gegensatz aufzulösen (s. Kap. 4 und 18.3 sowie Veit 2014a; 2018a).
3. Schließlich ist ein gesteigertes Interesse für wissenschaftsgeschichtliche und ›metaarchäologische‹ Themen, d. h. an Fragen nach der kulturellen

Bedeutung archäologischen Wissens und archäologischer Praktiken in der Moderne bzw. der Gegenwartskultur, nötig.[15]

6.3 Praktische Konsequenzen

Doch was bedeutet dies konkret? Zentrale Aufgabe auch einer als ›Historische Kulturwissenschaft‹ verstandenen Urgeschichtsforschung ist es weiterhin, möglichst überzeugende Erklärungen für empirisch fassbare Besonderheiten und Unterschiede in der Kultur- bzw. Geschichtsentwicklung zu finden. Dazu wird es aber als unumgänglich angesehen, zwischen drei Elementen zu vermitteln: einem gegenwärtigen *Erkenntnisinteresse*, aus dem sich unsere Fragen an die Vergangenheit ableiten, einem *Material*, dessen wissenschaftliche Analyse Antworten auf diese Fragen verspricht, und schließlich einem Spektrum von *Methoden und Techniken*, die zur Untersuchung archäologischen Materials zur Verfügung stehen.

Das spezifisch *archäologische Erkenntnisinteresse* manifestiert sich in Fragen an die weiter zurückliegende Vergangenheit. Sie beziehen sich auf Ursprünge und Entwicklung der menschlichen Kultur oder ausgewählter Teilbereiche davon (Gemeinschaften, Völker, Regionen, Kontinente) bzw. auf konkrete geschichtliche Zusammenhänge. Hierbei ist es von grundlegender Bedeutung, dass dieses Interesse nicht als Ausdruck einer naturwüchsigen menschlichen Neugier missverstanden wird. Es entspringt vielmehr ganz konkreten Orientierungsabsichten, wie dem Bedürfnis nach einer historischen Identität oder nach der Begründung bzw. Anfechtung sozialer oder politischer Verhältnisse (K. E. Müller 1998).

Das *archäologische Material* umfasst materielle Überreste aus vergangenen Zeiten, die durch unterschiedliche Prozesse (kulturelle Prozesse der Beseitigung bzw. intentionellen Deponierung von Objekten im Boden, Überdauerung im Boden bei teilweiser Verwesung bzw. Zersetzung, Materialgewinnung durch zufällige wie gezielte Bodeneingriffe, moderne Prozesse

15 Metaarchäologische Fragestellungen spricht Eggert an – etwa, wenn er eine Johann Gustav Droysens Historik vergleichbare »Archäologik« fordert (Eggert 2006, 197). Allerdings ist dieser Punkt für seine Argumentation nicht so zentral, wie für das hier präsentierte Konzept (s. auch Veit 2002 und 2020a). Außerdem unterscheidet sich mein Ansatz von jenem Eggerts dadurch, dass ich Prähistorische Archäologie als ein unabgeschlossenes Projekt ansehe, dessen Zukunft offen und verhandelbar ist, während Eggert diesbezüglich an die Durchsetzung eines vorgegebenen Naturplans zu glauben scheint (s. u.).

der Bildung von Sammlungen) auf uns gekommen sind. Dazu kommen im Forschungsprozess ethnographische bzw. historische Beobachtungen aus anderen, dichter beschriebenen Kontexten, aber auch experimentelle Verfahren, die die für die Deutung archäologischer Quellen notwendige Modell- und Hypothesenbildung nachhaltig unterstützen und uns damit davor bewahren, unsere Deutungen allein auf unsere begrenzte persönliche Erfahrung zu stützen.

Die Verknüpfung zwischen Fragestellungen und Material erfolgt über ein im Rahmen der Fachentwicklung ausgebildetes und ständig erweitertes Spektrum an *Methoden und Techniken* zur Untersuchung archäologischen Materials vom Einzelobjekt bis zu großräumig aggregierten, umfangreichen Datensätzen.[16] Das Wissen hierüber wird an angehende Archäologen in universitären Einführungsveranstaltungen sowie über gedruckte Facheinführungen vermittelt und praktisch eingeübt. Dabei ist der Differenzierungsgrad dieses Methodenwissens heute bereits so groß, dass es kaum noch sinnvoll von einer einzigen Person vermittelt werden kann. Aus diesem Grunde gibt es für die Grabungstechnik (bzw. die Methoden und Techniken der ›archäologischen Feldforschung‹ insgesamt) oder auch für naturwissenschaftlich-archäometrische Methoden bereits spezielle Einführungen.[17] Umgekehrt hat sich Manfred K. H. Eggert (2001/2012, 2f., 2024) in seiner umfangreichen Facheinführung auf die Behandlung der ›traditionellen‹ bzw. sog. ›geisteswissenschaftlichen‹ Methoden des Faches beschränkt.

So legitim solche Arbeitsteilung in pragmatischer Hinsicht sein mag, so problematisch ist es, sie in dem Sinne zu überhöhen, dass man damit die Vorstellung zweier voneinander unabhängiger, ja sogar gegensätzlicher Methodenfelder verbindet: eines geistes- und kulturwissenschaftlichen und eines archäometrisch-naturwissenschaftlichen. Diese Sicht verkennt die wissenschaftsgeschichtliche Tatsache, dass auch die meisten der ›traditionellen‹ Methoden des Faches (allen voran die sog. »stratigraphische« und »typologische«) ihren Ursprung im ›naturwissenschaftlichen Zeitalter‹

---

16 Aufgrund ihres Charakters als einer historischen Wissenschaft spielen experimentelle Verfahren, wie sie die Naturwissenschaften auszeichnen, in der Prähistorische Archäologie nur in bestimmen Nischen eine Rolle, z. B. in der sog. »experimentellen Archäologie«. Damit soll nicht bestritten werden, dass im praktischen Vorgehen, etwa in Bereich der Siedlungsarchäologie, durchaus auch ein experimentelles Element erkennbar ist (dazu: Veit 2015 mit Bezug auf Hans-Jörg Rheinbergers Konzept des »Experimentalsystems«).

17 Z. B. Biel/Klonk 1994/1998; Wagner 2007.

der Wissenschaften haben. Sie sind im Kern gar nicht als ›geisteswissenschaftlich‹, sondern strenggenommen als ›naturwissenschaftlich‹ (bzw. vielleicht sogar besser noch als ›naturgeschichtlich‹) zu klassifizieren. Noch besser wäre es aber vielleicht, eine solche strikte Unterscheidung in zwei (Kreuzer 1987) – oder auch drei[18] – Wissenschaftskulturen insgesamt aufzugeben. Carlo Ginzburgs (1988) einflussreiche Überlegungen zum Indizienparadigma haben überdies gezeigt, wie sehr sich die Verfahrensweisen in so unterschiedlichen Disziplinen wie Medizin, Psychologie und Kunstgeschichte im Grunde genommen ähneln (s. auch Kap. 17).

Eine andere Frage ist, in welchen Umfang auch traditionell geisteswissenschaftliche Methoden, wie die Hermeneutik (als Kunst der Text- und Bildauslegung), sinnvoll in der Prähistorischen Archäologie eingesetzt werden könnten. In der Einführung Eggerts spielen sie – nicht nur aus praktischen, sondern aus ganz grundsätzlichen Erwägungen des Verfassers zu den Möglichkeiten und Grenzen archäologischer Erkenntnis (s. auch Kap. 14) heraus – so gut wie keine Rolle. Ich selbst würde nicht so weit gehen, und sehe, beispielsweise mit Blick auf bestimmte archäologische Materialen, kunstgeschichtliche oder bildwissenschaftliche Zugriffe durchaus als möglich und sinnvoll an.[19] Man kann hier auf die Debatten um die Deutung der sog. »Himmelscheibe von Nebra« (Sachsen-Anhalt) verweisen, bei denen Analogie und Archäometrie ebenso wie Ikonographie und Indizienparadigma eine Rolle spielen – ganz abgesehen von der methodisch ungebändigten historischen Imagination mancher Bearbeiter, die immer wieder Kritiker auf den Plan ruft.[20]

Daher plädiere ich für eine grundsätzliche methodische Offenheit des Faches in allen Abschnitten des archäologischen Prozesses. Der Wert einer bestimmten Methode und Technik ist kein grundsätzlicher, sondern bemisst sich an ihrer Fähigkeit, überprüfbare neue Einsichten in historische bzw. kulturelle Zusammenhänge zu generieren. Ein dezidiert historisch-kulturwissenschaftlicher Ansatz hebt sich – wie gezeigt – vor allem dadurch von anderen Ansätzen ab, dass dabei nicht nur die Vergangenheit für sich,

---

18 Wolf Lepenies (1985) hat die »Historische Sozialwissenschaft« als dritte Wissenschaftskultur neben Natur- und Geisteswissenschaft bestimmt.

19 Das Spektrum reicht hier von Ernst Panofsky (1975) bis zu George Kubler (1982 – dazu auch Kap. 10.2), von Hans Belting (2000; 2001, bes. 143–188) bis zu Horst Bredekamp (2010; 2013).

20 Dazu insbes. Meller/Bertemes 2010; Meller 2015; Gebhard/Krause 2020; Pernicka u. a. 2020.

sondern immer auch das Verhältnis von Vergangenheit und Gegenwart in den Blick genommen wird. Zur Umsetzung eines solchen selbstreflexiven Ansatzes bedarf es daher eines besonders breiten Methodenspektrums, in dem nicht nur die etablierten fachwissenschaftlichen Methoden und Techniken ihren Platz haben, sondern auch Methoden zu einer Metaanalyse der Produkte abgeschlossener oder noch laufender archäologischer Forschungen. Zu denken wäre hier beispielsweise an die historische Diskursanalyse (Sarasin 2003) oder an die archäologische Ethnographie (Hamilakis 2011; Hamilakis/Anagostopoulos 2009).

Zweiter Teil: Grundlagen archäologischer Materialerschließung

7 Die archäologische Begriffsbildung und der archäologische Prozess

> »Geschichte wird nur zur Geschichte, indem sie begriffen, d. h. in Begriffe gefasst wird. Wie wir Begriffe mit Inhalt füllen, ist ausschlaggebend für unser Begreifen von Geschichte, aber auch für unsere Vermittlung von Geschichte, und zwar Vermittlung nicht nur an ein Fachpublikum, sondern auch an eine breite Öffentlichkeit.«
> (Frank Kolb 2007, 304)

Wenn mit Blick auf archäologische Forschung von ›Werkzeugen‹ die Rede ist, wird man zwangsläufig zunächst an mehr oder minder teure technische Hilfsmittel denken, die zur Entdeckung, Freilegung, Bergung, Dokumentation, Rekonstruktion und Analyse archäologischer Funde und Befunde eingesetzt werden, vom Spaten bis zum Kleinbagger, vom Zeichenbrett bis zur Drohne, vom Kompass bis zum naturwissenschaftlichen Labor. Diese Werkzeuge selbst – und der Umgang mit ihnen – machen unbestritten einen wesentlichen Teil des Faches und auch des Reizes, sich überhaupt mit Archäologischem zu beschäftigen, aus. Allerdings liegt einer derartigen Betrachtungsweise eine verkürzte Definition von ›Werkzeug‹ zugrunde, lässt sie doch ein so basales Werkzeug wie die Sprache, spezieller: die Wissenschaftssprache, ohne die keine Verständigung über Prähistorisches möglich wäre, außer Acht. Genau um diese Art von ›Werkzeug‹ wird es im folgenden Teil dieser Schrift vornehmlich gehen.[1] Primärer, wenn auch nicht alleiniger Gegenstand der Erörterungen werden Begriffe und Konzepte sein, mit denen wir täglich arbeiten, um archäologische Funde und Befunde zu beschreiben und auszudeuten sowie um uns über die in diesem Rahmen gewonnenen Einsichten untereinander auszutauschen. Sie fügen sich zu einer spezifischen Fachsprache zusammen, die man beherrschen muss, um im Fach mitreden zu können.

---

1 Mit dem wissenschaftlichen Schreiben generell beschäftigen sich die lesenswerten Ratgeber von Valentin Groebner (2012) und Dietmar Hübner (2013).

(Fach-)Begriffe helfen uns aber nicht nur dabei, einen speziellen Forschungsgegenstand zu erschließen, genau betrachtet konstituieren sie ihn überhaupt erst. Frank Kolb hat dies in dem Zitat, das ich diesem Kapitel vorangestellt habe, treffend formuliert. Seine Aussage gilt nicht nur für die Geschichtswissenschaft im engeren Sinne, sie gilt in gleicher Weise für eine objektbasierte Geschichtsschreibung, wie sie die Prähistorische Archäologie im Auge hat – wenn auch auf ganz spezifische Weise. Da die Ur- und Frühgeschichte ihre Begriffe in der Regel nicht direkt ihren Quellen entnehmen kann, ist sie regelmäßig gezwungen, ihre Objekte, Objektvergesellschaftungen u. a. mit Begriffen zu belegen, die sie aus anderen Kontexten entführt. Ihre Aufgabe ist es also, bestimmte, v. a. durch das Auge wahrgenommene ›Sachverhalte‹ ›auf den Begriff zu bringen‹. Dazu muss sie aber, ganz genauso wie Geschichte im engeren Sinne, diese geborgten Bezeichnungen zunächst einmal selbst mit einem Inhalt füllen – einem Inhalt, den sie, anders als dies bei den Funden der Fall ist, jedoch nicht einfach dem Boden entnehmen kann.

7.1 Über Begriffsbildung

Für die wissenschaftliche Verständigung verfügen wir heute über einen Bestand an Fachbegriffen, der sich im Laufe der Fachgeschichte im Kontext der Auseinandersetzung mit den verfügbaren Quellen herausgebildet hat. Für den Erfolg der innerfachlichen Kommunikation ist es dabei unerheblich, dass die meisten der heute im Fach verwendeten Begriffe von Alltagsbegriffen abgeleitet sind oder der Terminologie anderer, meist älterer Fachwissenschaften entlehnt wurden. Letzteres gilt etwa für die schon früh etablierten und bis heute im Fach zentralen Konzepte der ›Stratigraphie‹, ›Typologie‹ oder ›Chorologie‹ und die verschiedenen damit assoziierten Fachbegriffe (z. B. Geschlossener Fund, Befund, Typologisches Rudiment, Stufe, Formenkreis, archäologische Kultur).

Andere Fachbegriffe dienen dazu, das archäologische Material systematisch zu klassifizieren und funktional anzusprechen (z. B. Faustkeil, Axt, Amphore, Schildbuckel, Brandgrab, Feuchtbodensiedlung, Sonderbestattung, Prunkgrab, Hort/Depotfund, Heiligtum, Zentralort, Burg[siedlung], Prestigegut). Mit einer weiteren Gruppe von Begriffen bezeichnen wir bestimmte Epochen, Zeitabschnitte bzw. Kulturräume (z. B. Steinzeit, Mesolithikum, Mittelneolithikum, Hügelgräberbronzezeit, Schönfelder Gruppe, Nordischer

Kreis, Latènekultur). In diesem Fall geht es zunächst v. a. um die Verständigung über einen Zeitraum bzw. eine Region. Allerdings darf dabei nicht übersehen werden, dass Begriffe wie ›Epoche‹, ›Periode‹ oder ›archäologische Kultur‹ zusätzlich eine tiefer reichende kultur- bzw. geschichtstheoretische Dimension besitzen, über die weitaus seltener nachgedacht wird (s. Kap. 11).

Problematisch sind Situationen, in denen assoziationsreiche Alltagsbegriffe oder Kunstwörter im Sinne von *Termini technici* verwandt werden. Damit meine ich weniger Begriffsbildungen des 19. Jahrhunderts wie ›Faustkeil‹, ›Schuhleistenkeil‹, ›Hünengrab‹ oder ›Pfahlbau‹. In diesen Fällen besteht heute kein Zweifel darüber, dass die Verknüpfung von Begriff und Objektgattung willkürlich ist und die Termini insofern keine Aussage über Funktion bzw. Bedeutung der betreffenden Objekte beinhalten. Problematischer sind dagegen auf den ersten Blick so unverfängliche Begriffe wie ›Kollektivbestattung‹ (Veit 1993a), ›Fürstensitz‹ (Steuer/Fischer 1996) oder ›Stadt‹ (Kolb 2007), soweit bei ihrem Gebrauch (etwa durch die Verwendung von Anführungszeichen) nicht deutlich gemacht wird, ob sie als reine *termini technici* oder mit Blick auf die mit ihnen verbundenen soziologischen oder historische Konnotationen – und wenn ja: welche – verwendet werden. Mitunter gewinnt man den Eindruck, dass solche Konnotationen, obwohl man sich der Problematik grundsätzlich bewusst ist, als Resonanzraum gerne in Kauf genommen werden. Und dies gilt beileibe nicht nur für populäre Darstellungsformen.

Kolb (2007, 308) bekennt sich übrigens ganz offen zu einem solchen Vorgehen, wenn er sich bei der Suche nach Bezeichnungen für prähistorische Siedlungskategorien jenseits von Dorf und Stadt gegen das »farblose Wort Zentralort« und für bedeutungsvollere und assoziationsreichere Termini wie »Burgsiedlung, Stammeszentrum, Festungssiedlung, Wirtschafts- und Kultzentrum, Umschlagplatz usw.« ausspricht. Ähnlich sehen das auch viele Prähistoriker, auch wenn sie sich in der Regel nicht so offen zu einer solchen Sprachpolitik bekennen. Kritisch zur Verwendung assoziativer Begriffe haben sich in der Prähistorischen Archäologie bisher u. a. die Verfechter eines quantitativen Ansatzes geäußert. Sie sind irritiert durch die vielfältigen, archäologisch nicht zu verifizierenden Assoziationen entsprechender historischer Begriffe und möchten diese deshalb durch möglichst neutrale und eindeutige Bezeichnungen ersetzt sehen.[2] Dies führt teilweise bis zu einem Verzicht auf eine konkrete Benennung und zur Verwendung von rein technischen Bezeichnungen (Variante 1, Typus A usw.). Im Mittelpunkt steht in diesem Fall also allein die statistisch abgesicherte Mustererkennung. Dieses Verfahren ist dort sinnvoll, wo es lediglich um abstrakte Fragen der chronologischen Ordnung geht. Es wird allerdings spätestens in dem Moment problematisch, in dem die speziellen Erkenntnisse in auch außerhalb des Faches nachvollziehbare soziale bzw. kulturelle Kategorien übersetzt werden müssen. In diesem Falle kommen wir nicht umhin, die Schutzzone extremer fachlicher Spezialisierung zu verlassen und uns auf unsicheres Terrain zu begeben. Dies setzt allerdings voraus, dass wir uns der grundsätzlichen Problematik der Begriffsbildung bewusst bleiben und unsere Begriffe ständig überprüfen. Denn »die heimtückischste Gefahr liegt in Worten, die in unserem Kopf falsche Wesenheiten entstehen lassen und die Geschichte mit Universalien bevölkern, die nicht existieren. Die irdischen Begriffe sind« – wie Paul Veyne es ausdrückt – »beständig falsch, weil sie verschwommen sind, und sie sind verschwommen, weil ihr Gegenstand ununterbrochen in Bewegung ist« (Veyne 1990, 97 bzw. 102).

7.2 Historische Begriffe als ›Idealtypen‹

Wir müssen uns also damit arrangieren, dass die Begriffe, die wir in den Geschichts- und Kulturwissenschaften gewöhnlich verwenden, um bestimmte Sachverhalte (Bauer, Häuptling/-tum, Stadt, Ritual, Opfer) und Prozesse (Evolution, Diffusion, Expansion, Migration, Überlagerung, Akkulturation, Emulation, Innovation, Herrschaftsbildung, Urbanisierung) zu beschreiben, immer unscharf und umstritten sind. Dies gilt selbst für jene basalen Begriffsbildungen, die sich auf konkrete ur- und frühgeschichtliche

---

2 Auf einer abstrakteren Ebene geht es hier um die Unterscheidung zwischen »erfahrungsnahen« und »erfahrungsfernen« Begriffen des Psychoanalytikers Heinz Kohut (s. Geertz 1987, 290 f.): »Erfahrungsnahe Begriffe sind solche, die ein Mensch – ein Patient, eine bestimmte Person, ein Informant – natürlich und mühelos verwenden kann, um zu bestimmen, was er oder seine Mitmenschen sehen, denken, sich vorstellen usw., und die er mühelos verstehen kann, wenn sie in derselben Weise von anderen angewandt werden (z. B. Liebe, Kaste, Nirwana). Erfahrungsfern sind Begriffe, welche alle möglichen Spezialisten – Psychoanalytiker, Experimentatoren, Ethnographen, auch Priester und Ideologen – benutzen, um ihre wissenschaftlichen, philosophischen oder praktischen Ziele zu verfolgen (z. B. Objektbindung, Soziale Schichtung, Religion)«.

Befundkategorien (Prunkgrab, Hort) oder (Groß-)Ereignisse (Neolithische Revolution, Städtische Revolution, Völkerwanderungszeit) beziehen. Diese Termini haben nicht nur – wie andere ›historische Begriffe‹ oder ›interpretative Termini‹[3] – jeweils ihre eigene Geschichte, auch ist ihr Gebrauch über längere Zeiträume hinweg keine Garantie dafür, dass auch die Sache die gleiche geblieben ist (Kolb 2007, 303).

Um mit solchen ›historischen Begriffen‹ gewinnbringend arbeiten zu können, bedarf es daher mehr als einer Rekonstruktion ihrer Begriffsgeschichte. Nötig ist ein konstruktivistisches Herangehen, das als wesentlich erachtete Aspekte zulasten möglicher anderer Bedeutungsebenen explizit heraushebt. Dieses Element der Konstruktivität historischer Begriffe hat bekanntlich Max Weber mit seinem Konzept des ›Idealtypus‹ einzufangen versucht. Nach Weber wird der ›Idealtypus‹ als historischer Begriff

> »gewonnen durch einseitige Steigerung eines oder einiger Gesichtspunkte und durch Zusammenschluß einer Fülle von diffus und diskret, hier mehr, dort weniger, stellenweise gar nicht, vorhandenen Einzelerscheinungen, die sich jenen einseitig herausgehobenen Gesichtspunkten fügen, zu einem in sich einheitlichen Gedankengebilde. In seiner begrifflichen Reinheit ist dieses Gedankenbild nirgends in der Wirklichkeit empirisch vorfindbar, es ist eine Utopie, und für die historische Arbeit erwächst die Aufgabe, in jedem einzelnen Falle festzustellen, wie nahe oder fern die Wirklichkeit jenem Idealbild steht [...]«.[4]

---

3 Siehe dazu Sperber 1989, 53: »Die [von der Ethnographie] verwendeten Termini (Opfer, Totemismus, sakrales Königtum usw.) sind interpretativer Art. Es gibt keinen Grund *a priori* zur Annahme, daß sie tatsächlich eine homogene und distinkte Klasse von Phänomenen bezeichnen, also mögliche Gegenstände einer Wissenschaft.«

4 Max Weber (1904/1982), S. 191, hier zit. nach Rüsen 1986, 84.

Nichthist. Begriffe / Gattungsbegriffe	**Historische Begriffe**	**Historische Kategorien**	**Eigennamen**
Komplexe von Eigenschaften an Sachverhalten, die dies mit anderen Sachverhalten unangesehen ihres Stellenwerts in zeitlichen Entwicklungen gemeinsam haben.	Komplexe von Eigenschaften an Sachverhalten, die ihren Stellenwert (zus. mit anderen Sachverhalten) in den als ‚Geschichte' thematisierten zeitlichen Veränderungen des Menschen und seiner Welt charakterisieren.	bezeichnen allgemeine zeitliche Zusammenhänge von Sachverhalten, aufgrund deren sie zuallererst als geschichtliche Sachverhalte erkennbar werden.	bezeichnen Sachverhalte der Vergangenheit in ihrem singulären Vorkommen; sie sprechen sie direkt an, ohne ihren eigentlichen geschichtlichen Stellenwert in dem zeitlichen Entwicklungszusammenhang, in dem sie vorkommen, auszudrücken.
Wirtschaft, Arbeit, Verfassung, Bauer, Stadt	antike Polis, spätantike Wirtschaft, Bauer im mittelalterlichen Lehnssystem, konstitutionelle Verfassung des 19. Jahrhunderts	Kontinuität, Fortschritt, Entwicklung, Revolution, Evolution, Epoche	Napoleon III., Preußen, Rom, die Fortschrittspartei
	Neolithische Revolution, Oppida-Zivilisation, Völkerwanderung(szeit)		Neanderthaler, Ötzi, Himmelsscheibe von Nebra, Hallstatt

Tabelle 12: Typen von Begriffen in Geschichtswissenschaft und Prähistorischer Archäologie – Definitionen und Beispiele nach J. Rüsen (1986, 80 ff.), die Beispiele für die Prähistorische Archäologie wurden vom Verf. ergänzt. – Gattungsbegriffe und Historische Kategorien sind nicht fachgebunden.

Idealtypen dienen also in erster Linie der Herausarbeitung des historisch Wesentlichen, denn, so formuliert Jörn Rüsen,

> »was an ihren Bekundungen der Vergangenheit historisch wesentlich ist, das können [...] die Quellen selber nicht sagen, sondern das muß mit Mitteln der historischen Theoriebildung konstruktiv abgefragt werden. Insofern bleiben die historischen Begriffe gerade als theoretische Konstruktionen sachbezogen; ihre Brauchbarkeit bemißt sich daran, was mit ihnen aus den Quellen als historisch wesentlich erhoben werden kann. Die Brauchbarkeit idealtypischer

Begriffskonstruktionen hängt also immer davon ab, in welchem Maße sie die historische Erfahrung ausschöpfen können« (Rüsen 1986, 86).

›Historisch‹ sind Begriffe Rüsen zufolge immer »dann, wenn sie bei der Bezeichnung von Sachverhalten auf ›Geschichte‹ als Inbegriff des zu Bezeichnenden bezogen sind, d. h. explizit oder implizit die zeitliche Qualität von Sachverhalten der menschlichen Vergangenheit zum Ausdruck bringen, die diese Sachverhalte in einem bestimmten Sinn- und Bedeutungszusammenhang mit Gegenwart und Zukunft haben.«[5] Als Beispiele nennt Rüsen die »antike Polis« und die »konstitutionelle Verfassung des 19. Jahrhunderts«. Auch die Prähistorische Archäologie verfügt über entsprechende Begriffe. Als Beispiele können etwa die ›Neolithische Revolution‹ oder die ›Oppida-Zivilisation‹ genannt werden. Mit Blick auf Rüsens Begriffsbestimmung wäre es aber falsch, wollte man in diesem Zusammenhang präzisierend von ›archäologischen Begriffen‹ sprechen. Insoweit als sich beide Begriffe auf ein ganz bestimmtes historisches Phänomen beziehen, und nicht nur auf eine bestimmte Art des Materialzugriffs, handelt sich hier unzweifelhaft um ›historische Begriffe‹ im Sinne Rüsens.

›Historische Begriffe‹ lassen sich ihrerseits von ›nichthistorischen Begriffen‹ (den ›Gattungsbegriffen‹ im Sinne Webers), ›historischen Kategorien‹ und ›Eigennamen‹ abheben. Nichthistorische Begriffe bezeichnen primär ›überzeitliche‹ Phänomene wie Kultur, Wirtschaft, Arbeit oder Stadt und ermöglichen so interkulturelle Vergleiche. Historische Kategorien beschreibt Rüsen dagegen als allgemeine zeitliche Zusammenhänge von Sachverhalten, aufgrund derer sie zuallererst als geschichtliche Sachverhalte erkennbar werden. Dazu rechnet er Begriffe wie ›Kontinuität‹, ›Entwicklung‹, ›Evolution‹ und ›Revolution‹ [Tab. 12]. Es ist m. E. fraglich, ob eine derartig weitreichende begriffliche Differenzierung wirklich notwendig ist, oder ob die ›Historischen Kategorien‹ nicht ohne großen Verlust den ›Gattungsbegriffen‹ zugeschlagen werden könnten. In jedem Fall sind ›Historische Kategorien‹ ebenso wie die ›Gattungsbegriffe‹ nicht an bestimmte historische Kontexte und Disziplinen gebunden. Mit ihnen argumentieren Soziologen, Historiker und Archäologen gleichermaßen.

---

5 Rüsen 1986, 80. – Und er fügt hinzu: »Nicht schon dadurch, daß sich Begriffe auf Vergangenes beziehen, sind sie historisch, sondern dadurch, dass sie den inneren Zusammenhang ansprechen, der zwischen der Erinnerung der Vergangenheit und der Erwartung der Zukunft im Orientierungsrahmen der aktuellen Lebenspraxis besteht« (ebd.).

Ein gutes Beispiel für einen von verschiedenen Fächern gemeinsam genutzten nichthistorischen Begriff ist jener der ›Stadt‹. Allerdings wird er häufig nicht einheitlich, sondern in einer fachspezifischen Auslegung verwendet. Dies macht eine Verständigung über Fächergrenzen hinaus schwierig. Wie der Tübinger Troia-Streit der frühen 2000er Jahre belegt, in dem es wesentlich um den Begriff der ›(antiken) Stadt‹ ging, kann es in einer solchen Situation zu Missverständnissen und Konflikten beträchtlichen Ausmaßes kommen (dazu rückblickend: Ulf 2003; Kolb 2010; Jablonka 2011). Daher stehe ich genuin fachspezifischen Bestimmungen solcher Gattungsbegriffe skeptisch gegenüber. Genauso wenig wie es einen vom kulturwissenschaftlichen Wissen vollständig abgelösten, spezifisch prähistorisch-archäologischen Kulturbegriff gibt, kann es m. E. auch keinen spezifisch prähistorisch-archäologischen Stadtbegriff geben. Möglich und nötig sind allenfalls an die jeweils verfügbaren Materialien angepasste Kriterien. Bei aller notwendigen fachwissenschaftlichen Ausdifferenzierung sollten die Kultur- und Geschichtswissenschaften, wo immer möglich, mit einem abgestimmten Begriffsapparat arbeiten. Nur so bleibt trotz aller fachspezifischen Differenzierungen eine zwischenfachliche Verständigung möglich.[6]

7.3 Der archäologische Prozess

Im weiteren Verlauf dieses und in den folgenden Kapiteln werde ich versuchen, einige zentrale Begriffe bzw. begriffliche Konzepte der Prähistorischen Archäologie näher zu beleuchten. Dazu gehört auch der wissenschaftsgeschichtlich vergleichsweise junge Terminus ›archäologischer Prozess‹ (s. Hodder 1999), der jedoch auf einen Sachverhalt zielt, der bereits sehr viel länger bekannt ist. Er verweist auf die Prozessualität und Vielstufigkeit archäologischer Untersuchungen vom Fund bis zur öffentlichen Präsentation. Dieses Konzept soll hier den Rahmen für die Anordnung der relevanten Begriffe und Konzepte abgeben.

In einem populären Verständnis wird die Prähistorische Archäologie, wie die Archäologie insgesamt, heute vor allem mit dem ›Entdecken‹ und ›Ausgraben‹ identifiziert (Samida 2010a) [Abb. 12]. Allerdings lehrt uns

6 Ich spreche hier bewusst nicht von ›interdisziplinär‹, weil in den meisten Fällen, die ich hier im Auge habe, keine wirkliche Interdisziplinarität gegeben ist. Zu möglichen Bestimmungen von Fach und Disziplin siehe Kocka 1987, 7–14.

schon das Werk Heinrich Schliemanns, dessen Name wie kein zweiter für ein solches Fachverständnis steht, dass beides nicht ausreicht, um als Archäologe erfolgreich zu sein und Anerkennung zu erlangen. Nötig ist in jedem Fall auch eine Berichterstattung über die Entdeckungen und Funde – und zwar nicht nur in einem fachwissenschaftlichen, sondern auch in einem weiteren öffentlichen Rahmen.[7] Und auch sonst hat das auf Schliemann zurückgehende Archäologenbild wenig mit der Realität gegenwärtiger ›Bodenforschung‹ zu tun. Deren heutige Vertreter sind in der Mehrzahl im öffentlichen Dienst tätig und haben die Aufgabe, das archäologische Erbe der Menschheit für kommende Generationen zu bewahren und zu erforschen. Dabei sind sie eng an gesetzliche und sonstige standesrechtliche Vorgaben gebunden.

7 Über diese (medien-)theoretische Dimension archäologischer Argumentation ist bisher selten grundsätzlicher nachgedacht worden, einen Einstieg bietet aber Altekamp 2004.

Abb. 12: Frühe Archäologen bei der Ausgrabung prähistorischer Grabhügel (mit Graburnen) in Norddeutschland. Im Hintergrund ist ein Großsteingrab zu sehen (Aus: [Des] Jod[ocus] Herman Nünning ... westfälisch-münsterländische Heidengräber / aus d. Lat. übers. v. E. Hüsing [Lat. Original 1714]. Coesfeld: Wittmann 1855 [VIII, 80 S. : Ill.], Taf. 7).

Eine spezifische archäologische Berufsethik regelt detailliert, was als angemessener Umgang mit den Fundstellen und Funden und was als angemessene Berichterstattung darüber gelten kann. Dazu gehört etwa, dass die Grabungsarbeiten und die Dokumentation der Funde und Befunde etablierten fachlichen Standards genügen müssen, dass die Darstellung des Entdeckungs- und Grabungsprozesses vollständig und wahrheitsgetreu erfolgt und dass die konkreten Leistungen der verschiedenen beteiligten Personen und Institutionen kenntlich gemacht werden.[8]

Zu den ungeschriebenen Regeln des Metiers gehört es auch, dass zwischen dem archäologischen Fund bzw. Befund[9] und dessen Interpretation durch den Bearbeiter so strikt wie möglich unterschieden wird. Allerdings wissen wir heute auch, dass eine konsequente Umsetzung dieser Forderung schnell an ihre Grenzen stößt. Realistischer erscheint daher die Vorgabe, der Archäologe möge die Voraussetzungen seiner Deutungen so weit wie möglich offenlegen und durch die Art und Weise seiner Präsentation Raum für alternative Deutungen lassen.

In jedem Fall ist die Tätigkeit heutiger Archäologen mit den Begriffen ›Entdecken‹ und ›Ausgraben‹ nur ganz unzureichend umschrieben. Der Forschungsprozess beginnt bereits vor der Ausgrabung und ist mit deren Abschluss noch lange nicht beendet. Viele praktisch wie theoretisch anspruchsvolle Aufgaben liegen jenseits der praktisch-technischen Erfordernisse der Entdeckung, Freilegung und Sicherung der archäologischen Materialien. Dazu gehört insbesondere die Identifikation, Dokumentation, Analyse und Klassifikation der Funde und Befunde (nach Erhaltungsgrad, Material, Form, Funktion usw.). Insofern dabei neben Mustererkennung auch Sprache und Übersetzung eine Rolle spielen, ist dies nicht nur ein analytischer, sondern zugleich auch synthetischer und hermeneutischer Prozess (s. Kap. 13–15).

Ein zentrales Element entsprechender Untersuchungen bildet die vergleichende Einordnung der archäologischen Funde und Befunde in einen weiteren, durch die Gesamtheit der archäologischen Materialen einer Epoche bzw. Region vorgegebenen Kontext. In Kontexten mit einer parallelen schriftlichen Überlieferung ist der archäologische Befund außerdem dazu in Beziehung zu stellen. Dabei gibt es verschiedene Heuristiken (s. Andrén 1997).

Viele weitergehende Interpretationen archäologischer Materialien greifen bei der Deutung von Fundkontexten und Wandlungsprozessen außerdem auf ethnographische bzw. historische Vergleichsbeispiele zurück, die

---

8 Geregelt sind selbstverständlich auch die rechtlichen Ansprüche und Pflichten der verschiedenen Beteiligten vom Finder und Grundbesitzer bis zu den Denkmalbehörden. Darauf soll an dieser Stelle jedoch nicht näher eingegangen werden.

9 Der Begriff ›Befund‹ zielt auf die Beschreibung der Schichtverhältnisse und Fundumstände sowie der nicht gesamthaft zu bergenden Architekturreste wie z. B. Hausgrundrisse.

den oft spröden archäologischen Beobachtungen eine gewisse Anschaulichkeit und Relevanz verleihen sollen. Dies kann in exemplarischer oder statistischer Form geschehen. Im ersten Fall bieten die ethnographischen ›Analogien‹ Ansatzpunkte zur systematischen Befragung des archäologischen Befunds. Im zweiten Fall dient ein breiterer interkultureller Survey der Ableitung von generellen Regeln, die ihrerseits helfen sollen, das Spektrum möglicher Deutungen eines archäologischen Befundes oder Befundtyps nachvollziehbar zu begrenzen.

Alle diese Schritte sind ihrerseits durch ein bestimmtes Erkenntnisinteresse geleitet, das sich aus modernen Erfahrungen und Orientierungsbedürfnissen speist. Ändern sich diese Rahmenbedingungen, kann sich auch die Herangehensweise ans archäologische Material ändern. Frühere Erkenntnisse verlieren entsprechend ganz oder teilweise ihren Erklärungswert.

Den angedeuteten Weg vom Fund bzw. von der Feldbeobachtung über die Interpretation zur Vermittlung archäologischen Wissens bezeichne ich hier, wie bereits angedeutet, als ›archäologischen Prozess‹ [Tab. 13]. Anders als man möglicherweise annehmen könnte, handelt es sich dabei weder um eine einfache lineare noch um eine zirkulare Struktur. Vielmehr gibt es an ganz vielen Stellen Rückkopplungsschleifen, bei denen Beobachtungen zu Anpassungen des ursprünglichen Argumentationsrahmens führen. In einem weiteren Rahmen können auch wissenschaftsgeschichtliche und metaarchäologische Bemühungen, wie sie dieser Text bietet, als ein Teil dieses Prozesses betrachtet werden. In ihnen werden Ziele und methodologische Grundlagen des Faches neu verhandelt, was dann in der Regel Rückwirkungen auf zahlreiche andere Prozessabschnitte hat.

Sammlung und Kritik des verfügbaren archäologischen Materials auf regionaler Ebene:

- Sammlung, Dokumentation, primäre Klassifikation und quellenkritische Evaluation der bekannten Fundplätze, Befunde und Funde: Prüfung der Authentizität der Quellen und Bestimmung ihres Quellenwerts, Kartierung und vorläufige Datierung.
- Systematische Erweiterung des Quellenbestands durch geeignete Verfahren wie Begehungen, Luftbildauswertung, geophysikalische Prospektion, Ausgrabung usw.

Archäologische Untersuchungen auf Fundplatzebene:

- Identifikation der dokumentierten Fundobjekte und Befunde durch Form-/Merkmalsanalysen (unter Bezug auf bereits existierende Taxonomien) sowie durch archäometrische Untersuchungen (Material, Herkunft, Alter – Spuren von Produktion, Gebrauch, Umwandlung und Umnutzung, Deponierung und Zerstörung). Dieser Schritt beinhaltet oft bereits eine – auf Vergleiche gestützte – Restaurierung (Funde) bzw. Rekonstruktion (Befunde).
- Funktionale Ansprache und Datierung des Fundplatzes und der Einzelfunde/-befunde (durch vergleichende und experimentelle Methoden sowie naturwissenschaftliche Analysen).
- Identifikation der räumlichen Ordnung und chronologischen Abfolge (Vergesellschaftung, Stratigraphie) der Einzelfunde/-befunde,
- Analyse der Formationsprozesse der angetroffenen Ablagerungen (natürliche und kulturelle Transformationen).

Archäologische und historische Synthese auf regionaler und überregionaler Ebene:

- Ggf. Neudefinition bzw. Modifikation der verfügbaren Fund-/Befundtypen der älteren Forschung vor dem Hintergrund der verfügbaren Neufunde. Ergänzung bzw. Korrektur der bisherigen Vorstellungen zu deren funktionalen Ansprache bzw. zur Chorologie und Chronologie.
- Erklärung von Verbreitungsmustern (Fundplatz-, Befund-, Fundtyp) durch Inbezugsetzung zu bestimmten kulturellen Verhaltensmustern (soziale oder ethnische Differenzierung, Ideenübertragung, Handel, Migration usw.)
- ›Dichte Beschreibung‹ und Deutung der beobachtbaren Veränderungen auf individueller Ebene, im Idealfall Erklärung des (auf verschiedenen Maßstabsebenen beobachtbaren) kulturellen Wandels durch Bezugnahme auf allgemeine Modelle (generiert auf der Grundlage interkultureller Vergleiche) und spezifische Rahmenbedingungen.
- In ›frühgeschichtlichen‹ Zusammenhängen (bei Vorhandensein paralleler Schriftquellen): Gegenüberstellung archäologischer und dokumentarischer bzw. erzählender Quellen und Versuch einer Synthese (illustrativer, bestätigender, komplementärer oder die Geltung der Schriftquellen in Frage stellender Charakter der archäologischen Quellen).

Historische bzw. archäologische Darstellung
• Nutzung der erzielten Erkenntnisse zur Formulierung und zum Test übergreifender Erklärungsmodelle sozialen und kulturellen Wandels. • Kritik existierender historisch-ethnographischer Narrative/Meistererzählungen, Formu-lierung eines neuen Narrativs, das im Einklang mit wesentlichen empirischen Daten steht. • Umsetzung der erzielten Ergebnisse in populäre Darstellungen und / oder museale Präsentationen. • Wissenschaftliche und gesellschaftliche Debatte wirft neue Fragen auf, die auf den vorangegangenen Stufen neue Forschungen initiieren können.

Tabelle 13: Der ›archäologische Prozess‹. Die Darstellung ist grob an Droysens Prozess-Schema der Geschichtsforschung (mit den Forschungsphasen: Heuristik – Kritik – Analyse – Historische Darstellung) angelehnt.

Zu den aufgeführten Schritten im Forschungsprozess kommen zusätzlich spezielle, auf den Schutz von archäologischen Kulturgütern und die Vermittlung von archäologischem Wissen museal wie massenmedial ausgerichtete Praxisformen, die jeweils ihre eigene Dynamik entwickeln, die den Zielen der Forschung mitunter sogar entgegensteht. Dies belegt etwa die immer wieder aufflammende Debatte über das Verhältnis von ›Forschen‹ und ›Bewahren‹ in der Archäologie (z. B. Horn u. a. 1991; Ickerodt/Müller 2017). Aber auch weitgehend oder vollständig fachexterne Anliegen spielen hier eine Rolle. Ich denke dabei etwa an die Frage der kommerziellen Nutzung bzw. Vermarktung von archäologischen Stätten, Funden und archäologischem Wissen (s. Kap. 16.2).

Um diese äußerst komplexe Fachpraxis in knapper, aber dennoch strukturierter Form darstellen zu können, schien es mir sinnvoll, entlang des archäologischen Prozesses idealtypisch verschiedene Kategorien zu bilden. In diesem Sinne werde ich mich in den folgenden Kapiteln mit dem ›Archäologischen Material‹, seiner Klassifikation und komparativen Ordnung sowohl in systematischer wie in raumzeitlicher Hinsicht befassen. Daran anschließend wird es um unterschiedliche Modi des Erklärens und Verstehens archäologischen Materials gehen (Kap. 13–16). Dazu gehören Praktiken des Modellierens und Experimentierens, des Spurenlesens und Entschlüsselns sowie des Erzählens und Erinnerns.

Diese Tätigkeiten finden wir in unterschiedlicher Ausprägung und Kombination überall, wo archäologisch geforscht wird. Ihre konkrete Ausprägung ist abhängig von den unterschiedlichen Anforderungen und Potentialen des jeweils verfügbaren archäologischen Materials. Daneben spielen in diesem Zusammenhang aber auch bestimmte regionale Forschungstraditionen und sicherlich auch so etwas wie ›intellektuelle Moden‹ eine Rolle. Auf letzteres deutet jedenfalls die Tatsache hin, dass sich innerhalb des Faches im Verlauf der Forschung bestimmte Konjunkturen einzelner der genannten Erkenntnisweisen ausmachen lassen. Sie dürften nicht zuletzt dem jeweiligen Einfluss der wechselnden Leitdisziplinen während des 19. und 20. Jahrhunderts geschuldet sein.[10] Mit Blick auf die Geschichte der Prähistorischen Archäologie sind hier u. a. antiquarische Objektansprache, (gedanken-)experimentell gestützte Theoriebildung, historische Hermeneutik, sozialwissenschaftliche Erklärung, dichte Beschreibung, medienarchäologische Autopsie und Materialordnung zu unterscheiden.

Ich möchte indes an dieser Stelle ganz bewusst keine Theoriegeschichte schreiben, sondern lediglich einen systematischen Überblick über das verfügbare Instrumentarium zur Deutung archäologischer Konzepte und Materialien bieten. Dass dabei auch immer wieder wissenschaftsgeschichtliche Überlegungen einfließen, steht diesem systematischen Anliegen nicht entgegen. Vielmehr scheint es mir zum Verständnis der Zusammenhänge notwendig zu sein, die unterschiedlichen Modi an ihre Entstehungskontexte rückzubinden.

10 Dazu gehörten nacheinander u. a. die Naturwissenschaften, die Geschichte, die Soziologie, die Ethnologie und die Medienwissenschaft/-archäologie; s. Veit 1995 sowie zur Medienarchäologie: Ernst 2004.

8 Das archäologische Material

»Die Quellen sind weder offene Fenster, wie die Positivisten glauben, noch Mauern, die den Blick verstellen, wie die Skeptiker meinen: Wenn überhaupt können wir sie mit Zerrspiegeln vergleichen. Die Analyse der jeweiligen Verzerrung jeder Quelle impliziert bereits ein konstruierendes Element. Doch die Konstruktion ist [...] nicht unvereinbar mit dem Beweis. Die Projektion des Wunsches, ohne die es keine Forschung gibt, ist nicht unvereinbar mit den Widerlegungen durch das Realitätsprinzip. Erkenntnis (auch historische) ist möglich.«
(Carlo Ginzburg 2001, 34)

Die ›Objektivität‹ historisch-kulturwissenschaftlicher Forschungen ruht Max Weber (1904/1982) zufolge auf zwei Pfeilern. Zum einen »auf der Reflexion des erkennenden Individuums über die Bedingungen, über die Tragweite und natürlich über die Grenzen seiner Fragestellung« (Oexle 2004, 173), zum anderen auf der sorgfältigen Arbeit mit dem von Johann Gustav Droysen so genannten »historischen Material« (s. Droysen 1972; 1977). Letzteres bildet die eigentliche Basis historisch-kulturwissenschaftlicher Untersuchungen, denn: »das Gegebene für die historische Forschung sind nicht die Vergangenheiten, denn diese sind vergangen, sondern das von ihnen in dem Jetzt und Hier noch Unvergangene« (zit. bei Oexle 2004, 171). Dies können beispielsweise Erinnerungen sein, an das, was war und geschehen ist, oder auch »Überreste des Gewesenen und Geschehenen«. Nicht nur in historischen, sondern auch in archäologischen Arbeiten verwendet man diesbezüglich üblicherweise den Begriff der ›Quelle‹.

›Historische Quellen‹ umfassen normalerweise beide oben genannte Kategorien, wobei traditionell allerdings Schriftquellen unterschiedlicher Art (Urkunden, Chroniken, Lebensbeschreibungen u. a.) im Zentrum des historischen Interesses standen. Dabei war in der Vergangenheit neben der klassischen Unterscheidung zwischen *Überresten* und *Traditionen*[1] v. a. jene zwischen *Primär- und Sekundärquellen* wichtig.[2] Erst im Verlauf des 20. Jahrhunderts ist es – ausgehend v. a. von der französischen *Nouvelle Histoire* – zu einer systematischen Ausweitung dessen gekommen, was unter einer ›historischen Quelle‹ zu verstehen sei.[3] Dies betrifft nicht nur ausschließlich seriell auswertbare, schriftbasierte Verzeichnisse (wie z. B. kirchliche Tauf- und Sterberegister), sondern insbesondere auch Bild- und Sachquellen bis hin zu ›Abfallfunden‹ (Veit 2005/2006). Verallgemeinernd könnte man daher sagen, dass als historische Quelle alles gelten kann, was zur Beantwortung einer historischen Frage herangezogen werden kann.

Der Begriff ›Quelle‹ ist aufgrund der ihm eigenen Metaphorik allerdings problematisch. Er impliziert die Vorstellung, das Hervortreten historischer Fakten sei mit der permanenten Schüttung einer Quelle vergleichbar. Als naturwüchsiger Prozess könne es daher vom Historiker zwar beobachtet, aber nicht gesteuert werden. Außerdem verbindet sich mit dem Quellenbegriff oft die Überzeugung, die vornehmste Aufgabe des Historikers sei es, ›historische Quellen zum Sprechen‹ und gleichzeitig seine eigene Person zum Verschwinden zu bringen. Kurzum, der Quellenbegriff schreibt seinem Gegenstand eine Autonomie zu, die ihm nicht zukommt – und er entmündigt damit in gewisser Weise den Historiker. Denn eine ›Quelle‹ steht, egal ob wir danach fragen oder nicht, jeweils für bestimmte ›historische Tatsachen‹. Aus diesem Grunde werde ich im Folgenden den auf Droysen zurückgehendem Begriff ›historisches Material‹ als Überbegriff für die Gesamtheit der in die Gegenwart reichenden Spuren der Vergangenheit verwenden. Denn im Gegensatz zum Quellenbegriff besteht hier kein Zweifel, dass die aktive Seite in der Beziehung von Quelle/Material und Historiker bei letzterem liegt. Der

1 »Alles, was unmittelbar von den Begebenheiten übriggeblieben und vorhanden ist, nennen wir *Überreste*, alles, was mittelbar von den Begebenheiten überliefert ist, hindurchgegangen und wiedergegeben durch menschliche Auffassung, nennen wir *Tradition*« (Bernheim 1889/1908, 255 f.). – Ernst Bernheim unterscheidet weiter zwischen mündlichen, bildlichen und schriftlichen Traditionen.

2 Eine Primärquelle (z. B. ein Vertrag zwischen Staaten) zeugt direkt, eine Sekundärquelle zeugt aus ›relativer Nähe‹ aus Primärquellen schöpfend (z. B. Autobiographie eines an den Verhandlungen beteiligten Staatsmanns).

3 Der Ursprung dieser Entwicklung reicht indes bis ins späte 19. Jahrhundert zurück, als das Misstrauen gegenüber Schriftquellen wuchs und man nach unabhängigen Bestätigungen suchte. Dieses Motiv verbindet die Arbeit von so unterschiedlichen Forscherpersönlichkeiten wie Jakob Burckhardt (A. Assmann 1996, 107) und Heinrich Schliemann (Veit 2006d). Auch Droysen (1977) betonte die Objektivität der Überreste gegenüber der Subjektivität der erzählenden ›Quellen‹, s. dazu Kap. 8.2.

Historiker legt durch seine standortgebundenen Fragen nicht nur fest, was als historische Quelle in Frage kommt, sondern er gibt damit in gewissem Umfang immer auch bereits vor, welche Art von Antwort möglich ist. Eine solche Klarstellung beugt naiven Objektivitätsvorstellungen in Bezug auf historisches bzw. archäologisches Wissen vor.

8.1 Vom ›historischen‹ zum ›archäologischen Material‹

Analog zum ›historischen Material‹ kann man vom ›prähistorischen Material‹ sprechen. Dieser Begriff sollte immer dann verwendet werden, wenn eine Zuweisung in einen ›prähistorischen‹ bzw. ›urgeschichtlichen‹ Kontext möglich ist.[4] Die Abgrenzung ist in diesem Fall also eine chronologische bzw. – insoweit als das Ende der Urgeschichte nicht überall gleichzeitig ist – eine phaseologische. Eine solche Abgrenzung entfällt, wenn wir unbestimmter von ›archäologischem Material‹ sprechen. Denn archäologische Materialien gibt es grundsätzlich für alle historischen Epochen.[5]

Alle archäologischen Materialien sind als Zeugnisse vergangener menschlicher Aktivitäten zugleich historisches Material. Umgekehrt ist aber nicht alles historische Material zwangsweise auch archäologisches Material. Anders als viele andere Materialkategorien, hat letzteres die Zeit zwischen seiner Herstellung und primären Nutzung sowie seiner Auffindung (verbunden mit der Zuschreibung eines Quellencharakters) in der Regel im Boden, seltener auch auf der Erdoberfläche, überdauert. Es handelt sich hierbei also um ›Überreste‹ in einem ganz unmittelbaren Sinne.

Dies unterscheidet archäologisches Material von historischem Material im engeren Sinne (Urkunden, Akten, Briefe, Tagebücher), die oft speziellen Archiven entstammen, in die sie im Idealfall gleich mit Ausscheiden aus ihrem ehemaligen Funktionskontext (mit dem diesem zugeordneten Ort z. B. dem Arbeitszimmer, dem Büro oder der Registratur) gezielt überführt worden sind.

Eine interessante Zwischenstufe bilden Objekte aus musealen Sammlungen. Für sie ist eine längere Übergangsphase zwischen ihrer eigentlichen

4 Als synonym anzusehen sind die Bezeichnungen ›urgeschichtliche‹ und ›paläohistorische Quelle‹.

5 Jüngere Arbeitsfelder wie ›Ethnoarchäologie‹ oder ›Garbage Archaeology‹ beschäftigen sich gar ausschließlich mit dem ›Müll von gestern‹ (Fansa/Wolfram 2003, Rathje 1979).

Nutzung und ihrer Indienstnahme als historische Quelle charakteristisch. Zu denken ist hier etwa an Zeiten einer Sekundärnutzung, der Verwahrung auf dem Speicher, in privaten Sammlungen oder im Kunst- und Antiquitätenhandel.

Bisweilen ist in der Literatur statt von ›archäologischem Material‹ auch von ›archäologischer Überlieferung‹ die Rede.[6] Der Begriff bezeichnet die Gesamtheit der dinglichen Überreste und Denkmäler, die Rückschlüsse auf menschliches Denken und Handeln in der Vergangenheit erlauben. Dabei stehen besonders jene Epochen, Räume und kulturellen Sektoren, für die andere Zugänge (orale Tradition/schriftliche Überlieferung) ausfallen, im Zentrum. Die Bezeichnung ist insofern problematisch, als sie einen aktiven Prozess der Weitergabe unterstellt, obwohl für die entsprechenden Materialien meist keine Überlieferungs- bzw. Aufzeichnungsabsicht unterstellt werden kann. Menschliches Handeln hat entsprechende Überreste und Ablagerungen vielmehr größtenteils unbewusst und im Zusammenspiel mit Naturkräften produziert. Statt von ›Überlieferung‹ sollte daher besser von ›Überdauerung‹ gesprochen werden. Ob Überreste vergangener Zeiten überdauern, ist von zahlreichen kulturellen und natürlichen Faktoren abhängig. Dabei dürfte die Zerstörung gegenüber der Erhaltung den Normalfall darstellen. Zumindest dort, wo einigermaßen dauerhaft gesiedelt wurde, kommt es außerdem häufig zu einer ›Überschreibung‹ älterer durch jüngere Befunde im Sinne sog. Palimpseste.[7] Älteres bleibt dann nur noch in Form von schwer deutbaren Relikten erhalten.

Eine ähnliche Problematik wie die eben besprochene ergibt sich für die Begriffe ›archäologisches Gedächtnis‹ bzw. ›archäologisches Archiv‹ (Altekamp 2004). Das archäologische Material als Resultat von »Verschüttungen, Überlagerungen oder Überbauungen, die Prozessen der Auflassung, der Außergebrauchstellung, der Hinterlegung, der Entsorgung oder des Verlustes nachfolgen« (ebd. 213) besitzt nämlich keinen Archivstatus. Ein solcher würde eine absichtliche Verwahrung voraussetzen, die bei Bedarf

6 Dies entspricht annähernd dem Gegensatz zwischen ›archaeological evidence‹ und ›archaeological record‹ in der englischsprachigen Literatur. Zu unterschiedlichen Konzeptionalisierungen des ›archaeological record‹ siehe Patrik 1985; Lucas 2012; Perreault 2019.

7 Dazu ausführlich: Altekamp 2004. – Der Gegensatz zwischen ›Überlieferung‹ und ›Überdauerung‹ entspricht ungefähr der alten Bernheimschen Unterscheidung zwischen ›Tradition‹ und ›Überresten‹. Allerdings ist die Kategorie der Überreste viel breiter als das, was dem Archäologen normalerweise zur Verfügung steht.

einen aktualisierenden Zugriff auf das archivierte Material erlaubt. Dies ist hier gerade nicht der Fall:

> »Die unsichtbar gewordene Substanz des archäologischen Gedächtnisses stellt in ihrer Qualität des Nichtarchivs ein Reservoir kulturell imprägnierten Gutes jenseits kultureller Tradierung dar. Es ermöglicht das Fortbestehen von Nichtüberliefertem, von kulturell Vergessenem« (ebd. 213).

Damit bietet das archäologische Material den archäologischen Fächern die Möglichkeit, auch außerhalb des Mediums der kollektiven Erinnerung Einblicke in die Vergangenheit zu gewinnen und im Idealfall historische oder mythische Geschichtserzählungen einer Revision zu unterziehen. In diesem Sinne bezeichnet Stefan Altekamp (2004, 229) die Archäologie mit Recht als eine »potenziell überlieferungskritische Instanz«, die »nachträglich Einblicke in vergessene oder verworfene Konstellationen und Konzeptionen« ermögliche.[8]

Festzuhalten bleibt daher: Das Archäologische besitzt keinen Archivcharakter. Wenn trotzdem in archäologischen Kontexten mitunter der Archivbegriff bemüht wird, so geschieht dies unter Missachtung der Konventionen der Archivforschung. Im Falle des sog. ›Bodenarchivs‹ steht der Begriff ›Archiv‹ nämlich nicht für einen ›Archivkörper‹ im Sinne eines abgrenzbaren Bestands von Archivalien, dessen Grenzen sich im Laufe der Zeit veränderten (Wimmer 2012). Vielmehr haben wir es hier lediglich mit einem durch natürliche Prozesse (Sedimentation u. a.) generierten ›Informationsspeicher‹ zu tun. In vergleichbarer Weise benutzen diesen Begriff auch die Geowissenschaften, wenn sie – etwa im Hinblick auf in Tiefbohrkernen enthaltene Klimainformationen – von Geo-, Umwelt- oder Bodenarchiven sprechen.[9] Von einem Archivcharakter im engeren Sinne kann man mit Blick

8 Andererseits kann archäologisches (bzw. archäologisch gewonnenes) Wissen Teil des kulturellen bzw. historischen Gedächtnisses werden. Für die frühe Archäologie, die um Anerkennung rang und um Relevanz bemüht war, war dies immer ein zentraler Aspekt.

9 Anders als bei Fundarchiven geht es in diesem Fall allerdings nicht (primär) um die dauerhafte Verfügbarmachung von als einzigartig angesehenen ›Archivalien‹, sondern um die Gewinnung von Datensätzen, auf deren Grundlage Hypothesen z. B. über Klimaschwankungen, generiert werden können. Da das interessierende Phänomen (Klima) nicht direkt beobachtbar ist, braucht es einen oder mehrere indirekte Anzeiger. Man spricht von einem ›Proxy‹ (englisch für ›Stellvertreter‹). Dieser Begriff ist zwischenzeitlich auch in Teilen der archäologischen Forschung geläufig geworden und verweist auf einen zumindest partiellen Wechsel von einem kulturhistorischen zu einem szientistischen Paradigma.

auf die bei den Ämtern für Bodendenkmalpflege – wie an anderen Orten – angelegten Akten- und Funddepots sprechen [Abb. 13]. Allerdings ist streng genommen auch hier die Verwendung des Archivbegriffs nicht ganz zutreffend. Vielmehr handelt es sich dabei um Registraturen (als Vorstufe eines jeden Archivs) und Archive in einem (s. Wimmer 2012).

Abb. 13: Steinbeile in einem Sammlungsschrank, Sammlung Ur- und Frühgeschichte der Universität Leipzig.

Aus den vorstehenden Überlegungen lässt sich eine gewisse Grundsystematik ›historischer Materialien‹ ableiten. Ich beschränke mich hier auf die Nennung der Hauptkategorien:

- *Schriftquellen:* Texte bzw. schriftliche Aufzeichnungen (Listen) auf neutralem, meist genormtem Trägermaterial (Pergament, Papier, Tontafeln). Neben handschriftlichen ist dabei auch an maschinenschriftliche und gedruckte Quellen zu denken. Die neuen technischen Medien haben dieses Repertoire nochmals erweitert (digitale Speichermedien). In diesen Kontext gehören auch beschriftete Objekte, also Gegenstände des Alltags die z. B. mit dem Namen des Herstellers oder Besitzers versehen wurden. Man spricht diesbezüglich auch von *oggetti parlanti* (sprechende Gegenstände).
- *Inschriftliche Quellen*: Sie heben sich idealtypisch durch eine besondere Materialität des Trägermaterials (z. B. Stein) sowie durch ein besonderes Schriftbild von gewöhnlichen Schriftquellen ab. Konkret handelt es sich

um Inschriften im Bereich von Monumental- bzw. Zeremonialanlagen (Gräber, Paläste, Heiligtümer, Denkmäler).

- *Bildquellen:* Bildliche oder abstrakte Darstellungen auf einem neutralem Trägermaterial (Leinwand, Pergament, Papier – Felsgrund, Steinplatten, Stuck/Gips) oder auch auf Gebrauchsgegenständen. Selbstverständlich sind verschiedenste Grade der Abstraktion bzw. der Kombinationen von Bild und Schrift möglich und belegt.
- *Sachquellen:* Den Schriftquellen stehen die Sachquellen gegenüber. Diese Aussage ist allerdings gleich wieder zu relativieren, da natürlich auch Schriftquellen eine materielle Dimension haben, ohne die sie nicht existieren könnten. Allerdings tritt diese materielle Dimension bei Texten gewöhnlich in den Hintergrund, da sich die meisten Texte praktisch verlustfrei von ihrem Trägermedium lösen und auf ein anderes analoges oder digitales Medium übertragen lassen. Für Sachquellen hingegen ist ihre Materialität die zentrale Eigenschaft. Sie bestimmt wesentlich über deren Form als auch über deren Funktion.

Versucht man auf diesem Feld der Sachquellen weiter Ordnung zu schaffen, ist zunächst zwischen Mobilien (Kleidung, Schmuck, Werkzeugen u. a.) und Immobilien (Architektur und Infrastruktur) zu unterscheiden.[10] Beide Gruppen zusammen gehören zur Kategorie der ›Artefakte‹, also der durch Menschenhand bewusst gestalteten Objekte. Eine Sonderform in dieser Grundgesamtheit wiederum bilden ›Werkzeuge‹ im Sinne von Artefakten, die dazu dienen, andere Artefakte zu produzieren.

Historisch aussagefähig in einem sehr weiten Sinne können aber auch durch Menschenhand gegangene Objekte sein, die nicht bewusst gestaltet wurden – wie z. B. Rohstoffe. Um sie archäologisch nachzuweisen, müssen sie aber entweder in sekundärer Lagerung angetroffen werden (z. B. als Erddeponie oder Erzhalde) oder durch spezifische Funde (wie Abbauwerkzeuge) gerahmt sein. Weitere Kategorien in diesem Rahmen von Quasi-Artefakten bilden Produktionsabfälle (Schnitzreste, Schlacke) oder Naturprodukte wie Speisereste (sog. ›Ökofakte‹). Aber auch vermeintlich ›natürliche‹ geologische Ablagerungen wie Moore oder Auelehme können im Zusammenhang (umwelt- und wirtschafts-) historischer Fragestellungen wichtige Informationsquellen sein.

---

10 Auf die für die Prähistorische Archäologie zentrale Unterscheidung zwischen Fund und Befund werde ich erst später ausführlich eingehen: s. Kap 8.3.

Schließlich ist selbstverständlich auch der menschliche Körper selbst oder das, was davon jeweils erhalten geblieben ist, eine wichtige Quelle für die archäologische Forschung. Diese Materialgattung ist historisch in verschiedener Hinsicht aussagefähig, etwa als Zeuge eines stattgefundenen biotisch-kulturellen Entwicklungsprozesses (Abstammung). Primär ist sie aber Lieferant von Informationen zu Herkunft und Biographie der betreffenden Person, etwa zu biotischem Alter und Geschlecht, physischer Konstitution, Ernährungs- und Gesundheitsstatus – mit Hinweisen auf Lebensraum sowie Lebensraumwechsel – und Arbeitsbelastung. Darüber hinaus verursachen bestimmte kulturelle Praktiken körperliche Veränderungen, die am Skelett diagnostizierbar sind, wie z. B. eine intentionelle Schädeldeformation oder die Knochenverformung bzw. Zahnabnutzung als Folge bestimmter Verhaltensweisen (z. B. Reiter-/Hockerfacette usw.).

Diese Aufstellung macht deutlich, dass sich hinter dem, was heutzutage oft pauschal unter dem Begriff ›materielle Kultur‹ subsumiert wird, letztlich ganz Unterschiedliches verbirgt – und auch so analysiert werden muss.[11] Dies betrifft nicht zuletzt die Frage der historischen Aussagekraft der einzelnen Bestandteile.

8.2 Zur ›Objektivität‹ archäologischer Überlieferung

Was das ›historische Material‹ betrifft, unterschied Droysen nicht – wie es später üblich wurde (Bernheim 1889/1908) – zwischen ›Tradition‹ und ›Überresten‹, sondern zwischen ›Überresten‹, ›Quellen‹ und ›Denkmälern‹ [Tab. 14]. ›Überreste‹ meint in diesem Zusammenhang alles, was aus vergangenen Gegenwarten, von denen wir etwas erkennen wollen, noch unmittelbar vorhanden ist. ›Quellen‹ meint Darstellungen der Vergangenheiten »wie menschliches Verständnis sie aufgefasst und sich geformt hat« und »zum Zwecke der Erinnerung überliefert«. ›Denkmäler‹ schließlich steht für »Überreste, bei deren Hervorbringung [...] die Absicht der Erinnerung mitwirkte«. Dabei war sich bereits Droysen bewusst, dass mit Blick auf die Zuverlässigkeit deutliche Unterschiede zwischen diesen drei Kategorien bestehen: »Quellen, auch die vorzüglichsten, geben dem Forscher nur polarisiertes Licht«. »Völlig sicher, bis ins Kleine und Kleinste«, gehe der

11 Zu den verschiedenen Dimensionen des Materiellen im Rahmen einer materialistischen Theorie der Kultur: Godelier 1990, 16 et passim.

Forscher nur bei den ›Überresten‹, allerdings mit der Einschränkung, dass in diesem Bereich »nur zufällige und zerstreute Fragmente« verfügbar seien (zit. bei Oexle 2004, 172 f.).[12]

»Historisches Material«		
»Das gegebene für die historische Forschung sind nicht die Vergangenheiten, denn diese sind vergangen, sondern das von ihnen in dem Jetzt und Hier noch Unvergangene, mögen es Erinnerungen von dem, was war und geschah, oder Überreste des Gewesenen und Geschehenen sein.«		
»Überreste«	**»Quellen«**	**»Denkmäler«**
Alles was aus vergangenen Gegenwarten, von denen wir etwas erkennen wollen, noch unmittelbar vorhanden ist.	Darstellungen der Vergangenheiten »wie menschliches Verständnis sie aufgefasst und sich geformt hat« und »zum Zwecke der Erinnerung überliefert«.	»Überreste, bei deren Hervorbringung ... die Absicht der Erinnerung mitwirkte«
»Völlig sicher«, aber fragmentarisch	Geben dem Forscher nur »polarisiertes Licht«	

Tabelle 14: Das ›Historische Material‹ und seine Unterklassen bei J. G. Droysen (1857/1977).

Damit hat Droysen unbeabsichtigt auch bereits die besonderen Chancen und Risiken prähistorisch-archäologischer Forschungen thematisiert, in deren Zentrum die Analyse einer besonderen Form von Überresten steht, nämlich jener fragmentarischen Zeugnisse vergangener Kulturen, die sich im Boden erhalten haben. Sie sind im 19. Jahrhundert vor dem Hintergrund jener oben referierten Überlegungen, in denen Zweifel an der Objektivität erzählender Quellen formuliert wurden, zum Ansatzpunkt eines besonderen (kultur-)historischen Interesses geworden.[13] Hinsichtlich der in diesem Zusammenhang oft postulierten ›Objektivität‹ der materiellen Überreste, die auch in der oben präsentierten Konzeption Altekamps (2004) anklingt,

12 Dies steht im Gegensatz zu Stellungnahmen von Manfred K. H. Eggert, der in erzählenden Schriftquellen eine ganz andere Qualität sieht als in den Überresten, mit denen es der Archäologe gewöhnlich zu tun hat (z. B. Eggert 2001/2012, 102–106).

13 Dazu ausführlich: A. Assmann 1996, bes. 105–107 (mit Bezug auf Jacob Burckhardts Projekt einer ›Kulturgeschichte‹ auf der Grundlage des Gegensatzes von Texten und Spuren).

sind heute allerdings Zweifel anzumelden. Sie gründen – wie schon Droysen erkannte – vor allem in ihrem fragmentarischen Charakter und den daraus resultierenden Problemen, ihre Repräsentativität für die untersuchten Zeiten und Räume einzuschätzen. Diese Unschärfe verleitet Archäologen regelmäßig dazu, im historisch-archäologischen Material jene Thesen bestätigt zu finden, die ihren (Wunsch-)Vorstellungen am nächsten kommen. Dies gilt indes nicht nur für die Prähistorische Archäologie, sondern für alle Bereiche historischer Forschung, in denen der Faktenzwang gering und die möglichen gesellschaftlichen Gewinne groß sind, wie etwa in der biologischen Abstammungsgeschichte (S. J. Gould 1988, 17).[14] Aber auch die jüngere Geschichte der Urgeschichtsforschung liefert dazu eindrückliches Anschauungsmaterial (z. B. Leube 2002).

Um entsprechenden Fehlschlüssen zu entgehen, gilt es, sich der Chancen-Ungleichheit der Überlieferung bewusst zu werden. Und diese beschränkt sich keineswegs auf die archäologischen Überreste. Auch schriftliche Überlieferung ist hier nicht neutral, sondern begünstigt »das Unerhörte, das Ungewöhnliche, das Fatale, und benachteiligt den Alltag, das Übliche, das Normale« (Esch 1985, 540). Daraus hat der Historiker Arnold Esch folgenden Schluss gezogen:

> »Die Maßstäblichkeit dessen zu erkennen, was die Überlieferung uns abbildet, uns anbietet, und das heißt: die auslesende Überlieferung zu entzerren, ist schwer, schwerer jedenfalls, als es das (für die Arbeit des Historikers gewöhnlich verwendete, hier möglichst vermiedene) Bild vom Mosaik und seinen fehlenden Steinen zu erkennen gibt« (ebd. 558).

Das grundsätzliche Dilemma, vor dem wir stehen, könnte auch aus archäologischer Perspektive, auf die sich Eschs Bild ja auch bezieht, nicht besser beschrieben werden. Denn auch der Prozess, der in diesem Bereich die Auslese steuert und der darüber bestimmt, was die Zeiten überdauert, ist nicht ausschließlich naturwüchsig. Er wird also nicht allein durch jenen Widerstand bestimmt, den einzelne Objektgattungen Prozessen der Verwitterung und des Vergehens entgegensetzen. Das archäologische Fundbild lässt sich – selbst bei gutem Forschungsstand – nicht auf diese Weise ›erklären‹. Es

14 Der archäologisch nicht ganz unerfahrene Geschichtsphilosoph Robin G. Collingwood (1946) hat diesbezüglich zwischen »past-as-known« und »past-as-wished-for« unterschieden. Zur Unterscheidung siehe Piggott 1968, 15 f.; zum Verhältnis von Collingwood zur Feldarchäologie: Bradley 1994; Leach 2009.

ist zumindest teilweise auch als das Ergebnis bewusster Entscheidungen oder unbewusster Dispositionen von Einzelnen oder Gruppen in der Vergangenheit ebenso wie in der Gegenwart anzusehen. Wo es etwa um Gräber und Horte geht, dürfen wir das Fundverbreitungsbild beispielsweise nicht als Spiegel ›objektiver Verhältnisse‹ ansehen, sondern müssen immer auch nach kulturellen Auslesefaktoren fragen (Eggert 2001/2012, 106). So gilt auch hier, was Esch mit Blick auf sein Fach grundsätzlicher folgendermaßen formulierte:

> »Der Historiker widerstehe darum der Versuchung, sich seine Erkenntnisse von der Überlieferung zuteilen zu lassen, oder: in jenen unbeleuchteten Zeitaltern nur dort finden zu wollen, wo es hell ist: er gliche dem Manne, der Verlorenes nachts unter der Laterne sucht, weil man nur dort etwas sehe. Lassen wir uns nicht entmutigen, in das Dunkel hineinzufragen – auch dort, wo wir auf eine Antwort nicht hoffen dürfen« (Esch 1985, 570).

Und dennoch wird auch mit Bezug auf archäologische Kontexte regelmäßig gegen diesen fundamentalen Grundsatz verstoßen. So ist uns allen bewusst, dass im Umfeld relativ weniger, früh als bedeutsam erachteter Fundplätze so lange geforscht wird, bis eine sichere Einschätzung der historischen Bedeutung dieser Orte im Vergleich zu jenen weniger gut erforschten der näheren und weiteren Umgebung nicht mehr möglich ist.[15] Natürlich ist es völlig legitim, teure Feldforschung auf ausgewählte Kleinräume zu konzentrieren. Allerdings sollte man dann vorsichtig sein, in den auf diese Weise konstruierten Bedeutungsunterschieden zwischen unterschiedlichen Fundplätzen zugleich den Ausdruck historischer gewachsener soziopolitischer Unterschiede sehen zu wollen. Ohnehin steht jeder Ausgräber in Gefahr, die Bedeutung seiner eigenen Grabungsplätze zu überschätzen. So kursiert im Fach seit langem die Einsicht, dass sich mit der zunehmenden Tiefe des Grabungsschnitts automatisch der Blick auf die umgebende Welt verengt. Esch (ebd. 569) fühlt sich angesichts ähnlicher Beobachtungen in der Geschichtswissenschaft an Kinder erinnert, die um den Zufallstreffer herum nachträglich eine Zielscheibe malen.

Ähnlich konstruiert und missverständlich können archäologische Kartierungen wirken, die ausgehend von einem konkreten Forschungsplatz dessen

15 Noch problematischer ist es, wenn an Orten gegraben wird, die aufgrund anderer Quellen und einer langen Forschungsgeschichte schon eine wichtige Rolle im historischen Gedächtnis spielen: Ulf 2003; Korfmann 2006.

Einfluss- und Handelsgebiet mit Pfeilen kennzeichnen. Ein solches Vorgehen mag für klar identifizierbare Rohstoffquellen bzw. Produktionsorte und deren Produkte legitim sein. Werden jedoch ganz unterschiedliche Argumente in einer solchen Darstellung zusammengefasst, so ist die Gefahr groß, dass ein falscher Eindruck von der Bedeutung eines Grabungsplatzes entsteht. Es sei hier nur daran erinnert, dass eine Darstellung dieser Art (Korfmann 2001, Abb. 385) am Beginn des öffentlichkeitswirksam ausgetragenen »neuen Streits« um Troia (Ulf 2003) stand, der sich 2001 im Umfeld der Ausstellung »Troia. Traum und Wirklichkeit« (Stuttgart – Braunschweig – Bonn 2001/2002) entspann. Es geht mir hier nicht darum, über Sieger und Verlierer in diesem Streit nachträglich zu entscheiden (Veit 2022b), sondern nur darum, auf die generelle Problematik der Maßstäblichkeit archäologischen Wissens hinzuweisen, die in ähnlicher Weise in ganz unterschiedlichen Feldern archäologischen Forschens auftaucht.

Dabei scheint es mir wichtig darauf hinzuweisen, dass die dargestellten Probleme nicht spezifisch für den Umgang mit archäologischem Material sind, sondern für historisches Material insgesamt gelten. Die Unterschiede zwischen diesen beiden Kategorien sind gradueller und keineswegs grundsätzlicher Natur. Insofern muss die Prähistorische Archäologie auch in dieser Hinsicht als eine spezielle Form von Geschichtswissenschaft – und weniger als ein systematischer Gegenentwurf dazu – betrachtet werden. Daran ändert auch die Tatsache nichts, dass es in den letzten zweihundert Jahren eine spezifische Debatte um die Quellen der Prähistorischen Archäologie gegeben hat, in deren Verlauf sich bestimmte Konzepte herausgebildet haben. Von grundsätzlicher Bedeutung ist dabei v. a. das Konzept des ›(archäologischen) Befunds‹.

8.3 Der archäologische Befund

In seiner weiten Auslegung bezeichnet der Begriff ›archäologischer Befund‹ die Gesamtheit der an einem Fundplatz im Hinblick auf die verfolgten (historischen) Fragestellungen gemachten Beobachtungen bzw. erhobenen Informationen. Er schließt auf dieser Abstraktionsebene nicht nur Angaben zu Strukturfragen und speziellen Lagerungsverhältnisse mit ein, sondern ebenso Angaben zu ›Funden‹ (Material, Typus, Erhaltungszustand, Fundlage, Vergesellschaftung mit anderen Funden usw.).

Mit dem Verweis auf das Begriffspaar Fund/Befund ist eine für die archäologische Praxis ganz zentrale Unterscheidung angesprochen. Sie greift, wie zu zeigen sein wird, in gewissem Umfang die oben getroffene Unterscheidung zwischen Mobilien und Immobilien wieder auf. Allerdings kommen noch andere Aspekte hinzu. Halten wir jedoch zunächst einmal die Grunddefinitionen beider Konzepte fest.

Unter *Funden* versteht man mehr oder weniger vollständig erhaltene, mobile Gegenstände, die im Rahmen von Prospektionen bzw. Ausgrabungen – oder auch zufällig – gefunden werden. Nach der wissenschaftlichen Bearbeitung, die im Idealfall auch eine Publikation einschließt, werden sie in Sammlungen bzw. speziellen Fundarchiven als Grundlage für weitergehende Forschungen und museale Präsentationen dauerhaft aufbewahrt. Dabei sind jeweils bestimmte Konventionen wirksam, was erhaltenswert ist. Diese müssen indes unter den Beteiligten immer wieder neu ausgehandelt werden (Rieckhoff 2016). Dies zeigt sich besonders gut im Hinblick auf die aktuelle Ausweitung des Feldes des Archäologischen bis an die Grenzen der Gegenwart (s. Kap. 16.1 und 18.2f.).

Unter *Befunden* werden gewöhnlich historisch aussagefähige Beobachtungen in archäologischen Fundsituationen verstanden. Dazu gehören etwa Schichtinventare und -abfolgen, Gebäudegrundrisse oder Gruben(inventare). Archäologische Befunde werden, wenn es sich nicht um Steinarchitektur handelt, nur in Ausnahmefällen – und auch dann nur exemplarisch – in physischer Form konserviert (früher oft in Form eines sog. ›Lackprofils‹). Sie werden also mit der Ausgrabung zerstört. Aus diesem Grund bedürfen sie der schriftlichen, zeichnerischen und/oder photographischen Dokumentation, die gewissermaßen an ihre Stelle tritt und sie ersetzt. Aus diesem Grund sind hier hohe Standards der Dokumentation notwendig, die immer wieder überprüft und angepasst werden.

Ein probates Mittel, um diese einzuhalten sind technisch aufwendige und daher teure Blockbergungen, z. B. von Grabkammern oder Brunnenkästen, wie sie heute vermehrt vorgenommen werden. Sie dienen nicht in erster Linie der dauerhaften Erhaltung des gesamten Befunds. Ihre eigentliche Bedeutung liegt vielmehr darin, dass sie eine Ausgrabung unter Laborbedingungen und ohne Zeitdruck ermöglichen.

Die für das Fach so grundlegende begriffliche Differenzierung zwischen ›Fund‹ und ›Befund‹ wird allerdings durch den für das Fach ähnlich zentralen Begriff des ›sicheren‹ bzw. ›geschlossenen Fundes‹ zugleich wieder relativiert. Gemeint sind damit seit Oscar Montelius jene Fälle, in denen mindestens zwei Gegenstände so im Boden angetroffen werden, dass davon ausgegangen werden kann, dass sie gemeinsam niedergelegt worden sind. Dies ist beispielweise für Grabbeigaben in bei der Grablegung dauerhaft versiegelten Einzelgräbern vorauszusetzen. In solchen Fällen darf, zumal wenn es sich nicht um Einzelbeobachtungen handelt, vermutet werden, dass die betreffenden Objekttypen zur gleichen Zeit im Umlauf waren. Auf diesem Prinzip beruhte die urgeschichtliche Datierung und Periodengliederung vor der Verfügbarkeit naturwissenschaftlicher Datierungsmethoden. Doch dies ist nicht mein Punkt hier (s. Kap. 10). Wichtig ist an dieser Stelle vielmehr, dass die nur vom Ausgräber zu treffende Feststellung einer ehemaligen gemeinsamen Niederlegung solcher Artefakte, d. h. ihre ›Vergesellschaftung‹, im Kern nicht auf einen ›Fund‹, sondern auf einen ›Befund‹ verweist. Genau genommen handelt es sich dabei sogar nur um einen – wenngleich bedeutsamen – Aspekt eines dichter zu beschreibenden Befunds. Denn in derartigen Fällen werden heute idealerweise viel mehr Informationen dokumentiert als nur die Tatsache, dass die betreffenden Objekte aus demselben Objekt (Grab, Grube, Haus usw.) stammen. Zu denken wäre hier etwa an die genaue räumliche Relation der Gegenstände untereinander ebenso wie zum Befundobjekt.

Diese begriffliche Inkonsequenz macht deutlich, dass es sich bei Fund und Befund in erster Linie um Begriffe der archäologischen Praxis handelt, die allenfalls sekundär – und ohne konsequente Prüfung – zu Leitbegriffen eines disziplinären Begriffssystems erhoben wurden. Dass der Übergang zwischen archäologischem Fund und Befund fließend ist, zeigt auch Fritz Felgenhauers (1973, 20) eher deskriptiver Versuch, das Phänomen ›Befund‹ zu definieren. Befunde sind für ihn

> »Feststellungen über die Beziehung der einzelnen Funde zueinander und ihre Lagerung im Boden, aber auch dokumentierte Belege ursprünglich körperhafter Gegenstände, die vergangen sind und nur mehr als Verfärbungen […], Abdrücke oder Hohlräume im umgebenden Erdboden zu erkennen sind, ebenso aber auch nur während der Ausgrabung sicht- und nicht erhaltbare oder nur zu rekonstruierende Bauten, Anlagen und dergleichen mehr.«

Hauptkriterium ist in diesem Fall also primär der Erhaltungszustand der Objekte – und weniger der oben herausgehobene Aspekt ihrer Transportierbarkeit. Vor diesem Hintergrund wäre ein erhaltener Holzpfosten zweifellos als ›Fund‹ zu charakterisieren. Lässt sich, wie beim *murus Gallicus* oder der Pfostenschlitzmauer, die Existenz eines solchen Postens hingegen nur indirekt – durch eine Lücke in einer Trockenmauerkonstruktion – nachweisen, würde man hingegen von einem ›Befund‹ sprechen.[16] Daraus ergeben sich zwangsläufig neue Probleme. Denn folgte man dieser Logik, wären auch solche Funde, die zwar geborgen werden konnten, aber bei der Erstdokumentation zerfielen, als ›Befunde‹ zu klassifizieren – stehen sie doch einer Nachuntersuchung durch Dritte in gleicher Weise wie die allermeisten ›echten‹ Befunde nicht mehr zur Verfügung. Die weitere Forschung ist in beiden Fällen auf die Primärdokumentation des Ausgräbers angewiesen.[17]

Diese Beispiele machen deutlich, wie schwierig eine klare Abgrenzung der Kategorien ›Fund‹ und ›Befund‹ ist. Dessen ungeachtet hat Manfred K. H. Eggert im Rahmen seiner Überlegungen zu einer Methodologie der (Prähistorischen) Archäologie den Versuch unternommen, aus diesen Begriffen der archäologischen Praxis methodologische Grundbegriffe abzuleiten. Dies wird v. a. an seinen Ausführungen zum Befund-Konzept deutlich. Neben die Vorstellung vom Befund als einem »empirisch Gegebenen«, das zugleich abgrenz- und beschreibbar und von archäologischem Interesse ist, versteht Eggert darunter auf einer abstrakten Ebene »die Gesamtheit archäologisch relevanter Beobachtungen in je spezifischen Fundsituationen« (Eggert 2001/2012, 51). Ein ›Befund‹ in diesem Sinne umfasse »letztlich alle Beziehungen, die zwischen Funden und so genannten materiellen Spuren in konkreten Fundsituationen feststellbar sind« (Eggert 2006, 53). Seine Erhebung sei daher an komplexe Voraussetzungen, etwa an ein bestimmtes Vorwissen und die Erfahrung des Feldforschers, gebunden. Anders als ›Funde‹ sind ›Befunde‹ für Eggert deshalb keine ›historischen Tatsachen‹, sondern sie repräsentierten etwas erst auf der Grabung Konstruiertes. Kurzum: sie seien zuallererst das Produkt theoretischer bzw. interpretativer Bemühungen (Eggert 2002a, 26).

Diese Schlussfolgerung ist für Eggerts weitere Argumentation insofern bedeutsam, als er sie als Beleg für eine eigene, von der Geschichtswissenschaft klar unterscheidbare ›Ontologie‹ der Prähistorischen Archäologie in

---

16 Beliebige andere Beispiele sind denkbar, z. B. kann aus dem ›Fund‹ eines skelettierten Leichnams über die Zeit der Befund eines ›Leichenschattens‹ werden.

17 Die Situation ist im Kern sogar noch komplexer, denn auch im Falle von eindeutigen Befunden gibt es immer wieder Fälle, bei denen eine Nachuntersuchung und Überprüfung der Arbeit der Ausgräber an Originalsubstanz möglich wäre. Ich denke hier v. a. an größere Architekturbefunde, wie Wall-/Grabenanlagen, die nur ausschnitthaft ausgegraben wurden.

Anspruch nimmt.[18] Eggert bezieht sich dabei auf ein Konzept der Geschichte als einer »Tatsachenwissenschaft«, wie es etwa der britische Historiker Richard J. Evans (1998) skizziert hat. Er akzeptiert mit diesem für die Geschichtswissenschaft, dass es historische Tatsachen gäbe, die später als Belege für Hypothesen verwendet werden könnten. Archäologische ›Tatsachen‹ hingegen seien teilweise – nämlich überall dort, wo es um Befunde geht – konstruiert. Dies zwinge uns, »die weitverbreitete Vorstellung von der ›Objektivität‹ archäologischer Quellen bzw. Tatsachen und damit zugleich auch den Mythos theoriefreier Feldarchäologie [...] in Frage zu stellen« (Eggert 2002a, 27). Einer theoriefreien Geschichtswissenschaft wird so eine selbst in ihren praktischen Bereichen theorieabhängige Prähistorie gegenübergestellt. Theorie erscheint in diesem Zusammenhang nicht als ein potentiell befreiendes Element, sondern als besondere Bürde, die den archäologischen Wissenschaften auf ihrem (im wörtlichen Sinne) steinigen Weg zur Erkenntnis auferlegt ist.

Vor dem Hintergrund der oben skizzierten begrifflichen Unschärfe des Befund-Konzeptss erscheint mir eine solche Begründung einer Sonderstellung der Prähistorischen Archäologie gänzlich unplausibel. Dabei bedürfte es einer derartigen Begründung überhaupt nicht, nähme Eggert sein eigenes Konzept der »Archäologie als einer Historischen Kulturwissenschaft« nur ernst genug. Vertreter einer Historischen Kulturwissenschaft, wie Otto Gerhard Oexle (1999; 2000; 2003; 2004) – auf den auch Eggert sich bezieht –, lehnen nämlich nicht nur den Historismus, sondern gerade auch jene Form von Positivismus, für die R. J. Evans einsteht, ganz dezidiert ab. Für sie existieren ›Historische Tatsachen‹ weder in der Geschichtswissenschaft noch in einem anderen kulturwissenschaftlichen Fach. Vielmehr gehöre es zum Wesen historischen Wissens, dass es konstruiert sei.

In diesem Sinne ist selbst ein klar abgegrenzter, formal gut ansprechbarer archäologischer Einzelfund für sich genommen noch lange keine historische Tatsache, sondern lediglich ein Ausgangspunkt für weiterführende

18 »Zusammenfassend lässt sich feststellen, daß in der Archäologie – im Gegensatz zur Historie – ein Teil der ›Tatsachen‹ ein gewisses Maß an theoretischem und interpretatorischem Gehalt aufweist. Wenn somit auf der Ebene der Quellen bzw. ›Tatsachen‹ ein Unterschied zwischen Archäologie und Historie besteht, so geht es dabei natürlich um ihren ›ontologischen‹ Status. Während historische Tatsachen im Sinne von R. J. Evans unabhängig vom Historiker existieren, gilt dies nicht in gleichem Maße für die Unabhängigkeit archäologischer Tatsachen vom Archäologen. Befunde müssen in dieser Hinsicht mit einem Vorbehalt versehen werden« (Eggert 2002a, 26).

Hypothesen über die in ihm verkörperte Vergangenheit. Dies sollten wir im Gedächtnis behalten, wenn wir uns in den folgenden Kapiteln den verschiedenen Stufen des ›archäologischen Prozesses‹ zuwenden. Alle diese Prozessschritte tragen – wenn auch in unterschiedlichem Maße – mit zum späteren Ergebnis unserer auf die Ur- und Frühgeschichte bezogenen Erkundungen bei.

9 Klassifikation und Materialordnung

»Der ›Fortschritt‹ in unserer Disziplin vollzieht sich weniger durch die Heranziehung immer neuer Quellen und Überreste, sondern vor allem durch die stets erneuerte Reflexion des Erklärungswerts unserer Modelle, Konzeptionen und Theorien.«
(Egon Flaig 1996, 287)

Zu den für die Prähistorische Archäologie konstitutiven Tätigkeiten gehören ohne Zweifel das ›Ordnen‹ und das ›Vergleichen‹. Ohne beides gäbe es das Fach – genauso wie die Kulturwissenschaft insgesamt – nicht. Dabei impliziert das eine jeweils bereits das andere: Wo geordnet wird, muss verglichen werden, und erst durch konsequentes Vergleichen entsteht letztlich Ordnung. Wie andere methodische Prinzipien der Prähistorischen Archäologie gründen auch das Ordnen und Vergleichen letztlich in lebensweltlichen Praktiken. Wir ordnen unsere Welt, indem wir uns vom Vertrauten ausgehend sukzessive Neues erschließen. Entsprechend hat man zu allen Zeiten in denen der Boden rätselhafte Objekte freigab, die auf eine durch andere Medien nicht mehr greifbare Vergangenheit verweisen, versucht, diese vergleichend zu erschließen. Über Analogien zu bereits Bekanntem versuchte man etwa, ihre Herkunft und ihre ehemalige Funktion und Bedeutung zu bestimmen. Zugleich hat man sie zusammen mit gleichartigen Objekten zu bestimmten Artefakt- bzw. Befundtypen verbunden, um auf diese Weise weiterreichende Fragen ihres Ursprungs und ihrer Verbreitung zu klären. Verglichen worden sind auf diese Weise aber nicht nur von Menschen hergestellte Einzelobjekte als Repräsentanten entsprechender Objektgattungen (oder entsprechende archäologische Grabungsbefunde, s. Kap. 8.3 und 9.3), sondern ebenso heterogen zusammengesetzte Fundkomplexe mit zwei oder mehr Objekten (Objektvergesellschaftungen im Sinne ›sicherer‹ bzw. ›geschlossener Funde‹), unterschiedliche Typverbreitungen (in Raum und Zeit) und zuletzt auch ganze ›archäologische Kulturen‹ bzw. ›Zivilisationen‹.

Bleiben wir hier der Einfachheit halber aber zunächst bei den archäologischen Einzelobjekten. Auch wenn es sich hierbei größtenteils um Artefakte – im Sinne von durch Menschenhand aus natürlichen Materialien geschaffene Dinge – handelt, hat man sie in der frühen Forschung zunächst meist nicht viel anders als Naturalien bzw. konkreter: Fossilien behandelt.[1] Insofern kann man das Forschungsziel dieser frühen Phase der Prähistorischen Archäologie am besten als das einer ›Naturgeschichte des frühen Menschen‹ (eben als ›Vorgeschichte‹ im Gegensatz zur eigentlichen ›Geschichte‹) beschreiben. Erst ab dem frühen 20. Jahrhundert hat sich die Prähistorische Archäologie klar als Teil einer weiter gespannten Geschichtswissenschaft verstanden (Schuchhardt 1921; Wahle 1950/1951; Daniel 1975, Trigger 1989). Allerdings bedeutet dies nicht, dass man ab diesem Zeitpunkt ältere naturkundliche Denkweisen und Praxen konsequent aus dem Fach verbannt hätte. Der naturkundliche Ursprung des Faches blieb vielmehr auch in den folgenden Debatten um Fragen der Klassifikation und Ordnung prähistorischen Materials noch lange erkennbar, auch wenn man in der Bewertung der Ergebnisse etwas vorsichtiger wurde (s. Kap. 10).

9.1 Klassifikation und Quellensystematik

›Klassifikation‹ meint allgemein die Bildung von Gruppen bzw. ›Klassen‹ von empirisch fassbaren Phänomenen. Die Bildung von ›Typen‹ ist eine spezielle Form der Klassifikation, die in den archäologischen Wissenschaften mit Bezug auf archäologische Materialien Anwendung findet. Die grundlegendste Unterscheidung, und zugleich eine der schwierigsten, ist dabei jene zwischen ›Fund‹ und ›Befund‹, von der bereits im letzten Kapitel (Kap. 8.3) die Rede war. Sie bildet bis heute das Rückgrat der archäologischen ›Quellensystematik‹, die unzählige ›Einzeltypen‹, ›Untertypen‹ bzw. ›Typvarianten‹ kennt.

In der Prähistorischen Archäologie versteht man unter einem ›Typ‹ gewöhnlich eine spezielle Kombination von Merkmalen, die eine konkrete Gruppe von Einzelobjekten bzw. Erscheinungen miteinander verbindet. Die einzelnen Objekte selbst dürften dabei allerdings nicht mit dem Typ

1 Beide Kategorien waren in den Kuriositäten- und Naturalienkabinetten der frühen Neuzeit noch nicht klar voneinander geschieden. Erst die Ausdifferenzierung der Wissenschaften im 19. Jahrhundert hat hier eine scharfe Grenze gezogen und so Natur- und Geisteswissenschaft voneinander getrennt (Veit 2014d).

gleichgesetzt werden. Sie repräsentieren ihn nur. Man spricht von ›Typvertretern‹.[2] Die Typdefinitionen können enger oder weiter gefasst sein, sie können auch sekundär eingeengt oder erweitert werden, einzelne Typen können in Untertypen unterteilt oder zum übergeordneten Typus zusammengefasst werden. Dies geschieht allerdings – anders als man früher bisweilen unterstellte – nicht mit dem Ziel, sich einer ehemaligen ›Realität‹ anzunähern, sondern einzig aus heuristischen Gründen. Man hofft durch Optimierung der Gruppierung der untersuchten Objekte die Chancen für die Beantwortung der forschungsleitenden Fragen zu erhöhen.[3]

Grabhügel und Grabstellen	Steinsetzungen
1. runde Grabhügel 2. längliche Grabhügel 3. Steinhügel (Dysser) 4. niedrige Grabhügel	1. Dingstätten 2. Kampfplätze 3. Opferplätze 4. Schiffsetzungen 5. Dreieckige und runde Steinsetzungen 6. Bautasteine 7. Rokkasteine (Wackelsteine)

Tabelle 15: Altertumskundliche Denkmälergattungen nach Ch. J. Thomsens, Leitfaden zur Nordischen Altertumskunde (1837).

Die Fragen, die hinter der prähistorisch-archäologischen Typbildung stehen, weisen dabei in zwei unterschiedliche Richtungen: Zum einen geht es um den Nachweis von chronologischen und chorologischen Zusammenhängen. Die Analyse zeigt in diesem Fall, welche Fundtypen in welchen Regionen gleichzeitig gemeinsam vorkommen und welche einander ausschließen. Zum anderen geht es um Erkenntnisse über die mögliche – allgemeine – Funktion und Bedeutung eines bestimmten Artefakttyps. Die Analyse konzentriert sich in diesem Fall auf solche Objektmerkmale, die Erkenntnisse über den früheren Gebrauchszusammenhang materieller Formen zu liefern vermögen. Dies schließt neben echten Gestaltungsmerkmalen auch Spuren der Herstellung, des Gebrauchs und der Abnutzung mit ein.[4]

2 Alle Vertreter eines bestimmten Typs bilden ihrerseits eine ›Klasse‹ von Objekten.

3 Man spricht diesbezüglich auch von einem nominalistischen Typbegriff. Ihm wäre ein essentialistischer Typbegriff gegenüberzustellen, der von der Unterstellung ausgeht, dass sich im archäologischen Material ›natürliche‹ Typen wiederfinden lassen.

4 Steward 1954 spricht in einer klassischen Studie zu diesem Thema von »historisch indizierten« und »funktionalen Typen«. Zur weiteren Debatte dieser Fragen in der

Typbildung in diesen zwei Varianten steht indes nicht am Anfang des archäologischen Prozesses, sondern sie setzt stillschweigend eine grundlegendere Ebene der Ordnung voraus: eine entwickelte archäologische Quellensystematik. In der Prähistorischen Archäologie ist diese in ihrer heutigen Gestalt weniger das Ergebnis konzeptioneller Überlegungen als vielmehr Resultat einer langandauernden praktischen Auseinandersetzung mit archäologischen Materialen. Schon bei Christian Jürgensen Thomsen (1837) finden wir – unter Anlehnung an ältere Materialordnungen des antiquarischen Zeitalters (s. Schnapp 2009) – eine erste Systematisierung der verfügbaren Quellen, auch wenn sie, dem seinerzeitigen Wissensstand entsprechend, lediglich verschiedene Formen von Gräbern und Steinsetzungen umfasst [Tab. 15].

amerikanischen Archäologie: Vossen 1970; Adams 1988; Adams/Adams 1991; Bernbeck 1997, 206–230.

Siedlungen	Abris/Höhlen, Lagerplätze, Einzelgehöfte, Weiler, Dörfer Seeufer- bzw. Feuchtbodensiedlungen Tellsiedlungen, Höhensiedlungen Burgen und Befestigungen
Gräber	Flachgräber / Hügelgräber / Megalithgräber(-felder) Körper-/Brandbestattung Einzel-/Kollektivbestattung Fürstengräber/Prunkgräber Sonderbestattungen (Massen-, Siedlungsbestattungen)
Depot- und Opferfunde	Schatz- und Hortfunde, Fluß- und Gewässerfunde
Plätze zur Nahrungsgewinnung und -verarbeitung	Jagdplätze (*kill-sites*), Plätze zur Zerlegung der Jagdbeute, Anbauflächen, Felder, Feldersysteme (*celtic fields*), Anbauterrassen, Bewässerungssysteme, Plätze zur Verarbeitung der Erntegüter (Dreschplätze, Darren, ...)
Handwerkliche Produktionseinrichtungen	Steinschlagplätze, Lehmgruben, Töpferplätze/-öfen, Pingen, Bergwerke, Verhüttungs-/Schmiedeplätze
Verkehrseinrichtungen	Wege/Straßen, Furten/Brücken, Schiffsanleger Wagen(-teile) Schiffswracks
Kultplätze (ohne Gräber)	Naturheilige Orte (Kult-/Opferhöhlen, Brandopferplätze) Felsbilder, Schalensteine, Heiligtümer/Tempel Erdwerke/Kreisgrabenanlagen Menhire, Henges, Aligments
Schlachtfelder / Militärische Einrichtungen	Belagerungsarchitektur, Kampfspuren, Bestattungen auf dem Schlachtfeld

Tabelle 16: Wichtige ur- und frühgeschichtliche Befundgattungen.

Diese Systematik ist in der Folge aber konsequent fortgeschrieben und erweitert worden. Dabei bildete sich schon sehr früh die Trias aus Grab-, Siedlungs- und Depotfunden (›Horte‹) heraus, die Studierenden noch heute im Grundstudium beigebracht wird. Denn obwohl es in der Folge zahlreiche Versuche zu einer weiterreichenden Untergliederung dieser zentralen Kategorien und einer Vereinheitlichung der zugehörigen Begrifflichkeiten gegeben hat[5], gibt es darüber bis heute keinen Konsens, sondern allenfalls

5 So zuletzt bei Eggert 2001/2012, 54–101.

Listen, die weitere Befundgruppen aufführen, die von den Einzelfunden über Plätze zur Nahrungsgewinnung und -verarbeitung, handwerkliche Produktionseinrichtungen, Verkehrseinrichtungen und Kultplätze bis zu Schlachtfeldern reicht [Tab. 16].

Dies gilt übrigens nicht nur für den relativ überschaubaren Bereich der archäologischen ›Befundgattungen‹, sondern genauso für den viel weiteren Bereich archäologischer ›Funde‹. Sie werden seit der Zeit Thomsens in einem immer komplexer und unübersichtlicher werdenden hierarchischen System einzelnen Gattungen, Typen, Untertypen und Varianten zugeordnet [Abb. 14]. Wurden über derartige Fragen der Fundklassifikation in den Jahrzehnten nach dem Zweiten Weltkrieg noch regelmäßig ganze Dissertationen geschrieben[6], so bleiben solche Erörterungen heute allerdings weitgehend auf wenige Leitfäden beschränkt, die teilweise auch speziell für private Sammler geschrieben werden, die mit ihrer Arbeit jene der staatlichen Bodendenkmalpflege unterstützen.

6 Erinnert sei hier an Corpuswerke, wie die durch Hermann Müller-Karpe begründeten und letztlich über einen Zeitraum von 50 Jahren veröffentlichte Reihe »Prähistorische Bronzefunde«. Rückblickend dazu: Dietz/Jockenhövel 2016.

Abb. 14: Auswahl prähistorischer Artefakte, die über das Material (›Stein‹) und die angenommene Funktion (›Waffe‹) zu einer Klasse verbunden werden können. Vertreten sind Typvertreter unterschiedlicher Waffentypen (Streitäxte, Dolche, Pfeilspitzen, Schleudergeschosse).

Auf speziellere Fragen der Bildung von Objektklassen kann hier aus Platzgründen nicht eingegangen werden. Wichtig ist in unserem Zusammenhang lediglich der theoretische Hintergrund dieser Praxis. Hinter den in diesem Kontext erarbeiteten und verwendeten Typbegriffen steht ein universalistischer Ansatz. Man bemüht sich darum, allgemeine Kategorien zu schaffen, denen einzelne archäologische Objekte unabhängig von ihrer jeweiligen Herkunft bzw. kulturellen Zuweisung – und auch unabhängig von ›emischen‹ Klassifikationen der Hersteller und Nutzer dieser Artefakte – zugeordnet werden können. Jedem, der sich schon einmal konkret mit solchen Fragen befasst hat, ist aber auch klar, dass sich das archäologische Material in seiner Breite und Vielfalt der angestrebten eindeutigen Systematisierung regelmäßig entzieht. Je weiter die Differenzierung getrieben wird, umso größer werden die Unsicherheiten in der Zuordnung und es ergeben sich zunehmend Widersprüche. Daher hat es sich als sinnvoll erwiesen, entsprechende Klassifikationen nicht zu weit zu treiben.

Damit beugt man auch der Gefahr vor, dass entsprechende Ordnungen zum reinen Selbstzweck werden, was immer dann geschieht, wenn ihre Gültigkeit anhand paralleler Daten (dazu auch Vossen 1970, 29) – etwa anhand der schriftlichen Überlieferung oder mittels über naturwissenschaftliche Verfahren generierter Informationen – nicht mehr überprüft werden kann. Im Hinblick auf prähistorische Siedlungsformen ist dieser Punkt ansatzweise weiter oben schon einmal kurz angesprochen worden, als von den Konzepten ›Stadt‹, ›Burg‹ und ›Zentralort‹ die Rede war (Kap. 7.1). Leichter als für ganze Siedlungen lassen sich Klassifizierungen für einzelne Siedlungselemente wie Befestigungsanlagen (Steinmauer, Ringwall, Abschnittswall, ...) und Gebäude vornehmen, wobei jeweils funktionale ebenso wie formale Aspekte (Wohn-, Stall-, Speicher-, Kult-, Versammlungsgebäude vs. Rechteckbau, Langhaus, Pfahlbau) eine Rolle spielen. Eine vermittelnde Kategorie ist die der ›Hofplätze‹, die isoliert oder im Verbund als Teil eines Weihers, Dorfes oder einer Großsiedlung vorkommen können.[7]

Noch weit besser lässt sich die Problematik der Klassifikation mit Blick auf die weite Kategorie der ›Grabfunde‹ veranschaulichen. Angesichts der Vielfalt der archäologisch greifbaren Grab- und Bestattungsformen und der Hoffnung, diese für kulturhistorische Untersuchungen nutzbar zu machen, hat es in der Vergangenheit auf diesem Gebiet zahlreiche Systematisierungsversuche gegeben. Deren Ziel war es zumeist, das Material in quasi ›natürliche‹ Gruppen zu gliedern, die man im Idealfall auch noch mit einer besonderen Bedeutung verknüpfen zu können hoffte. Beispiele dafür sind frühe Typkonzepte wie ›Hockerbestattung‹ [Abb. 15] oder ›Großsteingrab‹ bzw. ›Megalithgrab‹. [Abb. 16][8]

---

7 Beispiele dazu für Siedlungs-, Hofplatz- und Hausklassifikationen etwa bei Moddermann 1985; Donat 2018; Luley 1992; Kossack 1997; Zimmermann 1997.

8 Wobei die Hockstellung mit einer Fesselung der Toten gleichgesetzt wurde. Für Trauwitz-Hellwig (1935) illustrierten diese unterschiedlichen Bestattungsformen die Unterscheidung zwischen »Totenfurcht-« und »Totenverehrungskulturen«.

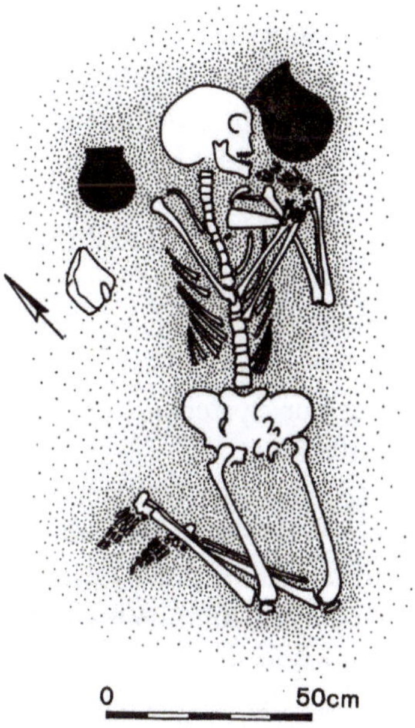

Abb. 15: ›Hockerbestattung‹ der Linienbandkeramik (Frühes Neolithikum) aus Sondershausen, Thüringen (nach Veit 1996, Taf. 7.3) – Hockerbestattungen sind ein Phänomen, das v.a. im Neolithikum verbreitet ist. Sie wurden oft in einfachen, speziell für die Bestattung angelegten Erdgruben (›Grubengrab‹) vorgenommen.

Abb. 16: Großsteingrab ›Poskjaer Stenhus‹ in Knebel, Jütland, Dänemark: Dolmenkammer in einem runden Hünenbett (Nordisches Mittelneolithikum).

Später hat man sich v. a. bemüht, Grab- bzw. Bestattungstypen – neben der Keramik oder anderen Fundgattungen – zu einem zentralen Kriterium zum Ausweis zumeist ethnisch gedachter ›archäologischer Kulturen‹ zu etablieren (Kap. 4.2). In diesem Kontext ist die klassische Arbeit von Ulrich Fischer (1956) zu den Gräbern der Steinzeit im Saalegebiet hervorzuheben. Auch wenn sich Fischers Grundidee eines Mosaiks von formal klar voneinander abgrenzbaren ›neolithischen Kulturen‹ letztlich nicht durchsetzen konnte und die Vorstellung klar voneinander zu trennender archäologischer Kulturen in der Folge von der Idee eines neolithischen Kulturkontinuums aufgelöst wurde (Lüning 1972; Wotzka 1993; zum Saalegebiet: J. Müller 2001), so erwies sich immerhin sein Beitrag zur Systematisierung der archäologischen Gräberterminologie als zukunftsfähig.

Dies gilt insbesondere für die von ihm vorgeschlagene Differenzierung zwischen ›Grab‹ und ›Bestattung‹, die weitere Verbreitung gefunden hat. ›Grab‹ steht bei Fischer für ein Bauwerk zur Aufnahme einer Bestattung – angefangen von einer schlichten Grabgrube bis hin zum monumentalen Kammergrab. Mit dem Begriff ›Bestattung‹ wird der oder die Tote samt seiner bzw. ihrer beweglichen Habe beschrieben (Fischer 1956, 17). Zu dieser Kategorie rechnet man neben möglichen Beigaben gewöhnlich auch Behältnisse zur Aufnahme der sterblichen Reste wie Sarg oder Urne, nicht jedoch Grabkammern. Entsprechend müsste man korrekterweise einerseits von einer ›Sarg-‹ bzw. ›Urnenbestattung‹, andererseits aber von einem ›Kammergrab‹ sprechen. Allerdings ist oft auch von ›Urnengräbern‹ bzw. ›Urnengräberfeldern‹ die Rede. Dies ist eine der oben angedeuteten terminologischen Unschärfen, die sich daraus ableitet, dass in diesem Falle ein regelrechtes ›Grabbauwerk‹ fehlt. Man könnte dafür höchsten die Grube zur Ausnahme der Urne in Anspruch nehmen [Abb. 17].

Abb. 17: *In situ*-Aufnahme eines freigelegten Urnengrabs der späten Bronzezeit/frühen Eisenzeit aus Cuxhaven-Berensch (zum Fundplatz: Kraus 2023).

Ungeachtet solcher terminologischen Inkonsistenzen scheint es mir dennoch sinnvoll, in diesem Punkt Fischer zu folgen und auf der Typ-Ebene zunächst grundsätzlich zwischen Grab- und Bestattungsformen zu unterscheiden. Fischers darauf aufbauende, differenzierte Systematik neolithischer Grab- und Bestattungsformen bildete für mich daher den Ausgangspunkt für die hier präsentierte Grabfundsystematik, hinter der das Ziel steht, einen brauchbaren begrifflichen Rahmen zur Ansprache und Ordnung archäologischen Gräbermaterials zu geben. Zu diesem Zweck unterscheide ich insgesamt sechs Leitkriterien zur Ansprache eines Grabfunds, jeweils drei im Bereich von Grab- und Bestattungsform [Tab. 17]. Dazu gehören zum einen die Grabtopographie, die oberirdische Sichtbarkeit, die Struktur des Grabraums und zum anderen die Belegungsstruktur des Grabraums, die Totenbehandlung und die Totenausstattung. Damit sollten sich nahezu alle denkbaren Grab- und Bestattungsbefunde systematisch beschreiben lassen.[9]

9 Ein alternatives Schema bietet Eggert 2001/2012, 55–74. Dieser differenziert begrifflich beispielsweise zusätzlich zwischen ›Bestattungsritus‹ (Körper-/Brandbestattung) und ›Bestattungsform‹ (Anzahl der Toten und Deponierungszeitpunkt). – Vorschläge zur Grabfundterminologie finden sich auch bei Rolf Hachmann (1977; Hachmann/Penner 1999, bes. 169 ff.). Hier wird im Stile der alten Brauchtumsforschung und zugleich

Dabei berücksichtigt dieses Schema auch Dimensionen, die in älteren, auf ›Grabsitte‹ und ›Bestattungsritual‹ fixierten Klassifikationen stiefmütterlich behandelt wurden, wie die Gräbertopographie. In diesen Bereich gehört beispielsweise die Frage der ›Siedlungsbestattung‹ (Veit 1993b; 1996; 2016), die – im Kontext der Debatte um ›Sonderbestattungen‹ oder ›irreguläre Bestattungen‹ – gerade in jüngerer Zeit wieder ein gesteigertes Interesse auf sich zieht (Müller-Scheeßel 2013).[10]

So notwendig solche Klassifikationen auch sind, um mit so heterogenen Materialbeständen, wie sie die Prähistorische Archäologie auszeichnen, arbeiten zu können, so unbefriedigend bleibt das Ergebnis entsprechender Klassifikationsübungen im Hinblick auf weiterführende kultur- und sozialgeschichtliche Fragestellungen. Allein den Kriterien der Logik verpflichtet, verraten uns Systematisierungen dieser Art nichts über den kulturellen Hintergrund und die soziale Bedeutung der betreffenden Bestattungs- bzw. Deponierungspraktiken für die betreffende Gemeinschaft.

---

mit Bezug auf antike Kategorienbildung zwischen Aufbahrungs-, Tracht-, Bestattungs- und Beigabensitte differenziert: »Das Totenritual besteht aus einer Mehrzahl – oft Vielzahl – von mehr oder minder eng zusammenhängenden Brauchtümern, die für erforderlich gehalten werden, um den Bestattungsakt zu gestalten und zu begleiten, und die für kultische Maßnahmen am Grabe notwendig erscheinen. Sie alle werden mit dem Eintritt des Todes – oft vielleicht auch schon vorher angesichts des nahenden Todes – praktiziert, und sie können weit über den eigentlichen Bestattungsakt hinausreichen, bis der Tote der Erinnerung der Lebenden entschwunden ist« (Hachmann 1977, 257). Ein solcher Ansatz schärft sicherlich den Blick für wichtige Differenzierungen auf diesem Forschungsfeld. Zugleich entsprechen die seinerzeit gewählten Formulierungen nicht mehr den Anforderungen des modernen Kulturbegriffs. Vor dem Hintergrund der praxeologischen Wende in den Kulturwissenschaften verbietet sich heute die Rede von ›Sitte und Brauch‹. Entsprechend dominieren in der jüngeren Debatte solcher Fragen auch zunehmend praxis- bzw. handlungstheoretische Ansätze, wie sie u. a. durch den Soziologen Pierre Bourdieu entwickelt wurden. Siehe dazu ausführlicher: Veit 2023a.

10 Weitere Beispiele, an denen sich diese Zusammenhänge zeigen lassen, sind die ›Monumentalgrabsitte‹ (Veit 1999, 2008) und die ›Kollektivbestattung‹ (Veit 1993a).

Grabformen		
Grabtopographie:	**Gräberfeld** Flachgräberfeld Hügelgräberfeld Urnengräberfeld	**Siedlungsgrab/-bestattung** **Isolierte Gräber** außerhalb Gräberfeld und Siedlung
Oberirische Sichtbarkeit:	**Flachgrab**	**Hügelgrab** Rund-/Langhügel (mit/ohne megalithische Einfassung)
Struktur des Grabraums:	**Erdgrab mit Grabgrube:** Zentralgrab, Nachbestattung	**Kammergrab** Felsgrab Holzkammer (= Totenhütte) Mauerkammer Plattenkammer (=Steinkiste) Megalithische Kammer
Bestattungsformen		
Belegung des Grabraums:	**Einzelbestattung** Doppelbestattung Gruppen-/Massenbest. Leergrab (Kenotaph)	**Kollektivbestattung** Sukzessive Einbringung nach zwischenzeitlichem Verschluss der Kammer.
Totenbehandlung:	**Primärbestattung** **- Körperbestattung** Sarg-/Pithosbestattung Stecker; Hocker usw. **- Brandbestattung** Urnenbestattung, Brandschüttung	**Sekundärbestattung** (Teil-/Schädelbestattung; Beinhaus/Ossuarium)
Totenausstattung:	Art, Umfang und Zustand der sog. ›Grabbeigaben‹	›Nachgaben‹ ›Grabraub‹

Tabelle 17: Systematik archäologisch dokumentierter Grab- und Bestattungsformen.

Um in dieser Frage weiterzukommen, ist eine Einbeziehung des jeweiligen engeren und weiteren archäologischen Kontexts, aus dem die betreffenden Befunde stammen, erforderlich. Dabei unterstelle ich, dass die Bedeutung des untersuchten Elements letztlich nur in einer Zusammenschau aller verfügbaren Informationen – nicht nur zum ›Grabkult‹, sondern zur Daseinsvorsorge überhaupt – erkennbar wird. Entsprechend muss beispielsweise die Praktik der ›Kollektivbestattung‹ als ein ›umfassender sozialer Tatbestand‹ (*fait social total*) im Sinne des französischen Ethnologen Marcel Mauss (1978) verstanden werden, ein Tatbestand, von dem ausgehend sich ein viel weiter gespannter soziokultureller Kontext erschließen lässt. Mehr noch: Im Grunde genommen bietet uns ein modernes Konzept, wie jenes der ›Siedlungsbestattung‹ im Rahmen eines solchen kontextuellen Ansatzes lediglich einen ersten, problemorientierten Einstieg in die weiterreichende Frage nach der ›sozialen Konstruktion des Todes‹ in den uns interessierenden prähistorischen Gemeinschaften (Veit 1993a; 1993b; 2016; 2024).

Dieser Frage kann man sich auch dadurch nähern, dass man den archäologischen Gesamtbefund systematisch auf spezifische totenrituelle Praxen hin befragt. Das bekannte ›Prunkgrab‹-Phänomen (Kossack 1974) lässt sich beispielsweise anhand von abstrakten Konzepten, wie jenen der ›Körperinszenierung‹, der ›Objektsammlung‹ oder der ›Monumentalisierung‹ evaluieren (Kümmel/Schweizer/Veit 2008). Dabei ergibt sich für unterschiedliche Befundgruppen ein unterschiedlicher Grad an Passfähigkeit der betreffenden Konzepte und so eine differenzierte Interpretation.

9.2 Unscharfe Kategorien

In diesem Zusammenhang stellt sich aber noch ein anderes, grundsätzliches Problem. Gräber werden in der Archäologie gewöhnlich als ›religiöse Quelle‹ gewertet und dabei den Siedlungsfunden, die als Ausdruck profanen Lebens gelten, gegenübergestellt. Eine solch pauschale Klassifikation ist in mehrfacher Hinsicht anfechtbar. Zum einen wissen wir aus ethnographischen und historischen Kontexten, dass es auch in Siedlungen und Häusern sakrale Bereiche und Kultgebäude gibt, zum anderen gibt es Bestattungen (und damit auch Gräber) von denen man annehmen kann, dass sie weniger mit Religion als mit der Entsorgung von sterblichen Überresten zu tun haben, wie z. B. Massengräber von Seuchenopfern oder Kriegsgefallenen. Sie gehören zur oben angesprochenen, umfassenderen Kategorie der sog. ›Sonderbestattungen‹, im Sinne von Bestattungen, die von einer – durch Archäologen auf Grundlage der Befundstatistik bestimmten – ›kulturellen Norm‹ abweichen (abweichende Bestattungsform, abweichender Bestattungsort usw.) (Veit 2013b). Man hat diesbezüglich bisweilen auch etwas simplifizierend von ›unrituellen‹ Bestattungen gesprochen.[11]

Aber, und dies ist in diesem Zusammenhang noch bedeutsamer, selbst gewöhnliche Gräber bzw. Bestattungen lassen sich nicht eindeutig der religiösen Sphäre zuordnen, jedenfalls solange man nicht jeden Verstorbenen gleichsam als ein gottähnliches Wesen – und entsprechend den Kontakt zu ihm als religiös – verstehen möchte. Vielmehr ist es mitunter sinnvoller, bei der Deutung solcher Befunde den Aspekt einer Verlängerung der sozialen Beziehungen im Jenseits in den Vordergrund zu stellen.[12] Wo andererseits von ›Totenkult‹ die Rede ist, handelt es sich streng genommen v. a. um magische Praktiken. Dazu gehören nicht zuletzt auch alle jene Maßnahmen, die von den Hinterbliebenen zur Verhinderung einer Wiederkehr eines Verstorbenen getroffen werden.

Es würde an dieser Stelle zu weit führen, die lange Debatte um die kategoriale Unterscheidung zwischen Glaube und Aberglaube bzw. Religion und Magie (z. B. Kippenberg 1987) aufzugreifen und ihre Implikationen für archäologische Klassifikationsbemühungen zu erörtern. Stattdessen mag es genügen, an dieser Stelle kurz auf die übergeordnete und im Fach immer wieder neu aufgeworfene Frage der Unterscheidung ›religiöser Artefakte‹ (›Götterbilder‹, ›Amulette‹), Handlungen (Rituale und zugehörige ›Ritualwerkzeuge‹) und Orte (Kultplatz, Tempel) zu ›profanen‹ einzugehen. Hier wird besser als andernorts deutlich, dass wir uns mit einer Unschärfe unserer Kategorien arrangieren müssen (Meier/Zotter 2013, 138 f.). Und wie die Erörterungen zu den Grabfunden bereits gezeigt haben, liegt diese Unschärfe nicht primär in der besonderen Art des archäologischen Quellenzugriffs, sondern sie ist im Gegenstand selbst begründet. Dies zeigt sich besonders gut

---

11 Es ist davon auszugehen, dass in vielen dieser Fälle dennoch ein Element des Rituellen involviert war, das allerdings nicht jenem der dominanten ›Ritualpraxis‹ entsprechen musste. Entgegen einem alten Vorurteil im Fach ist ›Rituelles‹ ja nichts unveränderlich Gegebenes, formal Konstantes, sondern formt sich jeweils als Reaktion auf konkrete lokale Bedingungen und Herausforderungen. Diese waren bei ›Sonderbestattungen‹ der genannten Arten zweifellos derjenigen ›normaler‹ Bestattungen vergleichbar. Ohnehin ist die Fokussierung der Forschung auf eine Normalform bei der Grablegung/Bestattung problematisch. – Zur Frage ›sozialer Devianz‹ ausführlich: Veit 2023a, 58 (in Abgrenzung gegenüber den Thesen von Daniela Hofmann 2009).

12 In der Tat müsste man wahrscheinlich eher umgekehrt für die Moderne von einer Verkürzung der sozialen Beziehung durch Ausschluss der Verstorbenen aus der *Communitas* sprechen.

mit Blick auf die Frage nach der Identifizierung ›ritueller‹ bzw. ›religiöser‹ Phänomene im archäologischen Befund.

Religiöses manifestiert sich für den Archäologen, ganz grundsätzlich und schematisch betrachtet, vor allem in dreierlei:

1. in religiösen Texten, die entweder mündlich oder schriftlich tradiert werden,
2. in religiösen Praktiken, also in ›Ritualen‹ im weitesten Sinne, sowie
3. in religiösen Gegenständen (Artefakte im Sinne von ›Ritualwerkzeugen‹ sowie bestimmte Substanzen wie Weihrauch oder Nahrung, die in Ritualen eine Rolle spielen).

Während Texte für die Gemeinschaften, die die Ur- und Frühgeschichtliche Archäologie untersucht, grundsätzlich nicht zur Verfügung stehen und Bildquellen selten sind, sieht es im Hinblick auf die beiden anderen Kategorien besser aus: Rituale bzw. rituelle Handlungen können durchaus archäologische Spuren hinterlassen – und ›Artefakte‹ gehören, wie oben bereits angedeutet, zum archäologischen Kerngeschäft.

Im Hinblick auf diesen letzten Punkt kann man wiederum schematisch drei Kategorien bilden, die man plakativ mit den Begriffen ›Tempel‹, ›Götterbild‹ und ›Ritualwerkzeug‹ umschreiben könnte. ›Tempel‹ steht in diesem Zusammenhang für Ritualorte und Zeremonialarchitektur aller Art (inklusive sog. Naturheiligtümer), ›Götterbild‹ steht für materielle Abbilder bzw. Verkörperungen des Göttlichen in unterschiedlicher Form, ›Ritualwerkzeug‹ schließlich steht für die spezifische materielle Ausstattung der menschlichen Akteure im Ritualgeschehen (Masken, Opfermesser, Opfergeschirr usw.). Dazu gehört auch das jeweilige ›Opfergut‹ (Opfertiere, Opfersubstanzen).

Aber was sind ›religiöse Artefakte‹ und wie unterscheiden wir sie von anderen Arten von ›profanen Artefakten‹, wenn wir ihre Besitzer nicht mehr befragen können? Vereinfacht könnte man sagen, es sind Gegenstände, die im religiösen Bereich eingesetzt werden. Das Gegenstück dazu wären Alltagsgegenstände, deren Funktion sich darauf beschränkt, ganz unmittelbar das menschliche Über- und das soziale Zusammenleben zu ermöglichen bzw. zu erleichtern. Allerdings wäre es falsch, von einer strengen Dichotomie zwischen beiden Kategorien auszugehen. Der Übergang ist fließend und eine konkrete Ansprache in archäologischen Zusammenhängen schwierig. Insbesondere aber ist zu beachten, dass die Zuordnung eines Artefakts zur religiösen Sphäre in bestimmten Fällen durchaus auch situationsabhängig sein kann.

Und selbst wenn man von Letzterem absieht, gibt es mögliche Zwischenformen, die sich weder eindeutig den Alltagsgegenständen noch den religiösen Artefakten zuordnen lassen. Zu denken ist dabei z. B. an sog. ›Statusobjekte‹, Artefakte, die eine besondere soziale Position ihres Trägers bzw. Besitzers auch in nichtalltäglichen, zeremoniellen Kontexten zum Ausdruck bringen, wie etwa ›Krone‹ und ›Szepter‹. Als Statusanzeiger (oft ungenau als ›Statussymbole‹ bezeichnet) haben sie einerseits eine sozialpraktische, auf ein Diesseits bezogene Funktion. Sie machen eine Differenz sichtbar. Überall dort aber, wo Herrschaft religiös begründet wird, haben sie zugleich auch Anteil am Bereich des Religiösen. Aus profanen ›Zeichen‹ werden dann ›Symbole‹. Letztere unterscheiden sich ja bereits definitorisch dadurch von ›Zeichen‹, dass sie in den Augen ihrer Hersteller und Besitzer zugleich eine gewisse transzendentale Wirksamkeit entfalten. Davon werden wir für prähistorische Zusammenhänge ausgehen dürfen, auch wenn ein strikter Beweis schwierig sein dürfte.

Immerhin lassen sich aber vor dem Hintergrund dieser Überlegungen verschiedene mögliche – wenn auch keineswegs eindeutige – Kennzeichen religiöser Artefakte benennen:

- eine besondere formale Gestaltung. Zu denken wäre hier beispielsweise an eine Miniaturisierung oder Monumentalisierung, die oft mit einer Einschränkung der denotierten Funktionalität der Artefakte einhergeht (Miniaturschwert/-axt),
- ein besonderes Material, aus dem die Gegenstände bestehen oder das ihnen beigegeben worden ist (z. B. Gold bzw. Vergoldung oder Bernstein),
- ein besonderer Zustand, in dem sie uns gegenübertreten, etwa Hinweise auf eine intentionelle Unbrauchbarmachung (also besondere mit dem Objekt assoziierte Handlungen),
- ein besonderer Auffindungskontext, z. B. als Grabbeigabe oder als Teil einer sonstigen intentionellen Deponierung.

Die genannten Kennzeichen gelten zunächst v. a. für ›religiöse Artefakte‹ in einem engeren Sinne, also für mobile Objekte, die in rituellen Kontexten eine Rolle spielen. Darüber hinaus lassen sie sich aber auch auf ›Immobilien‹ anwenden. Zum einen denke ich hier an ›heilige Orte‹ wie naturheilige Plätze (Berggipfel, Felsen, Höhlen), zum anderen an architektonisch mehr oder weniger aufwendig gestaltete Zeremonialanlagen (Einhegungen, Monumentalgräber u. ä.). Letztere wirken – in ähnlicher Weise wie Prunkobjekte – v. a. durch ihre das menschliche Maß überbietende Monumentalität [Abb. 18]. Nicht selten finden wir aber auch in solchen monumentalen Kontexten Hinweise auf eine intentionelle Zerstörung oder Unbrauchbarmachung: Gräben werden zugeschüttet, Baustrukturen zerlegt oder abgebrannt. Anders als bei Einzelobjekten, die zumeist auf bestimmte Individuen bezogen werden, vermutet man hinter solchen Anlagen größere Gemeinschaften. Eine viel debattierte, vermittelnde Kategorie bilden die sog. ›Prunkgräber‹, anhand derer sich das Verhältnis von Individuum und Gemeinschaft thematisieren lässt (Kossack 1974; s. a. Veit 2005; 2021).

Abb. 18: Das prähistorische ›Heiligtum‹ von Stonehenge, Wessex, Südengland ist eines der klassischen und besterforschten Beispiele prähistorischer Monumental- bzw. Zeremonialarchitektur. Es ist zentraler Teil einer größeren ›rituellen Landschaft‹ und steht in Beziehung zu anderen Monumenten (zur Einordnung und Forschungsgeschichte: Chippindale 2012).

Zum anderen ist an materielle Überreste bzw. Spuren vollzogener ritueller Praktiken zu denken, die sich zufällig erhalten haben oder die in Form von besonderen Deponierungen bewusst konserviert wurden. Die entsprechenden archäologischen Befunde können im Zusammenhang mit den eben erwähnten besonderen ›heiligen Orten‹ stehen und sind dann archäologisch vergleichsweise leicht zu erkennen. Dies muss aber nicht der Fall sein. Dort, wo sie isoliert auftreten, sind sie häufig nur schwer zu deuten, da dann auch andere, profane Szenarien denkbar sind, etwa Verbergung von Wertgegenständen in Krisensituationen.

Ohnehin ist der Begriff ›Ritual‹ und ›rituell‹ bereits im allgemeinen Sprachgebrauch vieldeutig [Abb. 19]. Er umfasst hier ja nicht allein ›religiöse‹ und ›säkulare‹, sondern auch ›individuelle‹ ebenso wie ›öffentliche‹ Akte. Unterschiedliche Aspekte des Rituellen können sich aber in bestimmten Zusammenhängen auch verbinden, wie beispielweise die Debatte um die Frage der religiösen Legitimation von Herrschaft (Sakralkönigtum) zeigt (s. Veit 2000a). Insofern kann, wenn überhaupt, allenfalls eine differenzierte kontextuelle Betrachtung der betreffenden archäologischen Befunde zu einem tragfähigen Ergebnis führen, in unserem Fall den Beleg eines sakralen Hintergrunds eines konkreten archäologischen Befunds.

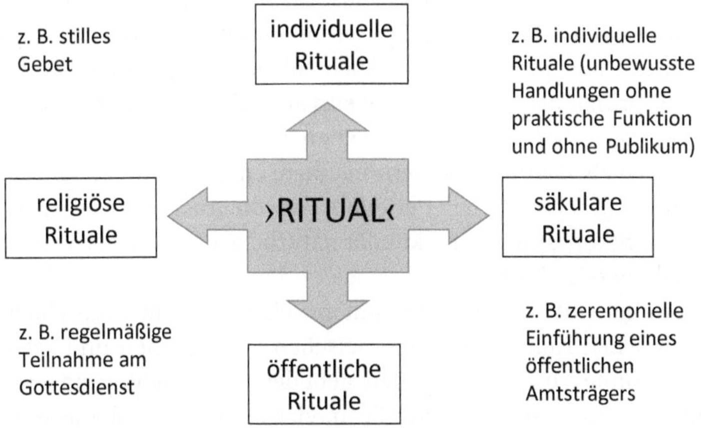

Abb. 19: Unterschiedliche Typen von rituellen Handlungen.

Auf weiterführende Fragen einer inhaltlichen Ansprache bzw. funktionalen Deutung archäologischer Materialien werde ich später zurückkommen (Kap. 13 und 14). Vorher muss ich aber die oben gemachten Ausführungen zum archäologischen Typbegriff im Hinblick auf die damit verknüpften Debatten zu Fragen der Etablierung einer relativen Chronologie (s. Kap. 10) noch etwas erweitern. Zur Erstellung einer solchen tragen in den archäologischen Wissenschaften oftmals auch stratigraphische Beobachtungen bei. Insofern hätte man die ›stratigraphischen Methode‹ auch dort mitbehandeln können. Ich greife dieses Thema jedoch bewusst schon im Kontext dieses Kapitels auf, denn auch dabei geht es zunächst einmal um Fragen der

Klassifikation und Ordnung, wenn auch im Hinblick auf eine ganz spezielle Gruppe von Befunden.

9.3 Stratigraphische Klassifikation und Ordnung

Knapp formuliert könnte man sagen, dass ›Stratigraphie‹ auf die primär chronologische Ordnung von archäologischen Schichten und anderen stratigraphischen Einheiten zielt. Im Unterschied zu den vorstehend behandelten Gegenständen, sind die im Boden identifizierbaren stratigraphischen Einheiten jedoch nur teilweise das Ergebnis bewusster menschlicher Gestaltung; oftmals handelt es sich um unbeobachtete, primär durch natürliche Prozesse entstandene Gebilde (Schichten und Schichtrelikte, Hohlraumverfüllungen, Abtragungskanten u. a.). Dies gilt selbst für sog. ›Kulturschichten‹, die sich durch Artefakteinschlüsse und Spuren menschlicher Aktivitäten von sog. ›natürlichen‹ Schichten abheben. Auch solche Ablagerungen sind in ihrer Genese oft primär als ›natürliche‹, wenn auch durch menschliche Aktivitäten mitgeprägte, Bildungen anzusprechen. Künstliche Aufschüttungen oder Planierungen als ›Kulturschichten‹ in einem engeren Sinn bilden, gerade in den älteren urgeschichtlichen Perioden, eher die Ausnahme. Aber selbst auf solche Schichtkörper wirken sekundär natürliche Prozesse der Verfestigung, Bodenbildung oder Erosion ein.[13]

Insofern scheint es mir insgesamt problematisch in urgeschichtlichen wie historischen Kontexten strikt zwischen geologischen und archäologischen (im Sinne von ›anthropogen gebildeten‹) Schichten unterscheiden zu wollen.[14] Wir haben es, wie die moderne Geoarchäologie mit naturwissenschaftlichen Methoden detailliert darlegen kann, in der Regel mit hybriden Bildungen zu tun, an denen in unterschiedlichem Umfang ›natürliche‹ und ›anthropogene‹ bzw. ›kulturelle‹ Prozesse beteiligt sind (s. Stolz/Miller 2022). Dies schließt jedoch nicht aus, dass man, je nach Grad menschlicher Einflussnahme, empirisch signifikante Unterschiede zwischen unterschiedlichen Ablagerungskontexten bzw. -regimen feststellen kann

13 Auch solche vollständig künstlichen Aufschüttungen bzw. Planierungen enthalten übrigens oft keine, oder nur wenige Kulturreste (s. z. B. Halle/Veit/Wilk 2019). Sie können daher leicht als natürlich entstandene Zwischenschichten zwischen Siedlungsbefunden missinterpretiert werden (s. Eggert 2001/2012, 177).

14 So jedoch: Eggert 2001/2012, 107.

(Eggert 2001/2012, 172 f.). Im Bewusstsein der historischen Akteure spielten solche Fragen vermutlich aber keine signifikante Rolle.

Eggert (2001/2012, 180) bezeichnet im Untergrund verborgende Ablagerungssequenzen als ›Stratifizierungen‹. Aus ihnen wird erst durch ihre wissenschaftliche Beschreibung und Interpretation im Kontext von gezielten Ausgrabungen, das, was in der Prähistorischen Archäologie als eine ›Stratigraphie‹ bezeichnet wird [Abb. 20]. Der Begriff ›Stratigraphische Methode‹ beschreibt darüber hinaus die Summe der Prinzipien und Techniken, die die Wissenschaft entwickelt hat, um solche stratigraphische Sequenzen zu dokumentieren und zu entschlüsseln. Seine Urheber waren indes nicht Archäologen. Die stratigraphische Methode entstand bereits im Rahmen geologischer Erkundungen des 17. Jahrhunderts und wurde erst im Laufe des 19. Jahrhunderts von den aufkommenden archäologischen Wissenschaften übernommen und adaptiert.

Abb. 20: Dokumentation eines Grabungsprofils auf der »Achalm«, Reutlingen, Baden-Württemberg (Grabung des Instituts für Ur- und Frühgeschichte und Archäologie des Mittelalters der Eberhard Karls der Universität Tübingen, 2005). – Voraussetzung für eine stratigraphische Analyse in der Archäologie ist die Anlage und genaue Beschreibung von Profilen in den jeweiligen Grabungsschnitten. Anders als in der Geologie spielen natürliche Aufschlüsse in der Archäologie keine so zentrale Rolle.

In der Prähistorischen Archäologie orientiert man sich heute gewöhnlich an einer inzwischen klassischen Studie von Edward P. Harris (1979, 29 ff.) über die Prinzipien der archäologischen Stratigraphie. Diese lassen sich Harris zufolge im Wesentlichen auf vier ›Gesetze‹ reduzieren:

- Den Ausgangspunkt bildet das sog. ›Stenosche Lagerungsgesetz‹[15], das besagt, dass bei ungestörter der Entstehung geschichteter Sedimentgesteine Schicht auf Schicht folgt, so dass bei ungestörter Lagerung die jeweils jüngere Schicht auf der älteren ruht. Bergmännisch formuliert: Das ›Hangende‹ ist jünger ist als das ›Liegende‹.
- Damit in Zusammenhang steht das sog. ›Gesetz der ursprünglichen Horizontalität‹. Es besagt, dass Lockermaterial im Moment seiner Ablagerung – dem Prinzip der Schwerkraft gehorchend – dazu tendiert, sich auf der Oberfläche zu verteilen und mögliche (natürlich oder auch durch menschliche Eingriffe entstandene) Unebenheiten zu nivellieren.
- Als Konsequenz daraus ergibt sich das ›Gesetz der ursprünglichen Kontinuität‹. Es besagt vereinfacht formuliert, dass geologische Schichten in der Regel allmählich auslaufen und nicht abrupt enden. Treffen wir andere Lagerungsverhältnisse, erfordert dies entsprechend eine zusätzliche Erklärung (Wirken anderer geologischer Dynamiken, menschliche Eingriffe).
- Im Mittelpunkt von Harris' eigenem Konzept steht schließlich das ›Gesetz der stratigraphischen Abfolge‹. Ihm zufolge sind für die Position einer einzelnen Schicht bzw. stratigraphischen Einheit in einer Ablagerungssequenz allein jene beiden stratigraphischen Einheiten ausschlaggebend, die diese nach oben bzw. nach unten begrenzen. Zur Darstellung komplexer stratigraphischer Zusammenhänge, wie sie weniger für geologische Aufschlüsse als für archäologische Ablagerungen charakteristisch sind, lassen sich diese Beziehungen mittels der sog. ›Harris-Matrix‹ veranschaulichen. Hier wird jede stratigraphische Einheit durch ein Kästchen repräsentiert, das zu den angrenzenden Einheiten in Beziehung zu setzen ist [Abb. 21]. Dabei ist zu beachten, dass lediglich vier Möglichkeiten des räumlichen (und entsprechend auch zeitlichen Bezugs) zweier stratigraphischer Einheiten zueinander existieren:

15 Es ist von Nils Stensen (=Nicolai Stenonis, 1638–1686) in seiner Schrift *De solido intra solidum naturaliter contento* [..]. Dissertationis Prodromus. Florenz 1669 [›Von festen Körpern, die innerhalb anderer festen Körper von Natur eingeschlossen sind‹] begründet worden. – Zum wissenschaftsgeschichtlichen Kontext siehe z. B. Höhler 1989 und Eggert 2001/2012, Kap. 8.

(1) A liegt über B: A ist jünger als B.
(2) B liegt über A: B ist jünger als A
(3) A und B liegen aneinander: A und B sind gleichzeitig
(4) A und B berühren sich nicht: Das zeitliche Verhältnis zwischen A und B ist in diesem Fall nicht sicher bestimmbar. In manchen Fällen lässt aufgrund formaler Übereinstimmung (Schichtumfang, Aufbau) immerhin plausibel machen, dass es sich bei beiden Einheiten um Teile einer stratigraphischen Einheit handelt.

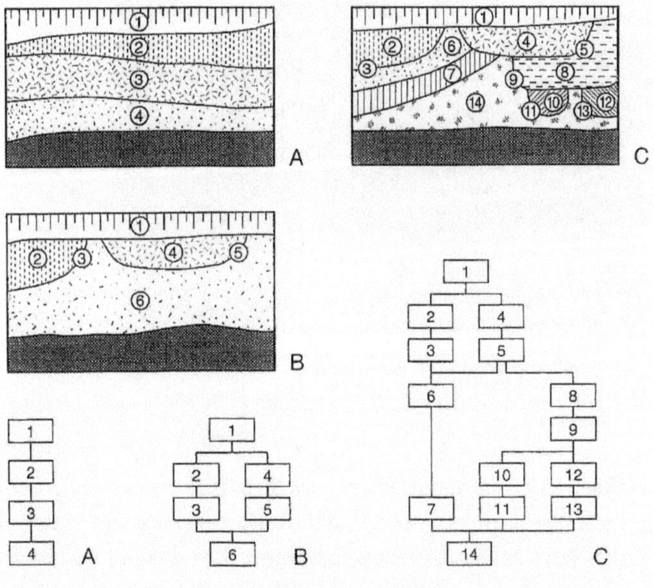

Abb. 21: Darstellung von Stratifizierungen mittels einer sog. ›Harris-Matrix‹ (aus Eggert 2001/12, Abb. 34). – Die Schlüsselpublikation dazu von Edward Harris (1992) ist frei verfügbar unter: harrismatrix.com/download/.

Einem oberflächlichen Verständnis folgend geht es in der Stratigraphie um die Aufzeichnung von – geologischen ebenso wie archäologischen – Schichten. Insbesondere die Arbeit von Harris hat jedoch deutlich gemacht, dass es neben der klassischen ›Schicht‹ auch stratigraphische Einheiten ohne Schichtcharakter gibt, ohne deren Beachtung eine aussagekräftige stratigraphische Analyse unmöglich ist. Dazu gehören einerseits sog. ›vertikale Strukturen‹ und anderseits sog. ›Grenzflächen‹. Mit Blick auf die ›vertikalen Strukturen‹ ist es üblich zwischen ›aufgehenden Strukturen‹ (oder *upstanding layers*: Harris 1989, 27f., 127.) und ›negativen Strukturen‹ zu differenzieren.[16] Im ersten Fall wäre z. B. an Mauern, Zäune, aufgerichtete Steine aber auch an künstliche Erdaufschüttungen (wie etwa Grabhügel) zu denken, im zweiten Fall an Gruben bzw. Gräben unterschiedlicher Form und Funktion [Abb. 22].

Abb. 22: Mauern mit angrenzenden Füllschichten (Bibracte, Burgund/Frankreich) sind ein typisches Element archäologischer Stratifizierungen.

Sog. ›Grenzflächen‹ (*interfaces*: Harris 1989, 54ff.)[17] findet man überall dort, wo es zu Unterbrechungen des Ablagerungsprozesses mit entsprechenden Bodenbildungs- bzw. Erosionsprozessen kommt. Ihre chronologische Bedeutung auch in archäologischen Kontexten wird klar, wenn man sich vergegenwärtigt, dass beispielsweise der Zeitpunkt des Aushubs einer Grube gewöhnlich nicht mit dem Zeitpunkt ihrer Verfüllung identisch ist. Entsprechend markieren Wand und Boden einer Grube eine eigenständige stratigraphische Einheit, die eine eigene Registriernummer erhalten und in die entsprechende Matrix aufgenommen werden muss. Dasselbe gilt für horizontale Schichtgrenzen.

16 Um den Gegensatz zu den *negative features* hervorzuheben werden ›aufgehende Strukturen‹ in der Fachliteratur mitunter auch als *positive features* bezeichnet.

17 Im allgemeinen Sprachgebrauch wird der Begriff *interface* allerdings eher mit ›Schnittstelle‹ übersetzt.

Trotz dieser Erweiterungen bleibt die (natürlich oder/und anthropogen gebildete) ›Schicht‹ die grundlegende Einheit von Stratifizierungen. Bei ihrer Betrachtung ist es allerdings möglich und nötig analytisch streng zwischen Schichtverband und Schichtinhalt (Biofakte oder Artefakte) zu differenzieren. Letzterer spielt erst sekundär und nur dort eine Rolle, wo es um Versuche einer ›komparativen Stratigraphie‹ geht. Dabei kommt das ebenfalls zunächst in geowissenschaftlichen Zusammenhängen ersonnene Prinzip der ›Leittypen‹ (›Leitfossilien‹) zum Einsatz.[18] Ausdruck einer Missachtung dieses Gegensatzes ist das im Fach bisweilen bemühte Konzept der ›umgekehrten Stratigraphie‹ (Eggert 2001/12 173, f.). Dieses Konzept bezieht sich jedoch – wie Eggert zu Recht betont – nicht auf die Schicht selbst, sondern auf deren Artefaktinhalt.[19]

Soweit hier nur ganz kurz die theoretischen und terminologischen Grundlagen der (archäologischen) Stratigraphie. Sie sind zweifelfrei für eine klare Kommunikation über stratigraphische Zusammenhänge im Fach wichtig. Dies ändert jedoch wenig an den Problemen der praktischen Ansprache von stratigraphischen Zusammenhängen im archäologischen Kontext. Diese wird nicht nur durch verbreitete Störungen des Schichtverbands eingeschränkt, sondern insbesondere auch durch natürliche Bodenbildungsprozesse im Gefolge der Sedimentablagerung. Im oberflächennahen Bereich kommt es zur Ausbildung von im Profil deutlich sichtbaren Bodenhorizonten, deren Mächtigkeit sich im Verlauf der Zeit außerdem verändert. Sie haben nichts mit Sedimentation zu tun, können jedoch – bei schematischer Dokumentation der Grabungsprofile – als Schichtgrenzen missdeutet werden. Andererseits führen solche Bodenprozesse auch dazu, dass tatsächliche Schichtgrenzen verschwimmen können (Bleichhorizonte). Um entsprechende Fehlerquellen auszuschließen, bedarf es daher zusätzlich zum hier Dargelegten immer auch solider bodenkundlicher Grundkenntnisse.

---

18 Unter einem ›Leitfossil‹ versteht man ein taxonomisch ansprechbares, versteinertes Lebewesen, das geeignet ist, das relative Alter des es umschließenden Gesteins zu ermitteln. Dieses Konzept ist von der Prähistorischen Archäologie mit Blick auf archäologische Typvertreter übernommen worden. Schnittstelle bildete dabei die französische Höhlen- und Paläolithforschung, in der die Paläontologie eine wichtige Rolle spielte (etwa in den Forschungen von E. Lartet 1801–1871). Zum weiteren wissenschaftsgeschichtlichen Kontext: Richter 2005; 2017.

19 Die Fragen, die durch diese Erweiterung entstehen, lassen sich jedoch nicht im engeren Rahmen der stratigraphischen Methode, sondern nur unter Berücksichtigung der Grundlagen der ›Typologie‹ und ›Fundkombination‹ (s. Kap. 10) diskutieren.

10 Typologie und relative Altersbestimmung

»Was für den Naturforscher die Art, ist für den Vorgeschichtler der Typ. Der letztere setzt es sich – wenigstens hier im Norden – nicht mehr länger zur alleinigen Aufgabe, archäologische Gegenstände aus verschiedenen Ländern zu beschreiben und zu vergleichen und das Leben während der Vorzeit in diesen Gebieten zu erforschen, sondern heutzutage versucht er auch, den inneren Zusammenhang zwischen den Typen zu ergründen und zu zeigen, wie sich der eine Typ wie bei den Arten aus dem anderen entwickelt hat. Wir nennen dies Typologie.«
(Oscar Montelius 1899)[1]

Wie wir zuletzt sahen, haben Klassifikation und Typbildung nicht zwingend etwas mit der zeitlichen Ordnung archäologischer Funde zu tun. Dennoch sind beide Begriffe in der Prähistorischen Archäologie eng mit der Lösung chronologischer, genauer gesagt: relativchronologischer Fragen, also mit der Etablierung einer Periodenfolge in einem zunächst ungegliederten Materialbestand, verbunden. Dies zu leisten versprach eine im 19. Jahrhundert etablierte ›Methode‹, die seither zum innersten Methodenkern der Prähistorischen Archäologie zählt und an der sich jede Archäologen-Generation abgearbeitet hat. Erst die mit der sog. Radiokarbon-Revolution der 1960er Jahre (Renfrew 1973a) eingeleitete breite Durchsetzung naturwissenschaftlicher Datierungsmethoden im Fach hat sich ihre Bedeutung relativiert. Allerdings leben die Grundprinzipien des typologischen Denkens nicht zuletzt in verschiedenen kombinationsstatistischen Verfahrensweisen fort. Und auch darüber hinaus prägt die Debatte um diese Methode nicht nur das Methodenverständnis der Prähistorischen Archäologie, sondern zugleich ihr Selbstverständnis bis heute nachhaltig. Aus diesem Grunde scheint es

1 Zitiert nach Almgren 1966, 15.

gerechtfertigt, diese alte Debatte an dieser Stelle nochmals aufzurollen. Dabei geht es mir darum, mit einigen weit verbreiteten Vorurteilen, die sich an dieses Konzept knüpfen, aufzuräumen.

10.1 Oscar Montelius und die ›Typologische Methode‹

Die heute sog. ›Typologische Methode‹ wurde von Oscar Montelius (1843–1921) und Hans Hildebrand (1842–1913) im späten 19. Jahrhundert entwickelt und auf archäologisches Material aus der jüngeren schwedischen Urgeschichte angewandt (s. Gräslund 1987). Ihr Ziel ist die Etablierung einer relativen Chronologie auf der Grundlage der Analyse der Vergesellschaftung von unterschiedlichen Fundtypen in geschlossenen (›sicheren‹) Funden, also solchen Fundkomplexen, bei denen von einer im Wesentlichen zeitgleichen Deponierung der enthaltenen Artefakte, die ihrerseits bestimmte Objektgattungen repräsentieren, ausgegangen werden kann. Neben Gräbern (genauer: Grabinventaren) fällt darunter mit den sog. ›geschlossenen Depotfunden‹ eine spezielle Form der Objektniederlegung, die unterschiedlich motiviert gewesen sein kann (Opfer, Verbergung usw.) [Tab. 18]. Andere Formen von Depotfunden sind hingegen nicht in dieser Weise für Datierungsfragen nutzbar.

Depotfunde (Hortfunde, Verwahrfunde, Schatzfunde)		
Geschlossene Depotfunde	**Nichtgeschlossene Depotfunde**	**Einzelfunde mit Depotcharakter**
Mindestens zwei Gegenstände, die unter solchen Verhältnissen gefunden worden sind, dass sie als ganz gleichzeitig niedergelegt betrachtet werden müssen.	Sammelfunde, die unter solchen Umständen gefunden werden, dass sie als das Ergebnis wiederholter Niederlegungen betrachtet werden müssen	Einzeldeponierungen, die unter solchen Umständen gefunden werden, dass eine absichtliche Deponierung angenommen werden kann: ›Einstückhorte‹

Tabelle 18: Wichtige Grundtypen im Bereich der sog. ›Depotfunde‹.

Grundlage für ein näheres Verständnis der ›Typologie‹ bieten bis heute einige methodische Beiträge aus der Feder von Montelius selbst. Insbesondere in seiner Arbeit »Die Methode« (1903) hat er die Grundlagen seiner Arbeitsweise sehr systematisch dargelegt – so systematisch, dass spätere

Generationen die Darstellung teilweise als nachträgliche Rationalisierung eines komplexeren, eher experimentell geprägten Vorgehens angesehen haben. Bo Gräslund (1987, 89) geht sogar so weit, dass er von einem verzerrten Bild spricht, das Montelius der Nachwelt über seine Methode hinterlassen habe. Dies überzeichnet die Verhältnisse etwas. Gräslund übersieht nämlich, dass Entdeckungs- und Anwendungskontext von Theorien immer zweierlei sind. Man sollte Montelius' Fähigkeit, über das eigene Vorgehen und dessen theoretische Grundlagen Rechenschaft abzulegen, nicht unterschätzen. Dies macht sehr eindrücklich Montelius' Methodenband deutlich, aus dem beispielsweise Hans Jürgen Eggers (1959, 88 ff.) nicht nur Abbildungen, sondern auch zahlreiche Formulierungen wörtlich in seine einflussreiche Facheinführung übernommen hat [Abb. 23]. Hier möchte ich ansetzen.

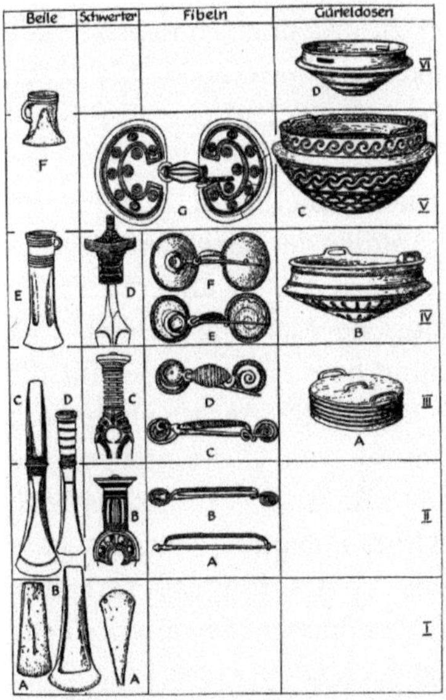

Abb. 23: Typologie und Chronologie bei Oscar Montelius (1843–1921) in der didaktischen Verkürzung durch H. Eggers (1959, Abb. 7). Die Tabelle ist fachtypisch von unten nach oben zu lesen und umfasst die Montelius-Stufen I–VI (ca. 1.600 bis 500 v. Chr.). Sie zeigt jeweils die Entwicklungsreihen der Beile (Fachbeil, Randbeil, Absatzbeil, Tüllenbeil), Schwerter (Dolch, Vollgriffschwert, Griffangelschwert), Fibeln (Urfibel, Bogenbügelfibel, Plattenfibel) sowie der »Gürteldosen« bzw. »Hängebecken«. – Über die Facheinführung von Eggers sind mehrere Generationen an Montelius' Methode (ebenso wie an zentrale Methoden anderer Prähistoriker) herangeführt worden.

Die Aufstellung einer relativen Chronologie anhand archäologischer Materialien bedarf nach Montelius (1903, 3) zweierlei: 1. der Feststellung, welche Typen gleichzeitig sind, d. h. aus einer einzigen Periode stammen, 2. der Feststellung, in welcher ›Ordnung‹ die so bestimmten Perioden einander gefolgt sind. ›Sichere Funde‹, also solche Fundkomplexe, von denen man annehmen kann, die darin enthaltenen Gegenstände sind gleichzeitig niedergelegt worden, zeigen für Montelius zuverlässig das Spektrum der jeweils gleichzeitig existierenden Typen auf. Dabei ist ihm durchaus bewusst, dass auch in solchen ›sicheren‹ Funden, entsprechend der unterschiedlichen Herstellungszeitpunkte der verschiedenen Objekte, jeweils ein gewisser Zeitraum repräsentiert ist.[2] Dies stellt die grundsätzliche Anwendbarkeit dieser Methode jedoch nicht in Frage, bietet doch das schon von Jens Jacob Asmussen Worsaae (1844) formulierte Prinzip der großen Zahl hier ein gewisses Korrektiv – es hilft, Ausreißer zu erkennen. Entsprechende Unwägbarkeiten schränken also die Gültigkeit der ›Methode‹ nicht ein, sondern begrenzen allenfalls die erreichbare chronologische Auflösung (Narr 1978b, 23 f.).

Im günstigen Fall zeigen die Montelius zufolge methodisch unanfechtbaren stratigraphischen Beobachtungen die Abfolge der über Typvergesellschaftungen definierten prähistorischen Perioden an. In anderen Fällen helfe dem Prähistoriker dabei die ›Typologische Methode‹. Deren Ziel bestehe in der Herausarbeitung einer Ordnung bzw. ›Genealogie‹ für die verschiedenen Fundtypen. Dies geschieht durch die Ausarbeitung von Serien (bzw. »Typologischen Reihen« im Sinne von O. Montelius), die unterschiedliche Typen einer Objektgattung (A, B, C ...) entsprechend ihrer Ähnlichkeit miteinander verknüpft. Grundannahme dabei ist, dass die prähistorische Formentwicklung ehemals nicht sprunghaft verlaufen sei, sondern in kleinen Schritten. Für sich genommen beweisen solche Typserien allerdings noch nichts. Um von der Richtigkeit einer Typabfolge ausgehen zu können, bedürfe es zusätzlich des Nachweises der Parallelität unterschiedlicher Typserien.[3] Dabei spiele es keine Rolle, wenn Serien eine

2 Zu diesen Fragen ausführlich Trachsel 2008, 166–171.

3 Montelius (1903, 19) spricht vom »Parallelismus« der Serien, der »von der allergrößten Wichtigkeit« sei. Dazu erläuternd auch Narr 1978b, 23f.: »Die Anordnung von [Typ-]Varianten, die innerhalb einer aus Fundkombinationen erschlossenen Periode auftreten, nach dem Grade der Ähnlichkeit, d. h. die Aufstellung einer Typenserie, ist in ihrem chronologischen Wert zumindest fraglich: Sie entbehrt der notwendigen Kontrolle, vor allen Dingen der Parallelität der Serien – denn gäbe es diese, würde

unterschiedliche ›Empfindlichkeit‹ zeigten, also die Anzahl der unterscheidbaren Typen je nach Serie schwanke. Wichtig sei also nicht, dass für jede Stufe Typenpaare einander gegenübergestellt werden könnten, sondern nur, dass der Alterstrend innerhalb der Serien gleichgerichtet verlaufe. Andererseits räumt Montelius ein, dass typologische Entwicklungen nicht zwangsläufig einlinig, sondern häufig verzweigt seien. Aus einem Typus könnten auch zwei oder mehrere verschiedene Serien entstehen (Montelius 1903, 19).

So überrascht es nicht, dass sich Montelius als Anhänger der Entwicklungslehre verstand und seine Arbeit mit der des Naturforschers verglich. Das Studium der Geschichte der menschlichen Arbeit zeigte ihm, »dass der Mensch bei seinen Arbeiten dem Gesetze der Entwicklung unterworfen gewesen ist und unterworfen bleibt« (Montelius 1903, 20). Die archäologischen Fakten belegten überdies eindeutig, dass neue Formen nicht spontan entständen, sondern durch Modifikationen bereits existierender Formen. ›Rudimentäre‹ Bildungen – also mit der Fortentwicklung funktionslos gewordene Teile – zeigten dabei die Richtung der Typentwicklung an.

10.2 Rezeption und Kritik der Typologischen Methode

Hildebrands und Montelius' sog. »Schwedische Methode« wurde, wie bereits angedeutet, nicht nur bewundert und nachgeahmt, sie sah sich vielmehr bereits kurz nach ihrer Veröffentlichung auch teilweise heftiger Kritik ausgesetzt. Der dänische Vorgeschichtsforscher Sophus Müller (1884) etwa warf Montelius in einem längeren Beitrag vor, dass für ihn bei der Aufstellung der typologischen Reihen – entgegen seinen eigenen Einlassungen zur Methode – Fundbeobachtungen (d. h. Fundvergesellschaftungen) die zentrale Rolle gespielt hätten. Montelius (1884, 25) reagierte darauf in einer kurzen Entgegnung mit der Feststellung, in seiner Arbeit lediglich aus didaktischen Gründen eine entsprechende Abfolge der Arbeitsschritte – Feststellung der Typentwicklung und Untersuchung der Fundvergesell-

man damit zu einer Unterteilung der Perioden gelangen –, und so kann man mit mindestens ebenso gutem Grunde annehmen, daß es sich dabei jeweils um Varianten handelt, die innerhalb eines bestimmten Rahmens, nämlich des für die Periode als bezeichnend angesehenen ›Typus‹ geschaffen wurden und bei denen die Stellung innerhalb einer theoretischen Serie chronologisch irrelevant ist.« – Ähnliche Kritik auch bei Sangmeister 1967, 208–211.

schaftung – präsentiert zu haben. Zugleich erkannte er an, dass beide Untersuchungsansätze parallel verfolgt werden müssten.

Kategorie	**›Steinzeit‹**	**›Bronzezeit‹**	**›Eisenzeit‹**
Stein	x		
Bronze		x	x
Eisen			x
Kupfer		x	
Gold		x	x
Silber			x
Bernstein	x		
Keramik	x	x	x
Glasgefäße			x
Glasperlen	x	x	x
Tutuli		x	
Steinkammergräber	x		
Steinkistengräber		x	
Kammergräber in Grabhügeln			x
Unverbrannte Körper	x	x	x
Verbrannte Körper			
Aschenurnengräber		x	
Pferdekörper im Grab			x

Tabelle 19: Merkmale die Ch. J. Thomsen (1788–1865) in seinem ›Leitfaden‹ von 1836 zur Begründung des Dreiperiodensystems heranzog (nach der Zusammenstellung von Gräslund 1987, Table 1). Die Aufstellung zeigt, wie systematisch Thomsen seine Hypothese absicherte und dass er die am Museum angelieferten Funde im Zusammenhang mit assoziierten Befunden und Informationen zum Auffindungskontext betrachtete.

Demgegenüber ist heute oft davon die Rede, dass Fundvergesellschaftungen den eigentlichen Kern der relativen Chronologie bildeten (z. B. Hansen

2014, 252) und es sich bei Montelius' Typreihen lediglich um eine im Grunde unnötige Zugabe handle (Eggert 2001/2012, 191).[4] Dies ist insofern nicht richtig, als Montelius explizit darauf bestand, dass die aufgestellten Typreihen, um Gültigkeit zu erlangen, erst anhand der Fundkombinationen verifiziert werden müssten. Auch an dieser Stelle spielte also weniger der nicht näher erörterte Entdeckungszusammenhang der Reihen als vielmehr der Begründungszusammenhang die entscheidende Rolle.

Vor diesem Hintergrund erscheint manch spätere Kritik an Montelius überzogen. Die Verbissenheit, mit der diese Debatten geführt wurden, wird aber vielleicht verständlicher, wenn man sich vergegenwärtigt, dass die Typologische Methode von Beginn an als erste »wirklich durchgebildete Methode« der Urgeschichtsforschung galt, die dem jungen Fach seine Anerkennung als Wissenschaft gesichert habe (Jacob-Friesen 1928, 170). Insofern war eine kritische Auseinandersetzung mit ihr zweifellos auch und insbesondere ein Ausweis für die Ernsthaftigkeit der eigenen wissenschaftlichen Bemühungen. Besonders erstaunlich ist dabei im Rückblick, dass diese Methode implizit bereits im frühen 19. Jahrhundert bei Thomsen voll ausgebildet war [Tab. 19].

Mit der durchgreifenden Historisierung des Fachs in den Jahrzehnten nach 1900 wurde die spezifische ›Wissenschaftsförmigkeit‹, die die Typologische Methode auszeichnet, zugleich zu ihrer größten Bürde. Man kritisierte jetzt v. a. den Schematismus des Entwicklungsdenkens, der verhindere, dass man der Komplexität historischer Entwicklung gerecht werde, und forderte entsprechend eine »Überwindung der Typologie« (Wahle 1951, 50). Andere Forscher wiederum haben umgekehrt versucht, die ›Typologie‹ dadurch mit Leben zu füllen, dass sie den Willen des jeweiligen Erzeugers der Artefakte als Produkt menschlicher Arbeit hinter dem toten Material hervortreten ließen (Åberg 1929, 511).

In diesem Zusammenhang steht auch die Forderung, Beobachtung und Erklärung hinter Intuition und Einfühlung zurücktreten zu lassen, d. h. die Typologie weniger als ›Wissenschaft‹ denn als eine ›Kunst‹ aufzufassen: »Der Typolog arbeitet nicht so sehr mit seiner Intelligenz wie mit seinem Instinkt«.[5] Der damit verbundene Abschied von festen methodi-

4 Kunst (1982, 16) spricht sogar von einem Zirkelschluss.

5 »Die Typologische Methode ist nämlich, streng genommen, gar keine Methode und kann nicht wie eine Schulaufgabe erlernt werden, sondern ist vielmehr mit einem künstlerischen Einfühlen zu vergleichen. Der Typolog arbeitet nicht so sehr mit seiner Intelligenz wie mit seinem Instinkt. Er genießt das Rhythmische einer Entwicklung

schen Regeln, wie er für große Teile der Wissenschaft um 1900 noch als kennzeichnend erscheint, ist rückblickend nicht ohne Grund als ebenso folgenreich wie verhängnisvoll für das Fach eingestuft worden (Hachmann 1990, 843–846). Unbestreitbar ist jedenfalls, dass die mit der Ablösung eines positivistischen durch ein historistisches Denken verbundene, neue Form von Innerlichkeit das Denken in völkischen und Rasse-Kategorien ganz wesentlich erleichtert hat (z. B. Schwantes 1952, 2f.; s.a. Rösler 2014).

Auch wenn solche Positionen nach 1945 ihre Glaubwürdigkeit einbüßten, hat sich zumindest in der deutschsprachigen Forschung die traditionelle antievolutionistische Haltung[6] bis in die Gegenwart gehalten. So sieht etwa Manfred K. H. Eggert (2001/2012, 200) in der »heute fragwürdig gewordenen evolutionistischen Grundlage« das entscheidende Problem von Montelius' typologischer Methode:

> »Nur wenn man einem mechanistischen Entwicklungsdenken anhängt, kann man im Sinne von Montelius und des ausgehenden 19. Jahrhunderts materielle Produkte in ›typologische Serien‹ ordnen und deren hypothetische Abfolge als eine historisch reale Zeitfolge interpretieren. Ein derartiges Verfahren widerspricht den konkreten Bedingungen der Produktion materieller Güter, die [...] in hohem Maße von Faktoren wie der Kommunikation zwischen verschiedenen Bevölkerungen geprägt sind. Somit spielen elementare soziale Gegebenheiten wie Beeinflussung, bewusste und unbewusste Nachahmung, gezielte Entlehnung und lokale Umwandlung eine bedeutende Rolle. Generell vollzieht sich die Produktion materieller Güter zwar durchaus in engster Bindung an einen durch Tradition sanktionierten Kanon, aber eben auch – und dennoch – zwischen den extremen Polen der Erfindung neuer Formen und dem Rückgriff auf längst aus der Mode Gekommenes« (ebd.).[7]

So wenig man Eggerts Liste möglicher Faktoren, die potentiell Einfluss auf die Gestaltung materieller Objekte nehmen, widersprechen möchte,

---

wie ein Musiker Musik genießt und er reagiert auf falsche T[ypen] wie der letztere auf einen falschen Ton. Das ist keine wissenschaftliche Methode und kann nicht gelehrt werden. Aber dasselbe gilt auch von anderen Wissenschaften. Alle wissenschaftliche Denktätigkeit höherer Art, die von der Analyse zur Synthese fortschreitet, ist nicht Wissenschaft, sondern Kunst« (Åberg 1929, 512).

6 Eine dezidiert antievolutionistische Haltung ist schon im Werk von Rudolf Virchow fassbar: Veit 2006a.

7 Evolution ist übrigens – anderes als Eggert hier ausführt – keiner mechanischen, sondern einer organologischen Metaphorik verpflichtet.

so unklar bleibt die von ihm daraus abgeleitete Kritik an Montelius' Methode. Jedenfalls schließen die angeführten soziokulturellen Faktoren wie Beeinflussung, Nachahmung, Entlehnung und lokale Umwandlung ›evolutionären Wandel‹ in Form einer Aneinanderreihung vieler kleiner Entwicklungsschritte, wie ihn typologische Reihen zu modellieren suchen, nicht grundsätzlich aus. Eine überzeugende Erklärung dafür, warum sich das evolutionäre Prinzip nicht zur Erklärung der Variabilität prähistorischer Funde eigne, gibt Eggert an dieser Stelle jedenfalls nicht. Vielmehr verteidigt er lediglich das altehrwürdige Prinzip der menschlichen Entscheidungsfreiheit gegen ein vermeintlich teleologisches Geschichtsverständnis. Doch um Teleologie geht es schon lange nicht mehr – und es ist mehr als unsicher, dass dieser Punkt für Montelius selbst, als einem Vertreter der durchweg pragmatischen Nordischen Altertumskunde (Almgren 1966), der Entscheidende war.

Eine unwiderlegbare Tatsache war für Montelius und für große Teile der Prähistorischen Archäologie seiner Zeit hingegen, dass eine solche Typentwicklung stattgefunden hat. Dass andererseits eine Operationalisierung des Entwicklungsprinzips im Hinblick auf die Gewinnung einer relativen Chronologie nur unter bestimmten Umständen möglich ist, diskreditiert seinen Ansatz nicht von vornherein.

Das Grundproblem liegt also nicht darin ob, sondern nur wie man das Entwicklungsprinzip – trotz gewisser Einschränkungen[8] – auch auf Produkte menschlicher Arbeit anwenden und zur Grundlage für die Erarbeitung einer Chronik materieller Kultur, im Sinne einer Abfolge bestimmter Typen, machen kann.[9] Denn bereits Charles Darwin war klar, dass sich biotische Evolution nicht nur in der Zeit, sondern selbstverständlich auch im Raum vollzieht. In diesem Sinne hat er dezidiert einen ›horizontalen‹ von einem ›vertikalen Evolutionismus‹ (wie bei Jean-Baptiste de Lamarck) abgehoben.

---

8 Diese Einschränkungen resultieren daraus, dass sich die fraglichen Objekte anders als Lebewesen nicht direkt fortpflanzen, sondern Ergebnis gestalterischer Überlegungen eines menschlichen Schöpfers sind. Diese Überlegungen sind jedoch nicht frei, sondern von einem traditionalen Wissen abhängig. Es begrenzt das innovative Potential des Schöpfers in signifikanter Weise. Doch damit nicht genug: Der Schöpfer von neuen Produkten muss, wenn er erfolgreich sein will, neben der Funktonalität seiner Produkte immer auch deren Akzeptanz durch die möglichen Nutzer im Auge haben. Der Maßstab für Erfolg, die Verbreitung der Produkte, ist auch und gerade in archäologischen Kontexten, wo ein Beleg eigentlich noch kein Beleg ist, messbar.

9 Zum Beispiel: Die Entstehung von Typ A erfolgte etwa zeitgleich mit Typ B aber vor Typ C.

Während vertikaler Evolutionismus sich mit den adaptiven Veränderungen in der Zeit befasst, meint horizontaler Evolutionismus die Entstehung neuer Verschiedenheit in der Dimension des Raumes. Neue Arten entstehen in diesem Fall, wenn Populationen in neue Umweltnischen abwandern (Mayr 1994, 36).

Dass vergleichbare Isolationsprozesse (ebenso wie umgekehrt Kontaktsituationen) bei der Typgenese eine ähnlich wichtige Rolle spielen, darf man mit guten Gründen annehmen. Dies war zweifellos auch Montelius bewusst – auch wenn er sich zu den konkreten Prozessen, die dabei involviert waren, nicht näher geäußert hat. Die zentrale Rolle des Raumes im evolutionären Prozess wird bei ihm ansatzweise immerhin dort deutlich, wo er einen »typologischen Gegensatz« zwischen dem »lebhaften Occident« und dem »konservativen Orient« konstatiert und diesen – zeittypisch – auf eine Verschiedenheit des jeweiligen Volkscharakters zurückführt (Montelius 1903, 20).[10]

Vor dem Hintergrund dieser Überlegungen erscheint das Urteil, das Eggert abschließend über die ›Typologische Methode‹ fällt, in gewisser Hinsicht als unangemessen: »Als Methode ist die Typologie einzig und allein deswegen gescheitert, weil der einlinige Evolutionismus kein umfassendes explanatorisches Prinzip darstellt: die Veränderung materieller Formen vollzieht sich eben nicht im Sinne eines gerichteten Wandels« (Eggert 2001/2012, 201). Akzeptiert werden könne sie lediglich als heuristisches Prinzip bzw. Hilfskriterium, das nur eine Möglichkeit anzeige und deshalb nur dort angewandt werden könne, wo andere Möglichkeiten, wie etwa die Analyse von Fundkombinationen, ausfallen.

Mit dieser Bewertung unterschlägt Eggert nicht nur Montelius' ultimative Forderung eines Tests der aufgestellten Serien[11], sondern auch dessen klar

10 In gewissem Sinne erinnert Montelius' Position an jene des fast gleich alten deutschen Geographen Friedrich Ratzel (1844–1904), der zur gleichen Zeit ein ausgeprägtes Interesse für materielle und geistige ›Übertragungen‹ zwischen unterschiedlichen Gesellschaften entwickelte (s. Kap. 12). Allerdings war Montelius' Weltbild insgesamt weit statischer, sah er doch im Gegensatz von Orient und Okzident eine bis in die Gegenwart reichende Konstante.

11 »Bei jeder typologischen Untersuchung ist es übrigens immer nöthig die Fundverhältnisse mit der grössten Sorgfalt zu studiren. Vergleichen wir die typologischen Serien mit sicheren Funden, [...] sehen wir sämmtliche Funde dieser Art mit staunenswerter Uebereinstimmung bezeugen, dass die Typen wirklich in der Reihenfolge nach einander auftreten, welche anzunehmen die typologische Untersuchung uns veranlasste« (Montelius 1903, 17).

formulierte Einsicht in die potentielle Mehrlinigkeit der Evolution materieller Kultur. Die Veränderungen materieller Formen lassen sich entsprechend durchaus im Sinne eines gerichteten (anstelle eines nur zufälligen) Wandels in den Dimensionen Zeit und Raum verstehen, eines Prozesses indes, dessen Regeln wir bisher nur ansatzweise verstanden haben. Vor allem aber ist dieser Prozess durch die Vielzahl der beteiligten ›Akteure‹ so komplex, dass er sich nur bedingt dazu eignet, die auch anderorts nicht aufgezeichnete Chronik der Typ-Ereignisse zu rekonstruieren. Die Vorstellung einer Entwicklung vom Einfachen zum Komplexen greift in jedem Fall zu kurz.

Wenn Eggert zudem typologische Hypothesen pauschal als »Produkte der schöpferischen Imagination« abtut, verkennt er zugleich die zentrale Bedeutung der Imagination als eines notwendigen Gegenparts zur Methode im Kontext wissenschaftlicher Erkenntnisbemühungen. Imagination und Methode gehören untrennbar zusammen: ohne Methode werden der historischen Imagination keine Grenzen gesetzt, ohne Imagination jedoch fehlt der Methodenbildung die unabdingbare Orientierung auf konkrete Fragestellungen.

Eine solch kleinmütige Evolutionismuskritik ist aus heutiger Perspektive aber auch noch aus einem anderen Grund obsolet. Sie übersieht, dass moderne Verfahren der relativen Chronologie wie Kombinationsstatistik und Seriation im Kern auf dem Prinzip aufbauen, von dem bereits Montelius sprach. Diese Verfahren zielen darauf ab, die ›sicheren Funde‹ so zu reihen, dass der Abstand zwischen jeweils zweien von ihnen minimiert wird. Dabei setzt man voraus, dass die sich ergebende Ordnung der Fundkomplexe der ehemaligen zeitlichen Ordnung zumindest nahekommt. Dass es sich beim Ergebnis um eine konstruierte Abfolge handelt, die sich nicht zwangsläufig mit der ›historischen‹ Abfolge der betreffenden Deponierungen zu decken braucht, wird dabei aus Mangel an Alternativen bewusst in Kauf genommen (s. Kap. 11).

Der Not gehorchend verfährt man mit dem Ergebnis also so, als ob es sich um die tatsächliche Abfolge handelte. Die Artefakte werden, wie Eggert unter Bezugnahme auf George Kublers (1982) »Shape of Time« formuliert, zu »Repräsentationen von Zeit« (Eggert 2001/2012, 151). Kubler (1912–1996), ein amerikanischer Kunsthistoriker und Kulturanthropologe, hat sich – ähnlich wie Montelius – für Entwicklungssequenzen materieller Formen und mögliche Regelmäßigkeiten, die diesen Prozess steuern, interessiert, offenbar allerdings ohne Montelius' Konzept der ›typologischen Serie‹ zu kennen (ebd. 152). Allerdings haben Kublers Vorstellungen weniger noch als diejenigen von Montelius mit Evolution und Darwinismus zu tun. Kubler distanziert sich im Rahmen seines Entwurfs einer ›Geschichte der Dinge‹ vielmehr ausdrücklich von aller biologischen Metaphorik (Kubler 1982, 40). Seine Sequenzen beziehen sich nicht auf Reifungsprozesse oder Ähnliches, sondern auf gemeinsame Probleme, mit denen die jeweiligen Schöpfer der Objekte einer Serie zu kämpfen hatten.

Zentral ist für ihn der Begriff der ›Formsequenz‹ (*formal sequence*), den Wolfgang Scheppe (2014, 12) folgendermaßen erläutert:

> »In solch einer Formsequenz, die sich aus der Versammlung der Artefakte unter dem Hinblick auf die ihnen gemeinsame Aufgabe ergibt, bildet sich kein steter Fluss und keine einfache Chronologie eines im Gleichtakt sich aufzählenden Hintereinanders ab, sondern ein sich bisweilen verdichtendes und verlangsamendes, ein sprunghaftes und diskontinuierliches, ein sich aufspreizendes, verzweigendes und wieder zusammenführendes Netz aus vielen sich ähnelnden Lösungen – Kubler bezeichnet sie als *Replikate* – und diese unterbrechenden singulären Innovationen, die als Impetus der Fortentwicklung neue Stränge nach sich ziehen.«

Die Art und Weise, in der dies geschah und die sich in der Artefaktform ausdrückt, sagt nach Kubler etwas über die Verortung eines Artefakts innerhalb der Serie. So wird es möglich, das ›systematische Alter‹ eines Artefakts zu bestimmen. Dieses muss allerdings – auch wenn Kubler parallel immer wieder eine archäologische Metaphorik der Tonscherben und zerbrochenen Steine aufgreift – nichts mit dessen absolutem Alter zu tun haben.[12] Auch hier haben wir es also mit dem Nebeneinander einer realen und einer theoretisch erschlossenen Position eines Artefakts in einer Serie zu tun, nur dass beide hier – anders als in der frühen Archäologie – ganz bewusst nicht in eins gesetzt werden. Kubler ging es nämlich nicht um Fragen der Chronologie, sondern um solche des kulturellen Wandels. Und gerade darin liegt die Bedeutung seines Werkes für die heutige Archäologie, die angesichts stilunabhängiger naturwissenschaftlicher Datierungsmöglichkeiten vielerorts nicht mehr darauf angewiesen ist, mit kombinationsstatistisch konstruierten Chronologien zu arbeiten. Sie besitzt vielmehr heute die Möglichkeit – unabhängig von Fragen der Datierung und Periodisierung –

---

12 Kubler 1982, 100 f. – Zum Werk Kublers siehe Müller 2014.

zu untersuchen, in welcher Form und Taktung sich Kulturwandel vollzieht.[13] Montelius wäre ob dieser neuen Möglichkeiten sicherlich begeistert.

10.3 Archäologie jenseits von Typologie und linearem Zeitkonzept

Andererseits ist nicht zu verkennen, dass das ›typologische Denken‹, das zu Montelius Zeiten einen paradigmatischen Status im Fach erlangte und diesen noch lange bewahrte, durch die jüngeren Debatten im Bereich der Kulturtheorie an Bedeutung verloren hat. Mit der Ausbreitung postprozessualen und postmodernen Denkens in der archäologischen Forschung richtete sich der Fokus wieder stärker auf das einzelne Objekt, seine Eigenschaften, sein Spurenbild und seinen Kontext im weiteren Sinne.[14] Dies bildet heute die Grundlage dafür, die verschiedenen (potentiellen) Bedeutungsebenen eines Artefakts zu entschlüsseln. Kurzum: Artefakte werden nicht länger ausschließlich als Vertreter eines bestimmten, vom Forscher selbst – und ohne Rücksicht auf die ›eingeborene Sicht‹ – geschaffenen Typs angesehen. Stattdessen geht man heute davon aus, dass Dinge nicht nur bereits existierende Identitäten und Bedeutungen zum Ausdruck bringen, sondern aktiv an deren Entstehung beteiligt sind (*objectification*: Miller 2005). Mehr noch: Dingen wird eigene Handlungsmacht (*agency*: Robb 2013) zugeschrieben: Indem sie Menschen Angebote zu ihrer Nutzung machen, bestimmen sie deren Handeln in einer sehr unmittelbaren Weise (*affordance*: Gibson 1979, s. a. Jung 2020). Anders ausgedrückt: Dinge können Menschen durch die Potentialitäten, die sie enthalten, in Diskurse »verwickeln« und auf diese Weise die Richtung kulturellen Wandels vorgeben (*entanglement*: Hodder 2012). So wird die Frage nach der subjektiven Bedeutung eines Gegenstands für bestimmte Personen durch jene nach der (objektiven) Hand-

---

13 Einschränkend ist allerdings anzumerken, dass diese Möglichkeiten nicht in allen Zeiten und Räumen in gleicher Weise verfügbar sind – und auch dort, wo sie existieren, viele praktische und methodisch-technische Hindernisse zu überwinden sind.

14 In Form des ›sicheren‹ bzw. ›geschlossenen‹ Fundes waren Fragen des Kontexts von Beginn an ein zentrales Element der Forschung. Allerdings war dies eine enge Vorstellung von Kontext, die sich auf das Vorkommen von Vertretern verschiedener Typen in einem einst geschlossenen und erst vom Archäologen geöffneten ›Behälter‹ bezog. Kontextuelle Archäologie in einem modernen Sinne bezeichnet dagegen Verknüpfungen von Beobachtungen auf ganz unterschiedlichen Ebenen (ein frühes Beispiel dazu bietet Hodder 1987).

lungsmacht, die ein Objekt besitzt, ergänzt bzw. ersetzt. Entsprechend fragt man heute in bestimmten Bereichen des Faches danach, in welcher Weise Objekte aufgrund ihrer spezifischen Eigenschaften und ihrer Verwicklung in Mensch-Ding-Netzwerke über kulturellen Wandel mitbestimmen. Und auch hier ist typischerweise letztlich das Einzelobjekt – und eben gerade nicht der Typus – entscheidend.[15]

Dieser Tendenz – weg von einem ausschließlichen Fokus auf Fragen der Chronologie und hin zu generellen Fragen des Kulturwandels – steht nun aber zugleich ein neues Interesse am für das Fach seit jeher zentralen, aber selten explizit reflektierten Konzept der Zeit gegenüber. Ausgangspunkt dafür ist die Infragestellung der Zeit – wie im Übrigen auch des Raumes (s. Kap. 12) – als eines primären, objektiv gegebenen und unanfechtbaren Ordnungskriteriums archäologischer Materialien, wie sie sowohl für die traditionelle als auch für die Neue Archäologie lange kennzeichnend war – und vielerorts auch noch ist.

Stattdessen wird seit den 1970er Jahren verstärkt der ideologische Charakter von Zeitkonstrukten betont und zugleich der Fokus auf die Frage gerichtet, wie unsere eigenen Vorstellungen von Zeit (und Raum) unsere Interpretation vergangener bzw. fremder Gesellschaften beeinflussen. So konnte sich – ausgehend von der programmatischen These Mark P. Leones (1978, 25) »The past is a cultural construction no different from heaven« – in den letzten vierzig Jahren vor allem im englischsprachigen Raum eine beachtliche, stark philosophisch inspirierte Debatte über das archäologische Zeitkonzept entwickeln (z. B. Thomas 1996; Murray 1999; Lucas 2005). Dabei spielte zuletzt insbesondere der Bezug auf die Ontologie Martin Heideggers eine wichtige Rolle, in deren Kontext ›Zeit‹ weniger als eine abstrakte Größe erscheint, denn als eine spezifische ›Qualität‹, die sich aus dem »Sich-Einlassen des Menschen auf die Welt« ergibt, verstanden wird (Gosden 1994). Auch wenn über die praktische Bedeutung dieser und ähnlicher Ansichten für archäologische Forschung noch kein Konsens besteht, haben die betreffenden Erörterungen doch bereits heute mit dazu beigetragen, lange etablierte Diskursgrenzen niederzureißen und die Konturen einer

---

15 S. Van Oyen 2017, 55. Zum Thema auch dies. 2012 – Dies ist in einer frühen Phase der Adaption dieser neuen Theoriebestände für die Urgeschichtsforschung übersehen worden. Ergebnis war ein merkwürdiger Theoriemix, der der Dinghermeneutik eine positivistisch-typologische Analyse vorschalten zu müssen meinte (Hofmann/Schreiber 2013).

ganz anderen Art von Archäologie sichtbar werden zu lassen (s. Kap. 18.3, 19).

In der deutschsprachigen Archäologie sind entsprechende Ansätze bislang allerdings nur sehr zögerlich rezipiert worden. Fiel der Blick ausnahmsweise dennoch darauf, war das Urteil meist eher zurückhaltend. Eggert (2013a) etwa, der diesen speziellen Teil der englischsprachigen Theoriedebatte einer kritischen Sichtung unterzog, kommt zu dem Ergebnis, die Archäologie allein vermöge zum Verständnis einstiger Zeit- und Vergangenheitskonzepte keinen genuinen Beitrag zu leisten. Sie sei in ihren Schlussfolgerungen dazu viel zu sehr von – etwa über Analogien und Modellbildung gewonnenen – externen Erkenntnissen abhängig (ebd. 231).

Mit dieser Warnung vor überzogenen Erkenntnisansprüchen findet Eggert vermutlich v. a. bei jenen Archäologen Beachtung, die mit Skepsis auf die internationale Theoriedebatte blicken, weil diese ihnen auf die sie interessierenden Fragen der archäologischen Quellenkritik sowie der Methodisierung und Objektivierung archäologischer Erkenntnis keine Antworten zu bieten scheint. Darunter aber befinden sich aber zweifellos auch Personen, die in ihrem unbedingten Streben ›zu zeigen, wie es eigentlich gewesen‹ dem spezifischen Anliegen manch jüngerer englischsprachiger Ansätze näherstehen als dem Credo Eggerts, das dem interkulturellen Vergleich in Form von Analogieschlüssen einen hervorragenden Platz einräumt. Auf diese Weise gerät in Eggerts Zeit-Beitrag eine gerade mit Blick auf die Frage der ›Zeit‹ ganz zentrale Leitdifferenz, die Eggert in anderen Zusammenhängen immer wieder besonders herausgestellt hatte, etwas aus dem Blick: jene zwischen einem auf Individualisierung zielenden archäologischen Historismus und einem auf Generalisierung zielenden kulturellen Komparatismus. Beide arbeiten mit einem jeweils unterschiedlichen Konzept von Zeit. Historistische Ansätze essentialisieren die Zeit, indem sie die Einmaligkeit und Unwiederholbarkeit von historischen Situationen betonen. Komparative bzw. kulturvergleichende Ansätze hingegen suspendieren die Zeit bzw. nivellieren sie zumindest, indem sie die Vergleichbarkeit – und damit die strukturellen Ähnlichkeiten zwischen unterschiedlichen historischen Situationen – hervorheben. Dieses Dilemma wird durch die häufig unreflektierte Benutzung von Begriffen wie ›Kulturgeschichte‹ bzw. ›Kulturhistorie‹ zusätzlich noch verschleiert.[16]

Eggerts Skepsis gegenüber kulturwissenschaftlich inspirierten Versuchen, das archäologische Zeitkonzept für neue Zugänge zu öffnen, beschränkt sich übrigens nicht auf die einschlägige englischsprachige Debatte. Es schließt auch Beiträge aus dem deutschsprachigen Raum mit ein, die sich mit der Frage der Wahrnehmung und sozialen Konstruktion von Zeit in prähistorischen Gemeinschaften befassen.

<table>
<tr><td colspan="3">»Kulturelles Gedächtnis«
Bestand an Wiedergebrauchstexten, -bildern und -riten, in deren ›Pflege‹ eine Gesellschaft ihr Selbstbild stabilisiert und vermittelt.</td><td>Kennzeichen:
- Alltagsferne (Alltagstranszendenz) kennzeichnet seinen Zeithorizont
- Spezialisierte Trägerschaft</td></tr>
<tr><td>»Mimetisches Gedächtnis«
Handeln, das auf Nachahmung beruht.</td><td>»Gedächtnis der Dinge«
Dinge des Alltags, die dem Menschen ein Bild seiner selbst widerspiegeln und ihn an seine Vergangenheit erinnern.</td><td>»Kommunikatives Gedächtnis«
Verbale Kommunikation im sozialen Raum.</td><td>Kennzeichen:
- Hohes Maß an Ungeformtheit, Beliebigkeit und Unorganisiertheit.
- Beschränkter Zeithorizont, der mitwandert
- Keine Spezialisten</td></tr>
</table>

Tabelle 20: Vier Bereiche der Außendimension des kollektiven Gedächtnisses (nach Jan Assmann 1992).

16 Zur Ideengeschichte und Grundproblematik: Gombrich 1991. – Dieser Grundwiderspruch zeigt sich übrigens auch in den Stellungnahmen Eggerts. Während er an einer Stelle die Vorstellung der Existenz einer ›ur- und frühgeschichtlichen Wirklichkeit‹, die es (kulturhistorisch) zu rekonstruieren gelte, als Illusion brandmarkt (Eggert 2013a, 233), nimmt er an anderer Stelle ›kulturhistorisches Denken‹ nachdrücklich gegenüber einer sich seiner Meinung nach im Fach ausbreitenden positivistischen Wissenschaftsauffassung in Schutz (Samida/Eggert 2012, 19). Konkret stellt er damit einem bedenklichen ›naturwissenschaftlichen‹ einen – angesichts der latenten Gefahr des Abgleitens in historistisches Denken – alternativlosen ›kulturwissenschaftlichen Positivismus‹ gegenüber. Dabei liegen beide Konzepte epistemologisch auf einer Ebene indem sie einseitig auf Außenbetrachtung setzen.

Dies gilt auch für eine Studie des Verfassers, die sich – in Abgrenzung zur englischsprachigen Debatte und unter dezidierter Bezugnahme auf jüngere kulturwissenschaftliche Forschungen im deutschsprachigen Raum – darum bemüht, das Konzept des ›Kulturellen Gedächtnisses‹ [Tab. 20] für die Prähistorische Archäologie nutzbar zu machen.[17] Auf die darin ausgebreiteten Argumente zur Verknüpfung kulturanthropologischer Theorie mit prähistorisch-archäologischer Empirie kann ich an dieser Stelle aus Platzgründen ebenso wenig eingehen wie auf eine jüngere archäologische Heidegger-Exegese der britischen Archäologie. Vielmehr möchte ich im Folgenden auf die weitere Debatte um die beiden Konzepte ›Chronologie‹ und ›Periodisierung‹ zu sprechen kommen, innerhalb derer die Frage der ›Typologie‹ nur einen, wenn auch zentralen, Aspekt bildet.

17 S. z. B. Veit 2005 mit Bezugnahme auf die einschlägigen Arbeiten von Jan und Aleida Assmann.

11 Chronologie und Periodisierung

»Three Age System and Culture History were far more than just methods of classification, but acted as paradigms giving meaning to the historical process, and the archaeologist's work.«
(Christopher Pare 2008, 76)

Die Debatte um die Datierung archäologischer Materialien und um die darauf aufbauende Erstellung chronologischer Ordnungen ist im deutschsprachigen Raum bisher immer in erster Linie als eine Debatte um Methoden und Techniken geführt worden. Weniger Aufmerksamkeit hat man dagegen den damit verbundenen weiterreichenden konzeptuellen bzw. methodologischen Fragen gewidmet (siehe aber: Pare 2008; Schier 2013). Dabei geht es um die grundlegende Einsicht, dass sich mit den Konzepten ›Chronologie‹ und ›Periodisierung‹ ein ganz spezifisches Zeitverständnis verbindet, das seinerseits zentral für die Konstitution des Gegenstands prähistorisch-archäologischer Forschung – wie auch für das in diesem Rahmen produzierte Geschichtsbild – ist. Deshalb ist es nötig, sich die Möglichkeiten und Grenzen dieser spezifischen Konzeptionalisierung von Zeit bewusst zu machen. Dazu ist es nicht unbedingt erforderlich, die breite philosophisch-kulturwissenschaftliche Zeit-Debatte der letzten hundert Jahre insgesamt aufzurollen (s. Eggert 2013). Allerdings ist es durchaus sinnvoll, den prähistorisch-archäologischen Diskurs zumindest grob in viel breitere philosophische und kulturwissenschaftliche Debatten einzuordnen. Dabei werde ich jedoch versuchen, so nah wie möglich am Fachdiskurs der Prähistorischen Archäologie zu bleiben.

11.1 Grundbegriffe des prähistorisch-archäologischen Zeitdiskurses

Bei ›Chronologie‹ und ›Periodisierung‹ handelt es sich um zwei eng miteinander verwobene begriffliche Konzepte, die konstitutiv für die Prähistorische Archäologie sind, wie sie sich im 19. Jahrhundert v. a. in Europa etablieren konnte. Sie setzen eine vorgängige ›Datierung‹ der verfügbaren archäologischen Materialien voraus. Dies meint zunächst nichts anderes, als die Abbildung bestimmter ›Ereignisse‹ (z. B. die Herstellung eines bestimmten Artefakts) bzw. ›Zustände‹ (seine Nutzungsdauer) auf einer ordinalen oder einer Intervallskala. Man spricht diesbezüglich üblicherweise von einer ›relativen‹ (Ordinalskala) bzw. einer ›absoluten‹ Datierung (Intervallskala). Dazu stehen im Fach heute zahlreiche Methoden zur Verfügung, die sich entweder an formalen Kriterien (Form- bzw. Gestaltungmerkmale), an Verbreitungstatsachen (Typkombinationen) oder Materialeigenschaften (physikalische oder biologische ›Uhren‹) orientieren [Tab. 21]. Sie werden in der Praxis häufig miteinander kombiniert.

›Klassische‹ Methoden			**Naturwissenschaftliche/ archäometrische Methoden**		
Schichtabfolge	**Formvergleich**		**Physikalische Uhren/radiometrische Datierung**		**Biologische Uhren**
›Stratigraphie‹	**›Typologie‹, Seriation, Kombinationsstatistik**	**›Archäologisch-historische Methode‹**	**C-14-Datierung** (tw. dendrochronologisch kalibriert)	**Andere Elemente/ Isotope**	**Dendrochronologie**
Relative Chronologie	Relative Chronologie	Absolute Daten (letzte 5.000 Jahre)	Absolute und halbabsolute Daten (letzte 50.000 Jahre)	unterschiedlich	Absolute Daten (letzte 10.000 Jahre)
Schichtablagerungen	Geschlossene Fundkomplexe	Arch. Kontexte werden über ›Importfunde‹ mit hist. Kalendern verbunden	Kohlenstoffproben aus aussagefähigen Kontexten	Proben aus aussagefähigen Kontexten	Holzobjekte in aussagefähigen Kontexten

Tabelle 21: ›Klassische‹ und ›naturwissenschaftliche‹ Datierungsmethoden in der Archäologie.

Ziel der Forschung war dabei in der Vergangenheit v. a., die Präzision der Datierungen und insgesamt die zeitliche Auflösung der ins Auge gefassten Erscheinungen zu erhöhen. Die Möglichkeiten dazu sind allerdings begrenzt. Dies zeigen nicht nur die vielfältigen, aber oft vergeblichen Bemühungen um eine Weiterentwicklung und Ausdifferenzierung der klassischen Chronologiesysteme von Oscar Montelius, Paul Reinecke oder Joseph Déchelette, sondern dies lässt sich durchaus auch systematisch begründen. Ein Großteil der neuen Daten, die in den letzten Jahrzehnten die ursprünglichen Chronologiesysteme empirisch erweitert haben, war offenbar redundant. Sie haben uns zwar dabei geholfen, die Ergebnisse der Altvorderen des Faches zu bestätigen und weiter abzusichern. Sie waren aber in vielen Fällen nicht dazu geeignet, ein deutlich engmaschigeres chronologisches Netz zu etablieren. Wir müssen daher anerkennen, dass bei der Aufstellung von relativen Chronologien materialinhärente Begrenzungen – im Sinne einer Art archäologischer Unschärferelation – existieren, denen mit den uns zur Verfügung stehenden Methoden nicht beizukommen ist. Wo man dennoch versucht hat, Feinchronologien zu etablieren, gelten diese oft ausschließlich für einzelne Materialgruppen (wie Keramik oder bestimmte Metallfunde) und lassen sich nicht mit Chronologien anderer Materialgruppen so verschneiden, dass dies insgesamt zu einer höheren chronologischen Auflösung führen würde.[1] Darum geht es mir an dieser Stelle allerdings nur sekundär. Im Mittelpunkt steht vielmehr die Frage, wie aus einer mehr oder minder großen Zahl von Einzelbeobachtungen eine Chronologie gebildet werden kann, die es dann erlaubt, spätere Neufunde einzuordnen – und so zu datieren. Grundlage dafür ist die Etablierung einer Reihe aufeinanderfolgender chronologischer Horizonte im Sinne einer Perioden- bzw. Phasengliederung.

Der Begriff ›Chronologie‹ steht für zweierlei. Zum einen bezeichnet er die ›Lehre von der Zeit‹, zugleich bezeichnet er aber auch das Ergebnis entsprechender Untersuchungen – also eine ganz bestimmte ›Chronologie‹ im Sinne einer Sequenz von diskreten Einheiten wie ›Zeitaltern‹, ›Epochen‹, ›Horizonten‹, ›Perioden‹, ›Stufen‹ oder ›Phasen‹ (z. B. Lewuillon 1991). Die Reihenfolge der Nennung dieser Einheiten orientiert sich an deren absoluter zeitlicher Ausdehnung. Die Aufzählung beginnt mit umfassenden Einheiten und führt zu immer kürzeren Einheiten [Abb. 24]. Allerdings fehlt es in dieser Hinsicht im Fach bislang noch an einem klaren Konsens. Besonders der Sprachgebrauch für jene Einheiten, die zwischen den vergleichsweise langen ›Epochen‹ und den kürzeren ›Phasen‹ liegen, ist uneinheitlich. Schon

1 Eine Feinchronologie um ihrer selbst willen bietet aber keinen echten Forschungsfortschritt.

die Klassiker waren sich in dieser Frage uneinig. Während Montelius in der Tradition der nordischen Altertumskunde mit ›Perioden‹ arbeitete, sprach Reinecke von ›Stufen‹ – ohne dass sich die absolute Dauer der damit bezeichneten Zeitabschnitte signifikant unterschieden hätte.[2] Insofern ist die hierarchische Ordnung, die Eggert (2001/2012) dazu in seiner Einführung gibt, lediglich als ein Vorschlag zu werten.

Abb. 24: »Classification palethnologique« des französischen Prähistorikers Gabriel de Mortillet (1821-1898) aus den Jahren 1894-95. De Mortillet unterscheidet in seinem Chronologieschema, in dessen Zentrum immer noch Thomsens Dreiperiodensystem steht, systematisch (in absteigender Dauer) zwischen Zeiten, Zeitaltern, Perioden und Epochen. Der Begriff »Palethnologique« verweist auf den ethnologischen bzw. anthropologischen Bezug seiner Forschungen und steht damit im Gegensatz zur sich später durchsetzenden Bezeichnung »Préhistorie«.

2 Dies gilt noch mehr, wenn wir den Rahmen der Archäologie verlassen. Der Epochenbegriff bezeichnet ganz Unterschiedliches, je nachdem, ob er in der Geologie, Archäologie oder Geschichtswissenschaft gebraucht wird.

Neben dem quantitativen Argument spielen in diesem Zusammenhang aber auch qualitative Unterschiede eine Rolle. So sieht etwa Christopher Pare neben der unterschiedlichen zeitlichen Ausdehnung auch eine klare inhaltliche Differenz zwischen den Konzepten ›Phase‹ und ›Periode‹: ›Phasen‹ haben für ihn keine historische Relevanz, sondern markieren nur künstliche, über marginale Wandlungen im Bereich der materiellen Kultur definierte Zeitabschnitte, ›Perioden‹ hingegen strukturierten die Geschichte entlang tatsächlicher historischer Zäsuren. Ein Periodenwechsel zeichne sich im Gegensatz zu einem Phasenübergang daher durch eine Transformation aus, die alle Bereiche des Lebens betreffe.[3] In diesem Sachverhalt gründe die überragende Bedeutung, die Fragen der Periodisierung in der Prähistorischen Archäologie seit jeher zukomme.

Ich selbst halte eine solch strikte Differenzierung zwischen dem Konzept der ›Phase‹ und jenem der ›Periode‹ für zu schematisch. Denn einerseits gibt es immer wieder archäologische, durch Leittypen definierte Phasen, deren Beginn oder Ende zugleich mit historischen Ereignissen (wie z. B. in der Spätlatènezeit der Auszug der Helvetier) verbunden wird, andererseits überzeichnet die archäologische Periodengliederung manch vermeintlich ›historischen‹ Umbruch, weil die Durchsetzung von Neuerungen im Bereich der Technik und materiellen Kultur doch oft eine längere Zeit in Anspruch nahm. Daher ist es oft schwierig, eine klare Grenze zwischen zwei Perioden zu ziehen. Entsprechend sind auch auf dieser Ebene viele der Zäsuren künstlich gesetzt worden, und ihre ›historische Bedeutung‹ wäre durch weiterführende Studien erst zu erweisen. Dies zeigt sich besonders deutlich mit Blick auf das traditionsreiche, auf den Dänen Christian Jürgensen Thomsen (1837) zurückgehende, sog. ›Dreiperiodensystem‹. Die von ihm – in Zeiten eng begrenzten chronologischen Wissens – gesetzten historischen Zäsuren haben mit dem Fortschreiten der Forschung allesamt deutlich an Schärfe verloren. Dies gilt ebenso für die später eingeführten, dieses System ergänzenden chronologischen Einheiten [Tab. 22].

3 »There is no reason to think that these phases have any particular historical relevance: the transition from one phase to the next can be defined, for example, by changes in fashion [...]. By contrast, archaeological periods are used to designate historical structuration; the transition from one period to the next is characterized by transformation in all aspects of life – not just change in fashion and ornamentation« (Pare 2008, 69).

C.J. Thomsen (1836)	*John Lubbock (1865)*	**Europa 1870er**	**Europa 1890er**	**Mittel-europa, heute**	**Vord. Orient, 1930er**	**Vord. Orient, heute**
Steinzeit	**Paläolithikum**	Paläolithikum	Paläolithikum	Paläolithikum	Paläolithikum	Paläolithikum
						Epipaläolith (*Natufien*)
			Mesolithikum	Epipaläo-/ Mesolithikum	**Präkeramisches Neolithikum**	PPNL A PPNL B
	Neolithikum	Neolithikum	Neolithikum	Alt-/ Mittel-Neolithikum	Keramisches Neolithikum	Keram. Neolithikum
		Kupferzeit	Kupferzeit	Jung-/ Endneol. (Kupferzeit)		
Bronzezeit	Bronzezeit	Bronzezeit	Bronzezeit Per. I-IV	Bronzezeit A-D		
				Hallstatt A-B		
Eisenzeit	Eisenzeit	Hallstatt	ält./jüng. Hallstatt	Hallstatt C-D		
		Latène	Latène I-III	Latène A-D		

Tabelle 22: Entwicklung des Periodensystems der (europäischen) Ur- und Frühgeschichtsforschung seit Begründung des Dreiperiodensystems durch Christian J. Thomsen (Postulat einer Abfolge von Stein-, Bronze-, Eisenzeit) und seiner Erweiterung durch John Lubbock (1834–1913), der je ein Zeitalter des ›geschlagenen‹ und ›geschliffenen Steins‹ (Paläolithikum bzw. Neolithikum) auswies. Jüngere ›Erfindungen‹ (mit geringerer geographischer Reichweite) waren die ›Kupferzeit‹, das ›Mesolithikum‹ sowie das ›präkeramische Neoli-

thikum‹ im Vorderen Orient (zu einer modernen, ökologisch geprägten Bewertung des Übergangsbereichs zwischen Paläo- und Neolithikum im Orient und Europa s. Uerpmann 1979, 7 ff.).

Ohnehin sind Fälle eines vollständigen Kulturbruchs viel seltener sicher nachzuweisen, als gemeinhin vermutet wird. Meist handelt es sich bei entsprechenden Verdachtsfällen lediglich um Überlieferungslücken. Denn kultureller Wandel betrifft in aller Regel nur Teilbereiche eines soziokulturellen Systems. Und außerdem lässt er sich häufig nur mit dem verfügbaren methodisch-technischen Instrumentarium der Prähistorischen Archäologie, dem seinerseits eine Kontinuitätsprämisse zugrunde liegt, auch tatsächlich genauer ›vermessen‹.

Nur am Rande erwähnt sei in diesem Zusammenhang die grundlegende Einsicht der »Annales«-Schule der französischen Geschichtsschreibung, nach der unterschiedlichen historischen Sektoren unterschiedliche Entwicklungsgeschwindigkeiten eigen sind – von der Personen- und Ereignisgeschichte (*courte durée*) über die Strukturgeschichte (*longue durée*) bis hin zur quasiimmobilen Geschichte der Landschaft. Trotz des Schematismus, der diese Untergliederung prägt, waren und sind entsprechende Überlegungen bis heute für die Akzeptanz der Prähistorischen Archäologie als Teil einer weiter gefassten Geschichtswissenschaft von großer Bedeutung, auch wenn dieser Zusammenhang nur selten theoretisch reflektiert worden ist (Knapp 1992; Knopf 1998).

Ganz einer Meinung bin ich mit Pare hinsichtlich der Aussage, dass eine Periodisierung viel mehr ist als nur eine Datierung. Denn mit Periodisierungen fixieren wir nicht nur bestimmte Ereignisse, sondern generieren darüber hinaus kulturelle bzw. historische Bedeutung: »The function of periodization is clear: periods are constructed to render history coherent, to signalize meaning in history and to emphasize important events, structures and processes« (Pare 2008, 70). Dies war bereits bei der Etablierung des ›Dreiperiodensystems‹ der Fall und gilt in gleicher Weise auch heute noch – in einer Zeit, in der wir über ein zeitlich wie auch geographisch breit ausdifferenziertes, hierarchisch gegliedertes Chronologiesystem verfügen.

Anders als das System des 19. Jahrhunderts verbindet dieses Chronologiesystem eine relative mit einer absoluten Zeitbestimmung.[4] D. h., ›Perioden‹

4 In Analogie zur Chemie könnte man diesbezüglich vom archäologischen Periodensystem sprechen.

lassen sich nicht länger nur in ihrer relativen Abfolge (vorher/nachher), sondern auch absolut auf einem Zeitstrahl fixieren, für den unser modernes Kalendersystem die Grundlage liefert. Damit ist eine weltweite Vergleichbarkeit der Position von ›Ereignissen‹ und ›Zuständen‹ gegeben, selbst wenn in unterschiedlichen Kulturräumen unterschiedliche Konventionen gelten. Während im christlichen Abendland Christi Geburt als Fixpunkt gilt (B.C. = *before Christ*, A.D. = *anno Domini*), haben andere Weltreligionen hier andere Festlegungen getroffen. Für den Islam markiert die Flucht Mohammeds von Mekka nach Medina im Jahre 622 n. Chr. – die sog. Hedschra – einen solchen Fixpunkt. Das Judentum wiederum fixiert die Erschaffung der Welt auf den 7. Okt. 3761 v. Chr. Jedoch können entsprechende Angaben leicht von einem System ins andere umgerechnet werden. Etwas schwieriger ist es dort, wo zusätzlich auch noch der historische Wechsel von Kalendersystemen mit anderen Monats- und Schaltregeln berücksichtigt werden muss.

Diese Problematik betrifft allerdings eher historische als prähistorische Chronologien, die heute vorzugsweise auf naturwissenschaftlichen Datierungen an archäologischen Materialien (oder an Materialien, die archäologische Befunde datieren) beruhen. Deren Bezugspunkt ist nicht ›Christi Geburt‹, sondern ›die Gegenwart‹, die ihrerseits – um Vergleichbarkeit zu gewährleisten – auf das Jahr 1950 fixiert worden ist (›vor heute‹ – BP = *before present*). Seit dieser Zeit steht auch für archäologische Datierungen die Radiokohlenstoff-Datierung zur Verfügung. Dieses Verfahren hat bekanntermaßen in den 1960er und 1970er Jahren zu einer intensiven Diskussion von Periodisierungsfragen sowie von Fragen der Korrelation von Regionalchronologien geführt, die letztlich in einer grundlegenden Neustrukturierung der gesamten altweltlichen archäologischen Chronologie gemündet ist. Nicht umsonst spricht man in diesem Zusammenhang mit Colin Renfrew (1973a) von der »Radiokohlenstoff-Revolution«, deren Auswirkungen im Fach weit über chronologische Fragen hinausgingen. Darauf, wie sie das Selbstverständnis des Faches geprägt haben, werde ich weiter unten (Kap. 11.3) zurückkommen. Vorher ist es aber nötig, noch etwas zur spezifischen Qualität entsprechender naturwissenschaftlicher Datierungen und zu den daraus resultierenden Möglichkeiten und Grenzen ihrer Verwendung in archäologischen Zusammenhängen zu sagen.

11.2 (Re-)Konstruierte Zeit: Radiometrie, Seriation, Stratigraphie

Obwohl radiometrische Datierungen heute routinemäßig umfangreichen Eichungs- bzw. Korrekturverfahren unterzogen werden (entsprechend der Kalibrierung von Radiokohlenstoff-Datierungen), handelt es sich dabei grundsätzlich nicht um punktgenaue Datierungen, die mit chronikalischen Angaben, wie sie die Geschichtswissenschaft etwa aus Urkunden und Chroniken kennt, gleichgesetzt werden können. Vielmehr handelt es sich um statistische Daten, die mit angebbaren (einfache oder zweifache Standardabweichung) wie auch unkalkulierbaren Unsicherheiten verbunden sind. Eine gewisse Ausnahme bildet hier lediglich die Dendrochronologie, mittels der wir (bei vorhandener sog. ›Waldkante‹) in der Lage sind, ein Ereignis (nämlich konkret das Fällen eines Baumes) jahrgenau zu bestimmen. Aber damit sind selbstverständlich die sich anschließenden, für uns kulturhistorisch relevanten Ereignisse (etwa die Verwendung des betreffenden Stammes in einem Bauwerk) nur näherungsweise oder durch Rückgriff auf Analogieschlüsse zu bestimmen. Und gleiches gilt für naturwissenschaftliche Datierungen generell. Mit ihnen datieren wir nicht die betreffenden Artefakte bzw. Befunde selbst. Die gewonnenen Daten bieten für diese zunächst lediglich Datierungsanhalte etwa im Sinne eines *terminus ante quem* oder eines *terminus post quem*, also einer Vor- bzw. einer Nachzeitigkeit.

Daraus ergeben sich wiederum Probleme bei der Korrelation naturwissenschaftlich gewonnener Chronologien mit solchen Chronologien, die sich primär auf schrifthistorische Überlieferungen – oder auf traditionelle Verfahrensweisen, wie die in Kap. 10 behandelte ›typologischen Methode‹ – stützen. Dies gilt vor allem für Seriationen. Sie kommen auch heute noch überall dort zum Einsatz, wo naturwissenschaftliche Datierungen mit einer zur Beantwortung kulturhistorischer Fragestellungen erforderlichen zeitlichen Auflösung nicht in ausreichendem Umfang zur Verfügung stehen. Aus diesem Grunde ist es unabdingbar, dass sich das Fach immer wieder auch über die grundlegende Leistungsfähigkeit und die Grenzen seiner klassischen relativchronologischen Methoden verständigt.

Dass es hierzu auch nach einer mehr als hundertjährigen Beschäftigung mit entsprechenden Fragen noch Neues zu sagen gibt, hat zuletzt Wolfram Schier (2013) in einem wichtigen Beitrag gezeigt. Darin weist er am Beispiel der traditionellen Methoden zur relativen Datierung archäologischer Phänomene auf die grundlegende und unaufhebbare Abhängigkeit von zugrunde gelegtem Chronologiekonzept und kulturhistorischer Deutung hin. Speziell bezieht er sich auf die Typologie und auf die Stratigraphie. Diese sind Schier zufolge besonders durch zwei Elemente miteinander verbunden: zum einen verwendeten beide nichttemporale Variablen als ›Zeitproxy‹, zum anderen läge beiden eine ›ordinale‹ Skalierung der abgeleiteten Zeitachse im Sinne der statistischen Skalentheorie von Stanley Smith Stevens zugrunde.[5] Letzteres wiederum habe nicht immer ausreichend beachtete Auswirkungen auf die »kulturhistorische Interpretation archäologischer Phänomene« (ebd. 258). So würde beispielsweise regelmäßig übersehen, dass die üblichen Ordinalskalen schon aus logischen Gründen nicht in der Lage seien, Zeitverhältnisse in prähistorischer Zeit proportional abzubilden.

Einschlägige Seriationen gäben lediglich eine Rangfolge von Merkmalen wider, ohne dass sich damit zugleich eine Information über den zeitlichen Abstand zwischen zwei Punkten in der Matrix verbinde (ebd. 262). Dennoch verfahre man in der archäologischen Praxis häufig so, als sei dies möglich. Schier verweist in diesem Zusammenhang exemplarisch auf die archäologische Siedlungsforschung im Bereich des Frühneolithikums. Die Dynamik linearbandkeramischer Siedlungen werde üblicherweise durch die Anzahl der Häuser pro Phase (Hausgeneration) ausgedrückt, was eine Intervallskalierung der verwendeten Zeitskala voraussetze, die bei der korrespondenzanalytischen Seriation jedoch nicht gegeben sei:

> »Tatsächlich wird durch das (unbewiesene) Postulat gleichlanger Hausgenerationen von jeweils 25 Jahren Dauer in Kombination mit der (unbewiesenen) Hypothese des Hofplatzmodells die ordinale Skala keramischer Ähnlichkeitsrelationen in eine Intervallskala umetikettiert« (ebd. 264).

Diesen Bedenken ist nicht nur zuzustimmen, die von Schier formulierte Kritik muss m. E. im Lichte der Erörterungen im vorangegangenen Kapitel sogar noch radikalisiert werden. Bei den betreffenden Verfahren sind nicht nur die Abstände offen, auch die auf der Basis der jeweiligen Verfahrensregeln ermittelte Reihenfolge ist im Einzelfall durchaus anfechtbar. Denn inwieweit sich das systematische und das absolute Alter eines Artefakts oder einer Vergesellschaftung tatsächlich decken, ist ohne zusätzliche em-

---

5 Ordinalskalen geben Rangfolgen von Merkmalen wieder, ohne über die Abstände zwischen den einzelnen Ausprägungen Auskunft zu geben. Zulässige Operatoren sind hier ›gleich‹, ›ungleich‹, ›größer‹ und ›kleiner‹. Anders ist dies bei Intervall- und Proportionalskalen.

pirische Evidenz nicht zu entscheiden. Aus Mangel an sicherer Information wird das erzielte Ergebnis daher jeweils lediglich als Annäherungswert (›Proxy‹ = Stellvertreter) an die tatsächliche Deponierungsfolge auf einer kalendarischen Zeitskala genommen. Eine kalendarische Skala bietet unter den üblichen archäologischen Verfahren aber allenfalls die Dendrochronologie. Und selbst hier sind weitere Unschärfen zu berücksichtigen, die sich aus dem variablen, nicht näher bestimmbaren zeitlichen Abstand zwischen Artefaktherstellung und -deponierung ergeben.[6]

Etwas anders als bei Seriationen ist die Situation nur bei stratigraphischen Sequenzen, die im Kern tatsächlich eine Zeitabfolge repräsentieren.[7] ›Nachzeitig‹ bedeutet in einer konkreten (und normalerweise räumlich relativ eng begrenzten) stratigraphischen Sequenz eine eindeutige Abfolge.[8] Allerdings lässt sich auch aus Stratigraphien keine inhärente Information über die zeitliche Ausdehnung der einzelnen stratigraphischen Einheiten und über den zeitlichen Abstand zwischen benachbarten stratigraphischen Einheiten (wie z. B. sog. ›Grenzflächen‹ [*interfaces*] oder ›Verfüllungen‹ [*features*], dazu Kap. 9.3) ableiten. Wenn in der archäologischen Praxis stratigraphische Informationen dennoch regelmäßig durch mehr oder minder implizite Hypothesen bezüglich der zeitlichen Erstreckung einzelner Phasen ergänzt werden (Schier 2013, 263), handelt es sich aus methodologischer Sicht lediglich um Analogieschlüsse bzw. aus solchen abgeleitete Modellierungen (oder Projektionen), wie wir sie auch aus anderen Bereichen archäologischer Praxis kennen (s. Kap. 13).

So bleibt festzuhalten, dass die prähistorische Archäologie in den allermeisten Fällen gezwungen ist, mit einer probabilistischen statt mit einer kalendarischen Zeitskala zu arbeiten. Denn was hier für Typologie und Seriation gesagt wurde, gilt auch für das heute übliche Arbeiten mit archäometrischen Daten, von denen einleitend schon kurz die Rede war. Auch hier lässt sich aufgrund von methodenimmanenten Unschärfen die tatsäch-

---

6 Zu diesem Problemkomplex auch: Stöllner 1999.

7 Dies gilt aber nicht zugleich mit Blick auf ihren Fossil- bzw. Artefaktinhalt, der umgelagert sein kann.

8 Harris unterscheidet in seiner klassischen Studie zur stratigraphischen Methode in der Archäologie (1992) idealtypisch insgesamt drei Arten von stratigraphischen Relationen: nachzeitig, gleichzeitig, undefiniert. Von besonderem Interesse für Fragen der historischen Interpretation ist davon jedoch nur die erstgenannte Form. Die Relation ›gleichzeitig‹ weitet die stratigraphische Ausgangseinheit lediglich aus, die Relation ›undefiniert‹ verweist auf eine Überlieferungslücke.

liche Abfolge einzelner ›Ereignisse‹ häufig nicht eindeutig klären. Das bedeutet aber auch, dass in der Prähistorischen Archäologie (zumindest auf bestimmten Skalenebenen) Argumentationsweisen, die von einer direkten Kausalität der Ereignisse ausgehen (B setzt A voraus), wie wir sie aus der Politik- und Ereignisgeschichte kennen, ausgeschlossen sind. An ihre Stelle treten im weitesten Sinne strukturgeschichtliche Argumentationsweisen, die eine sukzessive Entwicklung von A nach B in kleinsten Schritten unterstellen (s. Kap. 10). Diskontinuitäten und kulturelle Brüche sind vor diesem speziellen Hintergrund nur schwer nachzuweisen – und können dort, wo sie postuliert werden, meist genauso gut auf Überlieferungslücken hinweisen (s. auch Schier 2013, 264).

11.3 Selbst- und fremdbestimmte Zeit

Der zuletzt geschilderte Sachverhalt hat übrigens bei der Etablierung der Radiokohlenstoffdatierung – in Verbindung mit dem Argument der fehlenden Überprüfbarkeit der betreffenden Ergebnisse durch den Archäologen selbst – zwischenzeitlich zu einer Ablehnung dieser Methode im Fach geführt. Bekannt geworden sind in diesem Zusammenhang insbesondere die Diskussionsbeiträge des Heidelberger Prähistorikers Vladimir Milojčić (1918–1978), der durch die neue Methode seine breite kulturhistorische Synthese zum europäischen und vorderasiatischen Neolithikum – und damit sein wissenschaftliches Lebenswerk – gefährdet sah.

Letztlich ging es bei dieser Auseinandersetzung aber nicht allein um Fragen der Synchronisierung unterschiedlicher Regionalchronologien, sondern um eine Konfrontation unterschiedlicher Weltbilder und damit um eine Art von Kulturkampf. Dies wird daran deutlich, dass Milojčić in diesem Zusammenhang seiner Hoffnung Ausdruck verlieh, dass der »Geist über die Mechanik, d. h. über die mechanistische Anwendung fachfremder, nicht überprüfbarer Argumente siegen werde« (Joachim Werner 1978, 17). Kritiker Milojčićs, wie etwa Manfred K. H. Eggert (1988, 55), haben darin später eine »tiefverwurzelte anti-naturwissenschaftliche Geisteshaltung« am Werke sehen wollen, die es zu überwinden gelte.[9] Dass es dazu schließlich

9 »Wo immer deren tiefere Gründe auch liegen mögen, sie führt geradewegs zu jenem Dilemma, das den Gegenstand unserer Erörterungen bildet. Im Rahmen einer solchen Weltsicht läßt sich das Verhältnis von Archäologie und Naturwissenschaft nur als Dichotomie bzw. als Opposition begreifen.« Es ist allerdings merkwürdig, dass auch in

gekommen ist, liegt aber weniger daran, dass die Kritiker die Kritisierten überzeugen konnten, sondern ist eher Ergebnis eines recht normalen Generationenwechsels im Fach.

Die nachfolgende Generation war nicht nur ganz selbstverständlich mit den von der älteren Forschung noch kritisierten, neuen Methoden aufgewachsen, sondern sie war auch nicht für ein auf der Basis älterer Synthesen etabliertes Geschichtsbild eingenommen. Vielmehr machte sie sich eher pragmatisch an das Zusammentragen neuer Daten und hat darauf ein neues Chronologiesystem aufgebaut. Dies gilt etwas für Peter Breunigs 1987 publizierte Studie zur »^{14}C-Chronologie des vorderasiatischen, südost- und mitteleuropäischen Neolithikums«, die zugleich einen Gegenentwurf zur Synthese Milojčićs darstellt. In diesem Sinne bot sie den alten Kritikern Anlass zu einem letzten Aufbäumen gegen das neue Chronologieverständnis.

In einer Besprechung von Breunigs Studie aus der Feder von Georg Kossack und Hansjörg Küster (1991)[10] heißt es in Bezug auf die Kritik an der etablierten historisch-vergleichenden Chronologie:

> »Man wird diese heute weit verbreitete Einstellung, die ein geisteswissenschaftliches Gedankengebäude verwirft, um einem naturwissenschaftlichen, nur vermeintlich exakteren den Vorzug zu geben, nicht ernst genug nehmen können. Ist sie doch von einem Zeitgeist geprägt, der sich im Fach allenthalben bemerkbar macht. Er hängt mit einem positivistischen Streben nach Sicherheit, nach Objektivität und einem Kulturbegriff zusammen, der im materialistischen Denken des späten 19. Jahrhunderts wurzelt, der aber in der Geschichtsforschung seit der Jahrhundertwende als überwunden gilt. Kulturen bestehen nicht aus der Addition ihrer einseitig und lückenhaft überlieferten Gegenstände; es sind funktionale Gebilde, Gefüge, die in ihren Grundzügen wiederherzustellen Aufgabe des Archäologen ist. Was da geschah will man verstehen lernen« (ebd. 444).

Und später:

> »Objektivität scheint [...] vielen bei naturwissenschaftlicher Verfahrensweise gewährleistet zu sein, ohne allerdings die Annahmen kritisch beurteilen zu können, von denen jede experimentelle Naturwissenschaft auszugehen hat.

---

den Arbeiten Eggerts diese Dichotomie immer wieder als grundlegend für ein in seinem Sinne richtiges Fachverständnis herausgestellt wird (Samida/Eggert 2012, 18 f.; 2013).

10 Kossack/Küster 1991. – Die hier kommentierten Formulierungen dürften hauptsächlich aus der Feder von Georg Kossack stammen.

> Objektivität will man andererseits bei möglichst vollständiger Erfassung der Funde und durch ihre Quantifizierung erreichen, wo doch allein ihre Gewichtung im kulturhistorischen Prozeß Bedeutung hätte, so daß mitunter nicht zu wissen Lohnendes in umständliche Untersuchung statistischer Art einbezogen wird« (ebd. 445).

Diese Zitate machen deutlich, dass es in der Auseinandersetzung im Kern weniger um die Radiokohlenstoffdatierung selbst und die von ihr hervorgebrachten neuen Datierungen und chronologischen Korrelationen ging, als vielmehr um etwas ganz Grundsätzliches. Die neue Methode wurde so zum Symbol eines neuen, idealtypisch in der amerikanischen *New Archaeology* verkörperten Materialismus im Fach stilisiert. Eine solche Einschätzung übersieht allerdings, dass schon die von Kossack hochgehaltenen traditionellen, fachimmanenten Methoden zur Erarbeitung einer Chronologie der Vorgeschichte im Kern weniger geistes- als vielmehr naturwissenschaftlichen Ursprungs sind. Mit ihrem Fokus auf Kontinuität und Entwicklung sind diese letztlich eher Repräsentanten des naturwissenschaftlichen Positivismus des 19. Jahrhunderts. Kossacks Kampf gegen dehumanisierende materialistische Tendenzen im Fach entspringt also weniger einer klassisch-geisteswissenschaftlichen Argumentationsweise etwa im Sinne einer historischen Hermeneutik. Vielmehr gewinnt man rückblickend eher den Eindruck, dass hier lediglich eine selbst bereits stark szientistisch geprägte Methodologie gegen eine entsprechende neuere Methodologie, die die konkreten Forschungsergebnisse ersterer in Frage stellt, in Anschlag gebracht wurde.

Man könnte diese Bemerkungen leicht als eine unbedeutende forschungsgeschichtliche Reminiszenz abhaken, fände sich die entsprechende Konfrontation – mit anderer Rollenverteilung – nicht auch in der jüngeren Fachdebatte wider. Dabei finden wir den alten Milojčić-Kritiker Eggert nunmehr an der Seite des die einstigen Bedenken Milojčićs teilenden Kossack. In einer zusammen mit Stefanie Samida verfassten ›Streitschrift‹ mit dem provokanten Titel »Archäologie als Naturwissenschaft?« (2013) verteidigt Eggert die Archäologie gegen zu viel Naturwissenschaft und betont stattdessen ihren Charakter als eine »Historische Kulturwissenschaft«, deren Aufgabe es sei, Beiträge zu einer »Kulturgeschichte des Menschen« zu leisten (dazu auch Kap. 17).[11]

Daran ändert sich im Grundsatz auch nichts durch Eggerts gleichzeitiges Bekenntnis zu einer engen Kooperation mit den Naturwissenschaften. Denn eine solche hatte bereits Kossack gefordert – und in großen Verbundprojekten im Bereich der historischen Küstenforschung auch erfolgreich praktiziert (Kossack 1986). Der Unterschied in den Positionen von Kossack und Eggert reduziert sich daher lediglich darauf, dass Eggert vor dem Hintergrund der Forderung nach mehr Interdisziplinarität argumentiert (Samida/Eggert 2012), während Kossack sich diesbezüglich noch eher am heute wissenschaftspolitisch als bedenklich gebrandmarkten Konzept der ›Hilfswissenschaft‹ orientierte (ebd. 477 f.). Allerdings gestand Kossack den beteiligten naturwissenschaftlichen Disziplinen durchaus auch ein Eigeninteresse zu und setzte sich in der konkreten Zusammenarbeit für pragmatische Lösungen ein, die beiden Seiten gerecht werden sollten. Insbesondere aber hat sich Kossack – ebenso wie Samida und Eggert (2013, 103) – berechtigterweise immer für eine klare Unterscheidung zwischen Wissbarem und Wissenswertem eingesetzt. Diese Differenzierung taugt m. E. indes weniger als Unterscheidungskriterium zwischen Natur- und Geisteswissenschaft als vielmehr zur Differenzierung zwischen guter und schlechter Wissenschaft.

Ohnehin ist die polarisierende Unterscheidung zwischen Natur- und Geisteswissenschaft lange überholt (Lepenies 1985) und sollte deshalb nicht länger zum Maßstab für Auseinandersetzungen in der Ur- und Frühgeschichtlichen Archäologie gemacht werden. Im Hinblick auf das hier behandelte Thema ›Zeit‹ gesteht dies übrigens selbst Eggert ein, wenn er unter Verweis auf Barbara Adams »Time and Social Theory« (1990) darauf aufmerksam macht, dass das in den Geistes- und Sozialwissenschaften tradierte Zeitkonzept der Naturwissenschaften auf dem überholten Naturverständnis des 19. Jahrhunderts beruht. Genau dieses Zeitverständnis ist es aber auch, das der Entstehung der Prähistorischen Archäologie zugrunde liegt – und das Eggert mit seinem Festhalten an einem enger kulturhistorischen Paradigma gegenüber aktuellen Versuchen einer philosophischen Revision abzuschirmen sucht. Dabei ist die Relativierung und Vervielfältigung des

11 Samida/Eggert 2013, 106. – »Archäologie läßt sich […] nicht im Sinne einer Naturwissenschaft betreiben. Jeder entsprechende Versuch würde früher oder später in eine Sackgasse führen« (ebd. 103).

Zeitkonzepts durch die entsprechenden jüngeren Debatten sowohl in den Natur- wie in den Geisteswissenschaften längst unumkehrbar geworden (s. Kap. 18.3).

Anderseits ist die alte Konfrontation zwischen Archäologie und Naturwissenschaft in Chronologiefragen (Kap. 11.3), die im Kern nichts anderes war als ein Generationenkonflikt innerhalb der Prähistorischen Archäologie, inzwischen wieder einer pragmatischeren Zusammenarbeit gewichen. Auf der Grundlage sog. Bayes'scher Statistik und mittels entsprechender Modellierungssoftware (OxCal u. ä.) sind wir heute in der Lage, archäologische Kontextinformation verschiedenster Art – wie z. B. stratigraphische Abfolgen oder die Assoziation datierter Proben zu formenkundlich definierten Phasen – bei der Berechnung der Wahrscheinlichkeitsverteilungen kalibrierter ^{14}C-Datierungen mit zu berücksichtigen. Dadurch eröffnen sich Spielräume für komplexe probabilistische Datierungsmodelle, »in denen tendenziell die Grenzen zwischen ordinaler und relationaler Skalierung der Zeit verwischt werden.« (Schier 2013, 258). Archäologen sind Schier zufolge so nicht länger nur ›Konsumenten‹ von Ergebnissen naturwissenschaftlicher Datierungsverfahren, sondern aktiv an der Generierung solch neuartiger und komplexer Datierungen beteiligt (ebd. 271). Allerdings erhöhen sich durch eine entsprechende Verkettung unterschiedlicher methodischer Ressourcen natürlich auch die potentiellen Fehlermöglichkeiten, von denen die einzelnen Beteiligten jeweils nur einen Teil überschauen. Aber das ist der unvermeidbare Preis für die Diversifizierung unseres Wissens und unserer Methoden. Versuche wie jener Milojčićs, die Kontrolle über den Gesamtprozess zu behalten, sind heute zum Scheitern verurteilt – und sie waren es offenbar auch schon damals.

Klar ist heute auch, dass es in diesem Konflikt nicht allein um die Rettung der Methode sondern mindestens ebenso sehr um die Rettung eines über Jahrzehnte mühsam ausgebauten chronologischen Systems ging. Es handelt sich also um einen klassischen Paradigmenwechsel in Sinne Kuhns, der – indem er alle Gewissheiten über historische Zusammenhänge ebenso wie über kulturelle Mechanismen zerstörte – zu einem ganz neuen Bild der Prähistorie führte.

Das Beispiel zeigt auch, dass es bei Chronologiefragen immer um sehr viel mehr als nur den Austausch von Jahreszahlen geht. Mit den verschiedenen Chronologiesystemen verbinden sich jeweils auch Vorstellungen über Geschwindigkeit und Mechanismen kulturellen bzw. historischen Wandels

[Abb. 25]. Periodisierungen beinhalten bis zu einem gewissen Grad immer auch Ideologien der Zeit bzw. Theorien der Kultur.

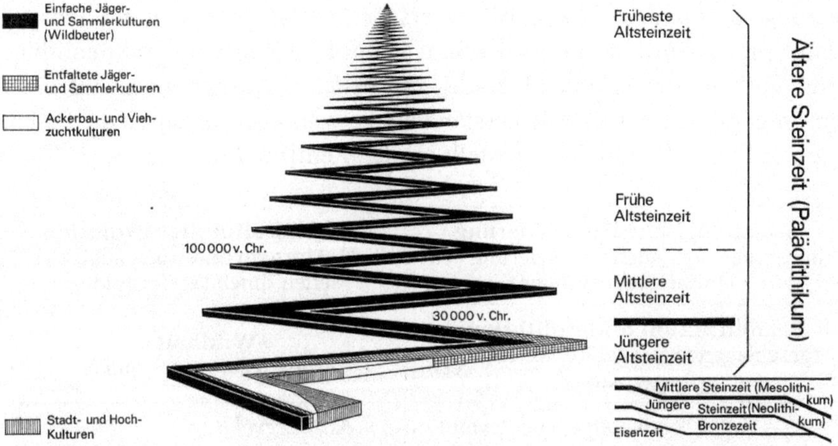

Abb. 25: »Zeitliches Verhältnis der urgeschichtlichen Perioden: Darstellung des Ganges der Zeit wie in Rückblick auf einen Serpentinenweg, bei dem jeder Zug 20.000 Jahre beträgt«. Indem er den Fokus explizit auf die unterschiedlichen zeitlichen Ausdehnungen der prähistorischen Epochen lenkte, öffnete Karl J. Narr (1921–2009) eine neue Perspektive auf das Verständnis der frühen Geschichte der Menschheit (Narr 1978a, Abb. 1).

In diesem Sinne ist die moderne, stark naturwissenschaftlich geprägte Vorstellung einer gleichmäßig verlaufenden Zeit, die sowohl den Seriationsverfahren wie auch den naturwissenschaftlichen Datierungsmethoden (aufbauend auf dem Prinzip der ›physikalischen Uhr‹, die zu einem bestimmten Zeitpunkt aktiviert wird) zugrunde liegt, wohl sehr viel weniger eine unanfechtbare empirische Realität als selbst eine Art moderner ›Ideologie‹. Dies veranschaulicht wahrscheinlich nichts besser als die Wendung »Zeit ist Geld«, die in knappster Form den Warencharakter von Zeit in der Moderne zum Ausdruck bringt. Die entsprechende Konzeptionalisierung von Zeit ist sozial noch heute so wirkmächtig und durchdringt unsere Kultur so umfassend, dass sie ganz offenbar selbst unsere Wahrnehmung bzw. Darstellung prähistorischer Zeiten prägt.

Dass sie zeitgebunden ist, offenbart nicht zuletzt ein Blick in die Wissenschaftsgeschichte. Ältere Zeitkonzepte im Fach orientierten sich nämlich eher an Vorstellungen einer ungleichmäßig verlaufenden Zeit, in der längere Perioden ohne größere Veränderungen mit kurzen Abschnitten beschleunigter Veränderung einander abwechseln – und zwar ohne dass die seinerzeit verfügbaren harten Datierungsfakten eine solche Schlussfolgerung als unausweichlich hätten erscheinen lassen. Ein gutes Beispiel dafür sind V. Gordon Childes berühmt gewordene Konzepte der »neolithic« und »urban revolution« [Tab. 23], die bekanntermaßen noch auf einer chronologischen Grundlage entstanden, die wenig später durch die Radiokarbon-Revolution in Frage gestellt wurde (Renfrew 1973a).

Archäologische Periodisierung im Gefolge der Ausdifferenzierung des Dreiperiodensystems	**Stadien kultureller Evolution** (L. H. Morgan) und Übergänge zwischen ihnen (V. G. Childe)
Paläolithikum & Mesolithikum (geschlagene Steingeräte, wechselnde Lagerplätze)	**»Wildheit«** Frühe Jäger und Sammler
»Neolithische Revolution« (*neolithic revolution*)	
Neolithikum (geschliffene Steingräte, Keramik, feste Siedlungen)	**»Barbarei«** Bauern und Viehhalter
»Städtische Revolution« (*urban revolution*)	
Frühe Hochkulturen im Mittelmeerraum/Vorderen Orient und von diesem beeinflusste ›barbarische‹ Randkulturen (z. B. in nordalpinen Raum): **Bronze- und Eisenzeit**	**»Hochkultur«** Stadt, Staat und Schrift

Tabelle 23: Schematische Darstellung von V. Gordon Childes »Theorie sozialer Evolution« (Childe 1936; 1975).

Insbesondere die lebhafte Debatte um das bis heute weit verbreitete Konzept der ›Neolithischen Revolution‹ zeigt überdies, wie der Aspekt der Kurzzeitigkeit in jüngerer Zeit – im Einklang mit den Veränderungen der Zeitvorstellungen im Fach – zugunsten des Aspekts der Folgenhaftigkeit deutlich an Bedeutung eingebüßt hat. Damit möchte ich nicht behaupten, dass die Veränderungen im Bereich der Empirie in diesem Zusammenhang überhaupt keine Rolle gespielt haben. Es fehlt aber eine Kausalität in der Weise, dass neue Fakten immer zugleich auch neue Geschichtsbilder hervorbringen. Wir haben es vielmehr mit einer komplexen Koevolution beider Bereiche zu tun. Insofern erkennen wir in der Neolithisierungsforschung über die letzten Jahrzehnte sowohl eine Anpassung an die sozialen Veränderungen unseres modernen Zeitregimes als auch die Auswirkungen einer generell länger gewordenen Chronologie, die ihrerseits Anpassungen im Bild der Neolithisierung erforderlich erscheinen ließ.

Die Chronologien der Prähistorischen Forschung beinhalten also zwangsläufig immer auch eine ganze Menge unserer gegenwärtigen (Zeit-)Kultur. Periodisierungen sind wissenschaftliche Konstrukte, die wenig bis nichts mit der Erfahrung der (prä-)historischen Akteure zu tun haben, wohl aber eine Menge mit jener modernen Kultur, die sie hervorgebracht hat. In diesem Sinne bezeichnet beispielsweise der Begriff ›Steinzeit‹ nicht nur eine Zeitspanne, sondern immer auch einen kulturellen Zustand. Und dies gilt nicht nur in einem populärwissenschaftlichen Rahmen, sondern auch in der Wissenschaft selbst (s. Veit 2020d).

12 Raum- und Kulturanalyse

> »Nicht so sehr das Lesen von Texten, sondern das Hinausgehen in die Welt und die Bewegung in der Welt sind die primäre und paradigmatische Form der Erkundung und Erschließung. Friedrich Ratzels Satz ›Im Raume lesen wir die Zeit‹ erscheint daher als das denkbar präziseste Motto für die [...] Versuche und Anläufe, die geschichtliche Welt zu dechiffrieren und zu deuten.«
> (Karl Schlögel 2006, 10)

Mit Bezug auf Walter Benjamin und sein berühmtes, in Paris entstandenes »Passagen-Werk« hat der Osteuropahistoriker Karl Schlögel (2006) die Geschichtswissenschaft vor geraumer Zeit zur Überwindung ihrer Raumvergessenheit aufgefordert. Die Welt solle nicht länger nur nach Art eines Buches gelesen, sondern müsse vielmehr ›flanierend‹ – auf ›archäologische‹ Weise – erkundet werden. In der Tat kann die Archäologie für sich beanspruchen, dass sie neben dem chronologischen dem topographischen Aspekt schon lange die ihm gebührende Aufmerksamkeit hat zuteilwerden lassen. Entsprechend nahm bzw. nimmt der Raum neben der für das Fach konstitutiven Dimension der Zeit seit jeher im archäologischen Diskurs eine zentrale Rolle ein. Dieser entspricht die Bedeutung archäologischer Kartierungen im Rahmen unserer Forschungsbemühungen. Sie bilden damit gewissermaßen das Pendant zu den entsprechenden Repräsentationen der Zeit, den Chronologietabellen. Ein wichtiger Unterschied zwischen den Dimensionen Raum und Zeit liegt allerdings darin, dass der Herkunftsort archäologischer Materialien in vielen Fällen bekannt ist, während eine Datierung erst mühsam erarbeitet werden muss. Diese wiederum ist aber für eine Phasenkartierung unentbehrlich.

Mit der Herausbildung des Faches im frühen 19. Jahrhundert in Nordeuropa wurden entsprechend zunächst die Methoden der (relativen) Datierung entwickelt, wobei man von der Prämisse ausging, dass gleiche Formen auch auf eine Gleichzeitigkeit deuten (s. Kap. 10). Mit der Zunahme des ethnographischen und später auch des archäologischen Wissens wurde indes immer deutlicher, dass eine solche Annahme nicht haltbar ist und sich die kulturelle Entwicklung der Menschheit weit komplexer darstellt – mit Vorreitern (wie Europa) und Nachzüglern (wie etwa den Tasmaniern). In vielen Weltregionen lebten Menschen europäischer Herkunft auf engem Raum mit indigenen Gemeinschaften zusammen. Sie erschienen den Evolutionisten, die sich in gewisser Weise als Urgeschichtsforscher verstanden, als lebende Vertreter einer bis in die Gegenwart fortexistierenden Urzeit (s. Veit 2020d). Dies bot die Grundlage für die Etablierung rassistischer und kolonialistischer Narrative, die in der Folge auch von Urgeschichtsforschern im engeren Sinne – also jenen Personen, die die Urgeschichte des Menschen nicht anhand rezenter Quellen rekonstruierten[1], sondern die ihre Hypothesen zur ältesten Geschichte mit Verweis auf authentische archäologische Materialien zu erhärten suchten – aufgegriffen wurden.[2]

12.1 Im Raume lesen wir die Zeit

Eine ähnliche Konstellation wird in David Friedrich Weinlands (1829–1915) berühmtem Jugendroman »Rulaman« (1950) fassbar, in dessen Zentrum die Erlebnisse einer Steinzeitsippe stehen. Der Roman schildert aus der Perspektive der letzten Jäger und mit Bezug auf das archäologische Wissen seiner Entstehungszeit (1878) die gewaltsame Ablösung steinzeitlicher durch einwandernde, bereits Metall nutzende Gemeinschaften in Südwestdeutschland (s. Brunecker 2003). Als modernes Vorbild für die Urgeschichte diente Weinland die zeitgenössische Situation der nordamerikanischen Indianer, die er übrigens aus eigener Anschauung kannte.

---

1 Unter ihnen ragt Lewis Henry Morgan (1818–1881), der Verfasser von »Ancient Society« (dt.: »Die Urgesellschaft« (1877), heraus. Aber auch seinen Zeitgenossen Friedrich Engels (1820–1895) könnte man hier einrechnen, obwohl er sich von dieser Gruppe von Forschern distanziert hat. Im Jahre 1891 schrieb er in einem Brief vom 13.6.1891 an Karl Kautsky (1854–1938): »Eine größere gegenseitige Assekuranzgesellschaft als die Prähistoriker gibt's nicht. Es ist ein Lumpenpack, das die Kamaraderie und den Cliquenboykott international betreibt, was bei der relativ geringen Zahl angeht« (MEW 38, 114; zit. nach Grünert 1984, 281).

2 Eine Mittlerstellung nimmt John Lubbock (der spätere Lord Avebury, 1834–1913) ein, der durch sein Buch »Prehistoric Times« (1865) berühmt wurde. Er hat darin die zeitgenössischen Forschungsfortschritte der prähistorischen Bodenforschung dokumentiert und vor dem Hintergrund der ›spekulativen‹ Urgeschichtsforschung eingeordnet.

Ihre Entsprechung in der zeitgenössischen Wissenschaft findet Weinlands romanhafte Urgeschichtsdarstellung in Friedrich Ratzels (1844–1904) Vorstellung »Im Raume lesen wir die Zeit« (1904).[3] Der Leipziger Geograph übertrug die bewährte geologische Methode, die aus dem Tiefer bzw. Höher ein Früher bzw. Später ableitet, auf die Kulturgeschichte und projizierte sie in den Raum:

> »Wo aber der Unterschied von Höher und Tiefer oder das Übereinander versagt, kann oft noch die Bestimmung des Näher oder Ferner oder des Nebeneinanders weiterhelfen. Wenn ein Volk sich in einer und derselben Richtung bewegt hat, liegen in dieser Richtung seine älteren Spuren näher, seine jüngeren ferner, und es gelingt vielleicht, Ausgangs- und Zielpunkt seiner Bewegung zu erraten. [...] Wenn wir Sprachen oder andere Völkermerkmale von andern umschlossen und zusammengeschoben oder an die Ränder eines Erdteiles oder auf Inseln hinausgedrängt sehen, wie das Baskische oder Keltische in Europa [...], so halten wir das Zusammen- und Hinausgedrängte für das ältere: wir lesen im Raum die Zeit« (ebd. 28 – s. dazu auch Ratzel 1889).

Die skizzierte Methode hat allerdings ihre Tücken, ist sie doch anfällig für Zirkelschlüsse. Problematisch ist aus heutiger Sicht auch die bereits angedeutete enge Verbindung mit rassentheoretischen Überzeugungen (dazu ausführlicher: Veit 2014b). Dennoch – oder gerade deshalb – haben Ratzels Ideen seinerzeit in sehr unmittelbarer Weise auch den Raumdiskurs in der seinerzeit noch jungen Prähistorischen Archäologie mitbestimmt.

3 Eine Aktualisierung Ratzels versucht Schlögel 2006.

Anthropogeographie Friedrich Ratzel	**Kulturkreislehre** Leo Frobenius, Fritz Graebner	**Soziologie des Raumes** Georg Simmel
Blut und Boden: Substantialisierung und Dämonisierung des Raumes: Kulturgesetze, Lebenskampf der Völker (Darwinismus). – Daneben findet man bei Ratzel aber auch das Konzept eines *abstrakten Raums* mit Betonung kultureller Dynamik: Wandel und Wanderung.	*Kulturkreis* als monadisch geschlossene Einheit (L. Frobenius).	Soziologische Entsubstantialisierung des Raumes mit politischer Option: Geschäft einer Soziologie des Raumes ist das einer Distanznahme, d. h. eine Entmystifizierung raumbezogener Ideologien.
›Raumkult‹ – Rhetorische Dämonisierung des Raumes	Kulturalismus / Ethnozentrismus	Gegenposition zur rhetorischen Dämonisierung des Raumes

Tabelle 24: Konkurrierende Raumkonzepte in der frühen Forschung. Von Relevanz für die Debatte in der Prähistorischen Archäologie waren primär die Ideen Ratzels sowie – in geringeren Umfang – die Wiener Schule der Ethnologie (Kulturkreislehre). Raumsoziologische Ansätze wurden – in begrenztem Umfang – erst im späten 20. Jahrhundert relevant.

Ratzels umfangreiches und umstrittenes Werk ist in den letzten Jahren im Zuge des sog. *spatial turn* wieder verstärkt ins Zentrum der sozial- und kulturwissenschaftlichen Debatten gerückt worden, wo man ihn als Vater der modernen Universalgeschichtsschreibung neu entdeckt hat.[4] Jürgen Osterhammel (2001, 163) etwa sieht in Ratzel den Begründer einer Denkweise, welche die Weltgeschichte als Prozess der Herausbildung und Verschiebung von Zentren und Peripherien deutet: von wechselnden Konzentrationszonen politisch-militärischer Macht, wirtschaftlicher Dynamik und kulturellen Einflusses. Im Dialog mit Karl Lamprecht habe Ratzel um 1900 eine neue Sicht der Geschichte jenseits der orthodoxen Universitätshistorie erarbeitet. Hervorzuheben ist vor allem sein ausgeprägtes Interesse für materielle und geistige ›Übertragungen‹ zwischen unterschiedlichen Gesellschaften, aber auch sein Augenmerk auf neue Gesichtspunkte aus Völkerkunde, Soziologie sowie Ur- und Frühgeschichte [Tab. 24]. Dies hat dazu geführt, dass sich

4 Bereits früher wurde er zum Vordenker der nationalsozialistischen Blut und Boden-Ideologie – übrigens ungeachtet seines Einspruchs gegen Eurozentrismus und Rassenlehren – und zum Begründer einer Ökosystemlehre erklärt.

in letzterer direkte Bezüge auf Ratzels »Anthropogeographie« finden, etwa bei Ernst Wahle (1889–1981) und Karl Hermann Jacob-Friesen (1886–1960),[5] die ihre geographische Kompetenz später in ihre Arbeiten zur Urgeschichte einfließen ließen und damit die jüngere Diskussion von Raumfragen in der Prähistorischen Archäologie maßgeblich geprägt haben.

Ratzel selbst ist auf diese Weise zum Begründer jener universalgeschichtlichen Beziehungs- und Bewegungslehre geworden, die später u. a. von Fernand Braudel (1902–1985) und Immanuel Wallerstein (1930–2019) weiterentwickelt wurde. Dessen Arbeiten zur sog. ›Weltsystemtheorie‹ (Wallerstein 1986) sind wiederum in der jüngeren sozialarchäologischen Debatte aufgegriffen worden. Erinnert sei nur an Andrew Sherratt (1946–2006), dessen Arbeiten in Großbritannien eine Abkehr vom Autochthoniedenken der Prozessualen Archäologie und eine Rückkehr zur lange als ›historistisch‹ abgestempelten Frage großräumiger Kulturbeziehungen eingeleitet haben (Sherratt 1993; 1995; 1997a). In eine ähnliche Richtung weisen die Forschungen von Kristian Kristiansen (1998; s. auch Kristiansen/Rowlands 1998). Doch blicken wir zunächst nochmals zurück auf die Anfänge der Debatte.

12.2 Das archäologische Kulturkonzept und das Studium prähistorischer Raumprozesse

Der frühen Urgeschichtsforschung war eine Ausrichtung auf den abstrakten, allein durch die quasi-mathematischen Attribute ›Weite‹ und ›Enge‹ bestimmten Raum im Sinne Ratzels nicht fremd. Vielmehr prägte sie den archäologischen Raumdiskurs seit der Wende zum 20. Jahrhundert nachhaltig [Tab. 25]. Dies gilt in besonderem Maße für Forschungen zu den jüngeren urgeschichtlichen Perioden. Diesen Bereich des Faches wollte schon Carl Schuchhardt (1859–1943) weniger als chronologisch bestimmte ›Vorgeschichte‹ denn als geographisch definierte ›Nebengeschichte‹ zu den Hochkulturen im Vorderen Orient und im Mittelmeerraum begriffen wissen (Schuchhardt 1908, 944). Die Interaktion zwischen diesen beiden Großregionen beschrieb er daher – durchaus im Ratzel'schen Sinne – als einen dynamischen, zweiseitigen Prozess.

---

5 Jacob-Friesen hat kurz nach Ratzels Tod in Leipzig bei dem Historiker Karl Lamprecht (1856–1915) und dem von der Geographie kommenden Ethnologen Karl Weule (1864–1926) studiert und über ein Thema zur mitteldeutschen Urgeschichte promoviert.

Im kleineren geographischen Maßstab ging es der Ur- und Frühgeschichtsforschung seit Gustaf Kossinnas (1858–1931) bekanntem Aufsatz zur vorgeschichtlichen Ausbreitung der Germanen aus dem Jahre 1896 vor allem um den Ausweis ›archäologischer Kulturprovinzen‹ im Sinne fest umgrenzter, ethnisch-politischer Territorien: »Scharf umgrenzte archäologische Kulturprovinzen decken sich zu allen Zeiten mit ganz bestimmten Völkern oder Völkerstämmen« (Kossinna 1911, 3).[6] Wie Kossinnas Phasenkartierungen veranschaulichen, stand aber auch dahinter die Vorstellung, auf diese Weise die Dynamik prähistorischer Kulturentwicklung zu erschließen [Abb. 26]. Die ethnologische Kulturraumforschung in Form der auf Leo Frobenius (1873–1938), Fritz Graebner (1877–1934) u. a. zurückgehenden Kulturkreislehre zeichnet sich demgegenüber eher durch ein Verständnis des Kulturkreises als einer monadisch geschlossenen Einheit aus und steht so in einem deutlichen Gegensatz zum dynamischen Raumverständnis Ratzels.[7]

6 Später hat Kossinna ihn noch präzisiert: »Streng umrissene, scharf sich heraushebende, geschlossene archäologische Kulturprovinzen fallen unbedingt mit bestimmten Völker- oder Stammesgebieten zusammen« (Kossinna 1926, 21).

7 Eine kritische Bilanz findet sich bereits bei Müller 1981.

Abb. 26: »Die Grenzen der Ostgermanen« (aus: Kossinna 1911/1926). Am Beginn der archäologischen Kartographie steht der deutsche Prähistoriker Gustaf Kossinna (1858–1931), der mittels Fundkartierungen die Entstehung und Ausbreitung Germanen zu erforschen suchte (s. Grünert 2002).

Gustaf Kossinna (1858–1931) *»Siedlungsarchäologie«*	Gesetzmäßiger Zusammenhang zwischen Archäologischer Kultur(-provinz) und Ethnos, exemplifiziert mit Blick auf die »Vorgeschichtliche Ausbreitung der Germanen«.
Karl-Hermann Jacob-Friesen (1886–1960) *»Fundgeographie«*	Die »Fundgeographie« markiere – neben »Fundmorphologie« und »Fundchronologie« – einen von drei »Hauptwegen« der Urgeschichtsforschung (Ausweis von konkreten Formen-/Kulturkreisen)
Ernst Wahle (1889–1981) *»Vorgeschichtliche Anthropogeographie«*	Kultur als Anpassung und Erbe zugleich.
Carl Schuchhardt (1859–1943) *»Vorgeschichte als Nebengeschichte«*	»Vorgeschichte« wird wesentlich zur »Nebengeschichte« der Geschichte der frühen Hochkulturen des mediterranen Raumes. Ziel ist der Ausweis konkreter bilateraler Beziehungen und Beeinflussungen.
Herbert Jankuhn (1905–1990) *»Historisch-genetische Siedlungsforschung«*	Die Historisch-genetische Siedlungsforschung wird als interdisziplinäres Projekt zum Verständnis der frühen Geschichte in ihren vielfältigen Raumbezügen (Naturraum bis politischer Raum) konzipiert. Siedlungsarchäologie untersucht Siedlungsphänomene auf zwei Ebenen: großflächig, im Sinne von Besiedlungsvorgängen in bestimmten Landschaften sowie punktuell, d. h. einzelne Ansiedlungen und ihren Wirtschaftsraum.
Hans Jürgen Eggers (1906–1975) *»Geographisch-kartographische Methode«*	Archäologische Karte als wichtigstes Hilfsmittel zum Studium des römischen Imports im Freien Germanien. Enge Verbindung von Kartierung und archäologischer Quellenkritik.

Tabelle 25: Zentrale Stationen des frühen Raumdiskurses in der Prähistorischen Archäologie.

Kulturraumforschung Hermann Aubin (Geschichtliche Landeskunde)	**Zentralitätsforschung** Walter Christaller (Geographie)
Scharfe Abgrenzung gegenüber dem geographischen Komplementärbegriff »Naturraum«. **Kulturräume** sind „Verdichtungsgebiete zahlreicher Einzelmerkmale, unscharf an den Rändern, mitunter sich überschneidend, mitunter durch breite **Grenzsäume** getrennt, aus **Kernraum** und **Ausstrahlungsraum** bestehend, wobei mit der Weite der Ausstrahlung ihre Intensität abnimmt; sie sind außerdem nicht konstant, sondern ständigen Wandlungen unterworfen." (E. Ennen) Verbreitungsräume müssen nicht unbedingt einem Ortszentrum zugeordnet sein (Ggs. zum Zentralitätsansatz).	»Unter **zentralen Orten** werden die Siedlungen verstanden, die Mittelpunkte eines Gebietes sind, Dienste und Güter anbieten, deren Gesamtbedeutung über die eigene Einwohner-zahl hinausgeht und die zur Versorgung dieses Gebietes dienen. Zentralität ist damit die relative Bedeutung einer Siedlung in bezug auf das sie umgebende Gebiet, oder der Grad, in dem der Ort zentrale Funktionen ausübt.« (P. Schöller) Abgrenzung zwischen ›**Zentrum**‹, ›**Umland**‹ und ›**Hinterland**‹. Weitere Schlüsselbegriffe: ›**Zentralfunktion**‹ und ›**Bedeutungsüberschuß**‹ (als Maß für den Zentralitätsgrad).

Tabelle 26: Gegenüberstellung der Kulturraum- und der Zentralitätsforschung (nach Irsigler 1987).

In der Geschichtswissenschaft ist die ›Kulturraumforschung‹ v. a. mit dem Namen des Landesgeschichtlers Hermann Aubin (1885–1969) verbunden. Aubin verstand unter Kulturräumen – wie Edith Ennen (1977, 458) einmal formuliert hat – »Verdichtungsgebiete zahlreicher Einzelmerkmale«, »unscharf an den Rändern, mitunter sich überschneidend, mitunter durch breite Grenzsäume getrennt, aus Kernraum und Ausstrahlungsraum bestehend, wobei mit der Weite der Ausstrahlung ihre Intensität abnimmt; sie sind außerdem nicht konstant, sondern ständigen Wandlungen unterworfen«. Einen gewissen Gegenpol zur Kulturraumforschung bildet dabei die mit dem Namen des Geographen Walter Christaller (1893–1969) verbundene Zentralitätsforschung. Dessen »Theorie der zentralen Orte« (1933) ist in der Prähistorischen Archäologie allerdings erst in den letzten Jahrzehnten aufgegriffen worden (Kunow 1988; Hennig/Lucianu 2000/Nakoinz/Hinz 2015) [Tab. 26].

Stattdessen orientierte man sich in der Gründerzeit der Prähistorischen Archäologie zunächst v. a. an Aubin. Dessen Vorstellungen decken sich weitgehend mit derjenigen des Konzepts der ›archäologischen Kultur(provinz)‹, auch wenn man in der Urgeschichtsforschung in der Tradition Kossinnas (1858–1931) mit »scharf umgrenzten« Kulturräumen argumentierte und nicht zwischen Zentren und Rändern differenzierte. Eine solche Öffnung ergab sich erst im Rahmen der interdisziplinär angelegten ›historisch-genetischen Siedlungsforschung‹ im Sinne Herbert Jankuhns (1905–1990) (Jankuhn 1977; 1978). Insofern als man hier auf unterschiedlichen Maßstabsebenen (Siedlung, Siedlungsraum, Siedlungskammer, Kulturprovinz) arbeitete, gewann man einen gewissen Abstand zur Orthodoxie von Kossinnas scharf begrenzten Kulturprovinzen.

Mit seiner Grundüberzeugung stand Kossinna – trotz berechtigter Kritik an der Art und Weise wie er argumentierte – allerdings durchaus nicht alleine. Viele seiner Zeitgenossen und Schüler nahmen die Grundidee an und kritisierten lediglich die unzureichende Umsetzung und das fehlende Methodenbewusstsein (z. B. Wahle 1941). In diesem Sinne hat man bis weit ins 20. Jahrhundert hinein versucht, die Werkzeuge der archäologischen Raumanalyse zu schärfen. Dabei spielte von Anfang an die Fundkartierung eine zentrale Rolle, der sich seit 1904 eine eigene »Kommission für prähistorische Typenkarten« widmete (Lissauer 1906; s. auch Grunwald 2012/13; 2016).

Die eigentlichen methodischen Grundlagen der Kartierung archäologischer Funde sind aber erst ab den 1920er Jahren insbesondere durch den bereits erwähnten Karl Hermann Jakob-Friesen (1886–1960) unter dem Begriff ›Fundgeographie‹ sowie durch Hans Jürgen Eggers (1906–1975) unter dem Begriff ›geographisch-kartographische Methode‹ ausgearbeitet worden (Jacob-Friesen 1928, 120 ff.; Eggers 1939; 1951; 1959). Damit wurde deutlich, dass das Kossinna'sche Gesetz lediglich eine nicht näher begründete Projektion von Prinzipien des modernen Nationalstaatsdenkens auf die Urgeschichte darstellt.

Ein gutes Beispiel für eine methodisch fundierte Überprüfung Kossinna'scher Prinzipien mit Blick auf eine konkrete Fundlandschaft lieferte Niels Bantelmann (1940–2000) noch in den 1970er Jahren. Mit Blick auf die älterkaiserzeitlichen Funde in Norddeutschland kam er zu dem Ergebnis, dass sich die Verbreitungsgebiete bestimmter Keramikformen, Bestattungs- und Beigabensitten nur in den seltensten Fällen tatsächlich decken (Bantelmann 1978, 339). Am besten sei noch die Übereinstimmung der Keramikgruppen mit den archäologisch erschließbaren Siedlungsgebieten. Die keramischen Formenkreise, die meistens ein engeres Verbreitungsgebiet als andere Fundgattungen besitzen, werden von Bantelmann daher nicht länger ethnisch gedeutet, sondern als materieller Ausdruck eines geschlossenen Verkehrsgebietes (ebd. 344).[8]

Gestützt wird diese Argumentationsrichtung indirekt durch ethnographische bzw. ethnoarchäologische Studien, die gezeigt haben, dass identitätsrelevante Abgrenzungen, wie sie für ethnische Gruppen konstitutiv sind, meistens nicht durch signifikante Unterschiede in der materiellen Kultur markiert sind. Es sind vielmehr die auf einzelne Objektgattungen bezogenen feinen Unterschiede innerhalb eines kulturell ähnlichen Milieus, die kontextabhängig über Zugehörigkeit zu oder Ausschluss von einer Gruppe entscheiden. Dabei können gegenüber verschiedenen Gruppen auch unterschiedliche Kennzeichen benutzt werden. Deshalb fordert beispielsweise Sebastian Brather (2000, 158 ff.), Gruppenidentitäten nicht mehr – wie bisher üblich – an ein umfassendes Merkmalsbündel zu knüpfen, sondern sie allenfalls an auffälligen Details festzumachen.

Entsprechende Debatten gab es in der Prozessualen Archäologie Großbritanniens im Gefolge von David L. Clarkes (1937–1976) system- und raumtheoretischem Ansatz [Abb. 27]. Auch hier führte er zu einer Entwertung des alten, von Childe in Großbritannien importierten, Kossinna'schen Konzepts der ›archäologischen Kultur‹ (bzw. ›Gruppe‹) (Veit 1984). Trotzdem spielt es als raumzeitlicher Ordnungsbegriff im Fach länderübergreifend bis heute eine wichtige Rolle, auch wenn es im Einzelfall schwer ist, den Inhalt eines solchen Gebildes intersubjektiv verbindlich zu bestimmen (s. Kap. 4.2). Heiko Steuer (2007) zufolge haben wir es bei solchen ›Kulturen‹ letztlich mit wissenschaftlichen Konstrukten zu tun, die ihre Entstehung forschungsgeschichtlichen Zufällen verdanken. Insofern dienten archäologische Kulturen lediglich der fachwissenschaftlichen Verständigung, besäßen »aber keine Relevanz für politisch-militärische Vorgänge oder für die ethnische Gliederung in der Vergangenheit« (ebd. 260). Diese radikale Sichtweise wird heutzutage bisweilen aber auch wieder relativiert.

8 Ähnlich wie Bantelmann hat sich später an verschiedenen Stellen auch Heiko Steuer (geb. 1939) geäußert Steuer 2007.

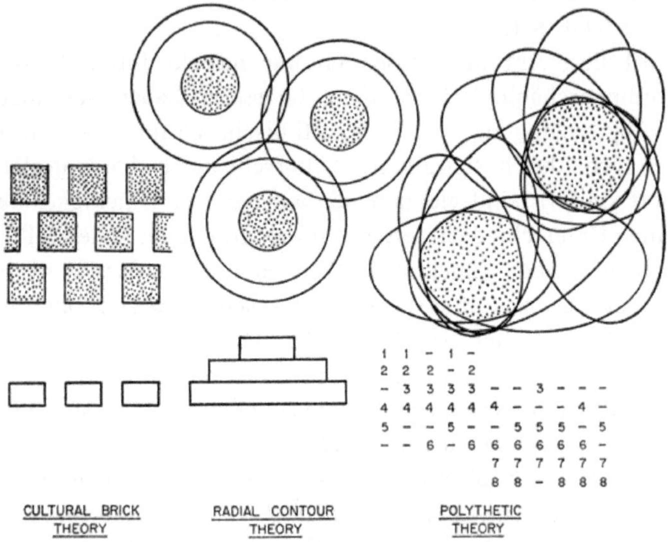

Abb. 27: Kulturmodelle nach David L. Clarke: Die drei Modelle definieren die Beziehung zwischen den Verbreitungsgrenze der kulturellen Einzelelemente und der Grenze der dadurch etablierten archäologischen Kultur jeweils unterschiedlich: Die ›*cultural brick theory*‹ entspricht der Kossinna'schen Vorstellung einer klaren Grenzziehung: Die Einzelelemente definieren feste, klar umgrenzte Einheiten. Die ›*radial contour theory*‹ geht – wie die deutsche Kulturraumforschung (H. Aubin) - von gleichartigen ›Kulturkernen‹ und großen Überschneidungsbereichen aus. Die ›*polythetic theory*‹ fokussiert nicht mehr auf übergeordnete Regelmäßigkeiten, sondern geht davon aus, dass die definierenden Einzelelemente jeweils unterschiedliche Verbreitungen aufweisen. Archäologische Kulturen stellen nur noch statistisch definierte Verdichtungszonen dar (Clarke 1968, Abb. 53).

So meint etwa Albrecht Jockenhövel (2007, 96) in den geographisch umschriebenen ›archäologischen Kulturen‹ oder ›Gruppen‹ der Bronzezeit nicht nur Forschungskonstrukte, sondern »raumzeitliche Abbild[er]« menschlichen Handelns erkennen zu können. Sichtbar werde schon für die Bronzezeit ein »Europa der kleinen Regionen, der ›vielfältig gestaffelten Räume‹ [Fernand Braudel]« aus denen erst durch imperiale und nationale Ideologien größere Einheiten gebildet wurden (ebd. 101). Insoweit böte die archäologische Ausprägung von Grenzen letztlich doch so etwas wie einen Indikator zur Beschreibung konkreter ›(sozio-)politischer‹ Zustände und Entwicklungen.

12.3 Neuere Ansätze zum Studium prähistorischer Raumprozesse

Die vorgestellten Positionen sind in ihrer Gegensätzlichkeit charakteristisch für eine sehr viel breiter geführte und bis ins 19. Jahrhundert zurückreichende Fachdebatte. Die aufscheinenden Widersprüche dürften dabei weniger auf unterschiedliche Befundlagen als auf unterschiedliche Konzeptualisierungen des archäologischen Materials zurückzuführen sein. Die Diskussion zeigt aber auch, dass die Prinzipien der ›geographisch-kartographischen Methode‹ im Grunde bis heute Anwendung finden, auch wenn sich zwischenzeitlich das verfügbare Material zur Beurteilung entsprechender Fragen vervielfältigt hat und die Werkzeuge, die uns zu seiner Bearbeitung zur Verfügung stehen, effizienter geworfen sind (Multivariate Statistik, Geographische Informationssysteme). Geblieben ist vielerorts aber das traditionelle, mechanische Verständnis des Zusammenhangs von Raum und Gesellschaft: Gesellschaften füllen bestehende geographische Räume.

Mögliche Alternativen dazu hat – auf der Grundlage neuer Raumtheorien – die jüngere Geschichtsforschung formuliert. Sie geht von der Vorstellung aus, dass Räume und Gesellschaften einander gegenseitig konstituieren. Kennzeichnend für ein solches, konstruktivistisches Raumverständnis ist, dass Räume nicht mehr als einfach gegeben aufgefasst, sondern als erst durch die Wahrnehmung der sozialen Akteure geschaffen verstanden werden. Die Art und Weise der Wahrnehmung des Raumes ist aber – wie Marian Füssel und Stefanie Rüther (2004, 12) betont haben –

> »stets dem historischen Wandel unterworfen; Menschen unterschiedlicher Zeiten bewegen sich nicht nur in unterschiedlich strukturierten Räumen, sondern nehmen Räume auch unterschiedlich wahr. Raum ist folglich nicht als bloße Umwelt oder Gehäuse sozialer Beziehungen zu betrachten, sondern stets in soziales Handeln eingebunden und wird durch solches erst hervorgebracht. Raum ist daher immer auch ›sozialer‹ Raum‹.«

Diese Überlegungen schließen ihrerseits an Konzepte der modernen Sozialgeographie an, die die sozialen Praktiken des ›Geographie Machens‹ ins Zentrum ihres Interesses gerückt hat. Unter diesem Terminus werden nicht nur die altbekannten Praktiken erdräumlicher Grenzziehungen und Territorialisierungen verstanden, sondern – umfassender – »die performativen Akte der Konstitution der Geographien des Alltags und der Weltbildformierung« – so der Geograph Benno Werlen (2009, 153) [Tab. 27].

»Firstspace«	»Secondspace«	»Thirdspace«
Der wahrgenommene Raum	Der repräsentierte Raum	Der gelebte Raum
Welt der unmittelbaren Raumerfahrung empirisch messbarer und kartographisch erfahrbarer Phänomene.	Welt der räumlichen Images und Repräsentationen (Beschreibungen, Karten, Bilder usw.)	Fokus auf Konzepte und Praktiken der Produktion des Raumes (*making of human geographies*).
Geographie als eine formale Wissenschaft, die den einzigen objektiven oder „realen" Raum analysiert. Beschreibung und Erklärung von Verbreitungen.	**Geographie als Ideen- und Ideologiegeschichte.** Kritik an stark materialistisch und szientistisch ausgerichteten Ansätzen des *Firstspace.*	**Geographie als Ideologiekritik u. Raumpolitik.** Frage nach der sozialen Produktion des gelebten Raumes. Anspruch befreiend zu wirken.

Tabelle 27: Dimensionen des Raumes (Trialectics of spatiality nach Henri Lefebvre und Ed Soja, s. Werlen 2009).

In der Urgeschichtsforschung, zumal jener des deutschsprachigen Raums, sind handlungstheoretische Zugänge dieser Art allerdings noch selten. Ein Beispiel dafür bieten allenfalls die sich an raumsoziologischen Arbeiten orientierenden Studien Joseph Marans (2006) zur mykenischen Palastarchitektur. Maran unterstellt hier eine dynamische Beziehung von Gesellschaft und architektonisch gestaltetem Raum, wobei die soziale Praxis, im diskutierten Beispiel in Form von Prozessionen, und die Architektur eng aufeinander bezogen seien. Jede Gesellschaft schaffe die Art von gebauter Umwelt, die sie für angemessen erachte, um die besonderen sozialen Beziehungen unter ihren Mitgliedern auszudrücken. Umgekehrt wirke diese Architektur aber auch auf die Gesellschaft zurück.[9]

Für die prähistorische Forschung im mitteleuropäischen Raum hingegen spielen solche praxeologische Überlegungen bislang noch keine Rolle. Gleichwohl artikuliert sich auch hier seit einigen Jahren ein neues Interesse an Raumfragen, wie etwa die Forschungen im Rahmen des DFG-Schwer-

9 Während Marans Analysen auf der Mikroebene angesiedelt sind, behandelt der britische Prähistoriker John Barrett (1998) in ähnlicher Weise Erscheinungen auf der Makroebene wie das sog. ›Bronzezeitliche Weltsystem‹.

punktprogramms »Frühe Zentralisierungs- und Urbanisierungsprozesse. Zur Genese und Entwicklung frühkeltischer Fürstensitze und ihres territorialen Umlandes« (Krausse 2008a) – oder auch einschlägige Arbeiten im Berliner Forschungsverbund TOPOI (Hansen/Meyer 2013) – belegen.

<table>
<tr><th colspan="2">Gesellschaftlicher Raum als ...</th></tr>
<tr><th>›Behälter-Raum‹</th><th>›relationaler Ordnungsraum‹</th></tr>
<tr><td>Das ›Behälter-Raum‹-Konzept impliziert eine Entkopplung des Raumes von dem Funktions- und Entwicklungszusammenhang seines gesellschaftlichen ›Inhalts‹ und führt damit zu einer Externalisierung des ›Raumproblems‹ aus dem gesellschaftswissenschaftlichen Erklärungszusammenhang.</td><td>Hier manifestiert sich der ›gesellschaftliche Raum‹ in der Form seiner materiell physischen Raumstruktur, die sich darstellen lässt durch das erdräumliche Beziehungsgefüge der Lagen und Standorte seiner körperlichen Objekte (also den menschlichen Artefakten, einschließlich der gesellschaftlich angerichteten und kulturell überformten Natur, sowie den Menschen in ihrer Leiblichkeit).</td></tr>
<tr><th colspan="2">›Matrix-Raum‹</th></tr>
<tr><td colspan="2">... als Erweiterung eines (passiven) »relationalen Ordnungsraums« zu einem (sich selbst struk-turierenden) Raum: »Um gesellschaftliche Räume aus ihrem ›qualitativen‹, das heißt ihrem gesellschaftlichen Funktions- und Entwicklungszusammenhang heraus erklären zu können bedarf es eines erweiterten Raumkonzeptes: Der ›Raum‹ ist dabei weder neutrales ›Gefäß‹ noch passive ›Resultante‹ körperlicher Objekte, sondern ein derartiges Konzept muss die gesellschaftlichen ›Kräfte‹ einbeziehen, die das materiell-physische Substrat dieses Raumes und damit auch die Raumstrukturen ›formen‹ und ›gestalten‹. Diesen erweiterten, auf dem ›relationalen Ordnungsraum‹ aufbauenden Raumbegriff nenne ich einen ›Matrix-Raum‹« (D. Läpple 1991)</td></tr>
</table>

Tabelle 28: Raumkonzepte jenseits des Behälterraums (nach Läpple 1991).

Erklärtes Ziel des genannten DFG-Schwerpunktprogramms etwa war es, »prähistorische Zentralisierungsprozesse und territoriale Phänomene archäologisch zu erforschen« (Krausse 2008b, 335). Das methodische Rüstzeug, mit dem diese Aufgabe angegangen wurde, entstammt allerdings größtenteils dem Werkzeugkasten der klassischen Kulturraumforschung von Aubin bis Walter Christaller. Über diese Tatsache kann auch nicht hinwegtäuschen, dass die raumarchäologische Forschung gegenüber älteren Studien technisch aufgerüstet hat und heute auf breiter Front moderne

Methoden der Datenverarbeitung wie Geographische Informationssysteme zum Einsatz kommen (z. B. Krauße/Nakoinz 2009; Nakoinz/Steffen 2008).

Raumtheoretisch betrachtet hingegen fehlt es bislang an einer grundsätzlichen Erneuerung. Was in diesem Rahmen unter Verweis auf die Arbeiten des Amerikanisten Klaus P. Hansen (1995; 2009) als eine neue ›Metatheorie‹ archäologischer Kultur(raum)forschung beworben wird, die die meisten existierenden (Kultur-)Theorien miteinschließe (Nakoinz 2009, 11), erweist sich bei näherem Hinsehen letztlich lediglich als eine Fortschreibung kulturtheoretisch eng begrenzter älterer Vorstellungen. Vor allem ist man in den entsprechenden Studien der alten Vorstellung des Raumes als eines präexistenten Behälters, in dem kulturelle Elemente positioniert werden (also dem sog. ›Behälterraumkonzept‹), treu geblieben. Die in der jüngeren Raumdebatte dominante Vorstellung, dass erst die lebenden und unbelebten Akteure einen Raum schaffen (›relationaler Beziehungsraum‹, ›Matrixraum‹), ist den betreffenden Studien hingegen fremd [Tab. 28].[10]

Dies hängt sicher teilweise auch damit zusammen, dass sich entsprechende Forschungen in Ermangelung einer für breitere Analysen ausreichenden Zahl prähistorischer Raumrepräsentationen im Wesentlichen auf räumliche Verteilungen von Fundtypen und Fundplatztypen, aber nur in einem geringen Umfang auf gebaute Räume stützen konnten. Dabei verkörpern ja beispielweise die großen metallzeitlichen Befestigungen in sehr eindrücklicher Art und Weise von sozialen Gruppen neu geschaffene Räume. Und hier werden sich in Zukunft Möglichkeiten ergeben, stärker von den eingefahrenen, deterministischen Vorstellungen abzurücken.

Zunächst bleibt es jedoch in der Prähistorischen Archäologie bei eher konventionellen Ansätzen, die auf mindestens drei unterschiedlichen Maßstabsebenen verhandelt werden [Tab. 29.]:

- Erstens geht es dabei um Prozesse der großräumigen Akkulturation von bereits besiedelten Räumen, die beispielsweise für die Eisenzeit des nordwestalpinen Raumes (Krausse 2008a) unter Begriffen wie ›Hellenisierung‹ und ›Romanisierung‹ abgehandelt werden. In diesem Sinne wurde aber auch die ›Latènisierung‹ des Mittelgebirgsraumes und der norddeutschen Tiefebene gedeutet (Brandt 2001). Zu dieser Kategorie kann auch das Studium von Prozessen der Kolonisation bzw. Binnenko-

10 Zu diesen Konzepten ausführlich: Läpple 1991.

lonisation, im Sinne einer bewussten Erschließung neuer Räume durch einzelne Gemeinschaften, gerechnet werden.

Reichweite ► ▾ Prozesse	**Lokal** (Mikroperspektive)	**Regional** (Mesoperspektive)	**Überregional** (Makroperspektive)
Akkulturation und Integration (z. B. Hellenisierung, Romanisierung, Latènisierung)	Integration fremder Güter und Personen in eine Lokalgruppe bzw. Siedlungsgemeinschaft	Grenzkontakte, Grenzhandel, Ausbildung und Aufrechthaltung ethnischer und politischer Territorien	Fernhandelssysteme, Fernkontakte, raumgreifende Wanderungsbewegungen
Zentralisierung & Dezentralisierung (z. B. „Fürstensitze", Mittelgebirgsburgen, Oppida)	Herausbildung zentraler Orte mit Ergänzungsbereich (*Civitates*)	Bildung (Zerfall) von Stammesverbänden bzw. Städtebünden	Ausbildung (bzw. Auflösung) von großräumigen Zentrum-, Peripherie-, Rand-Systemen

Tabelle 29: Zentrale Raumprozesse und ihre Ausprägung auf unterschiedlichen Maßstabsebenen, mit Beispielen aus dem 1. Jahrtausend v. Chr.

- Damit eng verbunden sind Prozesse der kulturellen Integration mittelgroßer Räume, fassbar etwa in Form von ›Kultur-‹ bzw. ›Stilprovinzen‹. In diesem Sinne hat beispielsweise Ludwig Pauli (1980) schon vor längerer Zeit die Frage der Entstehung des Keltentums im Sinne der Entwicklung eines den Kleinraum übergreifenden Identitätsbewusstseins bereits im 5. Jh. v. Chr. gedeutet und damit eine Diskussion angestoßen, die bis heute anhält.
- Schließlich geht es auch um eher lokale bzw. regionale Prozesse der Zentralisierung im Sinne einer Herausbildung von Zentralorten (klassisch z. B. für die Hallstattzeit bei Biel 1987; s. dazu auch Veit 2015).

Grundsätzlich kann hier also zwischen Akkulturations-, Integrations- und Zentralisierungsprozessen unterschieden werden. Eine solche Auflistung vereinfacht die Verhältnisse allerdings insofern, als Akkulturationsprozesse natürlich nicht nur auf der Makroebene und Zentralisierungsprozesse nicht nur auf der Mikroebene behandelt werden. Im Grunde genommen behandeln etwa die großräumig angelegten Zentrum-Peripherie-Modelle nicht nur Akkulturations- und Integrations-, sondern zugleich auch Zentralisierungs- und Dezentralisierungsprozesse.

Eine besondere Bedeutung im Kontext großräumiger archäologischer Raumanalysen spielen sog. dependenztheoretische Ansätze wie das Konzept eines ›mediterranen Weltsystems‹ bei Sherratt (1993; 1997a) und Kristiansen (1994; 1998). Wie die prozessualen Ansätze der neuen Archäologie halten ihre Verfechter weitgehend an einer Außen- bzw. Beobachterperspektive fest, sehen die beobachtbaren soziokulturellen Entwicklungen aber, anders als diese, nicht primär als das Ergebnis der Eigendynamik regional begrenzter kultureller Systeme. Vielmehr betonen sie eine großräumige und intensive ökonomische und gesellschaftliche Verflechtung bereits in den urgeschichtlichen Perioden. Kulturwandel ist v. a. das Ergebnis der expansiven Bestrebungen früher hochkultureller Zentren, die zur Bildung einer ›barbarischen Peripherie‹ führen, jenseits derer nur noch ein weitgehend von der dynamischen Entwicklung in Zentrum und Peripherie abgehängter ›Rand‹ existiert [Abb. 28].

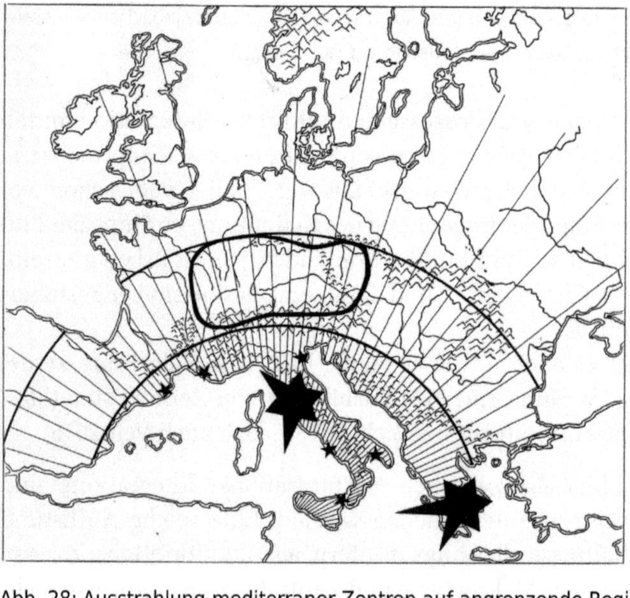

Abb. 28: Ausstrahlung mediterraner Zentren auf angrenzende Regionen der nördlichen Peripherie (am Beispiel der Hallstattkultur). Diese Zone wiederum grenzt sich ab von einer weniger durch die Ereignisse im Zentrum beeinflussten Randzone (Patrice Brun 1987, S. 26).

Das Vorbild für solche Ansätze bietet das Konzept des modernen Weltsystems des Neuzeithistorikers Wallerstein (1986), das hier auf antike Verhältnisse übertragen wird (Schneider 1977). Allerdings hat diese Übertragung auch ihren Preis in Form einer – in ihrer Wirkung nur schwer beurteilbaren – Beifracht. Denn der Gütertausch im modernen Weltsystem ist weder qualitativ noch quantitativ mit jenem in einem antiken Weltsystem vergleichbar. Für die vorrömischen Metallzeiten (mit Ausnahme der Spätlatènezeit) handelt es sich im Wesentlichen um den Austausch sog. ›Prestigegüter‹, ein Handel mit Massengütern war in urgeschichtlicher Zeit schon aufgrund der fehlenden infrastrukturellen und technischen Voraussetzungen weithin nicht möglich.

Auch ist unklar, inwieweit im Einzelfall schwer zu quantifizierende Güterströme in den Liefergebieten tatsächlich zur Ausbildung bestimmter politischer Strukturen, etwa sog. ›Prestigegüterökonomien‹ (Frankenstein/Rowlands 1978; Kristiansen/Rowlands 1998), geführt hat. Tatsächlich gibt es gute Gründe zu der Annahme, dass die Diffusion entsprechender Objekte nicht automatisch mit einem tiefgreifenden Akkulturationsprozess verbunden gewesen sein muss. Festlegungen in der einen oder anderen Richtung bedürfen daher in jedem Fall einer näheren Begründung.[11]

Mit diesen Andeutungen bin ich indes schon weit über die Eingangsfrage nach den Grundprinzipien der räumlichen Ordnung archäologischer Funde hinausgeschossen und mitten in der aktuellen kulturtheoretischen Debatte. Sie wird in den folgenden Kapiteln, in denen es um die zentralen Modi archäologischen Fragens und Begründens gehen wird, im Fokus stehen.

11 Zu den theoretischen Grundlagen und Problemen der ›Akkulturationsforschung‹ s. insbesondere Flaig 1999 und Gotter 2000.

Dritter Teil: Modi und Kontexte archäologischen Fragens und Begründens

13 Analogieschluss und Modellbildung

»Unterschwellig dürfte zwar das völkerkundliche Material samt den daraus abgeleiteten Theorien einen ziemlichen Einfluß auf die Urgeschichtsforschung genommen haben; aber nach außen erscheint das Zusammenwirken kaum als ein dynamischer Faktor und wird vor allem nur selten klar formuliert. Das bedeutet nicht nur einen Mangel an Breite der Forschung, sondern ist auch methodisch recht bedenklich. Ein – so könnte man etwas überspitzt sagen – nur archäologischer Positivismus, der alles aus seinem eigenen Quellenstoff vermeintlich unvoreingenommen ableiten möchte und die Möglichkeit komparativer Erhellung durch völkerkundliche Analogien angeblich ablehnt, erliegt nämlich im Grunde einer Selbsttäuschung: Weil er sich nicht mit diesen Dingen befaßt, erkennt er nicht, daß in Wirklichkeit ethnographische Analogien und Teile von ethnologischen Theoriegebäuden nicht ausgeschlossen, sondern unreflektiert mitgeschleppt werden, weil sie bereits weitgehend in einen ›allgemeinen Bildungsschatz‹ eingegangen sind […].«
(Karl J. Narr 1974, 95)

In den vorgegangenen Kapiteln war bereits in verschiedenen Zusammenhängen vom Ordnen und Vergleichen archäologischer Materialien die Rede, etwa in Form der abstrakten Klassifikation von Objekten auf der Grundlage formaler Kriterien oder in Form des Ausweises bestimmter Typcluster in Zeit und Raum (›archäologische Kulturen‹). Dabei ging es hauptsächlich um

Fragen der primären Aufarbeitung der Quellen (Klassifikation, Datierung, räumliche Ordnung) und weniger um die interpretative Ebene (historische Deutung und narrative Verarbeitung der Forschungsergebnisse). Letztere soll im Fokus des dritten Teils dieses Buches stehen.

Allerdings haftet einer solchen Unterscheidung zwischen primärer Quellenarbeit und historisch-archäologischer Analyse immer zugleich auch etwas Künstliches an. Sie muss daher zugleich wieder etwas relativiert werden, ist sie letztlich doch nicht mehr als ein heuristisches Hilfsmittel. Denn die verschiedenen Praktiken einer archäologischen Mustererkennung in Raum und Zeit bereiten eine historische Interpretation archäologischer Materialien nicht nur vor, sie sind in vieler Hinsicht bereits ein Teil von ihr. In der Praxis werden etwa dort, wo es um den möglichen historischen Hintergrund von bestimmten Verbreitungstatsachen geht, durch konzeptuelle Vorab-Festlegungen zumindest implizit bereits weiterreichende kulturhistorische Fragen mit verhandelt. Dies hat das vorangegangene Kapitel 12, in dem es eben nicht nur um Verbreitungsphänomene, sondern zugleich um konkurrierende Raumkonzepte ging, bereits exemplarisch vorgeführt.

Gleichermaßen bilden Epochenkonzepte und Periodisierungen nicht nur passiv einst existierende Verhältnisse ab, sondern stiften zugleich künstliche Ordnungen (s. Kap. 11) und machen so bestimmte Fragen nach der Zeitlichkeit der behandelten Erscheinungen erst verhandelbar. So mancher Historiker erblickt daher, nicht zu Unrecht, in Epochenbegriffen die Basis narrativer Ordnungen.[1] Manche theoretisch ausgerichtete Archäologen wehren sich indes noch gegen eine solche Einsicht und sehen die Zukunft ihres Faches eher in einer aktiven Abkehr vom Narrativen (Eggert 2012, 147). Ich werde auf diesen kritischen Punkt später zurückkommen, wenn es spezieller um das Problem des ›archäologischen Erzählens‹ gehen wird (Kap. 15.1).

13.1 Ein Problem – drei Verfahrensweisen

Zunächst möchte ich mich jedoch der grundsätzlicheren Frage zuwenden, ob und wie einzelne archäologische Funde bzw. Befunde als Repräsentanten bestimmter Fund- bzw. Befundtypen überhaupt zuverlässig inhaltlich

1 S. Moritz Zimmermann in Burschel/Zimmermann 2022 (mit Bezug auf einen Vortrag von Andreas Mahler). Von archäologischer Seite argumentiert Sabine Rieckhoff (2018, 174) in entsprechender Weise.

gedeutet werden können. Denn anders als in vielen anderen Fächern mit dichterer Überlieferung ist es in der Archäologie zunächst notwendig, so genau wie möglich die ehemalige Funktion und Bedeutung der verfügbaren Fundobjekte und Befunde zu bestimmen. Dazu gilt es, die traditionellen zur Verständigung verwendeten Hilfsbegriffe kritisch zu hinterfragen und nach Indizien zu suchen, die für einzelne Fundgattungen bestimmte Funktionen oder Bedeutungen belegen oder zumindest wahrscheinlich machen.[2] Dazu bieten sich im Grundsatz und mit Blick auf die schon seit dem 19. Jahrhundert geführte prähistorisch-archäologische Methodendebatte besonders drei Verfahrensweisen an: Analogieschluss, Modellbildung und Übersetzung [Tab. 30].

2 Ein klassisches Beispiel aus der Fachgeschichte wäre der sogenannte ›Schuhleistenkeil‹ der bandkeramischen Kulturen. Aus Analogien wissen wir heute, dass es sich dabei um die Köpfe quer geschäfteter Beile handelt, die wohl v. a. zur Holzbearbeitung dienten (Dohrn 1980), aber im Zweifelsfall auch als Mordinstrumente eingesetzt werden konnten (Wahl/König 1987).

Analogieschluss	Der Begriff *Analogie* (gr.: Sinn-Gemäßheit, richtiges Verhältnis, Entsprechung; entspricht lat.: *proportio*) steht für jede Erkenntnis durch Ähnlichkeit oder durch Vergleich. Eine Analogie ist daher im Wesentlichen eine Beziehung zwischen mindestens zwei Dingen, den Analogons/Analoga. Grundsätzlich kann eine Analogie zwischen beliebigen zwei (oder mehr) Gegenständen aufgestellt werden. Sobald eine Analogie zwischen zwei Gegenständen aufgestellt worden ist, kann der eine von beiden als Modell oder Analogon des anderen betrachtet werden. Gleichgültig welcher Teil ausgewählt wird, ist er doch nur ein Modell oder Analogon kraft der hergestellten oder vermuteten Analogie.
Modellbildung	Ein *Modell* ist entweder ein gedankliches Konstrukt, das die Wirklichkeit abbildet (›theoretisches bzw. mathematisches Modell‹), eine physische Darstellung (›Architekturmodell‹) oder eine präsentierende Person (›Fotomodell‹). Neben dem Abbildcharakter sind hier v. a. die Aspekte der Verkürzung und des Pragmatismus bedeutsam: Ein Modell berücksichtigt immer nur ausgewählte Attribute der Wirklichkeit und die Ersetzungsfunktion begrenzt Ausschnitte der Realität. Beim Erstellen eines Modells wird von einer komplexen und undurchsichtigen Realität abstrahiert. Das Modell bietet ein vereinfachtes Abbild dieser Realität (Idealtypus), mit dem wesentliche Einflussfaktoren identifiziert werden sollen.
Übersetzung	*Übersetzung* meint zunächst einmal die Übertragung eines (schriftlichen) Textes in eine andere Sprache. In der Prähistorischen Archäologie erhält der Begriff dann eine Bedeutung, wenn man im Sinne einer allgemeinen Semiotik von einer Existenz ›materieller Texte‹ (im Sinne von in Objekten eingeschrieben Bedeutungen) ausgeht, die von den historischen Akteuren und ggf. auch von den Forschenden entschlüsselt bzw. in andere Medien übersetzt werden können.

Tabelle 30: Analogieschluss – Modellbildung – Übersetzung (weiterführend dazu Holz 1973; Gramsch 2000; Nakoinz/Hinz 2015; Bachmann/Medick 2006; Kogge 2017; Hofmann/Stockhammer 2017).

Die Deutung per ›ethnographischer (bzw. historischer) Analogie‹ setzt auf das Prinzip der Abduktion. Es beinhaltet die ›Entführung‹ (bzw. hypothetische Übertragung) von Wissen aus anderen, besser dokumentierten Kontexten auf ›prähistorische‹ Verhältnisse. Wir riskieren in diesem Fall eine Wette, dass beispielsweise ein bestimmter archäologisch bekannter Objekttypus oder eine bestimmte archäologisch dokumentierte Art und Weise der Totenbehandlung dieselbe Bedeutung besaß, wie ein formal vergleichbarer Objekt- bzw. Handlungstypus in einem dicht beschriebenen ethnographischen oder historischen Kontext (Veit 1997). Dies kann sehr konkrete Erscheinungen. wie z. B. die ›Sitte der Hockerbestattung‹ betreffen, die mit Blick auf ethnographische Vergleiche mitunter als Ausdruck einer Geburts- oder Schlafhaltung gedeutet wurde. Der Analogieschluss kann sich aber auch auf allgemeinere Prinzipien beziehen. Dies ist beispielweise dann der Fall, wenn aus Hinweisen auf eine Seitenvertauschung von Grabbeigaben oder auf deren intentionelle Unbrauchbarmachung auf die Existenz und Wirkung des abstrakten Prinzips der ›Verkehrten Welt‹ im Totenkult der betreffenden Gemeinschaften zurückgeschlossen wird (Veit 1988). Dabei bleibt es aber entscheidend, dass es sich um spezifische Merkmale von zwei oder mehreren ›Kulturen‹ handelt. Geht man von einer universellen Gültigkeit entsprechender Prinzipien, unabhängig von konkreten empirischen Belegen aus, so verlässt man den Rahmen analogischer Argumentation zugunsten eines, wie auch immer konkret ausgestalteten, Universalismus (Veit 2020c).

In einem weiteren Sinne gehören in den Kontext analoger Deutung auch experimentalarchäologische Verfahren (z. B. Andraschko 1995; Dohrn 1980), da sie ebenfalls zunächst nur Deutungsmöglichkeiten für spezielle Befunde aufzeigen und ihre Übertragbarkeit auf ganz konkrete archäologische Kontexte dann im Einzelfall jeweils näher begründet werden muss. In diesem Fall wird lediglich die externe Beobachtung durch das eigene reflektierte Agieren mit dem Material (Experimentieren) ersetzt.[3] Außerdem sind die Möglichkeiten der Deutung aufgrund inhärenter Eigenschaften der verschiedenen Werkstoffe (Holz, Knochen, Stein, Metall) in gewissem Umfang begrenzt. Für die erfolgreiche Herstellung eines Faustkeils gibt es wenige Alternativen. Dies ändert jedoch nichts am Grundprinzip des Vergleichens.

Andererseits ist die Orientierung am Prinzip der Abduktion keine Besonderheit prähistorisch-archäologischer Forschung. Ich teile daher nicht Manfred K. H. Eggerts (1995, 36) Position, der zufolge sich archäologische Quellen von den Quellen anderer historischer Fächer dadurch abheben, dass sie »interpretationsneutral« – und daher nur analogisch deutbar – seien. Auch Quellen bzw. Daten aus anderen Fächern, etwa der Ethnologie, sind grundsätzlich offen für unterschiedliche Interpretationen. Das Analogieprinzip wurde nicht ohne Grund zunächst von der kulturhistorischen

3 z. B. Richter 1991; Merthen 2013. – In manchen Fällen sind ethnoarchäologische und experimentelle Studien miteinander kombiniert worden: Pétrequin/Jeunesse 1995 mit Pétrequin/Pétrequin 1993).

Ethnologie entwickelt (s. Graebner 1911), um später auf die Urgeschichtsforschung ausgedehnt zu werden (z. B. Menghin 1931).

Abduktive Argumentationsweisen findet man übrigens selbst bei der Formulierung von naturgesetzlichen Zusammenhängen.

> »Wenn ich einen sonderbaren Befund in einem noch unerforschten Problembereich habe, kann ich nicht hingehen und ein Gesetz dieses Bereiches suchen (gäbe es eins und ich hätte Kenntnis davon, wäre das Phänomen nicht mehr sonderbar). Ich muß mich umschauen und von *anderswoher* ein Gesetz ›entführen‹ oder ›entleihen‹. Ich muß, wenn man so will, per Analogie vorgehen« (Eco 1988a, 209).

Dabei lassen sich Umberto Eco zufolge mindestens drei Stufen der Abduktion unterscheiden (ebd.): Auf der ersten Stufe ist der Befund zwar unerklärlich und sonderbar, aber das Gesetz existiert bereits irgendwo, vielleicht im Innern des betreffenden Problembereichs, und man muss es nur finden (als das Gesetz mit der größten Wahrscheinlichkeit). Auf der zweiten Stufe ist das Gesetz schwer zu erkennen. Es existiert woanders, in einem anderen Problembereich, und man muss eine Wette darauf riskieren, dass es sich auf den vorliegenden Problembereich ausdehnen lässt (z. B. Keplers Ellipsenbahnen der Planeten). Auf der dritten Stufe existiert das Gesetz noch nicht, und man muss es erfinden.

Eco nennt als Beispiel dafür Kopernikus' kühne These, das Universum müsse heliozentrisch sein. Diese lässt sich in gewissem Sinne mit Eggerts (1991a; 1995; 2003) wiederholter Kritik an einer eurozentrischen, auf die mediterrane Welt fixierten Perspektive der mitteleuropäischen Eisenzeitforschung – und der daraus abgeleiteten Forderung nach einer globalen Weitung des archäologischen Blicks – parallelisieren. Er riskiert damit – wenn auch nicht als Erster – die Wette, die Lösung zahlreicher interpretativer Probleme der Urgeschichtsforschung liege in der außereuropäischen Ethnologie und im weltweiten Vergleichen. Eine eurozentrische Begrenzung der Debatte führe hingegen in die Irre. Ein entsprechendes Denken leitet auch heute noch so manche Forschungsbemühung an – auch wenn sich die Ergebnisse oft auf die Relativierung etablierter fachwissenschaftlicher Sichtweisen beschränken.[4] Auch scheint die aus einer postkolonialen Perspektive heraus formulierte Kritik an der solchen Studien zugrundeliegenden, universalisierenden Verfahrensweise zunehmend lauter zu werden (Gosselain 2016).

---

4 z. B. Kümmel 2009; Knopf 2017; Jung 2021.

Diese Kritik betrifft übrigens nicht nur den Analogieschluss selbst, sondern auch die wissenschaftsgeschichtlich daraus hervorgegangene Ebene der *archäologischen Modellbildung* bzw. *Simulation*. Deren Ziel ist die Erklärung von bestimmten archäologischen Sachverhalten auf der Grundlage allgemeiner Regeln und spezieller Randbedingungen. Allgemein gesprochen sind Modelle gedankliche Abbilder vergangener ›Realität‹, die die Zusammenhänge vereinfachen. Auch sie beruhen letztlich auf Analogieschlüssen. Allerdings werden in diesem Fall nicht ganz konkrete – und unterschiedlich dicht beschriebene – Kontexte eins zu eins miteinander verglichen. Vielmehr versucht man aus Versatzstücken ganz unterschiedlicher Herkunft hypothetisch ein neues ›Bild‹ zu schaffen, das der archäologischen ›Realität‹ möglichst nahekommt.

Idealerweise wird das entworfene Bild mit Blick auf die konkrete archäologische Befundlage in einem begrenzten Bereich der Vergangenheit einem Realitätstest unterworfen. Der Entstehungskontext der betreffenden Modelle bzw. Hypothesen ist dabei sekundär, letzten Endes zählt nur die Bewährung des Modells im Lichte der konkreten Befunde. Modelle sind dabei, anders als die meist statischen Analogieschlüsse, oftmals dynamisch angelegt, d. h. sie sind darauf ausgelegt, empirisch erfassbare Veränderungen in der materiellen Überlieferung zu erklären. Auch in diesem Fall wird übrigens lediglich ein allgemeines Verfahren der analytischen Wissenschaftsphilosophie auf die spezifische Erkenntnissituation der Prähistorischen Archäologie übertragen und deren spezifischen Bedingungen angepasst.

Ein dritter Modus archäologischen Erkennens orientiert sich weniger an der Idee der Nachbildung, sondern an jener der *Übersetzung*. In diesem Fall ist das Ziel der Forschung eine Entschlüsselung konkreter ›materieller Botschaften‹, die quasi im (Be-)Fundmaterial ›abgespeichert‹ sind. Dies setzt ein Verständnis der erhobenen (Be-)Funde als Zeichen und die Existenz eines ihnen zugrundliegenden universellen oder kulturellen Kodes voraus.[5] Insofern umfasst dieser Punkt sowohl das ›Indizienparadigma‹ (Ginzburg 1988)

5 Man kann in diesem Zusammenhang auch von einem indexikalischen und einem ikonischen bzw. symbolischen Zusammenhang sprechen. Ein Index ist ein Zeichen, das physisch mit seinem Objekt verbunden ist (z. B. Feuer und Rauch). Ein Ikon ist ein Zeichen, das seinem Objekt ähnlich ist (also Abbildungscharakter besitzt). Ein Symbol ist ein Zeichen, das sich auf ein bestimmtes Objekt bezieht, ohne dass dieser Zusammenhang für den Uneingeweihten erkennbar wäre. Die Beziehung zwischen Beidem ist arbiträr und muss erlernt werden. Ausführlich hat Eco (1977; 1988b) die Grundlagen der Semiotik behandelt.

als auch das ›Materielle-Kultur-als-Text-Paradigma‹ (z. B. Hodder 1989). Im ersten Falle geht es darum, aus scheinbar nebensächlichen Details im Sinne einer Spurensuche zu neuen – den historischen Akteuren selbst verborgenen – Einsichten über den konkreten Gegenstand der Beobachtung zu kommen. So wird etwa gefragt, ob sich in bestimmten formal ähnlichen Objekten ein gemeinsamer Schöpfer oder zumindest eine gemeinsame Herkunftsregion bzw. Genealogie zu erkennen gibt. Im zweiten Fall geht es darum, Inhalte nonverbaler Kommunikationsakte auf der Basis einer kontextuellen Analyse der verfügbaren archäologischen Überreste zu ›entschlüsseln‹. Dabei wird unterstellt, dass Artefakte – ebenso wie Gegenstände aus der Natur – zu Trägern spezifischer sozialer Botschaften werden können, die klar benennbare Empfänger haben.

Anders als bei den zuvor genannten Ansätzen ist der Archäologe im letztgenannten Fall nicht mehr ausschließlich ein externer Beobachter. Indem er die (Be-)Funde ›liest‹ und dabei ihre (soziale) Bedeutung zu ›entschlüsseln‹ sucht, wird er potentiell zu einem aktiven Kommunikationsteilnehmer in einem – wenn auch einseitigen ›Dialog‹ – über die Zeiten hinweg. Ich werde auf diesen im Fach besonders umstrittenen Punkt später noch ausführlicher zu sprechen kommen (Kap. 14). In diesem Kapitel sollen aber zunächst die beiden Prinzipien des Analogieschlusses und der Modellbildung noch etwas ausführlicher präsentiert und diskutiert werden.

Damit folgt meine Darstellung in groben Zügen der wissenschaftsgeschichtlichen Entwicklung. Das Analogiedenken hatte seinen Höhepunkt bekanntermaßen in der frühen kulturhistorischen Ethnologie und Archäologie, Systemdenken und Modellbildung standen im Zentrum der *New* bzw. *Processual Archeaology*, während die Vorstellung materieller Kultur als einer Art von sozialem Text in der Anfangsphase der *Post-Processual Archaeology* systematisch entwickelt wurde (s. Eggert/Veit 1998). Standen dabei zunächst methodologische Fragen im Zentrum der Debatte, so wurden die Interpretationen in der Folge immer freier und methodisch ungebundener. Im Extremfall ging dies soweit, dass man das ›Archäologie treiben‹ auf eine Ebene mit einer schriftstellerischen Tätigkeit stellte (Hodder 1990). Mit dem sog. *material turn* (Hick 2010) hat das Interesse an Fragen nach konkreten Objektbedeutungen in zentralen Bereichen der Theoriedebatte allerdings an Bedeutung verloren, und so fragt man in der aktuellen Theoriedebatte eher nach den grundlegenden vorsprachlichen Grundlagen und Determinanten menschlicher Kultur (Veit 2018a).

13.2 Der ethnographisch-archäologische Vergleich

Das Anliegen, Vergangenes durch Gegenwärtiges zu erhellen, ist so alt wie das Fach selbst, auch wenn eine Systematisierung von Vergleichen dieser Art erst relativ spät erfolgt ist. Zugleich ist die Möglichkeit, dabei explizit an parallele Debatten innerhalb der (kultur-) historischen Ethnologie (Graebner 1911) anzuknüpfen, erst relativ spät und nur von wenigen Prähistorikern im deutschsprachigen Raum systematisch genutzt worden (z. B. Menghin 1931; Narr 1955). Dies hängt vor allem damit zusammen, dass man sich seit dem frühen 20. Jahrhundert im Fach vehement von den durch den klassischen Evolutionismus geprägten Formen einer Urgeschichtsforschung distanzierte, die ihre Hypothesen nicht auf ›authentische‹ Quellen (Bodenfunde) gründeten, sondern auf ethnographische Beobachtungen bei modernen oder antiken ›Primitiven‹. Dabei übersah man allerdings, dass auch dort, wo man nicht explizit mit solchen interkulturellen Vergleichen arbeitete, Vergleiche und Bilder des Eigenen bzw. Fremden eine wesentliche Rolle im Rahmen unserer Deutungen spielten.

In jenen Bereichen des Faches, in denen man Analogieschlüssen indes offen gegenübertrat, war man schon früh um eine Methodisierung der entsprechenden Verfahrensweise des ›ethnographisch-archäologischen Vergleichs‹ bemüht (Veit 2020c). Absicht eines derartigen Verfahrens ist es, einen weniger gut bekannten (archäologischen) (Be-)Fund durch ein besser bekanntes analoges Phänomen aus der Ethnographie bzw. Geschichte zu erhellen [Abb. 29]. Dabei wird von einer formalen zugleich auf eine inhaltliche bzw. funktionale Übereinstimmung zwischen Befund und Vergleichskontext rückgeschlossen. In diesem Sinne kann man auch von einer speziellen Form des ›asymmetrischen Kulturvergleichs‹ (Veit 1993c) sprechen, die in der prähistorischen Forschung eine lange Geschichte besitzt (Gramsch 2000; Veit 2020c).

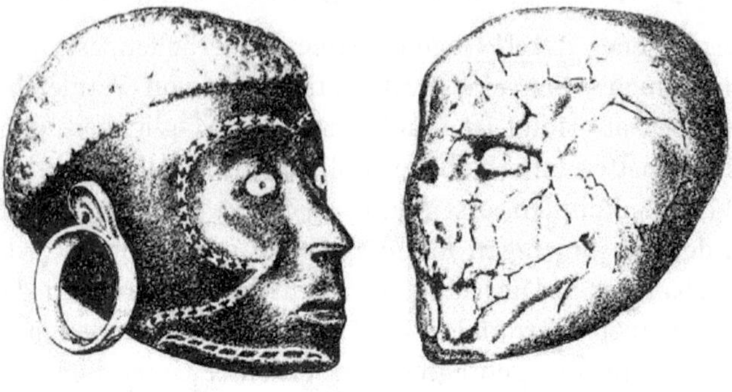

Abb. 29: Übermodellierte Schädel von den Solomonen (links - subrezent) und aus Beisamoun, Oberes Jordantal, Israel (Präkeramisches Neolithikum der Levante). – Karl J. Narr, stellte diese beiden Motive nebeneinander, um das Grundprinzip des ethnographisch-archäologischen Vergleichs, die Erhellung eines nur ›dünn‹ durch einen ›dicht‹ beschriebenen Kontext, zu veranschaulichen (Narr 1982, Abb. 3f.).

F. Graebner	W. Koppers / K. J. Narr	G. R. Willey	R. A. Gould	I. Hodder
Lokalinterpretation				
Ferninterpretation 1. Grades (direkte F.)	freie Parallelisierung			formal analogy
Ferninterpretation 2. Grades (indirekte F.)	funktional gebundene Parallelisierung	general comparative analogy	discontinous analogy	relational analogy
	historisch gebundene Parallelisierung	specific historical analogy (= direct historical approach)	continous analogy	

Tabelle 31: Gegenüberstellung wichtiger Konzepte archäologisch-ethnographischer Analogieformen.

Besonders konsequent auf das Prinzip des ethnographisch-archäologischen Vergleichs hat man zunächst im Rahmen einer universalgeschichtlich ausgerichteten Urgeschichtsforschung in der Tradition der ethnologischen ›Kulturkreislehre‹ gesetzt. Dabei unterschied man auf der Grundlage einer wesentlich von Fritz Graebner (1911) entwickelten Systematik möglicher Vergleichssituationen – mit jeweils unterschiedlicher zeitlicher und räumlicher Distanz der Analoga – zwischen verschiedenen Analogie-Formen [Tab. 31].

Ausgangspunkt dazu bildete die Gegenüberstellung der »freien« und der »gebundenen Parallelisierung« (Narr 1955). Als »frei« gilt ein Vergleich, wenn weder das raumzeitliche Verhältnis der Vergleichseinheiten Berücksichtigung fand, noch phaseologische Überlegungen bei der Auswahl des Vergleichskontexts eine Rolle spielten. Bei der »gebundenen Parallelisierung« setzt man hingegen auf einen inneren Zusammenhang zwischen den Vergleichseinheiten, von dem man wiederum annimmt, dass er die Aussagekraft des Vergleichs erhöht. Unterschieden wird dabei zusätzlich zwischen einer »funktional« und einer »historisch gebundenen Parallelisierung«, entsprechend der oben geschilderten Varianten.[6]

Eine spezielle, für die amerikanische Urgeschichtsforschung wichtige Form ist in diesem Zusammenhang der sog. *Direct historical approach*[7], der überall dort möglich ist, wo direkte Nachfahren der Angehörigen ›archäologischer Kulturen‹ ethnographischer Beobachtung zugänglich sind. Hier wird aufgrund der räumlichen und zeitlichen Nähe der Analoga von einer besonders hohen Treffsicherheit ausgegangen.[8]

In diesem Sinne beschränkten und beschränken sich auch in der Prähistorischen Archäologie explizite Vergleiche bis heute v. a. auf gleichzeitige bzw. dem gleichen Kulturraum zuzurechnende Phänomene und zielen entsprechend vornehmlich auf den Ausweis und das Ausmaß möglicher kultureller Beziehungen – und weniger auf kulturelle Universalien, wie sie beispielsweise von Funktionalismus oder Strukturalismus diskutiert wur-

6 Bei der »historisch gebundenen Parallelisierung« unterscheidet Narr (1955) zusätzlich zwischen »phaseologischer« und »chorologischer« Bindung.

7 Entsprechend in Großbritannien auch bei Clark 1951.

8 Entsprechend gering ist in diesem Fall aber auch das Erklärungspotential. Dass eng verwandte Gemeinschaften einem hohen Grad an Übereinstimmung aufweisen ist nicht weiter verwunderlich.

den.[9] Ein Beispiel für die im Fach lange Zeit vorherrschende Arbeitsweise sind Hermann Müller-Karpes (1981) Überlegungen zur einer »Allgemeinen und Vergleichenden Archäologie«, die von ihm als eine universalhistorische Beziehungsgeschichte konzipiert wird. Als erklärungsrelevant gelten daher nur Vergleiche zu Gleichzeitigem. In anderen Zusammenhängen wird in diesem Sinne aber auch der kulturräumliche Aspekt besonderes betont. Die gilt etwa für jene Arbeiten gegen die sich Eggert (1995, 36) wendet, wenn er dazu auffordert, den Eurozentrismus der älteren Ur- und Frühgeschichtsforschung mit einer privilegierten Bezugnahme auf den Mittelmeerraum und den Nahen Osten zu überwinden. Er zielt dabei insbesondere auf Bemühungen, soziale bzw. kulturelle Institutionen, die aus den antiken Schrift- und Bildquellen bekannt sind, zur Deutung von Phänomenen in zeitgleichen prähistorischen Kulturen heranzuziehen.

Zu denken wäre hier etwa an die Deutung der bronzezeitlichen Depotfunde als Opfergaben an die Götter, die auf – formal nicht direkt vergleichbare – mediterrane Vorbilder rekurriert (Hänsel 1997; Hansen 2002) und die antiken Randkulturen auf diese Weise in eine mediterrane *Koiné* einbindet. Ein solches Vorgehen ist dann anfechtbar, wenn es mit einem beziehungsgeschichtlichen Ansatz verbunden wird. Denn sobald man die untersuchten Kontexte einander hypothetisch über Analogieschlüsse angenähert hat, ist keine unabhängige Aussage mehr über kulturelle Nähe bzw. Distanz der Analoga möglich. Dies gilt umso mehr, wenn es sich bei den Analoga um kulturell eher unspezifische und weit verbreitete Erscheinungen wie etwa die Institution des ›Gabentauschs‹ handelt (F. Fischer 1973; 1993 – dazu kritisch: Eggert 2003). Denn diese kann schwerlich auf die Beziehungen zwischen Führungsschichten antiker Kulturen und entsprechenden Eliten in den betreffenden Randkulturen begrenzt werden.

Was in solchen Beiträgen als eine epochen- und raumspezifische Institution präsentiert wird, kann mit gleichem Recht auch als Ausdruck der Orientierung an einem quasiuniversellen Prinzip gedeutet werden – wie es Marcel Mauss (1978) in seinem berühmten *Essai sur le don* (1925) tat.[10] Insofern bedarf es in jedem Fall einer kritischen Überprüfung entsprechender

---

9 In diesem Sinne habe ich vor längerer Zeit die Prähistorische Archäologie einmal auf das weltweit belegte Phänomen der ›verkehrten Welt‹ aufmerksam zu machen versucht (Veit 1988).

10 Mauss zeichnet darin die juridischen und politischen Formen nach, in denen der Austausch von Personen und der Austausch von Sachen sich mischen. Dabei hatte er »keine Schwierigkeit, die symbolische ›Rekursivität‹ jeder Form von Kommunikation

Hypothesen. Ansonsten besteht die Gefahr, dass sich bestimmte historische Narrative etablieren, denen die empirische Grundlage fehlt.

Noch problematischer als derartige erweiterte ›Lokalinterpretationen‹ sind sog. ›Ferninterpretationen‹, also Analogieschlüsse, die sich auf Kontexte beziehen, die zeitlich und räumlich weit voneinander entfernt sind, aber aus denen doch ähnliche Erscheinungen bekannt geworden waren. Will man hier verlässlich einen direkten Zusammenhang postulieren, so ist es unabdingbar, über Zwischenstationen die Entfernung zwischen den verschiedenen Belegen zu verkürzen. Methodisch interessant sind aber auch jene Fälle, bei denen ein direkter Zusammenhang sicher ausgeschlossen werden kann – und wir deshalb von Konvergenzerscheinungen ausgehen müssen. In solchen Fällen stellt sich dann die Frage, inwieweit ähnliche naturräumliche Bedingungen oder bestimmte funktionale Notwendigkeiten die beobachtbaren Übereinstimmungen erklären können.[11]

Solche Fragestellungen sind in der deutschsprachigen prähistorischen Forschung schon aufgrund ihres in vielen Arbeitsbereichen auf Europa (oder Teile davon) begrenzten Fokus bislang nur selten diskutiert worden. Aktiv geworden sind auf diesem Gebiet in der Nachkriegszeit v. a. Forscher mit zusätzlichen Interessen im außereuropäischen Raum (Smolla 1960; Narr 1966; 1975; Eggert 1991b). Besonders hervorzuheben sind in diesem Zusammenhang die Bemühungen Narrs (1985), der versuchte aus dem Vergleich der prähistorischen Kulturentwicklung in der Alten und in der Neuen Welt historisch-anthropologische Schlussfolgerungen zu ziehen. Welche weitreichenden Einsichten eine solche auf geographische und naturräumliche Bedingungen fokussierte Argumentationsweise bietet, hat in jüngerer Zeit auch der Amerikaner Jared Diamond (1998) eindrücklich gezeigt, indem er plausibel darlegen konnte, in welch hohem Maße die naturräumlichen Ausgangsbedingungen schon von Beginn an über Armut und Reichtum der verschiedenen Kontinente entschieden haben.

Wie weiter oben bereits kurz erwähnt, stellt auch die Experimentelle Archäologie, wenn sie beispielsweise versucht, unter kontrollierten Bedingungen alte Handwerkstechniken nachzuvollziehen, eine Form von Analogiewissen dar. Daraus lassen sich wertvolle Erkenntnisse über tech-

---

zu denken – und dabei festzustellen, daß diese ›Rekursivität‹ seine europäische von keiner anderen Zivilisation unterschied« (Schüttpelz 2002, 171).

11 Dabei könnte man etwa an bestimmte Formen der Totenbehandlung denken, die durch die spezifischen klimatischen Bedingungen begünstigt werden (z. B. die Exkarnation).

nisches Wissen, Arbeitstechniken, verwendete Rohstoffe und bevorzugte Produkteigenschaften gewinnen. Allerdings sind auch in diesem Fall die Fragestellungen im Kern (kultur-)historisch. Experimente können – ebenso wie ethnographische Analogien – nur den Bereich des unter den jeweiligen Rahmenbedingungen (technisch) Möglichen abstecken. Und wie bei Vergleichen müssen die Bedingungen, unter denen das Experiment stattfindet, genau kontrolliert werden, um tragfähige Ergebnisse zu gewinnen. Als ein Beweis im strengen Sinne taugen sie aber auch dann noch nicht.

Andererseits betreibt die Experimentelle Archäologie in gewissem Sinne natürlich auch materialwissenschaftliche Grundlagenforschung. Doch liegt dieser Bereich deutlich außerhalb des Kompetenz- und Zuständigkeitsbereichs von Archäologen. Beiträge dazu erfordern eine genuin naturwissenschaftliche Schulung – und nicht unbedingt ein tieferes Verständnis für die kulturhistorischen Fragestellungen, zu deren Lösung die hier vorgestellten Verfahren beitragen sollen (s. Kap. 17).

13.3 Kulturanthropologische Modellbildung und historische Erklärung

Das Konzept der ›ethnographischen Analogie‹ ist in der Prähistorischen Archäologie in den zurückliegenden Jahrzehnten zunehmend unter Rechtfertigungsdruck geraten. Dies hat zunächst einmal sicherlich ganz praktische Gründe, zeigte sich doch mit der Zeit immer deutlicher, dass die Anwendung dieses Prinzips nur in wenigen Fällen zu klar erkennbaren Fortschritten im Verständnis konkreter Fundkontexte geführt hat. Statt neue Einsichten in konkrete historische Zusammenhänge zu liefern, haben entsprechende Bemühungen vor allem dazu beigetragen, im Sinne von warnenden Beispielen (*cautionary tales*) geltende Überzeugungen zu relativieren.[12] Selbst anspruchsvolle Versuche durch Einbeziehung einer größeren Zahl von Vergleichskontexten und stärkere Quantifizierung die Stringenz der Analytischen Ethnologie auf (ethno-)archäologische Untersuchungen zu übertragen, blieben in ihrer Aussagekraft begrenzt.[13] Dies liegt nicht

---

12 Dazu kommt zweifellos auch, dass die ›ethnographische Analogie‹ heutzutage – in einer Zeit, in der die Symmetrische Anthropologie die Debatte prägt – auch immer mehr mit einer Art von rückwärtsgewandter Ethnologie in Verbindung gebracht wird.

13 Kümmel 2009; Knopf 2017 – zu ›komplexen Analogien‹ allgemein s. a. Wylie 1985; Bernbeck 1997 und Gramsch 2000.

an fehlender Kompetenz auf Seiten der beteiligten Forscher, sondern an grundlegenden Einschränkungen der betreffenden ›Methode‹, die für eine serielle Anwendung nur bedingt geeignet ist. Ihre eigentliche Stärke liegt m. E. eher darin, dass sie eine systematische Befragung eines dünn beschriebenen, durch einen dichter beschriebenen Kontext erlaubt.[14] Dabei bietet das Analogon zwar keine Erklärung für einen Befund, aber immerhin den Ansatzpunkt für dessen konsequente Befragung und Kontextualisierung (s. auch Veit 1994, 368).

Umgekehrt erwies sich der direkte Weg vom ethnographisch-archäologischen Vergleich hin zu einer systematischen ›kulturanthropologischen Modellbildung‹, wie sie schon die frühe *New Archaeology* angestrebt hatte, letztlich als nicht zielführend. Damit meine ich den Wunsch, die Ethnologie möge der Prähistorischen Archäologie einen systematischen Katalog kritisch gesichteter Analogien als Arbeitsinstrument für die Lösung ihrer interpretativen Probleme zur Verfügung stellen – oder sie bei seiner Erstellung wenigstens unterstützen. Andererseits erwies sich die Erweiterung der Theorie- und Methodendebatte der Prähistorischen Archäologie um eine dezidiert kulturanthropologische Perspektive als Glücksfall, da sie sukzessive dazu beitrug, deren einseitige antiquarische und historische Fixierung zu hinterfragen.

Die Einsicht in die begrenzte Aussagekraft ethnographischer Analogien hatte in der angloamerikanischen und britischen Archäologie ›prozessualer Prägung‹ bereits früher als im deutschsprachigen Raum dazu geführt, dass man bei der Modellierung kulturellen Wandels zunehmend von der Bezugnahme auf konkrete ethnographische Referenzbefunde abgesehen hat. Stattdessen stellte man es den Forschenden frei, Elemente aus unterschiedlichen Analogiequellen frei miteinander zu verbinden. Letztlich ging man sogar soweit, dass die zur Modellierung eingesetzten Elemente noch nicht einmal mehr konkret ethnographisch belegt sein mussten. Stattdessen war man überzeugt, dass idealtypische Konstrukte letztlich denselben Zweck wie konkrete ethnographische Fallbeispiele erfüllen könnten, nämlich un-

14 In eine ähnliche Richtung verweist auch die klassische Formulierung von A. Wylie (1985, 107): »I propose [...] that the sceptical worries expressed in archaeology's ›chronic ambivalence‹ about analogy be answered, not by attempts to restrict inquiry to safe methods and the limited ends attainable by them, but by exploring more fully the potential for raising the credibility of those necessarily ampliative and usually analogical inferences on which archaeology must rely if it is to bring unfamilar and otherwise inacessible aspects of the past into view.«

serer historischen Phantasie auf die Sprünge zu helfen. Letztlich erschien ohnehin nicht der Entdeckungs-, sondern der Begründungszusammenhang ausschlaggebend für die Akzeptanz einer bestimmten Deutung. Die Frage, woher das Modell kommt, spielt in diesem Rahmen also keine Rolle mehr. Entscheidend ist vielmehr, inwieweit ein konkretes Modell in der Lage ist, archäologisch beobachtbare Übereinstimmungen und Unterschiede zwischen einzelnen Regionen sowie zeitliche Veränderungen durch Rekurs auf allgemeine Prinzipien und jeweils spezifische Rahmenbedingungen widerspruchslos zu erklären.[15]

Damit kommen wir in einen Bereich der archäologisch-historischen Forschung, der sich wesentlich an den erkenntnistheoretischen Vorgaben der harten (Natur-)Wissenschaften orientiert. Er beschäftigt sich, wie die traditionelle Geschichtswissenschaft, zwar ebenfalls mit Menschen und ihren Hervorbringungen, hebt sich von dieser aber durch die Anwendung von ›naturwissenschaftlichen‹ Methoden (zählen, messen, wiegen usw.) ab. An die Stelle der assoziativen Heranziehung von ethnographischen Analogien bzw. der narrativen Verknüpfung von aus dem archäologischen Material erschlossenen ›Ereignissen‹ (Wanderungen, Eroberungen, Bündnissen) tritt hier eine auf die Auswertung serieller Daten ausgerichtete Form der ›Strukturgeschichte‹.[16] Man kann – mit Blick auf die englischsprachige Debatte – in diesem Zusammenhang auch von einer »Prozessualen Archäologie« sprechen. Deren auf ›Erklärung‹ und ›Modellbildung‹ setzende Grundlagen sind in Großbritannien v. a. von David Clarke (1968/1978) zunächst unter dem Begriff *Analytical Archaeology* sowie von Colin Renfrew (1972) entwickelt worden.[17]

Ziel der einschlägigen Forschungsbemühungen, die auch unter dem Begriff *Social Archaeology* firmieren, ist es nicht nur, Beschreibungen, sondern Erklärungen archäologisch fassbarer Wandlungsprozesse zu geben. Dabei wird auf hinter den Befunden stehende ›Gesetz-‹ bzw. ›Regelmäßigkeiten‹ des kulturellen Prozesses rekurriert. Man geht also davon aus,

15 Ein gutes Beispiel dafür bilden britischen Studien zu neolithischen Monumenten, deren Deutungen ethnographisch motiviert sind, jedoch ohne dass konkrete Vergleiche angestrengt würden; z. B. Renfrew 1973c; Bradley 1998.

16 Insbesondere die französische Strukturgeschichte im Umkreis der ›Annales‹-Schule hat die Grundlagen für einen solchen Ansatz formuliert und ihn an unterschiedlichen historischen Quellenbeständen erprobt (Honegger 1977; Bloch 1985).

17 Zu den epistemologischen Grundlagen s. auch Renfrew 1973b; Renfrew et al. 1982; dazu wiederum Eggert/Veit 1998.

dass unter vergleichbaren Rahmenbedingungen vergleichbare Lösungen gefunden werden. Ausgehend vom archäologischen Material werden deshalb in diesem Rahmen zunächst konkrete Forschungshypothesen über die soziale Struktur bzw. den sozialen Prozess und damit zugleich bestimmte Erwartungen an die historische Entwicklung formuliert – idealerweise solche, die am tatsächlichen archäologischen Befund überprüft werden können. Entsprechend der nomologisch-deduktiven Verfahrensweise gelten entsprechende Hypothesen solange als gültig, solange es nicht gelungen ist, sie (gedanken-)experimentell zu widerlegen.

Dieses Vorgehen kann als direkte Adaption der Verfahrensweise der Naturwissenschaften, die – anders als jene der meisten Historiker – auf die Erklärung genereller Zusammenhänge gerichtet ist, verstanden werden. ›Erklären‹ bezeichnet dabei den Versuch, »das Spätere aus dem Früheren, die Wirkung aus der Ursache, die Tatsache aus dem Gesetz in Form eines Schlusses ›abzuleiten‹« (Riedel 1978, 14) [Abb. 30]. Konkret bildet der Naturwissenschaftler auf der Basis einer Reihe von erhobenen Daten eine Hypothese, von der angenommen wird, dass sie in der Lage ist, die Beobachtungsdaten zu erklären. Man spricht auch von einer Induktion und meint damit den Schluss vom Konkreten und Spezifischen auf ein Allgemeines hin. Mittels einer solchen induktiv gefundenen Gesetzmäßigkeit kann man zukünftige Beobachtungsdaten (D x) vorhersagen. Diesen Schluss vom Allgemeinen aufs Spezifische nennt man in der Wissenschaftsforschung eine Deduktion. Ob das vorausgesagte Ergebnis auch tatsächlich eintritt, lässt sich in der Folge experimentell überprüfen. Dabei gibt es zwei Möglichkeiten: Entweder der experimentelle Befund bestätigt die formulierte Hypothese oder er bestätigt sie nicht. Im letzten Fall gilt die Hypothese als falsifiziert und die Forschungsaufgabe beginnt von neuem. Im Falle der Bestätigung der Hypothese durch das Experiment wird aus der Hypothese formal ein Gesetz, das so lange gültig bleibt, solange es nicht durch ein anderes Experiment falsifiziert wurde.

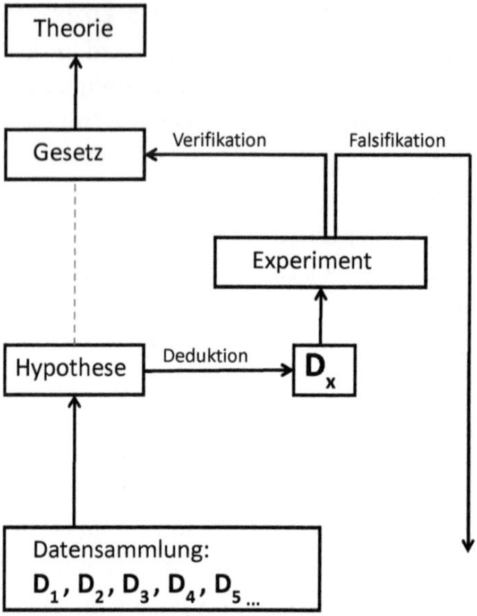

Abb. 30: ›Erklären‹ in den Naturwissenschaften.

Experimente in diesem strengen Sinne kann es selbstverständlich in der Archäologie, als einem historischen Fach, nicht geben: Die Vergangenheit ist experimentellen Verfahrensweisen nicht zugänglich. Wir können frühere Verhältnisse und stattgefundene Entwicklungen lediglich retrospektiv zu erschließen suchen, etwa indem wir danach fragen, welche konkreten (biotischen, ökologischen, ökonomischen, soziologischen) Faktoren für eine bereits abgeschlossene Entwicklung von A nach B bestimmend gewesen sein mögen. Dies setzt allerdings voraus, dass wir die für unsere Deutung zur Verfügung stehenden archäologischen Materialien nicht als Ausdruck singulärer Situationen und Veränderungen ansehen, sondern als das Produkt der Kombination bestimmter Regelhaftigkeiten mit spezifischen äußeren Bedingungen. In einem solchen Sinne lassen sich dann Thesen, die mit Bezug auf eine oder mehrere Fundstellen formuliert worden sind, anhand von Forschungen an weiteren Fundstellen desselben Typs ›testen‹.

Ein anschauliches Beispiel dafür, wie eine solche Verfahrensweise aussehen könnte, bieten beispielweise Untersuchungen zur Funktion der hausbegleitenden Längsgruben bandkeramischer Langhäuser [Abb. 31]. Etablierte Hypothesen, die die Existenz dieses Elements *erklären* (als Ergebnis der Materialentnahme für den Wandaufbau, Anlagen zur Regulierung der Entwässerung) können im Idealfall durch Grabungen an zusätzlichen Fundplätzen *getestet* und unter besonderen Bedingungen vielleicht sogar widerlegt werden.

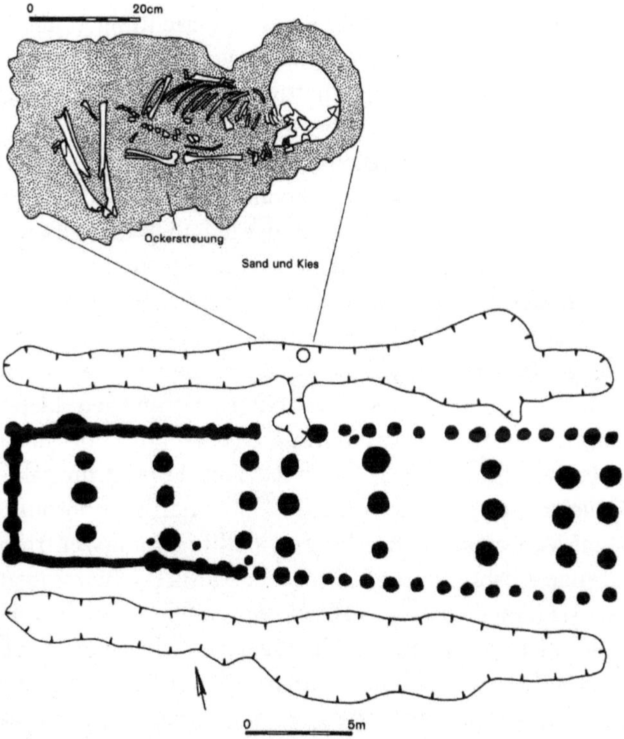

Abb. 31: Grundriss eines spätbandkeramischen Langhauses mit begleitenden Längsgruben und (gleichzeitigem?) Kindergrab aus Cuiry-lès-Chaudardes, Aisne-Tal, Nordfrankreich (Veit 1996, Taf. 19, 1).

Ein ›experimenteller‹ Umgang mit archäologischem Material ist jedoch nicht nur für solche funktionalen Fragestellungen sinnvoll, er wird auch bei der Klärung weiterreichender Fragen des kulturellen Wandels in Anschlag gebracht. Ein wichtiges Experimentierfeld bildet dabei traditionell die Umweltarchäologie im Sinne einer Ökosystemanalyse. Sie untersucht die langfristige Anpassung sozialer Gruppen an bestimmte Umweltbedingungen bzw. die Reaktionen auf unvorhergesehene Umweltveränderungen.[18] Allerdings wird in diesem Zusammenhang oft mit einem verengten Begriff von ›Kultur‹ als einer außerkörperlichen Form der Umweltanpassung gearbeitet.[19] Man unterstellt also, dass unterschiedliche menschliche Gemeinschaften in gleicher Weise auf einen bestimmten ›Umweltdruck‹ reagiert haben. Ein solches Vorgehen mag in großräumiger Betrachtung und bei Fixierung auf bestimmte Schlüsselressourcen (Wasserversorgung in ariden Gebieten, Bodenbeschaffenheit bei landwirtschaftlichen Gruppen) durchaus zu brauchbaren Einsichten führen. Es lässt aber zugleich die kulturwissenschaftliche Einsicht außer Acht, dass menschliche Gemeinschaften letztlich nicht direkt auf eine Mangelsituation reagieren, sondern auf das Bild, das sie sich von diesem Mangel machen.[20] Vorhersagen, die lediglich die äußeren Rahmenbedingungen berücksichtigen, erscheinen somit als unterkomplex. Diese Einschränkung schmälert aber nicht zwangsweise ihren heuristischen Wert.

Ein klassisches Beispiel für die Art und Weise, wie in der ›Prozessualen Archäologie‹ ›Modellbildung‹ und ›Simulation‹ eingesetzt wurden, bietet das sog. *wave of advance*-Modell zur Ausbreitung des Neolithikums nach Europa (Ammerman/Cavalli-Sforza 1973; 1984), das zum Vorbild für zahlreiche jüngere Neolithisierungsmodelle wurde (z. B. Shennan/Edinborough 2007). Es postuliert eine von einem nahöstlichen Neolithisierungszentrum ausgehende gleichförmige Ausbreitung neolithischer Kulturerscheinungen über größere Räume. Als Träger dieser Ausbreitung gelten Personenverbände, die sich auf die Suche nach neu erschließbarem Ackerland in die Ferne aufmachen, um auf diese Weise einer Hungersituation zu entgehen.

Der unterstellte Prozess ist also primär ein demographischer, der sich in idealtypischer Weise auf der Grundlage einer Kartierung der jeweils ältesten Nachweise neolithischer Kulturerscheinungen in dem betreffenden Großraum nachweisen lässt. In diesem Fall liefert die Archäologie also

18 Mit diesen Fragen hat sich insbesondere die amerikanische *New Archaeology* in zahlreichen Fallstudien eingehend befasst (Binford/Binford 1968; R. A. Gould 1980 – zusammenfassend auch Bernbeck 1997 mit weiteren Beispielen und Belegen).

19 Die geschieht meist mit Bezug auf die Arbeiten des amerikanischen Kulturanthropologen Leslie White (1900–1975): s. Gucksch 1990.

20 Die volkskundliche Forschung konnte etwa zeigen, dass sich bestimmte in Krisenzeiten entwickelte Muster eines sparsamen Umgangs mit Ressourcen auch in Zeiten des Überflusses hinein fortgesetzt haben. Trotz Wirtschaftswunder hat beispielsweise die Kriegsgeneration an gewissen nunmehr teilweise dysfunktional gewordenen kulturellen Praktiken festgehalten (s. z. B. Korff 1983).

lediglich Hinweise auf das Wann? und Wo?, die dann den Modellannahmen entsprechen müssen, um die unterstellte Erklärung zu untermauern.

In späteren Phasen der Debatte um die Neolithisierung sind darüber hinaus auch archäologisch konkret fassbare Merkmale der betreffenden Gemeinschaften, beispielsweise deren unterschiedliche Affinität zum Monumentalgrab (Randsborg 1975), Teil der entsprechenden sozialarchäologischen Modelle geworden. Hier ist etwa an die einflussreiche Idee einer möglichen Signalfunktion der frühen Megalithgräber im Hinblick auf den Anspruch kleiner Siedlergruppen auf bebaubares Land zu erinnern (Renfrew 1976).

Kombiniert mit dem Modell der als demographisches Phänomen verstandenen neolithischen ›Kulturwelle‹ bietet es eine elegante Erklärung für die empirisch belegte vornehmlich küstennahe Verbreitung der Megalithgräber. Ab dem Zeitpunkt als die neolithische Ausbreitungswelle die sog. ›Atlantische Fassade‹ erreicht hatte, war eine weitere Expansion nicht mehr möglich und es musste zwangsweise zu einer Landverknappung kommen. Auf diese hätten die lokalen Siedlergemeinschaften in der Weise reagiert, dass sie ihre Ansprüche auf bebaubares Land mittels monumentaler Grabanlagen besonders markiert hätten. Das Modell stellt also eine direkte Verbindung von Ökonomie und Kultur her. Die Frage, inwieweit das dargelegte, inzwischen klassische Modell der aktuellen Forschungssituation noch gerecht wird, bzw. ob heute nicht andere Modelle diese besser erklären könnten, kann an dieser Stelle in der notwendigen Tiefe diskutiert werden. Stattdessen muss der Hinweis genügen, dass in der Folge auch wieder Modelle sondiert wurden, die die Prämisse der lokalen Autonomie der Entscheidungen (entsprechend der jeweiligen naturräumlichen Bedingungen) wieder etwas relativiert haben und stattdessen externen Faktoren eine größere Bedeutung zur Erklärung von großräumigen Prozessen des (agri-)kulturellen Wandels einzuräumen bereit sind [Abb. 32].

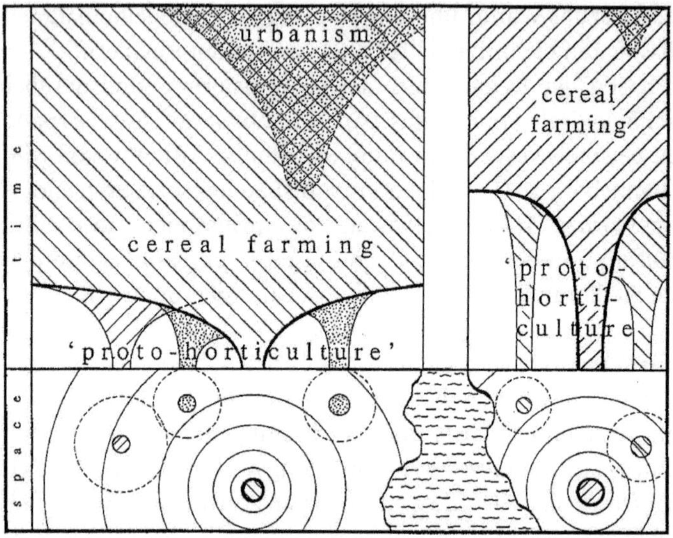

Abb. 32: Modell zur Ausbreitung landwirtschaftlicher Betriebssysteme in Zeit und Raum nach Andrew Sherratt (1997, Abb. 2). Sherratt betont das Prinzip der punktuellen Entstehung verschiedener Systeme, von denen ich langfristig aber nur ganz wenige durchsetzen und plädiert für die Wiedereinsetzung der räumlichen Dimension, speziell des Prinzips der Zentrizität (*centricity*). Damit möchte er das Zentrum-Peripherie-Modell der jüngeren Urgeschichte auch für die älteren Perioden nutzbar machen (s. Sherratt 1993; 1997, 284).

Generalisierungen und Modelle dieser Art spielen allerdings nicht erst bei der Erklärung beobachtbarer langfristiger Veränderungen im archäologischen Befund eine wichtige Rolle, sondern auch dort, wo man sich generell Gedanken über die archäologischen Konsequenzen menschlicher Handlungen macht, also beispielsweise über »archäologische Formationsprozesse« (Bernbeck 1997, 70 ff. – s. a. Schiffer 1976; 1987) nachdenkt.

Darunter versteht man Prozesse, denen Objekte unterworfen sind, die aus ihrem lebensweltlichen Gebrauchs- bzw. Wirkungskontext ausgeschieden und dadurch sofort oder über Umwege (wie etwa Um- bzw. Sekundärnutzungen) Teil archäologischer Ablagerungen geworden sind. Sofern wir über ›natürliche Transformationen‹ (*n-transforms* bei Michael Schiffer 1976) sprechen, ist die Situation vergleichsweise unproblematisch. Dass sich beispielsweise durch Verwesungsprozesse im Boden die Zahl der Informationen, die ein archäologisches Inventar birgt, mit der Zeit reduziert, ist leicht nachvollziehbar – und lässt sich als genereller Prozess auch relativ problemlos modellhaft nachbilden. Experimentalarchäologische Untersuchungen können hier in gewissem Umfang zu Neubewertungen des archäologischen Befunds beitragen.

Problematischer ist die Situation im Hinblick auf die ›kulturellen Transformationen‹ (*c-transforms* bei Schiffer), die Objekte während ihres ›Lebens‹ durchlaufen, etwa, wenn sie ihre ursprüngliche Funktion nicht mehr erfüllen können oder aus anderen Gründen außer Gebrauch genommen werden. Die Art dieser Transformationen (und entsprechend die jeweilige ›Objektbiographie‹) kann sich je nach kulturellem Kontext sehr stark voneinander unterscheiden. In einem Fall kommt es möglicherweise zu einer Umnutzung (z. B. sekundäre Nutzung von Gefäßscherben), im anderen zu einer Entsorgung. Letztere kann stark formalisiert sein (›rituelle Deponierung‹), sie muss aber nicht zwangsweise einer besonderen kulturellen Regulierung unterworfen sein. Reste können auch unbeachtet am Ort verbleiben. Generelle Festlegungen, wie Menschen in einem bestimmten Kontext reagieren werden, erscheinen nicht möglich. Um hier eine Hypothese wagen zu können, braucht es daher eine genaue Analyse des betreffenden Kontexts.

Kulturübergreifende Generalisierungen verbieten sich daher. Im Grunde war es schon problematisch, als Hans Jürgen Eggers (1959, 264–267) in seiner berühmten Facheinführung verallgemeinernd zwischen einer »positiven Auslese« mit Bezug auf in Gräbern und Depots aufgefundene Gegenstände und einer »negativen Auslese« mit Bezug auf in Siedlungen aufgefundene Gegenstände unterschieden hat.[21] Das Postulat einer entsprechenden, kulturübergreifenden Regel dürfte einer strengen Prüfung nicht standhalten. Denn beileibe nicht alles, was z. B. in einem Grab angetroffen wird, muss gleichermaßen Resultat einer positiven Auslese sein. Bestimmte Gegenstände können durchaus auch unabsichtlich in die Grabverfüllung gelangt sein. Umgekehrt gibt es auch aus anerkannten ›Siedlungskontexten‹ immer wieder Belege für absichtliche Deponierungen. Was in einem bestimmten Augenblick der Fachentwicklung als heuristisches Prinzip hilfreich war, ist in einer Situation, in der sich das Fach kulturwissenschaftlich weiterentwickelt hat, problematisch geworden und muss daher verworfen werden.

21 Davon abgesehen ist auch nicht immer klar zu entscheiden, ob wir es mit ›Siedlungsresten‹ oder einer anderen Befundgattung zu tun haben. Angesichts des regelmäßigen Auftretens menschlicher Skelettreste in eindeutigen Siedlungskontexten kann nicht einmal das Auftreten von menschlichen Skelettresten als eindeutiger Hinweis auf die Kategorie ›Grab‹ genommen werden. Zur Problematik der Ansprache von Grabfunden mit besonderem Bezug zu Siedlungs- und Sonderbestattungen siehe Veit 2013b; 2016.

14 Spuren lesen und materielle Texte entschlüsseln

»Historische Erkenntnis kann niemals absolut objektive oder gar wahre Erkenntnis sein. Die Erkenntnis ist immer ein Produkt des erkennenden Geistes, freilich kein willkürliches, sondern ein empirisch gestütztes«
(Otto G. Oexle 2004, 171).

War im vorangegangenen Kapitel von der Deutung archäologischer Materialien über Analogien und – darauf letztlich aufbauende – Modellbildungen bzw. Simulationen die Rede, so möchte ich mich in diesem Kapitel mit jenen Ansätzen beschäftigen, die archäologische Materialien ohne (expliziten) Rückgriff auf externe Referenzen ›lesend‹ zu erschließen suchen. An die Stelle des Prinzips historischer Erklärung auf der Grundlage von Vergleich und Generalisierung – oder daneben – tritt dabei das Prinzip der *Übersetzung* materieller ›Botschaften‹, im Sinne einer Wiedergewinnung von in Objekten eingeschriebenen Bedeutungen. Dass eine solche *Übersetzung* indes nur ein erster Schritt im Rahmen einer letztlich viel weiter zu treibenden ›Textexegese‹ sein kann, soll an dieser Stelle aus didaktischen Gründen zunächst unberücksichtigt bleiben, da die Herleitung des Konzepts auch in dieser eingeschränkten Form schon komplex genug ist. Der Gedanke wird dann aber am Ende des Kapitels, wo es um das Verhältnis von ›Erklären‹ und ›Verstehen‹ geht, wieder aufgegriffen.

Hinter dem hier zu besprechenden Zugang zu archäologischen Quellen verbirgt sich mit der Semiotik ein traditionsreiches kulturwissenschaftliches Projekt (Eco 1988b). Im Zuge des sog. *linguistic turn* hat man verschiedentlich versucht, dieses ursprünglich aus der Sprachwissenschaft stammende Konzept auch auf nichtsprachliche kulturelle Äußerungen anzuwenden. In der Tradition der Arbeiten des französischen Ethnologen Claude Lévi-Strauss (1978) hat beispielsweise Edmund Leach (1978) bereits in den 1970er Jahren einen semiotischen Kulturbegriff für die Ethnologie bzw. *Social Anthropology* fruchtbar zu machen versucht. Dabei erschien ihm auch eine Ausweitung auf den Bereich der Archäologie möglich und sinnvoll – auch wenn er die damit einhergehenden Grundsatzprobleme, die in der spezifischen *black box*-Situation der archäologischen Erkenntnis begründet liegen, ebenso im Blick hatte (Leach 1973; 1977 – s. Kap. 5.1). Seine Anregungen sind in der Folge in der Prähistorischen Archäologie aufgegriffen und an die spezifischen Ausgangsbedingungen archäologischer Forschung angepasst worden. Entsprechend fahndete man fortan verstärkt nach den in prähistorischen Artefakten mutmaßlich hinterlegten (sozialen) Bedeutungen.

Auf die speziellen Probleme, die sich dabei ergeben haben, werde ich weiter unten noch ausführlicher zu sprechen kommen (Kap. 14.2). Zunächst sind jedoch einige generellere Hinweise zum semiotischen Hintergrund archäologischer Schlussfolgerungen notwendig. Sie stehen im Zusammenhang mit der alten Idee, die Archäologie als eine spezifische Ausprägung des Lesens von Spuren der Vergangenheit zu verstehen. Auch in diesem Fall geht es um eine Form von Entschlüsselung, die sich jedoch nicht auf die Wiedergewinnung konkreter, kulturell festgelegter Zeichenbedeutungen bezieht, sondern die auf Zusammenhänge abhebt, die von den untersuchten Gemeinschaften selbst gar nicht thematisiert wurden und die daraus ihre spezifische Bedeutung für die Identifizierung tatsächlicher kultureller Abhängigkeiten und Beziehungen ableitet. Ein Beispiel dafür wäre etwa der Nachweis der ›Handschrift‹ bestimmter Künstler oder Werkstätten aufgrund nebensächlicher formaler Übereinstimmungen ihrer Werke. Deren Kenntnis ermöglicht es, spezielle Werkgruppen zu bilden und so bestimmte historische Zusammenhänge herzustellen.

14.1 Spuren lesen

Dem ›Erklären‹ im Sinne einer generalisierenden, letztlich am Galilei'schen Paradigma der Naturwissenschaften orientierten Verfahrensweise, lässt sich ein Vorgehen gegenüberstellen, das nicht auf die Herausstellung von Gesetzmäßigkeiten, sondern lediglich auf eine Erklärung des Einzelfalls zielt. In diesen Kontext gehört das ›Indizienparadigma‹ im Sinne des Historikers Carlo Ginzburg (Krämer 2007, 25). Der Begriff umschreibt ein wissenschaftliches Verfahren, das Ginzburg zufolge zwischen 1870 und 1880 erstmals gleichzeitig in einer Reihe von Wissenschaften (Medizin, Psychoanalyse, Kunstgeschichte) auftrat und bei dem aus empirisch wahrnehmbaren Tatsachen Rückschlüsse auf Sachverhalte gezogen werden, die der direkten

Beobachtung nicht zugänglich sind (Ginzburg 1988, 74). Es verpflichtet den Forscher auf die ›Lektüre‹ bzw. Analyse von im Kern absichtslosen Spuren der Vergangenheit. Forschung erscheint aus einer solchen Perspektive als eine spezielle Form des Spurenlesens, d. h. als der Versuch, mittels einer genauen Analyse noch der unscheinbarsten Überreste Indizienbeweise über konkrete historische Zusammenhänge zu führen.

Die eigentlichen Wurzeln dieses Paradigmas reichen Ginzburg zufolge historisch sogar noch viel weiter zurück, als nur ins 19. Jahrhundert, nämlich bis in die jägerische Vergangenheit unserer frühesten Vorfahren.[1] Bereits steinzeitliche Jäger-Sammler hätten sich in epistemologischer Hinsicht auf einer Ebene mit dem archäologischen ›Spurenjäger‹ bzw. ›Spurensucher‹ der Gegenwart bewegt. Als Spezialisten im Umgang mit unscheinbaren, schwer zu deutenden Spuren zeichne beide Gruppen die Fähigkeit aus, scheinbar nebensächliche Beobachtungen bzw. insignifikante Fragmente in ein spezifisches Wissen über die Vergangenheit zu verwandeln. Ein solches Wissen ist in der speziellen Situation der Jäger sogar überlebenswichtig, da es letztlich über Erfolg bzw. Misserfolg der Jagd – und damit über das Nahrungsangebot – entscheidet.

Ungeachtet des offensichtlichen Zusammenhangs von Spurenlesen und Archäologie haben solche grundsätzlichen Fragen der archäologischen Mustererkennung (*pattern recognition*) in der Vergangenheit der Prähistorischen Archäologie erstaunlicherweise für lange Zeit nur eine eher untergeordnete Rolle gespielt. Die Aufmerksamkeit in der fachwissenschaftlichen Praxis – wie auch in der darauf aufsetzenden Methodendebatte – galt vornehmlich jenen Verfahrensschritten, die anstanden, nachdem ein (Be-)Fundobjekt bereits als der Vertreter einer bestimmten (Be-)Fundgattung erkannt worden war – also wenn sich die Scherbe im Geiste bereits in ein Gefäß, der Rinderknochen in ein Haustier und eine Pfostensetzung in ein Gebäude verwandelt hatte. In diesem Sinne ist es nicht verwunderlich, dass in der archäologischen Theoriedebatte viel seltener über diese grundlegenden

1 »Im Verlauf zahlreicher Verfolgungsjagden lernte er es, aus Spuren im Schlamm, aus zerbrochenen Zweigen, Kotstücken, Haarbüscheln, verfangenen Federn und zurückgebliebenen Gerüchen Art, Größe und Fährte von Beutetieren zu rekonstruieren. Er lernte es, spinnwebfeine Spuren zu erahnen, wahrzunehmen, zu interpretieren und zu klassifizieren. Er lernte es, blitzschnell komplexe geistige Operationen auszuführen, im Dickicht des Waldes wie auf gefährlichen Lichtungen. Über viele Generationen hinweg bereicherten die Jäger dieses Erkenntnisvermögen und überlieferten es« (Ginzburg 1988, 88).

Fragen der primären Mustererkennung nachgedacht worden ist, als über solche der typographischen Ansprache und chronologischen Ordnung archäologischer Materialien (Kap. 9 und 10).

Die Arbeit des ›Spurensuchers‹ blieb derjenigen des ›Typologen‹ – wie auch des ›Kulturhistorikers‹ – nachgeordnet. Seine Ergebnisse wurden lange Zeit als unproblematisch vorausgesetzt und daher nicht weiter hinterfragt. Dabei ist das menschliche ›Sehen‹ beileibe kein automatischer Prozess, sondern jeweils vom bereits Gesehenen bzw. Erwarteten abhängig. Thematisiert wurde das hier angesprochene Problem u. a. vom bekannten britischen Psychologen und Neurowissenschaftler Richard L. Gregory. Dieser bezieht sich im Rahmen seiner Ausführungen überraschenderweise auf ein Beispiel aus der Prähistorischen Archäologie. Es handelt sich um einen üblichen archäologischen Grabungsplan mit zahlreichen Pfostengruben [Abb. 33]. Dieser ist je nach Betrachtungsweise in zweifacher Art ›lesbar‹: einmal als Hinweis auf die ehemalige Existenz eines großen Rechteckbaus, das andere Mal als Hinweis auf einen Rundbau, der von einem Rechteckbau geschnitten wird. Die Entscheidung für eine der beiden Optionen ist aus dem Plan allein nicht zu begründen. Um zwischen den unterschiedlichen Lesarten zu unterscheiden bedarf es zusätzlicher Hinweise aus dem Befund selbst – oder aber Rückschlüsse aus anderen Bereichen, also beispielweise analoge Erscheinungen.

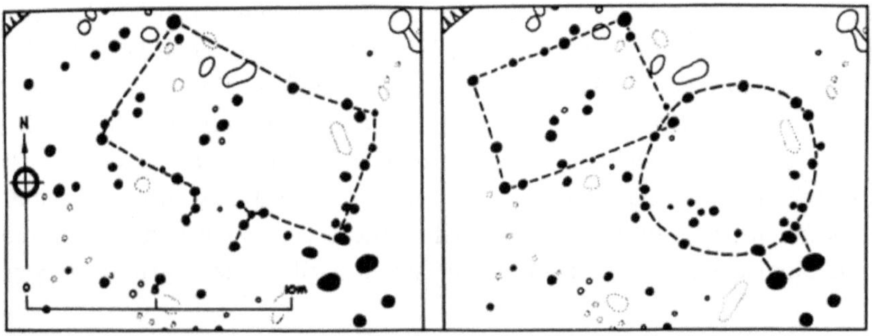

Abb. 33: »Illusions generated by ambiguity«: Mustererkennung am Grabungsbefund (nach R. L. Gregory 1973, Abb. 33).

Dieses Beispiel illustriert damit zugleich die Tatsache, dass es in der Archäologie – und nicht nur dort – keine eindeutige und unbestreitbare Beziehung von ›Ursachen‹ (Handlungen) und ihren ›Folgen‹ (materielle Überreste und

Spuren) gibt. Vielmehr kann jede (archäologische) ›Spur‹ potentiell auf ganz unterschiedliche Weisen ›gelesen‹ werden. Dies hängt mit unserem – individuell wie kollektiv – jeweils unterschiedlichen Vorwissen und Erwartungshorizont zusammen. Dieser Zusammenhang ist bereits in der alten Archäologen-Weisheit fixiert, nach der man nur das findet, wonach man sucht. Abstrakter formuliert könnte man sagen: In letzter Konsequenz ist es erst unsere Interpretation, die eine ›Spur‹ entstehen lässt – und so einen Sachverhalt für uns bedeutsam erscheinen lässt. Zugleich sind Spuren aber immer auch ein Produkt vergangener Handlungen mit materiellen Konsequenzen. Ohne solche ›Ereignisse‹ hätten Archäologen keine Chance eine Spur zu konstruieren. Aus diesem Grunde haben Spuren ihren Platz weder allein in der Vergangenheit noch in der Gegenwart. Ihr eigentlicher Ort ist liegt vielmehr zwischen dem Ereignis und dessen symbolischer Interpretation [Abb. 34]. Das bedeutet, dass jede archäologische Interpretation in ihrem innersten Kern ein semiotisches Unternehmen ist – und zwar bereits lange bevor wir uns der weiterführenden Frage nach den in die Artefakte von ihren Schöpfern möglicherweise bewusst hineingelegten (kodierten) ›Botschaften‹ zuwenden. Für mache Fachvertreter ist eine solche Sicht der Dinge nicht akzeptabel. Entsprechend bemühen sie sich darum, die archäologische Interpretationspraxis auf einen vermeintlich methodisch sicheren, nichtsemiotischen Raum zu begrenzen.

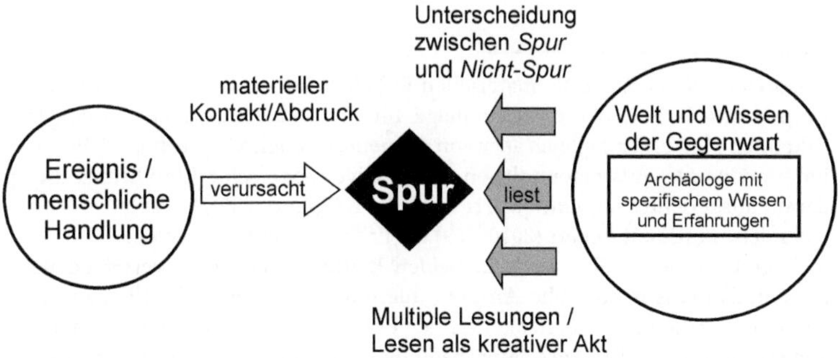

Abb. 34: ›Spuren‹ zwischen vergangenen Ereignissen und ihrer symbolischen Interpretation. Eine ›Spur‹ ist nichts, was unabhängig von ihrer Entdeckung existiert. Sie entsteht erst dadurch, dass sie als solche gelesen wird. Dabei sind entsprechend der Erfahrungen und Erwartungen des Lesenden immer verschiedene Lesarten möglich.

Besonderes eindeutig ist in dieser Hinsicht die Argumentation von Manfred K. H. Eggert, der immer wieder eine (kommunikations-)theoretisch nicht anfechtbare, der inhaltlichen Interpretation des archäologischen Materials vorgelagerte archäologische Tatsachenermittlung einfordert, die festgelegten methodischen Regeln folgt.[2] Mehr noch, Bemühungen im Rahmen einer »aliteralen Archäologie«[3], die auf ein Sinnverstehen – verstanden als eine Wiedergewinnung emischer Bedeutung von Objekten – zielen, hält Eggert generell für verfehlt.[4] Damit wird in letzter Konsequenz eine Position des frühen Positivismus aktualisiert und die Möglichkeiten des Faches im Grunde auf die Konstatierung eines ›Was‹ und ›Wo‹ begrenzt. Prähistorische Forschung wird auf diese Weise – auch wenn Eggert immer von »Kulturgeschichte« spricht – tendenziell auf eine Naturgeschichte des Menschen reduziert, wie sie Rudolf Virchow (1821–1902) im Sinn hatte.[5]

Vor diesem Hintergrund überrascht es auch nicht, dass für Eggert jüngere Versuche der Begründung eines semiotisch-kommunikationstheoretischen Ansatzes in der Prähistorischen Archäologie ein begrenztes Randthema aufgriffen, das für die Bearbeitung der seiner Ansicht nach zentraleren Fragen nach Sozialstruktur, Wirtschaft oder Umweltverhalten prähistorischer Gemeinwesen keine Rolle spielt (Eggert 2013b, 50). Damit widerspricht er diametral einem semiotischen Kulturverständnis, das auf der Grundannahme beruht, dass die ›soziale Realität‹ und ihre Wahrnehmung nicht getrennt voneinander erforscht werden können. Allerdings hält sich

---

2 Er spricht mit Blick auf die materiellen Relikte wörtlich von einem »›empirie-nahen Kern‹« des Faches, der die Grundlage für ein »überindividuelles archäologisches Erkennen« biete, der zugleich aber von der neueren englischsprachigen Theoriedebatte ignoriert werde. Aus einer solchen Perspektive möge seine Einführung, die speziell darauf ausgerichtet sei, ›antiquiert‹ erscheinen (Eggert, 2001/12, 4 f.).

3 Als solche bestimmt Eggert (2010c, 69) die Prähistorische Archäologie.

4 S. Eggert 2010b; 2013b, 37–48. In beiden Beiträgen sichtet er verschiedene neuere kommunikationstheoretische Ansätze, allerdings nur, um sie letztlich zu verwerfen, da sie den Erkenntnismöglichkeiten der Prähistorischen Archäologie letztlich nicht angemessen seien. Die Forschung befände sich entsprechend in einer »Art von erkenntnistheoretischer Sackgasse« (Eggert 2013, 48): »Somit kann eine Dechiffrierung nicht-schriftlicher Zeichensysteme bestenfalls in Ansätzen gelingen. Der sozial konstituierte Zeichenprozess ist der Materiellen Kultur nur in seiner gelebten Gegenwart eingeschrieben. Sind die Menschen, die ihn geschaffen haben, und ihre Tradition vergangen, bleiben die einstigen Zeichen nur noch als materielle Formen – die Bedeutung ist ihnen abhanden gekommen.« (ebd. 48).

5 »Der Urmensch besiedelte Europa von Afrika aus«, »Menschen siedelten seit dem Neolithikum an Ort X«. – Zur Gesamtproblematik s. auch Kap. 6.1 – zu Virchow vgl. auch Veit 2006a).

Eggert nicht konsequent an seine eigenen epistemologischen Vorgaben und thematisiert selbst immer wieder auch Fragen der Objektbedeutung. Im Grunde widerspricht schon seine zustimmende Kommentierung der Ansprache der spätpaläolithischen Megalithstation Göbekli Tepe im Osten der Türkei als »Kultplatz« (Eggert 2010b, 54–57), seiner grundsätzlichen Behauptung, vergangener Sinn sei für Archäologen nicht mehr erschließbar. Seine Argumentation gründet dabei auf dem Postulat eines strengen Gegensatzes zwischen der Funktion und Bedeutung von Objekten bzw. Befunden. Während erstere sich mittels ethnographischer Analogien erschließen lasse, gelte dies für letztere nicht. Dabei sind beide Ebenen im Sinne der Semiotik untrennbar miteinander verknüpft.[6] Dies erkennt man etwa daran, dass Werkzeuge (im weitesten Sinne) nicht nur eine bestimmte Funktion erfüllen, sondern diese – um eingesetzt werden zu können – ihren potentiellen Nutzern auch mitteilen müssen.

Eggerts Zugeständnis an ein begrenztes prähistorisch-archäologisches ›Verstehen‹ über Analogien aus dichter beschriebenen Kontexten wird übrigens im Falle des Göbekli Tepe zusätzlich auch noch dadurch relativiert, dass er konstatiert, hier helfe uns nicht mal die ethnographische Analogie bzw. der interkulturelle Vergleich.[7] Sein Urteil trifft sich dabei in gewisser Weise mit der Einschätzung des Medienarchäologen Wolfgang Ernst (2004, 242), der feststellt: »Es gibt keinen legitimen Übergang zwischen historischer Imagination und diskreten Daten – es sei denn, dass man die Fiktion deutlich kennzeichnet.«[8] In diesem allgemeinen Sinne tragen in der Tat alle Deutungen archäologischer Materialien ein fiktionales Moment in sich. Deshalb ganz auf (Sinn-)Deutungen zu verzichten und stattdessen nur noch diskrete Datenkonfigurationen zu präsentieren, schiene mir indes keine sinnvolle Option. Vielmehr gilt es im Einzelfall die jeweiligen Voraussetzungen und Bedingtheiten der gebotenen Deutungen transparent zu machen

---

6 Allenfalls mag man zwischen primären denotierten und sekundären konnotierten Bedeutungen unterscheiden (z. B. Schwert als Waffe und Herrschaftssymbol – s. u.). Heute wissen wir auch darum, dass die Semiose (d. h. die Knüpfung von Bedeutung an Gegenstände) ein dynamischer und nie abzuschließender Prozess ist, in den nicht zuletzt auch Archäologen noch eingreifen, indem sie Objekten eine zusätzliche epistemische Bedeutung zuschreiben.

7 Für Göbekli-Tepe sei »festzuhalten, dass weder Kontext noch Analogie ein Verständnis dieses Platzes ermöglicht« (Eggert 2010b, 70). – Zur grundlegenden Bedeutung der Analogie: Eggert 2013b, 48.

8 Diese Übereinstimmung ist insofern bemerkenswert, als Eggert dieser Art von Archäologie eher kritisch gegenübersteht: Eggert/Samida 2009/2013, 305.

und mögliche Alternativen kritisch abwägen, um sich abschließend im Sinne des einleitenden Zitats von Otto G. Oexle ein Urteil zu bilden.

14.2 Materielle Texte entschlüsseln

Die Ausführungen im letzten Abschnitt haben bereits angedeutet, wie sich die Perspektiven verschieben, wenn mit Bezug auf archäologische Erkenntnisbemühungen statt von einem auf Generalisierung zielenden ›Erklären‹ von einem am Einzelfall orientierten ›(Spuren-)Lesen‹ gesprochen wird. Noch gravierender sind die Folgen dort, wo die Forschung versucht, die Archäologie der Epistemologie der Buch- bzw. Geisteswissenschaften zu unterstellen. Archäologische Überlieferung wird in diesem Fall als eine spezielle Art von ›Text‹ verstanden, der ›gelesen‹ und ›übersetzt‹ werden kann. In diesem Zusammenhang stellt sich die grundlegende Frage, wie und ggf. unter welchen Bedingungen es möglich ist, archäologische Fundobjekte oder Fundkontexte in ähnlicher Weise wie schriftliche Texte zu ›lesen‹. Dies würde nicht nur voraussetzen, dass diese Objekte Träger kodierter Informationen sind, sondern zugleich, dass sie vom Archäologen auch entschlüsselt werden können. Dazu aber benötigt dieser zwangsläufig den zugehörigen kulturellen Kode. Dieser ist indes nach weit verbreiteter Ansicht im Fach zusammen mit dem Tod der menschlichen Schöpfer und der enkulturierten Nutzer der Objekte unwiederbringlich verloren gegangen. Wenn deshalb in archäologischen Zusammenhängen von einem ›Lesen‹ der Quellen die Rede ist, geschieht dies oft nicht in einem unmittelbaren, sondern in einem eher metaphorischen Sinne.[9] Denn in der konkreten Praxis lässt sich entsprechenden Deutungen kein eindeutiger Signifikat/Signifikant-Zusammenhang (Form x steht für Bedeutung y) zugrunde legen.

---

9 In ähnlicher Weise wird übrigens in anderen Zusammenhängen für die Arbeit des Archäologen das ebenso voraussetzungsreiche Bild vom ›Puzzle‹ gebraucht (s. Kümmel 2006). Auch hier sind wir uns nicht sicher, dass der archäologische Befund alle Teile der einstigen Realität für uns bereithält – ja im Grunde wissen wir ganz genau, dass dies nicht der Fall ist, weshalb Christoph Kümmel von einer Verwendung dieses Begriffs als Metapher für die archäologische Arbeit abrät. Besser passe die englische Bedeutung des Begriffs, die mit ›Rätsel‹ übersetzt wird (ebd. 197f. mit Anm. 14). Wenngleich ich Kümmels Ratschlag gerne folge, scheint mir der letztgenannte Punkt weniger überzeugend. Denn wie ›Puzzle‹ impliziert auch der Begriff ›Rätsel‹, dass es eine eindeutige Lösung dafür gibt, die nur gefunden noch werden muss.

Dies gilt auch dort, wo für bestimmte Objekttypen in speziellen Kontexten ganz spezifische ›Lesungen‹ vorgeschlagen werden, die über eine bloße Funktionsbestimmung hinausreichen. Ist beispielsweise davon die Rede, bei einem bestimmten Artefakt(-Typ) handele es sich um ein ›Statussymbol‹ oder ein ›Prestigegut‹, so hat dies genau genommen mit einer ›Dekodierung‹ nichts zu tun. Es handelt sich dabei schlicht um das weiter oben schon beschriebene abduktive Vorgehen, in dessen Rahmen Bedeutungen aus einem anderen Bereich ›entführt‹ werden. Der Forscher riskiert eine Wette, dass es so und nicht anders war. Dabei beruft er sich entweder auf den *common sense* (die eigene kulturelle Erfahrung), auf konkrete Analogien zu dichter beschriebenen Kontexten oder auf (vermeintliche) menschliche Universalien (s. Kap. 13, Einleitung).

Allerdings hat es von Zeit zu Zeit auch Versuche gegeben, die Idee von ›Materieller Kultur als Sprache/Text‹ wörtlich zu nehmen. Besonders in der Frühphase der Postprozessualen Archäologie in den 1980er Jahren hat man verschiedentlich versucht, diese Vorstellung systematisch zu entwickeln und die sich daraus ergebenen Konsequenzen für das Fach auszuloten. Ausgangspunkt war dabei die von David Clarke (1968/1978) entwickelte Vorstellung, dass Kultur nicht nur als Lebenserhaltungs- sondern zugleich auch Informationssystem diene. Dieser Ansatz ist später von Clarkes Schüler Ian Hodder (1982a; 1986) konsequent in Richtung auf eine »Symbolische und Strukturale Archäologie« weiterentwickelt worden. Im Mittelpunkt stand dabei die Frage nach der sozialen Bedeutung von archäologischen Objekten und ihrer Funktion bei der Durchsetzung partikularer Interessen. Trotz einer – im Gegensatz zur prozessualen Archäologie – neuen, auf Individualisierung setzenden Rhetorik ist Hodders Konzept im Kern jedoch behavioristisch und generalisierend geblieben (Yengoyan 1985).

Konkret trat Hodder dafür ein, dass es möglich sei, durch eine kontextuelle Analyse und über einen generellen Zusammenhang zwischen primären *denotierten* und sekundären *konnotierten* Bedeutungen zumindest bis zu einem gewissen Grad auch in archäologischen Kontexten die soziale Bedeutung von Objekten (Typen, Verzierungsstile) zu erschließen.[10] In diesem

10 Hodder 1986; 1989 – Ein Gegenstand, den wir als ›Schwert‹ bezeichnen, lässt sich über eine Analyse seiner ›objektiven‹ Eigenschaften (s. Jung 2006; Veit 2011d) bzw. unter Heranziehung von Parallelen als ›Waffe‹ im Kampf Mann gegen Mann bestimmen. In einem entsprechenden Kontext kann er zudem als Ausdruck einer spezifischen ›Kriegerideologie‹ gedeutet werden. Zum selben Thema auch: Furholt/Stockhammer 2008, 67.

Zusammenhang spielten Hodders ethnoarchäologische Untersuchungen in afrikanischen Gesellschaften eine wichtige Rolle, die als Bindeglied zwischen archäologischem Material und dessen Deutung fungieren sollten, für die er eine feste Beziehung unterstellte (Hodder 1982b). Nur in diesem Fall waren für Hodder valide Feststellungen über die Struktur der betreffenden Gesellschaften denkbar.

Später hat Hodder (1990) diesen Versuch einer strengen, von ethnographischen Beobachtungen und deren systematischer Analyse ausgehenden ethnoarchäologischen Modellbildung allerdings aufgegeben und ist dazu übergegangen sich selbst – wie die Person des Archäologen generell – zu einem Schriftsteller zu stilisieren, der unverstanden gebliebene, soziale ›Texte‹ des Neolithikums und anderer Zeiten nicht allein übersetze, sondern sie in seiner Gegenwart zugleich fortschreibe (ebd. 279).[11] Er folgte damit der generellen Tendenz dieser Jahre, Archäologie primär als moderne soziale Praxis zu betrachten und weniger als den – zum Scheitern verurteilten – Versuch eine ferne Vergangenheit wiederzugewinnen. In diesem neuen Rahmen ist man etwa der Frage nachgegangen, wie archäologisch produzierte Bilder der Vergangenheit in der jeweiligen Gegenwart soziale Ungleichheiten festschreiben bzw. naturalisieren.

Dies ist gewiss legitim. Allerdings geriet darüber die problembezogene Forschung am archäologischen Material selbst zunehmend in den Hintergrund. Zugleich verlor sich auch das Interesse an einer ganz konkreten Entschlüsselung der archäologischen Überlieferung, die sich weit schwieriger erwies, als es das lange propagierte Leitkonzept »Materielle Kultur als (sozialer) Text« hatte vermuten lassen. Daran konnten letzten Endes auch intensive Bemühungen nichts ändern, die darauf gerichtet waren, den spezifischen Charakter ›materieller‹ gegenüber schriftlicher Texte, wie deren fehlende Linearität und inhärente Mehrdeutigkeit zu demonstrieren.[12]

Mit dem *material turn* sind entsprechende Fragen der sozialen Aufladung von Objekten für die internationale Theoriediskussion ohnehin obsolet geworden. Heute erscheint die archäologisch erkannte Vergangenheit des Menschen manchen Kulturwissenschaftlern primär als ein technisch-mediales Konstrukt (Ebeling 2002; Ebeling/Altekamp 2004). Entsprechend bestimmt für diese Forscher nicht mehr die Lektüre kultureller Texte die

11 Zu Hodders Position ausführlicher: Veit 2003a, 473–476; 2006c.

12 Von ethnographischer Seite hat insbesondere Hans-Peter Hahn (2005; 2013; 2016) versucht, die theoretischen Gründe dafür darzulegen.

kulturwissenschaftliche Praxis, sondern Praktiken wie ›Ausgrabung‹ und ›Archivierung‹. ›Kalte‹ archäologische Feldarbeit wird der ›heißen‹ historischen Imagination vorgezogen (Ernst 2004, 237). Diesen grundlegenden medientheoretischen Gegensatz hat Ernst seinerzeit direkt auf den damaligen Tübinger Troia-Streit bezogen, bei dem es um das Verhältnis von archäologischer Feldforschung und historischer Imagination und zugleich um das akademische Kräfteverhältnis von Archäologie und Geschichtswissenschaft ging. Allerdings haben sich in der Folge weder die beteiligten Archäologen noch die beteiligten Historiker auf diese medientheoretische Debatte eingelassen.[13]

Wenn übrigens bei Ernst trotz seines Faibles fürs Technische mitunter von *close reading* die Rede ist, so geht es dabei weniger um Semiotik als um Sachkunde.[14] Dies führt uns in gewisser Weise zurück ins Zeitalter der Antiquare, in dem das Ordnen und der Austausch von objektbezogenem Wissen im Zentrum aller Forschungsbemühungen standen. Der Unterschied zwischen beiden Kontexten liegt allein darin, dass das moderne Projekt einer Geschichtswissenschaft seinerzeit als Orientierungspunkt noch gar nicht existierte, während man sich heute bewusst von der philosophischen Tradition, die dahintersteht, abzusetzen versucht.

Da das semiotische Paradigma in seiner ursprünglichen Form ab einem bestimmten Zeitpunkt auch in der Theoretischen Archäologie und Kulturwissenschaft nicht mehr konsequent weiterverfolgt wurde, ist es nachträglich schwer, Erfolg bzw. Misserfolg der entsprechenden Bemühungen zu beurteilen. Konsequent widerlegt worden ist es – wie viele andere aus der Mode gekommenen Paradigmen – indes nie. Und so teilen viele Archäologen bis heute die Vorstellung, dass (materielle) Kultur soziale Verhältnisse in bestimmter Weise kodiert. Nicht wenige unter ihnen – einschließlich Eggert – sind außerdem der Meinung, dass solche ›Texte‹ bei entsprechender Quellenlage *im Prinzip* selbst für Außenstehende bis zu einem gewissen Grad

13 In der Tat war dieser öffentlich ausgetragene Wissenschaftsstreit (von einem ›Wissenschaftskrieg‹ möchte ich nicht sprechen) um die historische Bedeutung von Troia weniger einer der Theorie, als einer der aus der unterschiedlichen Bewertung der verfügbaren Quellen resultierte, was sich daran zeigt, dass er auch die Lager der Historiker und der Archäologen gespalten hat (Veit 2022b mit weiteren Belegen).

14 »Ausgräber befassen sich ›vor Ort‹ eher mit materiellen denn mit verbalen Kontexten, im Team mit Technikern, eher denn mit Textgelehrten. Das wissenschaftliche Arbeitsfeld der Prähistoriker kann nicht mit dem Vokabular der Historiker fixiert werden.« (Ernst 2004, 247 f.)

dechiffrierbar sind.[15] Die Kritik an archäologischen Bemühungen um eine Entschlüsselung beschränkt sich in diesen Fällen allein darauf, zu sagen, dass eine solche allein mit den Mitteln, die Archäologen zur Verfügung stehen, nicht zu leisten sei. Der semiotische Ansatz wird in diesem Fall also in erster Linie dazu benutzt, einen qualitativen Unterschied zwischen Ethnologie und Prähistorischer Archäologie zu konstruieren, den es – nach Hahn – so aber nicht gibt. Vielmehr haben wir – als Erbe des *linguistic turn* – allenfalls ein Problem mit der einseitigen Orientierung unseres Kulturbegriffs am Modell der Sprache.

Eine solche Positionierung beschneidet den prähistorisch-archäologischen Diskurs in zweierlei Hinsicht: Zum einen verhindert sie durch eine Vorfestlegung konkrete archäologische Bemühungen, sich zumindest in besonders gut dokumentierten Fällen auch der Bedeutungsebene prähistorischer Objekte bzw. Objektvergesellschaftungen zu nähern – wie dies einst Leach anregte. Zugleich erschwert eine solche kategoriale Unterscheidung aber auch den Versuch, die Verbindung von ›materieller Kultur‹ und ›Gesellschaft‹ auf eine andere, weder semiotische noch funktionalistische Weise zu denken. Ein Beispiel für einen solchen Ansatz bietet beispielsweise Dan Sperbers (1975) anspruchsvolle »Theorie der Symbolik«. Nach seiner Überzeugung ist »die symbolische Interpretation keine Entzifferung [...], sondern eine Improvisation, die sich auf ein implizites Wissen stützt und unbewußten Regeln gehorcht.« (ebd. 9). Dies hätte die Folge, dass es aus generellen kulturtheoretischen Überlegungen obsolet würde, nach Objektbotschaften zu fragen.

Eine ähnliche Position vertritt Paul Veyne (1995, 324–326), der Wert auf die Feststellung legt, dass politische Bilder in der römischen Kaiserzeit keine Symbole der Macht waren, sondern lediglich eine selbstevidente Legitimität ausdrückten:[16]

---

15 So etwa Burmeister (2003, 272), der meint, kulturelle Konventionen seien (nur) in archäologischen Kontexten nicht mehr fassbar. Dem entgegen steht die Position von Hahn (2003, 35), der den grundlegend polysemischen Charakter von allen Objekten der materiellen Kultur betont – und so die von Burmeister und Eggert postulierte epistemische Sonderstellung der prähistorischen Archäologie relativiert. Eggert (2010b, 64) ignoriert in seinem Referat der beiden Beiträge merkwürdigerweise diesen wichtigen Unterschied.

16 Diese Legitimität sei aber durchaus manipulierbar, wenn man sich ihr – wie bei den Orakeln – zu unterwerfen glaubt. Ausführlicher habe ich mich mit der Position Veynes in Veit 2003a, bes. 479 f. befasst.

> »Bilder machen sehen, sie sprechen nicht. Sie sind, wie Jean-Claude Passeron gesagt hat, eben keine Sprache, sondern eine Beschreibung. [...] sie enthalten Konventionen (der Nimbus bezeichnet einen Heiligen), aber keinen Code: die einzigen wirklich codierten Bilder sind die modernen Geographiekarten.« (Veyne 1995, 319)

Vor dem Hintergrund solcher Überlegungen ist es fraglich, dass das im frühgeschichtlichen Grabkult archäologisch fassbare Prunkgehabe (Kossack 1974) – wie häufig unterstellt wird – primär dazu diente, ganz spezifische soziale Botschaften an benennbare Dritte zu senden und auf diese Weise konkrete politische Ziele durchzusetzen.[17] In solchen zeremoniellen Situationen sind die sozialen Rollen der Teilnehmenden vielmehr in aller Regel schon vorab verteilt worden. So bleibt demjenigen, der mit der ›Botschaft‹ nicht einverstanden ist, als Ausdruck seiner Negierung der betreffenden Ordnung im Grunde nur die Möglichkeit des Fernbleibens von der betreffenden, Gemeinschaft stiftenden Zusammenkunft (s. Veit 2020e). Anders gewendet kann man auch sagen, dass es bei solchen zeremoniellen Anlässen weniger um »Propaganda« und »Reklame«, sondern primär um »Ausdruck« und »Verausgabung« geht (Veit 2003a, 480).

Überlegungen dieser Art disqualifizieren einen kultursemiotischen Ansatz indes nicht grundsätzlich, sie erhöhen aber im konkreten Einzelfall den entsprechenden Begründungsbedarf. Voraussetzung für zukünftige Versuche, sich der ehemaligen Bedeutung von Objekten in ganz spezifischen Kontexten im Bereich der Prähistorischen Archäologie anzunähern, ist in jedem Fall eine hohe archäologische Datendichte. Diese Bedingung erfüllen am ehesten reiche Grabinventare, bei denen die Rahmeninformationen zur Person des/der Bestatteten (Alter, Geschlecht, Gesundheitsstatus, Verletzungen usw.) zu Art und Umfang der Grabausstattung in Beziehung gesetzt werden können. Dabei ist es allerdings unerlässlich, über den einzelnen Grabbefund hinaus, auch vergleichend zu arbeiten, um ein Gespür für die feinen Unterschiede zu entwickeln. Eine schematische Zuordnung von Objektgattungen zu einzelnen Bedeutungsebenen, wie sie etwa Edward Sangmeister (1992) postuliert hat, reicht hier sicherlich nicht aus. Differenzierter und zugleich auch suggestiver sind hier die Objektdeutungen, die etwa Ludwig Pauli (1988/89) und Dirk Krauße (1996) für die unterschiedlichen

---

17 Z. B. die Sicherung des eigenen Dominanzanspruchs durch Naturalisierung von sozialen Unterschieden.

Beigaben im Hochdorfer ›Fürstengrab‹ erarbeitet haben.[18] Sie haben in der Folge zahlreiche weitere Deutungsversuche nach sich gezogen, bei denen auch die Frage nach Deponierungsweise, Objektzustand und Sichtbarkeit eine Rolle spielte (dazu etwa Augstein 2018; Veit 1988).

Dass derartige inhaltliche ›Lesungen‹ der Quellen einander mitunter widersprechen und zu Debatten führen (z. B. Kraußе 1999; Veit 2000a), ist dabei kein stichhaltiges Argument gegen eine solche Konzeptualisierung archäologischer Interpretationsarbeit. Viele der Differenzen im hier genannten Beispiel betreffen ohnehin nicht die unmittelbare Interpretation einzelner Fundobjekte und ihres Zusammenhangs, sondern vielmehr die Einbettung dieses Befunds in ein weiter gespanntes sozialhistorisches Narrativ, das von der Idee des hallstattzeitlichen ›Fürstensitzes‹ bestimmt wird (s. Kap. 15). Daher bin ich überzeugt, dass wir auch weiterhin nicht nur über die Funktion von Objekten bzw. Objektgattungen, sondern auch über ihre jeweilige (mehr oder minder stark kontextgebundene) ehemalige Bedeutung nachdenken und konkrete Lesungen zur Diskussion stellen sollten. Dass wir dabei ›Übersetzungsfehler‹ riskieren, die die weitere Forschung in die Irre führen können, ist nicht zu bestreiten – gilt aber auch bei der Arbeit mit echten Texten. Deshalb kommt es auch auf die kritische Überprüfung von vorgetragenen Lesungen durch die jeweilige Gemeinschaft der Forschenden an.[19] Denn als Außenstehenden fehlt uns zweifellos die Leichtigkeit und

18 Dazu gehört u. a. das sog. ›Opferbesteck‹, das u. a. als Ansatzpunkt für die Existenz eines ›Sakralkönigtums‹ in der Hallstattzeit genommen wurde (s. Veit 2000a).

19 Dies setzt allerdings voraus, dass eine Gruppe von Personen in ein und demselben epistemologischen Rahmen arbeitet und so von kompetenter Seite auch jederzeit eine Gegenkontrolle der Ergebnisse verfügbar ist. Denn in einem Wissenschaftssystem, das unablässig neue epistemische *Turns* ausruft, ist dies keine Selbstverständlichkeit. Hier bedarf es des aktiven Einsatzes des akademischen Lehrpersonals und der wissenschaftspolitischen Akteure um die entsprechenden Rahmenbedingungen zu schaffen bzw. zu erhalten.

Selbstverständlichkeit, die ein konventionelles Lesen – von schriftlichen Texten wie von Objekten – kennzeichnet.[20]

14.3 Sinnverstehen und Erklären in der Archäologie

Nicht immer steckt jedoch hinter dem Label ›Semiotik‹ in der Archäologie tatsächlich auch Semiotik. Dies veranschaulicht Stefan Burmeisters (2003) Studie zu den Goldhalsringen in herausgehobenen Gräbern der Späthallstattzeit. Indem sich ihr Verfasser darin einseitig auf das Konzept ›Statussymbol‹ konzentriert, übersieht er geflissentlich, dass es sich bei ›Statussymbolen‹ im engeren Sinn gar nicht um Symbole bzw. Zeichen handelt: Das Signifikant (das ringförmige Objekt am Hals) bezieht sich in diesem Beispiel nicht auf ein konkretes Signifikat (einen bestimmten ›natürlichen‹ Gegenstand oder eine bestimmte soziale Institution). Denn anders als beispielweise ›Sonne‹ ist ›Status‹ kein Signifikat, sondern lediglich ein sozialwissenschaftliches Abstraktum. Die Konstatierung eines ›Fürsten‹- bzw. Eliten-Status selbst sagt überdies noch nichts über die spezifische Qualität der betreffenden Sozialbeziehung aus.[21] Dabei liegt gerade in deren Bestimmung eine zentrale Aufgabe der Sozialarchäologie.

Vor diesem Hintergrund überrascht es nicht, dass Burmeisters ausführliche Erläuterungen zur Begrifflichkeit der Semiotik letztlich nicht in dem Konzept einer archäologischen Semiotik münden. Vielmehr stellt er die Unangemessenheit dieses kulturwissenschaftlichen Ansatzes bei der Deutung archäologischer Quellen heraus. Aufgrund ihres notwendig konstruktiven Charakters entzögen sich Objektbedeutungen (»Symbole«) einer »archäo-

20 »In einem spezifischen Ausschnitt erscheint die Welt als Text, der statt in Schrift in konkreter Gegenständlichkeit kodiert ist. Für das Lesen selbst macht das wenig Unterschied: ebenso wie die Buchstaben-Signifikanten werden die gegenständlichen Signifikanten transzendiert und überwunden, sobald die richtige Deutung erreicht ist. Schriftzeichen und Anzeichen sind in gleicher Weise Vehikel, ausschließlich dazu bestimmt, den Intellekt auf die rechte Fährte zu setzen; ist dieser erst einmal am Ziel, haben jene ihr Recht verloren« (J. Assmann 1988, 240). – Indes hat die Archäologie ihre eigenen Zeichensysteme entwickelt, die es uns erlauben, (Be-)Fundbeobachtungen in Wissen zu verwandeln. Die Rolle der Semiotik im archäologischen Prozess hat insbesondere Jean-Claude Gardin (1925–2015) thematisiert: Gardin 1980; Gallay 2016; Dallas 2016.

21 Sie kann entsprechend Max Webers Herrschaftstypologie ganz unterschiedliche Formen annehmen, je nachdem ob der Status charismatisch, traditional oder legal begründet ist (s. Weber 1922/1976; Breuer 1991).

logischen Rekonstruktion. Anders sei dies lediglich bei den erwähnten »Statussymbolen«. In diesem Fall hält Burmeister eine archäologische Rekonstruktion für möglich, da hier – wie bei indexikalischen Zeichen – ein direkter Zusammenhang zwischen Zeichen und Bezeichnetem, also zwischen Goldhalsring und elitärem Status, gegeben sei.[22]

Der Bezug auf die Semiotik bleibt somit letztlich ein rein formeller – und verschleiert zugleich die Tatsache, dass wir es hier im Kern mit einem ›behavioristischen‹ Ansatz zu tun haben. In dessen Zentrum steht die Prämisse einer kultur- und kontextunabhängigen sozialen Wirksamkeit (bzw. »Signalwirkung«) des Goldes (ebd. 292).[23] Wer sozial etwas darstellen möchte, der schmücke sich mit Gold, dessen »aufdringlicher Sichtbarkeit« (ebd.) sich niemand entziehen könne[24]. Dies erlaubt dem Verf. umgekehrt die These, Gold sei ein genereller Anzeiger für soziale Exzellenz[25] – und daher im archäologischen (Grab-)Befund ein Indiz für Eliten[26]. Fragen nach einer

---

22 In diesem Sinne äußern sich auch Furholt/Stockhammer (2008, 61), die meinen, eine Relativierung der Arbitraritätsforderung an Zeichen erhöhe den interpretativen Spielraum der Archäologie. Dies ist indes eine Selbsttäuschung. Universal(be)deutungen müssen nicht mehr archäologisch verifiziert werden. Auch »prohabilistische« Ansätze eines systematischen Kulturvergleichs etwa auf der Grundlage der *Human Relations Area Files* (ebd. 68) helfen an dieser Stelle nicht weiter.

23 Hier gilt sinngemäß das, was Yengoyan (1985, 334) einmal in Bezug auf Hodder formuliert hat: »Hodder is committed to a behaviouristic framework in which symbols articulate behaviour, we must assume that material culture is Hodder's attempt to weld the subject matter and the empirical evidence into a single framework – a framework which is primarily behaviouristic in orientation«.

24 Gold erscheint Burmeister »als universeller Ausdruck von Macht, Reichtum und Ansehen« (2003 278, s. a. Burmeister 2000, 129–131.). Er bezieht sich dabei bezeichnenderweise nicht auf semiotische Studien, sondern auf ein Spätwerk Grahame Clarks (1986), eines der Begründer einer funktionalistischen Archäologie, allerdings mit dem Hinweis, dass dieser auf Ausnahmen von dieser Regel hinweise. Wenn Burmeister (2003, 279) Clarks Relativierung des betreffenden durch einen Verweis auf den Strukturalisten und Zeichentheoretikers Edmund Leach (1978, 81) noch verstärkt, führt er zugleich seine vorangehende universalistische Argumentation *ad absurdum*. Denn bei Leach geht es nicht um universelle Bedeutungen, sondern darum, dass Gegenständen erst aus ihrer spezifischen Relation zu anderen Gegenständen eine bestimmte Bedeutung zuwächst.

25 »*Statussymbole gesellschaftlicher Eliten sind exklusiv*, d. h. die als elitäres Statussymbol fungierenden Objekte sind selten und von besonderer materieller wie immaterieller Qualität.« (Burmeister 2003 291, Hervorhebung im Original).

26 Dabei bleibt die Frage nach der Basis dieser Sonderstatus letztlich offen. Denkbar wäre es etwa das nachweisbare Gold als direkten Ausdruck eines besonderen ökonomischen Potentials der bestattenden Gemeinschaft anzusehen. Man könnte dahinter aber auch eine gesellschaftlich akzeptierte Normung sehen, deren Übertretung sanktioniert wird

kultur- bzw. kontextbezogen unterschiedlichen Aneignung dieses Materials spielen bei diesen Überlegungen keine Rolle.

Angesichts dieser auffälligen Negierung kultureller Unterschiede fällt es schwer, hier eine »strukturell-vergleichenden Perspektive« zu erblicken, wie sie Burmeister für seinen Ansatz in Anspruch nimmt (ebd. 291). Vielmehr verfolgt er eine szientistische, auf einen ›ewigen Menschen‹ bezogene Perspektive, in der komparative Elemente weitgehend fehlen.[27] Ein konkreter Ansatzpunkt für eine genuin kulturwissenschaftliche Annäherung an das Thema Gold findet sich erst ganz am Ende des Beitrags, wo Burmeister (2003, 293) mit Bezug auf das Hochdorfer ›Fürstengrab‹ auf den Gegensatz zwischen dem offenbar bereits zu Lebzeiten getragenen Halsring des Toten und weiteren erst im Rahmen der Bestattungszeremonie mit Goldblech überzogenen Objekten im Hochdorfer Grab (Dolch, Gürtelblech, Fibeln, Schuhe) hinweist. Diese wichtige Detailbeobachtung zu einem bereits intrakulturell unterschiedlichen Kontext der Goldverwendung hätte den Einstieg in eine echte komparativ-kulturanthropologische Analyse bilden können, die Elemente spezifischer kultureller Sinngebung mitberücksichtigt. Nicht anderes ist gemeint, wenn von einem semiotisch-kommunikationstheoretischen Ansatz die Rede ist (Veit 2003a; 2005).[28]

Ein solcher Ansatz könnte sich dann allerdings nicht mehr hinter der pauschalen Behauptung verstecken, auf archäologischer Grundlage sei ein Rückgriff auf emische Bedeutungen schon grundsätzlich unmöglich. Vielmehr muss man in diesem Fall auch bereit sein, Funden und Befunden explorativ gewisse indigene Bedeutungen zuzuschreiben, um in einem zweiten Schritt zu prüfen, inwieweit sich diese Hypothesen am archäologischen Material erhärten lassen. Burmeister (2003, 293) selbst verfährt zumindest ansatzweise so, wenn er für den Bereich der Westhallstattkultur eine besondere »religiös-rituelle Bedeutung von Gold« bzw. zumindest eine besondere Bedeutung des Goldes im Totenritual postuliert. Allerdings fehlt eine Plausibilisierung dieser These auf komparativer Grundlage: Gibt es Gesellschaften in denen Gold in ähnlicher Weise eingesetzt wird – und, wenn ja, welche strukturellen Gemeinsamkeiten weisen diese mit der West-

---

oder ein Medium zur aktiven Selbstdarstellung in einem am Wettbewerbsprinzip orientierten sozialen Umfeld.

27 Einige Verweise auf mögliche historische Vergleichskontexte im Hinblick auf die (inter-)kulturelle Bedeutung von Gold finden sich Burmeister 2003, 278f.

28 Das Beispiel Gold spielt auch eine wichtige Rolle bei der Diskussion der erkenntnistheoretischen Grundlagen analogischer Argumentation bei Murray/Walker 1988, 259–262.

hallstattkultur auf? Die konsequente Verfolgung solcher Fragestellungen würde indes zugleich die Universalthese vom ewigen Glanz des Goldes, auf der Burmeisters Argumentation primär gründet, in Frage stellen.

Dieses Beispiel sollte verdeutlichen, dass es mit einer einfachen Gegenüberstellung von ›Verstehen‹ und ›Erklären‹ nicht getan ist. Vielmehr ist auch eine verstehende Kulturwissenschaft gezwungen, konkrete Sachverhalte zu erklären. Dies geschieht in diesem Fall aber nicht mittels der Rückführung von Beobachtungen auf Gesetzmäßigkeiten, sondern durch eine, auf einer dichten Beschreibung gründende, kontextuelle Analyse. Eine solche ist m. E. – contra Burmeister – auch in der Prähistorischen Archäologie sinnvoll und möglich. Ausgangspunkt dazu ist eine ›Lektüre‹ bzw. ›Übersetzung‹ von ›materiellen Texten‹. Allerdings reicht diese allein nicht aus. Vielmehr ist es unsere Hauptaufgabe, diese Texte in Beziehung zu jenen Fragen zu stellen, die wir aus unserer eigenen Erfahrung heraus an das archäologische Material herantragen. Genau betrachtet, handelt es dabei dann aber weniger um ein ›Verstehen‹ im Sinne einer historischen Hermeneutik als um ein ›Erklären‹ im Sinne einer komparatistischen Geschichtswissenschaft wie sie etwa Egon Flaig (1996) verfolgt. Er plädiert deshalb dafür, ›Verstehen‹ als zentralen Begriff der ›Deutschen Ideologie‹, wie er sich im Historismus ausgeformt hat, aus dem Vokabular der Geschichtswissenschaft zu tilgen.

Dies bedeutet indes nicht, dass historisches ›Sinnverstehen‹ dadurch unmöglich würde, es folgt nur anderen Regeln. Dabei ist hervorzuheben, dass dieser Erkenntnismodus nicht zwangsweise vom Vorliegen von gesprochenen oder geschriebenen Texten abhängig ist. Gewiss, ›Sinnverstehen‹ vollzieht sich in erster Linie über das Medium der Sprache. Grundsätzlich stehen aber auch Handlungen und Gegenstände (also materielle Objekte bis hin zu Werken der Bildenden Kunst) einem in diesem Sinne konzipierten interpretierenden Zugriff offen. Insofern ist es nicht nur sinnvoll, sich diesen Fragen auch in der Prähistorischen Archäologie zuzuwenden. Möchte man das Fach nicht auf eine reine Naturgeschichte des Menschen reduzieren, die prähistorische Gemeinschaften gleichsam wie Ameisenstaaten behandelt, ist es sogar geboten. Allerdings setzt ein solcher Zugriff auf historische bzw. archäologischen Quellen – wie bereits angedeutet – einen Verstehensbegriff voraus, der sowohl vom klassischen Konzept des ›historischen Verstehens‹ wie von jenem des ›(naturwissenschaftlichen) Erklärens‹ abweicht.

Die Unterschiede zwischen diesen drei zentralen Konzepten seien hier abschließend noch kurz erläutert. Bezeichnet man mit ›Erklären‹ gewöhnlich den Versuch, die Wirkung aus der Ursache abzuleiten und den Zusammenhang in Form eines Gesetzes darzustellen, so bezeichnet ›Verstehen‹ im allgemeinen Sprachgebrauch ein Erfassen von subjektivem Sinn – und zwar jenseits der bloßen Wahrnehmung und exakten Beschreibung einer Erscheinung sowie der Unterscheidung zwischen Trug und Fiktion (Tatsachenfeststellung): »Das Verstehen [...] macht ein Wirkliches oder Mögliches ›transparent‹ für einen ›Sinn‹« (Schaeffler 1974, 1629). Im Zusammenhang der klassischen Hermeneutik ist ›Verstehen‹ darüber hinaus auch als »ein Wiederfinden des Ich im Du« (Dilthey 1981, 235) aufgefasst und so dem ›Erklären‹ entgegensetzt worden. Anders als Wilhelm Dilthey und seine Anhänger betrachtete Max Weber indes beide Begriffe nicht als unvereinbar miteinander, sondern als komplementär – und so möchte ich den Zusammenhang auch hier verstanden wissen. Der Begriff ›Verstehen‹ steht hier daher primär für ein ›Sinnverstehen‹ im Sinne von Weber und stellt letztlich nichts anderes dar, als eine anspruchsvolle, Werthaltungen der historischen Akteure mitberücksichtigende Form der ›Erklärung‹ kultureller Sachverhalte.[29] »Jedes Artefakt« schreibt Weber (1922/1976, 3)

> »ist lediglich aus dem Sinn deutbar und verständlich, den menschliches Handeln (von möglicherweise sehr verschiedener Zielrichtung) der Herstellung und Verwendung dieses Artefakts verlieh (oder verleihen wollte); ohne Zurückgreifen auf ihn bleibt sie gänzlich unverständlich. Das Verständliche daran ist also die Bezogenheit menschlichen Handelns darauf, entweder als ›Mittel‹ oder als ›Zweck‹, der dem oder den Handelnden vorschwebte, und woran ihr Handeln orientiert wurde. Nur in diesen Kategorien findet ein Verstehen solcher Objekte statt. Sinnfremd bleiben dagegen alle – belebten, unbelebten, außermenschlichen, menschlichen – Vorgänge oder Zuständlichkeiten ohne gemeinten Sinngehalt, soweit sie nicht in die Beziehung von ›Mittel‹ und ›Zweck‹ zum Handeln treten, sondern nur seinen Anlaß, seine Förderung oder Hemmung darstellen.«

Das bedeutet mithin, dass es neben dem weiten Feld des ›Sinnverstehens‹ wesentliche Bereiche der historischen bzw. archäologischen Analyse gibt, in denen der zu erschließende Sinn der Artefakte hinter der kausalgesetzlichen Struktur von Handlungsabläufen zurücktritt. Eine Verstehenslehre bleibt

---

29 Zu den Kulturwissenschaften rechnete Weber bekanntlich alle jene Fächer »welche die Vorgänge des menschlichen Lebens unter dem Gesichtspunkt ihrer *Kulturbedeutung* betrachten« (Weber 1904/1982, 165). Und mit ›Kultur‹ meinte Weber bekanntlich einen »vom Standpunkt des Menschen aus mit Sinn und Bedeutung bedachten, endlichen Ausschnitt aus der Sinnlosigkeit des Weltgeschehens« (ebd. 180).

daher zwangsläufig primär auf Personen, auf deren Zeugnisse oder Werke hin orientiert, um deren Interpretation es ihr geht. Aber schon jene Modelle, die wir beispielsweise nutzen, um langfristigen Wandel ökonomisch zu deuten, entziehen sich zwangsläufig einer solchen Verstehenslehre (Koselleck 1989, 250). Hier sind vielfältige äußere Zwänge der inneren und äußeren Natur des Menschen zu berücksichtigen – und zwar gleichgültig, ob man diesen Faktoren eine eigene *Agency* zusprechen möchte oder nicht.

Aber auch in den Bereichen, in denen ein Sinnverstehen grundsätzlich möglich erscheint, gilt, dass der zu verstehende Sinn gewöhnlich nicht in dem von den Handelnden subjektiv vermeinten oder explizierten Sinn aufgeht, sondern – wie es Thomas Nipperdey (1968, 164) formuliert hat – »im Rücken der Subjekte als objektiver Sinn von Handlungszusammenhängen, als Sinn und Funktion des jeweils möglichen Handelns zu erschließen [ist], gegen den manifesten Sinn muß der in die Strukturen eingelassene latente Sinn zur Geltung gebracht und mit ihm vermittelt werden.« Insofern stehen in der Prähistorischen Archäologie – ebenso wie in anderen Kulturwissenschaften – das ›Verstehen‹ und das ›Erklären‹ als einander ergänzende Erkenntnisprinzipien nebeneinander. Nur mittels einer Verbindung beider Prinzipien sind unsere Erkenntnisansprüche einlösbar.

Wenn es im folgenden Kapitel um die Möglichkeit und die spezifischen Modi ›archäologischen Erzählens‹ gehen wird, ist daher das ›Erklären‹ keineswegs suspendiert. Im Gegenteil: eine gelungene archäologisch-historische Erzählung muss plausible und nachvollziehbare Gründe dafür angeben, warum sich aus einer Situation A eine Situation B ergeben hat. In diesem Rahmen spielt also der Prozess der Modellbildung, von dem weiter oben bereits die Rede war (Kap. 13), weiterhin eine zentrale Rolle. Hinzu kommt aber ein zusätzlicher Fokus auf die unterschiedlichen Gruppen, an die sich der entsprechende Diskurs jeweils richtet. Denn der Erzähler ist nicht nur den historischen Akteuren, sondern ebenso seinen Zeitgenossen verpflichtet, die gleichermaßen informiert, aufgeklärt und unterhalten werden wollen. Denn auch wenn wir (nur) archäologisch tätig sind, bewegen uns im Spannungsfeld von historischer Forschung und kultureller Erinnerung.

15 Erzählen und Erklären

»Tropische Rede ist der Schatten, vor dem jeder realistische Diskurs zu fliehen sucht. Diese Flucht ist jedoch vergeblich; denn die Tropen stellen den Prozeß dar, durch den jeder Diskurs die Gegenstände *konstituiert*, die er lediglich realistisch zu beschreiben und objektiv zu analysieren behauptet.« (Hayden White 1986b, 8.)

»Wir haben allzu lange dem ›Verstehen‹ der Erzählung vertraut, wo so vieles allererst zu erklären wäre. Eine historische Erzählung ›erklärt‹ nur deswegen, weil unser historiographischer Diskurs Muster bereit hält, die dem Leser – und dem Fachkollegen – bekannt sind. In Wahrheit erklärt die Narration gar nichts, sondern der Historiker ›erklärt‹, indem er Daten in diesem Diskurs kodiert. Und auch diese Kodierung ist leider allzumeist keine wissenschaftliche Erklärung. Denn die benützten Muster sind zum größten Teil – je näher sie an der Alltagssprache liegen – Argumente des ›gesunden Menschenverstandes‹, die unmittelbar einleuchten und jene bewundernswerte Übereinstimmung erzeugen, in der Leser und Historiker sich gegenseitig ihren Geschmack und ihr Wertesystem als identisch und vorzüglich bescheinigen.« (Egon Flaig 1996, 286)

Unter einer historischen Erzählung versteht man gewöhnlich

»eine mündliche oder schriftliche Darstellung von Geschehnissen, die sich durch drei Dinge auszeichnet: Indirektheit, Nachzeitigkeit und Sukzessivität. Indirekt ist die Erzählrede, weil vor den Geschehnissen eine Erzählinstanz steht; nachzeitig, weil die Erzählinstanz zum Zeitpunkt des Erzählens (der Erzählzeit) nicht an erzählten Geschehnissen (der erzählten Zeit) beteiligt ist; sukzessiv, weil die Darstellung im Nacheinander eines Diskurses entfaltet wird« (Süßmann 2002, 85).

Anders als fiktionale Erzählungen müssen historische Erzählungen allerdings nicht nur interessant und spannend, sondern vor allem ›wahr‹ sein. Diese Vorgabe hebt die historische Erzählung deutlich von der literarischen Fiktion ab, deren Wahrheitsanspruch auf einer anderen Ebene liegt.

Systematik	Ordnung vom Materialen/Sachverhalten entsprechend klar umschriebener Merkmale, Bildung von Typ und Typklassen. Die Datierung spielt hier keine Rolle.
Chronik	Ordnung der beobachteten Materialien/Sachverhalte in chronologischer Folge, wobei die Datierung unabhängig von (kultur-)theoretischen Erwägungen erfolgt sein muss.
Historische Erzählung (Fabel)	Wertende Ordnung der Sachverhalte durch bewusste Wahl eines Anfangs/Endes, verschiedener Erzählstränge und dem Wechsel zwischen ihnen. Die Erzählung muss der empirisch belegbaren Abfolge der Ereignisse Rechnung tragen.
Systematische (diachrone) Modellbildung	Überprüfung der Angemessenheit eines erarbeiteten Modells zur Erklärung kulturellen Wandels durch systematische Versuche einer Falsifikation der Ausgangshypothese. – Eine Sonderform bildet der *Analogieschluss.* In diesem Fall wird die Entwicklung in einem dichter dokumentierten Kontext als Modell für die Erklärung kulturellen Wandels in einem archäologischen Kontext genommen.

Tabelle 32: Modi der Ordnung von archäologischem Material und mögliche Verfahren der historisch-kulturwissenschaftlichen Deutung.

Zugleich unterscheidet sich historisches Erzählen deutlich von zwei anderen Prinzipien der Organisation vergangenheitsbezogenen Wissens, die weiter oben bereits angesprochen wurden: von der ›Systematik‹ und der ›Chronik‹ [Tab. 32]. Mit ›Systematik‹ ist eine Ordnung von Materialien nach bestimmten klar umschriebenen formalen Merkmalen gemeint. Eine ›Chronik‹ oder ›Chronologie‹ hingegen liefert eine Anordnung von Ereignissen bzw. Materialien entsprechend ihrer zeitlichen Abfolge. Beide Modi gehören gleichwohl zu den Voraussetzungen historischen Erzählens. Die Kenntnis des ›Was‹ und ›Wann‹ – zumindest im Sinne einer Abfolge – ist eine notwendige, wenn auch keine hinreichende Voraussetzung für die Produktion einer historischen Erzählung. Aber erst »durch die Wahl eines bestimmten Anfangs [...] und eines bestimmten Endes, verschiedener Erzählstränge und dem Wechsel zwischen ihnen, durch Umstellung, Raffung und Dehnung wird aus der Chronik eine Fabel, ein durch das Erzählen konstituierter Gegenstand« (ebd.). Anders ausgedrückt:

> »Narrationen sind zeitlich organisierte Handlungssequenzen, in denen es durch Ereignisse zu einer Situationsveränderung kommt, wobei der Text einen gewissen Überschuß von kontextabhängigen Bedeutungen in sich birgt. Narrationen sind also kaum eindeutig. Die Funktion von Narrationen ist die Produktion von Sinn, von Bedeutungszuweisung, der Selektion von ›Fakten‹ in einen erklärenden Ordnungszusammenhang« (Ahbe 2001, 40).[1]

15.1 Der Archäologe als Erzähler?

Das historische Erzählen im oben genannten Sinne nimmt traditionell einen zentralen Platz in der Geschichtswissenschaft ein und bildet nicht weniger als den Kern aller ›Geschichtsschreibung‹. Allerdings wird immer wieder die Frage aufgeworfen, ob dies gleichermaßen für die Prähistorische Archäologie gilt, die ja bekanntermaßen ›Ereignisse‹, die das Material der traditionellen Politik- und Ereignisgeschichte bilden, nicht kennt.

Der Prozessualist Colin Renfrew (2007, vii) zeigt sich hier erstaunlich optimistisch, wenn er lapidar konstatiert: »Prehistory is the story of human becoming.« Insbesondere in der deutschsprachigen Forschung gibt es bis heute allerdings immer wieder Vorbehalte gegen eine solche Sichtweise.[2] Am explizitesten wendet sich Manfred K. H. Eggert (2002, 125) gegen eine Gleichsetzung beider Fächer, wenn er behauptet, die materiellen Quellen der Archäologen erzählten – anders als ›historische Quellen‹ im engeren Sinne (also Texte) – keine Geschichten: »Contrary to the majority of historical

1 Theorien erfüllen die genannten Funktionen ebenso, ihnen fehlen aber die zeitliche Organisation des Textes und die Interpretationsoffenheit. Sie setzen auf Eindeutigkeit (Ahbe 2001, 40).

2 Eine aktuelle Zusammenfassung und Fortschreibung der Debatte finden sich in Miera 2023b.

documents, the non-written sources of archaeology do not tell stories. They are just material remnants of the past.«

Letzteres ist zwar richtig, gilt aber gleichermaßen für ›historische‹ Quellen im engeren Sinne wie Urkunden, Schriftwechsel, Bilder u. ä. Abgesehen von erzählenden Quellen (wie etwa Lebensbeschreibungen) handelt es sich auch hier letzten Endes nur um tote Überreste – und es sind auch hier erst die Historiker, die aus diesem Stoff Geschichte(n) spinnen. Und selbst dort, wo ›echte‹ Geschichten über bestimmte Akteure, etwa an eine Nachwelt adressierte Lebenserinnerungen, vorliegen, repräsentieren diese noch nicht Geschichte im engeren Sinne, sondern stellen nur das kritisch zu verarbeitende Ausgangsmaterial für Geschichte, die ihrerseits bis heute vorrangig im Medium der Erzählung präsentiert wird.

Doch überzeugt dies die Kritiker des archäologischen Erzählens nicht. Sie heben vielmehr den unterschiedlichen Quellenwert historischer und archäologischer Quellen hervor und kritisieren (wie ich meine, zurecht) plumpe Versuche, traditionelle historische Erzählweisen auf archäologische Kontexte zu übertragen. Für Matthias Jung etwa zeigt der Blick auf die mitteleuropäische Hallstattforschung und deren diskursprägendes ›Fürsten-Narrativ‹ (Kimmig 1969), »dass die Produktion von Geschichtserzählungen nicht Sache der Vorgeschichtsforschung sein kann.« (Jung 2012a, 167 f.)

Jung begründet dies theoretisch mit Verweis auf eine Art von Stufenmodell zur Interpretierbarkeit historischer Quellen. An dessen Spitze stünden Kontexte mit besonders aussagekräftigen Schriftquellen, die somit aussagekräftige Geschichtserzählungen erlaubten. Dagegen markiert die Ur- und Frühgeschichte für ihn das andere Ende eines entsprechenden Kontinuums. Da sie nicht über Schriftquellen verfüge, sei sie schlichtweg nicht in der Lage Geschichte zu produzieren. Möglich sei in einem solchen Kontext lediglich eine Form von Chronographie bzw. ›Proto-Geschichte‹ im Sinne Jörn Rüsens.[3] Entsprechend plädiert Jung für »eine archäologische Chronographie, die Abstraktheit und Nichtentscheidbarkeit aus- und in der Darstellung durchhält, ohne sich einem selbst auferlegten oder heteronomen Zwang zur Farbigkeit, Konkretion und Lückenlosigkeit anheimzugeben« (ebd. 168). Das

3 »Ein chronographischer Text ist keine Geschichte, sondern eine Proto-Geschichte – eine Sammlung von Daten, die ihren narrativen Leitfaden, der sie zu einer Geschichte ordnet, noch außer sich hat, obwohl sie zumeist erkennbar auf ihn angelegt ist.« (Rüsen 1982/1990, 178).

»Ansinnen, die Hallstattzeit [im Sinne von Wolfgang Kimmig (1969; 1983)] im Modus historiographischer Erzählungen darstellen zu wollen [...] sei ein hybrider und utopischer Anspruch« (ebd. 168f.). Dem ist zu entgegnen, dass Narrativität letztlich keine Frage der »Farbigkeit, Konkretion und Lückenlosigkeit« ist. Dass primär oder ganz überwiegend auf archäologische Materialien gestützte Erzählungen noch allzu oft sehr plakativ und unreflektiert daherkommen, ist kein hinreichender Grund, das narrative Prinzip für die Prähistorische Archäologie insgesamt zu verwerfen.[4]

Die Kernfrage, die wir uns stellen müssen, ist vielmehr die, ob wir bereit sind, Entscheidungen im Hinblick auf narrative Verknüpfung bestimmter historischer bzw. archäologischer ›Fakten‹ zu treffen, die über das streng empirisch Belegbare hinausgehen. Dies schließt im konkreten Fall auch die Feststellung einer Nichtentscheidbarkeit oder die Feststellung von Grenzen der Aussagemöglichkeiten nicht aus. Letzten Endes ist aber nicht das Prinzip des Vertagens einer Entscheidung in die Zukunft konstitutiv für das archäologische Erzählen. Vielmehr geht es dabei immer um das Austesten der Möglichkeiten, was sich konkret über archäologisch fassbare Handlungen und ihre Beweggründe begründbar aussagen lässt. Es sind immer Entscheidungen für eine bestimmte Auslegung von Quellen, die die Debatte voranbringen. Über die Angemessenheit bzw. Akzeptanz der verschiedenen Szenarien entscheidet anschließend der fachwissenschaftliche Diskurs.

Meine Kernthese lautet daher: Archäologen erzählen – und zwar selbst jene, die uns glauben machen wollen, dass ihr Fach dazu aus grundsätzlichen Erwägungen überhaupt nicht in der Lage ist. Und damit meine ich nicht nur spezielle »archäoliterarische Versuche«, wie jenen den Nicholas Conard und Jürgen Wertheimer (2010) unternommen haben, als sie den Kontext der Entstehung der frühen Eiszeitkunst auf der Schwäbischen Alb in eine erzählende, romanartige Form gebracht haben.[5] Vielmehr gilt dies auch für ganz normale auf archäologische Quellen gegründete kulturhistorische Synthesen. Ich habe diese These an anderer Stelle (Veit 2012, 24f.) am Beispiel von Georg Kossacks (1923–2004) Abhandlung über kaiserzeitliche Dörfer im

4 S. Veit (1988, 167) – mit Kritik kurzschlüssiger Deutungen von Detailbeobachtungen im ältereisenzeitlichen Grabkult mit Zeichencharakter (Seitenvertauschung bei Grabbeigaben), als Ausdruck der »professionellen Kaltschnäuzigkeit« der als Unternehmer imaginierten Bestatter bei Jörg Biel (1985, 82).

5 Der Text steht in der Tradition von David Friedrich Weinlands berühmten Jugendroman »Rulaman« aus dem Jahre 1876, dessen Schauplatz ebenfalls die Schwäbische Alb war (s. Brunecker 2003 und Veit 2012, 13).

nördlichen Germanien (1997) exemplifiziert, einem Text der Quellenkritik und Narrativität miteinander kombiniert. Dabei ordnet Kossack die historischen Fakten in diesem Falle so, dass sein Text erzähltypologisch die Form einer Tragödie annimmt.[6] In einem weiteren Sinne besitzen aber z. B. auch Kartierungen, die angefertigt wurden, um gewisse Sachverhalte, wie z. B. die frühe Ausbreitung der Germanen, zu veranschaulichen, erzählerische Qualität.[7] Das Gleiche gilt für urgeschichtliche Lebensbilder, die bis heute regelmäßig zur Vermittlung von archäologischen Forschungsergebnissen eingesetzt werden.[8]

In diesem Sinne begrüße ich es, dass Eggert in einem jüngeren Beitrag seine Kritik zurückhaltender formuliert hat und zu akzeptieren scheint, dass auch Archäologen erzählen. Er schreibt:

> »Die Zeit [ist] für die Auseinandersetzung mit einem anderen *erzählerischen* Ansatz reif. Dieser müsse empirische Solidität – das heißt ein ausgeprägtes Quellen- und Methodenbewusstsein – mit einer adäquaten Reflexion jener theoretischen Implikationen verbinden, die jeder Interpretation innewohnen« (Eggert 2012, 147 f. – Hervorhebung U. V.).

Dies entspricht dem, was ich oben formuliert habe. Allerdings relativiert Eggert diese Einsicht in einem Nachsatz zugleich wieder, wenn er – sich selbst zitierend (Eggert 2006, 208 f.) – hinzufügt: »Jedweder fiktionale Anteil an einer so gestalteten archäologischen Erzählung sei dabei von vornherein so gering wie möglich zu halten.« (ebd.) Dabei ist ja gerade das fiktionale Element konstitutiv für alles Erzählen. Um dem ›Wahrheitsanspruch‹ der Geschichtswissenschaften zu entsprechen, muss es nur im Sinne einer Modellbildung kontrolliert werden. Trotzdem bleibt archäologisches Erzählen, auch wenn sie sich darum bemüht alle Szenarien, die der Quellenlage widersprechen zu verwerfen, immer auch mit der Gefahr des Irrtums verbunden.

---

6 In der Tragödie erweisen sich im Erzählverlauf entstehende Konflikte letztlich als unüberwindbar. Dazu und zu den weiteren Grundformen narrativer Strukturierung (Romanze, Komödie und Satire) siehe White 1986a; 1994.

7 Ein Beispiel wäre Gustaf Kossinnas (1911; 1926) berühmte Germanenkarte und ihr Nachleben (Veit 2012, 15). Karl Schlögel (2006, 12 f.) spricht in diesem Zusammenhang von »kartographischen Narrativen«.

8 Zusammenstellung bei Mainka-Mehling 2008. Zur erzählerischen Dimension solcher Bilder am Beispiel von Gewaltdarstellungen: Veit 2014c. Zur Urgeschichtsvermittlung mittels Bildern s. auch Kap. 17.3.

Auch Historiker müssen sich übrigens damit arrangieren, dass Erzählungen

> »[..] – jenseits aller wissenschaftlicher Argumente und Belege – ihrerseits untergründig kraftvoll zur Plausibilität einer Darstellung bei[tragen]. Sie verführen Wissenschaftler deshalb aber auch dazu, einzelne Informationen, in einer ganz bestimmten Art und Weise anzuordnen – nämlich so, dass sie als Erzählung plausibel werden, weil sie einem schon längst etablierten Erzählschema folgen.« (Meier/Patzold 2021, 26)

In diesem Sinne entfalten sie »eigene Logiken und Zwänge« (ebd. 25), die es kritisch zu reflektieren gilt. Dies bedeutet konkret, dass Historiker nicht nur die Faktenbasis wieder und wieder zu prüfen haben, sondern auch deren Verknüpfungen:

> »Um überlieferte Daten in ein Modell zu bringen, ist es nötig, Beziehungen zu bestimmen. Wenn ein Historiker die Erzählung eines anderen ablehnt, dann stets, weil er die zugrunde gelegte Modellierung nicht akzeptiert. Um diese geht es, nicht um die Erzählung selber. Der ›Fortschritt‹ in unserer Disziplin [der Geschichtswissenschaft, U. V.] vollzieht sich weniger durch die Heranziehung immer neuer Quellen und Überreste, sondern vor allem durch die stets erneuerte Reflexion des Erklärungswerts unserer Modelle, Konzeptionen und Theorien.« (Flaig 1996, 287)

Und dies ist ja seit langen auch eine Kernforderung der theoretischen Archäologie.

Ein weiterer Aspekt, der dafür spricht, dass die Prähistorische Archäologie mehr mit Erzählen zu tun hat, als ihr einige ihrer Theoretiker zugestehen wollen, ergibt sich, wenn wir die Perspektive vom historischen Erzählen etwas weiten und das ethnographische Erzählen mit berücksichtigen (Geertz 1993; Bönisch-Brednich 2006). Denn Erzählen bedeutet nicht nur vergangene Ereignisse zu einer historischen Erzählung zu verknüpfen, unter diesen Begriff fallen auch Bemühungen der Gegenwart Kunde von ›fremden‹ Kulturen zu geben und dabei Unterschiede zwischen hier und dort, heute und gestern herauszuarbeiten. In diesem Sinn ist Wolfgang Müller-Funk (2008, VIII) zuzustimmen, wenn er konstatiert:

> »Erzählung und Histori(zi)smus fallen nicht zusammen. Es gibt [...] ein Erzählen nach dem klassischen Erzählen. Nichts, außer den geschriebenen und ungeschriebenen Gesetzen der jeweiligen Disziplin hindert die Historiographie [...] daran,

diese Geschichten anders zu erzählen, Ungleichzeitigkeiten zuzulassen, aus dem Gegenwartshorizont heraus zu erzählen und Formen der Montage und der Polyphonie in ihre Darstellung einzubeziehen.«

Wenn hier die These verfochten wird, dass Erzählen ein konstitutives Element auch der prähistorisch-archäologischen Forschung ist, bedeutet dies nicht, dass das gesamte archäologische Schrifttum nur aus Erzählungen besteht. Nicht alle Publikations- bzw. Präsentationsformen, die sich auf prähistorisch-archäologische Quellen beziehen, besitzen eine narrative Struktur. Denn Narrativität setzt immer eine, wenn auch noch so rudimentäre Form des *emplotments*, also der kausalen Verknüpfung verschiedener quellenmäßig erschlossener ›Ereignisse‹, voraus.[9] Darstellungen, die archäologische Objekte bzw. Befunde lediglich als Katalog oder – nach ihrem Alter geordnet – in Form einer Chronik präsentieren, fallen hingegen nicht darunter. In diesem Sinne bin ich anderer Meinung als Sabine Rieckhoff, die schreibt: »[Chronologien] sind die Storylines der Narrative, der ›historischen Erzählungen‹, sie stellen eine lineare Ordnung in Zeit und Raum her, d. h. sie wirken sinnstiftend und verleihen damit den Erzählungen eine Deutungshoheit über die uns verschlossene historische Wirklichkeit.« (Rieckhoff 2018, 174). Zwar kann man historische Erzählungen nicht ohne Berücksichtigung der chronologischen Verhältnisse schreiben, die Feststellung einer Abfolge allein macht indes noch keine Erzählung. Auf einem anderen Blatt steht, dass Archäologen in der langen Geschichte des Faches immer wieder der Versuchung erlegen sind, ihre (latent unsichere) Chronologie an bestehende Narrative anzupassen – und nicht umgekehrt. Dies begann bekanntermaßen schon mit dem Evolutionismus, der – die Zukunft im Fokus – ja selbst eine Art von ›Meistererzählung‹ darstellt. Entsprechende Formen zirkulärer Argumentation finden sich aber durchaus auch in anderen Zusammenhängen.

Ebenso wenig wie Kataloge fallen übrigens Darlegungen zur Theorie und Methode des Faches unter die Kategorie des Narrativs – und zwar selbst, wenn sie über den ›Archäologen als Erzähler‹ handeln. Wenn sich daher Eggert (2012) in einer Untersuchung von Carl Schuchardts populärem Werk »Alteuropa« (1919) – im Kontext einer Tagung über ›archäologisches Erzählen‹ – vor allem auf inhaltliche Aspekte, wie etwa den Archäologiebegriff

9 Der Begriff *emplotment* ist schwer zu übersetzen. Wörtlich geht es um das Verleihen einer Plot-(Fabel-)struktur. Man kann aber auch von der Einbettung von Ereignissen in einen Handlungsstrang bzw. von (narrativer) Modellierung sprechen.

des Verfassers (ebd. 142) bezieht, so hat dies mit einer formalen Analyse des Textes unter dem Gesichtspunkt literarischer Konventionen[10] nichts zu tun.[11]

Eine spezielle Form von Narrativität finden wir andererseits dort, wo sich die Prähistorische Archäologie selbst thematisiert, also in Darstellungen zur Forschungs- und Wissenschaftsgeschichte, die den Wandel eines Faches oder einer Fächergruppe in den Blick nehmen und seinen Erfolg – oder alternativ sein Scheitern – aufzeigen. Die bekannte Rede vom ›Kossinna-Syndrom‹ – die einen von Günter Smolla (1980) geprägten Begriff aufnimmt – und seiner Überwindung durch eine junge Generation freidenkender Geister (Härke 2000) besitzt ebenso den Charakter einer solchen begründenden Erzählung wie Untersuchungen, die Christian Jürgensen Thomsen als Begründer des Faches feiern (Hansen 2001b). Mit dieser Feststellung ist nichts über den Wahrheitsgehalt bzw. die empirische Angemessenheit solcher Erzählungen gesagt. Sie bleiben zu prüfen.[12]

Und dies ist nicht anders, wenn Prähistorischen Archäologen nicht über ihr Fach oder ihr Werk, sondern über dessen Gegenstand, die Urgeschichte oder Teilbereiche davon, sprechen.[13] Ganz wie von Historikern verfasste Texte erlangen solche aus der Feder von (Prähistorischen) Archäologen ihre erzählerische Qualität durch eine spezifische Anordnung und Inbezugsetzung der verfügbaren, in ihrer Systematik und chronologischen Abfolge bekannten ›Ereignisse‹, die dabei zu einer Fabel (*plot*) verknüpft werden. Ein Unterschied zwischen dem ›historischen‹ und dem ›archäologischen Erzählen‹ liegt allenfalls darin, dass es sich bei Letzterem um ein Erzählen

10 Etwa im Sinne der Tropologie Whites 1986b; 1990.

11 Zwar werden in seinem Beitrag auch diese Aspekte kurz thematisiert, jedoch stellt Eggert unmittelbar im Anschluss daran – wie auch in anderen seiner Arbeiten (s.o) – die Sinnhaftigkeit eines solchen literaturwissenschaftlichen Zugriffs auf entsprechende (populär-)wissenschaftliche Texte in Frage (Eggert 2012, 146). Für ihn bergen die betreffenden Texte v. a. die Gefahr einer bloßen »Vermenschlichung materieller Kultur« (ebd. 143).

12 Dieses Thema habe ich bereits an anderer Stelle ausführlich behandelt (Veit 2012) und soll daher hier nicht weiterverfolgt werden. – In diesen Kontext gehören freilich auch narrative Stilisierungen des eigenen wissenschaftlichen Werks durch Archäologen selbst. Das prägnanteste und besterforschte Beispiel dafür bietet bis heute Heinrich Schliemann, der als Erzähler in eigener Sache sicherlich erfolgreicher gewesen ist, denn als Ausgräber, dazu Veit 2022b mit weiteren Referenzen.

13 Und dies bestätigen uns auch Personen, die die Situation von außen betrachten, wie der Franfurter Soziologe Jung (2012a; 2012b) oder die Tübinger Historiker Mischa Meier und Steffen Patzold (2021, bes. 25–27.) – letztere mit Bezug auf die moderne Archäogenetik.

handelt, das primär vom Objekt – einer Ausgrabungsstätte, einer Fundgattung oder einem besonderen Einzelfund – ausgeht und nicht so unmittelbar wie das traditionelle historische Erzählen an bestimmte Personen oder soziale Gruppen und deren konkrete Erlebnisse gebunden ist. Fehlende individuelle historische Akteure werden in den betreffenden Schriften daher oft durch indirekt erschlossene Kollektivindividuen, wie bestimmte lokale Gemeinschaften, ›Völker‹ oder ›den (Ur-)Menschen‹ allgemein, ersetzt.

Ein klassisches Beispiel dafür bietet Gordon Childes berühmte These »Man makes himself« (Childe 1936), die einen Rahmen für die narrative Verknüpfung von verschiedenen archäologischen Einzelbeobachtungen abgibt und so den Archäologen von einem bloßen Antiquar zu einem Geschichtsschreiber (White 1986a; 1994; Rüsen 1982/1990; 1989) werden lässt. Im Rahmen der jüngeren Sozialarchäologie ist außerdem regelmäßig von bestimmten sozialen Gruppen oder Schichten – etwa speziellen ›Eliten‹ – die Rede, denen eine besondere historische Wirkkraft zugeschrieben wird, vom ›Wanderhandwerker‹ (Neipert 2006) bis zum ›Keltenfürsten‹ (Jung 2012a; 2012b). Seit einiger Zeit gibt es in Teilen des Faches darüber hinaus ein besonderes Interesse für nichtmenschliche Akteure (›Aktanten‹) und ihre Lebensläufe (›Objektbiographien‹).[14]

Dies zeigt, dass Prähistorische Archäologen durchaus in der Lage sind, auf Grundlage der ihnen zur Verfügung stehenden Objekte Geschichte(n) zu schreiben, indem sie die oben beschriebenen Regeln des *emplotment* befolgen. Auch archäologisch gegründete Geschichte ist daher – um mit Paul Veyne (1990, 13 ff.) zu sprechen – die Erzählung von ›Ereignissen‹, also narrative Darstellung.[15] Denn im Prinzip ist alles, woraus sich das Alltagsleben der Menschen zusammensetzt – also auch Sachquellen – »Jagdbeute für den Historiker« (ebd. 28).[16] Unsere Darstellung entsprechender ›Ereignisse‹ passt sich dabei, je nach dem Bereich in dem wir arbeiten, geschmeidig den jeweils verfügbaren Quellen an. Veyne hat diesen Prozess, bei dem die Lücken der Geschichte sich in unseren Augen selbst zusammenziehen

---

14 Z. B. Boschung et al. 2015; Jung 2018; weitere Belege bei Veit 2018a. – In diesem Kontext ist auch auf Überlegungen zum Sammeln aus narrativer Perspektive hinzuweisen: Bal 2002.

15 Als nicht-ereignishaft gilt Veyne lediglich jenes Historische, das noch nicht als solches ins Bewusstsein getreten ist (Veyne 1990, 25).

16 Ähnlich argumentiert z. B. Moses I. Finley (1987, 16). Gleichzeitig beklagt er den durchgängigen Mangel an wirklichen Primärquellen in der Alten Geschichte.

und die Anstrengung, die nötig ist, die Lücken überhaupt wahrzunehmen[17], anschaulich beschrieben:

> »Der kritische Leser weiß, daß die sogenannten geschichtslosen Völker ganz einfach Völker sind, deren Geschichte unbekannt ist, und daß die ›Primitiven‹ ihre Vergangenheit haben wie alle anderen auch. Vor allem weiß er, daß der Historiker ohne Ankündigung von einer Seite zur anderen das Tempo wechselt, dem Zeitmaß der Quellen entsprechend, daß jedes Geschichtsbuch in diesem Sinne ein Gewebe aus Inkohärenzen ist – und es auch nicht anders sein kann. Für einen logischen Geist ist dieser Stand der Dinge gewiß unerträglich, doch damit wird zur Genüge deutlich, daß die Geschichte nicht logisch ist. Dagegen gibt es kein Heilmittel und kann es auch keines geben« (ebd. 22 f.).[18]

15.2 Über historische Modellbildung

Ungeachtet dieses ausgeprägten Fokus auf das Spezifische bestimmter Situationen und Entwicklungen hat man in der Geschichtswissenschaft und noch mehr in der Archäologie immer wieder versucht, wiederkehrende Muster und basale Triebkräfte im Geschichtsverlauf auszumachen. Historisch am einflussreichsten war in diesem Zusammenhang die Idee der Evolution, im Sinne eines immanenten Antriebs der Geschichte, die einem bestimmten Telos folgt. Sie hat insbesondere in der Frühzeit der Urgeschichtsforschung eine wichtige Rolle gespielt, indem sie dazu beitrug, dass sich das Fach als Gegenmodell zur – durch das Ideal der Freiheit bestimmten – Geschichte im eigentlichen Sinne manifestieren konnte. Ziel war dabei gerade nicht das Individuelle und Besondere einer jeden historischen Situation, sondern ein Allgemeines und Ungeschiedenes (z. B. Hoernes 1893, 52).

Und noch heute spielen entsprechende Ideen eine Rolle, wenn es darum geht, sozialen bzw. kulturellen Wandel in der Tradition der ›Prozessualen Archäologie‹ durch Rekurs auf allgemeine Prinzipien und zusätzliche spezifische Randbedingungen für den konkreten Untersuchungsgegenstand zu erklären. Dazu werden auf der Basis historischer bzw. ethnographischer

17 Siehe dazu auch Esch 1985.

18 Ähnlich argumentiert der Historiker Michel de Certeau (1991). Er spricht von der »historiographischen Operation«, die die narrative Form mit dem Anspruch auf wahre Erkenntnis verbinde. Der historische Diskurs sei dabei an ›Wahrheitsverfahren‹ gebunden, die weder mit denen der Literatur, noch mit denen der philologischen Vergewisserung identisch seien.

Vergleiche – aber auch von Gedankenexperimenten – Modelle entwickelt, die geeignet sind, uns eine gewisse Vorstellung vom (ideellen bzw. materiellen) Hintergrund bestimmter historischer Situationen bzw. Entwicklungen zu vermitteln (s. Kap. 13).[19] Da die Veränderungen in der Regel nicht unmittelbar aus den archäologischen Materialien abgelesen werden können, sind dazu vorab aufwändige, datentechnisch gestützte chronologische Modellierungen auf den unterschiedlichen räumlichen Maßstabsebenen (lokal, regional, überregional) notwendig (s. Kap. 11.2).

Wissenschaftshistorisch steht das Fach mit diesem Ansatz in der Tradition der französischen ›Annales-Schule‹ der Geschichtswissenschaft, die im Hinblick auf die Frage historischer Modellbildung Pionierarbeit geleistet hat. Speziell Fernand Braudel (1902–1985) verdanken wir ein anschauliches Bild, das die Bedeutung von Modellen speziell für die historische Forschung gut illustriert. Er schreibt:

> »Ich habe manchmal Modelle mit Schiffen verglichen. Das Interessante ist für mich, das konstruierte Schiff auf das Wasser zu setzen und zu sehen, ob es schwimmt, sodann, es nach meinem Belieben die Wasser der Zeit hinauf- und hinunterschwimmen zu lassen. Der Schiffsbruch ist stets der bedeutendste Augenblick.« (Braudel 1977, 73 f.)

Hinter dieser Formulierung steht die Idee, dass die von Historikern hypothetisch gebildeten Modelle mit der Vorstellung des Zeitablaufs konfrontiert werden müssen, denn vom Zeitablauf, den sie implizieren, hängt letztlich ihr Erklärungswert ab. Da die Modelle von variabler Dauer sind, kommt für Braudel dem Moment, an dem sie ihre Erklärungskraft verlieren, ganz besondere Bedeutung zu. Den konkreten Forschungsprozess sieht er dabei als einen beständigen Wechsel der Perspektive zwischen sozialer Realität und Modell an:

19 Renfrew 1973c; vgl. auch ders. 2007, vii: »[Prehistorians] try to explain the various changes that have taken place in the human condition, over the tens and hundreds of millennia of human existence« und »The sense of adventure [in recent archaeology] comes from the questions that are currently being asked about why and how culture change occurred.« (ebd. 219). – Selbst in ›postprozessualen‹ Forschungszusammenhängen spielen solche Aspekte der Generalisierung weiterhin eine wichtige Rolle, auch wenn versucht wird, die externe Beobachterperspektive der ›Prozessualisten‹ durch eine Akteursperspektive, wenn nicht zu ersetzen, so doch zumindest zu ergänzen (s. Veling 2019 mit weiterführenden Referenzen).

»Für mich sollte die Forschung von der sozialen Realität zum Modell geführt werden, dann von diesem zu jener, ein endloser Wechsel, der zu einer Reihe von Änderungen, von geduldig wiederaufgenommenen Reisen führt. Das Modell ist mithin jeweils ein Versuch, die Struktur zu erklären, ein Instrument der Kontrolle des Vergleichs, der Verifizierung der Fertigkeit und Lebensfähigkeit der gegebenen Struktur. Wenn ich von der Gegenwart ausgehend ein Modell herstelle, möchte ich es sogleich in der Realität sehen, es dann in der Zeit zurückführen, wenn möglich bis zum Ursprung« (ebd.).

Kultur als System		**Kultur als Prozess**
Kultur als adaptives System	**Kultur als Zeichen- bzw. Symbolsystem**	
Kultur ermöglicht dem Menschen die Befriedigung seiner wesentlichen Grundbedürfnisse (Schutz, Nahrung, Gemeinschaft).	Kultur als Menge von Kontrollmechanismen (Plänen, Rezepten, Regeln, Anweisungen) zur Regelung von menschlichem Verhalten.	Kulturen bilden keine stabilen Systeme, Matrizen oder Strukturen, sondern sind wandel- und verhandelbare Phänomene, die im sozialen Prozess der permanenten Veränderung unterliegen.
Ideologiekritische Ausweitung durch Unterscheidung einer Struktur- und einer Systemebene: Kultur wird dann auch konzipierbar als Mittel zur Konstruktion bzw. Aufrechterhaltung sozialer Ungleichheits- und Herrschaftsverhältnisse.	Verhalten wird dabei als sozial und öffentlich verstanden. Es besteht aus »signifikanten Symbolen« (Worte, Gesten, Zeichnungen, musikalische Geräusche, mechanische Artefakte oder natürliche Gegenstände), die dazu verwendet werden, der Erfahrung Sinn zu geben.	Das Aushandeln von Bedeutungen ist ein alltäglicher Prozess, der nie zum Stillstand kommt. Individuen und Kollektive (Klasse, Nationalität, Gender) agieren als widerspenstige Akteure in einem Geflecht von Bedeutungen.
Leslie White – L. R. Binford	Max Weber – Clifford Geertz	Andreas Wimmer

Tabelle 33: Kultur als System und Prozess (erweitert nach Wimmer 2005).

Diese strukturgeschichtlichen Grundüberzeugungen haben – ungeachtet aller handlungstheoretischen Erweiterungen des sozial- und kulturwissenschaftlichen Diskurses – ihre grundlegende Bedeutung bis heute bewahrt und leiten weiterhin zahlreiche Untersuchungen prähistorischen Kulturwandels an. Allerdings sind die Modelle, die in diesem Bereich heute zum Einsatz kommen – entsprechend der fortgeschrittenen kulturtheoretischen Debatten, die ›Kultur‹ nicht mehr normativ oder systemtheoretisch, sondern als Produkt von komplexen sozialen Aushandlungsprozessen verstehen (z. B. A. Wimmer 2005) – deutlich komplexer [Tab. 33]. Insofern stellt sich immer dringlicher die Frage, inwieweit die interpretative archäologische Praxis mit der differenzierten Modellbildung im sozial- und kulturwissenschaftlichen Bereich tatsächlich mithalten kann.

Teilweise gewinnt man den Eindruck, dass man in der Prähistorischen Archäologie ganz bewusst den komplexen Modellvorstellungen der modernen Kulturwissenschaften aus dem Wege zu gehen versucht und stattdessen weiterhin auf die einfachen Diffusions- bzw. Wellenmodelle des frühen 20. Jahrhunderts setzt (z. B. Krausse 2008b). Nicht ohne Grund dominieren solche relativ einfachen (Kultur-)Modelle auch viele der aktuellen Debatten im Bereich der naturwissenschaftlichen Archäologie, die frühe Ausbreitungsprozesse und Wanderungen zu rekonstruieren suchen (Gregorizka 2021). So entsteht der Eindruck, dass man in methodisch besonders innovativen Bereichen, wie beispielsweise in der Archäogenetik, im Grunde Probleme des 19. Jahrhunderts zu lösen versucht – ohne zu erkennen, dass sich die Problemhorizonte der kulturwissenschaftlichen Forschung in den letzten fünfzig Jahren deutlich verschoben haben (s. aber Furholt 2021). Neue Erkenntnisse zu Prozessen kulturellen Wandels, die auch eine stärker akteurszentrierte Perspektive einfordern (Veling 2019) bleiben in der Praxis jedenfalls oft noch unberücksichtigt (s. Kap. 17).

Ein Beispiel dafür, was hier möglich und nötig ist, bieten einige Neubewertungen des für Fragen des Kulturwandels gerade auch in der Urgeschichtsforschung zentralen Konzepts der Akkulturation (Flaig 1999; Gotter 2000). In seiner klassischen Form steht der Begriff Akkulturation für die Übernahme fremder kultureller Merkmale im Zusammenhang eines neu etablierten Kulturkontakts. Dies setzt eine längere unabhängige Entwicklung der beteiligten ›Kulturen‹ voraus, auf die dann eine längere Phase des Kontakts und der Einflussnahme folgt. Dieses Modell mag helfen, kulturelle Veränderungen, wie sie im Kontext der Entdeckungsreisen der Frühen Neuzeit auftraten, zu fassen. Inwieweit es aber auch für die Beziehungen zwischen den frühen Hochkulturen des Mittelmeerraums und den Kulturen der ›barbarischen Peripherie‹ gilt, ist angesichts der relativen historischen Nähe der betreffenden Kulturen und der Möglichkeit zeitlich lange vorausgehender, älterer Kontakte offen. Das neue Auftauchen fremder

Kulturgüter im archäologischen Zusammenhang signalisiert in solchen Kontexten zunächst einmal lediglich einen vollzogenen Austausch von Objekten. In welcher Weise er erfolgte (beziehungsstiftend, kommerziell, räuberisch) bleibt dabei zunächst ebenso offen wie die Frage, inwieweit er zugleich Akkulturationsprozesse – und damit kulturellen Wandel – auslöste. Um mehr darüber sagen zu können, bedarf es in jedem Fall zusätzlicher archäologischer Indizien mit Blick auf die spezifische Wahrnehmung des Fremden in einer bestimmten Gemeinschaft (Gotter 2000, 399).

Andererseits ist die Komplexitätsreduzierung bei solchen Modellierungen im Sinne einer besseren Operationalisierbarkeit der verfügbaren empirischen Daten im Grundsatz nicht zu beanstanden. Sie ist vielmehr konstitutiv für Modellbildungen. Allerdings hat sie in der sich daraus ergebenen eingeschränkten Aussagekraft der erzielten Ergebnisse auch ihren Preis. Insofern gilt es jeweils einen Mittelweg zwischen dem theoretischen Anspruch einer Studie und den praktischen Möglichkeiten der Umsetzung zu finden. Umgekehrt lässt sich aber die Entscheidung zwischen unterschiedlichen kulturtheoretischen Optionen der Erklärung kulturellen Wandels nicht aus den verfügbaren Materialien treffen. Sie ist grundsätzlicherer Art und wäre daher philosophisch zu begründen. Wie dies geschehen kann, möchte ich zum Abschluss des Kapitels mit Blick auf zwei gegensätzliche Optionen zur Erklärung kulturellen Wandels noch kurz skizzieren.

15.3 Die Erklärung kulturellen Wandels

Warum ändern sich die Dinge? Um diese Frage beantworten zu können, ist zunächst zu klären, was genau unter ›kulturellem Wandel‹ zu verstehen ist – und auch wie sich ›kultureller‹ von anderen möglichen Formen der Veränderung, etwa genetischem, ökologischem oder sozialem Wandel, abgrenzen lässt. Auch muss man in Rechnung stellen, dass nicht jede archäologisch registrierbare ›Veränderung‹ zugleich als ›Wandel‹ im engeren Sinne charakterisiert werden kann. Daher sollte begrifflich zwischen unterschiedlichen Formen der Veränderung – etwa zwischen ›kontingenten‹, ›strukturellen‹ und ›evolutionären‹ Veränderungen – unterschieden werden.

Kontingente Veränderungen meint Veränderungen, die die Struktur der betreffenden Gesellschaft oder Kultur unangetastet lassen. Ein Beispiel dafür ist die Ersetzung eines politischen Funktionsträgers durch eine andere

Person, die dessen vakante Position übernimmt und sie im Sinne der fortbestehenden Regeln weiterführt. Ein Kontingenzphänomen im archäologischen Sinne wäre z. B. die Ersetzung eines unbrauchbar gewordenen Werkzeugs durch ein neues Werkzeug gleichen Typs. In diesen Kontext gehört aber auch eine ökonomisch begründete zyklische Verlegung einer Siedlung von Lokalität A nach Lokalität B. Sie erlaubt eine Beibehaltung der etablierten Wirtschaftsweise und vermeidet so ökonomischen Wandel. Veränderungen dieser Art zeigen sich allenthalben im archäologischen Befundbild. Allerdings verfehlen sie normalerweise das, was den Begriff ›kultureller/sozialer Wandel‹ im Kern ausmacht. Denn in diesen Fällen bleibt – ungeachtet permanenter Veränderungen – auf struktureller Ebene letztlich alles beim Alten. Dabei lasse ich hier bewusst die Möglichkeit unberücksichtigt, dass letztlich gerade in solchen für sich genommen insignifikanten Veränderungen der Keim für echten kulturellen Wandel liegen mag – etwa wenn es dem neuen Amtsträger in der Folge gelingt, die alten Regeln auszuhebeln und durch neue zu ersetzen – oder aber wenn die neue Lokalität der Siedlung nicht vorhergesehene neue Optionen des Wirtschaftens bietet.

In solchen Fällen werden aus kontingenten Veränderungen *strukturelle*. Davon spricht man immer dann, wenn in einem bestimmten Kontext neue Elemente (z. B. soziale Institutionen, politische Positionen, technische Innovationen, Werte/Ideen und entsprechende Repräsentationen usw.) auftauchen. Das Neue kommt dabei natürlich nicht aus dem Nichts, sondern stellt in der Regel eine Weiterentwicklung von bereits Bekanntem dar. Alte Elemente werden modifiziert und neu miteinander kombiniert. Deshalb – und aufgrund der Fragmentarität der archäologischen Überlieferung – ist ein Nachweis hier in der Regel schwierig. Bei Wahl einer breiteren räumlichen und chronologischen Perspektive besitzt jedoch auch die Prähistorische Archäologie durchaus die Möglichkeit, einen eigenen Beitrag zu der Frage zu leisten, wie in menschlichen Gemeinschaften Neues entsteht. Dies zeigen Ansätze prähistorischer Innovationsforschung auf ganz unterschiedlichen Forschungsfeldern (van der Leeuw/Torrence 1989; Burmeister et al. 2013; Burmeister/Bernbeck 2017).

<table>
<tr><th></th><th>Merlin Donald:
Origins of Human mind
(1991)</th><th>Colin Renfrew:
Cognition and Material Culture (1998)</th></tr>
<tr><td>Primaten</td><td>›Episodic culture‹</td><td></td></tr>
<tr><td>Homo erectus</td><td>›Mimetic culture‹</td><td></td></tr>
<tr><td>Homo sapiens
Jungpaläolithikum und Mesolithikum</td><td rowspan="2">›Linguistic or mythic culture‹
(Sprechkulturen)</td><td></td></tr>
<tr><td>Neolithikum und Bronzezeit</td><td>›Neolithic Revolution‹:
›Symbolic material culture‹</td></tr>
<tr><td>Frühe Hochkulturen</td><td>›Theoretic culture‹
Verwendung externer symbolischer Speicherung: Schriftkulturen</td><td>›Urban Revolution‹</td></tr>
</table>

Tabelle 34: Entwicklungsstufen kognitiven Denkens beim Menschen (Merlin 1991; 1998; Renfrew 1998; 2001).

Von solchen Wandlungsprozessen, die die Struktur einer Gesellschaft/Kultur verändern, sind *evolutionäre Veränderungen* in einem engeren Sinne abzuheben. Sie besitzen insofern eine ganz eigene Qualität, als sie eine Veränderung im Bereich der biotischen Grundlagen voraussetzen, die ihrerseits Konsequenzen im Hinblick auf die körperlichen und psychischen Fähigkeiten der menschlichen Akteure haben. Besonders interessant sind dabei Untersuchungen, die sich in der Tradition von André Leroi-Gourhans berühmtem Buch »Hand und Wort. Die Evolution von Technik, Sprache und Kunst« (1980) mit der Frage der Koevolution von Werkzeugtechnologie und Gehirn befassen (s. Hussain 2018). Das Beispiel zeigt, dass es in diesem Fall um langfristige Entwicklungen des menschlichen Leistungs- und Erkenntnisvermögens im Sinne einer Koevolution von Körper und Geist geht, die nur ausnahmsweise im Rahmen konkreter und raumzeitlich begrenzter prähistorisch-archäologischer Studien sinnvoll thematisiert werden können.

In diesem Zusammenhang verdienen auch die Forschungen Merlin Donalds (1991; 1998) zu den Ursprüngen des menschlichen Geistes eine Rolle. Er unterscheidet dazu verschiedene Entwicklungsstufen [Tab. 34]. Donalds Konzept ist von Colin Renfrew (1998; 1991) um eine Zwischenstufe der *symbolic material culture* erweitert worden, die über die schwer erklärbare

Multiplikation symbolischer Artefakte nach dem Einsetzen des Neolithikums definiert wird.[20]

Vor dem Hintergrund dieser und vergleichbarer Forschungen ist es fraglich, ob man für soziokulturellen Wandel, der keine (dauerhaften) Rückwirkungen auf das biotische System hat, ebenfalls den Begriff ›Evolution‹ nutzen sollte, wie dies in unserem Fach schon Childe (1975) tat, als er von »sozialer Evolution« sprach. Denn anders als noch im klassischen Evolutionismus des späten 19. Jahrhunderts erscheint ›Evolution‹ heute zwar weiterhin als ein gerichteter Prozess, aber man ist abgekommen, davon auszugehen, dass dieser auf ein bestimmtes Ziel hin ausgerichtet ist. Die Art von ›Evolution‹ von der heute die Rede ist, ist in diesem Sinne nicht mehr *teleologisch*, sondern *teleonomisch*. Das bedeutet, dass sie nach bestimmten Regeln und Gesetzen auf einer bereits bestehenden Architektonik aufbaut und auf diese Weise erfolgreiche Programme rekombiniert und erfolglose ausscheidet (Bühl 1984, 303). Der Weg in die Zukunft ist offen, eine Beschränkung besteht lediglich in der Weise, dass manche der vollzogenen Veränderungen den direkten Weg zurück (etwa vom Bauern zum Wildbeuter) unmöglich machen. In diesem Sinne halte ich es dort, wo es nicht um biotische Veränderungen geht, für möglich und sinnvoll auf den Begriff ›Evolution‹ ganz zu verzichten und stattdessen von ›Strukturwandel‹ zu sprechen. Dies lässt deutlich werden, dass es unsere zentrale Aufgabe ist, nach den konkreten Ursachen und Konsequenzen solcher Veränderungen zu fragen – was im Falle der Wirksamkeit eines evolutionären Prinzips nicht erforderlich wäre.

Grundsätzlich stehen sich dabei heute v. a. zwei Möglichkeiten gegenüber, soziokulturellen Wandel zu erklären. Ein großer Teil der Forschung verortet die Ursachen kulturellen Wandels im sub- bzw. außerkulturellen Bereich, also in der biologischen, psychischen oder sozialen Natur des Menschen oder in den ökologischen Rahmenbedingungen, die dem Menschen gewisse Verhaltensweisen aufzwingen. Ein anderer Teil der Forscher sieht ›Kultur‹ dagegen im Wesentlichen als ein selbstreferentielles (Handlungs-)System und sucht die Ursachen entsprechend im System selbst – ohne damit aber zwangsläufig zugleich die Existenz und Wirksamkeit externer Einflüsse ganz generell auszuschließen. Entsprechend dieser beiden Optionen lassen sich idealtypisch zwei Zugriffsweisen zur Erklärung kulturellen Wandels

20 Im Zusammenhang mit dem Fragen der kognitiven Evolution siehe auch: Mithen 1998; 2001; Gamble/Gowlett/Dunbar 2016.

unterscheiden, die ich hier als ›naturwissenschaftlich‹ und ›anthropozentrisch‹ bezeichnen möchte [Tab. 35].[21]

Anthropozentrische Erklärung	Naturwissenschaftliche Erklärung
Andreas Wimmer: **pragmatischer Konstruktivismus**	***August Nitschke:*** **prozessorientierte Kulturgeschichte**
Kultur als Kompromiss, d. h. als »Resultat eines Prozesses des Aushandelns von Bedeutung zwischen kulturell geprägten, aber zur reflexiven Hinterfragung und Innovation fähigen Individuen.«	»Der Wandel der Kultur braucht [...] nicht auf Veränderungen des Menschen zurückgeführt werden. Er erklärt sich nach Gesetzen, die einen naturwissenschaftlichen Charakter haben.«
Gesellschaftliche Machtverschiebungen setzen Prozesse des konfliktiven Aushandelns in Gang. Gemäß den verschobenen Kräfteverhältnissen kommt es in der Folge zu neuen Formen der sinnstiftenden Übereinkunft.	Verzicht auf das anthropozentrische Erklärungsmodell – ermöglicht einen Vergleich von kulturellen Veränderungen mit solchen, die in organischen und anorganischen Strukturen auftreten. Energieniveau einer Gesellschaft als bestimmend für die Art der Prozesse.
Fokus auf Verstehen von Handlungen (und generalisierende Erklärung sozialer Prozesse)	Fokus auf Beschreibung und Erklärung von Prozessen. – Hermeneutischer Ansatz dient nur sekundär zur Bestimmung der individuellen Eigenart von Personen und Kollektiven als Varianten der Kultur

Tabelle 35: Anthropozentische und naturwissenschaftliche Erklärung von Kulturwandel (Wimmer 2005; Nitschke 1996).

Bei *naturwissenschaftlichen Erklärungen* kulturellen Wandels liegt der Fokus zunächst auf der sorgfältigen Beschreibung von Veränderungen in unterschiedlichen Bereichen einer oder mehrerer, in ihrer räumlichen und zeitlichen Ausdehnung flexiblen ›Kulturen‹: Diese Daten bieten eine empirische Grundlage für eine systemtheoretische Erklärung der abgelaufenen Prozesse, allerdings ohne dass dabei zugleich auf die Eigenäußerungen und Kommunikationsprozesse der historischen Akteure selbst – und die

21 Naturwissenschaftliche Erklärungsmodelle werden in der Geschichtswissenschaft im Gegensatz zu Anthropozentrischen selten thematisiert, dazu instruktiv aber die Ausführungen von August Nitschke (1981; 1996), an dessen Terminologie ich mich hier orientiere.

mögliche kulturelle Dynamik, die diese erzeugen – Bezug genommen würde. Vielmehr orientieren sich solche Erklärungen in der Regel an bestimmten als universell verstandenen Prinzipien menschlichen Verhaltens.

Beobachterzentrierten Erklärungsansätzen im skizzierten Sinne stehen solche gegenüber, die man als ›anthropozentrisch‹ bezeichnen könnte. Ihre Verfechter gehen davon aus, dass sich menschliche Handlungen und damit kultureller Wandel einem Forschenden nur in Kenntnis der jeweils vor Ort gültigen kulturellen Regeln erschließt. Dies setzt aber einen Prozess des Sinnverstehens voraus, der nicht allein durch distanzierte Beobachtung, sondern nur durch das Erlernen und Anwenden des jeweiligen kulturellen Kodes – und der Kenntnis seiner Einsatzmöglichkeiten (im Sinne einer ›Grammatik‹) – gelingen kann. Forschende müssen daher in den Kategorien der untersuchten Gemeinschaft zu denken lernen und die dabei gewonnenen Einsichten in die ›Sprache‹ ihrer eigenen Kultur ›übersetzen‹. Dem sozialen bzw. kulturellen System wird in diesem Falle also eine soziale bzw. kulturelle Struktur gegenübergestellt, ohne deren Berücksichtigung kulturelle Wandlungsprozesse letztlich unerklärlich bleiben.

Beide Ansätze kennen wir auch aus der archäologischen Forschung. Speziell in der theoretischen Archäologie des englischsprachigen Raumes ist der aufgezeigte Gegensatz seit den frühen 1980er Jahren im Rahmen der Auseinandersetzung zwischen ›Prozessualer‹ und ›Postprozessualer Archäologie‹ breit verhandelt worden (s. Bernbeck 1997; Eggert/Veit 1998). Und beide Positionen stehen sich in Form neodarwinistischer und konstruktivistischer Erklärungsansätze unter veränderten Rahmenbedingungen noch heute gegenüber. Während erstere auf eine Beobachterperspektive sowie auf Quantifizierung und *big data* setzen, liegt der Fokus im zweiten Fall auf Introspektion, Übersetzung und Kontextanalyse. Aus dem Vorstehenden dürfte deutlich geworden sein, dass der letztgenannte Ansatz der theoretisch anspruchsvollere ist – nicht zuletzt deshalb, weil er, um zu Ergebnissen zu kommen, immer auch die Position der forschenden Person mit thematisieren muss.[22]

Doch kommen wir nach diesem Exkurs zum Erklären nochmals kurz zurück auf unsere Ausgangsfrage nach dem historischen Erzählen. Wir haben gesehen, dass ein solches Erzählen idealerweise immer auch Elemente des Erklärens von kulturellem Wandel enthält. Allerdings erschöpft sich

22 Er erfüllt damit Forderungen, die weiter oben an Fächer gestellt wurden, die sich als Historische Kulturwissenschaft verstehen (s. Kap. 6).

die Erzählung normalerweise nicht in einem entsprechenden Erklärungsmodell. Genauso wenig wie sich historische Narrative ausschließlich an ›historischen Fakten‹ orientieren, lassen sie sich auf Entwicklung und Test eines auf eine bestimmte Befundsituation angemessenen Erklärungsmodells kulturellen Wandels reduzieren. Genau aus diesem Grunde war es nötig, auch auf jene Bestimmungsfaktoren prähistorisch-archäologischer Narrative zu sprechen kommen, die jenseits einer (quasi-)objektiven modellhaften Rekonstruktion vergangenen Geschehens liegen. Und dazu gehört insbesondere der (oft implizite) Bezug auf eine begrenzte Zahl allgemeiner Erzählkonventionen, wie jener der ›Komödie‹ oder der ›Tragödie‹ (White 1986b; 1990; 1994 – zur Archäologie: Veit 2006b).

Somit sind es letztlich nicht allein die ›harten Fakten‹, sondern auch die Autoren, die über die Auswahl solcher Tropen, mit über den Ausgang einer historischen oder archäologischen Erzählung entscheiden [Tab. 36]. Denn solche Erzählungen werden immer auch mit Blick auf ein bestimmtes Publikum entworfen. Dieses muss ein Autor nicht nur von der Richtigkeit der ›Fakten‹ überzeugen, sondern auch für die eigene Sache einnehmen. Aus diesem Grunde sind historische Erzählungen explizit oder zumindest implizit immer auch auf bestimmte aktuelle gesellschaftliche Orientierungsbedürfnisse hin ausgerichtet. In diesem Sinne verweisen sie nicht nur auf Vergangenes, sondern zugleich auf die weitere Gemeinschaft, die sich ihrer Geschichte, gegebenenfalls bis zurück in die ältesten nur archäologisch fassbaren Zeiten, vergewissert und dabei in einem gewissen Sinne sich selbst wiederfindet. Dieser Sachverhalt führt direkt zur Frage nach dem Verhältnis von archäologischer Wissenschaft und Gesellschaft, der ich mich im folgenden Kapitel zuwenden möchte.

Erzählform	**Beispiele aus der Prähist. Archäologie**	**Archäologie als ...**
Traditionelles Erzählen erinnert an die Ursprünge, die gegenwärtige Lebensverhältnisse begründen.	Traditionelle Legitimation von Herrschaft, etwa Begründung territorialer Ansprüche der deutschen Nation unter Berufung auf die Germanen (G. Kossinna).	Affirmation und Legitimation gegenwärtiger Ordnung *> Vor- bzw. außerwissenschaftliche Position.*
Exemplarisches Erzählen erinnert an Beispiele, die Regeln gegenwärtiger Lebensverhältnisse konkretisieren (*historia magistra vitae*)	Betonung der Rolle herausragender Individuen bei der Bewältigung gesellschaftlicher Krisen und bei der Entstehung von Neuem.	Handlungsanleitung für die Gegenwart *> Antike Position, wird seit Beginn des 19. Jh. als unplausibel abgelehnt.*
Kritisches Erzählen erinnert an Abweichungen, die gegenwärtige Lebensverhältnisse in Frage stellen	Suche nach herrschaftslosen Gesellschaften als Beweis dafür, dass Herrschaft nicht naturgegeben ist.	Gesellschaftskritik *> Gesellschaftliche Orientierungsfunktion (Frage nach Differenzen und Kontrasten)*
Genetisches Erzählen erinnert an Transformationen, die andere Lebensverhältnisse in gegenwärtige münden lassen, stellt Kontinuität als Entwicklung vor, in der sich Lebensordnungen verändern, um sich (dynamisch) auf Dauer zu stellen	Gesellschaftliche Transformationen als Reaktion auf wechselnde Herausforderungen, denen sich Gesellschaften in der Geschichte stellen mussten.	Historische Sozialwissenschaft *> Sozialwissenschaftliche Analyse (Frage nach Strukturen, Systemen und Prozessen) als Grundlage für gesellschaftliche Orientierung*

Tabelle 36: Unterschiedliche Formen des historischen bzw. archäologischen Erzählens (unter Bezug auf Jörn Rüsens Theorie historischen Erzählens).

16 Erinnern, vermitteln und vermarkten

»Es gibt aber auch eine subtilere und alltäglichere Art die Vergangenheit zu negieren: man gleicht sie der Gegenwart an. Der Vorteil ist, daß man ihr damit all ihre Verschiedenheit austreibt; man macht sie zu einem Ort der Unterhaltung, zu einem Ziel von Touristen- und Schulausflügen – das Allergrößte ist dann, das schon Bekannte wiederzufinden. Angesichts des so sehr betonten und proklamierten ›Erfolgs‹ des Altertums (und insbesondere der Archäologie) in diesen Jahren ist das erste Problem: bedeutet dieser nunmehr ständige Konsum der Vergangenheit, sie kennenzulernen, oder sie zu annullieren? Soll der Umgang mit einer ›gleichen‹ Vergangenheit zum beruhigenden Antidot werden, zu einer Zuflucht für die Erinnerung, um mit der Gewissheit zu unserer Gegenwart zurückzukehren, dass sie die bestmögliche ist?«
(Salvatore Settis 1986, 147)

Wie im vorangegangen Kapitel bereits dargelegt, besitzt das historische bzw. archäologische Erzählen eine ganz konkrete soziale Funktion, die mit dem parallelen Anspruch der ›Wahrheitsfindung‹ oft nur schwer in Einklang zu bringen ist: jene der aktualisierenden Erinnerung an längst Vergangenes [Abb. 35]. Trotzdem schließt sich beides nicht grundsätzlich aus. Denn neben dem unauflösbaren Zusammenhang zwischen ›Erzählen‹ und ›Erinnern‹ besteht in modernen, anders als in archaischen Gesellschaften, zugleich auch ein enger Zusammenhang zwischen Gedächtnis und Forschung. Die Erinnerung, die moderne Gesellschaften in Gedenkstätten, Museen und anderen Einrichtungen pflegen, erfolgt auf der Grundlage methodisch abgesicherter ›wissenschaftlicher‹ Erkenntnisse, die idealerweise der permanenten Überprüfung durch die Forschergemeinschaft standhalten müssen.

Abb. 35: Prähistorischen Archäologie als eine Agentur des kulturellen Gedächtnisses. Diese Idee reicht bis an die Anfänge des Faches zurück. Wo die Bodendenkmale nicht für sich selbst sprachen, hat man sie durch eigens gestaltete Denkmäler ergänzt: Das ›Hermannsdenkmal‹ bei Detmold, Kreis Lippe, Nordrhein-Westf. gebaut zwischen 1838 und 1875 nach Entwürfen von Ernst von Bandel entstand als Erinnerung an die ›Schlacht im Teutoburger Wald‹ im Jahre 9 n. Chr., die ein weiteres Vordringen der Römer in den germanischen Raum verhinderte. – Der Gedenkstein nahe dem Hügel des spätbronzezeitlichen ›Königsgrabs‹ von Seddin in Groß Pankow, Lkr. Prignitz, Brandenburg (Großgrabhügel mit Steinkammer, 9. Jh. v. Chr.) erfüllt bereits zugleich die Funktion einer Infotafel, wie sie heute üblich ist.

Allerdings ist eine solche Prüfung nie voraussetzungslos möglich. Sie orientiert sich an kodifizierten fachlichen Standards ebenso wie an eher implizit bleibenden paradigmatischen Vorgaben, die den Zeitgeist spiegeln. In beiden Fällen handelt es sich um voraussetzungsreiche Festlegungen, die keine generelle Gültigkeit beanspruchen können, sondern Ergebnis von Aushandlungsprozessen sind. Dies gilt ganz besonders für jene Teile, die sich auf einen ganz konkreten gesellschaftlichen Fragehorizont beziehen. Beispiele dafür finden wir in besonderem Maße auf dem Feld der Zeitgeschichte. Aber auch ältere Epochen – und selbst die Urgeschichte – haben auf verschiedene Weise Anteil an der modernen Erinnerungskultur. Ja, man darf gewiss behaupten, dass das Erinnern im Zentrum archäologischer Praxis steht. Zentrale, den archäologischen Fächern regelmäßig zugeordnete Tätigkeiten wie das Bewahren, Erforschen und Vermitteln sind dem Erinnern letztlich untergeordnet.[1]

Neben dem affirmativen, gemeinschaftsbildenden Aspekt archäologischer Tätigkeit darf man jedoch auch die ökonomische Seite der entsprechenden Praxen – also letztlich die Frage der Vermarktung – nicht außer Acht lassen. Dies gilt auch für die von der öffentlichen Hand getragenen Bereiche staatlicher Denkmalpflege bzw. den öffentlichen Museumssektor, die in unserer Gesellschaft trotz oder gerade wegen ihrer staatlichen Alimentierung unter einem permanenten Rechtfertigungsdruck stehen. Dem begegnen sie u. a. dadurch, dass sie politische Leitideen aufgreifen und so der Politik einen gesellschaftlichen Mehrwert ihrer Arbeit signalisieren. Das Spektrum reicht hier vom traditionellen Narrativ einer Bewahrung des kulturellen Erbes durch ein professionalisiertes System der Überwachung, Sicherung und Konfliktlösung, bis hin zur blumigen Versicherung, das Fach sei aufgrund seiner Forschungen in der Lage, konstruktive Beiträge zu aktuellen politischen und gesellschaftlichen Diskursen beizusteuern.

Wo früher über Rassenfrage und Volksgeist (bzw. Nation) diskutiert wurde, befasst man sich heute mit Klimawandel und Diversität. Dies ist grundsätzlich nicht zu verurteilen, allerdings fehlt es dem politischen Sektor gegenüber nicht selten an der notwendigen professionellen Distanz (Veit 2022a). Dazu gehört mitunter auch das Eingeständnis, zu bestimmten Bereichen nichts Entscheidendes beitragen zu können. In anderen Fällen wird es nötig sein, aufgrund fachlicher Einsichten gängigen gesellschaftlichen Narrativen zu widersprechen. Ein Beispiel dafür ist das aktuelle gesellschaftliche Interesse an Fragen der Migration, das in der Prähistorischen Archäologie ein Thema auf die Agenda gesetzt hat, das man – aufgrund fachgeschichtlicher Vorbelastung – lange Zeit eher mied. Dabei werden in der öffentlichen Kommunikation urgeschichtliche und moderne Migrationen oft leichtfertig parallelisiert und das betreffende Phänomen

---

1 Demgegenüber stehen mitunter Beschwörungen eines nicht nur identitätspolitischen, sondern ganz praktischen Gestaltungsanspruchs des Faches im Sinne eines substantiellen Beitrags zur menschlichen Überlebenssicherung – z. B. als Teil einer fachübergreifenden Klima- oder Umweltforschung – gegenüber (Schauer 1999; Daim 2011). Allerdings fehlt es dazu bis heute an wirklich überzeugenden Beispielen. Wer dem Hunger auf der Welt oder dem Artensterben aktiv begegegnen möchte, sollte nicht vorrangig Archäologie studieren. Wer es doch tut, wird auf diesen Gebieten später notwendigerweise Laie bleiben – was konkrete Beiträge auf diesen Feldern selbstverständlich keineswegs entwertet.

so in unzulässiger Weise essentialisiert. Denn die Bedingungen moderner Kriegs-, Armuts- oder Berufsmobilität lassen sich mit denen steinzeitlicher Mobilität nicht ohne Weiteres in eins setzten. Hier bedürfte es breiter, interdisziplinärer Analysen.

Daneben stellt der professionalisierte Teil des Faches, zu dem auch die Universitäten und zentralen Forschungsinstitute (wie das Deutsche Archäologische Institut – DAI – oder das Leibniz-Zentrum für Archäologie – LEIZA – in Mainz, früher Römisch-Germanisches Zentralmusem/RGZM) zählen, Wissen bereit, das in einem gewissen Umfang auch Eingang ins Curriculum der allgemeinbildenden Schulen findet. Anders als etwa in den 1920er und 1930er Jahren spielt dieser Aspekt heutzutage bei der Rechtfertigung des Faches eine eher untergeordnete Rolle. Dies hängt nicht zuletzt auch mit einem generellen Bedeutungsverlust historischen Wissens sowie einer stärkeren Fokussierung auf die jüngeren historischen Perioden sowie die Zeitgeschichte zusammen. Trotzdem sind prähistorisch-archäologische Freilichtmuseen weiterhin nachgefragt und erleben teilweise eine neue Blüte [Abb. 36].

Abb. 36: Das ›Pfahlbaumuseum‹ in Unteruhldingen am Bodensee/Baden-Württemberg (oben) ist das älteste Freilichtmuseum in Deutschland (gegründet 1922), ist aber in den letzten 30 Jahren aufwändig saniert und erweitert worden. Das Freilichtmuseum auf der Heuneburg bei Herbertingen-Hundersingen, Lkr. Sigmaringen, Baden-Württemberg (»Heuneburg – Stadt Pyrene«, Bild unten) entstand zwischen 1998 und 2001 mit finanzieller Unterstützung durch die Europäische Union.

Die Bedeutung der Ökonomie zeigt sich aber noch deutlicher im wachsenden privatwirtschaftlichen Archäologie-Sektor, von dem gegen Bezahlung Identifikations-, Bildungs- und Unterhaltungsangebote für unterschiedliche Teilöffentlichkeiten[2] bzw. Konsumentengruppen bereitgestellt werden. Neben massenmedialen Unterhaltungsformen dokumentarischer oder fiktionaler Form ist hier beispielsweise auch an die Bereiche Eventkultur (*Reenactment, Living history*) und Kultur- bzw. Archäologietourismus [Abb. 37] zu denken (s. Kap. 16.2).[3] Entsprechend geraten hier heute oft auch weniger hehre Ziele als jene der Bildung, der Identitätspolitik oder der Weltverbesserung in den Fokus. Stattdessen geht es oft primär um Unterhaltung in all ihren – von den unterschiedlichen Zielgruppen abhängigen – Spielarten. Dies ist nicht verwerflich, sondern legitim. Allerdings zwingt es fachwissenschaftlich ausgebildete Archäologen dazu, ihre eigenen Angebote an die Öffentlichkeit von jenen dieser kommerziellen Akteure abzugrenzen. Stellung beziehen müssen sie aber auch zu Betätigungsfeldern, bei denen es weniger um Vermarktung, sondern eher um Selbstverwirklichung und individuelle Sinnstiftung geht (Jung 2015). Wie vielfältig die Motivationen von privaten Sammlern und Sondengängern, den sog. ›Heimathirschen‹, sein können, hat etwa die sorgfältige soziologische Analyse dieses Phänomens von Matthias Jung (2010) gezeigt.

2 Der Begriff ›Öffentlichkeit‹ ist eher unscharf. Im Rahmen von Forschungen zum Verhältnis von Wissenschaft und Gesellschaft wird zwischen breiter Öffentlichkeit, gelegentlich interessierter Öffentlichkeit, gebildeter/interessierter Öffentlichkeit und Fachöffentlichkeit unterschieden (s Schirrmacher 2008, 86). Auch spricht man heute nicht mehr von ›Wissenschaftspopularisierung‹ bzw. ›Wissenschaftsvermittlung‹, sondern von der ›Wissensgesellschaft‹ (ebd. 95.).

3 Ausgenommen seien hier Grabungsfirmen, die Dienstleitungen bei der Bergung und Sicherung von archäologischen Denkmälern erbringen, die die Denkmaleinrichtungen der Länder und Kommunen ausgelagert haben, deren Standards sie aber bestimmen, s. Kunow/Rind 2022.

Abb. 37: Archäologietourismus im Mittelmeerraum: Ephesos/Türkei, 2011.

›Archäologie‹ (in einem weiten Sinne) stellt sich heute also als ein komplexes System mehr oder minder eng verflochtener Praxen dar, das weit über die engere fachwissenschaftliche Repräsentanz hinausgeht. Wie der Blick in die Entstehungszeit des Faches zeigt, markiert dies indes keine grundsätzlich neue Situation.[4] Allerdings haben sich die gesellschaftlichen, wissenschaftlichen und medialen Rahmenbedingungen unter denen diese Aktivitäten stattfinden zwischenzeitlich zweifellos stark verändert. Ich beginne meine kurze Übersicht mit einem Blick auf die erinnerungskulturellen Funktionen der archäologischen Wissenschaften.

16.1 Dimensionen der Erinnerungskultur

Nach Aleida Assmann (2007) lassen sich drei zentrale Dimensionen der Erinnerungskultur unterscheiden, die sie mit den Begriffen »Neugier«, »Identitätsvergewisserung« und »Erinnerungsgebot« kennzeichnet. Der Impuls »Neugier« manifestiert sich Assmann zufolge breit in historischen Büchern, Museen, Ausstellungen, Filmen, Denkmälern und Landschaften.

4 Exemplarisch sichtbar wird dies etwa am gut erforschten Beispiel des Wirkens Heinrich Schliemanns (1822–1890), das bereits komplexe Verschränkungen zwischen Fachwissenschaft, Laienforschung und Medien offenbart: s. Samida 2012a; Hellmayr 2021.

Sie vereinten Information und Unterhaltung und zeigten uns Geschichte als Marktfaktor. Dort wo es nicht um das Ferne und Exotische gehe, sei v. a. der Impuls zur »Identitätsvergewisserung« maßgebend. Geschichtsforschung reagiere hier auf das konkrete Bedürfnis von Individuen bzw. Gruppen sich ihrer Herkunft zu vergewissern. Geschichte werde so zum Medium der Identitätsbildung. Ein dritter wichtiger Aspekt drücke sich schließlich im Gebot ›Du sollst dich erinnern‹ aus. Die geschichtskulturellen Aktivitäten, die sich darauf beziehen, seien ganz darauf ausgerichtet, dem Vergessen von belastendem Wissen über die eigene Vergangenheit entgegenzuwirken. Erinnern werde hier zur ethischen Pflicht.

Der letztgenannte Punkt ist vor allem auf Ereignisse der neueren und neuesten Geschichte bezogen. Der Fokus richtet sich hier speziell auf Verbrechen des 20. und 21. Jahrhunderts, die für die Geschichtsforschung heute nicht nur in schriftlichen Aufzeichnungen etwa in Form von Augenzeugenberichten greifbar sind, sondern auch in massenmedialer Form (Fotographie, Film u. a.) dokumentiert sind. Archäologische Untersuchungen haben in diesem Kontext erst in den letzten Jahren an Bedeutung gewonnen. Dies hat dazu geführt, dass heute neben historischen Schlachtfeldern und den zugehörigen Massengräbern regelmäßig auch Reste von Arbeits- und Konzentrationslagern oder militärische Einrichtungen wie der Westwall mit archäologischen Mitteln untersucht werden.[5] Dabei ist allerdings noch nicht ganz klar, in welchem Verhältnis in solchen Fällen die Erkenntnis- und die Erinnerungsabsicht stehen (s. Kap. 4.3). Denn die entsprechende Architektur und materielle Kultur dieser Zeit ist zum großen Teil auch jenseits von Grabungen dokumentiert und erforscht worden. Oft sind die Objekte als Baudenkmale erhalten und so bis heute begeh- und erlebbar [Abb. 38].

5 Übersichten und Beispiele dazu in Bernbeck 2015; 2017; Theune 2014; 2020; Müller/Jeute 2017; Kersting 2020. Als Oberbegriff für solche Fundgruppen hat sich ›Dark Heritage‹ eingebürgert (Thomas et al. 2019). Dessen historische Reichweite lässt sich übrigens je nach Geschichtsverständnis nahezu beliebig ausdehnen. Für jene, die der Sündenfall der Menschheit bereits mit der Domestizierung von Pflanzen und Tieren begann, können auch wichtige neolithische Fundorte wie das anatolische Çatalhöyük dieser Kategorie zugeordnet werden.

Abb. 38: Die »Zeppelintribüne« auf dem NS-Reichstagsgelände in Nürnberg. Die Tribüne ist öffentlich zugänglich und wird im Rahmen von Motorsportveranstaltungen weiterhin genutzt. Informationstafeln und Denkmäler erinnern an die dunkle Geschichte der archäologisch anmutenden Bauruine. Die Sicherungsanlagen der Rennstrecke evozieren zugleich ganz unbeabsichtigt Zwangslageratmosphäre.

Offen ist auch, ob die besondere Anmutungsqualität von archäologischen Relikten, die dem Alltagsleben entstammen (speziell Gegenstände des täglichen Gebrauchs), bei ihrer musealen Präsentation eine Identifizierung der Besucher mit den zeithistorischen Akteuren und deren Schicksal tatsächlich erleichtert – oder ob sie umgekehrt vielleicht sogar einen Distanzierungseffekt auslöst, indem sie archivhistorisch bezeugte Gewaltereignisse wie Schlachten oder Massenmorde eher relativiert bzw. in den Hintergrund treten lässt.[6] Bei Architekturresten lässt sich der geschichtliche Kontext oft ohnehin nur durch schriftliche Erläuterungen vermitteln, die allein die Aura eines Schreckensortes evozieren [Abb. 39].

6 Tendenzen eines Abgehens von einem rein dokumentarischen Präsentationsstil hin zu einer ›Monumentalisierung‹ von archäologischen Exponaten speziell von Gewalttaten (v. a. sterbliche Überreste der Opfer selbst) finden sich neuerdings auch für Befunde aus der älteren Zeit, besonders in der Dauerausstellung und in Sonderausstellungen des Landesmuseums für Vorgeschichte in Halle/Saale (s. z. B. Meller/Schefzik 2015). – Leider lässt sich die Wirkung musealer Inszenierungen über Ausstellungskataloge nur schwer vermitteln.

Abb. 39: Archäologischer Detailbefund im Rahmen der »Topographie des Terrors« in Berlin.

Die Konfrontation mit Funden und Befunden der älteren Abschnitte der Geschichte (Altertum, Mittelalter), speziell auch der Ur- und Frühgeschichte, wird jedenfalls in der Regel nicht in ähnlicher Weise als belastend empfunden wie eine Konfrontation mit Materialien aus einem Konzentrations- oder Zwangslager. Ein Besuch auf den Schlachtfeldern eines Caesars oder eines Varus berührt uns – ungeachtet der Art der jeweiligen lokalen Vermittlungsangebote – gewiss auf andere Weise wie ein Besuch auf den Schlachtfeldern des Ersten und Zweiten Weltkriegs. Das Interesse ist hier primär von historischer Neugier und weniger von dem Bedürfnis der Vergangenheitsbewältigung geprägt. Der Mediävist Valentin Groebner (2013, 412) spricht sogar davon, der Bereich unmittelbar wirkmächtiger und identitätspolitisch genutzter Geschichte habe sich in jüngerer Zeit auf die Periode seit den

1920er Jahren verkürzt.[7] Wir hätten es demnach für die älteren Perioden mit einer qualitativ unterschiedlichen Form von Geschichte zu tun, die immer mehr durch die Frage nach ihrer touristischen Gebrauchsfähigkeit bestimmt sei.

Eine solche Sichtweise würde auch gegen alle Versuche sprechen, die erinnerungspolitische Agenda der Archäologie in die entfernte Vergangenheit zu verlängern. Eine entsprechende Forderung möchte ich an dieser Stelle nicht erheben. Trotzdem scheint mir Groebners Grundidee, der Geschichtstourismus erzeuge »neue Erscheinungsformen von historischem Material, die sich von den älteren nationalstaatlichen und religiösen Narrativen deutlich unterscheiden«, bedenkenswert. Und dies gilt gleichermaßen für seine Beobachtung, die Überreste gerade der ferneren Vergangenheit »beginnen sich zu verändern, plastisch zu werden und ein Eigenleben zu entwickeln« (ebd. 409). Denn damit öffnet er einen neuen Blick nicht nur auf die Geschichtsvermittlung, sondern letzlich auch auf die Geschichtsforschung selbst, die sich mit der Frage nach der (touristischen) »Postproduktion von Vergangenheit« konfrontiert sieht, in der »die Verbindungen zu Affektbildern aus anderen Medien (Historienmalerei, Romanen und Filmen) offensichtlich eine wichtige Rolle« spielen: »Für touristische Geschichtsnutzung, so scheint es, ist Artifizialität kein Hindernis, sondern ein Möglichkeitsreservoir. Welche neuen Erscheinungsformen von Vergangenheit entstehen dabei, und wie lassen sie sich beschreiben?« (ebd. 428)

Prozesse der Art lassen sich auch mit Blick auf – altbekannte und neu entdeckte – archäologische Stätten und die für die Plätze entwickelten touristischen Infrastrukturen studieren. Dazu gehört auch die Entwicklung neuer erlebnisorientierter Vermittlungsangebote. Solche Angebote stammen heutzutage allerdings immer weniger von öffentlichen Kulturträgern (Staatliche Denkmalpflege, Museen, Schulen und andere Bildungseinrichtungen), sondern vermehrt von kommerziellen Anbietern. Man kann diesbezüglich guten Gewissens bereits von einer regelrechten ›Geschichts-‹ bzw. ›Archäologieindustrie‹ sprechen, die für jedes Bedürfnis Informations- und Unterhaltungsangebote bereitstellt, von der wissenschaftlich kuratierten

---

7 »Alles historische Geschehen dagegen, das vor dem Aufstieg Hitlers und Stalins und vor den 1920er Jahren liegt (Antike, Mittelalter, Aufklärung, aber auch das 19. Jahrhundert) hat sich dagegen in eine Art historischer Tiefsee verwandelt, pittoresk, materialreich, aber distanziert; eine Zone in der alles Vergangene gleich weit weg ist, so fremd und weit entfernt, dass es nicht mehr in direkter Referenz auf die Gegenwart gebraucht werden kann und keine wirksamen Ursprungs- und Identifikationsgebote mehr enthält.« (ebd.)

Ausstellung bis zu »Steinzeiterlebnistagen«, dem »Keltenfest« oder dem »Mittelaltermarkt«.

Dagegen hat die historisch-archäologische Identitätsvergewisserung, in der Form wie sie im 19. und im frühen 20. Jahrhundert eine zentrale Rolle spielte, im postmodernen Zeitalter deutlich an Bedeutung verloren. Allerdings sind Ausstellungen auch in der Gegenwart noch immer als Identitätsgeneratoren wirksam und können in diesem Sinne durchaus auch politische Funktionen übernehmen, sei es die Werbung für den Europagedanken – dem Ziel der großen Europaratskampagne zur Bronzezeit (Trotzig 1994; Hänsel 1998) – oder auch für regionale Identitäten (archäologische Landesmuseen: Malter 2020). Ganz offenbar sind es oftmals gerade prekäre Einheiten, die einer entsprechenden kulturellen Stabilisierung bedürfen und die deshalb zum Gegenstand solcher Kampagnen werden.

Jenseits dieser politischen Ebene dürfte der Impuls ›Identitätsvergewisserung‹ für viele historisch wie archäologisch Interessierte aber nicht nur auf einer kollektiven, sondern auch auf der individuellen Ebene von Bedeutung sein. Man schafft sich damit (durchaus im Austausch mit Gleichgesinnten) eine eigene Welt und gibt seinem Leben einen subjektiven Sinn, den ggf. der eigene Brotberuf nicht vermittelt (s. Jung 2010). Unterschiedliche Ansprüche und Erwartungen bei hauptamtlichen Archäologen und Laien führen dabei nicht selten zu Konflikten und Auseinandersetzungen um den Zugang zum Gegenstand des Interesses. Obwohl die Denkmalpflege sich dabei auf ihren gesetzlich fixierten Auftrag berufen kann (Kunow/Rind 2022), bemüht sie sich mit der anderen Seite gesprächsfähig zu bleiben und zwischen den unterschiedlichen Interessen zu vermitteln. Denn effektiver Denkmalschutz setzt gesellschaftliche Akzeptanz der Regeln voraus. Und vor dem Hintergrund begrenzter personeller Ressourcen kann die Zusammenarbeit mit lokalen Sammlern und Sondengängern auch dabei helfen Mangel zu kompensieren. Dabei tritt dann die Tatsache, dass sich die Beweggründe zur Befassung mit Archäologischem in beiden Bereichen deutlich unterscheiden, zwangsläufig in in den Hintergrund.

Anderseits gibt es neuerdings im Fach auch radikale Stimmen, die die Privilegien lange gewachsener Institutionen, wie der staatlichen Bodendenkmalpflege, insgesamt in Frage stellen und einen gleichberechtigen Zugang aller Interessierten zu den Quellen archäologischen Wissens – das immer auch bis zu einem gewissen Grad ›Herrschaftswissen‹ ist – einfordern. Verständlicherweise tun sich gerade die – in der Bundesrepublik Deutschland förderal organisierten und demokratisch kontrollierten

– Dienststellen der Denkmalpflege noch schwer, sich stärker gegenüber solchen identitätspolitisch motivierten Forderungen der Laienforschung zu öffnen. Das sich hier abzeichnende Konfliktpotential kann letztlich nur über Aushandlungsprozesse entschärft werden. In diesem Sinne gilt es in Zukunft kluge Regeln zu finden, die gleichermaßen den Forderungen beider Seiten Rechnung tragen. Damit ist aber auch klar, dass das alte, obrigkeitsstaatlich grundierte Denkmalschutznarrativ durch flexiblere Bestimmungen ersetzt werden muss. In einer Zeit in der die Fundarchive überquellen und vielfach eine zweite ›Vergrabung‹ der Kulturgüter droht, kann Erhaltung nicht mehr der alleinige Maßstab denkmalpflegerischen Handelns sein. Vielmehr braucht es auch eine Überprüfung der Kriterien für das, was erhaltenswert und ausstellungswürdig ist. Impulse dazu hat nicht zuletzt eine jüngere Debatte unter dem Schlagwort der ›Massendinghaltung‹ gegeben.[8]

Sie ist übrigens nicht auf den deutschsprachigen Raum begrenzt, sondern wird international sogar schon viel länger geführt. Wichtig waren in diesem Zusammenhang die Auseinandersetzungen, die schon seit vielen Jahrzehnten um die Frage »Wem gehört Stonehenge?« kreisten (Chippindale 2012). Sie bilden den Kern einer neuen Forschungsrichtung, die als *Archaeological Ethnography* (Hamilakis/Anagostopoulos 2009, 65) bezeichnet wird. Dieser Begriff beschreibt einen transdisziplinären und transkulturellen Raum, der einen von materiellen Überresten unterschiedlicher Zeitstellung ausgehenden breiten Dialog und Austausch zwischen Wissenschaftlern und Laien ermöglicht. In diesem Sinne stellt er zugleich die modernistischen Wurzeln der archäologischen Wissenschaften in Frage.[9] Es ist eine – noch nicht abschließend geklärte – Frage des Standpunkts, ob man darin eine ganz neue Form von Wissenschaft oder nur eine spezielle Form der Wissenschaftsfeindlichkeit sehen möchte. Ihre Beantwortung wird davon abhängen, wie sich das Verhältnis der beteiligten Akteure in Zukunft entwickeln wird (s. Kap. 19).

---

8 Dazu: Hofmann et al. 2016; Schreiber 2017 – Der Begriff selbst scheint mir in verschiedener Hinsicht – und speziell in seinem impliziten Bezug auf die ›Massentierhaltung‹ – problematisch (Veit 2018a). Er hat sich in diesem Kontext inzwischen allerdings als Schlagwort eingebürgert.

9 »The production of this space requires a radical rethinking of the ontological and epistemological basis of archaeology, questioning the modernist roots of official archaeologies, and demonstrating the existence of other, public discourses, practices and engagement with the material past which can be defined as alternative archaeologies.« (Hamilakis/Anagostopoulos 2009, 65).

Diese Bewegung haben inzwischen auch die archäologischen Auslandsinstitute aufgenommen, indem sie auf Dialog und gemeinsames Handeln mit ihren ausländischen Partnern setzten und ihre imperialen und kolonialen Ursprünge vergessen machen wollen.[10] Das Deutsche Archäologische Institut, das ja traditionell dem Außenministerium untersteht, propagiert das gemeinsame Ausgraben mit lokalen Partnerinstitutionen in diesem Sinne schon länger als eine weiche Form der Diplomatie. Hermann Parzinger betont in diesem Sinne die »kultur- und entwicklungspolitische Dimension« des Faches als »Türöffner für den Dialog mit Staaten, wo in der Politik Sprachlosigkeit herrscht« (Parzinger 2016, 26. – s. Veit 2018c, 86f.). Man gewinnt dabei fast den Eindruck, dass Archäologie hier, wie schon in der Zeit der ›hervorragend nationalen Wissenschaft‹ (Kossinna 1914, s. a. Veit 2011c), wieder primär zu einem Mittel zum (außenpolitischen) Zweck gemacht werden soll – wenn auch mit dem Unterschied, dass dieser Zweck ja anerkanntermaßen ein guter sei. Davon waren indes seinerzeit auch die heute zurecht kritisch gesehenen Vertreter der NS-Vorgeschichtsforschung ausgegangen (Veit 2013a), weshalb dies allein als Begründung kaum ausreichen dürfte.

Als besonders problematisch erweist sich Parzingers ergänzender Hinweis, der Vorteil der Archäologie liege gerade darin, dass sie »Epochen [erforsche], die weltanschaulich gar nicht oder kaum belastet sind« (Parzinger 2016, 27). Ein Blick in die Geschichte der archäologischen Forschung macht deutlich, dass in der Vergangenheit gerade jene Bereiche der Forschung, in denen das gesicherte Wissen dünn war, ganz besonders anfällig für politischen Missbrauch gewesen sind. Insofern kann – im Sinne der Dialektik der Aufklärung – eine archäologische Praxis, die heute noch der Verständigung dient, schon morgen zum Werkzeug der Abgrenzung und Erniedrigung werden. Dessen ungeachtet unterscheidet sich dieser ›außenpolitische‹ Zugriff auf die Archäologie schon dadurch von der *Archaeological Ethnography* als er nicht auf die breite Zivilgesellschaft zielt, sondern sich primär an die nationalen Denkmalpflege-Autoritäten und Forschungsinstitutionen als Elemente größerer nationalstaatlicher Apparate wendet.

---

10 Dem gegenüber steht vielerorts auch ein gewachsenes Selbstbewusstsein der betreffenden Staaten, die die Deutungshoheit über ihre Geschichte nicht mehr in andere Hände geben wollen.

16.2 Verwaltung, Vermittlung, Vermarktung

Diese kurzen Überlegungen machen deutlich, dass – neben dem Forschen – das Verwalten, Vermitteln und Vermarkten heute mit zu den Kernaufgaben aller archäologischen Institutionen (Universität, Denkmalpflege, Museum) gehört (Kunow/Rind 2022; Wolfram 2022). Während die Denkmalpflege Denkmalbestände vor zerstörerischen Einflüssen und unautorisierten Eingriffen zu schützen und zugleich erlebbar zu machen sucht [Abb. 40], steht im musealen Bereich das Deponieren und Exponieren von Objekten im Mittelpunkt. In beiden Bereichen stellt sich dabei zugleich die Frage, wie man das Interesse der Öffentlichkeit für die speziellen Gegenstände des Faches weckt [Abb. 41]. Und dies gilt immer mehr auch für die Universitätsinstitute sowie die außeruniversitären Forschungseinrichtungen, die ebenfalls ein vitales Interesse an der Verbreitung und Vermittlung fachbezogenen Wissens haben.

Abb. 40: In der modernen Bodendenkmalpflege sind Schutzauftrag und Vermittlungsaufgaben eng miteinander verknüpft.

Abb. 41: Öffentliche Werbung für das 2014 neu eröffnete »Urgeschichtliche Museum Blaubeuren« (Baden-Württemberg), das universalgeschichtlich bedeutsame Zeugnisse früher Eiszeitkunst aus dem Bereich der Schwäbischen Alb präsentiert. Mit dem Plakat versucht man durch Bezugnahme auf Allgemeinmenschliches für potentielle Besucher und Besucherinnen eine – auch emotionale – Brücke in die Vergangenheit zu bauen.

Auf diesem Sektor tummelt sich jedoch heute auch eine immer größer werdende Gruppe kommerzieller Dienstleister (Grabungsfirmen, Reenactment-Gruppen, Künstler/Kunsthandwerker, Verlage/Medienhäuser, Wissenschaftsjournalisten, Schriftsteller usw.). Man kann daher inzwischen durchaus von einem veritablen ›Archäologie-Marktplatz‹ sprechen, auf dem Akteure mit sehr unterschiedlichem professionellen Hintergrund unterwegs sind und sich zusammentun, um das ›Produkt Archäologie‹ zu ›vermarkten‹. Denn, ebenso wie auf anderen Feldern, etwa beim Sport, reicht auch hier der Enthusiasmus allein nicht mehr aus, die Nachfrage nach dieser speziellen Form von Vergangenheitsaneignung zu befriedigen.

Dies gibt Anlass zu konsumkritischen Erwägungen, wie sie im einleitenden Zitat zum Ausdruck kommen. Andererseits ist eine stärkere Orientierung des Faches an seiner potentiellen und gewiss vielfältigen ›Kundschaft‹

nicht grundsätzlich zu verdammen. Kaum jemand dürfte den sprichwörtlichen ›Elfenbeinturm‹ heute noch als wissenschaftlichen Sehnsuchtsort definieren. Wichtig ist aber auch, dass die institutionelle Archäologie in diesem Kontext nicht nur (tatsächliche oder vermeintliche) ›Kundenwünsche‹ erfüllt, sondern dass sie in einen konstruktiven und zugleich kontroversen Dialog mit allen Interessierten eintritt. Dementsprechend sollte nicht allen Forderungen, die an das Fach herangetragen werden, sofort entsprochen werden. Damit ist nicht allein die Zurückweisung von Positionen und Forderungen einer ›neuen Rechten‹ gemeint, deren Geschichtsbild im Fach – gerade auch mit Blick auf dessen eigene Geschichte – schon seit langem kritisch gesehen wird (Halle/Mahsarski 2013; Veit 2013a). Dies betrifft auch die oben bereits angesprochenen Fragen der aktiven Beteiligung von Laien an bestimmten Formen unmittelbarer Quellenforschung, die an Praktiken aus der Frühgeschichte des Faches anschließt.[11]

Darüber hinaus sind vielfältige Modelle der Einbindung und Teilhabe von Laien an archäologischer Forschung denkbar bzw. zum Teil bereits erfolgreich erprobt worden.

Dies gilt nicht nur für engagierte *Citizen Scientists* (Jung 2015), sondern auch für einfache Ausstellungsbesucher. Archäologische Ausstellungen sind in der Vergangenheit beispielsweise oft als »Leistungsschauen« der staatlich subventionierten Denkmalpflege inszeniert worden.[12] Entsprechend hat man mit großem finanziellen Aufwand oft eher konventionelle Narrative der frühen Vergangenheit (»Erfindung der Technik«, »Anfänge der Kunst«, »Die ersten Bauern«, »Händler und Fürsten«, »Entstehung Europas«) neu bebildert. Dies gilt auch für einen aktuellen Versuch, in einem solchen Zusammenhang das aktuelle Thema ›Migration‹ aufzugreifen (Wemhoff/Rind 2018). Letztlich wurde unter dem Titel »Bewegte Zeiten« dann aber doch wieder primär Altbekanntes in zeitgeistgemäßer Verpackung präsentiert und Wunschvorstellungen in die Vergangenheit projiziert (Veit 2022a). Statt feste und zugleich staatstragende Narrative vorzugeben, könnte man solche

11 Zu nennen wäre hier Rudolf Virchow (1821–1902) und sein Engagement in der Berliner Gesellschaft für Anthropologie, Ethnologie und Urgeschichte, dazu Veit 2006a mit weiteren Belegen.

12 Die große Ausstellung »Menschen – Zeiten – Räume. Archäologie in Deutschland« (2002/2003) verstand sich als »eine Werbeveranstaltung für die Belange der Bodendenkmalpflege, eine Leistungsschau und ein Rechenschaftsbericht über die Ergebnisse der Landesarchäologen sowie allgemein der archäologischen Forschung im letzten Viertel des 20. Jahrhunderts« (Menghin/Jacob 2002, 13).

Anlässe auch als ›Laboratorien‹ ausgestalten, in denen dem Besucher in einer offeneren Form die Möglichkeit zur Aneignung von Geschichtszeugnissen gegeben wird. Ohnehin gibt es bisher zu wenige Untersuchungen, die der Frage gewidmet sind, was Besucher von Ausstellungen und Museen konkret erwarten und was sie an Erlebnissen und Wissen später mitnehmen.[13]

Zum Wirkungsbereich – und zur Wirkungsgeschichte – der Prähistorischen Archäologie gehört darüber hinaus aber auch der Einfluss, den ihre Entdeckungen auf die künstlerische Produktion der jeweiligen Gegenwart ausüben. Auch wenn ich diesen Aspekt aus Platzgründen nicht ausführlicher beleuchten kann[14], so erwähne ich ihn hier trotzdem, da er deutlich macht, dass die archäologische Forschung in der Lage ist (ungewollt) breite und wirkmächtige Diskurse in anderen ganz soziokulturellen Bereichen anzustoßen bzw. voranzutreiben. Ein anschauliches Beispiel aus der Fachgeschichte ist beispielsweise die Wirkung prähistorischer (Felsbild-)Kunst auf die Herausbildung der Klassischen Moderne.[15]

Das Gleiche gilt indes auch für die Aneignung prähistorischer Symbole durch rechtsextreme (aber auch andere) Bewegungen, wie sie etwa im neugermanischen Heidentum bis heute stattfindet (Banghard/Raabe 2016). Man wird das Fach selbst dafür aber kaum in Verantwortung nehmen dürfen, da die wissenschaftliche Kontextualisierung der verwendeten Bilder und Objekte für ihre Nutzer in solchen Kontexten in der Regel keine entscheidende Rolle spielt. Dies schließt andererseits aber nicht aus, dass man sich in diesen Kreisen mitunter auch auf – tatsächliche oder vermeintliche – fachwissenschaftliche Forschungsergebnisse bezieht, sofern diese das eigene Weltbild stützen.

In solchen Fällen zeigt sich wieder einmal, wie wichtig es ist, dass im Zentrum unserer breiten Archäologieszene auch weiterhin eine archäologische Expertenkultur steht, die einen professionellen Umgang mit den Quellen und den daran anknüpfenden Deutungsfragen gewährleistet. Nur sie garantiert die dauerhafte Sicherung und Verfügbarkeit des Quellenbestands und ein hohes reflexives Niveau bei dessen Ausdeutung. Ihre Repräsentanten werden sich allerdings zugleich einer breiten und kritischen

---

13 S. aber Jung 2013; zum weiteren Kontext populären Archäologieverständnisses auch ders. 2010; 2015. – Zur performativen Aneignung von (Ur-)Geschichte: Samida 2012b; Willner et al. 2016. – Zur neuen Debatte um das archäologische Museum: Wolfram 2022.

14 Siehe dazu z. B. Donaro 2011; Ickerodt/Schäfer 2011; Jussen 1999.

15 Faass/Schmidt 2023 und Veit 2016 (mit Verweisen).

gesellschaftlichen Debatte stellen müssen, wie sie für die Generation meiner akademischen Lehrer noch völlig undenkbar war und deren Vertreter sich im ›Elfenbeinturm‹ ihrer Wissenschaft noch in fast klosterartiger Weise eingerichtet hatten.

Ein entsprechender Vorwurf wird bisweilen heute auch noch gegen stärker theoretisch ausgerichtete Ansätze erhoben.[16] Dabei handelt es sich dann aber oft mehr um ein (fach-)politisches, als um ein inhaltliches Argument. Denn die grundlegende Bedeutung einer fachinternen Verständigung über relevante Fragen der Theorie und Methode lässt sich ernsthaft kaum bestreiten. Sie ist unser wichtigstes Kapital, wenn wir uns mit den verschiedenen gesellschaftlichen Akteuren über Archäologisches austauschen. Und ein solcher Austausch ist in den letzten Jahren insbesondere von Forschenden, die der theoretischen Archäologie nahestehen, befördert worden.

16.3 Vergangenheitsbilder im Widerstreit

Wie komplex diese Beziehungen zwischen ›Wissenschaft‹ und ›Gesellschaft‹ (bzw. zwischen Vermitteln und Vermarkten) im Einzelfall sein können, möchte ich abschließend an einem aktuellen Beispiel erläutern, in dem auch nochmals der Zusammenhang zwischen unterschiedlichen in den vorangegangenen Kapiteln behandelten Konzepten deutlich werden wird.

Mit dem Ziel sich der ›historischen Wahrheit‹ weiter anzunähern hat man im Archäologischen Freilichtmuseum Oerlinghausen vor einiger Zeit junge Männer aus dem Nahen Osten in Steinzeitkostüme gesteckt und zum Zwecke der Öffentlichkeitsarbeit fotografiert: »Es ist mittlerweile Konsens, dass die Menschen sogar vor 7000 Jahren noch eher aussahen wie Araber und nicht wie Westeuropäer. Wissenschaftlich betrachtet ist es überfällig die Optik anzupassen.«[17] Damit soll nach Aussage des Museumsleiters Karl Banghard ein Bild korrigiert werden, das sich dadurch ergeben habe, dass bei »Steinzeittagen« des Museums bisher hellhäutige Darsteller bzw.

---

16 So etwa von Bernhard Hänsel (2001, 256) mit Blick auf Eggerts Facheinführung von 2001, der als Replik auf dessen Kritik am Fach darin schreibt: »Der Rückzug in den sprichwörtlichen Elfenbeinturm wird als vornehme Pflicht des guten Wissenschaftlers empfunden.«

17 »Steinzeitmenschen werden oft falsch dargestellt.« Interview mit K. Banghard, in: Der Spiegel 51/17.12.2022, 99.

Reenactors eingesetzt wurden, um dem Publikum vorzuführen, wie in der Steinzeit Feuer angezündet oder Steinwerkzeuge hergestellt wurden. Dies werde auch in Zukunft so bleiben, da Reenactment-Profis mit arabischem Aussehen auf dem entsprechenden Markt offenbar (noch) nicht verfügbar sind. Schminkversuche hat man in diesem Kontext offenbar nicht erwogen – vielleicht auch deshalb, weil sie heute schnell als *blackfacing* oder kulturelle Aneignung missverstanden werden können.

Interessant am geschilderten Sachverhalt ist, dass man den Besucherinnen und Besuchern entsprechender Events (wie auch der weiteren Öffentlichkeit, die durch Bildberichte der Presse daran teilhatte) offenbar nicht zutraute, dass sie von den körperlichen Besonderheiten der Darsteller, die ja primär wegen ihrer besonderen steinzeittechnischen Fertigkeiten engagiert worden waren, abstrahieren zu können. Auch besteht ja durchaus die Möglichkeit auf diese ›Abweichung‹ – wie auch auf viele andere Abweichungen, die es in einem solchen Versuchsaufbau immer gibt – im Rahmen der Präsentation hinzuweisen. Denn grundsätzlich geht es bei solchen Vorführungen im Kern ja nicht um Mimesis (die nachahmende Darstellung der Natur im Bereich der Kunst), sondern um eine – unter jeweils ganz speziellen Gesichtspunkten entworfene – Vergangenheitsrepräsentation: in diesem Fall um eine Vorführung steinzeitlicher Technik (und ggf. auch steinzeitlicher Kleidung und materieller Kultur). Dass die modernen Akteure auch hinsichtlich Hautfarbe (oder auch der Schädelform?[18]) mit den historischen Akteuren übereinstimmen, würde in einem solchen künstlichen Setting ohnehin wohl kaum jemand erwarten.

Wenn die archäologische Forschung aufgrund genetischer Untersuchungen heute zu diesen Sachverhalten fundierte Aussagen machen kann, ist das sicherlich gut und dieses neue Wissen sollte selbstverständlich auch öffentlich vermittelt werden. Allerdings wird aus dem bereits erwähnten Interview deutlich, dass es dem Museum mit seiner Fotoaktion nicht nur darum ging »Vorgeschichte korrekt darstellen« (ebd.) zu wollen, sondern dass es sich dabei zugleich um eine kalkulierte Provokation handelte[19], die an aktuelle gesellschaftliche Debatten (Diversität, Migration) anknüpft. Sie

18 Damit würden wir im Kontext der Rassenkunde des späten 19. und frühen 20. Jahrhunderts landen.

19 »Uns war natürlich bewusst, dass es einige Menschen provozieren könnte, aber das war uns eigentlich egal. Wir wollten auch etwas herausfordern ...« (Banghard, Der Spiegel 51/17.12.2022) – Dazu passt auch Banghards andauerndes Engagement gegen eine Vereinnahmung des Faches durch die Neue Rechte, z. B. Banghard 2015; 2016).

funktionierte auch nur deshalb, weil man sich – wegen ihrer besonderen Wirkung – für Fotografien und somit gegen eine zeichnerische Rekonstruktion entschieden hat.[20] Damit votierte man zugleich aber auch für die ›ethnographische‹, in diesem Fall die Physionomie betreffende Analogie und somit gegen das abstraktere Medium der freien Rekonstruktion. Letztere hat tendenziell einen modellhaften Charakter, so dass die Herkunft der dargestellten Personen bzw. Merkmale hier offenbleiben kann.

Dass hier diese Option gewählt wurde, ist insofern erstaunlich, als der Bezug auf vermeintliche Analogien heute zunehmend als methodisch fragwürdig und zugleich – ähnlich dem oben erwähnten *blackfacing* – als ethisch unkorrekt betrachtet wird. Er macht den prähistorischen Menschen zu einem Klon eines anderen lebenden Menschen (Veit 2020c). Dies wird in diesem Zusammenhang indes nicht eigens thematisiert. Vielmehr wird das Analogieprinzip gleich wieder durchbrochen, indem man die Augenfarbe der Darsteller durch digitale Nachbearbeitung der Fotos den paläogenetischen Ergebnissen angepasst hat. So ist das Ergebnis ein merkwürdiges Hybrid aus Natur und Technik, mit dem man versucht, die einstigen Verhältnisse nicht nur korrekt wiederzugeben, sondern Vergangenheit zugleich direkt erfahrbar zu machen. Dies ist jedoch illusorisch, da das entstandene Produkt zwangsweise den medialen Wahrnehmungsweisen der Gegenwart verhaftet bleibt.

Plakativ formuliert: Hollywood und die moderne Werbeästhetik sind immer mit dabei und garantieren zugleich einen Teil des Erfolgs solcher Bilder, indem sie dem Produkt einen Wiederkennungswert verschaffen. Damit ist eine Einsicht formuliert, der man sich in der Urgeschichtsforschung oft noch verschließt. Lieber frönt man hier weiterhin einem Positivismus, der in solchen medialen Prozessen lediglich einen Störfaktor sieht, den es so weit wie möglich zu eliminieren gilt. Entsprechend wird der hier propagierte Fotorealismus denn auch als allgemeinverbindliches epistemisches Grundprinzip dargestellt – und nicht als das was er eigentlich ist: eine spezifische künstlerische Form der (historischen) Weltaneignung, wie wir sie ganz ähnlich in den narrativ-literarischen Aneignungen der frühen Vergangenheit des Menschen finden, von denen in Kap. 15 die Rede war.

---

20 »Illustrationen sehen immer nach Fantasy aus, nach Märchen, auf jeden Fall nicht nach Realität. Bei Fotos von konkreten Menschen ist das anders, die entfalten eine viel stärkere Wirkung, das haben wir auch an den Reaktionen gesehen« (Banghard, Der Spiegel 51/17.12.2022).

Im Grunde kann man bei der Interpretation dieses Beispiels daher sogar noch einen Schritt weitergehen und diesbezüglich nicht nur von einem Analogieschluss sprechen, sondern von einem Bildnarrativ, das auf subtile Weise prähistorische und moderne Migrationsgeschichte zusammenbindet.[21] In diesem Sinne wurden die Bilder dann auch von einigen Personen in den sozialen Netzwerken ausgelegt, die dem Museum zugleich wissenschaftliche Motive absprachen. Soweit möchte ich hier ausdrücklich nicht gehen. M. E. verbirgt sich hinter diesem Ansatz primär ein für die Prähistorische Archäologie durchaus verbreitetes positivistisches Wissenschaftsverständnis, das nicht auf der Höhe der kulturwissenschaftlichen Debatte ist und weiterhin die Illusion hegt, in der Urgeschichtsforschung könne man – indem man nur sagt, ›wie es eigentlich gewesen‹ (Leopold v. Ranke), dem Narrativen (und den damit verbunden Gefahren einer Ideologisierung des Faches wie im Dritten Reich) entgehen. Entsprechend schwer fällt es sich einzugestehen, dass man mit solchen Aktionen selbst Politik macht.

21 Ohne dass dies im Interview näher thematisiert wird, liegt die Vorstellung nahe, dass es sich bei den Darstellern um in Deutschland lebende Personen mit einer Migrationsgeschichte handelt – und nicht um Personen, die man eigens für das Shooting eingeflogen hat.

17 Prähistorische Archäologie als Naturwissenschaft?

»Die Archäologie versteht sich einerseits als historische Wissenschaft, die historische Fragestellungen zu klären hat. [...] Die archäologischen Quellen unterscheiden sich andererseits sehr deutlich von den historischen Quellen und machen die Archäologie zu einem nativen Mitglied der Naturwissenschaften.« (Nakoinz/Hinz 2015, 219)

»Archäologie lässt sich überdies ohnehin nie im Sinne einer Naturwissenschaft betreiben. Jeder entsprechende Versuch würde früher oder später in eine Sackgasse führen, an deren Ende kaum mehr als Sammlungen naturwissenschaftlicher Daten stünden. Denn was sollen wir etwa mit einer Information anfangen, die uns sagt, dass ‚Ötzi' [...] braune Augen hatte? Der kulturgeschichtliche Wert dieser Erkenntnis geht unserer Meinung nach gegen Null.« (Samida/Eggert 2013, 103)

Die Prähistorische Archäologie wurde hier als eine Fachwissenschaft präsentiert, deren epistemologischer Status zwischen Geistes- und Naturwissenschaft in der Vergangenheit immer wieder neu ausgehandelt worden ist (s. Kap. 2). Die in diesem Zusammenhang ausgetauschten Argumente abwägend habe ich das Fach in der Folge als eine ›Historische Kulturwissenschaft‹ (re-)konstruiert (Kap. 6). Damit habe ich mich – zumindest oberflächlich betrachtet – gegen seine Bestimmung als Natur- bzw. Gesetzeswissenschaft (*Archaeological Science*) ausgesprochen, wie sie aktuell wieder an Bedeutung zu gewinnen scheint (Kristiansen 2014). Dabei wird uns die Prähistorische Archäologie als ein »natives Mitglied der Naturwissenschaften« (Nakoinz/

Hinz 2015, 219) präsentiert, was damit zusammenhänge, dass archäologische Quellen der für die Geisteswissenschaften als zentral erachteten hermeneutischen Herangehensweise grundsätzlich nicht zugänglich seien.[1]

Es überrascht nicht, dass solche Aussagen auf Seiten jener Archäologen, die zwar eine Zusammenarbeit der Prähistorischen Archäologie mit den Naturwissenschaften befürworten, die aber zu deren Verortung in der Geistes- bzw. Kulturwissenschaft keine Alternative sehen, heftigen Widerspruch provoziert haben. Dieser manifestiert sich in einer großen Anzahl von kritischen Stellungnahmen in Fachzeitschriften und anderen Publikationsformen. Die Schärfe, mit der diese Debatte auch in den Nachbarwissenschaften der Prähistorischen Archäologie geführt wird, zeigt sich exemplarisch daran, dass einige der beteiligten Akteure sich genötigt sahen, ihrer Position dadurch besonderen Nachdruck zu verschaffen, dass sie das in Vergessenheit geratene Genre der ›Streitschrift‹ wiederbelebt haben (Samida/Eggert 2013; Meier/Patzold 2021).[2]

Dass die Kritik so heftig ist, dürfte nicht zuletzt der seit Beginn des 20. Jahrhunderts dominierenden geschichtswissenschaftlichen Grundorientierung der betreffenden Fächer geschuldet sein.[3] Hinter ihr verbirgt sich der unbedingte Glaube an die Freiheit des Menschen, den ein Denken in naturwissenschaftlichen Kategorien auszuhebeln droht [Abb. 42]. Noch entscheidender ist aber vermutlich die – nicht ganz unbegründete – Befürchtung, nicht länger Herr im eigenen Haus zu sein und die Deutungsmacht mit anderen Akteuren teilen zu müssen – oder sie sogar ganz zu verlieren.[4]

---

1 Ähnlich argumentiert übrigens auch Eggert (2010b), der jedoch als Verfechter eines (komparativ-)kulturhistorischen Ansatzes zugleich zu den entschiedensten Kritikern einer naturwissenschaftlichen Archäologie zählt.

2 Siehe dazu auch: Samida/Eggert 2012; Sørensen 2017 – Eine vermittelnde Position nimmt Maran (2007) ein, auch wenn er am Gegensatz von Natur-/Geisteswissenschaft festhält. Von naturwissenschaftlicher Seite her beleuchten Alt 2010; Lidén/Eriksson 2013; Martinón-Torres/Killick 2014 und verschiedene Beiträge in Stolz/Miller 2022 – in der Tendenz eher pragmatisch – die Zusammenarbeit von Archäologie und Naturwissenschaft.

3 L. Franz (1926) plädierte bereits früh gegen eine Zuordnung des Faches zu den Naturwissenschaften, wie sie an verschiedenen Standorten aus historischen Gründen bestand. Zur Situation an der Universität Tübingen, wo das Fach sich aus der Geowissenschaft heraus entwickelte: Veit 2006c.

4 Das erinnert an eine Situation, wie sie bereits bei der Durchsetzung der naturwissenschaftlichen Datierungsmethoden, speziell der Radiokohlenstoffdatierung, vor rund vierzig Jahren zu beobachten war (s. u. Anm. 12).

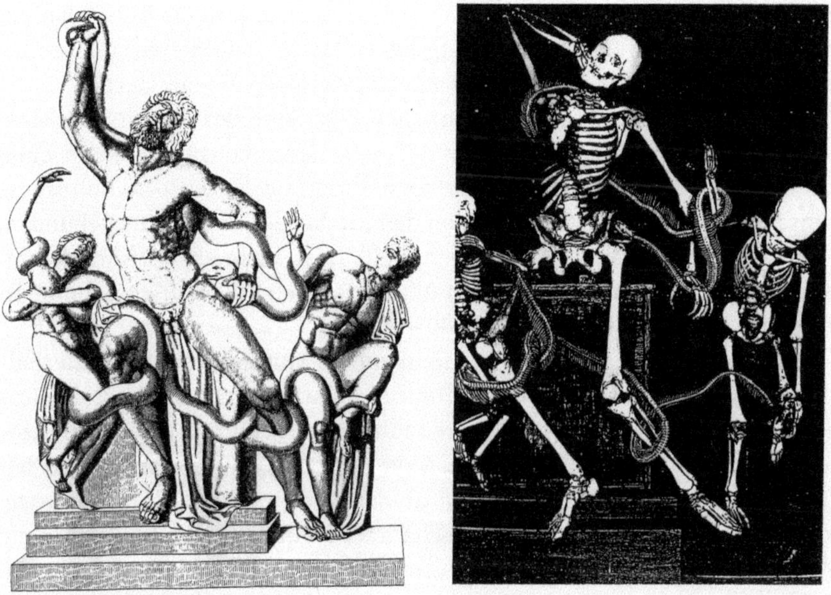

Abb. 42: Die ›Laokoongruppe‹ in Johannes Overbecks kunstarchäologischem Lehrbuch (1870) sowie in einer vom Wiener Anatomen Joseph Hyrtl (1810–1994) für das Anatomische Museum geschaffenen physisch-anthropologische Variante (reproduziert in Zintzen 1999, Abb. 18 und 19). Bei letzterer Darstellung handelt sich um eine bildungsbürgerliche Aneignung der Antike im ›naturwissenschaftlichen Zeitalter‹. Die Gegenüberstellung kann aber auch als ein Sinnbild für den immer wieder beschworenen Gegensatz zwischen humanistischer und naturwissenschaftlicher Archäologie in der Gegenwart gelesen werden. Einer kunst- bzw. kulturgeschichtlich motivierten Hermeneutik steht dabei ein distanziert naturwissenschaftlicher (Röntgen-)Blick gegenüber, der die Geheimnisse der (menschlichen) Natur zu entschlüsseln sucht. Meine Analyse versucht diesen Gegensatz ein wenig zu entschärfen.

Trotz einer gewissen Sympathie für solche Positionen, die vorderhand meine eigene Argumentation zu stützen scheinen, zögere ich, hier in dieses Klagelied mit einzustimmen. Denn manches an dieser Argumentation scheint mir rückwärtsgewandt und verkennt wichtige jüngere Entwicklungen. Dies gilt etwa für den starken Bezug der in dieser Debatte auf die alte Idee der »zwei

Kulturen« (Snow 1959) genommen wird.[5] Dabei hat sich die Konstellation, nicht zuletzt durch die Bestimmung der Sozialwissenschaften als »dritter Kultur« (Lepenies 1985), zwischenzeitlich grundlegend verändert.

In dieselbe Richtung zielt die parallele Ersetzung des Begriffs ›Geisteswissenschaft‹ durch den der ›Kulturwissenschaft‹. Sie trägt in erster Linie der Einsicht Rechnung, dass die alte Vorstellung, die geistes- bzw. kulturwissenschaftliche Erkenntnis sei eng an den Modus des Verstehens gebunden, heute in dieser Absolutheit nicht mehr haltbar ist. Vielmehr wird anerkannt, dass das Erklären auch im Kontext kulturwissenschaftlicher Argumentation eine wichtige Rolle spielt (s. Veit 2003b).

Ohnehin bilden epistemische Praktiken wie Mustererkennung, interkultureller Vergleich, Modellbildung und Simulation im Bereich Prähistorischer Archäologie schon lange einen integralen Teil prähistorisch-archäologischer Forschungsbemühungen. Und bis zu einem gewissen Grad hat inzwischen selbst das Experiment, als jene epistemische Praxis, die wie keine andere mit den Naturwissenschaften verbunden wird, Eingang in die Archäologie gefunden[6] – allerdings ohne dass man daraus zwingend ableiten müsste, das Fach sei als Ganzes zur harten Naturwissenschaft mutiert. Ganz im Gegenteil, es gibt gute Argumente dafür, diese Trennung beizubehalten.[7]

Dies schließt m. E. umgekehrt nicht aus, dass archäologische Quellen in bestimmten Konstellationen auch sog. ›geisteswissenschaftlichen‹ (sprich: ›hermeneutischen‹) Zugangsweisen offenstehen. Bei der archäologischen Bildanalyse etwa – wie bei der Musterkennung insgesamt – wird man ohne eine gewisse Hermeneutik nicht auskommen, zumindest solange man das Sehen und Erkennen nicht als rein objektive, also kulturell voraussetzungslose, epistemische Praxis missverstehen möchte (s. Kap. 14.3).

Genauso abwegig erscheint mir indes die umgekehrte Vorstellung, Prähistorische Archäologie ließe sich grundsätzlich nicht im Sinne einer

5 Dies gilt für Befürworter wie für Gegner einer naturwissenschaftlichen Gründung des Faches (Nakoinz/Hinz 2015; Samida/Eggert 2013). – Zur Debatte über die Ideen Snows im deutschsprachigen Raum: Kreuzer 1987; Bachmaier/Fischer 1991.

6 Siehe z. B. Veit 2015. In dem Artikel diskutiere ich die Frage, inwieweit moderne Siedlungsarchäologie als »Experimentalsystem« nach Hans-Jörg Rheinberger (2001) verstanden werden kann. In der Experimentellen Archäologie selbst werden solche grundsätzlichen Fragen, wenn überhaupt, bisher eher zurückhaltend diskutiert, so z. B. in Merthen 2013. Hier dominiert weiterhin ein kulturhistorisches Paradigma.

7 S. Perrault (2019, 3-5), der streng zwischen experimenteller und historischer Wissenschaft (*historical science*) differenziert. Als dritte Kategorie wären hier noch die *Cultural Studies* zu nennen (s. Geertz 1987).

Naturwissenschaft betreiben (Samida/Eggert 2013, 103). Dagegen spricht allein schon die Tatsache, dass eine solche tatsächlich oder vermeintlich ›kulturvergessene‹ Archäologie heute vielerorts sehr erfolgreich praktiziert wird.

Bevor ich in der Folge näher auf die aktuellen Bemühungen der Verknüpfung der Prähistorischen Archäologie mit unterschiedlichen Wissenschaftskulturen zu sprechen kommen werde, möchte ich zunächst einen Blick auf die lange Vorgeschichte dieses Problems werfen. Denn die Prähistorische Archäologie hat im Verlauf ihrer Geschichte ihre fachwissenschaftliche Kompetenz bereits in zahlreiche multi-, inter- bzw. transdisziplinäre Forschungsverbünde, an denen – neben verschiedenen, im weiteren Sinne historischen Disziplinen[8] – regelmäßig auch Naturwissenschaften beteiligt waren, eingebracht.[9]

17.1 Disziplinäre Grenzen überschreiten – fachübergreifende Fragen beantworten

Die Geschichte der Prähistorischen Archäologie war, genauso wie jene anderer Fächer, immer eine Auseinandersetzung um die Frage, wo die Grenzen dieses Arbeitsbereichs zu anderen Forschungsansätzen und Fächern zu setzen seien. Durch die Formulierung von Alleinstellungsmerkmalen und Kernkompetenzen versuchte man sich gegen Übergriffe von außen abzusichern (s. Kap. 2). Ebenso wichtig für das Fortbestehen des Faches war und ist es jedoch, das eigene Forschungsprogramm in übergreifende gesellschaftliche und wissenschaftliche Projekte einzubinden. Denn im Verbund war es schon immer wesentlich leichter, Anerkennung zu finden und Forschungsmittel einzuwerben. Dies gilt ganz besonders für sog. ›Kleine Fächer‹, die selbst nicht genug Gewicht mitbringen, um der Forschung im Sinne einer Leitwissenschaft eine bestimmte Richtung vorzugeben.

---

8 Dazu wären auch Linguistik, Onomastik oder Volkskunde zu rechnen, die in der Folge ihre Bedeutung für das Fach weitgehend verloren haben,

9 Zur Systematik unterschiedlicher Formen der fachübergreifenden Zusammenarbeit siehe: Jungert et al. 2013. Einen ersten Einblick in den jüngeren Verlauf der entsprechenden Debatte auf Seiten der Prähistorischen Archäologie geben folgende Beiträge: Kossack 1986; Maran 2007; Meier/Tillessen 2011b; Samida/Eggert 2012; Ribeiro/Ion 2022. Das Thema in diesem Rahmen nochmals breit aufzurollen scheint mir unnötig, auf einzelne Aspekte werde ich im Folgenden aber zurückkommen.

So hat die Urgeschichtsforschung im ausgehendenden 19. Jahrhundert zunächst als Teil einer umfassenderen Anthropologie, der auch die Physische Anthropologie und die Ethnologie angehörten, Eingang in akademische Diskurse gefunden.[10] Diese drei Forschungsbereiche sahen in der Erkundung der Ursprünge des Menschen als Natur- und Kulturwesen ein gemeinsames Ziel, zu dem sie entsprechend ihrer jeweiligen Quellenbasis einen jeweils eigenen Beitrag zu leisten versprachen. Allerdings waren die jeweiligen Beiträge schlecht aufeinander abgestimmt (Pfeffer et al. 1995). Auch erwies sich das Bündnis, das primär aus gelehrten Zusammenschlüssen, wie den verschiedenen »Anthropologischen Gesellschaften« bestand, in denen größtenteils Laien aktiv waren, nicht als sehr langlebig. Es zerbrach in dem Moment, in dem die drei Forschungsrichtungen ihre eigenen Vereinigungen und Publikationsorgane schufen. Dazu gehört u. a. die »Deutsche Gesellschaft für Vorgeschichte« (später: »Gesellschaft für deutsche Vorgeschichte«) (Veit 2011c).

In ihr präsentierte sich das Fach als eine »hervorragend nationale Wissenschaft« (Kossinna 1914), die ihre primäre Aufgabe darin sah, die Geschichte der Völker in schriftlose Zeiten hinein zu verlängern.[11] Damit bot sich die »Vorgeschichte« zugleich der Geschichtswissenschaft als Helferin an. Allerdings verfing dieses Angebot hier nur bedingt. Zu stark haftete den entsprechenden Bemühungen noch der Geruch von Heimatforschung und eines (zunehmend als Makel wahrgenommenen) Dilettantismus an.[12]

Trotz wissenschaftspolitischer Unterstützung im Dritten Reich scheiterte aber auch eine in der Folge angedachte große Synthese zwischen

---

10 Das Potential, zu einer eigenständigen Fachwissenschaft zu werden, hat ihr damals selbst ihr weltberühmter Förderer Rudolf Virchow noch abgesprochen (dazu ausführlicher: Veit 2006a).

11 Das Organ der Gesellschaft war die von Gustaf Kossinna herausgegebene Zeitschrift ›Mannus‹ (ab 1909). Ihr gegenüber stand die ebenfalls ab 1909 erscheinende ›Praehistorische Zeitschrift‹ (s. Hänsel 2009).

12 Die Idee der Archäologie als einer »Laienwissenschaft« hat auch später in den Debatten noch eine wichtige Rolle gespielt: »Dies Bedürfnis, zu den Ursprüngen hinabzusteigen, ist so mächtig, daß es nicht von bloßer Neugier getrieben sein kann. Die Vorgeschichte wird von vielen Vorgeschichtlern als eine persönliche Angelegenheit empfunden, sie ist wohl die Wissenschaft mit den meisten Amateuren, eine Wissenschaft, die jedermann ohne besondere Befähigung betreiben zu können glaubt. Die Reichtümer der Archäologie rufen bei fast jedem Menschen ein Gefühl von Heimkehr hervor, und kaum jemand kann sich der Versuchung entziehen, bei der ersten sich bietenden Gelegenheit die Erde zu durchwühlen, wie ein Kind sein Spielzeug zerlegt.« (Leroi-Gourhan 1980, 13).

Urgeschichtsforschung, Volkskunde und Physischer Anthropologie/Rassenkunde noch bevor sie richtig begonnen hatte (Veit 2006e). Dasselbe gilt auch für eine stärker kulturalistische Variante dieses völkischen Ansatzes, deren Vertreter aus Geschichtswissenschaft, Ethnologie und Urgeschichtsforschung sich ebenfalls um eine universalgeschichtliche Synthese des archäologischen Wissens bemühten, jetzt aber eher im Sinne der ethnologischen »Kulturkreislehre« (Menghin 1931; 1952; dazu auch Veit 2014b). Das diesem Ansatz zugrundeliegende Paradigma der »Wiener Schule« wurde ausgemustert, noch bevor es bestimmenden Einfluss auf die Urgeschichtsforschung hätte nehmen können.

Der Initiator und zentrale Vertreter einer urgeschichtlichen Kulturkreisforschung, der Wiener Prähistoriker Oswald Menghin (1888–1973), war darüber hinaus nicht nur persönlich in rassentheoretische Debatten verstrickt, sondern ab 1945 zugleich durch seine kurze politische Karriere in Österreich während der NS-Zeit diskreditiert (Urban 1996; 2021). Dies war jedoch mit Sicherheit nicht der Hauptgrund für das Scheitern dieses Konzepts, denn auch zahlreiche Vertreter einer sehr viel stärker feldarchäologisch geprägten archäologischen Siedlungsforschung – wie Hans Reinerth (1900–1990) oder Herbert Jankuhn (1905–1990) – waren seinerzeit tief in die politische Ideologie des NS-Systems verstrickt.[13] Allerdings war die öffentliche Sichtbarkeit dieser Forschungsrichtung, in deren Zentrum systematische Landesaufnahmen und Großgrabungen standen, im Inland – aber auch international (Ch. Evans 1989) – deutlich besser. Dazu trug u. a. bei, dass sich im Umfeld dieser Großprojekte ein breites Feld für interdisziplinäre Forschungen auftat, welches es dem Fach ermöglichte Allianzen mit anderen Fächern zu bilden. So konnte sich die sog. »historisch-genetische Siedlungsforschung« [Abb. 43] – die in bisher nicht gekannten Maße natur- und geisteswissenschaftliche Fächer miteinander verband (Jankuhn 1977; 1978) – nach 1945 zur bestimmenden und profilbildenden Richtung für das Fach entwickeln, wobei der zwischenzeitlich politisch rehabilitierte und in Göttingen lehrende Jankuhn zur Leitfigur wurde.[14] An seine Forschungen haben die nachfolgenden Forschergenerationen nahtlos angeknüpft und dabei den ursprünglichen Ansatz konzeptionell wie methodisch weiterent-

13 Schöbel 2002; Mahsarski 2011.

14 Jankuhns Rehabilitation erfolgte wesentlich auf der Basis des Beschweigens seiner Vergangenheit. Eine Diskussion um seine politischen Verstrickungen setzte – getragen von der Enkelgeneration – erst nach seinem Tod ein und offenbarte bemerkenswerte Kontinuitäten (Steuer 2004; Mahsarski 2011).

wickelt, etwa in Richtung auf eine moderne, interdisziplinär ausgerichtete Landschaftsarchäologie.[15] Dabei spielte der Raumbezug der archäologischen Funde eine herausragende Rolle (s. Kap. 12).

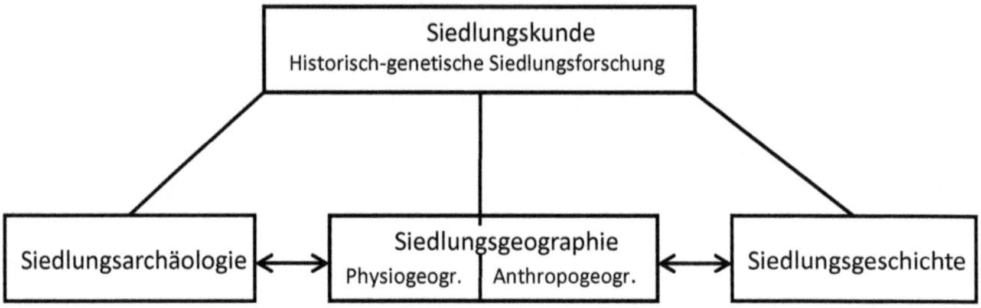

Abb. 43: Die Stellung der Siedlungsarchäologie im Rahmen der Siedlungskunde (historisch-genetische Siedungsforschung) nach Herbert Jankuhn (verändert nach Jankuhn 1977, Abb. 1). Die tatsächliche Rolle der Naturwissenschaften ist in diesem Schema eher unterpräsentiert. In der damaligen Publikationspraxis hatten archäometrische Untersuchungen ihren Platz meist noch in Anhängen der Arbeiten der Historiker und Archäologen, die für die kulturhistorische Synthese verantwortlich zeichneten.

Damit verbunden war zugleich eine Neubestimmung der Rolle der beteiligten Naturwissenschaften, die ihren Status als ›Hilfswissenschaften‹ ablegten und heute in als ›interdisziplinär‹ bezeichneten Projekten als formal gleichberechtigte Partner mit eigenen Erkenntnisinteressen und Fragenstellungen agieren (s. Maran 2007; Meier/Tillesen 2011b). Dieser Prozess ist allerdings nicht ohne Diskussionen und Konflikte abgegangen, wurde damit doch die lange bestehende Fächerhierarchie – und damit zugleich das Selbstverständnis der Prähistorischen Archäologie ebenso wie der Geschichtswissenschaft insgesamt – in Frage gestellt.

So musste das Fach bereits im Zusammenhang mit dem Aufkommen der Radiokarbondatierung eine erste Demütigung hinnehmen, drohte ihm mit deren Durchsetzung doch der Verlust der Fachautonomie in der zentralen

15 S. z. B. Lüning 1997; Steuer 2001; Gramsch 2003; Zimmermann et al. 2004; Brather 2006; Haupt 2012. – Davon klar abzuheben ist die britische *Landscape Archaeology*, deren Vertretern es um v. a. um Fragen der sozialen Konstruktion und Wahrnehmung von Landschaft geht: Gramsch 1996; Sherratt 1996.

Frage der Datierung.[16] Insofern kann man das, was seinerzeit international als Radiokohlenstoff-Revolution (*Radiocarbon Revolution*: Renfrew 1973a) bezeichnet wurde, zugleich als den Anfang vom Ende der die erste Hälfte des 20. Jh. dominierenden kulturhistorischen Urgeschichtsforschung betrachten. In deren Gefolge ist es nicht nur in den Vereinigten Staaten, sondern auch in Teilen Europas denkbar geworden, Prähistorische Archäologie stärker als Natur- bzw. Sozialwissenschaft zu konzipieren (Binford 1983; Clarke 1968/1978; Renfrew 1984).

Vor dem Hintergrund der Prägungskraft des historistischen Denkens ist es im mitteleuropäischen Raum allerdings zunächst gelungen, diese neuen Ideen zu ignorieren bzw. als dem Anliegen und den Möglichkeiten des Faches unangemessen abzutun. Zwar erlebte auch hier der Einsatz von naturwissenschaftlichen Methoden und Techniken ab den 1960er Jahren einen deutlichen Aufschwung, doch hielt man noch für lange Zeit am bewährten epistemologischen Rahmen der Archäologie als einer speziellen Form von Kulturgeschichte fest.[17]

Umso deutlicher stehen diese Fragen heute, fast zwei Generationen später, vor uns. Dies liegt einerseits an der fortschreitenden Internationalisierung der Debatte, andererseits aber auch an aufstrebenden historisch-naturwissenschaftlichen Fachrichtungen, wie beispielsweise der Archäogenetik, die für sich in Anspruch nehmen, eigenständig Menschheitsgeschichte zu schreiben, indem sie mit neuen, vorgeblich ›objektiven‹ Methoden, öffentlichkeitswirksam Forschungsprobleme zu lösen vermögen, an denen die traditionelle Urgeschichtsforschung noch gescheitert war (z. B. Krause 2020). Deren Beitrag würde sich bei einer solchen Lesart wesentlich darauf reduzieren, einschlägiges osteologisches Probenmaterial, das in den Archiven der Denkmalämter lagert, für Analysen zur Verfügung zu stellen. Dies wiederum würde im Vergleich zur Situation im 20. Jahrhundert auf eine totale Umkehrung des Verhältnisses von Archäologie und Naturwissenschaft hinauslaufen.

---

16 Z. B. Milojčić 1967. Dazu rückblickend kritisch: Eggert 1988; Korfmann 2004. Eine Verteidigung des traditionellen Standpunkts findet sich jedoch noch in Kossack/Küster 1991, genereller auch in Kossack 1986.

17 Z. B. Eggert 2001/2012 in Fortschreibung von Eggers 1959. – In Großbritannien bildete die bekannte, auch in Deutsch verfügbare Synthese von Start Piggott (1965) den Höhe- und Endpunkt dieser Entwicklung. Unter prozessualen Vorzeichen hat später insbesondere Andrew Sherratt (1997a) daran angeknüpft.

Aber auch im engeren Bereich der Prähistorischen Archäologie haben sich im weiten Feld einer »naturwissenschaftlichen Archäologie«[18] zahlreiche neue Arbeitsfelder etablieren können, da es ihren Vertretern gelungen ist, aus den traditionell gut gefüllten Fördertöpfen der Naturwissenschaften erfolgreich Forschungsmittel einzuwerben. Verlief dieser Prozess zunächst eher wildwüchsig und unkoordiniert, so gibt es aktuell verschiedene Bestrebungen, diese neuen Spezialisierungen zusammen mit schon länger etablierten Forschungsbereichen nicht nur in interdisziplinären Forschungsverbünde zu integrieren, sondern zugleich neue Studiengänge bzw. Studienfächer zu etablieren (z. B. Meller/Alt 2009; Brather-Walter 2019).

Dazu gehört nicht zuletzt die junge Fachrichtung der »Geoarchäologie«, deren Anhänger versuchen Kompetenzen aus den Geo-, Spaten- und Buchwissenschaften zu einem neuen Ganzen zu bündeln.[19] Entsprechend liest sich eine aktuelle Einführung (Stolz/Miller 2022) in dieses Feld wie ein Konvolut von Kapiteln aus Facheinführungen anderer Fächer wie Prähistorischer Archäologie, Archäometrie, Geographie oder Bodenkunde. Unter Verzicht auf einen klaren inhaltlichen Fokus[20] setzt man dabei v. a. auf Methoden- und Technikkompetenz. So heißt es etwa: »Der Fortschritt in der geoarchäologischen Forschung geht in den meisten Fällen einher mit technologischen Neuerungen und der Weiterentwicklung wissenschaftlicher Methodik« (Brückner et al. 2022, 20 f.).[21]

Dies schafft zugleich eine gewisse Distanz zum historisch-kulturwissenschaftlichen Bereich, in dem technischer Fortschritt zwar nicht abgelehnt, aber doch immer auch als etwas Ambivalentes bewertet wird. Auf diese Weise werden die ohnehin schon bestehenden Fliehkräfte zwischen ›geistes-‹ und ›naturwissenschaftlichen‹ Orientierungen innerhalb der verschie-

---

18 Bisweilen spricht man an Stelle von »naturwissenschaftlicher Archäologie« auch von »Archäometrie«. In einer engeren Auslegung umfasst dieser Begriff allerdings lediglich Untersuchungen im Bereich der unbelebten Natur, etwa radiometrische Datierungsmethoden oder Materialbestimmungen v. a. anorganischer Reste, teilweise verbunden mit Herkunftsbestimmungen.

19 Der Begriff ist erst in den späten 1970er Jahren aufgetaucht und im deutschsprachigen Raum erst nach dem Jahr 2000 populär geworden: Engel/Brückner 2022, 18 f. mit Abb. 2.3.

20 Diesbezüglich ist nur pauschal von »Mensch-Umwelt-Interaktion« die Rede.

21 Eine andere Position nimmt Karl Butzer ein, wenn er klar zwischen Zielen und Techniken der Geoachäologie differenziert: »Rather than a repertoire of techniques or a processual counterpart to the traditional subfield of geochronology, geoarchaeology is first and foremost a conceptual approach« (Butzer 1982, 36).

denen archäologischen Fächer nochmals verstärkt, so dass man bisweilen geneigt ist, von einem ›Kulturkampf‹ um die Deutungshoheit im Fach zu sprechen. Um diese Situation angemessen und möglichst unvoreingenommen beurteilen zu können, ist es sinnvoll, sich zunächst klarzumachen, was genau unter dem Begriff »naturwissenschaftliche Archäologie« (engl. *Archaeological Science*) zu verstehen ist und wo genau die Unterschiede zum traditionellen, kulturhistorischen Ansatz liegen.

17.2 Was ist »naturwissenschaftliche Archäologie«?

Unter »naturwissenschaftlicher Archäologie« versteht man, knapp formuliert, eine Archäologie, die historische Fragen mit naturwissenschaftlichen Methoden zu lösen versucht. Der Fokus liegt dabei traditionell v. a. im Bereich der Ur- und Frühgeschichte, in dem bekanntermaßen Schriftquellen fehlen oder zumindest selten sind, und man deshalb auf die Untersuchung sprachloser Sachüberreste und materieller Spuren der Vergangenheit angewiesen ist. In diesem Sinne hat bereits im späten 19. Jahrhundert Rudolf Virchow die Urgeschichtswissenschaft von der Geschichtswissenschaft geschieden (s. Veit 2006a). Daran hat sich zwischenzeitlich wenig geändert, außer dass naturwissenschaftliche Methoden heute regelmäßig auch auf Be-/Funde aus dem Bereich von Epochen mit schriftlicher Überlieferung angewandt werden. Parallel dazu hat sich das Spektrum verfügbarer Methoden in den vergangenen Jahrzehnten in einem beträchtlichen Maße erweitert (z. B. Wagner 2007).

Versteht man »naturwissenschaftliche Archäologie« in diesem Sinne, so handelt sich dabei um ein Wissenschaftsfeld, das historisches Interesse mit naturwissenschaftlicher Methodenkompetenz verbindet. Wer sie betreiben möchte, benötigt Kompetenzen sowohl im Bereich der Archäologie bzw. Geschichte wie auch im Bereich der Naturwissenschaften. Im zuletzt genannten Bereich geht es dabei v. a. um die Fähigkeit, konkrete naturwissenschaftliche Methoden richtig anzuwenden und die dabei erzielten Ergebnisse im Hinblick auf mögliche methodenimmanente Fehlerquellen beurteilen zu können. In der (Ur-)Geschichte geht es darum, die naturwissenschaftlich bzw. archäometrisch untersuchten Materialen, die archäologischen Kontexten entstammen, typographisch korrekt anzusprechen, quellenkritisch zu bewerten und in ihren jeweiligen historischen Kontext einordnen zu können.

In einer zunehmend spezialisierten Wissenschaft werden diese unterschiedlichen Aufgaben immer häufiger auf mehrere Personen unterschiedlicher Qualifikation verteilt. Die Lösung von Forschungsproblemen erfolgt daher verstärkt interdisziplinär, d. h. im Verbund verschiedener Fachwissenschaften. Zum Erfolg tragen also gleichermaßen Personen bei, die als (Prä-)Historiker wie als Naturwissenschaftler – oder immer mehr auch hybrid akademisch – sozialisiert worden sind (Martinón-Torres/Killick 2014, 9 f.).

Statt in diesem Zusammenhang von ›(Prä-)Historikern‹ und ›Naturwissenschaftlern‹ zu sprechen, ist heute oft auch einfach von ›Archäologen‹ und ›Naturwissenschaftlern‹ die Rede, die dann konsequenterweise gemeinsam nicht mehr ›historische‹, sondern ›archäologische‹ Probleme zu lösen hätten. Ein solcher Sprachgebrauch mag im wissenschaftlichen Alltag, in dem der sachliche Kontext klar ist, unproblematisch sein. Wo es um grundsätzliche Fragen geht, erweist sich diese Formulierung jedoch als heikel. Denn der Begriff ›Archäologie‹ verweist in seinem modernen, auf Schliemanns »Spatenwissenschaft« zurückgehenden Verständnis – anders als Begriffe wie ›Urgeschichte‹, ›Frühgeschichte‹, ›Altertum‹, ›Mittelalter‹, ›Neuzeit‹ – nicht auf einen konkreten epochalen Forschungsgegenstand, sondern in erster Linie auf einen methodischen Zugang, der durch ein breites Spektrum an unterschiedlichen Einzelmethoden und Techniken hinterlegt ist.[22]

Erst wenn diese Methoden entsprechend ihrer fachwissenschaftlichen Herkunft entweder der ›Geistes-‹ bzw. ›Kultur-‹ einerseits oder der ›Naturwissenschaft‹ andererseits zugeordnet werden, entsteht so etwas wie eine ›kultur-‹ bzw. eine ›naturwissenschaftliche Archäologie‹. Die Zuordnung ist allerdings insofern problematisch, als viele der »traditionellen« Methoden der Prähistorischen Archäologie (z. B. Stratigraphie, Klassifikation, Typologie) wissenschaftsgeschichtlich betrachtet in der Tat eher »naturwissenschaftliche Methoden« sind, die sich das Fach aber soweit angeeignet

22 In übergehe an diese Stelle jüngere Tendenzen, das Fach ›Archäologie‹ (jenseits von Geschichte und Soziologie) über einen ihm eigenen Gegenstand, »das Archäologische« (gekennzeichnet durch Fragmentarität, Statik, Asozialität) zu definieren (Nativ 2017; 2018). Stattdessen orientiere mich an Paul Veynes (1990) weitem Konzept von Geschichtswissenschaft, das auch Platz für ›Archäologisches‹ – im Sinne von mit archäologischen Methoden erhobenen historischen Quellen – lässt (siehe: Veit 2024, 386). Als eine »armselige, mit Analogie arbeitende Disziplin« sieht Veyne (1990, 114) die Geschichtswissenschaft dazu verdammt, mit »soziologischen« Begriffen zu arbeiten.

hat, dass sie heute in der Regel gar nicht mehr als solche erkannt werden. Dies gilt selbst für die klassischen Ausgrabungs- bzw. Feldmethoden der archäologischen Fächer, die der traditionellen Geschichtswissenschaft fremd sind, und die wissenschaftsgeschichtlich betrachtet eher Bezüge zu den Geowissenschaften aufweisen.[23] Unsere aktuelle Terminologie ist also kein Ausdruck einer generellen Wissenschaftssystematik, sondern lediglich eine historische Momentaufnahme.

Aber auch wenn man über diesen Punkt hinwegsehen möchte, so ist eine klare Unterscheidung beider Methodenbereiche doch nicht möglich. Dazu sind die in Anschlag gebrachten Methoden selbst einander oft viel zu ähnlich. So kommt beispielsweise weder die Natur- noch die Kulturwissenschaft ohne Mustererkennung, Klassifikation und Vergleich aus. Unterschiede gibt es allenfalls im Grad der Systematisierung und Technisierung entsprechender Verfahren.

Ein anderes Beispiel, das den geschilderten Sachverhalt gut illustrieren kann, ist das auch in archäologischen Kontexten immer wieder beschworene »Indizienparadigma« (Ginzburg 1988), das von Beginn an sowohl in klassischen Natur- wie Geisteswissenschaften (z. B. Medizin und Kunstgeschichte) erfolgreich zum Einsatz kam. In beiden Fällen geht es darum, aus unscheinbaren Anzeichen (Krankheitssymptome, stilistische Eigenheiten von Kunstwerken, Abnutzungsspuren an Werkzeugen usw.) auf tieferliegende Zusammenhänge zu schließen.

Aber auch dort, wo es nicht um Methoden, sondern um konkrete Forschungsfragen geht, sind sich Natur- und Kulturwissenschaften mitunter ähnlicher, als man mit Blick auf idealtypische Vertreter beider Richtungen wie z. B. die Physik und die Literaturwissenschaft gewöhnlich annehmen würde. Diesen Punkt möchte ich im Folgenden etwas genauer erläutern.

Bekanntermaßen sind die Fragen der Geschichts- und Altertumswissenschaften primär historischer Natur. Es geht um Geschehnisse in der Vergangenheit, die mittels der verfügbaren Quellenmaterialien – und vor dem Hintergrund aktueller Problemstellungen – rekonstruiert, modelliert und erzählt werden. Je nach Kontext ist der Fokus dabei jeweils stärker auf das historisch Besondere oder auf das Allgemeine (Ereignis- versus Strukturgeschichte) gerichtet. Angestrebt sind jedoch in jedem Fall zunächst

23 Vor diesem Hintergrund ist es interessant zu beobachten, dass die Geowissenschaften sich heute über die »Geoarchäologie« der Archäologie wieder annähern und deren Feldmethoden teilweise für eigene Zwecke adaptieren.

einmal gesicherte Erkenntnisse über konkrete historische Zustände bzw. Verläufe sowie mögliche dahinterstehende ursächliche Zusammenhänge.

Diese Charakterisierung taugt indes nur bedingt zu einer Unterscheidung zwischen Geschichts- und Naturwissenschaften. Denn auch unter Letzteren gibt es Disziplinen, die – wie etwa die Geologie/Paläontologie, »(natur-)historischen« Wandel im Hinblick auf die Epochen vor der Menschwerdung (»Erdgeschichte«) untersuchen (Hölder 1989). Dabei mag man mit Recht an der positivistischen Art und Weise, in der dies oft geschieht, Anstoß nehmen, muss dabei aber zugleich eingestehen, dass es sich dabei um ein Phänomen handelt, das – ungeachtet aller Positivismus-Kritik in der jüngeren Theoriedebatte (z. B. Härke 2000) – in vergleichbarer Weise auch in der (Ur-)Geschichtsforschung anzutreffen ist.[24]

Andererseits haben jüngere wissenschaftstheoretische Untersuchungen aufgezeigt, dass solcherart Positivismus hier – ebenso wie in der Archäologie – kein unabwendbares Schicksal darstellt. Vielmehr konnte überzeugend dargelegt werden, dass selbst im Hinblick auf die Erklärung rein erdgeschichtlicher Befunde (wie z. B. die Größenentwicklung und das spätere Aussterben der Sauropoden) heutzutage komplexe »narrative Erklärungen« – gegenüber dem schlichten Bezug auf einfache Kausalitäten – immer mehr an Bedeutung gewinnen (Currie 2014; 2018; 2019); oder in den Worten der Philosophin Alison Wylie: »Historical scientists [wie z. B. Geologen, U. V.] are methodological omnivores who rely on many different strategies to built mutually constraining and stabilizing tangles of evidence.« (Wylie 2019).

Diese Aussage passt zu Wylies Empfehlungen an die Prähistorische Archäologie, deren komplexe Wissenspraktiken sie über viele Jahre hinweg ebenfalls untersucht hat (Wylie 2002; 2017). Dabei kritisierte sie besonders die polarisierte Debatte über den epistemischen Status der Archäologie, innerhalb der entweder generelle Prinzipien (etwa in der *New Archaeology*) oder aber unüberwindbare Grenzen archäologischer Erkenntnis (in der traditionellen kulturhistorischen Archäologie) postuliert würden. Die materiellen Spuren wie die verfügbaren Methoden seien viel zu divers und offen für Weiterentwicklungen, als dass sie eine solch kategorische Festlegung rechtfertigten (Chapman/Wylie 2016).[25]

---

24 Leider ist der Begriff ›Positivismus‹ in entsprechenden Kontexten inhaltlich oft recht nicht ausreichend genau bestimmt. Oft markiert seine Verwendung kaum mehr als eine verbale Absetzung gegenüber bestimmten unliebsamen Ansätzen. Zur Ehrenrettung des Positivismus in der Prähistorischen Archäologie s. a. Hachmann 1990, 849–847.

25 S. a. Chapman/Wylie 2015 – in eine ähnliche Richtung argumentierten Ribeiro 2018.

Das Beispiel belegt daher nicht nur nachdrücklich, dass auch im Rahmen dieser naturhistorischen Erkenntnisbemühungen rekonstruiert, modelliert und erzählt wird, sondern verweist zugleich auf epistemologische Gemeinsamkeiten zwischen der Urgeschichtsforschung und der historischen Naturwissenschaft. Die historische Modellbildung setzt – aufgrund des Fehlens aussagekräftiger Selbstzeugnisse der historischen Akteure bzw. Aktanten (»Tradition« im Sinne Ernst Bernheims[26]) – in beiden Fällen bei den jeweils verfügbaren »Überresten« an.

Mit dem Erscheinen des Menschen auf der Weltbühne, die definitorisch den Beginn der »Urgeschichte« markiert, verbindet sich zunächst lediglich die neue Frage nach dessen spezifischem Beitrag zur Naturgeschichte. Allerdings wird diese Frage in der naturgeschichtlichen und in der (ur-)geschichtlichen Betrachtungsweise unterschiedlich formuliert. Im Bereich einer sich als Teil der Geschichtswissenschaft verstehenden Urgeschichtsforschung wird – vom Freiheitsgedanken ausgehend – hier traditionell stärker vom Menschen selbst aus argumentiert, indem darüber nachgedacht wird, wie er sich die äußere Natur konkret angeeignet hat. Dagegen ist der epistemologische Rahmen in der historischen Naturwissenschaft ein dezidiert naturgeschichtlicher, und so erscheint menschliches Handeln hier nur als ein möglicher Einflussfaktor von vielen zur Erklärung beobachtbarer Veränderungen.

Im Extremfall kann der Mensch sogar nur als möglicher Störfaktor betrachtet werden, der die Identifikation von systemischen Zusammenhängen zwischen unterschiedlichen Naturphänomenen erschwert. Dies ist etwa dort der Fall, wo diachron der Einfluss von Klimafaktoren auf Sedimentationsprozesse untersucht wird, aber archäologisch belegte Besiedlungsprozesse als alternativer Bestimmungsfaktor auf das Befundbild nicht ausgeschlossen werden können (von Suchodoletz et al. 2022). Hier geht es also darum, im Rahmen geographischer und archäologischer Untersuchungen empirische Daten zu sammeln, aus denen sich Schlussfolgerungen im Hinblick auf die Eingangsfrage ableiten lassen. Da prähistorische Siedlungsaktivitäten aber kein unmittelbarer Ausdruck freier menschlicher Entscheidungen sind, sondern Siedlungsplatzwahl, Siedlungsgröße und

26 Als Tradition gilt »alles, was unmittelbar von den Begebenheiten überliefert ist, hindurchgegangen und wiedergegeben durch menschliche Auffassung« (Bernheim 1889/1908, 255 f.) – »Die Tradition verfolgt durchweg, wenn auch in verschiedenem Grade, direkt die Absicht, die Erinnerung der Begebenheiten zu erhalten, will geradezu historisches Material sein.« (ebd. 257).

Siedlungsform immer von Umweltfaktoren mitbestimmt werden, bleibt der kulturwissenschaftliche Anteil in diesem Fall ohnehin eher begrenzt.

Auch diese Erweiterung des Arbeitsfeldes markiert also letztlich keinen so radikalen Bruch zwischen Natur- und Kulturwissenschaft, wie er auch heute bisweilen noch unterstellt wird. Gerade die aktuelle Debatte um das sog. »Anthropozän« zeigt sehr eindrucksvoll, dass auch im Kern naturwissenschaftliche Zugriffe die Behandlung von Fragen historischer Sinnstiftung (›Woher kommen wir? Wohin gehen wir?‹) nicht grundsätzlich ausschließen (Horn/Bergtaller 2022). Es ist jedenfalls nicht einzusehen, warum historisch arbeitenden Naturwissenschaftler die Beantwortung von solchen Sinnfragen vorenthalten werden soll.[27] Dies würde nämlich bedeuten, dass Naturwissenschaftler ausschließlich für Naturgesetze zuständig wären – was jedoch in dieser Allgemeinheit nicht der Fall ist. Als Kulturwissenschaftler ist es aber andererseits unsere Aufgabe, die Antworten, die Naturwissenschaftler auf solche Sinnfragen geben, zu kritisieren, wenn darin u. E. Beiträge anderer Wissenschaften fehlen oder falsch repräsentiert werden.[28]

17.3 Kultur- oder Naturwissenschaft?

Wenn man sich also von älteren philosophisch-erkenntnistheoretischen Festlegungen auf eine Dichotomie von Natur- und Kulturwissenschaft (Ableitung von Naturgesetzen vs. Auslegung von historisch situierten Produkten des menschlichen Geistes) freimacht, lässt sich die Frage ›Kultur- oder Naturwissenschaft?‹ mit Blick auf die Prähistorische Archäologie nicht mehr so eindeutig beantworten, wie dies früher möglich schien. Prähistorische Archäologie kann, wie uns die Praxis zeigt, je nach Erkenntnisinteresse und Veranlagung sowohl in ›kulturwissenschaftlicher‹ oder auch in ›naturwissenschaftlicher‹ Manier betrieben werden. Im einen Fall werden die Ergebnisse mehr zu einer Kulturgeschichte, im anderen mehr zu einer Naturgeschichte des Menschen beitragen. Andererseits kann es

27 S. z. B. Samida/Eggert 2013, 24: »Wie groß der Beitrag bestimmter Naturwissenschaften für die Lösung solcher Probleme auch sein mag, die ›Sinnstiftung‹ erfolgt in jedem Fall durch die von der Archäologie vorgegebene kulturhistorische Fragestellung.«

28 Dies ist beispielsweise im Hinblick auf Versuche, auf Basis genetischer Daten eine Menschheitsgeschichte zu schreiben, ja verschiedentlich bereits geschehen (z. B. in Hofmann 2018; Frieman/Hofmann 2019; Meier/Patzold 2021).

schon aus grundsätzlichen Erwägungen keine epistemisch reine Form von Archäologie entweder als Kultur- oder als Naturgeschichte geben, da Kultur und Natur in komplexer Weise miteinander verflochten sind und sich entsprechend nicht als isolierte, voneinander unabhängige Straten betrachten lassen (s. Kap. 4).[29]

Gleichwohl mag es im Einzelfall aus heuristischen Gründen sinnvoll sein, den Anteil der jeweils anderen Seite für die eigene Fragestellung als vernachlässigbar (etwa im Sinne eines ›Hintergrundrauschens‹) aus einer Analyse auszuklammern. So sind Klima- bzw. Umweltszenarien vorstellbar, die die Freiheit menschlicher Entscheidung soweit einschränken, dass sie für die Erklärung beobachtbaren Wandels nicht mehr mitentscheidend sind. Gegen die Folgen des Vulkanausbruchs, der Pompeji vernichtete, gab es zumindest zu der betreffenden Zeit, für viele Menschen keine wirksamen kulturellen Strategien zur Überlebenssicherung. Dies gilt ganz besondere für Prozesse auf der Makroebene (global und epochenübergreifend), die jenseits einer unmittelbaren sinnlichen Erfahrbarkeit liegen (s. Perreault 2019).

Anderseits gibt es aber auch Situationen, in denen kulturelle Äußerungen wie Bilder und Bildmotive eine Art Eigenleben zu führen beginnen, d. h. sich von ihren menschlichen Trägern weitgehend ›emanzipieren‹.[30] In diesen Fällen wird sich die Argumentation sinnvollerweise in einem enger kulturwissenschaftlichen Rahmen bewegen und entsprechend beim Bearbeiter einschlägige kulturwissenschaftliche Kompetenzen voraussetzen. In diesem Sinne bestimmen unsere Fragen an das Material über die notwendigen methodischen Ansätze zu ihrer Beantwortung.

Der Begriff ›Archäologie‹, wie er heute verwendet wird, ist in jedem Fall viel zu unbestimmt, als dass man ihn einseitig für die Kultur- oder Naturwissenschaft in Anspruch nehmen könnte. Unterschiedliche Auslegungen sind in diesem Zusammenhang möglich und legitim. Entscheidend ist letztlich allein ihr wissenschaftlicher Ertrag. Dieser wiederum hängt auch davon ab, welche Erwartungshaltungen von der die Wissenschaft tragenden Gesellschaft an das Fach herangetragen werden.

Damit werden wir an dieser Stelle einmal mehr auf den langandauernden Konflikt im Fach zwischen prozessualen und postprozessualen, modernen

---

29 Dies gilt selbst dann, wenn man dem Natur-Kultur-Modell (oder »Rührkuchenmodell«) von Clifford Geertz (1987) nicht folgen möchte.

30 Veyne (1995, 308 f.) spricht sogar davon, dass Zeichen und Symbole sich in gewissem Grad von ihren menschlichen Schöpfern lösen und so eine Art von Eigenleben zu führen vermögen.

und postmodernen, qualifizierenden und quantifizierenden Ansätzen zurückverwiesen. Obwohl alle Bemühungen zu dessen Überwindung bisher gescheitert sind, wird dieses Anliegen dennoch mit jeder paradigmatischen Erneuerung wieder neu auf die Agenda gesetzt. So sieht etwa Caroline Heitz (2023) in der aktuellen durch *Science, Digital* und *Material Turn* ausgelösten Krise der Postmoderne eine große Chance zur Erneuerung des Faches im Sinne des Einschwenkens auf einen »Dritten Weg« zwischen Moderne und Postmoderne[31]. Allerdings präsentiert sie dafür keinen konkreten Plan, sondern deutet lediglich die ›Zeichen der Zeit‹ in entsprechender Weise. Hoffnung macht ihr dabei v. a., dass heute »in der Forschungspraxis eine strikte Trennung zwischen idealistisch-subjektivistischen und realistisch-objektivistischen Ansätzen« kaum mehr auszumachen sei. Vielmehr zeige sich »eine komplexe Topographie gradueller Unterschiede zwischen solchen Standpunkten« (ebd. 207).

Dieser Sachverhalt scheint mir nicht ganz so eindeutig. Die von Kristian Kristiansen (2014) ausgerufene »Third Science Revolution«, auf die sich Heitz bezieht, ist m. E. kein vermittelndes Projekt. Sie ist eher der Ausdruck einer Rückbesinnung auf prozessuale Ansätze, der vor dem Hintergrund neuer technischer Möglichkeiten erfolgt (so auch Sørensen 2017). Und auch mit Blick auf den deutschsprachigen Raum zeigen sich bis heute – wie oben bereits ausgeführt – zwei Lager, die sich darüber streiten, ob Archäologie im Kern als eine Kultur- oder als eine Naturwissenschaft zu verstehen sei – und verfolgen entsprechend unterschiedliche Forschungsprogramme. Dass beide Seiten von »Geschichte« sprechen, taugt m. E. nicht zum Beweis des Gegenteils, da dieser Begriff in den *historical sciences* und in den *Cultural Studies,* auf die sich ihre Anhänger jeweils berufen, ganz unterschiedlich definiert wird.[32]

Und selbst wenn man Heitz' Beobachtung einer komplexen Topographie von Standpunkten akzeptieren möchte, wäre dies nicht zwangsweise ein Grund zur Hoffnung. Man kann diese Beobachtung nämlich auch als Ausdruck einer Überforderung des Faches und der in ihm tätigen Akteure ansehen, die sich letztlich aus den gewachsenen theoretischen und gesell-

---

31 Ähnliches gilt genereller für die sog. »Neuen Materialismen» (Hoppe/Lemke 2021; hier insbes. viel diskutiert: Karen Barads (2012) »Agentieller Realismus«).

32 S. etwa die unterschiedlichen Positionen von Gleser 2023 sowie Hofmann/Stockhammer 2017.

schaftlichen Anforderungen, die heute an es herangetragen werden, ergibt.[33] Der allgegenwärtige Ruf nach »Pluralismus« und »Diversität« verdeckt oft das eigentliche Problem, indem er suggeriert, man hätte alle Optionen und bräuchte sich zwischen den verschiedenen Alternativen nicht mehr zu entscheiden (Veit 2020a; 2022a).

Zweifellos wäre es töricht zu behaupten, die eigene Position sei die einzig richtige und mögliche. Ebenso problematisch wäre indes die Vorstellung, jede(r) könne und müsse gleichzeitig beliebige Positionen einnehmen und verteidigen können – selbst wenn diese untereinander erkennbar inkompatibel sind. Als Einzelakteure in einer größeren Debatte stehen wir für eine bestimmte Position, die wir uns in der Auseinandersetzung mit anderen Stimmen erarbeitet haben – wissend, dass unsere Haltung an Prämissen gebunden ist, die jene, wenn wir sie aufgäben, fragwürdig erscheinen lassen würde. Dennoch haben wir gute Gründe, an der Überzeugung festzuhalten, dass Wissenschaft auf den kontroversen Diskurs, Rede und Gegenrede, nicht verzichten kann. Ein ›Nichteinspruchspakt‹ und die damit verbundene stillschweigende und ungeprüfte Anerkennung fremder Positionen wären für das Anliegen der Wissenschaft, begründbares Wissen zu generieren, in epistemologischer ebenso wie in ethischer Hinsicht fatal.[34]

33 Ganz neu ist dieses Phänomen nicht. Allerdings war es früher leichter möglich, sich theoretischen und politischen Fragen zu entziehen und sich auf den (vermeintlich) ›harten Kern‹ des Faches zu konzentrieren. Dabei halfen nicht zuletzt die (lange als ›Missbrauch‹ verharmlosten) Erfahrungen des Faches in der NS-Zeit, s. Härke 2000.

34 Dies gilt noch mehr für die von Harry Frankfurt (2006) sog. »Bullshiter«, d. h. Akteure in der Wissenschaft, die von einer Sache selbst nichts verstehen, an gar keine Wahrheit glauben, aber eine starke Meinung haben, die sie glauben, nicht legitimieren zu müssen, und die daher nur ihren eigenen Interessen folgen.

Vierter Teil: Bilanz und Ausblick

18 Prähistorische Archäologie zwischen Humanismus und Posthumanismus

> »Ich denke, die Vorgeschichte hat, gleich ob sie nun von einer religiösen Metaphysik oder einer materialistischen Dialektik ausgeht, keinen Sinn als: den Menschen der Zukunft in seine Gegenwart und in seine entfernteste Vergangenheit hineinzustellen. Im umgekehrten Fall ersetzte sie, explizit und implizit, die zahlreichen Mythen, die das Problem des menschlichen Ursprungs in wenigen Worten regeln, durch einen wissenschaftlichen Mythos; oder man verstünde sie als eine Art epischen Gedichtes, das von den strahlenden Abenteuern einiger dem Menschen fremder Helden berichtet.«
> (André Leroi-Gourhan 1980, 14)

In den vorangehenden Kapiteln habe ich versucht, möglichst systematisch die Grundlagen des archäologischen Fragens und Begründens zu erkunden. Dabei war ich bemüht, der langen Tradition entsprechender Begründungsversuche, die bis ins frühe 19. Jahrhundert zurückreicht, gerecht zu werden, ohne jedoch die zahlreichen epistemologischen Brüche und Widersprüche aus dem Blick zu verlieren. Sie verbieten es uns, die Geschichte des Faches als eine einfache Erfolgsgeschichte zu schreiben. Vielmehr ist es unumgänglich, die spezifischen, fachwissenschaftlich definierten Konzepte und Wissenspraktiken konsequent an ihren jeweiligen gesamtwissenschaftlichen und kulturellen Kontext rückzubinden.

Diese wissenschaftsgeschichtlichen Erkundungen zur Genealogie eines ›kleinen Faches‹ waren indes nur die Grundlage für systematischere Überlegungen zur Leistungsfähigkeit und zum Entwicklungspotential der verfügbaren konzeptionellen Werkzeuge der Prähistorischen Archäologie. Im Mittelpunkt stand vielmehr der Versuch, aus diesem historischen Material Grundbegriffe und Grundprinzipien archäologischen Argumentierens herauszuschälen, die geeignet sind, unsere heutige fachwissenschaftliche Praxis in ihren ganz unterschiedlichen Facetten (Ausgraben und Dokumentieren, Sammeln, Ordnen und Vergleichen, Analysieren und Interpretieren, Modellieren und Erzählen, Archivieren und Exponieren) anzuleiten.

Entsprechende Wertentscheidungen über Inhalt und Angemessenheit prähistorisch-archäologischer Konzepte sind nicht einfach zu treffen – und sie erfolgen selbstverständlich auch nie voraussetzungslos. Aus diesem Grund habe ich die meine Überlegungen leitenden Prämissen, soweit möglich, offenzulegen versucht. Dies mag mit dazu beitragen, dass der Leser nachvollziehen kann, warum ich mir die Zukunft meines Faches am besten im weiteren Rahmen einer Historischen Kulturwissenschaft vorstellen kann. Es erklärt zugleich, warum Positionen, die eine Entwicklung der archäologischen Wissenschaften in andere Richtungen bevorzugen, in diesem Text bis hierher keine so prominente Rolle gespielt haben.

Dabei denke ich speziell an zwei jüngere Ansätze, die in etwas anderer Weise als die Historische Kulturwissenschaft die lange kulturhistorisch-positivistische Tradition des Faches zu überwinden suchen. Dazu gehört das Konzept einer (natur-)wissenschaftlich basierten Archäologie, auf das ich bereits kurz im vorangegangenen Kapitel – im Zusammenhang mit der grundsätzlicheren Frage nach dem Verhältnis von Archäologie und Naturwissenschaft –eingegangen bin. Dabei wurde deutlich, dass es, ähnlich wie das Konzept der »Archäologie als Historischer Kulturwissenschaft« durchaus das Potential besitzt, das Fach zu erneuern. Dazu muss aber auch in diesem Bereich das stark positivistische geprägte Erbe (Veit 2006a) kritisch überdacht werden, um einen Rückfall in einen neuen Materialismus zu vermeiden. Die Ausrufung einer *New Archaeology* 2.0, die allein auf den Einsatz neuer mathematisch-statistischer und naturwissenschaftlicher Verfahren setzt und hofft, auf diese Weise alte Forschungsprobleme zu lösen, wird hier nicht ausreichen. Ich komme darauf noch zurück.

Primär wird in der Folge jedoch über die vergleichsweise neue Idee der Archäologie als einer »posthumanistischen Wissenschaft« zu sprechen sein.[1] Anhänger dieser Richtung sehen in der (Prähistorischen) Archäologie weder eine Kultur- noch eine Naturwissenschaft, sondern eine Hybridform, deren wesentliches Ziel es ist, den alten Kultur-Natur-Gegensatz sowie

1 Nicht aufgreifen kann ich in dem allgemeinarchäologischen Kontext, von dem ich hier ausgehe, die spezielle Frage, wie die Klassische Archäologie mit ihrem humanistischen Erbe verfährt; siehe dazu Hölscher 1995 sowie Altekamp/Hofter/Krumme 2001.

vergleichbare Dichotomien des modernen Denkens aufzulösen. In diesem Sinne wird die Archäologie in ihrer traditionellen »affirmativen« Form zu einem »hegemonialen Apparat« umgedeutet, der »kulturelle Aneignung« zur Methode erhoben habe (Schreiber 2013, 100) und auf diese Weise lediglich »Subalterne« produziere (Schreiber/Rothermund 2023, 259). Aus ethisch-politischen Gründen sei es daher unabdingbar die ›archäologische Moderne‹, die diese bedrohliche Situation erst hervorgebracht habe, zu überwinden.

Bevor ich mich der Frage zuwenden kann, inwiefern ein solch radikales Urteil über die Situation im Fach angemessen ist und welche Konsequenzen die vorgeschlagene Agenda hätte, sollten wir uns allerdings zunächst nochmals die Grundzüge der Entwicklung einer »humanistischen« Archäologie sowie das spezifische Selbstverständnis ihrer Vertreter vor Augen führen.[2] Erst im Anschluss daran lässt sich die heute im Raum stehende »posthumanistische« Alternative bewerten (Kap. 18.3, 19.1f.).

18.1 Wichtige Stationen der Fachentwicklung

Auf älteren Wissenspraktiken aufbauend ist es engagierten Laien im 19. Jahrhundert gelungen, die Urgeschichtsforschung zu einem eigenständigen Forschungs- und Wissensfeld auszubauen [Tab. 37].[3] Damit waren die Grundlagen geschaffen, die ihr im 20. Jahrhundert den Einzug in die Universitäten und Akademien sowie den Aufbau von staatlichen Denkmalschutzbehörden ermöglicht haben (Daniel 1975; Kunow 2002). Verantwortlich für diese Entwicklung war letztlich, dass es ihren (überwiegend männlichen) Repräsentanten gelungen ist, eine neue Art von v. a. über Ausgrabungen erschließbaren Sachquellen (vom »Faustkeil« bis zur »Burg«) mit seinerzeit

2 Dazu gehört zweifellos V. Gordon Childe, dessen berühmter Buchtitel »Man Makes Himself« (1936) bis heute die treffendste Kurzformel für das ist, was man unter einer humanistischen Urgeschichtsforschung versteht: Das Bemühen, sich dem frühen Menschen als Welteroberer und Weltenschöpfer auf wissenschaftlichem Wege anzunähern. Ein Beispiel für die Schwierigkeiten, die diese Formulierung heute aufwirft, habe ich an anderer Stelle diskutiert (Veit 2023c).

3 Ich lasse an dieser Stelle die lange Vorgeschichte des Faches im Umfeld der Etablierung der Trennung zwischen Natur- und Geisteswissenschaft unberücksichtigt. Grundzüge der Entwicklung, samt ihren antiken philosophischen Grundlagen werden von Ott (2023, 36 ff.) überzeugend dargelegt. Zur vorwissenschaftlichen Periode der Archäologe sowie zur frühen Wirkungsgeschichte s. Schnapp 2009; Cartier 2000.

als gesellschaftlich relevant erachteten Fragen nach Ursprung der eigenen Art und eigenen Nation in Beziehung zu setzen.

»Periodisierung« Zunehmende Einsicht in die zeitliche Tiefe der Entfaltung menschlicher Kultur	**»Ausgrabung«** Zunehmende Methodisierung der Quellengewinnung und Quellenanalyse	**»Institutionalisierung«** Institutionelle Absicherung als Grundlage für kontinuierliche Arbeit im Fach	**»Kulturbegriff«** Wechselnde gesellsch. Leitideen als Stimulus für kontinuierliche Reevaluation des arch. Wissens
»Dreiperiodensystem«	»Fundorientierte Ausgrabungen«	Gelehrte Vereinigungen	»Evolutionismus«
»Antediluvialer Mensch«	»Fundkontext & Stratigraphie«	National-/Provinzialmuseen	»Diffusionismus«
»Historisch-archäol. Datierung«	»Flächengrabungen«	Denkmalverwaltungen	»Völkergeschichte«
»Radiokarbon Revolution«	»Siedlungsarchäologie«	Universitäts- und Forschungsinstitute	»Kultur- und Sozialgeschichte«

Tabelle 37: Vier zentrale Aspekte der Fachentwicklung der Prähistorischen Archäologie und diesen zuzuordnende ›Meilensteine‹.

Im Zentrum dieses Projekts stand die Entwicklung eines zunehmend verfeinerten Methodenkorpus, welcher es möglich machte, die verfügbaren Bodenfunde, als die das Fach bestimmende Form von Quellen, ›zum Sprechen‹ zu bringen. Neben Fragen der archäologischen Feldmethodik ging es hier primär um die typographische Ansprache und typologische Ordnung des Fundmaterials (Kap. 10) sowie um Fragen seiner Datierung (Kap. 11) und Verbreitung (Kap. 12), die den Blick auf historische Zustände und Entwicklungen in urgeschichtlicher Zeit freigeben sollten (Jacob-Friesen 1928). Dabei orientierte man sich eng an einer Reihe von methodischen Grundprinzipen, verfeinerte aber permanent die konkreten Verfahrensweisen. Zugleich erweiterte man systematisch die Quellengrundlage.

Weitaus freier verfuhr man bei der Verknüpfung der am Material erhobenen Einzelerkenntnisse zu einer übergreifenden (kultur-)historischen Erzählung. Als Deutungsvorlagen hat man sich dabei – oft in einer unsystematischen Weise – aktueller wie historischer Bezüge aus nah und fern bedient (Veit 2020c). Die Verwendung meist implizit bleibender Analogieschüsse – oder der Bezug auf zirkulierende historische Meistererzählungen – hinderte die beteiligten Akteure indes keineswegs daran, die historische Individualität der von ihnen im Material erkannten Zustände und Ereignisse herauszustellen (Kap. 13).

Die institutionelle Konsolidierung und dynamische Entwicklung des Faches seit etwa 1900 darf m. E. als Beleg dafür angesehen werden, dass naturwissenschaftlicher Positivismus und Historismus hier eine durchaus erfolgreiche und zugleich relativ beständige Verbindung eingingen (Veit 2006a). Daran hat im Grundsatz auch die zwischenzeitliche Selbstindienststellung des Faches für politische Zwecke nichts geändert (z. B. Kossack 1999; Leube 2002; Halle/Mahsarski 2013).

Dies hängt nicht zuletzt damit zusammen, dass es der Fachvertretung immer wieder gelungen ist, Allianzen mit Fächern sowohl aus dem natur- wie aus dem geisteswissenschaftlichen Bereich zu bilden (s. Kap. 17). Das beste Beispiel dafür ist die bereits erwähnte sog. »historisch-genetische Siedlungsforschung«, die nach 1945 zahlreiche Einzelfächer, darunter Geistes- und Naturwissenschaften, mobilisierte, um fachübergreifenden Fragestellungen nachzugehen.[4]

Ungeachtet der breiten thematischen Ausweitung des historisch-archäologischen Arbeitsfeldes während der vergangenen Jahrzehnte[5], bildet sie mit ihrem starken Fokus im Bereich der Umwelt- und Wirtschaftsforschung auch heute noch einen, wenn nicht sogar den zentralen Referenzpunkt der Fachdebatte. Dabei ist aktuell teilweise ein Rückgriff auf – zwischenzeitlich schon überholt geglaubte – Prinzipien der amerikanischen *New Archaeology* und der britischen *Economic* und *Social Archaeology* zu beobachten, ohne dabei allerdings mit der positivistisch geprägten mitteleuropäischen Tradition ganz zu brechen (J. Müller 2018; 2022; Müller/Kirleis 2019).[6]

---

4 Zum Konzept: Jankuhn 1977; 1978 – zum wissenschaftsgeschichtlichen Hintergrund und mit weiteren Belegen: Kossack 1999; J. Müller 2015.

5 Neben den klassischen Feldern der Sozial- und Religionsarchäologie wären hier insbesondere die Gräber-, Bild-, Gedächtnis-, Konflikt- und Genderforschung zu nennen. Aber auch spezielle technik-, alltags- und universalgeschichtlich geprägte Forschungsansätze haben eine lange Tradition im Fach.

6 Das gleichzeitige Festhalten am primär rekonstruktiven Charakter archäologischer Erkenntnisarbeit und an der Bedeutung induktiver Argumentation steht allerdings im starken Kontrast zum neuen Anspruch des Faches, einen Beitrag zur Lösung aktueller gesellschaftlicher Probleme leisten zu können (J. Müller 2015, 765; 770).

Bei all ihren Bemühungen hat sich die Prähistorische Archäologie lange als eine praktische Wissenschaft verstanden, deren Anspruch es war, historisch-philosophische Spekulationen über die Frühzeit durch Fakten zu ersetzen. Zwar hat es daneben im Fach auch immer wieder basale Ansätze zu einer Theoriebildung gegeben, doch ist deren Einfluss insgesamt gesehen eher begrenzt geblieben. Auch sind entsprechende Grundsatzdebatten, wie Eggert (1978a) bereits von fast fünfzig Jahren betonte, allzu lange Zeit nur fachintern geführt worden. Primäres Ziel hierbei war es zu bestimmen, was die Prähistorische Archäologie von anderen Fächern (wie der Geschichtswissenschaft oder der Ethnologie) trenne und welche methodischen Konsequenzen dies nach sich zöge.[7]

Dagegen hat man im Fach grundsätzlichere, philosophisch-erkenntnistheoretische Fragen lange Zeit eher gemieden, versprachen sie doch keinen schnellen Erkenntniszuwachs. Dies hatte wiederum zur Folge, dass zentrale erkenntnistheoretische Einsichten einer Historischen Kulturwissenschaft, wie sie Max Weber und andere zu Beginn des 20. Jahrhunderts skizzierten (Oexle 2001b), in der Breite eigentlich bis heute keinen Eingang ins Fach fanden. Stattdessen prägte die positivistische Grundhaltung der Gründerzeit die fachwissenschaftliche Praxis noch über viele Jahrzehnte – und nicht Wenige sehen im gegenwärtigen Boom naturwissenschaftlicher Methoden bereits eine Renaissance eines solchen Denkens (Kristiansen 2014, s. a. Veit 2023b).

Mögliche negative Folgen dieser Haltung sind dadurch überdeckt worden, dass man es verstanden hat, einem interessierten Publikum jene Geschichten zu erzählen, von denen es seit der Zeit Heinrich Schliemanns träumt (z. B. Samida 2010b; 2018; Holtorf 2005a und b). Dabei denke ich nicht nur an Geschichten über ›verschwundene Kulturen‹ aus längst vergangenen Zeiten, sondern auch an die Geschichten spektakulärer Entdeckungen, die visionäre Forscher in entbehrungsreicher Arbeit gemacht hatten (Maier 1994). In diesem Sinne war das Fach von Beginn an stark durch ein Fortschrittsdenken geprägt, auch wenn dieses immer wieder durch einen nostalgischen Blick auf die zwangsläufig mit dem Fortschritt verbundenen Verluste kultureller Vielfalt romantisch gebrochen wurde. Im Sinne einer Kompensation sollten vergangene Verhältnisse wenigstens museal konserviert und einem staunenden Publikum präsentiert werden (Lübbe 1982). »Ideologiekritik«

7 Ironischerweise hat sich Eggert (2001/2012; 2006) später selbst diesem Trend angeschlossen, indem er für einen epistemologischen Sonderweg des Faches plädierte.

und »kulturelle Aneignung« spielten noch keine Rolle, ebenso wenig wie die moderne Überzeugung, die Archäologie sei in der Lage, im Stile einer angewandten Wissenschaft konkrete Gegenwartsprobleme zu lösen.[8]

Erst der von außen induzierte Prozess eines »loss of innocence« (Clarke 1973) hat ab den 1970er Jahren langsam zu einem Umdenken geführt. Dabei sind zwei konzeptuelle Erweiterungen zu unterscheiden: Zum einen bemühte man sich – in Distanzierung zum Historismus – jetzt stärker um eine Verwissenschaftlichung im Sinne eines Bemühens um Generalisierung im Stile der modernen Sozialwissenschaft[9], zum anderen wurde man sich erst jetzt in vollem Umfang des konstruktiven Charakters der erarbeiteten Vergangenheitsbilder bewusst.

Vor dem Hintergrund einer verstärkten Selbstreflexion im Fach (Ideologie- und Erkenntniskritik sowie kritische Wissenschaftsgeschichte) hat in den letzten rund fünfzig Jahren aber auch die Einsicht vom konstruktiven Charakter archäologischer Narrative deutlich an Akzeptanz gewonnen (Veit 2006b; 2012). Es wurde klar, die fortgesetzte und methodisch verfeinerte Quellenarbeit allein als Motor für den Wandel unseres Bildes der Vergangenheit nicht ausreicht, sondern dass in diesem Zusammenhang auch die sich wandelnden gesellschaftlichen und medial-technischen Bedingungen der Produktion archäologischen Wissens Beachtung verdienen, auch wenn entsprechende Zusammenhänge oft erst im Rückblick, also aus einer gewissen zeitlichen Distanz, fassbar werden (Veit 2020a).[10]

---

8 Siehe z. B. Käppel et al. 2020. – Interessant ist, dass in diesem Kontext zugleich der alte *historia magistra vitae*-Topos bemüht wird: »Gegenwärtiges und Zukünftiges lassen sich nur aus der Vergangenheit verstehen. Entsprechend ist es nicht nur eine Faszination, die den Menschen zum Aufdecken vergangener Hinterlassenschaften animiert, sondern ein immanentes Interesse auch an der Lösung gegenwärtiger und zukünftiger Probleme: Nur wer die Vergangenheit versteht, gestaltet die Zukunft mit.« (Johannes Müller 2015, 748). Es ist m. E. etwa Anderes auf die Stimmen unserer Vorfahren zu hören oder mit naturwissenschaftlichen Mitteln die Einflussmöglichkeiten menschlichen Handelns auf die Umwelt zu bestimmen (Arponen et al. 2019; J. Müller 2022).

9 Identifikation genereller Prozesse sozialen bzw. kulturellen Wandels: s. z. B. van der Leeuw 1974. Neben einer zunehmenden Einbeziehung auch quantitativer Aspekte der Quellenüberlieferung und der Etablierung entsprechender Methoden (Clarke 1968/1978; Shennan 1997) gehörte dazu auch eine zunehmende Methodisierung des archäologisch-historischen Vergleichens (Hodder1982c; Gramsch 2000).

10 Eine breite Zusammenstellung der einschlägigen Beiträge zu einer Theorie der Archäologie im deutschsprachigen Raum bis etwa 2015 findet sich bei Hofmann/Stockhammer 2017.

18.2 Aktuelle Herausforderungen

So klar diese Grundeinsichten im Rahmen der jüngeren Theoriedebatte auch herausgearbeitet worden sind, so unbefriedigend ist allerdings – speziell im deutschsprachigen Raum – ihre Umsetzung in der archäologischen Praxis. Dies dürfte zu einem nicht geringen Teil Defiziten in der akademischen (wie auch schon in der vorangehenden schulischen) Ausbildung geschuldet sein, die Studierende immer weniger auf eine wissenschaftliche Laufbahn vorbereitet. So reichen etwa die personellen Kapazitäten der archäologischen Institute und Seminare meist nicht für eine – über die Gegenstands- und Methodenfragen hinausreichende – Vermittlung auch der philosophisch-theoretischen Grundlagen des Faches (s. Veit 2020a, Veit 2025).

Einer Weiterentwicklung der konzeptuellen Fundamente des Faches hinderlich war und ist sicherlich auch der Umstand, dass auch in der Wissenschaft heutzutage Schnelligkeit und öffentliche Wirksamkeit oft mehr gilt als begriffliche Genauigkeit und methodische Sorgfalt. Von persönlicher Geltungssucht, Scharlatanerie, Unvermögen und anderen menschlichen Schwächen als Hindernissen wissenschaftlichen Arbeitens, denen unser Bildungssystem immer weniger entgegenzusetzen hat, möchte ich an dieser Stelle gar nicht erst reden (dazu z. B. Frankfurt 2006). Stattdessen mag der Hinweis genügen, dass es allein mit Blick auf ererbte Defizite im Fach eigentlich schon mehr als genug zu tun gibt.

Allerdings wäre es mit der Behebung dieser Mängel allein nicht getan. Vielmehr stellen sich dem Fach heute zusätzlich zahlreiche neue Herausforderungen, die ihrerseits die angedeuteten Versäumnisse der Vergangenheit leider allzu schnell in den Hintergrund treten lassen. Zu nennen ist hier zunächst die zunehmende Verfügbarkeit neuer Methoden im Bereich der Naturwissenschaft und Computertechnik (›Molekulare Archäologie‹, ›Big Data‹, vgl. Kristiansen 2014), die die Erschließung ganz neuer Arten von Quellen ermöglicht und damit dem Fach zum Teil ganz neue Forschungsperspektiven eröffnet haben.[11]

---

11 Es gibt aber auch Situationen, bei denen man eher den Eindruck gewinnt, mit den neuen Werkzeugen versuche man – unter Ausblendung zentraler Fortschritte im Bereich der Sozial- und Kulturtheorie –, lediglich die alten Fragen des 19. Jahrhunderts zu beantworten (kritisch dazu etwa Daniela Hofmann 2018 mit Bezug auf Brandt 2017). Somit scheint Erkenntnisinteresse oftmals eher in bestimmten Bereichen des Faches eher Technik-getrieben als interessengeleitet.

Mit diesen Werkzeugen verbindet sich nicht selten die Hoffnung, dass diese die Archäologie zukünftig in die Lage versetzen werden, einen direkten Beitrag zu den gesellschaftlichen und ökologischen Herausforderungen unserer Zeit zu leisten (zuletzt etwa: Heitz 2023). In dieser Formulierung kommt aber zugleich auch der Zweifel zum Ausdruck, dass diese Aufgabe mit den herkömmlichen Mitteln der »Modernen Archäologie« (als Teil der wissenschaftlichen Moderne) allein zu lösen sein werde. Um die von der humanistischen Wissenschaftstradition (mit-)verursachten sozialen und ökologischen Schäden zu beheben, sei vielmehr ein ganz neues (posthumanistisches) Denken nötig, das lange etablierte Gegensätze, wie jenen zwischen Kultur und Natur, auflöse.

Dies wiederum hätte jedoch massive Konsequenzen für das auf dieser Dichotomie aufsetzende spezifische Denken der modernen Archäologie. Die Folgen, die eine solche Umorientierung für das Fach hätte, sind bisher jedoch allenfalls ansatzweise durchdacht worden. Ungeklärt ist insbesondere die Frage, welche Konsequenzen sich für die archäologische Forschung beispielsweise aus der dominanten Gegenwartsorientierung dieses Denkens, die sich in einer zunehmenden Geschichtsvergessenheit und in einem schwindenden Interesse an weit zurückliegenden historischen Perioden manifestiert, ergeben.

Es lässt sich heute kaum übersehen, dass die Frage nach den Ursprüngen als Königsweg zum Verständnis des Menschen und seiner Kultur, die die Archäologie als Wissenschaft von den kulturellen Anfängen einst erblühen lassen hat, in den vergangenen Jahrzehnten an Überzeugungskraft verloren hat.[12] Dass diese Aussage keineswegs übertrieben ist, zeigt sich

12 Daran ändert auch die Tatsache nichts, dass sich das Fach auf einer populärwissenschaftlichen Ebene großer Beliebtheit erfreut. Je mehr in Rechtfertigungsprozessen von gesellschaftlicher Relevanz des Faches die Rede ist (Parzinger 2016; J. Müller 2015), umso schwieriger scheint die Lage. – Die betrifft übrigens nicht allein die Prähistorische, sondern beispielweise auch die Frühgeschichtliche Archäologie. Entsprechend wird auch hier der Ruf lauter, gesellschaftliche Verantwortung zu übernehmen und stärker auf die Relevanz des eigenen Tuns zu achten (Veling 2024). Alexander Velings Apell hebt sich aber wohltuend von ähnlichen Aufrufen ab, als er deutlich macht, dass es dabei nicht darum geht, sich bei der Politik in der Weise anzubiedern, dass man ihr ominöse Handlungsanweisungen gebe oder sich allein auf Fragen des politischen Missbrauchs der Geschichte konzentiere. Vielmehr gelte es, der gesellschaftlichen Verantwortung des Faches gerecht zu werden (ebd. 116). Sein Ruf nach einer »›relationalen‹ Forschungsperspektive, die diachron die Konstruktionsprozesse von Kultur, Landschaft und Gesellschaft in den Blick nimmt« und sich dabei der Gegenwärtigkeit der Geschichte bewusst ist, entspricht in vieler Hinsicht der hier und andernorts

nicht zuletzt daran, dass dieser Trend die archäologische Forschung selbst bereits voll erfasst hat. Dies belegt insbesondere die aktuelle Ausbildung von immer neuen Spezialisierungen für die jüngeren und jüngsten historischen Perioden (z. B. »Neuzeitarchäologie», »Archäologie der Moderne« und »Zeitgeschichtliche Archäologie«).[13] Dabei überrascht es nicht, dass parallel dazu heute verstärkt die grundsätzliche Frage diskutiert wird, inwieweit eine Archäologie des sie einst konstituierenden »Alten« (bzw. des »Altertums«) überhaupt noch bedürfe – oder ob es nicht an der Zeit wäre, die Archäologie zu einer allgemeinen ›Wissenschaft von den Dingen‹ umzubauen (Nativ/Lucas 2020).[14] In den Worten von Laurent Olivier (2019, 28):

> »If archaeology is indeed the study of the material past, then it is more concerned with the present age of the Anthropocene than with any other period of the past. If archaeology deals with humanity's impact on matter – in terms of archaeological creations – then it needs to focus on the current period where, clearly, the deepest and longest-lasting imprint has been made. The Great Acceleration has given us long-term transformations of places and things on a scale never before equalled, either temporally or spatially. In this respect, the current anthropocenic age is profoundly archaeological, far more so than the distant age of prehistory, which left scattered behind only scant and meagre material traces.«

Diese und ähnliche Stellungnahmen bestätigen m. E., wie bereits angedeutet, vor allem Eines: Den Verlust des Glaubens daran, dass der Sinn der Geschichte allein aus ihren Anfängen zu erschließen sei. Diese Ansicht ist indes keineswegs neu. Sie entspricht vielmehr jener des Historismus – dessen Ideen auch die Prähistorische Archäologie bereits früh tief durchdrungen haben. Dies wiederum führte bekanntermaßen ja dazu, dass man

---

vorgetragenen Position. Insofern möchte ich seine plakative Formel »Konstruktivismus als neues Paradigma« (ebd. 113) unterstreichen – wenn auch ergänzt um den Hinweis, dass dieses Paradigma neu nur für diejenigen ist, die sich seit hundert Jahren geweigert haben, entsprechende gut ausformulierte Ideen zur Kenntnis zu nehmen.

13 Aus der Flut programmatischer Literatur dazu seien nur wenige Schriften genannt: Mit der denkmalpflegerischen Perspektive befassen sich mit v. a. Kersting 2020; Meller/Bunnefeld 2020; Theune 2020 sowie Arndt u. a. 2017. Weiterreichende erkenntnistheoretische und philosophische Fragen insbesondere bei Bernbeck 2015; 2017; U. Müller 2013; 2017; Olivier 2019. Vgl. dazu auch Gonzalez-Ruibal et al. 2017.

14 Es gibt sicher Gründe für die Schaffung einer solchen Wissenschaft einzutreten, angesichts der Vorgeschichte des Begriffs scheint es allerdings fragwürdig, diese mit dem Begriff »Archäologie« zu belegen. Die neuen »Material Culture Studies« haben vielfältige Ursprünge (Hahn 2005).

sich im Fach lange unpolitisch und bescheiden gab. Diese Bescheidenheit scheint man nunmehr – selbst um den Preis der Aufgabe des angestammten Arbeitsfelds – aufgeben zu wollen.

Doch auch in jenen Bereichen, in denen »das Alte« für das archäologische Projekt weiterhin das zentrale konstitutive Element darstellt, zeichnen sich gegenwärtig deutliche Veränderungen ab. Dazu gehört etwa ein verändertes Publikumsinteresse und neue Rezeptionsformen des Archäologischen (Kap. 16).[15] Zugleich wird unter Fachvertretern heute immer häufiger die Frage einer angemessenen Partizipation von Laien am archäologischen Forschungsprozess diskutiert – und zwar selbst in Regionen wie in Mitteleuropa, in denen ein vergleichbarer gesellschaftlicher Druck, wie er auf anderen Kontinenten von ethnischen Minderheiten ausgeübt wird, noch nicht auszumachen ist.[16] Dabei geht es zugleich um eine Art von ›Dekolonialisierung‹, die die alte Deutungshoheit der professionellen Archäologie in Frage stellt (Hamilakis 2011; Hamilakis/Anagnostopoulos 2009).

Aber auch jenseits solch grundsätzlicher Fragen zum Verhältnis von Archäologie und Gesellschaft hat sich das Forschungsumfeld, in dem Archäologen heute tätig sind, in den vergangenen Jahrzehnten – u. a. als Folge einer neuen, neoliberalen Agenda – deutlich verändert. So hat der Staat seine Unterstützung teilweise zurückgefahren oder zumindest von sichtbaren Erträgen abhängig gemacht. Insofern spielen in der Archäologie marktwirtschaftliche Fragen heute eine viel größere Rolle als früher.

Dies gilt auch für den universitären Bereich. Ein Zeichen dafür ist beispielsweise der Abschied von der alten Ordinarienuniversität, der auch zur Etablierung neuer Karrieremodelle geführt hat, die an die Betroffenen ganz neue Anforderungen stellen.[17] Diese Veränderungen haben nicht zuletzt Einfluss auf Form und Inhalt der wissenschaftlichen Produktion. Dazu gehört u. a. der teilweise Verzicht auf monographische Vorlagen von Forschungsergebnissen zugunsten von vergleichsweise kurzen und formal reglementierten Beiträgen in den zentralen Peer Review-Journalen mit großer Sichtbarkeit.

15 Der primäre Fokus liegt dabei weniger auf Öffentlichkeitsbildung in einem traditionellen Sinne, sondern mehr auf Unterhaltung und Erlebnis (z. B. Holtorf 2005).

16 Wie der Hype um Heinrich Schliemann aus Anlass seines 200. Geburtstages im Jahre 2022 gezeigt hat (Hellmayr 2021), werden Archäologen hier durchaus noch in ihrer traditionellen Rolle als Geschichtenerzähler und historische Aufklärer geschätzt.

17 Dazu gehört nicht zuletzt ein stärkerer Fokus auf Projekt- und Verbundforschung.

Allerdings bleibt der Nutzen einer – gewiss wünschenswerten – leichten und breiten Zugänglichkeit von Forschungsergebnissen begrenzt, wenn den Akteuren aus dem universitären Sektor die Zeit zur Rezeption fehlt, weil ihre Arbeitskraft noch stärker als früher durch kleinteilige Projektarbeit gebunden ist. Soziologen analysieren in empirischen Studien bereits die Konsequenzen einer solchen neuen Situation, die etwa zum Niedergang der die Soziologie lange prägenden »großen Theorien« (und den damit zwangsweise assoziierten Forscherpersönlichkeiten) beitragen hat (Anicker 2022). Andererseits wird dieser Prozess der Diversifizierung (und zugleich Nivellierung) in bestimmten philosophischen Kontexten vielerorts auch für wünschenswert erachtet und aktiv darauf hingearbeitet. Dabei ist letztlich ungeklärt, was am Beginn dieser Entwicklung stand: der Zwang der äußeren Umstände oder der bewusste Wunsch zur Veränderung.

18.3 Neue Perspektiven

Vor dem Hintergrund der geschilderten Entwicklungen wird man sagen dürfen, dass sich die Prähistorische Archäologie in ihrem traditionellen Selbstverständnis als eine (kultur-)historische Wissenschaft (Eggert 2024), heute in einem besonderen Maße – vermutlich noch mehr als in Zeiten der *New Archaeology* in den 1960er Jahren – herausgefordert sieht.[18]

Dieser Herausforderung begegnet man, wie einleitend bereits kurz angedeutet, vor allem in dreierlei Hinsicht: in Form von Bemühungen um eine Konsolidierung und behutsame Modernisierung der humanistischen Tradition des Faches, in Form einer Hinwendung zu den Naturwissenschaften – nicht allein im Hinblick auf eine Erweiterung des Quellenspektrums sondern auch in theoretisch-methodologischer Hinsicht (s. Kap. 17) – sowie dadurch, dass man die humanistische Tradition des Faches aus der Perspektive einer durch Postmoderne und Posthumanismus[19] geprägten Philosophie und kritischen Sozialtheorie heraus in Frage stellt (s. Kap. 19).

18 Dies gilt ungeachtet der Tatsache, dass viele der Ideen aus dem Umfeld einer postmodernen bzw. posthumanistischen Wissenschaft in der europäischen Archäologie noch als *Avantgarde*-Phänomene eingestuft werden müssen, während im *Mainstream* des Faches – insbesondere abseits der Universitäten – vielerorts noch das traditionelle archäologische ›Handwerk‹ dominiert.

19 Zum Begriff und Konzept des Posthumanusmus einführend: Loh 2018.

Der hier präsentierte Vorschlag zur Neuausrichtung des Faches am Konzept der »Historischen Kulturwissenschaft« (Kap. 6) lässt sich keiner dieser drei Richtungen eindeutig zuordnen, sondern liegt in mancher Hinsicht quer zu dieser Typisierung. Ungeachtet der Namensgleichheit hebt er sich speziell gegenüber dem Konzept einer positivistisch ausgerichteten »Historischen Kulturwissenschaft«, wie es Eggert (2006) ausformuliert hat, ab. Denn dieses zielt primär auf eine Fortschreibung und Erneuerung der kulturhistorischen Tradition – und bricht insofern nur halbherzig mit der positivistischen und historistischen Tradition des Faches.[20]

Wenn in diesem Buch von »Historischer Kulturwissenschaft« die Rede ist, beziehe ich mich hingegen auf das – letztlich auf Max Weber zurückgehende – Konzept historisch-sozialwissenschaftlicher Forschung (dazu auch Ott 2023, Kap. 1). In dessen Rahmen wird historische Erkenntnis, in Anlehnung an die zentralen Prinzipien der zeitgenössischen Physik, als empirisch gestützte Hypothesenerkenntnis verstanden. Deren Vertreter (darunter Niels Bohr, Wolfgang Pauli, Werner Heisenberg) legten bekanntermaßen Wert auf die Feststellung, dass die naturwissenschaftliche Erkenntnis »etwas von der ›Wirklichkeit‹ [wisse], aber in einem Wissen, welches erkennendes ›Subjekt‹ und erkanntes ›Objekt‹ in einem Gesamtzusammenhang konstitutiv miteinander verknüpft (›Die Bahn eines Teilchens entsteht dadurch, dass wir sie beobachten‹)« (Oexle 2001b, 26, s. auch Oexle 1998).

Wenn Oexle (ebd.) feststellt, dies habe »deutsche Historiker der damaligen Zeit nicht beeindruckt, es hat sie nicht einmal interessiert«, so wird man das ebenso von den zeitgenössischen Prähistorischen Archäologen behaupten dürfen. In den Geschichtswissenschaften hat sich die Situation zwischenzeitlich zwar verändert (Meier/Patzold 2021), in der Prähistorischen Archäologie – und ebenso in den historisch arbeitenden Naturwissenschaften – geht hingegen immer noch das Gespenst einer »objektiven Geschichte« um. Dies hängt damit zusammen, dass naturwissenschaftlich und archäologisch gewonnene Daten den Forschenden traditionell – im Gegensatz zu Schriftquellen – als objektiv erscheinen. Dies ist indes nicht mehr als eine zwar langlebige, aber unbegründete Fiktion. Denn spätestens mit der

---

20 Eggert distanziert sich davon lediglich insoweit, als er die Reichweite eines solchen Ansatzes mit Verweis auf die spezifischen Ausgangsbedingungen einer wesentlich auf materielle Überreste begrenzten Geschichtsforschung, stark einschränkt und propagiert letztlich eine Form von Strukturgeschichte. S. dazu auch Kap. 6.

unabdingbaren begrifflichen Ansprache der Gegenstände kommt auch hier ein subjektives Element zum Tragen (s. Veit 2011b, 302–304).[21]

Vor dem Hintergrund des Fortlebens dieser Tradition des positivistischen Denkens sowohl in der kulturhistorischen wie in der naturwissenschaftlichen Archäologie verwundert es nicht, dass das Potential, das sich aus der wissenschaftsgeschichtlichen Wahlverwandtschaft zwischen Theoretischer Physik und Historischer Kulturwissenschaft ergibt, bisher weitestgehend ungenutzt geblieben ist. Würde man es nutzen, gestaltete sich eine Zusammenarbeit zwischen Archäologie und (historischer) Naturwissenschaft wesentlich einfacher, und man könnte sich vermutlich manch umständliche Erörterung der Möglichkeiten und Risiken interdisziplinärer Zusammenarbeit (Meier/Tillessen 2011; Samida/Eggert 2012) sparen.

Zusammenfassend kann man also festhalten: Einer am Konzept der »Historischen Kulturwissenschaft« orientierten Archäologie geht es nicht darum, eine dem Vergessen anheimgefallene Vergangenheit in ihrer objektiven Gestalt und entsprechend ihrem objektiven Verlauf zu rekonstruieren. Sie zeichnet sich vielmehr dadurch aus, dass sie anerkennt, dass ihre Forschungsergebnisse nicht allein durch die analysierten Materialien bestimmt werden, sondern zugleich durch die spezifische zeitabhängige Frage- und Betrachtungsweise der Forschenden mitgeprägt sind. In diesem Sinne kann es kein objektives, sondern nur ein relationales Wissen über den jeweiligen historischen Gegenstand geben.

In Anknüpfung an eine bekannte Formulierung Max Webers bedeutet dies, dass jede Generation ihre eigene Geschichte nach ihren eigenen Gesichtspunkten schreibt. Dementsprechend wäre das Ergebnis (also die »Geschichte«), selbst wenn die Quellensituation durch die Zeiten unverändert bliebe, jeweils ein Anderes. Da dies jedoch definitiv nicht der Fall ist – da mit neuen Methoden jeweils zugleich neue Quellen erschlossen und frühere Fehlurteile revidiert werden – lassen sich die konkreten Ursachen für den Wandel der wissenschaftlichen Anschauungen nur schwer einigermaßen genau bestimmen – und meist nur im Rückblick.

21 Dies gilt übrigens nicht nur für traditionelle qualitativ-interpretierende, sondern gleichermaßen für quantitativ-analytische Zugriffe. Ein klassisches Beispiel dafür sind die rassenkundlichen Studien einer älteren Physischen Anthropologie, deren wissenschaftsgeschichtliche Analyse Stephen J. Gould (1988, bes. 17) dazu veranlasst hat, nachdrücklich auf die besondere ideologische Anfälligkeit von entsprechenden Forschungsfeldern mit einem geringen Faktenzwang hinzuweisen.

Ein historisch-kulturwissenschaftliches Fachverständnis bedeutet jedoch keineswegs den vollständigen Verzicht auf alle als »positivistisch« identifizierte Fachroutinen, wie etwa die routinemäßige Quellenerschließung im Bereich der Denkmalpflege sowie die Pflege der existierenden Fundarchive. Denn auch eine stärker problemorientierte Forschung ist nicht in der Lage, auf das in den wissenschaftlichen Archiven (wenn auch unter teilweise fragwürdig gewordenen Prämissen) gesammelte Fachwissen zu verzichten. Sie kommt daher nicht darum herum, ihre eigenen, in jedem Fall begrenzten, Feldbeobachtungen jeweils in den weiteren Kontext des verfügbaren Bestands an Fakten-, Methoden- und Theoriewissen einzuordnen. Das bedeutet, parallel zur konkreten Fallanalyse, auch fächerübergreifend komparativ-vergleichend zu arbeiten.

Gleichzeitig ist nicht von der Hand zu weisen, dass mit dem Fortschreiten der Forschung, den steigenden Anforderungen der Dokumentation und dem Wechsel der Fragestellungen, ältere Wissensbestände an Relevanz verlieren. So spielen etwa viele prähistorische Sammlungen des 19. und frühen 20. Jahrhunderts, darunter die weit verbreiteten Lehrsammlungen der Universitätsinstitute, die einst Forschungs- und Ausbildungswerkzeuge ersten Ranges waren, in der aktuellen Situation nur noch eine untergeordnete Rolle, und die Beschäftigung mit ihren Beständen folgt heute oft eher einem wissenschaftsgeschichtlichen Interesse.[22]

Demgegenüber haben neue Quellenformen, die erst durch neue naturwissenschaftliche Verfahren – etwa aus dem Bereich der molekularen Archäologie – erschlossen werden können, in den vergangenen Jahrzehnten deutlich an Bedeutung gewonnen. Dies hat positive wie negative Folgen. Positiv zu vermerken ist etwa die Tatsache, dass die neuen Ergebnisse dazu geführt haben, dass alte Debatten – nicht zuletzt um die Frage prähistorischer Migrationen – neu belebt worden sind, und so auch den Blick nochmals zurück auf die traditionellen Quellen der Prähistorischen Archäologie gelenkt haben (z. B. Heyd 2017). Weitere Forschungen in diesem Bereich – unter Berücksichtigung neuer sozialer und kulturanthropologischer Erkenntnisse – sind und werden auch in Zukunft unerlässlich bleiben, um den archäogenetischen Befund angemessen beurteilen zu können. Ein direkter Bezug auf überholte Narrative der frühen Urgeschichtsforschung reicht hier sicherlich nicht aus (s. Furholt 2019).

22 Versuche, archäohistorisches und wissenschaftsgeschichtliches Interesse an historischen Sammlungsbeständen zu verbinden, finden sich in Veit/Wöhrl 2014; 2020.

Aber auch die Arbeit an den traditionellen archäologischen Quellen hat sich durch den Einsatz neuer mathematischer und informationstechnischer Verfahren in den vergangenen Jahren stark verändert. Der analytische Prozess ist heute in der Regel stringenter und besser nachvollziehbar. Gleichzeitig ist aber auch ein gewisser Verlust an Anschaulichkeit und Sinnlichkeit des archäologischen Erkennens zu beobachten. Denn angesichts der immer schnelleren Transformation der Feld- und Fundbeobachtungen verliert die genaue Betrachtung und Beschreibung des einzelnen Bodendenkmals bzw. musealen Fundobjekts zwangsläufig an Bedeutung.[23] An ihre Stelle treten vermehrt technisch erzeugte Bilder wie beispielsweise 3D-Rekonstruktionen oder Simulationen. Dies betrifft sowohl den Bereich der Forschung selbst als auch jenen der Vermittlung archäologischen Wissens.[24] So bleibt die Prähistorische Archäologie, ungeachtet aller Veränderungen, auch in diesen neuen Bereichen ihrem alten Ruf als einer ›Wissenschaft des Auges‹ treu, die empirisch beobachtbare Differenzen im archäologischen Befundbild als Ausdruck historischer Veränderungen deutet.

Einen deutlichen Gegenpol zu solchen Überlegungen markiert das Verständnis der Archäologie als einer – Natur und Kultur potentiell verbindenden – »symmetrischen« bzw. »posthumanistischen« Wissenschaft (Übersicht bei Harris/Cipolla 2017). Deren Anhänger sehen in der ›Rekonstruktion‹ und ›Repräsentation‹ von Vergangenem, wie sie die moderne Archäologie kennzeichne, hegemoniale Praktiken, die im Forschungsprozess nichts zu suchen hätten, und fordern entsprechend, dass sich das Fach von seiner alten Fixierung auf Vergangenes befreien solle.

---

23 Matthias Jung (2003) hat auf entsprechende Probleme schon von mehr als zwanzig Jahren aufmerksam gemacht und im Rahmen seiner Beschäftigung mit der Objektiven Hermeneutik (Jung 2006) für ein genaues Hinsehen plädiert; dazu ausführlich: Veit 2024, 381f.

24 Dieser mediengesteuerte Transformationsprozess ist allerdings nichts Neues, sondern hat schon sehr viel früher – spätesten mit den »Lichtbildvorträgen« der Kossinna-Generation – begonnen. Danach dauerte es aber noch lange bis sich (jenseits von Fund- und Befundbildern) eine bildgestützte Präsentation von Forschungsergebnissen durchsetzen konnte. Die Generation meiner akademischen Lehrer, die sich primär als Prähistoriker (im Sinne von ›Vorgeschichtsschreiber‹) verstanden, arbeitete noch primär textorientiert und stand graphischen Präsentationsformen eher zurückhaltend gegenüber. Heute spielt die graphische Visualisierung von komplexen Forschungsergebnissen etwa in Form von Karten oder Chronologieschemata eine viel größere Rolle. Dies steht sicherlich auch im Zusammenhang mit der wachsenden Bedeutung naturwissenschaftlicher Daten.

Assaf Nativ und Gavin Lucas (2020) sprechen diesbezüglich von einer »archaeology without antiquity« unter deren breitem Dach – fokussiert auf Leitbegriffe wie »Gedächtnisarbeit«, »Archäosphäre«, »Abfall« – heute ganz unterschiedliche Diskurse geführt würden. Diese »alternative archaeologies« seien aber dadurch miteinander verbunden, dass sie Archäologie als eine Gegenwartswissenschaft verstünden. Deren Gegenstand sei nicht länger eine wiederzuentdeckende Vergangenheit, sondern die materielle Welt insgesamt (inklusive des sog. »archaeological record«, ebd. 853 f.).[25] Entsprechend wird Archäologie hier allgemein als das Studium materieller Überreste als Spuren menschlicher – und auch nichtmenschlicher – Aktivitäten definiert.

Praktisch betrachtet geht es bei diesen Debatten auch nicht um die systematische Erschließung ganz neuer, als vor allem um eine Neubewertung bereits bekannter archäologischer Funde. Diese werden jedoch nicht mehr als »Quellen« bzw. »(Erkenntnis-)Objekte« konzipiert, sondern als »Subjekte«, denen eine eigene Handlungsmacht innewohnt. Diskutiert wird also die These einer *agency* nichtmenschlicher Wesen und unbelebter Dinge, die eng mit der Idee der Verflechtung dieser Einheiten untereinander sowie mit menschlichen Akteuren (»Assemblagen«) verbunden ist [Abb. 44]. Ich verzichte an dieser Stelle auf eine ausführliche Widergabe der einschlägigen Argumentation, da sie einer spezifischen philosophischen Tradition folgt, die für den von mir hier skizzierten Ansatz keinen unmittelbaren Mehrwert verspricht.[26] Dies zeigt sich nicht zuletzt daran, dass ihre Fallbeispiele – sofern sie prähistorisch-archäologische Quellen überhaupt noch tangieren – wenig zur Lösung konkreter Forschungsfragen beitragen, sondern eher die Form philosophischer Exempel annehmen.

---

25 »The material world, including the archaeological record, need not be broken up into temporal components […] Rather, it should be viewed as a co-present, polychromic ensemble, a mixing of multiple pasts […] there is no past to be (re)discovered. It has disappeared forever.« (ebd. 855) – zum Konzept *›archaeological record‹* s. a. Lucas 2012; Perrault 2019, 192.

26 S. aber Schreiber 2022 mit einer Chronik und zahlreichen weiterführenden Referenzen.

Abb. 44: Die ›Macht der Dinge‹ ist ein altes Thema in Wissenschaft (s. Korff 2000) und Kunst. In der Graffitikunst werden z.B. immer wieder Alltagsobjekte zum Leben erweckt: Straßenaufnahmen aus Zürich (1982, links) und Leipzig (2013). Ich habe hier dieses Beispiel ausgewählt, weil man entsprechende Spuren und Zeichen in unserer modernen Lebenswelt leicht zum Gegenstand einer zeitgeschichtlich ausgerichteten ›Urbanen Archäologie‹ machen könnte.

Diese neue Definition des Archäologischen schließt zumindest bei Nativ und Lucas (2020) das ältere »Archaeology as Antiquity«-Konzept zwar noch mit ein, beschneidet zugleich aber massiv dessen Geltungsanspruch. Stattdessen wird die Pluralität bzw. Diversität des archäologischen Projekts herausgestellt. Dies klingt im Kontext des betreffenden Beitrags allerdings weniger nach einer unumstößlichen epistemologischen Grundeinsicht, sondern eher nach einem fachpolitischen Bekenntnis, das das Ziel verfolgt, überhaupt einmal Akzeptanz für entsprechende Debatten, die bisher eher am akademischen Rand des Faches geführt werden, zu schaffen.[27]

Damit steht dieses Konzept im Widerspruch zu Ansätzen einer »posthumanistischen Archäologie«, deren Verfechter nicht nur der humanistischen Tradition archäologischer Forschung, sondern der modernen Wissenschaft insgesamt, in der sie den Ursprung allen Übels sehen, den Kampf angesagt haben und den »Verdammten dieser Erde« – unter Opferung des eigenen

27 Möglicherweise war dies auch der Preis dafür, einen solchen Beitrag überhaupt in der altehrwürdigen Publikumszeitschrift mit dem Titel »Antiquity« unterzubringen.

Seelenfriedens – Erlösung von der Tyrannei moderner Wissenschaft versprechen (Schreiber 2023, 183). Und dabei geht es nicht nur um Emanzipation, sondern zugleich um Wiedergutmachung vergangenen Unrechts auch heute nicht mehr lebenden Subjekten gegenüber.[28]

Diese Forderung steht allerdings in einem gewissen Widerspruch mit der gleichzeitigen Kritik an der vergangenheitsorientierten, humanistischen Archäologie als einem »redemptive project« (Nativ/Lucas 2020, 854). Denn der kritisierten vergangenheitsorientierten Archäologie geht es ja gerade nicht um ›Erlösung‹ und ›Wiedergutmachung‹, sondern primär um historische Neugier und Selbstvergewisserung. Ziel ist es, von der Vergangenheit zu lernen (»Wer sind wir, und woher kommen wir?«), nicht aber über sie zu richten, so wie es unter dem Eindruck aktueller philosophischer und politischer Debatten heute teilweise gefordert wird.

Trotz dieser Einwände lohnt sich ein etwas genauerer Blick auf aktuelle Ansätze einer sog. ›Kritischen‹ bzw. ›Posthumanistischen Archäologie‹ und ihr spezifisches Verhältnis zur archäologischen Theorie.[29] Denn er macht eine zentrale Konfliktlinie innerhalb der aktuellen Theoriedebatte sichtbar, die sicherlich die Debatten der kommenden Jahre ganz wesentlich mitbestimmen wird.

---

28 In den Worten des Verf.: »Für eine Kritische Archäologie kann dies auch bedeuten, nicht nur heutige Subjekte und Gesellschaften zu emanzipieren. Vielmehr müssen auch Wege gefunden werden, vergangene Subjekte und Gesellschaften mit Möglichkeiten zu versehen, alternative und befreiende Momente zu entfalten, ohne jedoch vollends in diesen aufzugehen. Damit ist aber immer ein beträchtlicher Mehraufwand verbunden, der mit Störungen des eigenen Seelenfriedens, der Infragestellung von mir selbst, mehr Kosten und einer Selbstrelativierung einhergeht. Zudem ist eine solche emanzipatorische Wissenschaft immer in Gefahr, ihre Kommunikationsfähigkeit zu verlieren oder aber die Basis der Reflexion zu verlassen.« (ebd.)

29 Einen guten Einstieg in die Posthumanismus-Debatte im Fach bietet auch die »Special Section: Debating Posthumanism in Archaeology« im Cambridge Archaeological Journal 31 (3) 2021, 455–549, in der sowohl Anhänger wie Kritiker zu Wort kommen. Bei der Lektüre der Texte wird auch deutlich, wie tief die Gräben auch zwischen verschiedenen Fraktionen der posthumanistischen Bewegung sind. Während eine Fraktion mit Nachdruck die ›Rechte der Dinge‹ zu verteidigen sucht (und dadurch den Menschen im Grunde aus seiner politischen Verantwortung entlässt), sieht eine andere Fraktion einen Wert in der Aufrechterhaltung der Zentralität menschlicher Wesen in archäologischen Untersuchungen und fordert einen neuen Humanismus ein: »Archaeology, from this perspective, is not the ›discipline of things‹, but rather the study of humans through things and in relation to things.« (Díaz de Liaño/Fernandez-Götz 2021, 547). Hier werden also zwei ganz unterschiedliche Formen von Archäologie erkennbar, die ihre eigentliche Bewährungsprobe aber erst noch bestehen müssen.

19 Zum Verhältnis von Theorie und Kritik in der Archäologie

»›Es gehört selbst zu meinem Glücke, kein Hausbesitzer zu sein‹, schrieb Nietzsche bereits in der Fröhlichen Wissenschaft. Dem müßte man heute hinzufügen: es gehört zur Moral, nicht bei sich selber zu Hause zu sein.« (Theodor W. Adorno 1951/1980, 41)

Der Archäologe Yannis Hamilakis (2012, 18) deutet diese Positionierung Adornos »als Aufruf zum Widerstand gegen die bequeme, selbstbezügliche und vom Eigennutz getriebene Einbettung in bestehende institutionelle und intellektuelle Handlungs- und Denkrahmen.« Die damit ausgedrückte Haltung, die für aktuelle postkoloniale Diskurse insgesamt typisch ist, erscheint ihm konstitutiv für das, was er und andere heute unter einer »Kritischen Archäologie« verstehen. Die Position des Archäologen (wie überhaupt des Wissenschaftlers) ist nach dieser Lesart die eines »Heimatlosen«, der nicht länger auf die Sicherheit der Bindung an eine Tradition bauen kann, sondern der die Welt als ein Entwurzelter betrachtet. Eine solche Haltung steht Hamilakis zufolge in deutlichem Kontrast zu unserer akademischen Welt, in der »eine spezifische, historische, sozial und politisch situierte Archäologie« praktiziert würde, »die durch ihre modernistische Ausrichtung direkt mit dem Kapitalismus und der westlich kolonialen und nationalen Idee verbunden« sei (ebd. 19). Von einer Idee universaler Gerechtigkeit ausgehend sieht Hamilakis die Zukunft des Faches in einem politischen Aktivismus, der die Wunden, die das letztlich in der Aufklärung wurzelnde, moderne Denken, gerissen habe, heilt (s. a. Hrsg.-Kollektiv 2023; Schreiber 2023).

Ganz besonders kritisiert Hamilakis in diesem Zusammenhang die alte Vorstellung, die »westliche Moderne« habe die Archäologie erst möglich gemacht habe. Sie stehe bis heute einer Anerkennung der sog. ›*Indigenous Archaeologies*‹ entgegen. Dabei hätten sich Menschen bereits seit der frühen Vorgeschichte mit den materiellen Spuren der Vergangenheit beschäftigt, diese modifiziert und überarbeitet und um sie herum Geschichten geschaffen.

> »Jedoch bezeichnen heutige Archäolog_innen solche älteren Handlungsweisen nicht als Archäologie, sondern als Wiederverwendung der Vergangenheit (oder materielle Mnemotechnik), aus Ignoranz entstehende Volkstraditionen, oder, in ihren elitären Versionen, antiquarische Unternehmungen. So kann die Bezeichnung ›Archäologie‹ für die rezenteste Version dieser Praxis und ihre professionellen Strukturen reserviert bleiben.«

Jüngere Ansätze auf verschiedenen Kontinenten, beispielsweise in Nordamerika und Ozeanien, hätten zu einer Problematisierung dieser »monolithischen und ausgrenzenden Definition« von Archäologie beigetragen. Daher sei es »an der Zeit [...], diesen früheren Praktiken den Status einer Archäologie zurückzugeben.« (Hamilakis 2012, 18f.)

Ich habe große Sympathie für die Vorstellung einer Heimatlosigkeit des Forschenden ebenso wie für die Idee, in der Archäologie so etwas wie eine generelle, weit verbreitete – und nicht auf Europa begrenzte – Kulturtechnik zu sehen, mit der sich Menschen und Gemeinschaften ihrer selbst vergewissern. Allerdings ist dies nur ein Teil der Geschichte. Hamilakis' Sichtweise blendet die Besonderheiten der späteren europäischen Entwicklung aus, etwa die tiefgreifenden sozialen, kulturellen und medialen Transformationen, die uns den ›Indigenen‹ entfremdet haben. Schließlich haben mit der Ausbildung der Archäologie als einer Fachwissenschaft staatlich organisierte Gesellschaften ihr von Schriftlichkeit und schriftlicher Überlieferung geprägtes Geschichtsbild im 19. Jh. mit der Etablierung archäologischer Methoden nicht nur erweitert, sondern – indem sie Zweifel an den (heiligen wie profanen) kanonischen Schriften unserer Kultur und den in ihnen festgehaltenen Geschichten zuließen – teilweise auch in Frage gestellt. Entsprechend haben die Ideen der Aufklärung auch über Europa hinaus fallweise durchaus befreiend gewirkt. Es scheint mir daher klüger von einer Janusköpfigkeit dieses Konzepts auszugehen, als es pauschal zu verwerfen.

Dennoch ist festzustellen, dass solche radikalphilosophisch geprägten Thesen die internationale Theoriedebatte heute immer stärker prägen und dabei von der Archäologie einen radikalen Bruch mit ihrer langen Fachtradition einfordern. Sie müsse ihrer traditionellen Bezugnahme auf »das Alte« entsagen und sich als (postmoderne) Wissenschaft von den materiellen Dingen neu erfinden (Nativ/Lucas 2020). Andererseits zeigt sich der *Mainstream* des Faches solchen Forderungen gegenüber bisher wenig beeindruckt und bewegt sich weiterhin in den eingefahrenen Bahnen einer humanistisch geprägten ›modernen‹ Wissenschaft als integralem Teil moderner demokratischer Gesellschaften. Insofern ist heute noch völlig unklar, wohin genau uns die Debatte letztlich führen wird. Dies wird v. a. davon abhängen, welches Verständnis von »Kritik« – und damit auch von »Theorie« – sich auf längere Sicht im Fach durchsetzen wird. Um diese beiden Konzepte soll es daher abschließend nochmals gehen.

19.1 Archäologie und Theorie

Vor gut einem Jahrzehnt setzten einige Fachvertreter aus der theoriegesättigten – ja vielleicht sogar theorieübersättigten – britischen Archäologie zum Abgesang auf die Ära der Theorie ein. Die Rede vom »Tod der archäologischen Theorie« (Bintliff/Pearce 2011) ging um. Erst kürzlich ist dieser These, auch mit Blick auf die mitteleuropäische Situation, energisch widersprochen worden. So ist zu hören, dass die archäologische Theorie noch am Leben sei – jünger, agiler und visionärer als gemeinhin vermutet werde (Renger et al. 2023, 1). Für jemanden, der selbst in diesem Bereich engagiert ist, klingt dies zunächst hoffnungsvoll. Allerdings muss man sich bei solchen Verlautbarungen bewusstmachen, dass Sachargumente in solchen Kontexten meistens nur eine nachgeordnete Rolle spielen. Primär handelt es sich um Bekenntnisse, die das Feld für die Zukunft bereiten sollen. Sie verraten daher mehr über Stimmungen als über die tatsächliche Situation.

Dies zeigt sich etwa an der mit dieser Vorstellung verknüpften Idee, mit der fortschreitenden Theoriedebatte im deutschsprachigen Raum sei »ein breiter Konsens eines festen Theorie-Kanons, der zudem noch streng disziplinär verortet wäre« verloren gegangen (ebd.). In der Tat erscheint es mir fraglich, ob es einen solchen Konsens überhaupt jemals gegeben hat. Wenn ja, dann allenfalls im Vorfeld der *New Archaeology*, also in einer Zeit, in der man es noch nicht nötig fand, überhaupt von »Theorie« zu sprechen – vermutlich weil seinerzeit noch ein weitgehender Konsens darüber bestand, worum es in der Archäologie geht.[1] Theorie ist von sich aus etwas, über das

1 So gab es fachintern eine weithin geteilte Vorstellung darüber, inwieweit und wie man mit archäologischen Methoden ›Kulturgeschichte‹ schreiben kann. Ulrich Fischer (1987) weigerte sich, hier von ›Theorie‹ zu sprechen, und verwendete stattdessen den Begriff ›Ratio‹.

immer gestritten wird – »Theoretiker« mit »Praktikern«, aber gerne auch »Theoretiker« unter einander.

Richtig ist aber die Behauptung, dass sich unser Verständnis von »Theorie« der letzten Dekade nochmals deutlich verändert hat (Renger et al. 2023, 2). Ein wesentlicher Grund dafür dürfte in der Veralltäglichung des neu gewonnenen Theoriebewusstseins liegen (s. ebd. sowie Veit 2020a). Vermutlich verhält es sich also mit der Theorie ähnlich wie mit der Liebe, die dann als am stärksten gilt, wenn sie jung ist, und wenn man um sie kämpfen muss.

Darüber hinaus ist es aber vor allem das sich wandelnde wissenschaftliche und gesellschaftliche Umfeld, das zu einer regelmäßigen Infragestellung des Fachkonsenses reizt. Dieser Prozess wird dadurch befördert, dass in einem kompetitiven Wissenschaftssystem gerade junge Forschende etwas tun müssen, um gesehen zu werden und auf diese Weise ihre Karrierechancen zu verbessern. Die Formulierung neuer ›theoretischer Perspektiven‹ ist in dieser Hinsicht eine gute und zugleich relativ einfache Möglichkeit. Und sie ist insbesondere in der britischen Archäologie seit den frühen 1970er Jahren intensiv genutzt worden. Entsprechend stellt sich diese Epoche retrospektiv betrachtet als eine wissenschaftsgeschichtlich einzigartige theoretisch-philosophische Achterbahnfahrt dar, die die Arbeit mehrerer Forschergenerationen nachhaltig geprägt hat (Eggert/Veit 1998, Veit 2020a).

Im deutschsprachigen Raum hat es entsprechende Entwicklungen erst viel später gegeben, weil hier noch lange ein paternalistisches System der Abhängigkeit des wissenschaftlichen Nachwuchses von seinen akademischen Lehrern über die Zukunft des Faches bestimmte (Härke 1994; 2006). Dass sich dies zwischenzeitlich geändert hat, wird heute überwiegend als positiv bewertet. Allerdings scheint man mitunter noch nicht ganz bereit, zugleich auch die Schattenseiten zu akzeptieren, die dieses neue (theorie-)marktorientierte System zwangsläufig auch mit sich bringt. Dazu gehört beispielsweise eine gewisse Neigung zur sozialen Überbietung, zum Avantgardismus – und im schlimmsten Fall auch zur Elitenbildung –, ohne die ein solches System nicht funktionieren würde.[2] Alternativen dazu

---

2 »Theoriearbeit sollte […] nicht abgehobener Master- und Metadiskurs und damit nicht radikal elitär, auf eine Avantgarde beschränkt sein, sondern vielmehr Mediator, um auf Unterschiede, Ähnlichkeiten und Gemeinsamkeiten zu fokussieren; nicht nur in und zwischen Hypothesen und Interpretationen, Methoden, Praktiken sowie Forschungsobjekten, sondern auch in und zwischen Wissenschaften und darüber hinaus.« (Kerstin Hofmann 2023, 30) M. E. besteht kein automatischer Zusammenhang zwischen Meta-

wären ein unverbindlicher Relativismus oder aber ein Rückfall in den alten Paternalismus (Veit 2017; 2018b).

Ich möchte diesen Punkt hier nicht weiter vertiefen, sondern mich darauf beschränken, zum Abschluss nur nochmals betonen, dass aus meiner Perspektive der Anspruch auf Wissenschaftlichkeit nicht ohne eine Fachtheorie – im Sinne einer Grundsatzreflexion archäologischer Methoden und Forschungsgegenstände einzulösen ist (s. dazu auch Ott 2023, Kap. 1). Die ›Theorie‹ ist allerdings diesen anderen Bereichen nicht über-, sondern lediglich zugeordnet. Als ihre Aufgabe sehe ich es daher nicht an, die Richtlinien von Forschung vorzugeben und ihre Umsetzung zu kontrollieren. Vielmehr bietet sie der Forschung einen Ort für eine kritische Selbstreflexion über das eigene wissenschaftliche Tun sowie seine gesellschaftlichen Ursachen, Verflechtungen und Wirkungen. Dies schließt sowohl Fragen der sozialen Einbindung des Faches wie auch nach dem Verhältnis von Wissenschaft und Gesellschaft (bzw. von Fachwissen und Alltagswissen) ausdrücklich mit ein.

Allerdings ging es mir – ungeachtet der unlösbaren Verflechtung von Wissen und Macht – an dieser Stelle primär um Fragen der Erkenntnis- und weniger um solche der unmittelbaren Gesellschaftskritik. Das zentrale Feld der Wissenschaft ist m. E. zunächst die Erkenntnis- und Methodenkritik. Sie beinhaltet Fragen zur Verfahrens- und Begründungslogik archäologischer Untersuchungen, wie sie in diesem Band erörtert worden sind. Man könnte diesbezüglich auch von *Verfahrenskritik* sprechen, die nach den (impliziten) Voraussetzungen von wissenschaftlichen Ergebnissen bzw. Quelleninterpretationen fragt und prüft, inwieweit die diesen Einsichten zugrundeliegenden Argumentationsweisen in sich schlüssig und widerspruchsfrei sind.

Diesem Bereich kann auch der traditionell in Deutschland gut entwickelte Bereich der archäologischen *Quellenkritik* zugeordnet werden, bei dem es um die Bestimmung des Quellenwertes archäologischer Be-/Funde geht. Er umfasst neben der Echtheitsprüfung der Quellen die Bestimmung ihres spezifischen Aussagepotentials.[3] Heute scheint er indes etwas an Bedeutung verloren haben. Stattdessen sind – wie oben bereits angedeutet – in jüngerer Zeit Fragen der *Ideologiekritik* in den Mittelpunkt theoretischer Debatten gerückt.

---

diskursen und Elitebildung. Ungleichheit entsteht aus ungleichen Bildungschancen bereits vor dem Studium und die habituellen Grundlagen zur Ausbildung von Eliten sind divers. Lange Zeit war »humanistische Bildung« die entscheidende Eintrittskarte.

3 Eggert 2001/2012 hat die einschlägigen Bemühungen im Fach ausführlich dargelegt und kommentiert.

19.2 Archäologie und Kritik

Der Begriff Ideologiekritik steht für eine Kritik fachwissenschaftlich etablierter Diskurse im Hinblick auf die Frage: Wer redet und wem dient er damit? Gefragt wird aber auch, ob Archäologen auf der Seite der ›Herrschenden‹ oder auf jener der ›Benachteiligten‹ und ›Unterdrückten‹ stehen sollten – oder ob sie sich besser auf eine ›neutrale‹ Beobachterposition zurückziehen sollten (Hrsg.-Kollektiv 2012).

Während unter theoretischen Archäologen der ersten Generation noch die zuletzt genannte Vorstellung dominierte und man als Voraussetzung für eine Verwissenschaftlichung des Faches v. a. auf eine zunehmende Distanzierung von Lebenswelt und Politik setzte, steht man heute der Idee einer ›Neutralität‹ der Wissenschaft skeptischer gegenüber. Speziell von Seiten einer sog. *»Kritischen Archäologie«* wird eine solche Haltung sogar entschieden als reaktionäre Ideologie zurückgewiesen. Manche ihrer Protagonisten sehen – wie weiter oben bereits angedeutet – in der »modernistischen« Archäologie nur noch einen Außenposten des kapitalistischen Unterdrückungssystems, dessen Repräsentanten sich entweder aktiv für dessen Fortexistenz einsetzen oder – indem sie sich hinter dem Neutralitätsgebot versteckten und bestehende Ungleichheiten »beschwiegen« – zumindest indirekt zu Erhaltung eines Unrechtssystems beitrügen. An dessen Stelle rufen sie zu einem grundsätzlichen Überdenken der Spielregeln und zugleich zum Widerstand gegen das System auf. Als Leitbilder dienen dabei gleichermaßen die »Kritische Theorie« sozialwissenschaftlicher Provenienz wie verschiedene jüngere postkoloniale Theorieangebote (z. B. Hrsg.-Kollektiv 2012; 2023).

Das Spektrum der Positionen ist allerdings sehr breit und eine Konsensfindung darüber, was eine »Kritische Archäologie« letztlich ausmacht, ist schwierig. Einig scheint man sich inzwischen immerhin dahingehend zu sein, dass »theoretische Kritik« (im Sinne von »Ideologiekritik«) in jedem Fall durch praktisches Handeln im Sinne des Abbaus von Ungleichheit zu ergänzen sei:

> »Praktische und theoretische Kritik sollten nicht als Alternativen, sondern als essentielle, komplementäre Aspekte einer kritischen Archäologie verstanden werden, wobei theoretische Kritik selbstverständlich mehr als ein Lippenbekenntnis sein soll.« (Hrsg.-Kollektiv 2012, 171)

Eingefordert wird daher ein »wissenschaftlicher Aktivismus«, der – Hand in Hand mit dem politischen Aktivismus – unterprivilegierte Gruppen dazu ermächtige, ihr Schicksal selbst in die Hand zu nehmen. Angedacht sind Projekte aus unterschiedlichen Fachbereichen (von der urgeschichtlichen bis zur zeitgeschichtlichen Archäologie), die gleichberechtigt Laien einbinden. Dabei ist man sich durchaus der Probleme bewusst, die sich aus der privilegierten eigenen Situation ergeben und argumentiert entsprechend selbstkritisch und zurückhaltend. Auf keinen Fall will man in den Verdacht geraten, eine bestimmte Ideologie zu vertreten, und so sucht man inhaltliche oder methodische Vorgaben an Laienarchäologen zu vermeiden und gibt vor, letztere lediglich dabei unterstützen zu wollen, ihre legitimen eigenen Interessen zu vertreten.

Unklar bleibt indes, wie entsprechende Projekte, denen eine konkrete Agenda fehlt, weil diese bereits als ein Akt der Fremdbestimmung der beteiligen Laien gedeutet werden könnte, aussehen können. An die Stelle des experimentellen Systems einer fortschreitenden Vergangenheitserkundung, als das man die Archäologie – ungeachtet ihrer parallelen, affirmativen Elemente – auch verstehen kann, tritt hier ein offenes soziales Experimentierfeld auf dem letztlich das geschieht, was Laien sich wünschen.[4] Dabei ist gleichgültig, ob dies noch etwas mit lange etablierten und durch Kritik gehärteten wissenschaftlichen Prinzipen zu tun hat. Das Schlimmste, was in diesem Fall passieren könnte, wäre wohl, wenn die beteiligten Laien am Ende auf die Idee kämen, sich am von Vertretern einer derartigen aktivistischen Wissenschaft verworfenen, traditionellen Wissenschaftsbegriff zu orientieren. Denn nichts verbietet sich in diesem philosophischen Zusammenhang mehr, als den Laienarchäologen falsches Bewusstsein zu unterstellen.

Wie man es dreht und wendet, die Fachwissenschaft braucht eine eigene Agenda.[5] Dies bedeutet auch, dass wir als Fachwissenschaftler im Angesicht des unauflösbaren Zusammenhangs von (Fach-)Wissen und Macht letztlich

---

4 Mitunter geht es aber vielleicht teilweise auch um Wünsche, die man archäologischen Laien aufgrund ihrer sozialen Situation lediglich unterstellt. Besonders Archäologen, die noch nicht endgültig im Berufsleben angekommen, tendieren stark zu einer Identifikation mit Laien. Die wird etwa daran deutlich, dass im Rahmen der Debatten zum Machtgefälle zwischen professionellen Archäologen und archäologischen Laien oft zugleich auf prekäre Arbeitsverhältnisse innerhalb der Archäologie verwiesen wird.

5 In dieser kann (und wird) auch die Frage der fairen und sinnvollen Einbindung von Laien in den archäologischen Prozess eine Rolle spielen, aber eben nicht die dominante.

nicht umhin kommen, in verantwortlicher Weise selbst Macht auszuüben. Wissenschaft hat – trotz unaufhebbarer habitueller Unterschiede zwischen Wissenschaft und Laienforschung[6] – die Fähigkeit und Aufgabe, Wissenschaftler wie Nichtwissenschaftler intellektuell herauszufordern und in neue Diskurse einzubinden. Dies ist nicht zwangsläufig eine »Fremdbestimmung«, sondern idealerweise eine spezielle Form der »Ermächtigung«. Fremdbestimmung wäre es nur dann, wenn die Wissenschaften unter Ausschluss der Gemeinschaft über die Annahme ihrer Ideen und Empfehlungen entscheiden würden. Das ist in demokratischen Systemen aber das Privileg der gesamten Bürgerschaft. Insofern ergänzen sich wissenschaftliche Meinungsfreiheit und demokratische Prinzipien hier aufs Beste. Probleme entstehen indes überall dort, wo eines der oder beide Prinzipien ausgehöhlt werden, also Wissenschaftsfreiheit eingeschränkt und/oder staatsbürgerliche Aufsichts- und Partizipationsrechte vorenthalten werden.

Wissenschaftler sollten froh darüber sein, wenn ihnen die Gemeinschaft individuell und als Statusgruppe die Freiheit einräumt, in ihrer Tätigkeit eingefahrene Wege des Denkens kritisch zu hinterfragen und empirische Beobachtungen und Zusammenhänge neu zu bewerten. Sie sollten aber akzeptierten, wenn diese Freiheit mit der Forderung verbunden wird, dass die gewonnenen Einsichten der Gesellschaft zur – politischen – Prüfung und Entscheidung zur Verfügung gestellt werden. In diesem Sinne teile ich die Einschätzung Matthias Jungs, dass die Sphären von theoretischer und praktischer Kritik besser getrennt bleiben sollten.[7]

---

6 Dies lässt sich schon daran ablesen, wie sich persönliche Einstellungen, die zur Aufnahme eines Studiums der Archäologie geführt haben, im anschließenden Lern- und Bildungsprozess regelhaft verändern. Denn im modernen Wissenschaftssystem beinhaltet die akademische Ausbildung zugleich »eine Sublimierung der ursprünglichen Antriebe und deren Unterordnung unter eine strenge Sachhaltigkeit, das heißt auch eine Unterordnung unter die Logik des besseren Arguments« (Jung 2015, 44). Solcherart »Versachlichung« meint indes »nicht die Tilgung der Leidenschaft, mit der die Forschung betrieben wird, aber doch ihre Relativierung zu einem bloßen Moment, die Fähigkeit zur Abstraktion von den affektuellen Qualitäten, die sich mit einem Forschungsgegenstand verbinden. Professionalisierte Forscherinnen und Forscher müssen den Fallibilismus ebenso verinnerlicht haben wie die Orientierung an der regulativen Idee der Wahrheit.« (ebd. 45) Ein solcher, in einer langen akademischen Ausbildung unter Anleitung durch erfahrene Forscher erworbener Habitus, lässt sich – Jung zufolge – im Selbststudium, wie es die archäologische Laienbewegung kennzeichnet, kaum ausbilden. Entsprechend ist der Zugang zum Gegenstand hier zwangsläufig ein fundamental anderer.

7 »Nichts könnte einer ›kritischen Archäologie‹ förderlicher sein als die strikte Trennung der Sphären von theoretischer und praktischer Kritik.« (Jung 2012c, 42).

Die damit verbundene Beschränkung relativiert sich ohnehin insoweit, als Wissenschaftler zugleich ja immer auch Bürger und insofern unmittelbar an Entscheidungen der Gemeinschaft beteiligt sind. Als »Intellektuelle« haben sie in der Vergangenheit vielfach sogar die öffentlichen Debatten und damit auch die Entscheidungen besonderes stark beeinflusst oder sich selbst ganz praktisch am Umbau der Gesellschaft beteiligt.[8]

Mit Blick auf die Archäologie kommt aber noch ein weiterer Punkt hinzu: Das Feld des Archäologischen ist in der Vergangenheit, von wenigen Ausnahmen (z. B. das Neuheidentum) abgesehen, nicht dadurch aufgefallen, dass Laien dort einen Aufstand gegen das Fachestablishment angezettelt hätten. Vielmehr werden dem erfolgreichen Ausgräber ebenso wie dem verantwortungsvollen Bodendenkmalpfleger bis heute von der Öffentlichkeit eher Anerkennung und Bewunderung entgegengebracht. Und auch diejenigen, die inhaltlich eine andere Meinung vertreten als die professionellen Fachvertreter, indem sie z. B. extraterrestrische Akteure in ihre Narrative einbinden, sind nicht automatisch der Verfolgung ausgesetzt, solange sie mit ihren Aussagen und Handlungen nicht gegen Gesetze verstoßen (Beschädigung von Denkmälern, Verwendung verfassungsfeindlicher Symbole u. ä.).

Für jene, denen es um die Festigung – oder auch um die Kritik – staatlicher Macht geht, ist die Archäologie allenfalls ein Nebenschauplatz. Gesellschaftliche Veränderungen sind nach aller historischen Erfahrung bisher nicht von ihr ausgegangen. Die entscheidenden Gefechte wurden und werden gewöhnlich in anderen Bereichen (z. B. Politik, Wirtschaft, auf militärischem Sektor) ausgetragen. Insofern scheint die Befassung mit gegenwartfernen Themen weder ein geeigneter Ausgangpunkt zur Zementierung einer bestimmten Herrschaft noch zu deren Sturz. Für viele Vertreter meiner Generation beispielsweise mag die Entscheidung für ein Archäologiestudium allenfalls ein stiller Akt des Widerstands gegen die zunehmende Vereinnahmung unserer Kultur durch das kapitalistische System gewesen sein – entsprechend der alten Sponti-Parole »Jeder Zwecklos ist Widerstand!« (s. Veit 2018a, 508).

Vor diesem Hintergrund könnte man auch auf die Idee kommen, dass all jene, die in der Archäologie den Kern eines subtilen Unterdrückungssystems

---

8 Zum Unterschied zwischen Wissenschaftler und Intellektuellem s. Jung 2012, 41–43. – Allerdings muss man sich in Zeiten, in denen man auf »Inklusion« und »Selbstermächtigung« setzt, fragen, ob der Begriff des Intellektuellen überhaupt noch in unsere heutige Zeit passt.

sehen, diese einmal mehr gesellschaftlich bedeutsamer erscheinen lassen möchten, als sie tatsächlich ist. Damit aber würden sie sich indirekt auf die Seite derer stellen, die sie eigentlich kritisieren. Denn richtig ist zweifellos auch, dass Archäologen ganz unterschiedlicher Spezialisierung in der Vergangenheit die augenfällige Randposition ihres Faches nicht davon abgehalten hat, sich immer wieder bestimmten Mächten oder Gegenmächten als ideologische Hilfstruppe anzudienen (Veit 2011c; 2013a). Auf lange Sicht dürfte solcherart Selbstindienststellung dem Fach eher schaden als nutzen. Daher plädiere ich für eine kritische Distanz, nicht nur gegenüber Positionen, die wir ohnehin ablehnen, sondern insbesondere auch gegenüber dem, was uns auf den ersten Blick als richtig und unumstößlich erscheint. In diesem Sinne stehe ich der Idee der Heimatlosigkeit als einer konstitutiven Bedingung für Forschung (nicht nur) in der Archäologie, von der einleitend die Rede war, durchaus nahe, auch wenn die Konsequenzen, die ich daraus ableite, andere sind als jene die Hamilakis (2012) für sich gezogen hat.[9]

19.3 Fazit und Ausblick

Um zu verstehen, was Prähistorische Archäologie heute ausmacht, ist es gewiss nützlich, die wechselhafte, mehr als zweihundertjährige Geschichte dieses Faches zu kennen. Andererseits bestimmt darüber, was wir als zentral für unser entsprechendes Projekt erachten – glücklicherweise – nicht allein der Blick auf die Vergangenheit des Faches. Vielmehr entscheidet jede Generation von Forschenden situativ, aufgrund bestimmter taktischer Überlegungen oder auch nur aufgrund von Stimmungen, welche Elemente, die das Fach in der Vergangenheit konstituiert und geprägt haben, sie fortschreiben und auch auf welche sie verzichten möchte, weil sie sie für überholt erachtet. Allerdings wäre es naiv daraus abzuleiten, wir könnten uns von der Geschichte unseres Faches freimachen und würden unsere Richtungsentscheidungen unbeeinflusst vom Ballast der Vergangenheit treffen. Vielmehr tragen wir – ohne uns dessen immer bewusst zu sein –

9 Vermutlich stehen sie der Haltung Adornos näher. Dieser unterschied klar zwischen »kritischem Theoretiker« einerseits und »Straßenkämpfer« andererseits – und musste sich dafür als Verräter des Sozialismus beschimpfen lassen (Jeffries 2019, 11). In Auseinandersetzung mit seinem Mitstreiter Herbert Marcuse, der dem (auch gewaltsamen) Aktionismus offener gegenüberstand, betonte Adorno: »Das Gebot der Stunde sei nicht kopfloser Aktionismus, sondern die mühevolle Anstrengung des Denkens« (ebd. 13).

die Fachgeschichte seit unserer Ausbildung immer mit uns herum, und auf diese Weise bestimmt sie indirekt darüber mit, wohin der Weg des Faches führt.

Ein solches Bild wird all jenen, die in der Fachentwicklung einen kumulativen Prozess der Annäherung an ein bestimmtes Ziel sehen möchten, missfallen. Die vorstehenden Ausführungen sollten aber gezeigt haben, dass der Prähistorischen Archäologie ein übergeordnetes Telos abgeht – und dass deshalb alle Versuche, ihr ein überzeitliches Wesen zuzuschreiben, riskant sind. Dies gilt beispielsweise für die These, Archäologie sei im Grunde genommen nichts Anderes als Geschichte, ebenso wie für den Versuch, sie als einen dezidierten Gegenentwurf zur Geschichtsschreibung verstehen zu wollen. Wie schnell sich die Befindlichkeiten ändern können, zeigt etwa die Tatsache, dass man vor weniger als zwanzig Jahren politisches Engagement des Faches noch regelmäßig als einen Irrweg brandmarkte, der geradewegs in den Abgrund führt,[10] während heute vereinzelt bereits eine »Pflicht zum Politischen« (Meier 2019) ausgerufen wird. Insofern beanspruchen die von mir im Verlauf dieser Erörterungen getroffenen Festlegungen, wie der Vorschlag seiner Orientierung auf das Konzept der Historischen Kulturwissenschaft hin, keinen Anspruch auf Allgemeingültigkeit, sondern zeigen nur eine mögliche Perspektive, wie man das Fach zukunftsfähig in Wissenschaft und Gesellschaft verankern könnte. Letztlich sind aber auch ganz andere Konzeptionalisierungen denkbar.[11]

Dennoch gehe ich davon aus, dass die spezielleren Ausführungen zu den einzelnen Themenkomplexen auch für jene Leser und Leserinnen etwas zur Klärung ihrer Position beitragen können, die mir – was die weiterreichenden

10 So Alexander Gramsch (2006, 13), wenn er feststellt: »Ein großer Teil der Energie der Prähistoriker [der NS-Zeit] wurde von eher politischen als methodischen oder fachtheoretischen Auseinandersetzung absorbiert« – und dies durchaus auch als Lehre an die Nachgeborenen versteht.

11 Weit entfernt von dem, was ich hier präsentiert habe, liegt etwa der – Ideen der *New Archaeology* aufgreifende – durchaus interessante Versuch Charles Perreaults (2019), die Archäologie zu einer harten Wissenschaft umzuformen. Dabei grenzt Perreault sich nicht nur von kulturhistorischen, sondern zugleich von prozessualen Ansätzen ab, deren Fokus auch nur auf der Analyse von Prozessen auf der Mikroebene liege. Dies führe aufgrund der speziellen Eigenschaften des *archaeological record* aber nicht zu wissenschaftlich belastbaren Einsichten. Dagegen sei es nötig, Prozesse der Makroebene zu studieren, welche sich weder durch ethnographische Analogien noch durch sozialwissenschaftliche Modelle erklären ließen, sondern der Wissenschaft eine ganz neue Erkenntnisdimension und der Archäologie einen Platz unter den harten Wissenschaften (*Sciences*) eröffneten.

epistemologischen Schlussfolgerungen dieses Buches betrifft – nicht oder nur teilweise folgen möchten. Denn ein wichtiges Ziel meiner Arbeit war es auch, ein Tableau der von der Forschung seit der Fachgründung erarbeiteten interpretativen Begriffe und Konzepte der Prähistorischen Archäologie zu präsentieren und dabei auf Bedeutungsverschiebungen, Umwertungen und Widersprüche aufmerksam zu machen, die den akademischen Diskurs unnötig erschweren.

Letztlich ist die Zahl möglicher Argumentationsweisen begrenzt, und nicht alles, was sich als neu ausgibt, ist es tatsächlich auch. Zudem ist bekannt, dass all diejenigen, die neue Paradigmen ausrufen, um die eigene Leistung größer erscheinen zu lassen, dazu tendieren, deren Herkunft zu verschleiern. Viele Zusammenhänge zwischen Forschungsgegenwart und -vergangenheit werden daher erst retrospektiv, im Kontext wissenschaftsgeschichtlicher Analysen erkennbar – und offenbaren dann nicht selten historische Missverständnisse.

Diese Einsichten helfen uns in der aktuellen Situation, in der – auch mit Blick auf gesellschaftliche und ökologische Herausforderungen – alte Gewissheiten der Archäologie radikal in Frage gestellt werden, dennoch nur bedingt weiter. Vielmehr stehen wir heute auch vor der Frage, wie wir auf die teilweise radikalen Forderungen der Gegenwart zur Zukunft des Faches reagieren sollen, lassen diese doch die primär methodisch orientierten Facheinführungen der Vergangenheit, die das Fach noch als ein systematisches Ganzes darzustellen suchten[12], wie hilflose Versuche zur Rettung einer heilen Wissenschaftswelt der Vergangenheit erscheinen. Dies entbindet uns indes nicht von der Aufgabe, auch uns als überholt oder utopisch erscheinende Ansätze mit- und, soweit dies möglich ist, auch zusammenzudenken. Einige Schlussfolgerungen, die sich aus meinen Erkundungen in Geschichte und Gegenwart des Nachdenkens über und des Agierens auf dem Feld der Archäologie ergeben haben, möchte ich abschließend in thesenhaft verdichteter Form nochmals kurz zusammenfassen.

Prähistorische Archäologie ist für mich zunächst einmal eine *empirische Wissenschaft*, die zur Beantwortung ihrer Forschungsfragen konsequent auf die Erhebung und Untersuchung authentischer Materialien (Funde und

---

12 Etwa Eggert 2001/2012; s. dazu auch Reinhard Bernbecks methodenorientierte Einführung unter dem Titel »Theorien in der Archäologie« (1997), der die Politisierung der (angloamerikanischen) Debatte in eine Art Anhang (»Neuere Theoretische Entwicklungen«) packt.

Befunde) aus den betreffenden historischen Kontexten setzt. Obwohl sie dabei unbedingt auch »theoretisch« interessiert und informiert sein sollte, versteht sie ihre Aufgabe nicht als ein reines Gedankenspiel. Anders als der Philosophie geht es ihr im Kern nicht um das Exempel, das allgemeine Zusammenhänge verdeutlicht, sondern um ganz konkrete in Raum und Zeit fixierte Quellen und ihre Deutung.[13]

Das prähistorische Zeiten betreffende Wissen entsteht aus der systematischen Konfrontation bestimmter ›historischer‹ Erwartungen (angesichts vorausgesetzter technischer, ökologischer, wirtschaftlicher, sozialer und v. a. medialer Rahmenbedingungen der betreffenden Gemeinschaften) in Form von – im Idealfall explizit gemachten – Modellen mit quellenkritisch aufbereiteten zeitgenössischen, also authentischen Quellen bzw. Materialien. Modellvorstellungen über Zustand und Dynamik bestimmter prähistorischer Gemeinschaften werden also – mehr oder minder systematisch – gegen das archäologische Material ›getestet‹.[14] Dies ist allerdings ein fundamental zweiseitiger Prozess. In der Modellbildung eingangs formulierte Voraussetzungen können sich in der Konfrontation mit neuen Quellen als unangemessen erweisen und so eine neue Modellierung – oder, wie man heute oft etwas unverbindlicher sagt, ›ein neues Narrativ‹ – notwendig machen.

Grundlage dieser Arbeit bildet die systematische Analyse archäologischer Materialien mit spezifischen, größtenteils im Fach selbst entwickelten Methoden (Prospektion, Grabung, Dokumentation, Auswertung). Wissenschaftshistorisch gesehen sind allerdings die wenigsten dieser Methoden als genuine Produkte des Faches zu betrachten. Vielmehr handelt es sich in der Regel um Adaptionen von Methoden, die in anderen Fächern und Fachbereichen (Naturwissenschaft, Geowissenschaft, Sozialwissenschaft, Kunstwissenschaft) entwickelt worden sind.

---

13 Anders sieht das Ribeiro 2018; s. dazu auch Veit 2019.

14 Ich verstehe den Begriff ›testen‹ dabei in einem sehr weiten Sinne. In der fachwissenschaftlichen Praxis wird darunter sehr Unterschiedliches verstanden und man kann mit Recht darüber lamentieren, dass die erkenntnistheoretischen Prinzipien der Experimentalwissenschaften dabei (zwangsweise) regelmäßig missachtet werden (Perreault 2019, bes. 3-5). Gegenpol dazu wäre das bloße Erzählen von Geschichten (Meier 2012, 14f.), was mir allerdings als Aufgabenstellung des Faches (Archäologie als die »zeitgenössische Kunst, Geschichten materieller Erinnerung zu erzählen«, ebd. 15) nicht ausreichend erscheint. Mit Reinhart Koselleck (1989, 206) würde ich den Quellen ein ›Vetorecht‹ einräumen wollen, wie immer man das dann auch in der Praxis ausgestalten möchte.

Dieser Sachverhalt relativiert m. E. die moderne Vorstellung von der Archäologie als einer eigenständigen Disziplin neben Geschichts- und Sozialwissenschaft, die sich aus einer großen Zahl unterschiedlicher, aber epistemologisch eng miteinander verbundener Einzelfächer – darunter die Prähistorische Archäologie – zusammensetzt (s. Eggert 2006). Der heuristische Wert dieses vergleichsweise jungen, teils populärwissenschaftlichen (Marek 1949; Oels 2005; Fagan 2014), teils wissenschaftssystematischen Konstrukts (Eggert 2006; Beyer 2020) scheint mir eher begrenzt. Im Kern wird damit lediglich eine Reihe von Fächern verbunden, die auf eine lange eigene Geschichte zurückblicken und deren einzige Gemeinsamkeit darin besteht, dass sie in der Verfolgung ihrer fachwissenschaftlichen Ziele auf archäologische Quellen – in ganz unterschiedlichem Umfang – angewiesen sind.[15]

Die Einführung eines solchen Klammerbegriffs führt andererseits dazu, dass der alte Graben zwischen Archäologie und Geschichtswissenschaft eher noch vertieft als – wie es ein weiter Geschichtsbegriff nahelegt – eingeebnet wird (Veit 2011b). Dabei bestehen auf einer epistemologischen Ebene große Gemeinsamkeiten zwischen den archäologischen Fächern und den Geschichtswissenschaften: In beiden Bereichen untersucht man von modernen Erfahrungen ausgehend und gestützt auf authentische Quellen vergangene ›Gesellschaften‹ bzw. ›Kulturen‹ (in ihren vielfältigen kulturellen Manifestationen).[16] Dass es sich dabei jeweils um unterschiedliche Ausschnitte der Vergangenheit mit einer teilweise sehr unterschiedlichen Quellensituation handelt, erscheint mir demgegenüber sekundär. Das Ergebnis ist in jedem Fall dasselbe: nämlich ganz einfach Geschichte.[17] Daran ändern auch aktuelle Bemühungen nichts, die darauf abzielen, »das Archäologische« als spezifischen Gegenstand bestimmter »alternativer Archäologien« zu konstruieren (Nativ 2017; 2018).

Vor diesem Hintergrund habe ich Prähistorische Archäologie hier als eine *Historische Kulturwissenschaft* (bzw. offener formuliert als eine *Historische Hypothesenwissenschaft,* s. Kap. 17) bestimmt, die den Blick auf einen bestimmten Ausschnitt einer breit bestimmten Geschichte richtet. Sie tut dies aber nicht in einem eindimensionalen Sinne einer Wiederge-

15 Distanziert äußert sich auch Hölscher 2001, bes. 181f.

16 S. auch Ott (2023, 14; 19ff.), dessen »transzendental-pragmatischer Ansatz« zu einer »Praktischen Philosophie der Prähistorischen Archäologie« sich explizit auf die Historik bezieht.

17 S. etwa Veit 2011b, 305 mit Bezug auf Veyne 1990.

winnung von verlorener Vergangenheit. Denn Geschichte ist nicht nur Rekonstruktion, sondern immer zugleich auch Konstruktion. Geschichte ist nichts Festes und Abgeschlossenes, sondern entsteht aus der Kombination historischer Quellen mit modernen Fragen. Es geht also letztlich nicht um ein zeitlos gültiges Vergangenheitswissen, sondern um einen situativen Beitrag zur historischen Identitätsbildung – und zwar nicht in einem affirmativ-politischen, sondern in einem kritisch-reflektierenden Sinn. Dies setzt beim Fachwissenschaftler ein gewisses Maß an kritischer Distanz auch zur eigenen Gesellschaft voraus. Er ist und bleibt – mit oder ohne ›Migrationshintergrund‹ – bis zu einem gewissen Grad ein ›Fremder‹.

In diesem Sinne erweist sich die Prähistorische Archäologie gleichermaßen als eine praktische wie eine kritische Wissenschaft. Eine *praktische Wissenschaft* ist sie insofern, als sie im öffentlichen Auftrag Kulturgüterschutz betreibt und dabei zugleich eine spezifische Form historischen Wissen erarbeitet, das sie der Gesellschaft zur weiteren Nutzung zur Verfügung stellt, aber auch selbst aktiv nach Außen vermittelt. Indem sie archäologische Quellen sichert, bewahrt und zugänglich hält, aber auch indem sie dazu Deutungsangebote macht, leistet sie einen Beitrag zum historischen Gedächtnis der Moderne.

Einen eigenständigen und unmittelbaren Beitrag des Faches bei der Lösung konkreter Menschheitsfragen, wie man ihn von »angewandten Wissenschaften« erwartet, sehe ich persönlich hingegen nicht. Dass entsprechende Bekundungen sich in jüngerer Zeit vervielfältigt haben, scheint mir eher eine Reaktion auf den wachsenden gesellschaftlichen Rechtfertigungsdruck. Dies macht ein solches Postulat letztlich aber nicht glaubwürdiger (Veit 2018c; 2022a). Ohnehin sollten sich Archäologen m. E. nicht allzu viele Gedanken über die relative Wertigkeit ihres Faches im Vergleich zu anderen akademischen Disziplinen machen. Weder das andauernde Lamento über begrenzte Aussagemöglichkeiten archäologischer Quellen, noch regelmäßige Aufrufe dazu, die Archäologie in eine harte Wissenschaft[18] (oder alternativ in eine Agentur der Weltverbesserung) zu transformieren, dürften an seiner konkreten Situation etwas ändern. Wichtiger scheint mir, dass wir uns konsequent den praktischen Herausforderungen der Produktion archäologischen Wissens stellen. Und das ist nicht allein ein

18 »Archaeologists can make contributions that are truly valid, novel, and useful, and they can take seat at the high table of social sciences.« (Perreault 219, 193)

wissenschaftlicher, sondern zugleich auch ein gesellschaftlicher Prozess – war uns nochmals zur Frage nach der Kritikfähigkeit des Faches zurückführt.

Eine *kritische Wissenschaft* ist die Prähistorische Archäologie insofern als sie für gesellschaftliche Probleme und Befindlichkeiten der Gegenwart offen ist und sich nicht im sprichwörtlichen »Elfenbeinturm« verschanzt. Allerdings ist dabei nicht plakative Gesellschaftskritik oder politischer Aktivismus gemeint. Die Bedeutung des Faches (wie die von Wissenschaft allgemein) liegt m. E. eher darin, dass es einen Reflexionsraum bietet, der von der Ebene der gesellschaftlichen und politischen Diskurse abgehoben ist und es insofern erlaubt, auch politisch Undenkbares zu durchdenken und der das Fach tragenden Gesellschaft auf diese Weise mögliche Alternativen aufzuzeigen. Dies hindert Archäologen und andere Wissenschaftler umgekehrt jedoch nicht daran, sich politisch zu engagieren. Sie tun dies dann jedoch als Bürger bzw. Intellektuelle.[19]

Last but not least verstehe ich Prähistorische Archäologie auch als eine *selbstreflexive Wissenschaft,* die im Sinne einer »Metaarchäologie« (s. Veit 2011a; 2020a) Willens und in der Lage ist, über sich selbst und ihren Platz in Wissenschaft und Gesellschaft nachzudenken und sich auf diese Weise selbst zu hinterfragen bzw. immer wieder neu zu erfinden.

---

19 Thomas Meier (2012, 26) hat in diesem Zusammenhang auf Max Webers berühmten Aufruf zur Werturteils- und Zweckfreiheit der Wissenschaft verwiesen, welche zusammen eine Grundlage für ethisch begründetes Handeln schafften. Die Entscheidung zum Handeln müsse jeder für sich treffen: »Ich denke, Kathederpropheten und Hörsaalprediger brauchen wir heute genauso wenig wie 1919, und mehr noch als damals müssen Professoren Lehrer und nicht Führer sein.« Wenn er indes zugleich fordert, die soziale Absicherung durch den Staat, die der Wissenschaftler genieße, und die ihm gewährte Freiheit der Forschung sei der Gesellschaft vom Wissenschaftler in der Weise zu vergelten, dass er politisch Stellung beziehe und unbequem sei (ebd. 28), so erinnert dies eher an die Rhetorik des jüngeren archäologischen Aktivismus (s. a. Meier 2019).

Literatur

Åberg, Nils 1929: »Typologie (Typologische Methode)«. In: Max Ebert (Hrsg.), Reallexikon der Vorgeschichte 13. Berlin: de Gruyter 1929, 508–516.

Adams, Barbara 1990: Time and Social Theory. Cambridge: Polity Press 1990.

Adams, William Y. 1988: Archeological classification: Theory versus practice. Antiquity 62 (No. 234) 1988, 40–56.

Adams, William Y./Adams, Ernest W. 1991: Archaeological typology and practical reality. A dialectical approach to artifact classification and sorting. Cambridge: Cambridge University Press 1991.

Adorno, Theodor W. 1951/1980: Minima Moralia. Reflexionen aus dem beschädigten Leben. Berlin: Suhrkamp 1951 [Neuausgabe in: Gesammelte Schriften 4. Frankfurt a. M.: Suhrkamp 1980].

Ahbe, Thomas 2001: Narrativität. Zu narrativen Konstruktionen von Zeit und Raum. Kulturwissenschaftliche Regionenforschung. Jahrbuch Sonderforschungsbereich 417, 2001, 38–46.

Almgren, Bertil 1966: Das Entwicklungsprinzip in der Archäologie – eine Kritik. »Die Typologie oder die Entwicklungslehre in Anwendung auf die menschliche Arbeit« und die Aufstellung im Historischen Museum von Stockholm. Tor 11, 1965–1966 (1966) 15–38.

Alt, Kurt W. 2010: Grenzüberschreitungen – Wissenschaft im Dialog um die Vergangenheit. In: Harald Meller/Kurt W. Alt (Hrsg.), Anthropologie, Isotopie und DNA – Biographische Annäherung an namenlose vorgeschichtliche Skelette? 2. Mitteldeutscher Archäologentag vom 08. bis 10. Oktober 2009 in Halle (Saale). Tagungen Landesmus. Vorgesch. Halle 3. Halle/Saale 2010, 9–16.

Altekamp, Stefan 2004: Das archäologische Gedächtnis. In: Ebeling/Altekamp 2004, 211–232.

Altekamp, Stefan/Hofter, Mathias René/Krumme, Michael (Hrsg.) 2001: Posthumanistische Klassische Archäologie. Historizität und Wissenschaftlichkeit von Interessen und Methoden. Kolloquium Berlin 19.2.–21.2.1999. München: Hirmer 2001.

Ammerman, Albert J./Cavalli-Sforza, Luca L. 1973: A population model for the diffusion of early farming in Europe. In: Renfrew 1973b, 343–357.

Ammerman, Albert J./Cavalli-Sforza, Luca L. 1984: The Neolithic Transition and the Genetics of Populations in Europe. Princeton/New Jersey: Princeton University Press 1984.

Andraschko, Frank M. 1995: Studien zur funktionalen Deutung archäologischer Siedlungsbefunde in Rekonstruktion und Experiment. Hamburger Beitr. Archäol. Werkstattreihe 1. Duderstadt: Mecke 1995.

Andrén, Anders 1997: Between Artifacts and Texts. Historical Archaeology in Global Perspective. New York: Plenum 1997.

Anicker, Fabian 2022: Wohin wenden nach den Turns? Eine wissenschaftssoziologische und forschungslogische Betrachtung am Beispiel des »Turn to Practice«. Zeitschr. f. Soziologie 2022, 51, 1–14 [https://doi.org/10.1515/zfsoz-2022-0020].

Arndt, Betty/Halle, Uta/Ickerodt, Ulf/Jungklaus, Bettina/Mehler, Natascha/Müller, Ulrich/Nawroth, Manfred/Peine, Hans-Werner/Theune, Claudia/Wemhoff, Matthias 2017: Leitlinien zu einer Archäologie der Moderne. Blickpunkt Archäologie 2017 (4) 236–245.

Arponen, Vesa Petri Juhani/Dörfler, Walter/Feeser, Ingo/Grimm, Sonja/Groß, Daniel/Hinz, Martin/Knitter, Daniel/Müller-Scheeßel, Nils/Ott, Konrad/Ribeiro, Artur 2019: Environmental determinism and archaeology. Understanding and evaluating determinism in research design. Archaeological Dialogues 26, 2019, 1–9 [https://doi.org/10.1017/S1380203819000059].

Ash, Mitchell G. 2001: Wissenschaft und Politik als Ressourcen für einander. Programmatische Überlegungen am Beispiel Deutschlands. In: Jürgen Büschenfeld/Heike Franz/Frank-Michael Kuhlemann (Hrsg.), Wissenschaftsgeschichte heute. Festschrift für Peter Lundgreen. Bielefeld: Verlag für Regionalgeschichte 2001, 32–51.

Assmann, Aleida 1996: Texte, Spuren, Abfall. Die wechselnden Medien des kulturellen Gedächtnisses. In: Hartmut Böhme/Klaus R. Scherpe (Hrsg.), Literatur und Kulturwissenschaften. Positionen. Theorien. Modelle. Rowohlts Enzyklopädie 575. Reinbek: Rowohlt 1996, 96–111.

Assmann, Aleida 2001: Herder zwischen Nationalkulturen und Menschheitsgedächtnis. Saeculum 52 (1) 2001, 41–54.

Assmann, Aleida 2007: Geschichte im Gedächtnis. Von der individuellen Erfahrung zur öffentlichen Inszenierung. Krupp-Vorlesungen 6. München: Beck 2007.

Assmann, Jan 1988: Im Schatten junger Medienblüte. Ägypten und die Materialität des Zeichens. In: Hans Ulrich Gumbrecht/K. Ludwig Pfeiffer (Hrsg.), Materialität der Kommunikation. Suhrkamp-Taschenb. Wiss. 750. Frankfurt a. M.: Suhrkamp 1988, 141–160.

Assmann, Jan 1992: Das kulturelle Gedächtnis. Schrift, Erinnerung und politische Identität in frühen Hochkulturen. München: Beck 1992.

Augstein, Melanie 2018: Botschaften durch Objekte – Botschaften durch Bilder: Wann und für wen waren Grabbeigaben sichtbar? In: Wilfried E. Keil/Sarah

Kiyanrad/Christoffer Theis/Laura Willer (Hrsg.), Zeichentragende Artefakte im sakralen Raum. Zwischen Präsenz und UnSichtbarkeit. Materiale Textkulturen 20. Berlin: de Gruyter 2018, 71–92.

Bachmaier, Helmut/Fischer, Ernst Peter (Hrsg.) 1991: Glanz und Elend der zwei Kulturen. Über die Verträglichkeit der Natur- und Geisteswissenschaften. Konstanzer Bibliothek 16. Konstanz: Universitäts-Verlag 1991.

Bachmann-Medick 2006: Cultural Turns. Neuorientierungen in den Kulturwissenschaften. Reinbek: Rowohlt 2006.

Bahn, Paul 1989: Bluff Your Way in Archaeology. Horsham/West Sussex: Ravette 1989.

Bal, Mieke 2002: Vielsagende Objekte. Das Sammeln aus narrativer Perspektive. In: Mieke Bal, Kulturanalyse. Frankfurt a. M.: Suhrkamp 2002, 117–145.

Banghard, Karl 2015: Die DGUF-Gründung 1969 als Reaktion auf den extrem rechten Kulturkampf. Archäologische Informationen 38, 2015, 433–452 [https://doi.org/10.11588/ai.2015.1.26207].

Banghard, Karl 2016: Wie sexuelle und politische Vorzeitprojektionen voneinander abhängen. Archäologische Informationen 39, 2016, 205–214 [https://doi.org/10.11588/ai.2016.1.33552].

Karl Banghard/Jan Raabe 2016: Germanen als geschichtspolitisches Kontrukt der extremen Rechten. In: Hans-Werner Killguss/Martin Langebach (Hrsg.), Opa war in Ordnung. Erinnerungspolitik der extremen Rechten. Köln 2016, 130–134.

Bantelmann, Nils 1978: Zur Abgrenzung und Interpretation archäologischer Fundgruppen der älteren römischen Kaiserzeit im freien Germanien. Bonner Jahrbücher 178, 1978, 335–346 [https://doi.org/10.11588/bjb.1978.0.78568].

Barad, Karen 2012: Agentieller Realismus. Über die Bedeutung materiell-diskursiver Praktiken. Edition Unseld 45. Berlin: Suhrkamp 2012 [Orig.: Agential Realism. On the Importance of Material-Discursive Practices. Science Studies Reader. In: Karen Barad, Meeting the Universe Halfway. Quantum Physics and the Entanglement of Matter and Meaning. Durham: Duke University Press 2007, 132–185; Erstveröff. in: Signs 28 (3) 2003, 803–831].

Barrett, John C. 1998: The Politics of Scale and the Experience of Distance: The Bronze Age World System. In: Lars Larsson/Berta Stjernquist (eds.), The World-View of Prehistoric Man. Papers presented at a symposium in Lund, 5–7 may 1997. Kungl. Vitterhets Hist. och Antiv. Akad. Konferenser 40. Stockholm: Almqvist & Wiksell 1998, 13–25.

Bausinger, Hermann 1980: Zur Problematik des Kulturbegriffs. In: Alois Wierlacher (Hrsg.), Fremdsprache Deutsch 1. Uni-Taschenbücher 912. München: Fink, 57–69.

Belting, Hans 2000: Aus dem Schatten des Todes. Bild und Körper in den Anfängen. In: Constantin von Barloewen (Hrsg.), Der Tod in den Weltkulturen und Weltreligionen. Insel-Taschenbuch 2612. Frankfurt a. M.: Insel Verlag 2000, 120–176.

Belting, Hans 2001: Bild und Tod. Verkörperung in frühen Kulturen (Mit einem Epilog zur Photographie). In: Hans Belting, Bild-Anthropologie. Entwürfe einer Bildwissenschaft. Bild und Text. München: Fink 2001, 143–188.

Bergson, Henri 2013: Schöpferische Evolution. Philosophische Bibliothek 639. Hamburg: Meiner 2013 [Orig.: L'évolution créatrice. Bibl. Phil. Contemporaine. Paris: Alcan 1907].

Bernbeck, Reinhard 1997: Theorien in der Archäologie. Uni-Taschenbücher 1964. Tübingen: Francke 1997.

Bernbeck, Reinhard 2015: »Framed Ambiquity«. Zum historiographischen Status der Dinge aus Grabungen in Konzentrationslagern und NS-Zwangsarbeiterlagern. Historische Anthropologie 23 (3) 2015, 413–430 [https://doi.org/10.7788/ha-2015-0307].

Bernbeck, Reinhard 2017: Materielle Spuren des nationalsozialistischen Terrors. Zu einer Archäologie der Zeitgeschichte. Histoire 115. Bielefeld: transcript 2017.

Bernheim, Ernst 1889/1908: Lehrbuch der Historischen Methode und der Geschichtsphilosophie. Mit Nachweis der wichtigsten Quellen und Hilfsmittel zum Studium der Geschichte. Leipzig: Duncker & Humblot 1889; neu bearb. u. verm. $^{5/6}$1908.

Beyer, Jeorjios Martin 2020: Archäologie. Von der Schatzsuche zur Wissenschaft (mit Beiträgen von Dominik Bonatz u. a.). Mainz: von Zabern 2020.

Biel, Jörg 1985: Der Keltenfürst von Hochdorf. Stuttgart: Theiss 1985.

Biel, Jörg 1987: Vorgeschichtliche Höhensiedlungen in Südwürttemberg-Hohenzollern. Forsch. u. Ber. Vor- u. Frühgesch. Baden-Württemberg. Stuttgart: Theiss 1987.

Biel, Jörg/Klonk, Dieter (Hrsg.) 1994/1998: Handbuch der Grabungstechnik. Stuttgart: Verband der Landesarchäologen in der Bundesrepublik Deutschland sowie Arbeitsgemeinschaft der Restauratoren 1994/1998 [aktualisiert: https://www.landesarchaeologien.de/kommissionen/grabungstechnikerhandbuch].

Binford, Lewis R. 1983: In Pursuit of the Past. Decoding the Archaeological Record. London: Thames & Hudson 1983.

Binford, Sally R./Binford, Lewis R. (eds.) 1968: New Perspectives in Archaeology. Chicago: Aldine 1968.

Bintliff, John L./Pearce, Mark (eds.) 2011: The Death of Archaeological Theory? Twelfth Annual Meeting of the European Association of Archaeologists in Krakow. Oxford: Oxbow 2011.

Bittel, Kurt 1967: Archäologie heute. Universitas: Zeitschr. f. Wissenschaft, Kunst und Literatur 22, 1967, 697–714.

Bloch, Marc 1985: Apologie der Geschichte oder Der Beruf des Historikers. München: Deutscher Taschenbuchverlag 1985 [Orig.: Apologie pour l'histoire ou Métier d'historien. Paris: Colin 1949; [6]1967].

Böhme, Hartmut/Matussek, Peter/Müller, Lothar 2000: Orientierung Kulturwissenschaft. Was sie kann, was sie will. Rowohlts Enzyklopädie 55608. Reinbek: Rowohlt 2000.

Böhner, Kurt 1982: Das Römisch-Germanische Zentralmuseum – eine vaterländische und gelehrte Gründung des 19. Jahrhunderts. Jahrb. Röm.-Germ. Zentralmuseum Mainz 25, 1978 (1982) 1–48 [https://doi.org/10.11588/jrgzm.1978.0.51498].

Bönisch-Brednich, Brigitte 2006: Überlegungen zur Kunstform des ethnographischen Erzählens. Die Faszination des Dorfes Átany. Zeitschr. f. Volkskunde 102 (1) 2006, 1–15 [https://www.digi-hub.de/viewer/image/DE-11-001938331/13/LOG_0011/].

Boschung, Dietrich/Kreuz, Partic-Alexander/Kienlin, Tobias (Hrsg.) 2015: Biography of Objects. Aspekte eines kulturhistorischen Konzepts. Morphomata 31. Paderborn: Fink 2015.

Bourdieu, Pierre 1979: Entwurf einer Theorie der Praxis auf der ethnologischen Grundlage der kabylischen Gesellschaft. Suhrkamp-Taschenb. Wiss. 291. Frankfurt a. M.: Suhrkamp 1979 [Orig.: Esquisse d'une théorie de la pratique. Précédé de Trois études d'ethnologie kabyle. Genève: Droz 1972]

Bourdieu, Pierre 1982: Die feinen Unterschiede. Kritik der gesellschaftlichen Urteilskraft. Frankfurt a. M.: Suhrkamp 1982 [Orig.: La Distinction. Critique sociale du jugement. Paris: Les Éditions de minuit, 1979].

Bradley, Richard 1984: The social foundations of prehistoric Britain. Themes and variations in the archaeology of power. London: Longman 1984.

Bradley, Richard 1994: The philosopher and the field archaeologist: Collingwood, Bersu and the excavation of King Arthur's Round Table. Proc. Prehist. Society N. S. 60, 1994, 27–34.

Bradley, Richard 1998: The Significance of Monuments. On the shaping of human experience in Neolithic and Bronze Age Europe. London: Routledge 1998.

Brandt, Guido 2017: Beständig ist nur der Wandel! Die Rekonstruktion der Besiedlungsgeschichte Europas während des Neolithikums mittels paläo- und populationsgenetischer Verfahren. Forschungsber. Landesmus. Vorgesch. Halle 9. Halle/Saale: Landesamt für Denkmalpflege und Archäologie Sachsen-Anhalt 2017.

Brandt, Guido/Haak, Wolfgang/Adler, Christina J./Roth, Christina/Szécsényi-Nagy, Anna/Karimnia, Sarah/Möller-Rieker, Sabine/Meller, Harald/Ganslmeier, Robert/Friederich, Susanne/Dresely, Veit/Nicklisch, Nicole/Pickrell, Joseph K./Sirocko, Frank/Reich, David/Cooper, Alan/Alt, Kurt 2013: Ancient DNA Reveals Key Stages in the Formation of Central European Mitochondrial Genetic Diversity. Science 342 (6155) 2013, 257–261 [https://www.science.org/doi/10.1126/science.1241844].

Brandt, Jochen 2001: Jastorf und Latène. Kultureller Austausch und seine Auswirkungen auf soziopolitische Entwicklungen in der vorrömischen Eisenzeit. Internationale Archäologie 66. Rahden/Westf.: Leidorf 2001.

Brather, Sebastian 2000: Ethnische Identitäten als Konstrukte der frühgeschichtlichen Archäologie. Germania 78 (1) 2000, 139–177.

Brather, Sebastian 2004: Ethnische Interpretationen in der frühgeschichtlichen Archäologie. Geschichte, Grundlagen und Alternativen. Ergänzungsbde. Reallexikon Germ. Altertumskunde 42. Berlin: de Gruyter 2004.

Brather, Sebastian 2006: Entwicklungen der Siedlungsarchäologie. Auf dem Weg zu einer umfassenden Umwelt- und Landschaftsarchäologie. Siedlungsforschung 24, 2006, 51–97 [https://www.uni-bamberg.de/fileadmin/histgeo/Arkum_Zeitschrift_Siedlungsforschung/sf24-2006.pdf].

Brather-Walter, Susanne (ed.) 2019: Archaeology, History and Biosciences. Interdisciplinary Perspectives. Ergänzungsbde. Reallexikon Germ. Altertumskunde 107. Berlin: de Gruyter 2019.

Braudel, Fernand 1977: Geschichte und Sozialwissenschaften. Die longue durée. In: Honegger 1977, 47–85.

Bredekamp, Horst 2010: Theorie des Bildakts. Über das Lebensrecht des Bildes. Frankfurter Adorno-Vorlesungen 2007. Berlin: Suhrkamp 2010.

Bredekamp, Horst 2013: Der Muschelmensch. Vom endlosen Anfang der Bilder. In: Wolfram Hogrebe (Hrsg.), Transzendenzen des Realen. Ernst-Robert-Curtius-Vorlesungen 2. Göttingen: V&R Unipress 2013, 13–72.

Breuer, Stefan 1991: Max Webers Herrschaftssoziologie. Theorie u. Ges. 18. Frankfurt a. M.: Campus 1991.

Breunig, Peter 1987: 14C-Chronologie des vorderasiatischen, südost- und mitteleuropäischen Neolithikums. Fundamenta A 13. Köln: Böhlau 1987.

Brück, Joanna/Frieman, Catherine J. 2021: Making kin. The archaeology and genetics of human relationships. Journal Technology Assessment Theory and Practice (TATuP) 30 (2) 2021, 47–52 [https://doi.org/10.14512/tatup.30.2.47].

Brückner, Helmut/Miller, Christopher E./Stolz, Christian 2022: Was ist Geoarchäologie? – Eine Einführung. In: Stolz/Miller 2022, 3–12.

Brülls, Holger 2016: Moderne und Monumentalität. Das Landesmuseum für Vorgeschichte in Halle von Wilhelm Kreis und seine expressionistischen Wandbilder. Halle/Saale: Landesmuseum für Vorgeschichte 2016.

Brun, Patrice 1987: Princes et Princesses de la Celtique. Le premier âge du Fer en Europe 850 – 450 av. J. C. Paris: Editions Errance 1987.

Brunecker, Frank (Hrsg.) 2003: Rulaman, der Steinzeitheld. Sonderausstellung des Biberacher Braith-Mali-Museums. Tübingen: Wasmuth 2003.

Brunner-Traut, Emma 1984: Jean-Francois Champollion. »Ein großer Mann in einer großen, vielbewegten Zeit« (Eduard Meyer). Saeculum 35 (3–4) 1984 (1985) 306–325.

Bühl, Walter L. 1984: Gibt es eine soziale Evolution? Zeitschr. f. Politik 31, 1984, 302–332.

Burmeister, Stefan 2000: Geschlecht, Alter und Herrschaft in der Späthallstattzeit Württembergs. Tübinger Schr. Ur- u. Frühgesch Archäol. 4. Münster: Waxmann 2000.

Burmeister, Stefan 2003: Die Herren der Ringe: Annäherung an ein späthallstattzeitliches Statussymbol. In: Ulrich Veit/Tobias L. Kienlin/Christoph Kümmel/Sascha Schmidt (Hrsg.), Spuren und Botschaften: Interpretationen materieller Kultur. Beiträge einer internationalen Fachtagung am Institut für Ur- und Frühgeschichte und Archäologie des Mittelalters der Eberhard-Karls-Universität Tübingen vom 2. bis 4. Juni 2000. Tübinger Archäol. Taschenb. 4. Münster: Waxmann 2003, 265–296.

Burmeister, Stefan 2005: Einführung [in das Thema der Tagung »Archäologie in der Krise? – Grundfragen der Urgeschichtsforschung – 76 Jahre nach Jacob-Friesen«]. Archäologisches Nachrichtenblatt 10 (2) 2005, 152–166.

Burmeister, Stefan 2019: Besprechung von Reich 2018. In: Archäologische Informationen 42, 2019, 349–357 [https://doi.org/10.11588/ai.2019.0.69437].

Burmeister, Stefan/Bernbeck, Reinhard (eds.) 2017: The Interplay of People and Technologies. Archaeological Case Studies on Innovations. Berlin Studies Ancient World 43. Berlin: Topoi 2017 [http://www.topoi.org/publication/41597/].

Burmeister, Stefan/Hansen, Svend/Kunst, Michael/Müller-Scheeßel, Nils (eds.) 2013: Metal Matters: Innovative Technologies and Social Change in Prehistory and Antiquity. Menschen – Kulturen – Traditionen 12. Rahden/Westf.: Leidorf 2013.

Burschel, Peter/Zimmermann, Moritz 2022: Zeiten bezeichnen. Saeculum 72 (1) 2022, 185–194.

Butzer, Karl W. 1982: Archaeology as Human Ecology. Method and Theory for a Contextual Approach. Cambridge: Cambridge University Press 1982.

Cartier, Stephan 2000: Licht ins Dunkel des Anfangs. Studien zur Rezeption der Prähistorik in der deutschen Welt- und Kulturgeschichtsschreibung des 19. Jahrhunderts. Forschen u. Wissen. Herdecke: GCA-Verlag 2000.

Chapman, Robert/Wylie, Alison (eds.) 2015: Material Evidence. Learning from Archaeological Practice. London: Routledge 2015.

Chapman, Robert/Wylie, Alison 2016: Evidential Reasoning in Archaeology. Debates Archaeol. London: Bloomsbury 2016.

Childe, V. Gordon 1929: The Danube in Prehistory. Oxford: Clarendon Press 1929.

Childe, V. Gordon 1936: Man Makes Himself. London: Watts & Co. 1936.

Childe, V. Gordon 1956: Piecing Together the Past. The Interpretation of Archaeological Data. London: Rotledge & Kegan Paul 1956.

Childe, V. Gordon 1974: Gesellschaft und Erkenntnis. Weltperspektiven. Ullstein Buch 3023. Frankfurt a. M.: Ullstein 1974 [Orig.: Society and Knowledge. The Growth of Human Tradition. World Perspectives 5. London: Allen & Unwin 1956].

Childe, V. Gordon 1975: Soziale Evolution. Suhrkamp-Taschenb. Wiss. 115. Frankfurt a. M.: Suhrkamp 1975 [Orig.: Social Evolution. London: Watts 1951].

Chippindale, Christopher 2012: Stonehenge Complete. London: Thames & Hudson 1983; 42012.

Christaller, Walter 1933: Die zentralen Orte in Süddeutschland. Eine ökonomisch-geographische Untersuchung über die Gesetzmäßigkeit der Verbreitung und Entwicklung der Siedlungen mit städtischen Funktionen. Jena 1933 (Diss. Erlangen) [Nachdruck: Darmstadt: Wiss. Buchges. 1980].

Christlein, Rainer 1975: Besitzabstufungen zur Merowingerzeit im Spiegel reicher Grabfunde aus West- und Süddeuschland. Jahrb. Röm.-Germ. Zentralmuseum Mainz 20, 1973 (1975) 147–180 [https://doi.org/10.11588/jrgzm.1973.0.43747].

Clark, Grahame 1951: Clark, Grahame 1951: Folk culture and the study of European prehistory. In: W. Francis Grimes (ed.), Aspects of Archaeology in Britain and Beyond. London: Edwards 1951, 49–65.

Clark, Grahame 1957: Archaeology and Society. Reconstructing the Prehistoric Past. London: Methuen ^{3}1957.

Clark, Grahame 1986: Symbols of Excellence. Precious Materials as Expressions of Status. Cambridge: Cambridge University Press 1986.

Clarke, David L. 1968/1978: Analytical Archaeology. London: Methuen 1968; überarb. von Bob Chapman ^{2}1978.

Clarke, David L. 1973: Archaeology: The Loss of Innocence. Antiquity 47, 1973, 6–18.

Cleland, Carol E. 2011: Prediction and Explanation in Historical Natural Science. Brit. Journal Phil. Science 62, 2011, 551–582.

Cleuziou, Serge/Coudart, Annick/Demoule, Jean-Paul/Schnapp, Alain 1991: The use of theory in French archaeology. In: Ian Hodder (ed.), Archaeological Theory in Europe: The Last Three Decades, London: Routledge 1991, 91–91.

Collingwood, Robin G. 1946: The Idea of History. Oxford: Clarendon 1946 [Deutsch: Philosophie der Geschichte. Stuttgart: Kohlhammer 1955].

Conard, Nicholas J. 2004: Die Entstehung der kulturellen Modernität. In: Nicholas J. Conard (Hrsg.), Woher kommt der Mensch? Tübingen: Attempto 2004, 188–218.

Conard, Nicholas J./Kind, Claus-Joachim 2017: Als der Mensch die Kunst erfand. Eiszeithöhlen der Schwäbischen Alb. Darmstadt: Theiss 2017.

Conard, Nicholas J./Wertheimer, Jürgen 2010: Die Venus aus dem Eis. Wie vor 40 000 Jahren unsere Kultur entstand. München: Knaus 2010.

Courbin, Paul 1988: What is Archaeology? An Essay on the Nature of Archaeological Research. Chicago: Unversity of Chicago Press 1988.

Cunliffe, Barry 2016: 10 000 Jahre. Geburt und Geschichte Eurasiens. Darmstadt: WBG-Theiss 2016 [Orig.: Steppe, Dessert, and Ocean. The Birth of Eurasia, Oxford: Oxford University Press 2015].

Currie, Adrian 2018: Rock, Bone, and Ruin: An Optimist's Guide to the Historical Sciences. Cambridge/Mass.: MIT Press 2018 [https://doi.org/10.7551/mitpress/11421.001.0001].

Currie, Adrian 2019: Epistemic Optimism, Speculation, and the Historical Sciences. Philosophy, Theory and Practice Biology 11 (7) 2019 [https://doi.org/10.3998/ptpbio.16039257.0011.007].

Currie, Adrian Mitchell 2014: Narratives, mechanisms and progress in historical science. Synthese 191, 2014, 1163–1183 [https://doi.org/10.1007/s11229-013-0317-x].

Daim, Falko 2011: Zur Relevanz der Umweltarchäologie für den gegenwärtigen gesellschaftlichen Diskurs. Ein Essay. In: Falko Daim/Detlef Gronenborn/Rainer Schreg (Hrsg.), Strategien zum Überleben. Umweltkrisen und ihre Bewältigung. Tagung des Römisch-Germanischen Zentralmuseums, Mainz 19./20. September 2008. RGZM-Tagungen 11. Mainz: Römisch-Germanisches Zentralmuseum 2011, 3–13.

Dallas, Costis 2016: Jean-Claude Gardin on Archaeological Data, Representation and Knowledge: Implications for Digital Archaeology. Journal Archaeol. Method and Theory 23, 2016, 305–330 [https://doi.org/10.1007/s10816-015-9241-3].

Daniel, Glyn 1975: 150 Years of Archaeology. London: Duckworth 1975 [Erstveröff.: A Hundred Years of Archaeology. London: Duckworth 1950].

Danto, Arthur C. 1974: Analytische Philosophie der Geschichte. Theorie. Frankfurt a. M.: Suhrkamp 1974 [Orig.: Analytical Philosophy of History. Cambridge: Cambridge University Press 1965].

Dark, Kenneth Rainsbury 1995: Theoretical Archaeology. London: Duckworth 1995.

Davidović, Antonia 2009: Praktiken archäologischer Wissensproduktion. Eine kulturanthropologische Wissenschaftsforschung. Altertumskunde des Vorderen Orients 13 Münster: Ugarit Verlag 2009.

de Certeau, Michel 1991: Das Schreiben der Geschichte. Historische Studien 4. Frankfurt a. M.: Campus 1991 [Orig.: L'écriture de l'histoire. Paris: Gallimard 1975].

Demoule, Jean-Paul/Giliney, Francois/Lehoërff, Anne/Schnapp, Alain 2009: Guide des methodes de l'archéologie. Paris: La Découverte 2002; ^{3}2009.

Diamond, Jared 1998: Arm und Reich. Die Schicksale menschlicher Gesellschaften. Frankfurt a. M.: Fischer 1998 [Orig.: Guns, Germs, and Steel. The fates of Human Societies. New York: Norton 1997].

Dietz, Ute Luise/Jockenhövel, Albrecht (Hrsg.) 2016: 50 Jahre »Prähistorische Bronzefunde«: Bilanz und Perspektiven. Beiträge zum internationalen Kolloquium vom 24. bis 26. September 2014 in Mainz. Prähistorische Bronzefunde XX 14. Stuttgart: Steiner 2016.

Dilthey, Wilhelm 1981: Der Aufbau der geschichtlichen Welt in den Geisteswissenschaften. Frankfurt a. M.: Suhrkamp 1981 [Erstveröff. in: Abhandl. Preuß. Akad. Wiss. Philos.- Hist. Classe 1910, 1910, Abhandlung I].

Dohrn, Margarete 1980: Überlegungen zur Verwendung bandkeramischer Dechsel aufgrund der Gebrauchspuren. Fundber. Hessen 19/20, 1979/1980 (1980) 69–78.

Donaro, Dolores 2011: arkhaiologia. Archäologie in der zeitgenössischen Kunst. In: Dies., *arkhaiologia.* Archäologie in der zeitgenössischen Kunst. Nürnberg: Verlag für moderne Kunst 2011, 10–24.

Döring, Jörg/Thielmann, Tristan (Hrsg.) 2008: Spatial Turn. Das Raumparadigma in den Kultur- und Sozialwissenschaften. Bielefeld: transcript 2008.

Donald, Merlin 1991: Origins of the Modern Mind: Three Stages in the Evolution of Culture and Cognition. Cambridge/Mass. Harward University Press 1991.

Donald, Merlin 1998: Material Culture and Cognition: Concluding Thoughts. In: Renfrew/Scarre 1998, 181–187.

Donat, Peter 2018: Häuser der Bronze- und Eisenzeit im mittleren Europa. Eine vergleichende Untersuchung. Weimarer Monographien zur Ur- und Frühgeschichte 43. Langenweißbach: Beier & Beran 2018.

Droysen, Johann Gustav 1972: Texte zur Geschichtstheorie. Mit ungedruckten Materialien zur »Historik« [hrsg. von Günter Birtsch und Jörn Rüsen). Göttingen: Vandenhoeck und Ruprecht 1972.
Droysen, Johann Gustav 1977: Historik 1. Rekonstruktion der ersten vollständigen Fassung der Vorlesungen (1857). Grundriß der Historik in der ersten handschriftlichen (1857/1858) und in der letzten gedruckten Fassung (1882). Historisch-kritische Ausgabe von Peter Leyh und Horst Walter Blanke. Stuttgart-Bad Cannstatt: Frommann-Holzboog 1977.
Ebeling, Knut 2002: Die Mumie kehrt zurück. Zur Aktualität des Archäologischen zwischen Philosophie, Kunst und Technik. Weimarer Beiträge 48, 2002, 273–289.
Ebeling, Knut 2004: Die Mumie kehrt zurück II. Zur Aktualität des Archäologischen in Wissenschaft, Kunst und Medien. In: Ebeling/Altekamp 2004, 9–30.
Ebeling, Knut/Altekamp, Stefan (Hrsg.) 2004: Die Aktualität des Archäologischen in Wissenschaft, Medien und Künsten. Frankfurt a. M.: Fischer 2004.
Eberhardt, Gisela/Link, Fabian (eds.) 2015: Historiographical Approaches to Past Archaeological Research. Berlin Studies Ancient World 32. Berlin: TOPOI 2015 [https://www.topoi.org/publication/32675/].
Eco, Umberto 1977: Zeichen. Einführung in einen Begriff und seine Geschichte. Frankfurt a. M.: Suhrkamp 1977, [Orig.: Il Segno. Milano: Isedi 1973].
Eco, Umberto 1988a: Die Abduktion in Uqbar. In: Umberto Eco, Über Spiegel und andere Phänomene. München: Hanser 1988, 200–213.
Eco, Umberto 1988b: Einführung in die Semiotik. Uni-Taschenb. 105. München: Fink 1972; ^{6}1988 [Orig.: La struttura Assente. Milano: Bompiani 1968].
Eggers, Hans Jürgen 1939: Natürliche Erkenntnisgrenzen bei vorgeschichtlichen und volkskundlichen Fundkarten. In: Beiträge zur Vorgeschichte und Volkskunde. Erstes Beiheft Erwerbungs- u. Forschungsber. Pomm. Landesmus. Stettin: 1939. Stettin: Pommersches Landesmuseum 1939, 3–10 [Erstveröff. in: Karl Kaiser (Hrsg.), Beiträge zur Volkskunde Pommerns. Zehn Jahre Volkskundliches Archiv für Pommern. Pommernforschung 2 = Veröff. Volkskundl. Archiv Pommern 8. Greifswald: Bamberg 1939, 166–173].
Eggers, Hans Jürgen 1951: Die vergleichende geographisch-kartographische Methode in der Urgeschichtsforschung. Archaeologia Geographica 1, 1950/1951, 1–3.
Eggers, Hans Jürgen 1959: Einführung in die Vorgeschichte. München: Piper 1959; ^{2}1974; überarb. ^{3}1986.
Eggert, Manfred K. H. 1977: Prehistoric Archaeology and the Problem of Ethno-Cognition. Anthropos 72, 1977, 242–255 [https://www.digi-hub.de/viewer/image/1511772056747/264/LOG_0036/].

Eggert, Manfred K. H. 1978a: Zum Kulturkonzept in der prähistorischen Archäologie. Bonner Jahrbücher 178, 1978, 1–20 [https://doi.org/10.11588/bjb.1978.0.78547].

Eggert, Manfred K. H. 1978b: Prähistorische Archäologie und Ethnologie. Studien zur amerikanischen New Archaeology. Praehistorische Zeitschrift 53, 1978, 6–164 [https://doi.org/10.1515/pz-1978-530103].

Eggert, Manfred K. H. 1988: Die fremdbestimmte Zeit: Überlegungen zu einigen Aspekten von Archäologie und Naturwissenschaft. Hephaistos 9, 1988, 44–59.

Eggert, Manfred K. H. 1991a: Die konstruierte Wirklichkeit: Bemerkungen zum Problem der archäologischen Interpretation am Beispiel der späten Hallstattzeit. Hephaistos 10, 1991, 5–20.

Eggert, Manfred K. H. 1991b: Prestigegüter und Sozialstruktur in der Späthallstattzeit: Eine kulturanthropologische Perspektive. Saeculum 42 (1) 1991, 1–28.

Eggert, Manfred K. H. 1993: Vergangenheit in der Gegenwart? Überlegungen zum interpretatorischen Potential der Ethnoarchäologie. Ethnogr.-Archäol. Zeitschr. 34, 1993, 144–150.

Eggert, Manfred K. H. 1995: Anthropologie, Ethnologie und Urgeschichte: Zur Relativierung eines forschungsgeschichtlichen Mythologems. Mitt. Berliner Ges. Anthropol., Ethnol. u. Urgesch. 16, 1995, 33–38.

Eggert, Manfred K. H. 1996: Archäologie heute: Reflexionen 1993. Festvortrag zum 85. Geburtstag von Rafael v. Uslar am 15. November 1993. Jahrb. Röm.-Germ. Zentralmus. Mainz 41, 1994 (1996) 3–18 [https://doi.org/10.11588/jrgzm.1994.1.84027].

Eggert, Manfred K. H. 1998: Archäologie und Analogie: Bemerkungen zu einer Wissenschaft vom Fremden. Mitt. Anthropol. Ges. Wien 128, 1998, 107–124.

Eggert, Manfred K. H. 2001/2012: Prähistorische Archäologie: Konzepte und Methoden. Tübingen: Francke 2001; ^{4}2012.

Eggert, Manfred K. H. 2002a: Über Feldarchäologie. In: Rüstem Aslan/Stephan Blum/Gabriele Kastl/Frank Schweizer/Diane Thumm (Hrsg.), Mauerschau. Festschrift für Manfred Korfmann 1. Remshalden-Grunbach: Greiner 2002, 13–34.

Eggert, Manfred K. H. 2002b: Between Facts and Fiction. Reflections on the Archaeologist's Craft. In: Peter F. Biehl/Alexander Gramsch/Arkadiusz Marciniak (Hrsg.), Archäologien Europas. Geschichte, Methoden und Theorien. Tübinger Archäol. Taschenb. 3. Münster: Waxmann 2002, 119–131.

Eggert, Manfred K. H. 2003: Über Zimelien und Analogien: Epistemologisches zum sogenannten Südimport der späten Hallstatt- und frühen Latènekultur. In: Heinz et al. 2003, 175–194.

Eggert, Manfred K. H. 2005: Archäologie als Historische Kulturwissenschaft: Ein Projektbericht. Archäologisches Nachrichtenblatt 10 (2) 2005, 220–233.

Eggert, Manfred K. H. 2006: Archäologie: Grundzüge einer Historischen Kulturwissenschaft. Tübingen: Francke 2006.

Eggert, Manfred K. H. 2010a: Die Vergangenheit im Spiegel der Gegenwart. Überlegungen zu einer Historischen Kulturwissenschaft. In: Jan Kusber/Mechthild Dreyer/Jörg Rogge/Andreas Hüttig (Hrsg.), Historische Kulturwissenschaften. Positionen, Praktiken und Perspektiven. Mainzer Hist. Kulturwiss. Bielefeld: transcript 2010, 43–66 [https://doi.org/10.1515/transcript.9783839414415].

Eggert, Manfred K. H. 2010b: Hermeneutik, Semiotik und Kommunikationstheorie in der Prähistorischen Archäologie: Quellenkritische Erwägungen. In: Carsten Juwig/Catrin Kost (Hrsg.), Bilder in der Archäologie – eine Archäologie der Bilder? Tübinger Archäolog. Taschenb. 8. Münster: Waxmann 2010, 49–74.

Eggert, Manfred K. H. 2012: Carl Schuchhardt (1858–1942): Ein Rückblick auf Alteuropa. Ethnogr.-Archäol. Zeitschr. 51 (1/2) 2010 (2012) 129–150 [https://doi.org/10.54799/JLJE2028].

Eggert, Manfred K. H. 2013a: Über Zeit und Archäologie. Ethnogr.-Archäolog. Zeitschr. 52 (2) 2011 (2013) 215–238 [https://doi.org/10.54799/TELV8202].

Eggert, Manfred K. H. 2013b: »Kultur«: Zum praktischen Umgang mit einem Theoriekonzept. In: Eggert/Veit 2013, 13–61.

Eggert, Manfred K. H. 2015: Intentionalistische Philosophie und Geschichtswissenschaft: Anmerkungen zu Doris Gerbers »Geschichte und Intentionalität«. Erwägen Wissen Ethik 26 (4) 2015, 481–484.

Eggert, Manfred K. H. 2024: Prähistorische Archäologie. Konzepte – Methoden – Theorien. Tübingen: Narr Franke Attempto/utb 2024 [5. grundlegend überarbeitete, aktualisierte und erweitere Auflage von Eggert 2001/2012].

Eggert, Manfred K. H./Samida, Stefanie 2009/2013: Ur- und Frühgeschichtliche Archäologie. UTB-basics 3254. Tübingen: Francke 2009; überarb. u. aktual. ²2013 [weitere Auflage: durchges. u. aktual. ³2022; http://doi.org/10.36198/9783838553986].

Eggert, Manfred K. H./Veit, Ulrich (Hrsg.) 1998: Theorie in der Archäologie: Zur englischsprachigen Diskussion. Tübinger Archäol. Taschenb. 1. Münster: Waxmann 1998.

Eggert, Manfred K. H./Veit, Ulrich (Hrsg.) 2013: Theorie in der Archäologie: Zur jüngeren Diskussion in Deutschland. Tübinger Archäol. Taschenb. 10. Münster: Waxmann 2013.

Embree, Lester 1992: The Future and Past of Metaarchäology. In: Lester Embree (ed.), Metaarchaeology. Reflections by Archaeologists and Philosophers. Boston Studies Phil. Science 147. Dordrecht: Kluwer 1992, 3–50.

Engel, Max/Brückner, Helmut 2022: Geschichte, Gegenwart und Zukunft der Geoarchäologie. In: Stolz/Miller 2022, 13–22.

Engels, Friedrich 1884/1919: Der Ursprung der Familie, des Pivateigentums und des Staats. Im Anschluß an Lewis H. Morgan's Forschungen. Hottingen – Zürich: Schweizerische Genossenschaftsbuchdruckerei 1884; Stuttgart: Diek [17]1919.

Ennen, Edith 1977: Hermann Aubin und die geschichtliche Landeskunde der Rheinlande. In: Edith Ennen, Gesammelte Abhandlungen zum europäischen Städtewesen und zur rheinischen Geschichte 1. Veröff. Inst. Gesch. Landeskunde Rheinlande Univ. Bonn. Bonn: Röhrscheid 1977, 444–471.

Ernst, Wolfgang 2004: Datenkrieg. Troja zwischen Medien und Archäologie. In: Ebeling/Altekamp 2004, 233–251.

Esch, Arnold 1985: Überlieferungs-Chance und Überlieferungs-Zufall als methodisches Problem des Historikers. Historische Zeitschrift 240, 1985, 529–570.

Evans Christopher 1989: Archaeology and modern times: Bersu's Woodbury 1938 & 1939. Antiquity 63, 1989, 436–450.

Evans, Christopher 1998: Historicism, chronology and straw men: situating Hawkes' Ladder of inference. Antiquity 72, 1998, 398–404.

Evans, Richard J. 1998: Fakten und Fiktionen. Über die Grundlagen historischer Erkenntnis. Frankfurt am Main: Campus 1998 [Orig.: In defence of history. London: Norton 1997].

Fagan, Brian M. 1991: In the beginning. An introduction to archaeology. New York: HarperCollins [7]1991.

Fagan, Brian (Hrsg.) 2014: Auf den Spuren vergangener Kulturen. Die großen Archäologen. Berlin: Parthas 2014 [Orig.: The Great Archaeologists: London: Thames & Hudson 2014].

Fansa, Mamoun (Hrsg.) 1997: Experimentelle Archäologie. Bilanz 1998. Symposium in Oerlinghausen 1997. Archäol. Mitt. Nordwestdeutschland Beiheft 24. Oldenburg: Isensee 1999.

Fansa, Mamoun (Red.) 1990: Experimentelle Archäologie in Deutschland. Begleitschrift zu einer Ausstellung des Staatlichen Museums für Naturkunde und Vorgeschichte Oldenburg Archäol. Mitt. Nordwestdeutschland Beiheft 4. Oldenburg: Isensee 1990.

Fansa, Mamoun/Wolfram, Sabine (Hrsg.) 2003: Müll. Facetten von der Steinzeit bis zum Gelben Sack. Begleitschrift zur Sonderausstellung vom 06. September bis 30. November 2003 in Oldenburg, anschließend in Haunau. Schriftenreihe Landesmus. Natur u. Mensch 27. Mainz: von Zabern 2003.

Faass, Martin/Schmidt, Jessica (Hrsg.), Urknall der Kunst. Moderne trifft Vorzeit. Leipzig: Seemann 2023.

Felgenhauer, Fritz 1973: Einführung in die Urgeschichtsforschung. Freiburg: Rombach 1973.

Felsch, Philipp 2015: Der lange Sommer der Theorie. Geschichte einer Revolte 1960–1990. München: Beck 2015.

Fernández-Götz, Manuel/Díaz de Liaño, Guillermo 2021: Posthumanism, New Humanism and Beyond. Cambridge Archaeological Journal 31 (3) 2021, 543–549.

Fetten, Frank G. 1998: Urgeschichte, Vorgeschichte, Frühgeschichte und Archäologie: Ein forschungsgeschichtlicher Rückblick – ein kritischer Ausblick. Mitt. Anthropol. Ges. Wien 128, 1998, 81–105.

Feyerabend, Paul 1983: Wider den Methodenzwang. Skizze einer anarchistischen Erkenntnistheorie. Frankfurt a. M.: Suhrkamp 1976; [3]1983 [Orig.: Against Method. Outline of an Anarchistic Theory of Knowledge. London: New Left Books 1975].

Findeisen, Peter 1984: Das Museumsgebäude von Wilhelm Kreis. Jahresschr. Mitteldt. Vorgeschichte 67, 1984, 241–257.

Finley, Moses I. 1987: Quellen und Modelle der Alten Geschichte. Fischer Wiss. 7373. Frankfurt a. M.: Fischer 1987.

Fischer, Franz 1973: *KEIMHΛIA*. Bemerkungen zur kulturgeschichtlichen Interpretation des sogenannten Südimports in der späten Hallstatt- und frühen Latène-Kultur des westlichen Mitteleuropa. Germania 51, 1973, 436–459 [https://doi.org/10.11588/ger.1973.98581].

Fischer, Franz 1993: Vom Oxus zum Istros. Ein Beitrag zur Interpretation kultureller Beziehungen. Istanbuler Mitteilungen 43, 1993, 319–329.

Fischer, Ulrich 1956: Die Gräber der Steinzeit im Saalegebiet. Studien über neolithische und frühbronzezeitliche Grab- und Bestattungsformen in Sachsen-Thüringen. Vorgeschichtliche Forschungen 15. Berlin: de Gruyter 1956.

Fischer, Ulrich 1987: Zur Ratio der prähistorischen Archäologie. Germania 65 (1) 1987 175–195.

Fischer, Ulrich 1999: Innere und äußere Deutung in der Vorgeschichte. In: Dritz-Rudolf Herrmann (Red.), Festschrift für Günter Smolla. Materialien Vor- u. Frühgesch. Hessen 8. Wiesbaden: Landesamt für Denkmalpflege Hessen 1999, XXI–XXVIII.

Flaig, Egon 1996: Verstehen und Vergleichen. Ein Plädoyer. In: Otto Gerhard Oexle/Jörn Rüsen (Hrsg.), Historismus in den Kulturwissenschaften. Geschichtskonzepte, historische Einschätzungen, Grundlagenprobleme. Beitr. Geschichtskultur 12. Köln: Böhlau 1996, 263–287.

Flaig, Egon 1999: Über die Grenzen der Akkulturation. Wider die Verdinglichung des Kulturbegriffs. In: Gregor Vogt-Spira/Bettina Rommel (Hrsg.), Rezeption und Identität. Die kulturelle Auseinandersetzung Roms mit Griechenland als europäisches Paradigma. Stuttgart: Steiner 1999, 81–112.

Flannery, Kent V. 1982: The Golden Marshalltown: A Parable for the Archaeology of the 1980s. American Anthropologist 84, 1982 (2) 265–278.

Frankenstein, Susan/Rowlands, Michael J. 1978: The internal structure and regional context of Early Iron Age society in south-western Germany. Bull. Inst. Archaeol. London 15, 1978, 73–112.

Frankfurt, Harry G. 2006: Bullshit. Frankfurt a. M.: Suhrkamp 2006 [Orig.: On Bullshit. Princeton/NJ: Princeton University Press 2005; Erstveröff. in: Raritan Quarterly Review 6 (2) 1986, 81–100].

Franz, Leonhard 1926: Ist die Urgeschichtsforschung eine historische oder eine naturwissenschaftliche Disziplin? Nachrbl. f. deutsche Vorzeit 2, 1926, 57–59.

Frerichs, Klaus 1981: Begriffsbildung und Begriffsanwendung in der Vor- und Frühgeschichte. Zur logischen Analyse archäologischer Aussagen. Arbeiten Urgesch. Mensch 5. Frankfurt a. M.: Lang 1981.

Frieman, Catherine J./Hofmann, Daniela 2019: Present pasts in the archaeology of genetics, identity, and migration in Europe. A critical essay. World Archaeology 51 (4) 2019, 528–545 [https://doi.org/10.1080/00438243.2019.1627907].

Fröhlich, Siegfried (Hrsg.) 2000: Kultur. Ein interdisziplinäres Kolloquium zur Begrifflichkeit. Halle (Saale), 18. bis 21. Februar 1999. Halle/Saale: Landesamt für Archäologie Sachsen-Anhalt 2000.

Furhholt, Martin 2021: Mobility and Social Change: Understanding the European Neolithic Period after the Archaeiogenetic Revolution. Journal of Archaeological Research 29, 2021, 481–535 [https://doi.org/10.1007/s10814-020-09153-x]

Furholt, Martin 2019: De-contaminating the aDNA – Archaeology Dialogue on Mobility and Migration. Discussing the Culture-Historical Legacy. Current Swedish Archaeol. 27, 2019, 53–68. [https://doi.org/10.37718/CSA.2019.03]

Furholt, Martin/Stockhammer, Philipp 2008: Wenn stumme Dinge sprechen sollen: Gedanken zu semiotischen Ansätzen in der Archäologie. In: Michael Butter/Regina Grundmann/Christina Sanchez (Hrsg.), Zeichen der Zeit. Interdisziplinäre Perspektiven zur Semiotik. Frankfurt a. M.: Lang 2008, 59–71.

Füssel, Marian/Rüther, Stefanie 2004: Einleitung. In: Christoph Dartmann/Marian Füssel/Stefanie Rüther (Hrsg.), Raum und Konflikt. Zur symbolischen Konstitu-

ierung gesellschaftlicher Ordnung in Mittelalter und Früher Neuzeit. Symbolische Kommunikation u. Ges. Wertesysteme 5 (Münster: Rhema 2004) 9–18.
Gallay, Alain 1986: L'archéologie demain. Paris: Belfond 1986.
Gallay, Alain 1989: Logicism: a French view of archaeological theory founded in computational perspective. Antiquity 63, 1989, 27–39.
Gallay, Alain 2016: Jean-Claude Gardin et les stratégies de recherche en archaéologie. Nouvelles Archéol. 144, 2016, 14–21 [https://doi.org/10.4000/nda.3461].
Gamble, Clive/Gowlett, John/Dunbar, Robert 2016: Evolution, Denken, Kultur. Das soziale Gehirn und die Entstehung des Menschlichen. Heidelberg: Springer 2016.
Gardin, Jean-Claude 1980: Archaeological Constructs: An Aspect of Theoretical Archaeology. Cambridge: Cambridge University Press 1980.
Gebhard, Rupert/Krause, Rüdiger 2020: Kritische Anmerkungen zum Fundkomplex der sog. Himmelsscheibe von Nebra [mit einer Ergänzung vom 3.9.2020]. Archäologische Informationen 43, 2020, 325–356 [https://doi.org/10.11588/ai.2020.1.81418 sowie https://doi.org/10.11588/ai.2020.1.81420].
Geertz, Clifford 1987: Dichte Beschreibung. Beiträge zum Verstehen kultureller Systeme. Suhrkamp-Taschenb. Wiss. 696. Frankfurt a. M.: Suhrkamp 1987 [Orig.: The Interpretation of Cultures. Selected Essays. New York: Basic Books 1973].
Geertz, Clifford 1992: Kulturbegriff und Menschenbild. In: Rebekka Habermas/Niels Minkmar (Hrsg.), Das Schwein des Häuptlings. Sechs Aufsätze zur Historischen Anthropologie. Wagenbachs Taschenbuch 212. Berlin: Wagenbach 1992, 56–83.
Geertz, Clifford 1993: Die künstlichen Wilden. Der Anthropologe als Schriftsteller. Fischer Wissenschaft 11279. Frankfurt a. M.: Fischer 1993 [Orig.: Works and Lives. The Anthropologist as Author. Stanford: Stanford University Press 1988].
Gibson, James J. 1979: The Ecological Approach to Visual perception. Boston: Houghton Mifflin 1979.
Ginzburg, Carlo 1988: Spurensicherung. Der Jäger entziffert die Fährte, Sherlock Holmes nimmt die Lupe, Freud liest Morelli – die Wissenschaft auf der Suche nach sich selbst. In: Carlo Ginzburg, Spurensicherungen. Über verborgene Geschichte, Kunst und soziales Gedächtnis. München: Deutscher Taschenbuchverlag 1988, 78–125 [Orig.: Spie. Radici di un paradigma indiziario. In: Aldo Gargani (ed.), Crisi della radione. Torino: Einaudi 1979, 57–106].
Ginzburg, Carlo 2001: Die Wahrheit der Geschichte. Rhetorik und Beweis. Kleine Kulturwiss. Bibl. 65. Berlin: Wagenbach 2001 [Orig.: Rapporti di forza. Storia, retorica, prova. Milano: Feltrinelli 2000].
Girtler, Roland 1976: Wissenschaftstheorie und ihre Möglichkeiten in der Urgeschichte. In: Herbert Mitscha-Märheim (Hrsg.), Festschrift für Richard Pittioni

zum siebzigsten Geburtstag 1. Archaeol. Austriaca Beiheft 13. Wien: Deuticke 1976, 23–41.

Gleser, Ralf 2018: Rekonstruktion der Vergangenheit. Zur methodischen Eigenart prähistorischen Erkennens. In: Anne-Sophie Naujoks/Jendrik Stelling/Oliver R. Scholz (Hrsg.), Von der Quelle zur Theorie. Vom Verhältnis zwischen Objektivität und Subjektivität in den historischen Wissenschaften. Paderborn: Mentis 2018, 199–237 [https://doi.org/10.30965/9783957437815_012].

Gleser, Ralf 2023: Do We Give Explanations or Do We Tell Stories? The Nature of Explanation in Prehistoric Archaeology, with Special Reference to Narrative Explanation and Narrative Constructivism. In: Miera 2023a, 15–52.

Godelier, Maurice 1990: Natur, Arbeit, Geschichte. Zu einer universalgeschichtlichen Theorie der Wirtschaftsformen. Sozialgesch. Bibl. Junius 6. Hamburg: Junius 1990 [Orig.: L'idéel et le matériel: Pensée, économies, societés. Paris: Fayard 1984].

Gombrich, Ernst H. 1991: Die Krise der Kulturgeschichte. Gedanken zum Wertproblem in den Geisteswissenschaften. München: Deutscher Taschenbuchverlag 1991 [Orig.: Ideals & Idols. Essays on Values in History and in Art (Oxford: Phaidon 1979)].

Gonzalez-Ruibal, Alfredo/Kersting, Thomas/Olivier, Laurent 2018: Archäologie der Zeitgeschichte: Ein Interview mit Alfredo Gonzalez-Ruibal, Thomas Kersting und Laurent Olivier. Forum Kritische Archäol. 7, 2018, 67–88 [https://doi.org/10.6105/journal.fka.2018.7.4].

Gosden, Chris 1994: Social Being and Time. Social Archaeology. Oxford: Blackwell 1994.

Gosselain, Olivier P. 2016: To hell with ethnoarchaeology! Archaeological Dialogues 23 (2) 2016, 215–228.

Gotter, Ulrich 2000, »Akkulturation« als Methodenproblem der historischen Wissenschaften. In: Wolfgang Eßbach (Hrsg.), wir / ihr / sie. Identität und Alterität in Theorie und Methode. Identitäten u. Alteritäten 2. Würzburg: Ergon 2000, 373–406.

Gould, Richard A. 1980: Living Archaeology. New Studies Archaeol. Cambridge: Cambridge University Press 1980.

Gould, Stephen Jay 1988: Der falsch vermessene Mensch. Frankfurt a. M.: Suhrkamp 1988 [Orig.: The Mismeasure of Man. New York: Norton 1981].

Graebner, Fritz 1911: Methode der Ethnologie. Kulturgeschichtliche Bibliothek 1,1. Heidelberg: Winter 1911.

Gramsch, Alexander 1996: Landscape archaeology: of making and seeing. Journal European Archaeol. 4, 1996, 19–38.

Gramsch, Alexander (Hrsg.) 2000: Vergleichen als archäologische Methode. Analogien in den Archäologien. Mit Beiträgen einer Tagung der Arbeitsgemeinschaft Theorie (T-AG) und einer kommentierten Bibliographie. British Archaeol. Report Internat. Series 825. Oxford: Archaeopress 2000.

Gramsch, Alexander 2003: Landschaftsarchäologie – ein fachgeschichtlicher Überblick und ein theoretisches Konzept. In: Jürgen Kunow/Johannes Müller (Hrsg.), Symposium Landschaftsarchäologie und Geographische Informationssysteme – Prognosekarten, Besiedlungsdynamik und Prähistorische Raumordnungen. Vom 15. bis 19. Oktober 2001 in Wünsdorf. Archäoprognose Brandenburg I = Forsch. Archäol. Land Brandenburg 8. Wünsdorf: Brandenburgisches Landesamt für Denkmalpflege und Archäologisches Landesmuseum 2003, 35–54.

Gramsch, Alexander 2006: Eine kurze Geschichte des archäologischen Denkens in Deutschland. Leipziger *online*-Beiträge zur Ur- und Frühgeschichtlichen Archäologie 19. Leipzig: Professur für Ur- und Frühgeschichte 2006.

Gräslund, Bo 1987: The Birth of Prehistoric Chronology. Dating methods and dating systems in nineteenth-century Scandinavian archaeology. New Studies Archaeol. Cambridge: Cambridge University Press 1987.

Gratzke, Reinhard (Hrsg.) 1995: Monty Python's Flying Circus. Selected Sketches. Reclam Fremdsprachentexte. Stuttgart: Reclam 1995.

Greber, David/Wengrow, David 2022: Anfänge. Eine neue Geschichte der Menschheit. Stuttgart: Klett-Cotta 2022.

Gregoricka, Lesley A. 2021: Moving Forward: A Bioarchaeology of Mobility and Migration. Journal of Archaeologcial Resarch 29, 2021, 581–635 [https://doi.org/10.1007/s10814-020-09155-9].

Gregory, Richard L. 1973: The confounded eye. In: Richard L. Gregory/Ernst H. Gombrich (eds.), Illusion in Nature and Art. London: Duckworth 1973, 49–96.

Groebner, Valentin 2012: Wissenschaftssprache. Eine Gebrauchsanweisung. Konstanz: Konstanz University Press 2012.

Groebner, Valentin 2013: Touristischer Geschichtsgebrauch. Über einige Merkmale neuer Vergangenheiten im 20. und 21. Jahrhundert. Historische Zeitschrift 296, 2013, 408–428.

Grünert, Heinz 1984: Die Archäologie im Werk von Karl Marx und Friedrich Engels. Ethnogr.-Archäol. Zeitschr. 25 (2) 1984, 257–289.

Grünert, Heinz 2002: Gustaf Kossinna (1858–1931). Vom Germanisten zum Prähistoriker. Ein Wissenschaftler im Kaiserreich und in der Weimarer Republik. Vorgeschichtliche Forschungen 22. Rahden/Westf.: Leidorf 2002.

Grunwald, Susanne 2012/2013: »Das ergab aber ein so buntes und wenig eindrucksvolles Bild«. Zu den Anfängen der archäologischen Kartographie in Deutschland. Ethnogr.-Archäol. Zeitschr. 53 (1), 2012/2013, 5–34.

Grunwald, Susanne 2016: »Riskante Zwischenschritte«. Archäologische Kartographie in Deutschland zwischen 1870 und 1900. In: Hofmann et al. 2016, 111–142.

Gucksch, Christian E. 1990: Leslie Alvin White (1900–1975). In: Wolfgang Marschall (Hrsg.), Klassiker der Kulturanthropologie. Von Montaigne bis Margaret Mead. München: Beck 1990, 277–294.

Haak, Wolfgang/Balanovsky, Oleg/Sanchez, Juan J./Koshel, Sergey/Zaporozhchenko, Valery/Adler, Christina J./Der Sarkissian, Clio S. I./Brandt, Guido/Schwarz, Carolin/Nicklisch, Nicole/Dresely, Veit/Fritsch, Barbara/Balanovska, Elena/Villems, Richard/Meller, Harald/Alt, Kurt W./Cooper, Alan 2010: Ancient DNA from European Early Neolithic Farmers Reveals The Near Eastern Affinities. PLoS Biology 8 (11) 2010 [https://doi.org/10.1371/journal.pbio.1000536]

Hachmann, Rolf (Hrsg.) 1987a: Studien zum Kulturbegriff in der Vor- und Frühgeschichtsforschung. Saarbrücker Beitr. Altertumskunde. Bonn: Habelt 1987.

Hachmann, Rolf 1987b: Einleitung. In: Hachmann 1987a, 9–32.

Hachmann, Rolf 1987c: Rückblick und Ausblick. In: Hachmann 1987a, 183–233.

Hachmann, Rolf 1977: Besprechung von Joseph Bergmann, Die ältere Bronzezeit Nordwestdeutschlands. Neue Methoden zur ethnischen und historischen Interpretation urgeschichtlicher Quellen. Kasseler Beitr. Vor- u. Frühgesch. 2. Marburg: Elwert 1970. In: Praehistorische Zeitschrift 52 (2) 1977, 255–261.

Hachmann, Rolf 1982: Der Alte Orient und Alteuropa. Normen und Werte ihrer Kulturbeziehungen. In: Friedrich Hiller (Hrsg.), Normen und Werte. Annales Univ. Saraviensis Philos. Fakultät 18. Heidelberg: Winter 1982, 151–165.

Hachmann, Rolf 1990: Gundestrup-Studien. Untersuchungen zu den spätkeltischen Grundlagen der frühgermanischen Kunst. Ber. Röm.-Germ. Komm. 71 (2) 1990 (1991) 565–903.

Hachmann, Rolf/Penner, Silvia 1999: Kamid el-Loz. 3. Der eisenzeitliche Friedhof und seine kulturelle Umwelt. Saarbrücker Beitr. Altertumskunde 21. Bonn: Habelt 1999.

Haffner, Alfred (Hrsg.) 1989: Gräber – Spiegel des Lebens. Zum Totenbrauchtum der Kelten und Römer am Beispiel des Treverer-Gräberfeldes Wederath-Belginum. Schriftenreihe Rhein. Landesmus. Trier 2. Mainz: von Zabern 1989.

Hahn, Hans Peter 2003: Dinge als Zeichen – eine unscharfe Beziehung. In: Veit et. al., 29–51.

Hahn, Hans Peter 2005: Materielle Kultur. Eine Einführung. Berlin: Reimer 2005.

Hahn, Hans Peter 2013: Vom Eigensinn der Dinge. Bayer. Jahrb. Volkskunde 2013, 13–22.

Hahn, Hans Peter 2016: Die Unsichtbarkeit der Dinge. Über zwei Perspektiven zu materieller Kultur in den *Humanities*. In: Herbert Kalthoff/Torsten Cress/Tobias Röhl (Hrsg.), Materialität. Herausforderungen für die Sozial- und Kulturwissenschaften. Paderborn: Fink 2016, 45–62.

Halle, Uta/Mahsarski, Dirk (Red.) 2013: Graben für Germanien. Archäologie unterm Hakenkreuz. Begleitschrift anlässlich der Ausstellung, Focke-Museum, 10. März bis 8. September 2013. Stuttgart: Theiss 2013.

Hamilakis, Yannis 2011: Archaeological Ethnography: A Multitemporal Meeting Ground for Archaeology and Anthropology. Annual Review Anthropol. 40, 2011, 399–414 [https://doi.org/10.1146/annurev-anthro-081309-145732].

Hamilakis, Yannis 2012: »... Not being at home in one's home«: ontology, temporality, critique (»Nicht bei sich selber zu Hause sein«: Ontologie, Temporalität, Kritik). Forum Kritische Archäol. 1, 2012, 12–23.

Hamilakis, Yannis/Anagnostopoulos, Aris 2009: What is Archaeological Ethnography? Public Archaeology 8 (2–3) 2009, 65–87 [https://doi.org/10.1179/175355309X457150].

Hannerz, Ulf 1995: »Kultur« in einer vernetzten Welt. Zur Revision eines ethnologischen Begriffes. In: Wolfgang Kaschuba (Hrsg.), Kulturen – Identitäten – Diskurse. Perspektiven europäischer Ethnologie. Zeithorizonte 1. Berlin: Akademie-Verlag 1995, 64–84.

Hänsel, Bernhard 1997: Gaben an die Götter – Schätze der Bronzezeit Europas – Eine Einführung. In: Alix Hänsel/Bernhard Hänsel (Hrsg.), Gaben an die Götter. Schätze der Bronzezeit Europas. Staatl. Mus. Berlin Mus. Vor- u. Frühgesch. Bestandskat. 4. Berlin: Freie Universität / Museum für Vor- und Frühgeschichte 1997, 11–27.

Hänsel, Bernhard (Hrsg.) 1998: Mensch und Umwelt in der Bronzezeit Europas. Abschlußtagung der Kampagne des Europarates: Die Bronzezeit: das erste goldene Zeitalter Europas an der Freien Universität Berlin, 17.-19. März 1997. Beiträge und Ergebnisse. Kiel: Oetker-Voges 1998.

Hänsel, Bernhard 2001: Besprechung von Eggert 2001/2012. In: Praehistorische Zeitschrift 76, 2001, 253–256.

Hansen, Klaus P. 1995: Kultur und Kulturwissenschaft. Eine Einführung. Tübingen: Francke 1995.

Hansen, Klaus P. 2009: Kultur und Kollektiv: Eine essayistische Heuristik für Archäologen. In: Krausse/Nakoinz 2009, 17–25.

Hansen, Svend 2001a: Besprechung von Eggert 2001/2012. In: Ethnogr.-Archäol. Zeitschr. 42, 2001 (2002) 603–610.
Hansen, Svend 2001b: Von den Anfängen der prähistorischen Archäologie: Christian Jürgensen Thomsen und das Dreiperiodensystem. Praehistorische Zeitschrift 76, 2001, 10–23 [https://doi.org/10.1515/prhz.2001.76.1.10].
Hansen, Svend 2002: »Überausstattungen« in Gräbern und Horten der Frühbronzezeit. In: Johannes Müller (Hrsg.), Vom Endneolithikum zur Frühbronzezeit. Muster sozialen Wandels? Tagung Bamberg 14.–16. Juni 2001. Universitätsforsch. Prähist. Archäol. 90. Bonn: Habelt 2002, 151–173.
Hansen, Svend 2005: »Grundfragen« der Archäologie. Bemerkungen zur aktuellen Situation der Ur- und Frühgeschichte. Archäologisches Nachrichtenblatt 10 (2) 2005, 175–184.
Hansen, Svend 2014: Relative Chronologie. In: Moelders/Wolfram 2014, 251–254.
Hansen, Svend/Meyer, Michael (Hrsg.) 2013: Parallele Raumkonzepte. Topoi. Berlin Studies Ancient World 16. Berlin: de Gruyter 2013 [https://doi.org/10.1515/9783110291216].
Hansen, Svend/Müller, Johannes (Hrsg.) 2011: Sozialarchäologische Perspektiven: Gesellschaftlicher Wandel 5000–1500 v. Chr. zwischen Atlantik und Kaukasus. Internationale Tagung 15.–18. Oktober in Kiel. Mainz: von Zabern 2011.
Hardtwig, Wolfgang/Wehler, Hans-Ulrich (Hrsg.) 1996: Kulturgeschichte heute. Gesch. u. Ges. Sonderheft 16. Göttingen: Vandenhoeck & Ruprecht 1996.
Härke, Heinrich (ed.) 2000: Archaeology, Ideology and Society. The German Experience. Ges. u. Staaten Epochenwandel 7. Frankfurt a. M.: Lang 2000.
Härke, Heinrich 1991: All quiet on the Western Front? Paradigms, methods and approaches in West German archaeology. In: Hodder 1991, 187–222.
Härke, Heinrich 1993: Intentionale und funktionale Daten. Ein Beitrag zur Theorie und Methodik der Gräberarchäologie. Archäologisches Korrespondenzblatt 23, 1993, 141–146.
Härke, Heinrich 1994: Die deutsche Tradition der Vor- und Frühgeschichte: Gedanken zu intellektuellen, strukturellen und historischen Bedingungen. Archeo 16, 1994, 3–9.
Härke, Heinrich 2006: ›The Good, the Bad and the Ugly‹? Ein Vergleich von drei europäischen Berufungssystemen im archäologischen Fachkontext. Archäologische Informationen 29, 2006 (2007) 117–126.
Harris, Edward C. 1992: Principles of Archaeological Stratigraphy. London: Academic Press 1979; ²1992.
Harris, Oliver J./Cipolla, Craig N. 2017: Archaeological Theory in the New Millenium. Introducing Current Perspectives. London: Routledge 2017.

Haupt, Peter 2012: Landschaftsarchäologie. Eine Einführung. Darmstadt: Wissenschaftliche Buchgesellschaft 2012.

Hawkes, Christopher 1954: Archaeological Theory and Method: Some Suggestions from the Old World. American Anthropologist 56, 1954, 155–168.

Hayden, Brian 1995: Pathways to Power. Principles for Creating Socioeconomic Inequalities. In: T. Douglas Prize/Gary M. Feinman (eds.), Foundations of Social Inequality. New York: Penum 1995, 15–86.

Heinz, Marlies/Eggert, Manfred K. H./Veit, Ulrich (Hrsg.) 2003: Zwischen Erklären und Verstehen? Beiträge zu den erkenntnistheoretischen Grundlagen archäologischer Interpretation. Beiträge einer Tagung in Freiburg 1998. Tübinger Archäol. Taschenb. 2. Münster: Waxmann 2003.

Heitz, Caroline 2023: Wider die Krise? Archäologie nach der Postmoderne. In: Martin Renger/Stefan Schreiber/Alexander Veling (Hrsg.), Theorie | Archäologie | Reflexion. Kontroversen und Ansätze im deutschsprachigen Raum. Heidelberg: Propylaeum 2023, 167–218 [https://doi.org/10.11588/propylaeum.1092.c16196].

Heitz, Caroline/Stapfer Regine (Hrsg.) 2017: Mobility and Pottery Production. Archaeological & Anthropological Perspectives. Leiden: Sidestone 2017.

Hellmayr, Leonie (Hrsg.) 2021: Heinrich Schliemann und die Archäologie. Antike Welt Sonderheft 12. Darmstadt: Wissenschaftliche Buchgesellschaft von Zabern 2021.

Hennig, Hilke/Lucianu, Chris 2000: Zipf, Christaller, Gräberfelder. Sind latente Besiedlungsstrukturen der Hallstattzeit aus der Verteilung der Nekropolen ersichtlich. Archäologisches Korrespondenzblatt 30, 2000, 527–548.

Heyd, Volker 2017: Kossinnas' smile. Antiquity 91, 2017, 348–359 [https://doi.org/10.15184/aqy.2017.21].

Hicks, Dan 2010: The Material-Culture Turn: event and effect. In: Hicks, Dan/Beaudry, Mary C. (eds.), The Oxford Handbook of Material Culture Studies. Oxford: Oxford University Press 2010, 25–98.

Hobsbawm, Eric/Ranger, Terrence (eds.) 1983: The Invention of Tradition. Cambridge: Cambridge University Press 1983.

Hodder, Ian (ed.) 1982a: Symbolic and Structural Archaeology. New Directions Archaeol. Cambridge: Cambridge University Press 1982.

Hodder, Ian (Hrsg.) 1991: Archaeological Theory in Europe. The last three decades. Material Cultures. London: Routledge 1991.

Hodder, Ian 1982b: Symbols in Action. Ethnoarchaeological Studies of Material Culture. Cambridge: Cambridge University Press 1982.

Hodder, Ian 1982c: The Present Past. An Introduction to Anthropology for Archaeologists. London: Batsford 1982.

Hodder, Ian 1986: Reading the Past. Current Approaches to Interpretation in Archaeology. Cambridge: Cambridge University Press 1986.

Hodder, Ian 1987: Contextual Archaeology: An Interpretation of Catal Hüyük and a Discussion of the Origins of Agriculture. Bull. Inst. Archaeol. London 24, 1987, 43–56.

Hodder, Ian 1989: This is Not an Article about Material Culture as Text. Journal Anthropol. Archaeol. 8, 1989, 250–269.

Hodder, Ian 1990: The Domestication of Europe. Structure and Contingency in Neolithic Societies. Social Archaeol. Oxford: Blackwell 1990.

Hodder, Ian 1999: The Archaeological Process. An Introduction. Oxford: Blackwell 1999.

Hodder, Ian 2012: Entangled. An Archaeology of the Relationships between Humans and Things. Chichester: Wiley-Blackwell 2012.

Hoernes, Moritz 1893: Grundlinien einer Systematik der prähistorischen Archäologie. Zeitschr. Ethnol. 25, 1893, 49–70.

Hofmann, Daniela 2009: The Burnt, the Whole and the Broken: Funerary variability in the Linearbandkeramik. In: Zoë L. Devlin / Emma-Jayne Graham (eds.), Death Embodied. Archaeological approaches to the treatment of the corpse. Studies in Funerary Archaeology 9. Oxford: Oxbow 2009, 109–128.

Hofmann, Daniela 2018: Besprechung von Brandt 2017. In: European Journal Archaeol. 21 (3) 2018, 487–490.

Hofmann, Kerstin P. 2023: Zur Zukunft der Theorie(n) und der Rolle der Archäologie(n). Einige Bemerkungen aus Sicht einer prähistorischen Archäologin. In: Martin Renger/Stefan Schreiber/Alexander Veling (Hrsg.), Theorie | Archäologie | Reflexion. Kontroversen und Ansätze im deutschsprachigen Raum. Heidelberg: Propylaeum 2023, 21–52 [https://doi.org/10.11588/propylaeum.1092.c15022].

Hofmann, Kerstin P./Meier, Thomas/Mölders, Doreen/Schreiber, Stefan (Hrsg.) 2016: Massendinghaltung in der Archäologie. Der *material turn* und die Ur- und Frühgeschichte. Leiden: Sidestone Press 2016 [https://www.sidestone.com/books/massendinghaltung-in-der-archaeologie].

Hofmann, Kerstin P./Schreiber, Stefan 2013: Mit Lanzetten durch den practical turn. Zum Wechselspiel zwischen Mensch und Ding aus archäologischer Perspektive. Ethnogr.-Archäol. Zeitschr. 52 (2) 2011 (2013) 163–187 [https://doi.org/10.54799/DFDR5021].

Hofmann, Kerstin P./Stockhammer, Philipp W. 2017: Materialisierte Übersetzungen in der Prähistorie. Saeculum 67 (1) 2017, 45–66.

Hofmann, Kerstin/Stockhammer, Philipp W. 2017: Beyond Antiquarianism: A Review of Current Theoretical Issues in German-speaking Prehistoric Archaeology

(with comments). Archaeological Dialogues 24 (1) 2017, 1–87 [https://doi.org/10.1017/S1380203817000022].
Hoika, Jürgen 1998: Archäologie, Vorgeschichte, Frühgeschichte, Geschichte. Ein Beitrag zu Begriffsgeschichte und Zeitgeist. Archäologische Informationen 21 (1) 1998, 51–86 [https://doi.org/10.11588/ai.1998.1.15762].
Hölder, Helmut 1989: Kurze Geschichte der Geologie und Paläontologie. Ein Lesebuch. Berlin: Springer 1989.
Hole, Frank/Heizer, Robert F. 1973: An Introduction to Prehistoric Archaeology. New York: Holt, Rinehart and Winston 1965, ³1973.
Hölscher, Tonio 1995: Klassische Archäologie am Ende des 20. Jahrhunderts: Tendenzen, Defizite, Illusionen. In: Ernst-Richard Schwinge (Hrsg.), Die Wissenschaften vom Altertum am Ende des II. Jahrtausends n. Chr. 6 Vorträge gehalten auf der Tagung der Mommsen-Gesellschaft 1995 in Marburg. Stuttgart: Teubner, 197–228.
Hölscher, Tonio 2001: Vorläufige Überlegungen zum Verhältnis von Theoriebildung und Lebenserfahrung in der Klassischen Archäologie. In: Altekamp/Hofter/Krumme 2001, 173–192.
Holtorf, Cornelius 2005a: Archäologie in der Erlebnisgesellschaft. Archäologisches Nachrichtenblatt 10, 2005, 234–243.
Holtorf, Cornelius 2005b: From Stonehenge to Las Vegas. Archaeology as Popular Culture. Walnut Creek: Alta Mira Press 2005.
Holz, Harald 1973: Analogie. In: H. Krings/H. M. Baumgartner/Ch. Wild, Handbuch philosophischer Grundbegriffe. Bd. I (München: Kösel 1973) 51-65.
Honegger, Claudia (Hrsg.) 1977: Schrift und Materie der Geschichte. Vorschläge zur systematischen Aneignung historischer Prozesse. Edition Suhrkamp 814. Frankfurt a. M.: Suhrkamp 1977.
Hoppe, Katharina/Lemke, Thomas 2021: Neue Materialismen zur Einführung. Hamburg: Junius 2021.
Horn, Eva / Bergthaller, Hannes 2022: Anthropozän zur Einführung. Hamburg: Junius überarb. 2019, ³2022.
Horn, Heinz Günter/Kier, Hiltrud/Kunow, Jürgen/Trier, Bendix (Hrsg.) 1991: Archäologie und Recht. Was ist ein Bodendenkmal? Schr. Bodendenkmalpfl. Nordrhein-Westfalen 2. Mainz: von Zabern 1991.
Hrsg.-Kollektiv 2012: Jenseits des Affirmativismus. Perspektiven für kritische Archäologien (Beyond Affirmation: Perspectives for critical archaeologies). Forum Kritische Archäol. 1, 2012, 167–196.
Hrsg.-Kollektiv 2023: Empowerment by Whom and for Whom? Empowerment durch wen und für wen? Forum Kritische Archäol. 12, 2023, 81–89.

Hübner, Dietmar 2013: Zehn Gebote für das philosophische Schreiben. Ratschläge für Philosophie-Studierende zum Verfassen wissenschaftlicher Arbeiten. Göttingen: Vandenhoeck & Ruprecht 2012; ²2013.

Hübner, Dietmar 2017: Philosophie der Geschichtswissenschaft. In: Simon Lohse/ Thomas Reydon (Hrsg.), Grundriss Wissenschaftsphilosophie. Die Philosophien der Einzelwissenschaften. Hamburg: Meiner 2017, 131–166.

Hübner, Kurt 1986: Kritik der wissenschaftlichen Vernunft. Freiburg: Alber 1978, ³1986.

Hussain, Shumon T. 2018: Kreativität, Technizität und Autopoiesis. Zur Bedeutung des *Homo faber* für das Verständnis der frühesten Menschheitsgeschichte. Zeitschr. Kulturwiss. 2018 (2) 2018, 49–66.

Ickerodt, Ulf / Schäfer, Andreas 2011: Zwischen Illustration und Imagination. Archäologische Forschung und die künstlerische Auseinandersetzung mit der Archäologie. In: Donaro 2011, 184–193.

Ickerodt, Ulf/Müller, Ulrich 2017: Der moderne Prometheus. Archäologie zwischen wissenschaftlicher Freiheit und Verantwortung. In: Hofmann et al. 2017, 29–65.

Irsigler, Franz 1987: Raumkonzepte in der historischen Forschung. In: Alfred Heit (Hrsg.), Zwischen Gallia und Germania, Frankreich und Deutschland. Konstanz und Wandel raumbestimmender Kräfte. Vorträge auf dem 36. Deutschen Historikertag, Trier, 8.–12. Oktober 1986. Trierer Hist. Forsch. 12. Trier: Trierer Historische Forschungen 1987, 11–27.

Jablonka, Peter 2011: Besprechung von Kolb 2010. In: Jahresschr. Mitteldt. Vorgesch. 92, 2008 (2011) 527–555 [https://doi.org/10.11588/jsmv.2008.1.88788].

Jacob-Friesen, Karl Hermann 1928: Grundfragen der Urgeschichtsforschung. Stand und Kritik der Forschung über Rassen, Völker und Kulturen in urgeschichtlicher Zeit. Veröff. Urgesch. Abt. Provinzial-Museum Hannover 1. Hannover: Hellwing 1928.

Jankuhn, Herbert 1942: Politische Gemeinschaftsformen in germanischer Zeit. Offa 6/7, 1941/42 (1942) 1–39.

Jankuhn, Herbert 1977: Einführung in die Siedlungsarchäologie. Berlin: de Gruyter 1977.

Jankuhn, Herbert 1978: Archäologie und Landesgeschichte. In: Pankraz Fried (Hrsg.), Probleme und Methoden der Landesgeschichte. Wege Forsch. 492 (Darmstadt 1978) 370–389 [Erstveröff. in: Georg Droege (Hrsg.), Landschaft und Geschichte. Festschrift für Franz Petri zu seinem 65. Geburtstag am 22. Februar 1968. Bonn 1970, 299–311].

Jeffries, Stuart 2019: Grand Hotel Abgrund. Die Frankfurter Schule und ihre Zeit. Stuttgart: Klett-Cotta 2019 [Orig.: Grand Hotel Abyss. The Lives of the Frankfurt School. London: Verso 2016].

Jensen, Jörgen 1987: Christian Jürgensen Thomsen: An Appreciation in the Bicentennial of his Birth. Acta Archaeol. København 58, 1987, 1–15.

Jockenhövel, Albrecht 2007: Zu Mobilität und Grenzen in der Bronzezeit. In: Sabine Rieckhoff/Ulrike Sommer (Hrsg.), Auf der Suche nach Identitäten: Volk – Stamm – Kultur – Ethnos. Internationale Tagung der Universität Leipzig vom 8.–9. Dezember 2000. British Archaeol. Report Internat. Series 1705 Oxford: Oxbow 2007, 95–106.

Johnson, Matthew 1999/2010: Archaeological Theory. An Introduction. Oxford: Blackwell 1999; Chichester/West Sussex: Wiley-Blackwell ²2010.

Jung, Matthias 2003: Zum Verhältnis hermeneutischer und statistischer Verfahren in ihrer Anwendung auf materielle Kultur. Rundbrief Theorie-AG 2 (2) 2003 (2004), 11–19.

Jung, Matthias 2006: Zur Logik archäologischer Deutung. Interpretation, Modellbildung und Theorieentwicklung am Fallbeispiel des späthallstattzeitlichen »Fürstengrabes« von Eberdingen-Hochdorf, Kr. Ludwigsburg. Universitätsforsch. Prähist. Archäol. Bonn: Habelt 2006.

Jung, Matthias 2009: Rez. von Davidović 2009. Ethnogr.-Archäol. Zeitschr. 5 (1–2) 2010, 288–229.

Jung, Matthias 2010: »Heimathirsche«. Hobbyarchäologen zwischen Hedonismus und Professionalisierung. Internationale Hochschulschriften 541. Münster: Waxmann 2010.

Jung, Matthias 2012a: Hofberichterstattung. Zur Wirkmächtigkeit des narrativen Ideals in der Hallstattforschung. Ethnogr.-Archäol. Zeitschr. 51 (1–2) 2010 (2012) 151–172 [https://doi.org/10.54799/BEDV5114].

Jung, Matthias 2012b: Fürstenbegriff und Narrativität. In: Raimund Karl/Jutta Leskovar/Stefan Moser (Hrsg.), Die erfundenen Kelten – Mythologie eines Begriffes und seine Verwendung in Archäologie, Tourismus und Esoterik. Interpretierte Eisenzeiten. Fallstudien, Methoden, Theorie 4. Tagungsbeiträge der 4. Linzer Gespräche zur interpretativen Eisenzeitarchäologie 7.–9. 11. 2011 in Hallein. Studien Kulturgesch. Oberösterr. 31. Linz: Oberösterreichisches Landesmuseum 2012, 11–21.

Jung, Matthias 2012c: Was soll und was kann eine »kritische Archäologie« Leisten? Forum Kritische Archäol. 1, 2012. 40-44.

Jung, Matthias 2013: Zwischen Sachhaltigkeit und Projektion. Ergebnisse einer Besucherbefragung in der Ausstellung »Keltenland am Fluss« im Schlossmuseum

Aschaffenburg. In: Raimund Karl/Jutta Leskovar (Hrsg.), Interpretierte Eisenzeiten. Fallstudien, Methoden, Theorie 5. Studien Kulturgesch. Oberösterr. 37. Linz: Oberösterreichisches Landesmuseum 2013, 315–324.

Jung, Matthias 2015: »Citizen Science« – eine Programmatik zur Rehabilitierung des Handelns wissenschaftlicher Laiinnen und Laien und ihre Implikationen für die Archäologie. Forum Kritische Archäol. 4, 2015, 42–54.

Jung, Matthias 2018: Friedliche Homöostase und konfliktreicher Fortschritt. Topoi und Narrative der Neolithikums- und Bronzezeitforschung. In: Svend Hansen/Rüdiger Krause (Hrsg.), Bronzezeitliche Burgen zwischen Taunus und Karpaten. Beiträge der Ersten Internationalen LOEWE-Konferenz, 7. bis 9.12. 2016 in Frankfurt/M. Prähistorische Konfliktforschung 2 = Universitätsforsch. Prähist. Archäol. 319. Bonn: Habelt 2018, 223–242.

Jung, Matthias 2020: Klassifikation, Typologie, Affordanzbestimmung und Funktionalitätsrekonstruktion. Verfahren zur Ordnung von Objekten am Beispiel bronzezeitlicher Waffen. Praehistorische Zeitschrift 95 (2) 2020, 606–628 [https://doi.org/10.1515/pz-2020-0026].

Jung, Matthias 2021: Archäologische Deutungstopoi zu Befestigungsanlagen der Bronze- und Eisenzeit im Lichte ethnographischer Evidenzen. Archäologische Informationen 44, 2021, 205–217 [https://doi.org/10.11588/ai.2021.1.89195].

Jungert, Michael/Romfeld, Elsa/Sukopp, Thomas/Voigt, Uwe (Hrsg.) 2013: Interdisziplinarität. Theorie, Praxis, Probleme. Darmstadt: Wissenschaftliche Buchgesellschaft [2]2013.

Junghans, Günter 1987: Gabriel de Mortillet (1821–1898) – Eine Biographie: Materialien zur Darstellung seiner Ideen und Beiträge zur Erforschung von Ursprung und Geschichte des Menschen. Arch. Ber. 1, Bonn: Dt. Ges. Ur- und Frühgesch. 1987.

Jussen, Bernhard (Hrsg.) 1999: Archäologie zwischen Imagination und Wissenschaft: Anne und Patrick Poirier. Göttingen: Wallstein 1999.

Kant, Immanuel 1798: Anthropologie in pragmatischer Hinsicht. Königsberg: Nicolovius 1798.

Käppel, Lutz/Makarewicz, Cheryl/Müller, Johannes 2020: Entfernte Zeiten so nah: Pandemien und Krisen. Roots – Booklet-Serie 01/2020. Leiden: Sidestone 2020 [https://www.sidestone.com/books/pandemien-und-krisen].

Kaeser, Marc-Antoine 2006: Mikrohistorie und Wissenschaftsgeschichte. Über die Relevanz der Biographie in der Forschungsgeschichte der Archäologie. Archäologisches Nachrichtenblatt 11 (4) 2006, 307–313.

Kaeser, Mac-Antoine 2015: Who is theory for? The social relevance of a critical approach to archaeology. In: Andrew Gardener/Mark Lake/Ulrike Sommer (eds.),

The Oxford Handbook of Archaeological Theory. Oxford: Oxford University Press 2015, 1–12 [https://doi.org/10.1093/oxfordhb/9780199567942.013.002].

Kerig, Tim/Zimmermann, Andreas (Hrsg.) 2013: Economic archaeology. From structure to performance in European archaeology. Universitätsforsch. Prähist. Archäol. 237. Bonn: Habelt 2013.

Kersting, Thomas 2020: 25 Jahre Archäologie von Krieg und Terror: Beobachtungen und Erfahrungen aus der Praxis in Brandenburg. Archäologische Informationen 43, 2020, 107–116 [https://doi.org/10.11588/ai.2020.1.81402].

Kimmig, Wolfgang 1969: Zum Problem späthallstattzeitlicher Adelssitze. In: Karl-Heinz Otto/Joachim Herrmann (Hrsg.), Siedlung, Burg und Stadt. Studien zu ihren Anfängen. Paul Grimm zum 60. Geburtstag. Dt. Akad. Wiss. Berlin Schr. Sektion Vor- u. Frühgesch. 25. Berlin: Akademie Verlag 1969, 95–113.

Kimmig, Wolfgang 1983: Die griechische Kolonisation im westlichen Mittelmeergebiet und ihre Wirkung auf die Landschaften des westlichen Mitteleuropa. Jahrb. Röm.-Germ. Zentralmus. Mainz 30, 1983, 5–78.

Kippenberg, Hans G. 1987: Einleitung: Zur Kontroverse über das Verstehen fremden Denkens. In: Hans G. Kippenberg/Brigitte Luchesi (Hrsg.), Magie. Die sozialwissenschaftliche Kontroverse über das Verstehen fremden Denkens. Suhrkamp-Taschenb. Wiss. 674. Frankurt a. M.: Suhrkamp 1987, 9–51.

Klejn, Lev S. 1997: Das Phänomen der sowjetischen Archäologie. Geschichte, Schulen, Protagonisten. Gesellschaften und Staaten im Epochenwandel 6. Frankfurt a. M.: Lang 1997.

Klemm, Gustav Friedrich 1843–1852: Allgemeine Cultur-Geschichte der Menschheit [10 Bände]. Leipzig: Teubner 1843–1852 [http://digital.slub-dresden.de/id1669035727].

Knapp, A. Bernard (ed.) 1992: Archaeology, Annales and Ethnohistory. New Directions Archaeol. Cambridge: Cambridge University Press 1992.

Knopf, Thomas 1998: Annales-Geschichtsschreibung und Archäologie. In: Eggert/Veit 1998, 273–295.

Knopf, Thomas 2017: Ressourcennutzung und Umweltverhalten prähistorischer Bauern. Eine Analyse archäologischer und ethnographischer Untersuchungen. RessourcenKulturen 3. Tübingen: Universität Tübingen 2017.

Kocka, Jürgen 1987: Einleitung. In: Jürgen Kocka (Hrsg.), Interdisziplinarität. Praxis – Herausforderung – Ideologie. Suhrkamp-Taschenb. Wiss. 671. Frankfurt a. M.: Suhrkamp 1987, 7–14 [https://hdl.handle.net/10419/112591].

Kogge, Werner 2017: Was heißt Übersetzen? – Eine sprachpragmatisch-kriteriologische Skizze. Saeculum 67 (1) 2017, 11–19.

Kolb, Frank 2007: Zur Bedeutung von Begriffsdefinitionen für die Interpretation am Beispiel des Stadtbegriffes. Fundber. Baden-Württemberg 29, 2007, 303–310 [https://doi.org/10.11588/fbbw.2007.1.85304].

Kolb, Frank 2010: Tatort »Troja«. Geschichte – Mythen – Politik. Paderborn: Schöningh 2010.

Korff, Gottfried (Hrsg.) 1983: Flick-Werk. Reparieren und Umnutzen in der Alltagskultur. Begleitheft zur Ausstellung im Württembergischen Landesmuseum Stuttgart vom 15. Oktober–15. Dezember 1983. Stuttgart: Württembergisches Landesmus. 1983.

Korff, Gottfried 1997: Notizen zur Materialität der Erinnerung. In: Utz Jeggle/Freddy Raphaël (eds.), D'une rive à l'autre. Rencontres ethnologiques franco-allemandes/Kleiner Grenzverkehr. Deutsch-französische Kulturanalysen. Paris: Maison des Sciences de l'Homme 1997, 173–188.

Korff, Gottfried 2000: Ein paar Worte zur Dingbedeutsamkeit. Kieler Blätter zur Volkskunde 32, 2000, 21–33.

Korfmann, Manfred 2001: Troia als Drehscheibe des Handels im 2. und 3. vorchristlichen Jahrtausend. Erkenntnisse zur Troianischen Hochkultur und zur Maritimen Troia-Kultur. In: Barbara Theune-Großkopf (Red.), Troia – Traum und Wirklichkeit. Begleitband zur Ausstellung. Stuttgart: Theiss 2001, 355–368.

Korfmann, Manfred 2004: Zum Stand der Chronologiediskussion ca. 1980 oder »Zum absoluten Zeitansatz beim komparativen Stratigraphiesystem von V. Milojčić«. Eine Rückschau. In: Bernhard Hänsel/Etela Studeníková (Hrsg.), Zwischen Karpaten und Ägäis. Neolithikum und ältere Bronzezeit. Gedenkschrift für Viera Němejková-Pavúková. Internat. Archäol. Studia honoraria 21. Rahden/Westf.: Leidorf 2004, 109–119.

Korfmann, Manfred O. (Hrsg.) 2006: Troia. Archäologie eines Siedlungshügels und seiner Landschaft. Mainz: von Zabern 2006.

Koselleck, Reinhart 1989: Standortbindung und Zeitlichkeit. Ein Beitrag zur historiographischen Erschließung der geschichtlichen Welt. In: Reinhart Koselleck, Vergangene Zukunft. Zur Semantik geschichtlicher Zeiten. Suhrkamp-Taschenb. Wiss. 757. Frankfurt a. M.: Suhrkamp 1989, 176–207 [Erstveröff.: 1979].

Kossack, Georg 1974: Prunkgräber. Bemerkungen zu Eigenschaften und Aussagewert. In: Georg Kossack/Günter Ulbert (Hrsg.), Studien zur vor- und frühgeschichtlichen Archäologie. Festschrift für Joachim Werner zum 65. Geburtstag I: Allgemeines, Vorgeschichte, Römerzeit. Münchner Beitr. Vor- u. Frühgesch. Ergbd. 1. München: Beck 1974, 3–33.

Kossack, Georg 1986: Verhältnis der Archäologie zu benachbarten Fächern. In: Georg Kossack/Karl-Ernst Behre/Peter Schmid (Hrsg.), Archäologische und naturwissenschaftliche Untersuchungen an ländlichen und frühstädtischen Siedlungen im deutschen Küstengebiet vom 5. Jahrhundert v. Chr. bis zum 11. Jahrhundert n. Chr. 1. Weinheim: Acta humaniora 1986, 44–50 [Erstveröff.: 1984].

Kossack, Georg 1992: Prehistoric Archaeology in Germany: Its History and Current Situation. Norwegian Archaeol. Review 25 (2) 1992, 73–109.

Kossack, Georg 1997: Dörfer im nördlichen Germanien vornehmlich aus der römischen Kaiserzeit. Lage, Ortsplan, Betriebsgefüge und Gemeinschaftsform. Bayer. Akad. Wiss. Philos.-Hist. Klasse Abhandl. N. F. 112. München: Bayerische Akademie der Wissenschaften 1997.

Kossack, Georg 1999: Prähistorische Archäologie in Deutschland im Wandel der geistigen und politischen Situation. Sitzungsber. Bayer. Akad. Wiss. Philos.-Hist. Klasse 1999, Heft 4. München: Bayerische Akademie der Wissenschaften 1999.

Kossack, Georg/Küster, Hansjörg 1991: Besprechung von Peter Breunig, ^{14}C-Chronologie des vorderasiatischen, südost- und mitteleuropäischen Neolithikums. Fundamenta A 13. Köln: Böhlau 1987. In: Germania 69 (2) 1991, 433–445.

Kossinna, Gustaf 1896, Die vorgeschichtliche Ausbreitung der Germanen in Deutschland. Zeitschr. Ver. Volkskunde 6, 1896, 1–14.

Kossinna, Gustaf 1911: Die Herkunft der Germanen. Zur Methode der Siedlungsarchäologie. Mannus-Bibliothek 6. Würzburg: Kabitzsch 1911].

Kossinna, Gustaf 1914: Die deutsche Vorgeschichte, eine hervorragend nationale Wissenschaft. Mannus-Bibliothek 9. Würzburg: Kabitzsch ^{2}1914 [Erstveröff.: 1912].

Kossinna, Gustaf 1926/27: Ursprung und Verbreitung der Germanen in vor- und frühgeschichtlicher Zeit. Irminsul. Schriften und Blätter für deutsche Art und Kunst 1 und 2. Berlin-Lichterfelde 1926/27 [ab 1928 bei Kabitzsch in Leipzig als neuer Band 6 der Mannus-Bibliothek, ersetzt die Erstauflage von 1911].

Kramer, Fritz 1995: Einfühlung. Überlegungen zur Geschichte der Ethnologie im präfaschistischen Deutschland. In: Thomas Hauschild (Hrsg.), Lebenslust und Fremdenfurcht. Ethnologie im Dritten Reich. Suhrkamp-Taschenb. Wiss. 1189. Frankfurt a. M.: Suhrkamp 1995, 85–102.

Krämer, Sybille 2007: Was also ist eine Spur? Und worin besteht ihre epistemologische Rolle? Eine Bestandsaufnahme. In: Sybille Krämer/Werner Kogge/Gernot Grube (Hrsg.), Spur. Spurenlesen als Orientierungstechnik und Wissenskunst. Suhrkamp-Taschenb. Wiss. 1830. Frankfurt a. M.: Suhrkamp 2007, 11–33.

Kraus, Uwe 2023: Der kleine Nachbar vom Höpenberg: Ein bronzezeitlicher Grabhügel und seine Nachnutzungen. In: Veit/Wendowski-Schünemann 2023, 93–117.

Krause, Johannes 2020: Die Reise unserer Gene. Eine Geschichte über uns und unsere Vorfahren. Berlin: Propyläen 2019, ^{10}2020.

Krausse, Dirk (Hrsg.) 2008a: Frühe Zentralisierungs- und Urbanisierungsprozesse. Zur Genese und Entwicklung frühkeltischer Fürstensitze und ihres territorialen Umlandes. Kolloquium des DFG-Schwerpunktprogramms 1171 in Blaubeuren, 9.–11. Oktober 2006. Forsch. u. Ber. Vor- u. Frühgesch. Baden-Württemberg 101. Stuttgart: Theiss 2008.

Krauße, Dirk 1996: Das Trink- und Speiseservice aus dem späthallstattzeitlichen Fürstengrab von Eberdingen-Hochdorf (Kr. Ludwigsburg). Hochdorf III = Forsch. u. Ber. Vor- u. Frühgesch. Baden-Württemberg 64. Stuttgart: Theiss 1996.

Krauße, Dirk 1999: Der »Keltenfürst« von Hochdorf: Dorfältester oder Sakralkönig? Anspruch und Wirklichkeit der sog. kulturanthropologischen Hallstatt-Archäologie. Archäologisches Korrespondenzblatt 29, 1999, 339–358.

Krausse, Dirk 2006: Eisenzeitlicher Kulturwandel und Romanisierung im Mosel-Eifel-Raum. Die keltisch-römische Siedlung von Wallendorf und ihr archäologisches Umfeld. Röm.-Germ. Forsch. 63. Mainz: von Zabern 2006.

Krausse, Dirk 2008b: Etappen der Zentralisierung nördlich der Alpen. Hypothesen, Modelle, Folgerungen. In: Krausse 2008a, 435–450.

Krausse, Dirk/Nakoinz, Oliver (Hrsg.) 2009: Kulturraum und Territorialität. Archäologische Theorien, Methoden und Fallbeispiele. Kolloquium des DFG-SPP 1171, Esslingen 17.–18. Januar 2007. Internat. Arch. Arbeitsgem., Symposium, Tagung, Kongress 13 Rahden/Westf.: Leidorf 2009.

Kreuzer, Helmut 1987 (Hrsg.): Die zwei Kulturen. Literarische und naturwissenschaftliche Intelligenz. C. P. Snows These in der Diskussion. München: Deutscher Taschenbuchverlag 1987.

Kristiansen, Kristian 1994: The Emergence of the European World System in the Bronze Age: Divergence, Convergence and Social Evolution during the First and Second Millennia BC in Europe. In: Kristian Kristiansen/Jørgen Jensen (eds.), Europe in the First Millennium B.C. Sheffield Archaeol. Monogr. 6. (Sheffield: Collis 1994) 7–30.

Kristiansen, Kristian 1998: Europe Before History. New Studies Archaeol. Cambridge: Cambridge University Press 1998.

Kristiansen, Kristian 2014: Towards a New Paradigm? The Third Science Revolution and its Possible Consequences in Archaeology. Current Swedish Archaeol. 22, 2014, 11–34.

Kristiansen, Kristian/Rowlands, Michael J. 1998: Social Transformations in Archaeology. Global and Local perspectives. Material Cultures Series. London: Routledge 1998.

Kubler, George 1982: Die Form der Zeit. Anmerkungen zur Geschichte der Dinge. Frankfurt a. M.: Suhrkamp 1982. [Orig.: The Shape of Time. Remarks on the History of Things. New Haven: Yale University Press 1962].

Kuhn, Thomas S. 1976: Die Struktur wissenschaftlicher Revolutionen. Suhrkamp-Taschenb. Wiss. 25. Frankfurt a. M.: Suhrkamp ²1976 [Orig.: The Structure of Scientific Revolutions. Chicago: University of Chicago 1962; ²1970, mit Postskriptum von 1969].

Kümmel, Christoph 2006: »Piecing together the past« – Vom (Un-)Sinn der Puzzle-Metapher in der Archäologie. In: Hans-Peter Wotzka (Hrsg.), Grundlegungen. Beiträge zur europäischen und afrikanischen Archäologie für Manfred K. H. Eggert. Tübingen: Francke 2006, 187–200.

Kümmel, Christoph 2009: Ur- und frühgeschichtlicher Grabraub. Archäologische Interpretation und kulturanthropologische Erklärung. Tübinger Schr. Ur- u. Frühgesch. Archäol. 9. Münster: Waxmann 2009.

Kümmel, Christoph/Schweizer, Beat/Veit, Ulrich (Hrsg.) 2008: Körperinszenierung – Objektsammlung – Monumentalisierung. Totenritual und Grabkult in frühen Gesellschaften. Archäologische Quellen in kulturwissenschaftlicher Perspektive. Interdisziplinäre Tagung 14.–1. Oktober 2004, Schloss Hohentübingen. Tübinger Archäol. Taschenb. 6. Münster: Waxmann 2008.

Kunow, Jürgen 1988: Zentrale Orte in der Germania Inferior. Archäologisches Korrespondenzblatt 18, 1988, 55–67.

Kunow, Jürgen 2002: Die Entwicklung von archäologischen Organisationen und Institutionen in Deutschland im 19. und 20. Jahrhundert und das »öffentliche Interesse« – Bedeutungsgewinne und Bedeutungsverluste und deren Folgen. In: Biehl, Peter F / Gramsch, Alexander / Marciniak, Arkadiusz (Hrsg.) Archäologien Europas: Geschichte, Methoden und Theorien. Tübinger Arch. Taschenb. 3. Münster: Waxmann 2002, 147–183.

Kunow, Jürgen/Rind, Michael M. 2022: Archäologische Denkmalpflege. Theorie – Praxis – Berufsfelder. Lehrbuch Studium. Public History – Geschichte in der Praxis. Tübingen: Narr Franke Attempto/utb 2022.

Kunst, Michael 1982: Intellektuelle Information – Genetische Information. Acta Praehistorica et Archaeologica 13/14, 1982, 1–26.

Läpple, Dieter 1991: Essay über den Raum. Für ein gesellschaftswissenschaftliches Raumkonzept. In: Hartmut Häußermann/Walter Siebel (Hrsg.), Stadt und Raum. Soziologische Analysen. Stadt, Raum u. Ges. 1. Pfaffenweiler: Centaurus 1991, 157–207.

Latour, Bruno 1995: Wir sind nie modern gewesen. Versuch einer symmetrischen Anthropologie. Berlin: Akademie-Verlag 1995 [Orig.: Nous n'avons jamais été modernes. Essai d'anthropologie symétrique. Paris: La Découverte 1991].

Leach, Edmund 1954: Political Systems of Highland Burma. A study of Kachin Social Structure. London School Economic Monogr. 44. London: Bell 1954.

Leach, Edmund 1973: Concluding Adress. In: Renfrew 1973b, 761–771.

Leach, Edmund 1977: A View from the Bridge. In: Matthew Spriggs (ed.), Archaeology and Anthropology. Areas of mutual interest. British Archaeol. Reports Suppl. Ser. 19. Oxford: British Archaeological Reports 1977, 161–176.

Leach, Edmund 1978: Kultur und Kommunikation. Zur Logik symbolischer Zusammenhänge. Suhrkamp-Taschenb. Wiss. 212. Frankfurt a. M.: Suhrkamp 1978 [Orig.: Culture and Communication. The Logic by which Symbols are Connected. An Introduction to the Use of Structuralist Analysis in Social Anthropology. Cambridge: Cambridge University Press 1976].

Leach, Edmund 1982: Social Anthropology. Masterguides. London: Fontana 1982.

Leach, Stephen 2009: An Appreciation of R. G. Collingwood as an Archaeologist. Bull. Hist. Archaeol. 19 (1) 2009, 14–20 [http://doi.org/10.5334/bha.19103].

Leone, Mark P. 1978: Time in American Archaeology. In: Charles C. Redman/Mary Jane Berman/Edward V. Curtin/William T. Langhorne Jr./Nina M. Versaggi/Jeffery C. Wanser (eds.), Social Archaeology. Beyond Subsistence and Dating. Studies Archaeology. New York: Academic Press 1978, 25–36.

Lepenies, Wolf 1981: Einleitung: Studien zur kognitiven, sozialen und historischen Identität der Soziologie. In: Wolf Lepenies (Hrsg.), Geschichte der Soziologie. Studien zur kognitiven, sozialen und historischen Identität einer Disziplin 1. Frankfurt a. M.: Suhrkamp 1981, I–XXXIV.

Lepenies, Wolf 1985: Die drei Kulturen. Soziologie zwischen Literatur und Wissenschaft. München: Hanser 1985.

Leroi-Gourhan, André 1980: Hand und Wort. Die Evolution von Technik, Sprache und Kunst. Frankfurt a. M.: Suhrkamp 1980 [Orig.: Le geste et la Parole. Paris: Michel 1964/1965].

Leube, Achim (Hrsg.) 2002: Prähistorie und Nationalsozialismus. Die mittel- und osteuropäische Ur- und Frühgeschichtsforschung in den Jahren 1933–1945. Studien Wiss.- u. Universalgesch. 2. Heidelberg: Synchron 2002.

Lévi-Strauss, Claude 1978: Strukturale Anthropologie I. Suhrkamp-Taschenb. Wiss. 226. Frankfurt a. M.: Suhrkamp 1978 [Orig. Anthropologie structurale. Paris: Plon 1958].

Lewuillon, Serge 1991: De la couche à l'horizon: l'archaéologie à la conquête de l'espace-temps. In: Périodes. La construction du temps historique. Actes du Ve colloque d'Historie au présent. Sorbonne, 1989. Paris, Sources-Traveaux historiques 1991, 21–37.

Lidén, Kerstin/Eriksson, Gunilla 2013: Archaeology vs. Archaeological Science. Do we have a case? Current Swedish Archaeol. 21, 2013, 11–20 [https://doi.org/10.37718/CSA.2013.01].

Lissauer, Abraham 1906: Dritter Bericht über die Tätigkeit der von der Deutschen Anthropologischen Gesellschaft gewählten Kommission für prähistorische Typenkarten. Zeitschr. Ethnol. 38, 1906, 817–862.

Loh, Janina 2018: Trans- und Posthumanismus zur Einführung. Zürich: Junius 2018.

Lübbe, Hermann 1982: Der Fortschritt und das Museum. Über den Grund unseres Vergnügens an historischen Gegenständen. The 1981 Bithell Memorial Lecture. London: Institute of Germanic Studies University of London 1982.

Lubbock, John 1865: Pre-historic times, as illustrated by ancient remains and the manners and customs of modern savages. London: Williams and Norgate 1865; [3]1872 [dt.: Die vorgeschichtliche Zeit erläutert durch die Ueberreste des Alterthums und die Sitten und Gebräuche der jetzigen Wilden. Nach der dritten Auflage aus dem Englischen. Jena: Costenoble 1874].

Lucas, Gavin 2005: The Archaeology of Time. Themes Archaeol. London: Routledge 2005.

Lucas, Gavin 2012: Understanding the Archaeological Record. Cambridge: Cambridge University Press 2012 [https://doi.org/10.1017/CBO9780511845772].

Lück, Heiner 2012: Was ist und was kann Rechtsarchäologie? Denkströme. Journal der Sächsischen Akademie der Wissenschaften 8, 2012, 35–55.

Luley, Helmut 1992: Urgeschichtlicher Hausbau in Mitteleuropa. Grundlagenforschungen, Umweltbedingungen und bautechnische Rekonstruktionen. Universitätsforsch. Prähist. Archäol. 7. Bonn: Habelt 1992.

Lüning, Jens 1972: Zum Kulturbegriff im Neolithikum. Praehistorische Zeitschrift 47, 1972, 145–173 [https://doi.org/10.1515/prhz.1972.47.1-2.145].

Lüning, Jens 1997: Landschaftsarchäologie in Deutschland – Ein Programm. Archäologisches Nachrichtenblatt 2, 1997, 277–285.

Mahsarski, Dirk 2011: Herbert Jankuhn (1905–1990). Ein deutscher Prähistoriker zwischen nationalsozialistischer Ideologie und wissenschaftlicher Objektivität. Internationale Archäologie 114. Rahden/Westf: Leidorf 2011.

Maier, Franz Georg 1994: Von Winckelmann zu Schliemann. Archäologie als Eroberungswissenschaft des 19. Jahrhunderts. Antike Welt 25, Jubiläumsausgabe 1994, 35–59.

Mainka-Mehling, Almut 2008: LebensBilder. Zur Darstellung des ur- und frühgeschichtlichen Menschen in der Archäologie. Frühgeschichtliche Studien 1. Remshalden: Greiner 2008.

Malter, Tabea 2020: Zum Umgang mit Identitätsnarrativen in archäologischen Ausstellungen. Am Beispiel des Rheinischen Landesmuseums Trier. Funde und Ausgrabungen im Bezirk Trier 52, 2020 (2021) 83–92.

Maran, Joseph 2006: Mycenaean Citadels as Performative Space. In: Joseph Maran/Carsten Juwig/Hermann Schwengel/Ulrich Thaler (eds.), Constructing Power – Architecture, Ideology and Practice/Konstruktion der Macht – Archiektur, Ideologie und soziales Handeln. Gesch.: Forsch. u. Wiss. 19. Hamburg: Lit 2006, 75–92.

Maran, Joseph 2007: Mit den Methoden der Gegenwart in die Vergangenheit – Archäologie und Naturwissenschaften. In: Wagner 2007, 341–350.

Marek, Kurt W. [alias C. W. Ceram] 1949: Götter, Gräber, Gelehrte. Roman der Archäologie. Hamburg: Rowohlt 1949.

Martinón-Torres, Marcos/Killick, David 2014: Archaeological Theories and Archaeological Sciences. In: Andrew Gardner/Mark Lake/Ulrike Sommer (eds.), The Oxford Handbook of Archaeological Theory. Oxford: Oxford University Press 2014 [https://doi.org/10.1093/oxfordhb/9780199567942.013.004].

Mauss, Marcel 1978: Die Gabe. Form und Funktion des Austauschs in archaischen Gesellschaften. In: Marcel Mauss, Soziologie und Anthropologie II. Frankfurt a. M.: Ullstein 1978, 11–144 [Orig.: Essai sur le don. Forme et raison de l'échange dans les sociétés archaïques. Année Sociologique N. S. 1, 1923/24 (1925) 30–186].

Mayr, Ernst 1994: ... und Darwin hat doch recht. Charles Darwin, seine Lehre und die Moderne Evolutionstheorie. München: Piper 1994 [Orig.: One Long Argument. Charles Darwin and the Genesis of Modern Evolutionary Thought. Cambridge/Mass.: Harvard University Press 1991].

McNairn, Barbara 1980: The Method and Theory of V. Gordon Childe. Economic, Social and Cultural Interpretations of Prehistory. Edinburgh: Edinburgh University Press 1980.

Meier, Mischa/Patzold, Steffen 2021: Gene und Geschichte. Was die Archäogenetik zur Geschichtsforschung beitragen kann. Zeitenspiegel Essay. Stuttgart: Hiersemann 2021.

Meier, Thomas 2012: Der Archäologe als Wissenschaftler und Zeitgenosse. Antrittsvorlesung an der Universität Heidelberg am 20. Januar 2010. Darmstadt/Mainz: v. Zabern 2012.

Meier, Thomas 2019: Archäologie und die Pflicht zum Politischen. Die Berner Erklärung der »European Association of Archaeiologists«. Archäologische Informationen 42, 2019, 267–275. [https:///doi.org/10.11588/ai.2019.069518]

Meier, Thomas/Tillessen, Petra (Hrsg.) 2011a: Über die Grenzen und zwischen den Disziplinen. Fächerübergreifende Zusammenarbeit im Forschungsfeld historischer Mensch-Umwelt-Beziehungen. Workshop vom 16. bis 20. November 2006 in der Abtei Frauenchiemsee. Budapest: Archaeolingua 2011.

Meier, Thomas/Tillessen, Petra 2011b: Von Schlachten, Hoffnungen und Ängsten: Einführende Gedanken zur Interdisziplinarität in der historischen Umweltforschung. In: Meier/Tillessen 2011a, 19–44.

Meier, Thomas/Zotter, Astrid 2013: Ritualgegenstände und Materialität. In: Ch. Brosius/A. Michaels/P. Schrode (Hrsg.), Ritual und Ritualdynamik. Schlüsselbegriffe, Theorien, Diskussionen. Göttingen: Vandenhoeck & Ruprecht/UTB 2013, 135–143.

Meller, Harald (Hrsg.) 2008: Fundsache Luther. Archäologen auf den Spuren des Reformators. Begleitband zur Landesausstellung im Landesmuseum für Vorgeschichte Halle (Saale) vom 31. Oktober 2008 bis 26. April 2009. Stuttgart: Theiss 2008.

Meller, Harald 2015: Zwischen Logos und Mythos. Zum Eigensinn der Himmelsscheibe von Nebra. In: Hans Peter Hahn (Hrsg.), Vom Eigensinn der Dinge. Für eine neue Perspektive auf die Welt des Materiellen. Berlin: Neofelis 2015, 177–195.

Meller, Harald/Alt, Kurt W. (Hrsg.) 2009: Anthropologie, Isotopie und DNA – biographische Annäherung an namenlose vorgeschichtliche Skelette? 2. Mitteldeutscher Archäologentag vom 08. bis 10. Oktober 2009 in Halle (Saale). Tagungen Landesmus. Vorgesch. Halle 3. Halle/Saale: Landesamt für Denkmalpflege und Archäologie Sachsen-Anhalt 2010.

Meller, Harald/Bertemes, François (Hrsg.) 2010: Der Griff nach den Sternen. Wie Europas Eliten zu Macht und Reichtum kamen. Internationales Symposium in Halle (Saale) 16.–21. Februar 2005. Tagungen Landesmus. Vorgesch. Halle 5 [2 Bde.]. Halle/Saale: Landesamt für Denkmalpflege und Archäologie Sachsen-Anhalt 2010.

Meller, Harald/Bunnefeld, Jan-Heinrich 2020: Archäologie der Moderne aus der Sicht der Landesarchäologie Sachsen-Anhalts – Chance oder Problem? Archäologische Informationen 43, 2020, 117–131 [https://doi.org/10.11588/ai.2020.1.81403].

Meller, Harald/Schefzik, Michael (Hrsg.) 2015: Krieg. Eine archäologische Spurensuche. Begleitband zur Sonderausstellung im Landesmuseum für Vorgeschichte Halle (Saale), 6. November 2015 bis 22. Mai 2016. Halle/Saale: Landesamt für Denkmalpflege und Archäologie Sachsen-Anhalt 2015.

Menghin, Oswald 1931: Weltgeschichte der Steinzeit. Wien: Schroll 1931.

Menghin, Oswald 1952: Urgeschichtliche Grundfragen. In: Fritz Valjavec (Hrsg.), Historia Mundi 1. Frühe Menschheit. München: Lehnen 1952, 229–258.

Menghin, Wilfried/Jacob, Wenzel 2002: Geleitwort. Menschen – Zeiten – Räume. In: Wilfried Menghin/Dieter Planck (Hrsg.), Menschen – Zeiten – Räume. Archäologie in Deutschland. Begleitband zur Ausstellung, Martin-Gropius-Bau Berlin, 6. Dezember 2002 bis 31. März 2003; Kunst- und Ausstellungshalle der Bundesrepublik Deutschland Bonn, 9. Mai 2003 bis 24. August 2003. Stuttgart: Theiss 2002, 12–16.

Merthen, Claudia 2013: Versuch – Rekonstruktion – Experiment. Zur Begrifflichkeit aus Sicht der Rekonstuierenden Archäologie, Bereich Textil. Experimentelle Archäol. Europa 12, 2013, 147–159.

Miera, Jan (ed.) 2023a: Narrating the Past: Archaeological Epistemology, Explanation and Communication. Proceedings of the 6th Annual Conference of the Central European Theoretical Archaeology Group, held at the University of Leipzig (Germany), 12.–13. September 2019. Archaeolingua Series Minor 46. Budapest: Archaeolingua 2023.

Miera, Jan 2023b, Inference and Narration in German Prehistoric Archaeology. In: Miera 2023a, 53–99.

Miller, Daniel 2005: Introduction. In: Daniel Miller (ed.), Materiality. Durham/NC: Duke University Press 2005, 1–50.

Milojčić, Vladimir 1967: Die absolute Chronologie der Jungsteinzeit in Südosteuropa und die Ergebnisse der Radiocarbon-(C^{14}-)Methode. Jahrb. Röm.-Germ. Zentralmus. Mainz 14, 1967, 9–37.

Mithen, Steven 1998: The Prehistory of the Mind. A search for the origins of art, religion and science.; London: Phoenix 1998 [Erstausg.: London: Thames & Hudson 1996].

Mithen, Steven 2001: Archaeological Theory and Theories of Cognitive Evolution. In: Ian Hodder (ed.), Archaeological Theory Today. Cambridge: Polity Press 2001, 98–121.

Modderman, Pieter J. R. 1985: Die Bandkeramik im Graetheidegebiet, Niederländisch-Limburg. Berichte Röm.-Germ. Komm. 66, 1985, 25-121.

Mölders, Doreen/Wolfram, Sabine (Hrsg.) 2014: Schlüsselbegriffe in der Prähistorischen Archäologie. Tübinger Archäol. Taschenb. 11. Münster: Waxmann 2014.

Mommsen, Wolfgang J. (Hrsg.) 1988: Leopold von Ranke und die moderne Geschichtswissenschaft. Stuttgart: Klett-Cotta 1988.

Mongait, Alexander 1985: Archäologie und Gegenwart. Fundus-Bücher 93. Dresden: Verlag der Kunst 1985 [Orig.: Archeologija i sovremennost. Moskva: Izd. Akademija nauk 1963].

Montelius, Oscar 1884: Den förhistoriske fornforskarens method och material. Antiqvarisk Tidskr. Sverge 8 (3) 1884, 1–28 [hier zitiert nach Gräslund 1987].

Montelius, Oscar 1899: Typologien eller utvecklingsläran tillämpad på det mänskliga arbeitet. Svenska Fornminnesföreningens Tidskr. 10 (3) 1899 (1900) 237–2683.

Montelius, Oscar 1903: Die älteren Kulturperioden im Orient und in Europa 1. Die Methode. Stockholm: Selbstverlag des Verfassers 1903.

Morgan, Lewis Henry 1908: Die Urgesellschaft (*Ancient Society*). Untersuchungen über den Fortschritt der Menschheit aus der Wildheit durch die Barbarei zur Zivilisation. Stuttgart: Dietz durchges. [2]1908 [Orig.: Ancient Society or Researches in the Lines of Human Progress from Savagery, through Barbarism to Civilization. New York: Holt 1877].

Moscati, Paola 2016: Jean-Claude Gardin and the Evolution of Archaeological Computing. Les nouvelles de l'archéologie 144, 2016, 10-13.

Mühlmann, Wilhelm E. 1938: Methodik der Völkerkunde. Stuttgart: Enke 1938.

Müller, Burkhard 2014: Zu George Kublers »Die Form der Zeit. Anmerkungen zur Geschichte der Dinge«. In: Wolfgang Scheppe (Hrsg.), Die Dinge des Lebens / Das Leben der Dinge. Proposition I: Franco Vimercati & George Kubler. Anlässlich der Ausstellung, Dresden, Residenzschloss, 26. April bis 27. Juli 2014. Köln: König 2014, 26–31.

Müller, Johannes (ed.) 2022: Connectivity Matters! Social, Environmental and Cultural Connectivity in Past Societies. Roots Studies 2. Leiden: Sidestone 2022 [DOI: 10.59641/8yc6831a].

Müller, Johannes 2001: Soziochronologische Studien zum Jung- und Spätneolithikum im Mittelelbe-Saale-Gebiet (4100–2700 v. Chr.). Eine sozialhistorische Interpretation prähistorischer Quellen. Vorgeschichtliche Forschungen 21. Rahden/Westf.: Leidorf 2001.

Müller, Johannes 2015: Von Johanna Mestorf zur Akademie – Die Rolle von Gesellschaft, Archäologie und Landschaft an der CAU. In: Oliver Auge (Hrsg.), Christian-Albrechts-Universität zu Kiel. 350 Jahre Wirken in Stadt, Land und Welt. Kiel: Wachholtz 2015, 748–774.

Müller, Johannes 2018: The Disentanglement of Landscapes. Remarks on Concepts of Socio-Environmental Research and Landscape Archaeology. In: Annette Haug / Lutz Käppel / Johannes Müller (eds.), Past Landscapes. The Dynamics of Interaction between Society, Landscape, and Culture. Leiden: Sidestone 2018, 39–51 [DOI: 10.59641/h7l684aj].

Müller, Johannes/Kirleis, Wibke 2019: The concept of socio-environmental transformations in prehistoric and archaic societies in the Holocene: An introduction to the special issue. The Holocene 29 (10) 2019, 1517–1530 [https://doi.org/10.1177/0959683619857].

Müller, Klaus E. 1981: Grundzüge des ethnologischen Historismus. In: Wolfdietrich Schmied-Kowarzik/Justin Stagl (Hrsg.), Grundfragen der Ethnologie. Beiträge zur gegenwärtigen Theorie-Diskussion. Berlin: Reimer 1981, 193–231.

Müller, Klaus E. 1998: »Prähistorisches« Geschichtsbewußtsein. Versuch einer ethnologischen Strukturbestimmung. In: Jörn Rüsen/Michael Gottlob/ Achim Mittag (Hrsg.), Die Vielfalt der Kulturen. Erinnerung, Geschichte, Identität 4 = Suhrkamp-Taschenb. Wiss. 1405. Fankfurt a. M.: Suhrkamp 1998, 269–295.

Müller, Klaus E. 2003: Das Unbehagen mit der Kultur. In: Klaus E. Müller (Hrsg.), Phänomen Kultur. Perspektiven und Aufgaben der Kulturwissenschaften. Kultur u. Soziale Praxis. Bielefeld: transcript 2003, 13–47.

Müller, Sophus 1884: Mindre bidrag til den forhistoriske Archaeologis methode. Aarbøger Nordisk Oldkyndihed og Hist. 1884, 161–216 [hier zitiert nach Gäslund 1987].

Müller, Sophus 1898: Schlußbetrachtung: Mittel, Ziel und Methode. In: Sophus Müller, Nordische Altertumskunde. Nach Funden und Denkmälern aus Dänemark und Schleswig 2. Eisenzeit. Straßburg: Trübner 1898, 292–308.

Müller, Ulrich 2013: Die Archäologie des Mittelalters und der Neuzeit im Gefüge der historischen Archäologien. In: Klaus Ridder/Steffen Patzold (Hrsg.), Die Aktualität de Vormoderne. Epochenentwürfe zwischen Alterität und Kontinuität. Europa Mittelalter 23. Berlin: Akademie-Verlag 2013, 61–90.

Müller, Ulrich 2017: Archäologie der Vormoderne und der Moderne: Argumente für eine neue Sichtweise auf das Mittelalter und die Neuzeit. In: Rainer Atzbach/Patrick Cassiti/Hauke Kenzler/Luitgard Löw (Hrsg.), Archäologie – Mittelalter – Neuzeit – Zukunft. Bamberger Schr. Archäol. Mittelalter u. Neuzeit 6. Bonn: Habelt 2017, 377–387.

Müller, Anne-Kathrin/Jeute, Gerson H. 2017: Von den Schwierigkeiten ein Ende zu finden ... Neuzeit, Zeitgeschichte und Gegenwart als Themen der Archäologie in Berlin und Brandenburg. In: Michael Mayer/Franz Schopper/Matthias Wemhof (Hrsg.), Feuerstein, Fibel, Fluchttunnel, Archäologie in Berlin und Brandenburg seit der Wende. Petersberg: Imhof 2017, 243–258.

Müller-Funk, Wolfgang 2008: Die Kultur und ihre Narrative. Eine Einführung. Wien: Springer ²2008.

Müller-Karpe, Hermann (Hrsg.) 1981: Allgemeine und Vergleichende Archäologie als Forschungsgegenstand. Kolloquium, 9. und 10. Januar 1981, Bonn. Kolloquien Allg. u. Vergleichende Archäol. 1. München: Beck 1981.

Müller-Karpe, Herrmann 1966–1980: Handbuch der Vorgeschichte. München: Beck 1966–1980.

Müller-Scheeßel, Nils (Hrsg.) 2013: »Irreguläre« Bestattungen in der Urgeschichte. Norm, Ritual, Strafe ...? Akten der Internationalen Tagung in Frankfurt a. M. vom 3. bis 5. Februar 2012. Kolloquien Vor- u. Frühgesch. 19. Bonn: Habelt 2013.

Murray, Tim (ed.) 1999: Time and Archaeology. One World Archaeol. 37. London: Routledge 1999.

Murray, Tim/Walker, Michael J. 2008: Like What? A Practical Question of Analogical Inference and Archaeological Meaningfulness. Journal of Anthropol. Archaeology 7, 1988, 248–287.

Nakoinz, Oliver 2009: Einleitung. In: Krausse/Nakoinz 2009, 11–13.

Nakoinz, Oliver/Hinz, Martin 2015: Modelle in der Archäologie. In: Bernhard Thalheim/Ivor Nissen (Hrsg.), Wissenschaft und Kunst der Modellierung. Kieler Zugang zur Definition, Nutzung und Zukunft. Philosophische Analyse 64. Berlin: de Gruyter 2015, 219–249.

Nakoinz, Oliver/Steffen, Markus 2008: Siedlungshierarchien und kulturelle Räume. In: Krausse 2008a, 381–398.

Narr, Karl J. (Hrsg.) 1966: Handbuch der Urgeschichte 1. Ältere und Mittlere Steinzeit. Jäger- und Sammlerkulturen. Bern: Francke 1966.

Narr, Karl J. (Hrsg.) 1975: Handbuch der Urgeschichte 2. Jüngere Steinzeit und Steinkupferzeit. Frühe Bodenbau- und Viehzuchtkulturen. Bern: Francke 1975.

Narr, Karl J. 1955: Interpretation altsteinzeitlicher Kunstwerke durch völkerkundliche Parallelen. Anthropos 50, 1955, 513–545 [https://www.jstor.org/stable/40450345].

Narr, Karl J. 1974: Tendenzen in der Urgeschichtsforschung. In: Norbert A. Luyten (Hrsg.), Fortschritt im heutigen Denken? Grenzfragen 4. Freiburg: Alber 1974, 85–147.

Narr, Karl J. 1978a: Zeitmaße in der Urgeschichte. Rhein.-Westf. Akad. Wiss., Vorträge G 224. Opladen: Westdeutscher Verlag 1978.

Narr, Karl J. 1978b: Typologie und Seriation. Bonner Jahrbücher 178, 1978, 21–30 [https://doi.org/10.11588/bjb.1978.0.78548].

Narr, Karl J. 1985: Kulturelle Vereinheitlichung und sprachliche Zersplitterung: Ein Beispiel aus dem Südwesten der Vereinigten Staaten. In: Studien zur Ethnogenese 1. Abhandl. Rhein.-Westfäl. Akad. Wiss. 72. Opladen: Westdeutscher Verlag 1985, 57–99.

Nativ, Assaf 2017: No Compensation Needed: On Archaeology and the Archaeological. Journal Archaeol. Method and Theory 24, 2017, 659–675 [https://doi.org/10.1007/s10816-016-9282-2].

Nativ, Assaf 2018: On the object of archaeology. Archaeological Dialogues 25 (1) 2018, 1–21.

Nativ, Assaf/Lucas, Gavin 2020: Archaeology without antiquity. Antiquity 94, 2020, 852–863 [DOI: [DOI: 10.15184/aqy.2020.90].

Neipert, Monica 2006: Der »Wanderhandwerker«. Archäologisch-ethnographische Untersuchungen. Tübinger Texte 6. Rahden/Westf.: Leidorf 2006.

Nipperdey, Thomas 1968: Kulturgeschichte, Sozialgeschichte, historische Anthropologie. Vierteljahrschr. Sozial- u. Wirtschaftsgesch. 55, 1968, 145–164 [https://www.jstor.org/stable/20731046].

Nitschke, August 1981: Historische Verhaltensforschung. Analysen gesellschaftlicher Verhaltensweisen – Ein Arbeitsbuch. Uni-Taschenbücher 1153. Stuttgart: Ulmer 1981.

Nitschke, August 1996: Naturwissenschaftliche Erklärungen innerhalb der Kulturgeschichte. In: Wolfgang Hardtwig/Hans-Ulrich Wehler (Hrsg.), Kulturgeschichte heute. Gesch. u. Ges. Sonderheft 16. Göttingen: Vandenhoeck & Ruprecht 1996, 316–333.

Oels, David 2005: Ceram – Keller – Pörtner. Die archäologischen Bestseller der fünfziger Jahre als historischer Projektionsraum. In: Wolfgang Hardtwig/Erhard Schütz (Hrsg.), Geschichte für Leser. Populäre Geschichtsschreibung in Deutschland im 20. Jahrhundert. Stiftung Bundespräsident-Theodor-Heuss-Haus Wiss. Reihe 7. Stuttgart: Steiner 2005, 345–370.

Oexle, Otto Gerhard (Hrsg.) 2001a: Das Problem der Problemgeschichte 1880–1932. Göttinger Gespräche Geschichtswiss. 12. Göttingen: Wallstein 2001.

Oexle, Otto Gerhard 1996: Geschichte als Historische Kulturwissenschaft. In: Wolfgang Hardtwig/Hans-Ulrich Wehler (Hrsg.), Kulturgeschichte heute. Gesch. u. Ges. Sonderheft 16. Göttingen: Vandenhoeck & Ruprecht 1996, 14–40.

Oexle, Otto Gerhard 1998: Naturwissenschaft und Geschichtswissenschaft. Momente einer Problemgeschichte. In: Otto Gerhard Oexle (Hrsg.), Naturwissenschaft, Geisteswissenschaft, Kulturwissenschaft. Einheit – Gegensatz – Komplementarität? Göttinger Gespräche Geschichtswiss. 6. Göttingen: Wallstein 1998, 99–151.Oexle, Otto Gerhard 1999: Im Archiv der Fiktionen. Rechtshistorisches Journal 18, 1999, 511–525 [https://www.ceeol.com/search/viewpdf?id=159465].

Oexle, Otto Gerhard 2000: Kultur, Kulturwissenschaft, Historische Kulturwissenschaft. Überlegungen zur kulturwissenschaftlichen Wende. Das Mittelalter 5, 2000, 13–33 [https://doi.org/10.1524/mial.2000.5.1.13].

Oexle, Otto Gerhard 2001b: Max Weber – Geschichte als Problemgeschichte. In: Oexle 2001a, 9–37.

Oexle, Otto Gerhard 2003: Von Fakten und Fiktionen. Zu einigen Grundsatzfragen der historischen Erkenntnis. In: Johannes Laudage (Hrsg.), Von Fakten und Fiktionen. Mittelalterliche Geschichtsdarstellungen und ihre kritische Aufarbeitung. Europäische Geschichtsdarstellungen 1. Köln: Böhlau 2003, 1–42 [https://doi.org/10.7788/9783412330781-002].

Oexle, Otto Gerhard 2004: Was ist eine historische Quelle? Rechtsgeschichte – Legal History 2004 (4) 165–186 [http://dx.doi.org/10.12946/rg04/165-186].

Olivier, Laurent 2008: Le sombre abîme du temps. Mémoire et archéologie. Paris: Seuil 2008.

Olivier, Laurent 2019: The Future of Archaeology in the Age of Presentism. Journal Contemporary Archaeol. 6 (1) 2019, 16–31 [https://doi.org/10.1558/jca.33674].

Olsen, Bjørnar 2007: Keeping things at arm's length: a genealogy of asymmetry. World Archaeology 39 (4) 2007, 579–588 [https://doi.org/10.1080/00438240701679643].

Olsen, Bjørnar 2010: In Defense of Things. Archaeology and the Ontology of Objects. Archaeol. Society Series. Lanham/Maryland: AltaMira 2010.

Olsen, Bjørnar/Shanks, Michael/Webmoor, Timothy/Whitmore, Christoper 2012: Archaeology. The Discipline of Things. Berkeley: University of California Press 2012.

Osterhammel, Jürgen 2001: Raumerfassung und Universalgeschichte. In: Jürgen Osterhammel, Geschichtswissenschaft jenseits des Nationalstaats. Studien zu Beziehungsgeschichte und Zivilisationsvergleich. Kritische Studien Geschichtswiss. 147. Göttingen: Vandenhoeck & Ruprecht 2001, 151–169.

Ott, Konrad 2023: Epistemology, Economics, and Ethics. A Practical Philosophy of Prehistoric Archaeology. Roots Studies 4. Leiden Sidestone 2023. [DOI: 10.59641/v9144yj]

Panofsky, Erwin 1975: Kunstgeschichte als geisteswissenschaftliche Disziplin. In: Erwin Panofsky, Sinn und Deutung in der bildenden Kunst (Meaning in the Visual Arts). Dumont-Kunst-Taschenb. 33. Köln: DuMont Schauberg 1975, 7–35 [Orig.: The History of Art as a Humanistic Discipline. In: Theodore Meyer Greene (ed.), The Meaning of the Humanities. Princeton: Princeton University Press 1938, 89–118].

Pare, Christopher 2008: Archaeological Periods and their Purpose. In: Anne Lehoërff (dir.), Construiere le temps. Historie et méthodes des chronologies et calendrieres des derniers millénaires avant notre ère en Europe occidentale. Actes du XXXe colloque international de Halma-Ipel. 7–9 décembre 2006, Lille. Bibracte 16. Glux-en-Glenne: Bibracte Centre Archéologique Européen 2008, 69–84.

Parzinger, Hermann 2014: Die Kinder des Prometheus. Eine Geschichte der Menschheit vor Erfindung der Schrift. München: Beck 2014.

Parzinger, Hermann 2016: Abenteuer Archäologie. Eine Reise durch die Menschheitsgeschichte. München: Beck 2016.

Patrik, Linda E. 1985: Is There an Archaeological Record? Advances Archaeol. Method and Theory 8, 1985, 27–62 [https://www.jstor.org/stable/20170186].

Pauli, Ludwig 1980: Die Herkunft der Kelten. In: Ludwig Pauli (Red.), Die Kelten in Mitteleuropa. Kultur – Kunst – Wirtschaft. Salzburger Landesausstellung 1. Mai–30. Sept. 1980 im Keltenmuseum Hallein, Österreich. Salzburg: Amt der Salzburger Landesregierung 1980, 16–24.

Pauli, Ludwig 1988/89: Zu Gast bei einem keltischen Fürsten. Mitt. Anthropol. Ges. Wien 118/119, 1988/89, 291–303.

Pernicka, Ernst/Jörg Adam/Gregor Borg/Gerhard Brügmann/Jan-Heinrich Bunnefeld/Wolfgang Kainz/Mechthild Klamm/Thomas Koiki/Harald Meller/Ralf Schwarz/Thomas Stöllner/Christian-Heinrich Wunderlich/Alfred Reichenberger 2020: Why the Nebra Sky Disc Dates to the Early Bronze Age. An overview of the interdisciplinary results. Archaeologia Austriaca 104, 2020, 89–122 [DOI: 10.1553/archaeologia104s89].

Perreault, Charles 2019: The Quality of the Archaeological Record. Chicago: The University of Chicago Press 2019.

Pétrequin, Pierre/Jeunesse, Christian (dir.) 1995: La hache de pierre. Carrières vosgiennes et échanges de lames polies pendant le Néolithique (5400–2100 av. J.-C.). Paris: Errance 1995.

Pétrequin, Pierre/Pétrequin, Anne-Marie 1993: Écologie d'un outil: la hache de pierre en Irian Jaya (Indonésie). Monogr. Centre Recherches Archéol. 12 Paris: Centre National de la Recherche Scientifique 1992.

Pfeffer, Georg/Herrmann, Bernd/Köhler, Ulrich/Eggert, Manfred K. H. 1995: Anthropologie, Ethnologie und Urgeschichte – Renaissance einer Zusammenarbeit? Podiumsdiskussion am 28. Oktober 1994 zur Jubiläumssitzung der Gesellschaft im Museum für Völkerkunde. Mitt. Berliner Ges. Anthropol., Ethnol. u. Urgesch. 16, 1995, 21–38.

Piggott, Stuart 1965: Ancient Europe from the Beginnings of Agriculture to Classical Antiquity. A Survey. Edinburgh: Edinburgh University Press 1965 [dt.: Vorgeschichte Europas. Vom Nomadentum zur Hochkultur. Kindlers Kulturgesch. Abendland 1. München: Kindler [2]1974].

Piggott, Stuart 1968: The Druids. Ancient Peoples and Places 63. London: Thames & Hudson 1968.
Pomian, Krzysztof 1988: Der Ursprung des Museums. Vom Sammeln. Kleine Kulturwiss. Bibl. 9. Berlin: Wagenbach 1988 [Orig.: L'Ordre du temps. Paris: Gallimard 1984].
Randsborg, Klavs 1975: Social Dimensions of Early Neolithic Denmark. Proc. Prehist. Soc. N. S. 41, 1975, 105–118.
Ratzel, Friedrich 1889: Über die anthropogeographischen Begriffe Geschichtliche Tiefe und Tiefe der Menschheit. Ber. Verhandl. Königl. Sächs. Ges. Wiss. Leipzig, Philol.-Hist. Kl. 41, 1889, 301–324.
Ratzel, Friedrich 1904: Geschichte, Völkerkunde und historische Perspektive. Historische Zeitschrift 93, 1904, 1–46 [https://doi.org/10.1524/hzhz.1904.93.jg.1].
Raulff, Ulrich 2014: Wiedersehen mit den Siebzigern. Die wilden Jahre des Lesens. Stuttgart: Klett-Cotta 2014.
Rathje, William L. 1979: Modern Material Culture Studies. Advances Archaeol. Method and Theory 2, 1979, 1–37 [https://www.jstor.org/stable/20170141].
Renfrew, Colin 1972: The Emergence of Civilisation. The Cyclades and the Aegean in the Third Millenium BC. London: Methuen 1972.
Renfrew, Colin 1973a: Before Civilization. The Radiocarbon Revolution and Prehistoric Europe. London: Cape 1973.
Renfrew, Colin (Hrsg.) 1973b: The Explanation of Culture Change: models in prehistory. Proceedings of a meeting of the Research Seminar in Archaeology and Related Subjects held at the University of Sheffield, December 14th–16th 1971. London: Duckworth 1973.
Renfrew, Colin 1973c: Monuments, mobilization and social organization in neolithic Wessex. In: Renfrew 1973b, 539–558.
Renfrew, Colin 1976: Megaliths, Territories and Populations. In: Siegfried J. de Laet (ed.), Acculturation and Continuity in Atlantic Europe mainly during the Neolithic period and the Bronze Age. Papers presented at the IV. Atlantic Colloquium, Ghent 1975, 1–7 June. Diss. Arch. Gandenses 16. Brügge: De Tempel 1976, 198–220.
Renfrew, Colin 1980: The Great Tradition versus the Great Divide: Archaeology as Anthropology? American Journal Archaeol. 84 (1) 1980, 287–298.
Renfrew, Colin 1984: Approaches to Social Archaeology. Edinburgh: Edinburgh University Press 1984.
Renfrew, Colin 1998: Mind and Matter: Cognitive Archaeology and External Symbolic Storage. In: Colin Renfrew/Chris Scarre (Hrsg.), Cognition and Material

Culture: the Archaeology of Symbolic Storage, Cambridge: McDonald Institute for Archaeological Research 1998, 1–6.

Renfrew, Colin 2001: Symbol before Concept. Material Engagement and the Early Development of Society. In: Ian Hodder (ed.), Archaeological Theory Today. Cambridge: Polity Press 2001, 122–140. [deutsch: Symbol before concept. Die Macht des Symbols und die frühe Gesellschaftsentwicklung. In: J. Fried /J. Süßmann (Hrsg.), Revolutionen des Wissens. Von der Steinzeit bis zur Moderne. München: Beck 2001, 21–39].

Renfrew, Colin 2007: Prehistory. The Making of the Human Mind. London: Weidenfeld & Nicolson 2007.

Renfrew, Colin/Bahn, Paul (eds.) 2005: Archaeology: The Key Concepts. London: Routledge 2005.

Renfrew, Colin/Bahn, Paul G. 2009: Basiswissen Archäologie. Theorien, Methoden, Praxis. Mainz: von Zabern 2009.

Renfrew, Colin/Rowlands, Michael J./Segraves, Barbara Abott (eds.) 1982: Theory and Explanation in Archaeology. The Southampton Conference. Papers presented at the 2nd Open Conference of the Theoretical Archaeology Group, held in Sothampton, England, Dec. 14–16 1980. Theoretical Archaeol. Group 2. New York: Academic Press 1982.

Renger, Martin/Schreiber, Stefan/Veling, Alexander 2023: Theorie | Archäologie | Reflexion: eine Einleitung. In: Martin Renger/Stefan Schreiber/Alexander Veling (Hrsg.), Theorie | Archäologie | Reflexion. Kontroversen und Ansätze im deutschsprachigen Raum. Heidelberg: Propylaeum 2023, 1–18 [https://doi.org/10.11588/propylaeum.1092.c15021].

Rheinberger, Hans-Jörg 2001: Experimentalsysteme und epistemische Dinge. Eine Geschichte der Proteinsynthese im Reagenzglas. Göttingen: Wallstein 2001 [Orig.: Toward a History of Epistemic Things. Synthesizing Proteins in the Test Tube. Writing Science. Stanford/Calif.: Stanford Univ. Press, 1997].

Ribeiro, Artur Seang Ping 2018: Archaeology and the Historical Unterstanding. Human Development in Landscapes 14 = Universitätsforsch. Prähist. Archäol. 318. Bonn: Habelt 2018.

Ribeiro, Artur/Ion, Alexandra 2022: Interdisciplinary Contentions in Archaeology: An Introduction. In: Artur Ribeiro/Alexandra Ion (eds.), Interdisciplinary Contentions in Archaeology. Forum Kritische Archäol. 11, 2022, 26–30 [http://dx.doi.org/10.17169/refubium-36998.2].

Richter, Jürgen 2018: Altsteinzeit. Der Weg der frühen Menschen von Afrika bis in die Mitte Europas. Stuttgart: Kohlhammer 2018 [https://doi.org/10.17433/978-3-17-033677-3].

Richter, Pascale B. 1991: Experimentelle Archäologie: Ziele, Methoden und Aussage-Möglichkeiten. In: Mamoun Fansa (Hrsg.), Experimentelle Archäologie. Bilanz 1991. Archäolog. Mitt. Nordwestdeutschland Beiheft 6. Oldenburg: Isensee 1991, 19–49.

Rieckhoff, Sabine 2016: Ist das Archäologie oder kann das weg? Zur Konvergenz von Archäologie und Kunst. In: Hofmann et al. 2016, 143–170.

Rieckhoff, Sabine 2018: Wissen und Macht im archäologischen Diskurs. Die Chronologie der Oppidazeit. Archäologische Informationen 41, 2018, 173–197 [https://doi.org/10.11588/ai.2018.0.56943].

Riedel, Manfred 1978: Verstehen oder Erklären? Zur Theorie und Geschichte der hermeneutischen Wissenschaften. Stuttgart: Klett-Cotta 1978.

Robb, John 2013: Material culture, landscapes of action, and emergent causation: a new model for the origin of the European Neolithic. Current Anthropology 54, 2013, 657–683 [https://doi.org/10.1086/673859].

Rouse, Irving 1972: Introduction to Prehistory. A Systematic Approach. New York: McGraw-Hill 1972.

Rösler, Katja 2014: Typologie. In: Moelders/Wolfram 2014, 291–296.

Rüsen, Jörn 1982/1990: Die vier Typen des historischen Erzählens. In: Reinhart Koselleck/Heinrich Lutz/Jörn Rüsen (Hrsg.), Formen der Geschichtsschreibung. Beitr. Hist. 4. München: Deutscher Taschenbuchverlag 1982, 514–605 [Nachdruck in: Jörn Rüsen, Zeit und Sinn. Strategien historischen Denkens. Frankfurt a. M.: Fischer 1990, 135–176].

Rüsen, Jörn 1986: Grundzüge der Historik II. Rekonstruktion der Vergangenheit. Die Prinzipien der historischen Forschung. Kleine Vandenhoeck-Reihe 1515. Göttingen: Vandenhoeck & Ruprecht 1986.

Rüsen, Jörn 1989: Grundzüge einer Historik III. Lebendige Geschichte. Formen und Funktionen historischen Wissens. Kleine Vandenhoeck-Reihe 1542. Göttingen: Vandenhoeck & Ruprecht 1989.

Samida, Stefanie 2010a: »Objekte der Begierde«: archäologische Dinge zwischen Forschung und Kommerzialisierung. In: Elisabeth Tietmeyer/Claudia Hirschberger/Karoline Noack/Jane Redlin (Hrsg.), Die Sprache der Dinge. Kulturwissenschaftliche Perspektiven auf die materielle Kultur. Schriftenreihe Mus. Europäischer Kulturen 5. Münster: Waxmann 2010, 89–98.

Samida, Stefanie 2010b: Schliemanns Erbe? Populäre Bilder von Archäologie in der Öffentlichkeit. In: Hans-Joachim Gehrke/Miriam Sénécheau (Hrsg.), Geschichte, Archäologie, Öffentlichkeit. Für einen neuen Dialog zwischen Wissenschaft und Medien. Standpunkte aus der Forschung. Ergebnisse einer Konferenz Ende 2009 in Berlin. Bielefeld: transcript 2010, 31–48.

Samida, Stefanie 2012a: Heinrich Schliemann. UTB Profile 3650. Tübingen: Francke 2012 [https://www.utb.de/doi/book/10.36198/9783838536507].
Samida, Stefanie 2012b: Re-Enactors in archäologischen Freilichtmuseen: Motive und didaktische Konzepte. Archäologische Informationen 35, 2012, 209–218 [https://doi.org/10.11588/ai.2012.0.10048].
Samida, Stefanie 2018: Die archäologische Entdeckung als Medienereignis. Heinrich Schliemann und seine Ausgrabungen im öffentlichen Diskurs, 1870–1890. Edition Hist. Kulturwiss. 3. Münster: Waxmann 2018.
Samida, Stefanie/Eggert, Manfred K. H. 2012: Über Interdisziplinarität. Betrachtungen zur Kooperation von Natur- und Kulturwissenschaften in der Archäologie. Hephaistos 29, 2012, 9–24 [http://dx.doi.org/10.17613/eq1p-c635].
Samida, Stefanie/Eggert, Manfred K. H. 2013: Archäologie als Naturwissenschaft? Eine Streitschrift. Reihe Pamphletliteratur 5. Berlin: Vergangenheitsverlag 2013.
Sangmeister, Edward 1992: Ein Grabhügel der Hallstattkultur bei Ewattingen, Kr. Waldshut. Archäol. Nachr. Baden 47/48, 1992, 27–44.
Sarasin, Philipp 2003: Geschichtswissenschaft und Diskursanalyse. Suhrkamp-Taschenb. Wiss. 1639. Frankfurt a. M.: Suhrkamp 2003.
Scare, Chris 1999: Archaeological theory in France and Britain. Antiquity 73, 1999, 155–161.
Schaeffler, Richard 1974: »Verstehen«. In: Hermann Krings/Hans Michael Baumgartner/Christoph Wild (Hrsg.), Handbuch philosophischer Grundbegriffe – Studienausgabe 6. München: Kösel 1974, Bd. 6, 1628–1641.
Schauer, Peter 1999: Vor- und Frühgeschichte als universitäres Grundlagenfach. Archäologisches Korrespondenzblatt 29, 1999, 143–145.
Scheppe, Wolfgang 2014: Das Theater des Museums. Einleitung in eine Ausstellung. In: Wolfgang Scheppe (Hrsg.), Die Dinge des Lebens / Das Leben der Dinge. Proposition I: Franco Vimercati & George Kubler. Anlässlich der Ausstellung, Dresden, Residenzschloss, 26. April bis 27. Juli 2014. Köln: König 2014, 2–13.
Schier, Wolfram 2013: Zeitbegriffe und chronologische Konzepte in der Prähistorischen Archäologie. Praehistorische Zeitschrift 88, 2013, 258–273 [https://doi.org/10.1515/pz-2013-0009].
Schiffer, Michael B. 1976: Behaviorial Archaeology. New York: Academic Press 1976.
Schiffer, Michael B. 1987: Formation Processes of the Archaeological Record. Albuquerque/NM: University of New Mexico Press 1987.
Schirrmacher, Arne 2008: Nach der Popularisierung. Zur Relation von Wissenschaft und Öffentlichkeit im 20. Jahrhundert. Geschichte und Gesellschaft 34, 2008, 73–95.

Schlanger, Nathan/Nordbladh, Jarl (eds.) 2006: Archives, Ancestors, Practices: Archaeology in the Light of its History. Oxford: Berghahn 2006 [https://doi.org/10.1515/9780857450654].

Schlögel, Karl 2006: Im Raume lesen wir die Zeit. Über Zivilisationsgeschichte und Geopolitik. Frankfurt a. M.: Fischer Taschenbuchverlag 2006 [Erstveröff.: München: Hanser 2003].

Schmidt, Dietmar 2004: Abfall und Vorgeschichte. Entdeckungen der Prähistorie im 19. Jahrhundert. In: Ebeling/Altekamp 2004, 263–282.

Schmidt, Dietmar 2005: Die Lesbarkeit des Abfalls: Zur Entdeckung materieller Unkultur als Objekt archäologischen Wissens. In: Tobias L. Kienlin (Hrsg.), Die Dinge als Zeichen. Kulturelles Wissen und materielle Kultur. Internationale Fachtagung an der Johann-Wolfgang Goethe Universität Frankfurt am Main vom 3.–5. April 2003. Universitätsforsch. Prähist. Archäol. 127. Bonn: Habelt 2005, 239–252.

Schnapp, Alain 2009: Die Entdeckung der Vergangenheit. Ursprünge und Abenteuer der Archäologie. Stuttgart: Klett-Cotta 2009 [Orig.: La conquête du passé. Aux origines de l'archéologie. Paris: Carré 1993].

Schnapp, Alain 2014: Was ist eine Ruine? Entwurf einer vergleichenden Perspektive. Historische Geisteswissenschaften: Frankfurter Vorträge 7. Göttingen: Wallstein 2014.

Schneider, Jane 1977: Was There a Pre-capitalist World System? Peasant Studies 6 (1) 1977, 20–29.

Schöbel, Gunter 2002: Hans Reinerth. Forscher – NS-Funktionär – Museumsleiter. In: Leube 2002, 321–396.

Scholkmann, Barbara 1998: Sachen und Menschen. Der Beitrag der archäologischen Mittelalter- und Neuzeitforschung. In: Helmut Hundsbichler (Hrsg.), Die Vielfalt der Dinge. Neue Wege zur Analyse mittelalterlicher Sachkultur. Internationaler Kongress, Krems an der Donau, 4. bis 7. Oktober 1994. Gedenkschrift in memoriam Harry Kühnel. Forsch. Inst. Realienkunde Mittelalter u. Frühe Neuzeit, Diskussionen u. Materialien 3. Wien: Österreichische Akademie Wissenschaften 1998, 63–83.

Scholkmann, Barbara/Kenzler, Hauke/Schreg, Rainer (Hrsg.) 2016: Archäologie des Mittelalters und der Neuzeit. Grundwissen. Darmstadt: Wissenschaftliche Buchgesellschaft 2016.

Schreiber, Stefan 2022: Die Praxis der Materialität. Zur Kontroverse nicht-menschlicher Handlungsfähigkeit (nicht nur) in den Archäologien. In: Tobias L. Kienlin/Richard Bußmann (Hrsg.), Sociality – Materiality – Practice. Kölner Beitr.

Archäol. u. Kulturwiss. 3 = Universitätsforsch. Prähist. Archäol. 377. Bonn: Habelt 2022, 337–374.

Schreiber, Stefan 2013: Archäologie der Aneignung. Zum Umgang mit Dingen aus kulturfremden Kontexten. Forum Kritische Archäol. 2, 2013, 48–122.

Schreiber, Stefan 2017: Massendinghaltung: Wie aus einer Tagungsanmerkung ein »alter Archäologenwitz« wird. Archäologische Informationen 40, 2017, 249–256 [https://doi.org/10.11588/ai.2017.1.42493].

Schreiber, Stefan 2023: Die Verdammten dieser Erde. Gedanken zu einer emanzipatorischen Archäologie. In: Aydin Abar/Mette Bangsborg Thuesen/Georg Cyrus/Vera Egbers/Jana Eger/Ilia Heit/Benjamin Irvine/Christine Kainert/Johannes Köhler/Moslem Mishmastnehi/Birgül Öğüt/Sarvenaz Parsa/Giulia Russo/Julia Schönicke/Stefan Schreiber/Francelin Tourtet/Lisa Wolff-Heger (ed.), »What Does This Have to Do with Archaeology?« Essays on the Occasion of the 65th Birthday of Reinhard Bernbeck. Leiden: Sidestone 2023, 177–184 [DOI: 10.59641/e3g2395e].

Schreiber, Stefan/Rotermund, Sophie-Marie 2023: Transkorporalität in der Archäologie: Subjektkörper diesseits und jenseits ›des Menschen‹. In: Martin Renger/Stefan Schreiber/Alexander Veling (Hrsg.), Theorie | Archäologie | Reflexion. Kontroversen und Ansätze im deutschsprachigen Raum. Heidelberg: Propylaeum 2023, 249–291 [https://doi.org/10.11588/propylaeum.1092.c15027].

Schuchardt, Carl 1919: Alteuropa in seiner Kultur- und Stilentwicklung. Straßburg: Trübner 1919 [https://doi.org/10.1515/9783111483245].

Schuchhardt, Carl 1908: Ein Stück trojanischer Forschung. Zeitschr. f. Ethnologie 40, 1908, 943–950.

Schuchhardt, Carl 1921: Rudolf Virchow als Prähistoriker. In: Festsitzung zum Gedächtnis des hundertjährigen Geburtstages Rudolf Virchows am 15. Oktober 1921. Berlin: Berliner Gesellschaft für Anthropologie, Ethnologie und Urgeschichte 1921, 14–23.

Schüttpelz, Erhard 2002: Der Fetischismus der Nationen und die Durchlässigkeit der Zivilisation. Globalisierung durch technische Medien bei Marcel Mauss (1929). In: Stefan Andriopoulos/Bernhard J. Dotzler (Hrsg.), 1929. Beiträge zur Archäologie der Medien. Suhrkamp-Taschenb. Wiss. 1579. Frankfurt a. M.: Suhrkamp 2002, 158–172.

Schwantes, Gustav 1952: Vom Wesen der Typologie. Offa 10, 1952, 1–9.

Settis, Salvatore 1986: Die Zeitmaschine. Über den Umgang mit Geschichte. In: Ulrich Raulff (Hrsg.), Vom Umschreiben der Geschichte. Neue historische Perspektiven. Berlin: Wagenbach 1986, 147–153.

Shennan, Stephen 1997: Quantifying Archaeology, Edinburgh: Edinburgh University Press ²1997 [Erstveröff.: 1988; E-book, 2022: https://doi.org/10.1515/9781474472555]

Shennan, Stephen/Edinborough, Kevan 2007: Prehistoric population history: from the Late Glacial to the Late Neolithic in Northern Europe. Journal Archaeol. Science 34, 2007, 1339–1345 [https://doi.org/10.1016/j.jas.2006.10.031].

Sherratt, Andrew G. 1993: What Would a Bronze-Age World System Look Like? Relations between temperate Europe and the Mediterranean in Later Prehistory. Journal European Archaeol. 1 (2) 1993, 1–57 [https://doi.org/10.1179/096576693800719293].

Sherratt, Andrew G. 1995: Reviving the Great Narrative. Archaeology and Long-Term Change. Journal European Archaeol. 3 (1) 1995, 1–32 [https://doi.org/10.1179/096576695800688223].

Sherratt, Andrew G. 1996: »Settlement Patterns« or »Landscape Studies«? Reconciling Reason and Romance. Archaeological Dialogues 3, 1996, 140–159.

Sherratt, Andrew G. 1997a: Economy and Society in Prehistoric Europe. Changing Perspectives. Edinburgh: Edinburgh University Press 1997.

Sherratt, Andrew G. 1997b: Climatic Cycles and Behavioral Revolutions: The Emergence of Modern Humans and the Beginning of Farming. Antiquity 71, 1997, 271–287.

Siegmund, Frank 2001: Ur- und Frühgeschichte – eine Disziplin zwischen Boom und Krise. Jahrb. Schweiz. Ges. Ur- u. Frühgesch. 84, 2001, 109–118.

Smolla, Günter 1960: Neolithische Kulturerscheinungen. Studien zur Frage ihrer Herausbildungen. Antiquitas 2, 3. Bonn: Habelt 1960.

Smolla, Günter 1964: Analogien und Polaritäten. In: Rafael von Uslar/Karl J. Narr (Hrsg.), Studien aus Alteuropa I. Festschrift für Kurt Tackenberg. Bonner Jahrbücher, Beihefte 10, I. Bonn: Habelt 1964, 30–35.

Smolla, Günter 1980: Das Kossinna-Syndrom. Fundber. Hessen 19/20, 1979/80 (1980) 1–9.

Smolla, Günter 1996: Geschichte und Vorgeschichte [1947]. In: Spuren der Jagd – Die Jagd nach Spuren (Festschr. für Hans-Jürgen Müller-Beck). Tübinger Monographien zur Urgeschichte 11, 1996, 41–47.

Snow, Charles Percy 1959: The Two Cultures and the Scientific Revolution. Cambridge: Cambridge University Press 1959 [The Two Cultures and a Second Look. An Expanded Version of The Two Cultures and the Scientific Revolution. Cambridge: Cambridge University Press 1963; dt.: Die zwei Kulturen. Literarische und naturwissenschaftliche Intelligenz. Stuttgart: Klett 1967]

Sommer, Ulrike 1991: Zur Entstehung archäologischer Fundvergesellschaftungen. Versuch einer archäologischen Taphonomie. In: Elke Mattheußer/Ulrike Sommer, Studien zur Siedlungsarchäologie I. Universitätsforsch. Prähist. Archäol. 6. Bonn: Habelt 1991, 51–193.

Sørensen, Tim Flohr 2017: The Two Cultures and a World Apart: Archaeology and Science at a New Crossroads. Norwegian Archaeol. Review 50 (2) 2017, 101–115 [https://doi.org/10.1080/00293652.2017.1367031].

Sperber, Dan 1975: Über Symbolik. Theorie. Frankfurt a. M.: Suhrkamp 1975 [Orig.: Le symbolisme en général. Paris: Hermann 1974].

Sperber, Dan 1989: Das Wissen des Ethnologen. Frankfurt a. M.: Edition Qumran im Campus Verlag 1989 [Orig.: Le savoir des anthropologues. Paris: Hermann 1982].

Steuer, Heiko 1982: Frühgeschichtliche Sozialstrukturen in Mitteleuropa. Eine Analyse der Auswertungsmethoden des archäologischen Quellenmaterials. Abhandl. Akad. Wiss. Göttingen, Philol.-Hist. Klasse 3,128. Göttingen: Vandenhoeck & Ruprecht 1982.

Steuer, Heiko 2001: »Landschaftsarchäologie«. In: Heinrich Beck/Dieter Geuenich/Heiko Steuer (Hrsg.), Reallexikon Germ. Altertumskunde 17. Berlin: de Gruyter völlig neu bearb. u. stark erw. [2]2001, 630–634.

Steuer, Heiko 2004: Herbert Jankuhn – SS-Karriere und Ur- und Frühgeschichte. In: Hartmut Lehmann/Otto Gerhard Oexle (Hrsg.), Nationalsozialismus in den Kulturwissenschaften 1. Fächer – Milieus – Karrieren. Veröff. Max-Planck-Institut Geschichte 200. Göttingen: Vandenhoeck & Ruprecht 2004, 447–529.

Steuer, Heiko 2007: Kulturgruppen der jüngeren vorrömischen Eisenzeit zwischen Keltiké und dem südlichen Skandinavien. In: Sebastian Möllers/Wolfgang Schlüter/Susanne Sievers (Hrsg.), Keltische Einflüsse im nördlichen Mitteleuropa während der mittleren und jüngeren vorrömischen Eisenzeit. Akten des Internationalen Kolloquiums in Osnabrück vom 29. März bis 1. April 2006. Kolloquien Vor- u. Frühgesch. 9. Bonn: Habelt 2007, 255–263.

Steuer, Heiko/Fischer, Franz 1996: »Fürstensitze«. In: Heinrich Beck/Heiko Steuer/Dieter Timpe (Hrsg.), Reallexikon Germ. Altertumskunde 10. Berlin: de Gruyter völlig neu bearb. u. stark erw. [2]1998, 220–232.

Steward, Julian H. 1954: Types of types. American Anthropologist 56, 1954, 54–57.

Stiegler, Bernard 2009: Technik und Zeit. Der Fehler des Epimetheus. Transpositionen 25. Zürich: Diaphanes 2009 [Orig.: La technique et le temps 1. La faute d'Epiméthée. Paris: Galilée 1994].

Stöllner, Thomas 1999: »Kulturwandel – Chronologie – Methode«. Ein Diskussionsbeitrag am Beispiel der Hallstatt- und Latènekultur. Praehistorische Zeitschrift 74 (2) 1999, 194–218 [https://doi.org/10.1515/prhz.1999.74.2.194].

Stolz, Christian/Miller, Christopher E. (Hrsg.) 2022: Geoarchäologie. Berlin: Springer Spektrum 2022.

Strobel, Michael 2002: Besprechung von Eggert 2001/2012. In: Fundber. Baden-Württemberg 26, 2002, 69–74 [https://doi.org/10.11588/fbbw.2002.0.70551].

Struwe, Ruth/Weniger, Gerd-C. (Hrsg.) 1993: Ethnoarchäologie – Ansätze und Forschungsstand im deutschsprachigen Raum. Ethnogr.-Archäol. Zeitschr. 34, 1993 (2–3) 133–384.

Suchodoletz, Hans von/Pohle, Marco/Khosravichenar, Azra/Ulrich, Mathias/Hein, Michael/Tinapp, Christian/Schultz, Jonathan/Ballasus, Helen/Veit, Ulrich/Ettel, Peter/Werther, Lukas/ Zielhofer, Christoph/Werban, Ulrike 2022: The fluvial architecture of buried floodplain sediments of the Weiße Elster River (Germany) revealed by a novel method combination of drill cores with two-dimensional and spatially resolved geophysical measurements. Earth Surface Processes and Landforms 47 (4) 2022, 955–976 [https://doi.org/10.1002/esp.5296].

Süßmann, Johannes 2002: »Erzählung«. In: Stefan Jordan (Hrsg.), Lexikon Geschichtswissenschaft. Hundert Grundbegriffe. Stuttgart: Reclam 2002, 85–88.

Tanner, Jakob 2004: Historische Anthropologie zur Einführung. Zur Einführung 301. Hamburg: Junius 2004.

Theune, Claudia 2014: Archäologie an Tatorten des 20. Jahrhunderts. Archäologie in Deutschland, Sonderheft 06/2014. Darmstadt: Theiss/WBG 2014.

Theune, Claudia 2020: Archäologie des 19. –21. Jahrhunderts im Spannungsfeld von Denkmalpflege, Gedenken und Ethik. In: Fritz Jürgens/Ulrich Müller (Hrsg.), Archäologie der Moderne. Standpunkte und Perspektiven. Sonderband Historische Archäol. 2020. Bonn: Habelt 2020, 19–30 [DOI: 10.18440/ha.2020.102].

Thomas, David Hurst 1989: Archaeology. Fort Worth: Holt, Rhinehart and Winston 1979, ²1989.

Thomas, Julian 1996: Time, Culture and Identity. An interpretive archaeology. Material Cultures. London: Routledge 1996.

Thomas, Suzie/Vesa-Peakka, Herva/Seitsonen, Oula/Koskinnen-Koivisto 2019: C. Smith (ed.), Dark Heritage. In: Encyclopedia of Global Archaeology. Cham: Springer Nature Switzerland 2019, 1–11 [DOI: 10.1007/978-3319-51726-1_3197-1].

Thomsen, Christian Jürgensen 1837: Leitfaden zur Nordischen Altertumskunde. Kopenhagen: Secretariat der [königlichen] Gesellschaft [für Nordische Alterthumskunde] 1837 [Orig.: Ledetraad til nordisk Oldkyndighed. Kopenhagen: Det kongelige nordiske oldskriftselskab 1836].

Torbrügge, Walter 1959: Die Bronzezeit in der Oberpfalz. Materialhefte Bayer. Vorgesch. 12 Kallmünz/Opf.: Lassleben 1959 [https://doi.org/10.11588/diglit.70069].

Trachsel, Martin 2008: Ur- und Frühgeschichte. Quellen, Methoden, Ziele. Zürich: Orell Füssli 2008.

Traxler, Hans 2009: Die Wahrheit über Hänsel und Gretel. Die Dokumentation des Märchens der Brüder Grimm. Stuttgart: Reclam 2009 [Erstausgabe 1963].

Trauwitz-Hellwig, Joachim von 1935: Totenverehrung, Totenabwehr und Vorgeschichte. München: Bayerische Druckerei & Verlagsanstalt 1935.

Trigger, Bruce G. 1980: Gordon Childe. Revolutions in Archaeology. London: Thames & Hudson 1980.

Trigger, Bruce G. 1984: Alternative Archaeologies: Nationalist, Colonialist, Imperialist. Man N.S. 19, 1984, 355–370.

Trigger, Bruce G. 1989: A History of Archaeological Thought. Cambridge: Cambridge University Press 1989.

Trotzig, Gustaf 1994: Begegnung mit Europas Archäologie. In: Die Bronzezeit, das erste goldene Zeitalter Europas. Europäisches Erbe 2. Ohne Ort 1994, 3–5.

Tylor, Edward B. 1873: Die Anfänge der Cultur. Untersuchungen über die Entwicklung der Mythologie, Philosophie, Religion, Kunst und Sittte. Leipzig: Winter 1873 [Orig.: Primitive Culture: Researches Into the Development of Mythology, Philosophy, Religion, Art, and Custom. London: Murray 1871].

Uerpmann, Hans-Peter: Probleme der Neolithisierung des Mittelmeerraumes, Beih. Tübinger Atlas Vord. Orient B 28. Wiesbaden: Reichert 1979.

Ulf, Christoph (Hrsg.) 2003: Der neue Streit um Troia. Eine Bilanz. München: Beck 2003.

Urban, Otto 2021: Ein Prähistoriker und Unterrichtsminister in der NS-Zeit: Oswald Menghin und die »Kulturkreislehre« von Pater Wilhelm Schmidt. In: Andre Gingrich/Peter Rohrbacher (Hrsg.), Völkerkunde zur NS-Zeit aus Wien (1938–1945): Institutionen, Biographien und Praktiken in Netzwerken. Österr. Akad. Wiss. Phil.-Hist. Kl. Sitzungsber. 913 = Veröff. Sozialanthr. 27 (Wien 2021) 231–292.

Urban, Otto H. 1996: »Er war der Mann zwischen den Fronten«. Oswald Menghin und das Urgeschichtliche Institut der Universität Wien während der Nazizeit. Archaeologia Austriaca 80, 1996, 1–24.

Uslar, Raphael von 1955: Über den Nutzen spekulativer Betrachtung vorgeschichtlicher Funde. Jahrb. Römisch-Germanisches Zentralmuseum 2, 1955, 1–20.

van der Leeuw, Sander E. 1974: The Methodological Debate in Archaeology: Fundamental Questions, Scientific Procedure and Archaeological Research. A Review Article. Helinium 14, 1974, 174–185.

van der Leeuw, Sander E./Torrence, Robin (eds.) 1989: What's New? A Closer Look at the Process of Innovation. One World Archaeol. 14. London: Unwin Hyman 1989.

Van Oyen, Astrid 2012: Towards a post-colonial artefact analysis. Archaeological Dialogues 20, 2013, 81–107 [https://doi.org/10.1017/S1380203813000123].

Van Oyen, Astrid 2017: Material culture and mobility: A brief history of archaeological thought. In: Caroline Heitz/Regine Stapfer (eds.), Mobility and Pottery Production. Archaeological and Anthropological Perspectives. Leiden: Sidestone 2017, 53–65.

Veit, Ulrich 1984: Gustaf Kossinna und V. Gordon Childe. Ansätze zu einer theoretischen Grundlegung der Vorgeschichte. Saeculum 35 (3–4) 1984 (1985) 326–364 [https://doi.org/10.7788/saeculum.1984.35.34.326].

Veit, Ulrich 1988: Des Fürsten neue Schuhe – Überlegungen zum Befund von Hochdorf. Germania 66 (1) 1988, 162–169 [https://doi.org/10.11588/ger.1988.61994].

Veit, Ulrich 1989: Ethnic concepts in German prehistory: a case study on the relationship between cultural identity and archaeological objectivity. In: Stephen. J. Shennan (ed.), Archaeological Approaches to Cultural Identity. Chiefly papers presented at the World Archaeological Congress, held Sept. 1986 at Southampton, England. One World Archaeol. 10. London: Unwin Hyman 1989, 35–56.

Veit, Ulrich 1990: Kulturanthropologische Perspektiven in der Urgeschichtsforschung. Einige forschungsgeschichtliche und wissenschaftstheoretische Vorüberlegungen. Saeculum 41 (3/4) 1990, 182–214 [https://doi.org/10.7788/saeculum.1990.41.34.182].

Veit, Ulrich 1993a: Kollektivbestattung im nord- und westeuropäischen Neolithikum. Problemstellung, Paradigmen, Perspektiven. Bonner Jahrbücher 193, 1993 (1994) 1–44.

Veit, Ulrich 1993b: Burials Within Settlements of the Linienbandkeramik and Stichbandkeramik Cultures of Central Europe. On the Social Construction of Death in Early-Neolithic Society. Journal of European Archaeology 1 (1) 1993, 107–140 [https://doi.org/10.1179/096576693800731163].

Veit, Ulrich 1993c: Europäische Urgeschichte und ethnographische Vergleiche: Eine Positionsbestimmung. Ethnogr.-Archäol. Zeitschr. 34 (2) 1993 (1994) 135–143.

Veit, Ulrich 1994: Von Mykene bis Madagaskar: Europäische Megalithik und ethnographische Vergleiche. Ethnogr.-Archäol. Zeitschr. 35 (3) 1994 (1995) 353–381.

Veit, Ulrich 1995: Zwischen Geschichte und Anthropologie: Überlegungen zur historischen, sozialen und kognitiven Identität der Ur- und Frühgeschichtswissenschaft. Ethnogr.-Archäol. Zeitschr. 36 (1) 1995 (1996) 137–143.

Veit, Ulrich 1996: Studien zum Problem der Siedlungsbestattung im europäischen Neolithikum. Tübinger Schriften Ur- u. Frühgesch. Archäol. 1. Münster: Waxmann 1996.

Veit, Ulrich 1997: Tod und Bestattungssitten im Kulturvergleich. Ethnoarchäologische Perspektiven einer »Archäologie des Todes«. Ethnogr.-Archäol. Zeitschr. 38 (3–4) 1997, 291–314.

Veit, Ulrich 1998: Zwischen Tradition und Revolution: Theoretische Ansätze in der britischen Archäologie. In: Eggert/Veit 1998, 15–65.

Veit, Ulrich 1999: Überlegungen zur Funktion und Bedeutung der Megalithgräber im nördlichen und westlichen Europa. In: Karl W. Beinhauer/Gabriel Cooney/Christian E. Gucksch/Susan Kus/Karin von Welck (Hrsg.), Studien zur Megalithik – Forschungsstand und ethnoarchäologische Perspektiven / The Megalithic Phenomenon – Recent Research and Ethnoarchaeological Approaches. Veröffentlichung zu einer internationalen Konferenz am Reiss-Museum in Mannheim vom 1.–4.10.92. Langenweißbach: Beier & Beran 1999, 395–419.

Veit, Ulrich 2000a: König und Hohepriester? Zur These einer sakralen Gründung der Herrschaft in der Hallstattzeit. Archäologisches Korrespondenzblatt 30, 2000, 549–568.

Veit, Ulrich 2000b: Gustaf Kossinna and his concept of a national archaeology. In: Heinrich Härke (ed.) Archaeology, Ideology and Society: The German Experience. Ges. u. Staaten Epochenwandel 7. Frankfurt a. M.: Lang 2000, 40–64.

Veit, Ulrich 2000c: Kulturanthropologische Ansätze in der Ur- und Frühgeschichtsforschung des deutschsprachigen Raumes: Ein Blick zurück nach vorn. Archäologische Informationen 23 (1) 2000, 77–98 [https://doi.org/10.11588/ai.2000.1.14336].

Veit, Ulrich 2001: Von der Schwierigkeit ein Fach zu bestimmen. Überlegungen zur kognitiven Identität der Ur- und Frühgeschichtsforschung. Saeculum 52 (1) 2001, 73–90 [https://doi.org/10.7788/saeculum.2001.52.1.73].

Veit, Ulrich 2002: Vom Nutzen und Nachteil der Theorie für die Archäologie: Anmerkungen zur jüngeren deutschsprachigen Diskussion. In: Rüstem Aslan/Stephan Blum/Gabriele Kastl/Frank Schweizer/Diane Thumm (Hrsg.), Mauerschau. Festschrift für Manfred Korfmann 1. Remshalden-Grunbach: Greiner 2002, 37–55.

Veit, Ulrich 2003a: Über die Grenzen archäologischer Erkenntnis und die Lehren der Kulturtheorie für die Archäologie. In: Veit et. al. 2003, 463–490.

Veit, Ulrich 2003b: Texte und Spuren: Ur- und Frühgeschichtliche Archäologie zwischen Verstehen und Erklären. In: Heinz et al. 2003, 97–111.

Veit, Ulrich 2005: Kulturelles Gedächtnis und materielle Kultur in schriftlosen Gesellschaften: Anthropologische Grundlagen und Perspektiven für die Urgeschichtsforschung. In: Tobias L. Kienlin (Hrsg.), Die Dinge als Zeichen: Kulturelles Wissen und materielle Kultur. Internationale Fachtagung an der Johann Wolfgang Goethe Universität Frankfurt am Main, 3.–5. April 2003. Universitätsforsch. Prähist. Archäol. 127. Bonn: Habelt 2005, 23–40.

Veit, Ulrich 2005/2006: Abfall als historische Quelle: Zeugenschaft in der Archäologie. Parapluie 22, 2005/2006, unpaginiert [https://parapluie.de/archiv/zeugenschaft/archaeologie/].

Veit, Ulrich 2006a: Gründerjahre: Die mitteleuropäische Ur- und Frühgeschichtsforschung um 1900. In: Johann Callmer/Michael Meyer/Ruth Struwe/Claudia Theune (Hrsg.), Die Anfänge der ur- und frühgeschichtlichen Archäologie als akademisches Fach im europäischen Vergleich (1890–1930). Internationale Tagung an der Humboldt-Universität zu Berlin vom 13.–16.03.2003. Berliner Archäol. Forsch. 2. Rahden/Westf.: Leidorf 2006, 43–62.

Veit, Ulrich 2006b: Der Archäologe als Erzähler. In: Hans-Peter Wotzka (Hrsg.), Grundlegungen. Beiträge zur europäischen und afrikanischen Archäologie für Manfred K. H. Eggert. Tübingen: Francke 2006, 201–213.

Veit, Ulrich 2006c: »Digging for Symbols«: Ur- und Frühgeschichtliche Archäologie als Kulturwissenschaft? Ethnogr.-Archäol. Zeitschr. 47, 2006 (2007) 145–162.

Veit, Ulrich 2006d: Mehr als eine »Wissenschaft des Spatens«. Troia und die Geburt der modernen Archäologie. In: Manfred O. Korfmann (Hrsg.), Troia. Archäologie eines Siedlungshügels und seiner Landschaft. Mainz: v. Zabern 2006, 123–130.

Veit, Ulrich 2006e: Notizen aus der Provinz: Zu den Anfängen ur- und frühgeschichtlicher Forschung an der Universität Tübingen. In: Johan Callmer/Michael Meyer/Ruth Struwe/Claudia Theune (Hrsg.), Die Anfänge der ur- und frühgeschichtlichen Archäologie als akademisches Fach (1890–1930) im europäischen Vergleich. The beginnings of academic pre- and protohistoric archaeology (1890–1930) in a European perspective. Internationale Tagung an der Humboldt-Universität zu Berlin vom 1.–16.03.2003. Berliner Archäol. Forsch. 2. Rahden/Westf.: Leidorf 2006, 95–116.

Veit, Ulrich 2008: Über die Anfänge menschlichen Totengedenkens und die Entstehung »monumentaler« Grabanlagen im westlichen und nördlichen Europa. In: Kümmel et al. 2008, 33–74.

Veit, Ulrich 2011a: Archäologiegeschichte als Wissenschaftsgeschichte: Über Formen und Funktionen historischer Selbstvergewisserung in der Prähistorischen Archäologie. Ethnogr.-Archäol. Zeitschr. 52 (1) 2011 (2012) 34–58 [https://doi.org/10.54799/JGHG3497].

Veit, Ulrich 2011b: Über das »Geschichtliche« in der Archäologie – und über das »Archäologische« in der Geschichtswissenschaft. In: Stefan Burmeister/Nils

Müller-Scheeßel (Hrsg.), Fluchtpunkt Geschichte. Archäologie und Geschichtswissenschaft im Dialog. Veranstaltung der Arbeitsgemeinschaft »Theorie in der Archäologie« am 8. Oktober 2007 im Rahmen der 78. Jahrestagung des Nordwestdeutschen Verbands für Altertumskunde in Schleswig. Tübinger Archäol. Taschenb. 9. Münster: Waxmann 2011, 297–310.

Veit, Ulrich 2011c: Der Prähistoriker als »local hero«. Gustaf Kossinna (1858–1931) und sein Kampf für die »deutsche Archäologie«. In: Stefanie Samida (Hrsg.), Inszenierte Wissenschaft. Zur Popularisierung von Wissen im 19. Jahrhundert. Tagung am 26. und 27. Februar 2010 an der Eberhard-Karls-Universität Tübingen. Histoire 21. Bielefeld: transcript 2011, 297–315.

Veit, Ulrich 2011d: Besprechung von Jung 2006. In: Germania 87 (1) 2009 (2011) 342–347 [https://doi.org/10.11588/ger.2009.75488].

Veit, Ulrich 2012: Zur Geschichte und Theorie des Erzählens in der Archäologie: Eine Problemskizze. Ethnogr.-Archäol. Zeitschr. 51, 2010 (2012) 10–29 [https://doi.org/10.54799/CYUC9748].

Veit, Ulrich 2013a: Vom schwierigen Umgang mit der Vorgeschichtsforschung im Dritten Reich. Gedanken anlässlich der Publikation zur Bremer Ausstellung »Graben für Germanien. Archäologie unterm Hakenkreuz«. Ethnogr.-Archäol. Zeitschr. 52 (2) 2011 (2013) 266–279 [https://doi.org/10.54799/INDE4504].

Veit, Ulrich 2013b: »Sonderbestattungen«. Vorüberlegungen zu einem integrierten Ansatz ihrer Erforschung. In: Müller-Scheeßel 2013, 11–24.

Veit, Ulrich 2013c: ›Gesellschaft‹ und ›Herrschaft‹: Gleichheit und Ungleichheit in frühen Gesellschaften. In: Eggert/Veit 2013, 191–228.

Veit, Ulrich 2014a: Ur- und Frühgeschichtliche Archäologie. In: Stefanie Samida/Manfred K. H. Eggert/Hans Peter Hahn (Hrsg.), Materielle Kultur. Ein interdisziplinäres Handbuch. Bedeutungen, Konzepte, Disziplinen. Stuttgart: Metzler 2014, 350–359.

Veit, Ulrich 2014b: Raumkonzepte in der Prähistorischen Archäologie – vor einhundert Jahren und heute. In: Jochen Brandt/Björn Rauchfuß (Hrsg.), Das Jastorf-Konzept und die vorrömische Eisenzeit im nördlichen Mitteleuropa. Beiträge einer internationalen Tagung zum einhundertjährigen Jubiläum der Veröffentlichung »Die Ältesten Urnenfriedhöfe bei Uelzen und Lüneburg« durch Gustav Schwantes, 18.–22.5.2011 in Bad Bevensen. Veröff. Helms-Mus., Archäol. Mus. Hamburg, Stadtmus. Harburg 105. Hamburg-Harburg: Helms-Museum 2014, 35–48.

Veit, Ulrich 2014c: Gewalt-Erzählungen: Überlegungen zum Gewaltdiskurs in der Ur- und Frühgeschichtlichen Archäologie. In: Thomas Link/Heidi Peter-Röcher (Hrsg.), Gewalt und Gesellschaft. Dimensionen der Gewalt in ur- und frühgeschichtlicher Zeit. Internationale Tagung an der Julius-Maximilians-Universität Würzburg 14.–16. März 2013. Universitätsforsch. Prähist. Archäol. 259. Bonn: Habelt 2014, 19–31.

Veit, Ulrich 2014d: Archäologisches Wissen und Sammeln im 18. Jahrhundert. In: Veit/Wöhrl 2014, 12–25.

Veit, Ulrich 2014e: Archäologie als Kulturwissenschaft. In: Mölders/Wolfram 2014, 25–28.

Veit, Ulrich 2015: Objects of Knowledge in Modern Settlement Archaeology. The Case of the Iron Age *Fürstensitze* (»Princely Residences«). In: Gisela Eberhardt/Fabian Link (eds.), Historiographical Approaches to Past Archaeological Research. Berlin Studies Ancient World 32. Berlin: Edition Topoi 2015, 115–130 [https://doi.org/10.18452/5292].

Veit, Ulrich 2016: »Siedlungsbestattung« in der jüngeren Urgeschichte Mitteleuropas: Überlegungen zur Theorie und Methodik archäologischer Gräberforschung. In: Ludwig Husty/Karl Schmotz (Hrsg.), Vorträge des 34. Niederbayerischen Archäologentages. Deggendorf 2015. Rahden/Westf.: Leidorf 2016, 19–44.

Veit, Ulrich 2017: Farewell to antiquarianism: A new »grand narrative« for German-speaking prehistoric archaeology? Archaeological Dialogues 24 (1) 2017, 25–29 [https://doi.org/10.1017/S1380203817000010].

Veit, Ulrich 2018a: Objektanalyse – Sachwissen – Dingbefremdung. »Materielle Kultur« im Fokus der Prähistorischen Archäologie. Gesch. Wiss. u. Unterricht 67, 2018 (9/10) 493–512.

Veit, Ulrich 2018b: Der Theoretiker als Spielverderber? Oder: Neues vom sechsten Kontinent. Ethnogr.-Archäol. Zeitschr. 56, 2015 (2018) 60–64 [https://doi.org/10.54799/YJVE4637].

Veit, Ulrich 2018c: Besprechung von Hermann Parzinger, Abenteuer Archäologie. Eine Reise durch die Menschheitsgeschichte. München: Beck 2016. In: Gnomon 90 (1) 2018, 66–70 [https://www.jstor.org/stable/26534065].

Veit, Ulrich 2019. Besprechung von Ribeiro 2018. In: Germania 97, 2019 (2020) 417–420 [https://doi.org/10.11588/ger.2019.78874].

Veit, Ulrich 2020a: Der Ort der Theorie in der Prähistorischen Archäologie: Gedanken zur aktuellen Debatte im deutschsprachigen Raum. Germania 98, 2020 (2021) 157–192 [https://doi.org/10.11588/ger.2020.85210].

Veit, Ulrich 2020b: Archaeology and Cleaning: Some Reflections on the Archaeological Process. In: Isabel Bredenbröker/Christina Hanzen/Felix Kotzur (eds.), Cleaning and Value. Interdisciplinary Investigations. Leiden: Sidestone 2020, 41–54.

Veit, Ulrich 2020c: Die »ethnographische Analogie«: Aufstieg und Niedergang eines heuristischen Schemas in der deutschsprachigen Urgeschichtsforschung im 20. Jahrhundert. Saeculum 70 (2) 2020, 213–233 [https://doi.org/10.7788/saec.2020.70.2.213].

Veit, Ulrich 2020d: Die Erfindung der »Steinzeit«. Anmerkungen zur Wirkungsgeschichte eines Epochenkonzepts. In: Veit/Wöhrl 2020, 163–172.

Veit, Ulrich 2020e: »Ritual« and »Social« Elements in Prehistoric Burial Custom: Some General Reflections and a Case Study. In: Stephan W. E. Blum/Turan Efe/Tobial L. Kienlin/Ernst Pernicka (eds.), From Past to Present. Studies in Memory of Manfred O. Korfmann. Studia Troica 11. Bonn: Habelt 2020, 525–537.

Veit, Ulrich 2021: Zur Identifizierung und Deutung »religiöser Artefakte« in der Ur- und Frühgeschichtlichen Archäologie. In: Joachim Friedrich Quack/Daniela C. Luft (Hrsg.), Schrift und Material. Praktische Verwendung religiöser Text- und Bildträger als Artefakte im Alten Ägypten. Internationales IWH-Symposium, Heidelberg 20. bis 22. September 2013. Orientalische Religion Antike. Tübingen: Mohr Siebeck 2021, 21–44.

Veit, Ulrich 2022a: *Digging for Diversity*? Über die gesellschaftliche Dimension archäologischer Forschung. In: Wolfram 2022, 8–19.

Veit, Ulrich 2022b: Graben in Troia: Feldarchäologische Praxis und Methode bei Heinrich Schliemann und Manfred O. Korfmann. In: Ernst Seidl/Stephan Blum/Magda Pieniążek/Michael La Corte (Hrsg.), Troia, Schliemann und Tübingen. Schriften des Museums der Universität Tübingen 25. Tübingen: Museum der Universität Tübingen 2022, 72–85.

Veit, Ulrich 2023a: Wider den ewigen Menschen. Plädoyer für eine Gräberarchäologie jenseits von Historismus und Naturgeschichte. In: Nadja Balkowski/Kerstin P. Hofmann/Isabel A. Hohle/Almut Schülke (Hrsg.), Mensch – Körper – Tod. Der Umgang mit menschlichen Überresten im Neolithikum Mitteleuropas. Beiträge zu einer Sektion auf der Tagung des West- und Süddeutschen Verbandes für Altertumsforschung, Würzburg 2. bis 4. April 2019. Leiden: Sidestone 2023, 41–90.

Veit, Ulrich 2023b: Prähistorische Archäologie als Historische Kulturwissenschaft: Genealogie und Zukunft eines unvollendeten Projekts. In: Martin Renger/Stefan Schreiber/Alexander Veling (Hrsg.), Theorie | Archäologie | Reflexion. Kontroversen und Ansätze im deutschsprachigen Raum. Heidelberg: Propylaeum 2023, 53–82 [https://doi.org/10.11588/propylaeum.1092.c15023].

Veit, Ulrich 2023c: Preface. In: Miera 2023a, 7–8.

Veit, Ulrich 2024: Ethnosoziologische Perspektiven zur inhaltlichen Erschließung prähistorisch-archäologischer (Be-)Funde: Matthias Jungs archäologische Adaption der Objektiven Hermeneutik im Kontext paralleler Debatten in der Ur- und

Frühgeschichtlichen Archäologie: In: Matthias Jung (Hrsg.), Konfliktvermeidung und Konfliktbeilegung in Gesellschaften ohne Zentralgewalt. Würzburger Studien Vor- u. Frühgesch. Archäol. 9. Würzburg: Würzburg University Press 2024, 371–391 [https://doi.org/10.25972/WUP-978-3-95826-241-6-371].

Veit, Ulrich 2025: Studium West – Dienstort Ost: Schlaglichter auf das Ost-West-Verhältnis in der deutschen Ur- und Frühgeschichtsforschung vor und nach der Wiedervereinigung. In: Oliver Rück/André Spatzier (Hrsg.), ArchäoSphären. Festschrift für François Bertemes zum 67. Geburtstag. Alteuropäische Forschungen N. F. 12 (Langenweißbach: Beier & Beran 2025) 1–19.

Veit, Ulrich/Kienlin, Tobias L./Kümmel, Christoph/Schmidt, Sascha (Hrsg.) 2003: Spuren und Botschaften: Interpretationen materieller Kultur. Beiträge einer internationalen Fachtagung am Institut für Ur- und Frühgeschichte und Archäologie des Mittelalters der Eberhard-Karls-Universität Tübingen vom 2. bis 4. Juni 2000. Tübinger Archäol. Taschenb. 4. Münster: Waxmann 2003.

Veit, Ulrich/Wendowski-Schünemann, Andreas 2023: Der bronzezeitliche Ringwall ‚Am Kirchhof' in Cuxhaven-Duhnen und benachbarte archäologische Denkmäler. Leipziger Schriften Ur- und Frühgeschichtl. Archäol. 11. Leipzig: Professur für Ur- und Frühgeschichte 2023.

Veit, Ulrich/Wöhrl, Matthias (Hrsg.) 2014: Donnerkeil – Opfermesser – Thränengefäß. Die archäologischen Objekte aus der Sammlung der Leipziger Apothekerfamilie Linck (1670-1807) im Naturalienkabinett Waldenburg (Sachsen). Leipziger Schriften zur Ur- und Frühgeschichtlichen Archäologie, Bd. 8. Leipzig: Professur für Ur- und Frühgeschichte 2014.

Veit, Ulrich/Wöhrl, Matthias (Hrsg.) 2020: SteinWelten. Ein interdisziplinärer Rundgang anhand von Objekten aus den Sammlungen der Universität Leipzig. Begleitschrift zur Ausstellung SteinReich. Wissens-Schätze aus den Sammlungen der Universität Leipzig. Leipzig: Professur für Ur- und Frühgeschichte 2020.

Veling, Alexander 2019: Archäologie der Praktiken. Germania 97, 2019 (2020) 131–170.

Veling, Alexander 2024: Die Archäologie des 1. Jahrtausends zwischen gesellschaftlicher Verantwortung und wissenschaftlicher Relevanz. Archäologisches Korrespondenzblatt 54, 2024, 95-123.

Veyne, Paul 1990: Geschichtsschreibung. Und was sie nicht ist. Edition Suhrkamp 1472 = N. F. 472. Frankfurt a. M.: Suhrkamp 1990 [Orig.: Comment on écrit l'histoire. Essai d'épistémologie. Paris: Seuil 1971].

Veyne, Paul 1994: Brot und Spiele. Gesellschaftliche Macht und politische Herrschaft in der Antike. München: Deutscher Taschenbuchvelag 1994 [Orig.: Le pain et le cirque. Sociologie historique d'un pluralisme politique. Coll. Point Histoire. Paris: Seuil 1976].

Veyne, Paul 1995: Propaganda Ausdruck König, Bild Idol Orakel. In: Paul Veyne, Die römische Gesellschaft. München: Fink 1995, 300–332 [Orig.: Propagande expression roi, image idole oracle. Homme 114, 1990, 7–26].

Vossen, Rüdiger 1970: Klassifikationsprobleme und Klassifikationssysteme in der Amerikanischen Archäologie. Acta Praehistorica et Archaeologica 1, 1970, 29–79.

Wagner, Günther A. (Hrsg.) 2007: Einführung in die Archäometrie. Berlin: Springer 2007 [https://link.springer.com/book/10.1007/978-3-540-71937-3].

Wahl, Joachim/König, Hans Günter 1987: Anthropologisch-traumatologische Untersuchung der menschlichen Skelettreste aus dem bandkeramischen Massengrab bei Talheim, Kreis Heilbronn. Fundber. Baden-Württemberg 12, 1987, 65–193 [https://doi.org/10.11588/fbbw.1987.0.39499].

Wahle, Ernst 1941: Zur ethnischen Deutung frühgeschichtlicher Kulturprovinzen. Grenzen der frühgeschichtlichen Erkenntnis I. Sitzungsber. Heidelberger Akad. Wiss. Philos.-Hist. Klasse Abhandl. 1940/41,2. Heidelberg: Winter 1941.

Wahle, Ernst 1950/1951: Geschichte der prähistorischen Forschung. Anthropos 45, 1950, 497–538; 46, 1951, 49–112.

Wahle, Ernst 1951: Typologisches und wirklichkeitsnahes Denken in der prähistorischen Forschung. Sociologus N. F. 1 (1) 1951, 44–53.

Wallerstein, Immanuel 1986: Das moderne Weltsystem – Kapitalistische Landwirtschaft und die Entstehung der europäischen Weltwirtschaft im 16. Jahrhundert. Frankfurt a. M.: Syndikat 1986 [Orig.: The Modern World System. Capitalist Agriculture and the Origins of the European World Economy in the Sixteenth Century. New York: Academic Press 1974].

Weber, Max 1904/1982: Die »Objektivität« sozialwissenschaftlicher und sozialpolitischer Erkenntnis (1904). In: Max Weber, Gesammelte Aufsätze zur Wissenschaftslehre. Tübingen: Mohr erneut durchges. ^{5}1982, 146–214 [Erstveröff. in: Archiv Sozialwiss. u. Sozialpolitik 19, 1904, 22–87].

Weber, Max 1922/1976: Wirtschaft und Gesellschaft. Grundriß der verstehenden Soziologie. Tübingen: Mohr 1922; rev. ^{5}1976.

Weinland, David Friedrich 1950: Rulaman. Erzählung aus der Zeit des Höhlenmenschen und des Höhlenbären. Tübingen: Wunderlich 1950 [Erstveröff.: Rulaman. Naturgeschichtliche Erzählung aus der Zeit des Höhlenmenschen und des Höhlenbären. Leipzig: Spamer 1878].

Wemhoff, Matthias/Rind, Michael M. 2018: Bewegte Zeiten: Eine Einführung, In: Matthias Wemhoff/Michael M. Rind (Hrsg.) 2018: Bewegte Zeiten. Archäologie in

Deutschland. Begleitband zur Ausstellung. 21. September 2018 bis 6. Januar 2019. Gropius-Bau, Berlin. Petersberg: Imhof 2018, 16–19.

Wenskus, Reinhard 1961: Stammesbildung und Verfassung. Das Werden der frühmittelalterlichen *gentes*. Köln: Böhlau 1961.

Wenskus, Reinhard 1979: Randbemerkungen zum Verhältnis von Historie und Archäologie, insbesondere mittelalterliche Geschichte und Mittelalterarchäologie. In: Herbert Jankuhn/Reinhard Wenskus (Hrsg.) Geschichtswissenschaft und Archäologie. Vorträge und Forschungen 22. Sigmaringen: Thorbecke 1979, 637–657.

Werlen, Benno 2009: Geographie/Sozialgeographie. In: Stephan Günzel (Hrsg.), Raumwissenschaften. Suhrkamp-Taschenb. Wiss. 1891. Frankfurt a. M.: Suhrkamp 2009, 142–158.

Werner, Joachim 1978: Vladimir Milojčić – Lebensweg und Werk. In: Vladimir Milojčić 1918–1978. Gedenkfeier der Fakultät für Orientalistik und Altertumswissenschaften am 27. Mai 1978 in der alten Aula der Universität Heidelberg. Sitzungsber. Heidelberger Akad. Wiss., Philos.-Hist. Klasse, Sonderabhandl. Heidelberg: Winter 1978, 12–27.

White, Hayden 1986a: Auch Klio dichtet oder Die Fiktion des Faktischen. Studien zur Tropologie des historischen Diskurses (mit einer Einführung von Reinhart Koselleck). Sprache u. Gesch. 10. Stuttgart: Klett-Cotta 1986 [Orig.: Tropics of Discourse. Essays in Cultural Criticism. Baltimore: Johns Hopkins University Press 1978].

White, Hayden 1986b: Einleitung: Tropologie, Diskurs und die Formen des menschlichen Bewußtseins. In: Hayden 1986a, 7–35.

White, Hayden 1990: Das Problem der Erzählung in der modernen Geschichtstheorie. In: Hayden White, Die Bedeutung der Form. Erzählstrukturen in der Geschichtsschreibung. Fischer Wissenschaft 7417. Frankfurt a. M.: Fischer 1990, 40–77 [Orig.: The Question of Narrative in Contemporary Historical Theory. Hist. and Theory 23 (1) 1984, 1–33].

White, Hayden 1994: Metahistory. Die historische Einbildungskraft im 19. Jahrhundert in Europa. Fischer-Wissenschaft 11701. Frankfurt a. M.: Fischer 1994 [Orig.: Metahistory. The Historical Imagination in Ninteenth-Centruy Europe. Baltimore: John Hopkins University Press. 1973].

Wieser, Matthias 2008: Technik/Artefakte: Mattering Matter. In: Stephan Moebius, Stephan/Andreas Reckwitz (Hrsg.), Poststrukturalistische Sozialwissenschaften. Frankfurt a. M.: Suhrkamp 2008, 419–432.

Wiegert, Mathias 1995: Wissenschaftsgeschichte und Ur- und Frühgeschichte. Berichte zur Wissenschaftsgeschichte 18, 1995, 181–185.

Willner, Sarah/Koch, Georg/Samida, Stefanie (Hrsg.) 2016: Doing History. Performative Praktiken in der Geschichtskultur. Edition Hist. Kulturwiss. 1. Münster: Waxmann 2016.

Wimmer, Andreas 2005: Kultur als Prozess. Zur Dynamik des Aushandelns von Bedeutungen. Wiesbaden: Verlag für Sozialwissenschaften 2005.

Wimmer, Mario 2012: Archivkörper. Eine Geschichte historischer Einbildungskraft. Konstanz: Konstanz University Press 2012 [http://nbn-resolving.de/urn:nbn:de:bsz:352-238533].

Wolfram, Sabine (Hrsg.) 2022: Diversität in der Archäologie: erforschen, ausstellen, vermitteln. Band zur gleichnamigen Tagung am Staatlichen Museum für Archäologie Chemnitz – smac vom 15.5. bis 17.5.2019. Chemnitz: Staatliches Museum für Archäologie Chemnitz 2022.

Wolfram, Sabine 2000: »Vorsprung durch Technik« oder »Kossinna syndrome«? Archaeological theory and social context in post-war West Germany. In: Härke 2000, 180–201.

Wolfram, Sabine/Sommer, Ulrike (Hrsg.) 1993: Macht der Vergangenheit – Wer macht Vergangenheit? Archäologie und Politik. Beitr. Ur- u. Frühgesch. Mitteleuropa 3. Wilkau-Haßlau: Beier & Beran 1993.

Worsaae, Jens Jacob Asmussen 1844: Dänemarks Vorzeit durch Alterthümer und Grabhügel beleuchtet. Kopenhagen: Reitzel 1844.

Wotzka, Hans-Peter 1993: Zum traditionellen Kulturbegriff in der prähistorischen Archäologie. Paideuma 39, 1993, 25–44.

Wotzka, Hans-Peter 2000: »Kultur« in der deutschsprachigen Urgeschichtsforschung. In: Fröhlich 2000, 55–80.

Wotzka, Hans-Peter 2014: Kulturbegriff. In: Mölders/Wolfram 2014, 139–143.

Wylie, Alison 1985: The Reaction against Analogy. Advances Archaeol. Method and Theory 8, 1985, 63–111.

Wylie, Alison 2002: Thinking from Things. Essays in the Philosophy of Archaeology. Berkeley: University of California Press 2002.

Wylie, Alison 2017: From the Ground up: Philosophy and Archaeology. Proc. and Adresses American Philos. Assoc. 9, 2017, 118–136.

Wylie, Alison 2019: Rock, Bone, and Ruin: A Trace-centric Appreciation. Philos., Theory, and Practice Biology 11 (8) 2019 [https://doi.org/10.3998/ptpbio.16039257.0011.008].

Yengoyan, Aram A. 1985: Digging for Symbols: The Archaeology of Everyday Material Life. Proc. Prehist. Soc. N. S. 51, 1985, 329–334.

Zimmerman, Andrew 1999: Geschichtslose und schriftlose Völker in Spreeathen. Anthropologie als Kritik der Geschichtswissenschaft im Kaiserreich. Zeitschr. Geschichtswiss. 47 (1) 1999, 197–210.

Zimmermann, Andreas/Richter, Jürgen/Frank, Thomas/Wendt, Karl Peter 2004: Landschaftsarchäologie II. Überlegungen zu Prinzipen einer Landschaftsarchäologie. Ber. Röm.-Germ. Komm. 85, 2004 (2005) 37–95.

Zimmermann, Andreas/Siegmund, Frank 2002: Antworten aus der Vergangenheit. Technikfolgen-Beobachtung und andere gegenwartsbezogene Fragestellungen der Archäologie. Germania 80, 2002, 595–614 [https://doi.org/10.11588/ger.2002.61370].

Zimmermann, W. Haio 1997: Haus, Hof und Siedlungsstruktur auf der Geest vom Neolithikum bis in das Mittelalter im Elbe-Weser-Dreieck. In: Heinrich Beck/Heiko Steuer (Hrsg.), Haus und Hof in ur- und frühgeschichtlicher Zeit (= Gedenkschrift für Herbert Jankuhn). Abhandl. Akad. Wiss. Göttingen, Phil.-Hist. Kl. 3. Folge Nr. 218. Göttingen: Vandenhoeck & Ruprecht 1997, 414–460.

Zintzen, Christiane 1998: Von Pompeji nach Troia. Archäologie, Literatur und Öffentlichkeit im 19. Jahrhundert. Wien: WUV Universitätsverlag 1998.

Liste der Abbildungen

Hinweis: Sofern nicht anders angegebenen stammen die Bildvorlagen (Fotos, Zeichnungen) vom Verfasser.

Abb. 1: ›Archäologie ist ein großes Puzzle‹.

Abb. 2: Zusammenstellung relevanter Praktiken im Berufsfeld ›Archäologie‹.

Abb. 3: Archäologische Feldarbeit im Rahmen einer Lehrgrabung: Grabungen am ‹Burrenhof‹ bei Grabenstätten im Bereich eines Gräberfelds der vorrömischen Eisenzeit (Institut für Ur- und Frühgeschichte und Archäologie des Mittelalters, Universität Tübingen)

Abb. 4: Titelseite des Buchs »Das germanische Todtenlager bei Selzen in der Provinz Rheinhessen« der Mainzer Kunstmaler und Altertumsforscher Wilhelm und Ludwig Lindenschmit aus dem Jahre 1848.

Abb. 5: Portal des Landesmuseums für Vorgeschichte in Halle (Saale), Sachsen-Anhalt.

Abb. 6: Das ›Forschungsmuseum Schöningen‹ (Lkr. Helmstedt, Niedersachsen), das im Jahre 2013 noch unter dem Namen ›paläon‹ eröffnet wurde.

Abb. 7: Archäologie im Braunkohlenrevier: Breuersdorf, Sachsen.

Abb. 8: Monumentalarchäologie vs. archäologische Spurensuche.

Abb. 9: ›Bookhenge‹ (Zeichnung von Hans Joachim Frey/Institut für Ur- und Frühgeschichte und Archäologie des Mittelalters der Eberhard Karls Universität Tübingen, nach einer Idee des Verf.).

Abb. 10: Visualisierung des Modells einer ›*Ladder of inferences*‹ von Christopher Hawkes (1905–1992; nach Hawkes 1954)

Abb. 11: *Black box*-Modell archäologischer Erkenntnis nach Edmund Leach (1910-1989; aus Leach 1973, Abb. 2 mit Ergänzungen des Verf.).

Abb. 12: Frühe Archäologen bei der Ausgrabung prähistorischer Grabhügel (mit Graburnen) in Norddeutschland ([Des] Jod[ocus] Herman Nünning ... westfälisch-münsterländische Heidengräber / aus d. Lat. übers. v. E. Hüsing [Lat. Original 1714]. Coesfeld: Wittmann 1855 [VIII, 80 S.: Ill.], Taf 7. Online-Ausgabe von J. H. Nünning 1714; 1855, Münster: Univ.- und Landesbibliothek, 2013 URG: urn:nbn:de:hbz:6:1-87570).

Abb. 13: Steinbeile in einem Sammlungsschrank, Sammlung Ur- und Frühgeschichte der Universität Leipzig. (Bildarchiv der Sammlung Ur- und Frühgeschichte der Universität Leipzig).

Abb. 14: Auswahl prähistorischer Artefakte, die über das Material (›Stein‹) und die angenommene Funktion (›Waffe‹) zu einer Klasse verbunden werden können. Vertreten sind Typvertreter unterschiedlicher Waffentypen (Streitäxte, Dolche, Pfeilspitzen, Schleudergeschosse). (Bildarchiv der Sammlung für Ur- und Frühgeschichte der Universität Leipzig).
Abb. 15: ›Hockerbestattung‹ der Linienbandkeramik (Frühes Neolithikum) aus Sondershausen, Thüringen (nach Veit 1996, Taf. 7.3).
Abb. 16: Großsteingrab ›Poskjaer Stenhus‹ in Knebel, Jütland, Dänemark.
Abb. 17: *In situ*-Aufnahme eines freigelegten Urnengrabs der späten Bronzezeit/frühen Eisenzeit aus Cuxhaven-Berensch (Professur für Ur- und Frühgeschichte, Universität Leipzig).
Abb. 18: Das prähistorische ›Heiligtum‹ von Stonehenge, Wessex, Südengland.
Abb. 19: Unterschiedliche Typen von rituellen Handlungen.
Abb. 20: Dokumentation eines Grabungsprofils auf der »Achalm«, Reutlingen, Baden-Württemberg (Grabung des Instituts für Ur- und Frühgeschichte und Archäologie des Mittelalters der Eberhard Karls der Universität Tübingen, 2005).
Abb. 21: Darstellung von Stratifizierungen mittels einer sog. ›Harris-Matrix‹ (aus Eggert 2001/12, Abb. 34).
Abb. 22: Mauern mit angrenzenden Füllschichten (Bibracte, Burgund/Frankreich) sind ein typisches Element archäologischer Stratifizierungen.
Abb. 23: Typologie und Chronologie bei Oscar Montelius (1843–1921) in der didaktischen Verkürzung durch H. Eggers (1959, Abb. 7).
Abb. 24: »Classification palethnologique« des französischen Prähistorikers Gabriel de Mortillet (1821-1898) aus den Jahren 1894–95.
Abb. 25: »Zeitliches Verhältnis der urgeschichtlichen Perioden: Darstellung des Ganges der Zeit wie in Rückblick auf einen Serpentinenweg, bei dem jeder Zug 20.000 Jahre beträgt« (Narr 1978a, Abb. 1).
Abb. 26: »Die Grenzen der Ostgermanen« (Kossinna 1911/1926, Beilage).
Abb. 27: Kulturmodelle nach David L. Clarke (Clarke 1968, Abb. 53).
Abb. 28: Ausstrahlung mediterraner Zentren auf angrenzende Regionen der nördlichen Peripherie (am Beispiel der Hallstattkultur) (Brun 1987, S. 26.).
Abb. 29: Übermodellierte Schädel von den Solomonen (links – subrezent) und aus Beisamoun, Oberes Jordantal, Israel (Präkeramisches Neolithikum der Levante) (Narr 1982, Abb. 3f.).
Abb. 30: ›Erklären‹ in den Naturwissenschaften.
Abb. 31: Grundriss eines spätbandkeramischen Langhauses mit begleitenden Längsgruben und (gleichzeitigem?) Kindergrab aus Cuiry-lès-Chaudardes, Aisne-Tal, Nordfrankreich (Veit 1996, Taf. 19, 1).

Abb. 32: Modell zur Ausbreitung von landwirtschaftlicher Betriebssysteme in Zeit und Raum nach Andrew Sherratt (1997, Abb. 2).
Abb. 33: »Illusions generated by ambiguity«: Mustererkennung am Grabungsbefund (nach R. L. Gregory 1973, Abb. 33).
Abb. 34: ›Spuren‹ zwischen vergangenen Ereignissen und ihrer symbolischen Interpretation.
Abb. 35: Prähistorischen Archäologie als eine Agentur des kulturellen Gedächtnisses: ›Hermannsdenkmal‹ bei Detmold, Kreis Lippe, Nordrhein-Westf. / Gedenkstein Königsgrab von Seddin in Groß Pankow, Lkr. Prignitz, Brandenburg.
Abb. 36: Das ›Pfahlbaumuseum‹ in Unteruhldingen am Bodensee, Baden-Württemberg / Freilichtmuseum auf der Heuneburg bei Herbertingen-Hundersingen, Lkr. Sigmaringen, Baden-Württemberg.
Abb. 37: Archäologietourismus im Mittelmeerraum: Ephesos/Türkei, 2011.
Abb. 38: Die »Zeppelintribüne« auf dem NS-Reichstagsgelände in Nürnberg.
Abb. 39: Archäologischer Detailbefund im Rahmen der »Topographie des Terrors« in Berlin.
Abb. 40: In der modernen Bodendenkmalpflege sind Schutzauftrag und Vermittlungsaufgaben eng miteinander verknüpft.
Abb. 41: Öffentliche Werbung für das 2014 neu eröffnete »Urgeschichtliche Museum Blaubeuren« (Baden-Württemberg).
Abb. 42: Die ›Laokoongruppe‹ in Johannes Overbecks kunstarchäologischem Lehrbuch (1870) sowie in einer vom Wiener Anatomen Joseph Hyrtl (1810-1994) für das Anatomische Museum geschaffenen physisch-anthropologischen Variante (reproduziert in Zintzen 1999, Abb. 18 und 19).
Abb. 43: Die Stellung der Siedlungsarchäologie im Rahmen der Siedlungskunde (historisch-genetische Siedungsforschung) nach Herbert Jankuhn (verändert nach Jankuhn 1977, Abb. 1).
Abb. 44: ›Macht der Dinge‹ ist ein altes Thema in Wissenschaft und Kunst. In der Graffitikunst werden z. B. immer wieder Alltagsobjekte zum Leben erweckt: Straßenaufnahmen aus Zürich (1982) und Leipzig (2013).

Liste der Tabellen

Tab. 1: Fachliche Ausdifferenzierung der Prähistorischen Archäologie.
Tab. 2: Zentrale Arbeitsbereiche der Prähistorischen Archäologie.
Tab. 3: Wichtige Stationen der frühen Entwicklung der Prähistorischen Archäologie im 19. und 20. Jahrhundert.
Tab. 4: Unterschiedliche Ebenen archäologischer Theoriebildung.
Tab. 5: Wissenschaftstheoretische Grundbegriffe mit zugeordneten Begriffen und Konzepten aus der Prähistorischen Archäologie.
Tab. 6: Einige frühe Vorstellungen über Kultur und Kulturen (nach A. Assmann 2001).
Tab. 7: Zentrale Positionen in der Debatte um den ›archäologischen Kulturbegriff‹ (verändert, nach Eggert 2013b).
Tab. 8: Historische Entwicklung des Kulturkonzepts im 19. und 20. Jahrhundert in den Kulturwissenschaften und in der Prähistorischen Archäologie.
Tab. 9: Unterschiedliche Bedeutungsebenen des Begriffs/Konzepts ›Materielle Kultur‹.
Tab. 10: »Schichttorten-« und »Rührkuchenmodell« der Kultur nach Clifford Geertz (s. Geertz 1987).
Tab. 11: Gegenüberstellung einiger klassischer epistemologischer Grundpositionen in den Kulturwissenschaften.
Tab. 12: Typen von Begriffen in Geschichtswissenschaft und Prähistorischer Archäologie.
Tab. 13: Der ›archäologische Prozess‹.
Tab. 14: Das ›Historische Material‹ und seine Unterklassen bei J. G. Droysen (1857/1977).
Tab. 15: Altertumskundliche Denkmälergattungen nach Ch. J. Thomsen, Leitfaden zur Nordischen Altertumskunde (1837).
Tab. 16: Wichtige ur- und frühgeschichtliche Befundgattungen.
Tab. 17: Systematik archäologisch dokumentierter Grab- und Bestattungsformen.
Tab. 18: Wichtige ›Grundtypen‹ im Bereich der sog. ›Depotfunde‹.
Tab. 19: Merkmale die Ch. J. Thomsen (1788–1865) in seinem ›Leitfaden‹ von 1836 zur Begründung des Dreiperiodensystems heranzog (nach der Zusammenstellung von Gräslund 1987, Table 1).
Tab. 20: Vier Bereiche der Außendimension des kollektiven Gedächtnisses (nach Jan Assmann 1992).

Tab. 21: ›Klassische‹ und ›naturwissenschaftliche‹ Datierungsmethoden in der Archäologie.
Tab. 22: Entwicklung des Periodensystems der (europäischen) Ur- und Frühgeschichtsforschung seit Begründung des Dreiperiodensystems durch Christian J. Thomsen.
Tab. 23: Schematische Darstellung von V. Gordon Childes »Theorie sozialer Evolution« (Childe 1936; 1975).
Tab. 24: Konkurrierende Raumkonzepte in der frühen Forschung.
Tab. 25: Zentrale Stationen des frühen Raumdiskurses in der Prähistorischen Archäologie.
Tab. 26: Gegenüberstellung der Kulturraum- und der Zentralitätsforschung (nach Irsigler 1987).
Tab. 27: Dimensionen des Raumes (*Trialectics of spatiality* nach Henri Lefebvre und Ed Soja, s. Werlen 2009).
Tab. 28: Raumkonzepte jenseits des Behälterraums (nach Läpple 1991).
Tab. 29: Zentrale Raumprozesse und ihre Ausprägung auf unterschiedlichen Maßstabsebenen, mit Beispielen aus dem 1. Jahrtausend v. Chr.
Tab. 30: Analogieschluss – Modellbildung – Übersetzung.
Tab. 31: Gegenüberstellung wichtiger Konzepte archäologisch-ethnographischer Analogieformen.
Tab. 32: Modi der Ordnung von archäologischem Material und mögliche Verfahren der historisch-kulturwissenschaftlichen Deutung.
Tab. 33: Kultur als System und Prozess (erweitert nach Wimmer 2005).
Tab. 34: Entwicklungsstufen kognitiven Denkens beim Menschen (Merlin 1991; 1998; Renfrew 1998; 2001).
Tab. 35: Anthropozentische und naturwissenschaftliche Erklärung von Kulturwandel (Wimmer 2005; Nitschke 1996).
Tab. 36: Unterschiedliche Formen des historischen bzw. archäologischen Erzählens (unter Bezug auf Jörn Rüsens Theorie historischen Erzählens).
Tab. 37: Vier zentrale Aspekte der Fachentwicklung der Prähistorischen Archäologie und diesen zuzuordnende ›Meilensteine‹.

Personenregister

Zur besseren Nutzbarkeit des Registers wurden nur solche Personen in den Index aufgenommen, die im Band selbst (inkl. der Fußnoten) zu Wort kommen und/oder deren Position vom Verf. eingeordnet und kommentiert wird. Personennamen, die nur in Form von Literaturkürzeln auftauchen, sind im Register unberücksichtigt geblieben und nur über das Literaturverzeichnis erschlossen.

Åberg, Nils 205
Adorno, Theodor W. 389
Almgren, Bertil 207
Alt, Kurt W. 57
Altekamp, Stefan 129, 158, 292
Andrén, Anders 30, 149
Anicker, Fabian 380
Ash, Mitchell G. 69
Assmann, Aleida 40, 105, 331
Assmann, Jan 40, 129
Aubin, Hermann 245, 251

Bahn, Paul 17, 30, 381
Banghard, Karl 343
Bantelmann, Nils 246
Barad, Karen 364
Barrett, John 250
Benjamin, Walter 128, 237
Bergson, Henri 85
Bernbeck, Reinhard 31, 57, 69, 89, 102, 280, 318, 322
Bernheim, Ernst 162, 361
Biel, Jörg 253
Binford, Lewis R. 110, 355
Bintliff, John 391
Bohr, Nils 381
Bourdieu, Pierre 119, 129
Bradley, Richard 110
Brandt, Jochen 58, 252
Brather, Sebastian 92, 128, 247, 356
Braudel, Fernand 241, 248, 314
Breunig, Peter 229
Brückner, Helmut 356
Brun, Patrice 74
Bühl, Walter L. 320
Burmeister, Stefan 58, 60, 297, 299f., 318

Callon, Michel 101
Cassirer, Ernst 128
Champollion, François 107
Childe, V. Gordon 47, 86ff., 234, 247, 312, 320
Chippindale, Christopher 337
Christaller, Walter 245, 251
Cicero 81
Cipolla, Craig N. 30, 384
Clark, J. Grahame D. 110
Clarke, David L. 26, 61, 89, 247, 274, 291, 355, 375
Collingwood, Robin G. 164
Courbin, Paul 67
Currie, Adrian 360

Daniel, Glyn 37
Davidović, Antonia 23
de Certeau, Michel 313

Déchelette, Joseph 219
Diamond, Jared 271
Dilthey, Wilhelm 301
Donald, Merlin 319
Droysen, Johann Gustav 19, 118, 155f., 162f.

Ebeling, Knut 51, 129, 292
Eco, Umberto 264, 283
Eggers, Hans Jürgen 26, 29, 68, 201, 246, 281
Eggert, Manfred K. H. 21f., 26ff., 31, 33, 41, 46, 50, 57f., 60, 68–72, 77, 80, 86–89, 91, 107, 110, 112f., 117, 128, 130, 133f., 165, 169f., 193, 197, 205f., 208f., 213f., 217, 220, 228, 230f., 260, 263f., 266, 270f., 288f., 293, 305, 308, 310, 322, 347f., 351, 374, 381f., 392, 402
Embree, Lester 72
Engels, Friedrich 69, 238
Ennen, Edith 245
Ernst, Wolfgang 289
Esch, Arnold 32, 164f.
Evans, Christopher 353
Evans, Richard J. 170

Felgenhauer, Fritz 168
Feyerabend, Paul 108
Finley, Moses I. 312
Fischer, Franz 270
Fischer, Ulrich 22, 107, 182
Flaig, Egon 173, 300, 303, 309, 316
Flannery, Kent 88
Foucault, Michel 129
Frankfurt, Harry 365
Franz, Leonhard 348
Frobenius, Leo 242
Furholt, Martin 383
Füssel, Marian 249

Gallay, Alain 67
Gardin, Jean-Claude 67, 128, 297
Geertz, Clifford 100f., 114f., 129, 131, 309
Gibson, James J. 211
Ginzburg, Carlo 22, 134, 155, 265, 284f., 359
Gleser, Ralph 128
Godelier, Maurice 119
Gombrich, Ernst H. 214
Gosden, Chris 212
Gosselain, Olivier P. 264
Gotter, Ulrich 316
Gould, Richard A. 278
Gould, Stephen J. 164
Graebner, Fritz 242, 264, 267, 269
Gräslund, Bo 200f.
Gregory, Richard L. 286
Grimm, Jacob 64
Groebner, Valentin 76, 334

Hachmann, Rolf 77, 79, 86f., 89, 94, 126, 206
Hahn, Hans Peter 294
Hamilakis, Yannis 135, 337, 379, 389f., 398
Hannerz, Ulf 92
Hänsel, Bernhard 270
Hansen, Klaus Peter 98
Hansen, Svend 60, 83, 204, 251f., 270, 311
Härke, Heinrich 62, 68f., 117ff., 128, 311, 360, 392
Harris, Edward P. 193
Harris, Oliver J. 31
Hawkes, Christopher 101, 109–113, 117,

122
Heidegger, Martin 215
Heisenberg, Werner 381
Heitz, Caroline 364, 377
Herder, Johann Gottfried 82, 84
Hildebrand, Hans 200
Hodder, Ian 30, 146, 211, 266, 291f.
Hoernes, Moritz 313
Hofmann, Daniela 187
Hofmann, Kerstin 94, 212, 392
Hölder, Helmut 360

Jacob-Friesen, Karl-Hermann 60f., 205, 241, 246, 372
Jankuhn, Herbert 27, 59, 246, 353
Jeffries, Stuart 398
Jockenhövel, Albrecht 248
Jung, Matthias 31, 211, 306, 312, 330, 336, 341

Kaeser, Marc-Antoine 20
Kant, Immanuel 82
Kautsky, Karl 238
Killick, David 358
Kimmig, Wolfgang 86, 306f.
Klemm, Gustav Friedrich 83
Kohut, Heinz 142
Kolb, Frank 139ff., 143, 146
Korff, Gottfried 105
Koselleck, Reinhart 302
Kossack, Georg 68, 186, 190, 229ff., 295, 308, 373
Kossinna, Gustaf 17, 48, 60, 62, 69, 86, 127, 242, 246f., 311, 338, 352
Krause, Johannes 50, 355
Krausse, Dirk 65, 251f., 295f., 316
Kristiansen, Kristian 41, 74, 241, 254f., 347, 364, 374, 376
Kubler, George 209
Kuhn, Thomas S. 65, 232
Kümmel, Christoph 186
Kunow, Jürgen 245, 339, 371
Küster, Hansjörg 229

Lamprecht, Karl 61, 240
Lartet, Edouard 197
Latour, Bruno 55, 129
Leach, Edmund 91, 115f., 283, 294
Leone, Mark P. 37, 212
Lepenies, Wolf 37, 42, 231, 350
Leroi-Gourhan, André 67, 85, 319, 369
Lévi-Strauss, Claude 87, 283
Lubbock, John 238
Lucas, Gavin 212, 378, 385ff., 390
Lüning, Jens 86, 88, 182

Malinowski, Bronislav 87
Maran, Joseph 250, 354
Martinón-Torres, Marcos 358
Mauss, Marcel 88, 186, 270
Mayr, Ernst 208
Meier, Mischa 58, 80, 309, 348, 381
Meier, Thomas 382
Meller, Harald 41, 356
Menghin, Oswald 59, 353
Miller, Christopher E. 192, 211, 356
Miller, Daniel 192, 211, 356
Milojčić, Vladimir 228ff., 232
Mölders, Doreen 30
Mommsen, Theodor 106
Montelius, Oscar 167, 199f., 202f., 205–209, 211, 219f.
Morgan, Lewis Henry 69, 238
Mühlmann, Wilhelm E. 118
Müller, Johannes 182, 373
Müller, Klaus E. 81, 132

Müller, Sophus 203
Müller, Ulrich 49
Müller-Beck, Hansjürgen 39
Müller-Funk, Wolfgang 309
Müller-Karpe, Hermann 40, 270

Nakoinz, Oliver 245, 252, 347
Narr, Karl Josef 68, 85ff., 202, 259, 267, 269, 271
Nativ, Assaf 378, 385ff., 390, 402
Nipperdey, Thomas 302
Nitschke, August 321

Oexle, Otto G. 123, 129, 155, 163, 170, 283, 290, 374, 381
Olivier, Laurent 67, 378
Olsen, Bjørnar 56, 102
Osterhammel, Jürgen 240
Ott, Konrad 31, 381, 393

Panowsky, Erwin 59
Pare, Christopher 217, 221, 223
Parzinger, Hermann 46, 338
Passeron, Jean-Claude 295
Patrik, Linda 158
Pauli, Ludwig 253, 295, 381
Pearce, Mark 391
Perreault, Charles 363
Piaget, Jean 87
Piggott, Stewart 68, 107
Pomian, Krysztof 83

Radcliffe-Brown, Alfred 87
Ranke, Leopold von 125, 346
Ratzel, Friedrich 237, 239–242
Reinecke, Paul 219f.
Reinerth, Hans 353
Renfrew, Colin 30, 56, 199, 224, 234, 274, 279, 305, 319, 355
Renger, Martin 391f.
Rheinberger, Hans-Jörg 133, 350
Ribeiro, Artur 128
Rieckhoff, Sabine 167, 310
Riedel, Manfred 275
Rind, Michael M. 69, 339, 341
Robb, John 211
Rothermund, Sophie-Marie 371
Rüsen, Jörn 144f., 312
Rüther, Stefanie 249

Samida, Stefanie 28, 58, 77, 146, 230f., 347f., 351, 374, 382
Sangmeister, Edward 295
Sarasin, Philipp 135
Schaeffler, Richard 301
Scheppe, Wolfgang 210
Schier, Wolfram 217, 225–228, 232
Schiffer, Michael B. 73, 280f.
Schliemann, Heinrich 45, 51, 147, 358, 374
Schlögel, Karl 237
Schmidt, Dietmar 106
Scholkmann, Barbara 29, 50, 120
Schreg, Rainer 29
Schreiber, Stefan 94, 371, 387, 389
Schuchhardt, Carl 174, 241
Schüttpelz, Erhard 88
Schwantes, Gustav 206
Settis, Salvatore 325
Sherratt, Andrew 74, 241, 254
Simmel, Georg 128
Smolla, Günter 62, 68f., 271, 311
Snow, Charles-Percy 350
Sommer, Ulrike 73
Sørensen, Tim Flohr 364
Sperber, Dan 294

Stensen, Nils 194
Steuer, Heiko 27, 141, 247
Stockhammer, Philipp W. 50
Stolz, Christian 17, 192, 356
Strobel, Michael 66
Suchodoletz, Hans von 361

Thomsen, Christian Jürgensen 83, 176, 178, 205, 221, 311
Tillessen, Petra 382
Torbrügge, Walter 17
Trachsel, Martin 29
Trauwitz-Hellwig, Joachim von 180
Traxler, Hans 64
Trigger, Bruce G. 87, 174
Tylor, Edward B. 97

Veling, Alexander 316
Veyne, Paul 32, 98f., 142, 294, 312
Virchow, Rudolf 45, 288, 357

Wahle, Ernst 174, 205, 241, 246
Wallerstein, Immanuel 74, 241, 255
Warburg, Aby 128
Weber, Max 125, 128, 130f., 143, 155, 301, 374, 381f.
Weinland, David Friedrich 238
Wemhoff, Matthias 69, 341
Wenskus, Reinhard 118
Werlen, Benno 249
Werner, Joachim 228
White, Hayden 120, 303, 312, 323
White, Leslie 278
Wieser, Matthias 102
Wimmer, Andreas 316
Wimmer, Mario 159
Wolfram, Sabine 30, 69
Worsaae, Jens Jacob Asmussen 202
Wotzka, Hans-Peter 92, 97, 182
Wylie, Alison 273, 360

Yengoyan, Aram A. 291

Zimmerman, Andrew 82

Sachregister

Indiziert wurden alle Begriffe (Konzepte, Paradigmen, Theorien, Methoden, Denkschulen), die für das Thema des Bands von Bedeutung sind. Auf die Aufnahme von Ortsnamen (Nebra, Stonehenge, Troia), Museen und anderen Fachinstitutionen sowie von Begriffen, die lediglich zur Veranschaulichung bestimmter Überbegriffe erwähnt, aber nicht eigens erläutert werden, wurde in der Regel verzichtet.

Abbildung 130, 218
Abduktion 28, 262ff., 291
Abfall 106, 156, 385
Abnutzungsspuren 175
Affordanz (affordance) 211
agency 61, 211, 302, 385
Agentieller Realismus 364
Akkulturation 142, 252f., 255, 316
Aktant 101, 312, 361
Akteur 55, 93, 101, 103, 111, 122, 188, 193, 209, 235, 249, 252, 301, 306, 312, 319, 321, 337, 340, 344, 348, 361, 364, 373, 397
Akteur-Netzwerk-Theorie 101
Aktivismus, politischer 389, 395, 404
Aktivismus, wissenschaftlicher 395
Allgemeine und Vergleichende Archäologie 270
Alltagsbegriffe (als Fachbegriffe) 140f.
alternative Archäologien 337, 385
Altersbestimmung, relative/absolute 34, 199
Altertumskunde 207, 220
Analogieschluss 34, 259, 261, 265, 346
Analytical Archaeology 61
Analytische Philosophie 128
Anfänge, kulturelle 84, 377
Annales-Schule 314
Anthropogeographie 241
Anthropologie, physische 82, 119, 126, 352f.
Anthropologische Gesellschaft(en) 352
Anthropozän 362
antiquarisches Archäologieverständnis 176, 312
archaeological evidence 158
archaeological record 385
Archaeological Science 347, 357
archaeology as anthropology 55
archaeology without antiquity 385
Archäogenetik 50, 316, 355
Archäoinformatik/Digitale Archäologie 50
Archäologie, Postprozessuale 31, 266
Archäologie, Prozessuale 266
Archäologie, Theoretische 50, 67
Archäologie als Einheitswissenschaft 39
Archäologie der Moderne 378
Archäologie des Mittelalters (und der Neuzeit) 29, 50, 120
Archäologiegeschichte 19, 23, 50, 69
Archäologieindustrie 335
Archäologiemarkt 340
Archäologie-Parodie 64
Archäologietourismus 330

Archäologie und Naturwissenschaft 34, 232, 355, 370, 382
Archäologik 132
Archäologische Ethnographie 337
archäologische Formationsprozesse 280
Archäometrie 50, 134, 356
Archäosphäre 385
Archivbegriff 158f.
Artefakte, religiöse 187, 189
Artefakte, religiöse/profane 188f.
Assemblage 106, 385
Aufklärung 45, 53, 55, 65, 338, 389f.
Ausgräber 165, 168, 397
Ausgrabung 44, 167
Ausgrabungswissenschaft 79
Aushandlungsprozess 316, 326
Auslese, positive/negative 164, 281
Auslesefaktoren, natürliche und kulturelle 165
Avantgardismus 65, 392

Bayes'sche Statistik 232
Befund, archäologischer 166f., 169f.
Befundkategorien 143, 173, 260
Begriffe, erfahrungsnahe/-ferne 142
Begriffe, historische 142, 145
Begriffe, nichthistorische 145
Begriffsbildung 140, 142
Begriffsbildung, archäologische 34, 139
Begriffsgeschichte 80, 143
Behälterraum 252
Bestattung 182
Bestattung, unrituelle 187
Bestattungsform 180, 183, 186
Bestattungsritual 184
Beziehungsraum, relationaler 252
big data 41, 322
Bildnarrativ 346
Bildquelle(n) 161, 188, 270
Bildwissenschaft 134
black box-Modell 109, 115, 284
Blut und Boden-Ideologie 240
Bodenarchiv 159
Bodenbildung 197
Bodendenkmal 384
Bodendenkmalpflege 40, 83, 160, 178, 336
Botschaft(en) (mündlich, schriftlich, materiell) 105f., 115, 265, 283, 287, 295
Bullshiter 365

Chorologie 140
Chronik 88, 155, 207, 209, 225, 304, 310
Chronologie 34, 210, 212, 215, 217, 219, 224, 229f., 235, 304, 310
Chronologie, absolute 223
Chronologie, relative 191, 200, 202, 204, 207, 209, 219
Chronologiesystem 219, 223, 229, 232
Citizen Science 341
c-transforms 281
Cultural Anthroplogy 30
Cultural Studies 101, 350, 364
cultural turn 80
Curriculum (Schule) 328

Dark Heritage 332
Darwinismus 210
Daten, funktionelle/intentionelle 109
Datenerhebung 42
Datierungsmethoden 168, 199, 233
Datierungsmodelle, probabilistische 232
Deduktion 275
Dekolonialisierung 379

Denkmal, Denkmäler 162, 331, 397
Denkmalschutz, Denkmalpflege 24, 45, 53, 70, 327, 336–339, 341, 383
Depotfunde, Hortfunde 177, 200, 270
Diffusionismus 74
digital turn 364
Ding-Netzwerk 212
direct historical approach 269
Disziplinarität 38, 43, 61
Diversität 327, 344, 365, 386
Dreiperiodensystem 221

Eigenleben der Bilder 98, 363
Einfühlung 205
Elfenbeinturm 48, 130, 341, 343, 404
Empirie, empirische Wissenschaften 59, 65, 227, 233, 271, 321, 400
emplotment 312
entanglement 211
Entschlüsselung, Dekodierung 34, 265, 284, 291f., 294
Entwicklungspolitik, Archäologie als ... 338
Entwicklungsprinzip 207
Entzifferung 122, 294
Epistemologie 22, 27, 34, 290, 350
Epochenbegriff 220, 260
Erdgeschichte 360
Ereignisgeschichte 86, 127, 223, 228, 305
Erinnerung 53, 159, 162, 302, 325
Erinnerungsgebot 331
Erinnerungskultur 326, 331
Erklären, Erklärung 34, 73f., 101, 126ff., 153, 194, 205, 207, 265, 272–275, 279f., 283f., 290, 297, 300, 302f., 317, 320ff., 350, 360f., 363
Erklärung, narrative 360
Ermächtigung (von Unterprvilegierten) 396
Erzählen 24, 34, 303ff., 307–310, 322, 325, 370
Erzählen, archäologisches 310f.
Erzählen, ethnographisches 309
Erzählkonventionen 323
Ethnisches Paradigma 88
Ethnoarchäologie 50, 73
ethnographisch-archäologischer Vergleich 267, 269, 273
ethnographische Analogie 150, 259, 263, 272ff., 345, 399
Ethnos, Ethnizität 86, 92
Evolutionismus 207ff., 267, 310, 313, 320
Evolutionismus, horizontaler 208
Experiment 153, 201, 272, 275ff., 350
Experimentalsystem 133, 350
Experimentelle Archäologie 50, 73, 133, 271f., 350
Expertenkultur 342

Fabel 305, 311
Fachbegriffe 140
Fachentwicklung 34, 38, 133, 281, 371, 399
Fächergrenzen 28, 33, 146
Fakten, historische 123, 156, 323
Falsifikation 275
Feldforschung, archäologische 17, 133, 165, 170, 293
Formationstheorie 73
Formenkreis(e) 140, 246
Formsequenz (formal sequence) 210
Forschungsverbünde 351
Fortschritt 173, 309, 356, 374
Fossilien 174
framed ambiquity 102

Freilichtmuseum 328, 343
Fremdbestimmung 395f.
Frühgeschichte 38f., 112, 306
Frühmensch 84
Fund, archäologischer 167
Fundarchiv 159, 167, 337, 383
Fundchronologie 60
Funddokumentation 148, 167, 169
Fundgeographie 60, 246
Fundmorphologie 60
Fundtyp, -kategorie 88, 175, 200, 202, 252
Fundvergesellschaftung 166, 168, 200, 203f., 226
Funktionalismus 74, 87, 269
Fürstengrab 296, 299
Fürstensitz 141, 251, 296

Gabentausch 86, 270
garbage archaeology 157
Gattungsbegriffe 145f.
Gebrauchsspuren 280
Gedächtnis, archäologisches 158
Gedächtnisarbeit 385
Geisteswissenschaft(en) 83, 96, 128, 231, 290, 348, 350, 359
Geist-Materie-Gegensatz 96, 131
Genderarchäologie 20, 50, 56, 373
Geoarchäologie 192, 356
Geographie machen 249
geographisch-kartographische Methode 246, 249
Geologie/Paläontologie 360
Geschichtsbild(er) 43, 120, 127, 217, 229, 234, 341, 390
Geschichtsindustrie 335
Geschichtsschreibung 40f., 140, 223, 305, 312, 399
Geschichtstourismus 335
Geschichtswissenschaft 32, 123, 169, 237, 300, 305, 314
geschlossener Depotfund 200
Geschlossener Fund, sicherer - 140, 167
Gesellschaftskritik 393, 404
Gesetz 97, 194, 246, 264, 274f.
Gesetzeswissenschaft 347
Götterbilder 187f.
Gräber als religiöse Quelle 186
Gräbertopographie 184
Grabform 180, 183
Grabfund 91, 180, 187
Grabfundsystematik 183
Grabkult 186, 295
Grabsitte 184
Grabungsmethodik 41
Grenzflächen (interfaces) 196, 227
Grundbedürfnisse 99f., 114

Handlungstheorie 250, 315
Harris-Matrix 194
hegemonialer Apparat 371
Heimatforschung 45, 352
Heimathirsche 330
Heimatlosigkeit (des Forschenden) 390, 398
Hermeneutik 134, 153, 230, 300f., 350
Herrschaft 99, 142, 189, 191, 336, 397
Herstellungsspuren 175
Heuristik, heuristisches Prinzip 94, 175, 208, 278, 281, 363
hierarchy of inference 109
Hilfswissenschaft 231, 354
Historik 19
Historische Archäologie(n) 30, 49f., 102
Historische Diskursanalyse 135
Historische Kategorien 145

Historische Kulturwissenschaft 31, 80, 123ff., 128, 130ff., 170, 230, 347, 370, 374, 381f., 399
Historisches Erklären 128
historische Sinnstiftung 362
Historische Sozialwissenschaft 134
historisches Verstehen 300
historisch-genetische Siedlungsforschung 353, 373
Historismus 55, 112, 120, 124ff., 170, 213, 300, 373, 375, 378
Hochkultur 46, 55, 241, 316
Hockerbestattung 180, 263
Homo faber 85, 97
Homo oeconomicus 99
Homo significans 97
Humanismus 34, 82, 369
Hypothese 64, 226, 275, 281
Hypothesenbildung 123, 126, 133
Hypothesenerkenntnis 381
Hypothesenwissenschaft, empirische 123

Idealtypus 142ff.
Identität, kognitive, historische, soziale 37
Identitätspolitik 330
Identitätsvergewisserung 331, 336
Ideologiekritik 31, 60, 65, 68, 94, 374, 393f.
Imagination 45, 134, 209, 289, 293
indigenous archaeologies 389
Indizienparadigma 22, 134, 265, 284, 359
Induktion 127, 275
Innovationsforschung 318
Inschriftliche Quelle(n) 160
Intellektuelle(r) 397, 404
Interdisziplinarität 57, 231, 246, 354, 358
Intervallskala 218, 226

Kartierung 165, 237, 246, 278, 308
kartographisches Narrativ 308
Klassifikation 24, 34, 149, 152, 173f., 180, 186, 192, 199, 259, 358f.
Klassische Archäologie 370
Kleine Fächer 351
Kollektivbestattung 141, 186
Kombinationsstatistik 209
Konservator 41
Konstruktivismus 120
Kossinna-Syndrom 62, 69, 311
Kritische Archäologie 389, 394
Kritische Theorie 394
Kultplatz 187, 289
Kultur 79, 81f., 84f., 87, 97, 100, 112, 115
Kultur, archäologische 86ff., 108, 141, 241f., 247
Kultur, geistige 95f., 131
Kultur, materialisierte 105
Kultur, materielle 96, 106, 108, 131, 162, 292
Kulturanthropologie 55, 71, 80, 117
Kulturanthropologische Modellbildung 272
Kulturbegriff, diffusionistischer 87
Kulturbegriff, evolutionistischer 87
Kulturbegriff, funktionalistischer 87
Kulturbegriff, holistischer 97
Kulturbegriff, konventioneller 87
Kulturbegriff, semiotischer 100, 283
Kulturbegriff, semiotisch-kommunikationstheoretischer 91
kulturelle Aneignung 344, 371, 375
kulturelle Anpassung 118, 235
kultureller Kode 34, 265, 284, 292, 294,

303
kulturelles Erbe 83f., 147
Kulturelles Gedächtnis 40, 91, 215
Kulturgeschichte 61, 79, 87, 105, 129, 214, 231, 239, 288, 355, 362
Kulturgut 83, 317, 337
Kulturkonzept 80, 91, 94
Kulturkreislehre 86, 242, 269, 353
Kultur-Natur-Dualismus 85
Kulturprovinz(en) 242, 246
Kulturraumforschung 242, 245, 251f.
Kulturschicht(en) 192
Kulturtechnik 51, 390
Kulturtheorie 71, 94, 115, 211
Kulturvergleich, assymetrischer 267
Kulturvergleich, systematischer 298
Kulturvölker 82
Kulturwandel 92, 211f., 254, 316
Kulturwissenschaft(en) 22, 31, 71, 79f., 94, 96, 112, 123ff., 128–132, 142, 170, 173, 230, 293, 300, 302, 316, 347f., 350, 359, 362, 370, 374, 381f., 399
Kunst und Archäologie 342
Kunstwerke 83, 96, 98
Kustos/Konservator 53

ladder-of-inference-Modell 101, 109
Laienforschung 45, 336f., 341, 352, 371, 379, 395ff.
Landesaufnahme, archäologische 353
Landschaftsarchäologie 354
Lebensbilder, Vergangenheits- 68, 308, 343, 375
Leittyp(en) 197, 221
Leitwissenschaft 351
Lektüre (Textexegese) 66
Lesen 237, 286, 290, 292, 297
linguistic turn 283, 294
Living history 330
longue durée 223
loss of innocence 26, 61, 375

Mängelwesen, Mensch als ... 82
Manifest, theoretisches 66
Massendinghaltung 337
Massenmedien 330
Material, archäologisches 152
Material, historisches 156f., 166
Material, prähistorisches 157, 174
Materialismus 55, 120, 230, 370
Materialität 160f.
Materialordnung 34, 153, 173
material turn 266, 292, 364
Materielle-Kultur-als-Text-Paradigma 91, 108, 266, 292
Matrixraum 252
matters of fact/matters of concern 101
Medialität 292, 331, 345, 390, 401
Medienarchäologie 289
Medium, Medien 85, 101, 160f., 173, 300, 306, 332, 345
Mensch-Ding-Hybride 55
Menschwerdung 85, 360
Metaarchäologie 19, 72, 131, 150, 404
Methode 41, 261, 273, 285
Methodenkritik 27, 393
Methodik 26f., 47, 118, 356
Methodologie 169, 230
Migration 57, 142, 327, 341, 344, 346, 383
Modell(-bildung) 34, 56, 68, 108, 125, 213, 259, 261, 265f., 272ff., 278, 292, 302, 308f., 313f., 316, 350, 361, 401
Moderne Archäologie 377
Molekulare Archäologie 58, 376
Monumentalität 190
Multidisziplinarität 351

Museum 24, 57, 83, 325, 327, 331, 339, 342, 344, 346
Mustererkennung 142, 149, 260, 285, 350, 359

Narration 57, 102, 238, 260, 271, 296, 303, 306, 310, 323, 327, 341, 346, 375, 383, 397
Nationalismus 55, 82
Nationalkultur 81
Naturgeschichte 53, 112, 174, 288, 300, 361f.
naturheilige Plätze 188f.
Naturvölker 55, 82
Naturwissenschaft(en) 34, 73, 119, 131, 229–232, 275, 284, 347f., 350f., 354–358, 360, 362ff., 370, 373, 376, 380ff., 401
Naturwissenschaften, historische 361, 364
Naturwissenschaftliche Archäologie 50
Naturwissenschaftliche Methode(n) 133, 357f.
naturwissenschaftliches Zeitalter 55, 84, 133
Nebengeschichte 241
Neolithische Revolution (neolithic revolution) 143, 145, 234
Neuer Materialismus 364
Neugier, historische 55, 132, 331, 334, 387
Neuzeitarchäologie 378
New Archaeology 31, 56, 88f., 101, 110, 116f., 127, 230, 273, 360, 370, 373, 380, 391
Nouvelle Histoire 156
n-transforms 280

objectification 211
Objektbiographie 281, 312
Objektive Hermeneutik 384
Objektivität (archäologischer Überlieferung) 94, 102, 155, 162f., 170, 229
Objektvergesellschaftung 103, 140, 173, 294
Öffentlichkeit(sarbeit) 17, 53, 139, 330, 339, 343f., 397
oggetti parlanti 160
Ökofakt(e) 161
ontological turn 31
Opfergut 188
Ordinalskala 218

Palimpsest 158
Paradigma 21, 27, 37, 69, 75, 88, 91, 231f., 266, 284f., 293, 353, 400
Parallelisierung, freie/gebundene 269
Periodisierung, Periodensystem 34, 210, 215, 217, 221, 223, 233, 235, 260
Peripherie(n) 46, 240
Positivismus 55, 62, 68, 106, 119, 124ff., 128, 130, 170, 230, 259, 288, 345, 360, 373
Posthumanismus 34, 369, 380
Postkolonialismus 56
Postmoderne 364, 380
Prähistorische Archäologie 17, 32, 38, 43, 49, 53, 79f., 121, 146, 347, 362, 384, 400, 402
Praktische Philosophie der Prähistorischen Archäologie 402
Präsentismus 20
Praxis 24, 58, 64, 70, 80, 121
Prestigegut 140, 255, 291
Prestigegüterökonomie 255

Primärquellen 156
Primitive 55, 267, 313
Proto-Geschichte 306
Proxy (Stellvertreter) 227
Prozessualismus 91
Prunkgrab, Prunkgräber 140, 143, 186, 190
Pseudoartefakte 84
Puzzle 108

Quelle 43, 126, 144, 155f., 170
Quellenkritik 19, 29, 213, 308, 393
Quellensystematik 29, 174, 176

Radiokarbondatierung 354
Radiokarbon-Revolution 199, 224, 234, 355
Randbereiche (der Zivilisation) 43, 46, 239
Rassengeschichte 128
Rassenkunde 353
Rassentheorie(n) 100
Raumanalyse 34, 237, 246
Raumprozesse 241, 249
Rechtsarchäologie 64
Reenactment 53, 330, 340, 344
Rekonstruktion 57, 68, 102, 106, 110, 125, 130f., 139, 143, 298, 323, 345, 384, 403
Relevanz (soziale, gesellschaftliche) 47, 58, 61, 150, 221, 247, 377, 383
Religion(sarchäologie) 97, 109, 111, 113, 186ff.
Replikat 210
retrospektive Methode 112
Rezeptionsformen des Archäologischen 379
Ritual(e), religiöse, säkulare, individuelle, öffentliche 187f., 191
Ritualwerkzeug 187f.
Rosetta-Stein 107
Rührkuchenmodell 100
Ruine 105

Sachaltertümer 40
Sachgut 120
Sachquelle(n) 24, 30, 51, 54, 156, 161, 312, 371
Sakralkönigtum 191
Sammler 178, 285
Schicht(en), natürliche/archäologische 100, 192, 194f., 312
Schichtinhalt 197
Schichttortenmodell 100f.
Schriftlichkeit 32, 390
Schriftlosigkeit 39
Schriftquellen 30, 112, 120, 155, 160f., 306, 357, 381
Sehen, Gesichtssinn 24, 350
Sektoren, kulturelle 113, 158, 223
Sekundärquellen 156
Selbstindienststellung 373, 398
Semiotik 91, 95, 283, 289, 293, 297f.
Seriation 209, 225ff.
Siedlungsarchäologische Methode 127
Siedlungsbestattung 184, 186
Siedlungsforschung (archäologische) 226, 246, 353, 373
Siedlungsfunde 177
Siedlungskammer 246
Signalfunktion 279
Signalwirkung 298
Simulation 265, 278, 350
Sinn, objektiver 302
Sinnverstehen 288, 297, 300ff., 322
Skalierung 226, 232

Social Anthropology 117, 283
Social Archaeology; Sozialarchäologie 107, 274, 297, 312, 373
Sonderbestattung 184, 186
Soziale Evolution 320
Sozialstruktur 96, 288
Sozialsystem 116
Sozialwissenschaft(en) 231, 350, 355, 375, 401f.
Spatenwissenschaft 79, 356, 358
spatial turn 61, 240
Spiegelmetapher 29, 96, 165
Spur(en) 17, 40, 79, 94, 105, 110, 156, 169, 175, 188, 190, 192, 239, 283ff., 287, 290, 357, 360, 385, 389
Spurenlesen 34, 283ff.
Spurensucher 285f.
Städtische Revolution (urban revolution) 143, 234
Statusanzeiger 189
Statusobjekte 189
Statussymbol 189, 291, 297
Steinzeit 140, 182, 235, 238, 285, 328, 344
Steinzeitdarsteller (reenactors) 343ff.
Stenosches Lagerungsgesetz 194
Stilprovinzen 253
Stratifizierungen 193, 197
Stratigraphie 43, 140, 192–195, 225f., 358
Stratigraphie, komparative 197
Stratigraphische Methode 193
Strukturalismus 87, 269
Strukturgeschichte 223, 274, 359
Symbol 92, 115, 189, 230, 294, 297, 397
symbolic material culture 319
Symbolik, Theorie der ... 294
Symbolische und strukturale Archäologie 291
Symmetrische Anthropologie 96, 272, 384
Symmetrische Archäologie 56
Systemtheorie 89, 116f., 316, 321

Taphonomie, archäologische 73
Tastsinn 24
Tatsachen, historische 170
Tatsachenermittlung, -feststellung 288, 301
Tatsachenwissenschaft 170
Tempel 187f.
Territorium 92, 242
Theoretiker 62, 66, 309, 392
Theorie 25, 63, 70, 170, 391f.
Theorie-Ausbildung 62
Theoriebildung 30, 72, 125, 144, 153, 374
Theoriedebatte 20, 56, 61, 103, 213, 266, 285, 360, 376, 387, 390f.
Theorie der Archäologie 58, 69, 71f., 75
Theorie der materiellen Kultur 70
Theorie der Prähistorischen Archäologie 60, 70f.
Theorie der zentralen Orte 245
Theorien, spezifische 74
Theorien als Werkzeuge 64
Theorien mittlerer Reichweite 73
Third Science Revolution 364
Tod der archäologischen Theorie 391
Totenausstattung 183
Totenbehandlung 183, 262
Totenkult 187, 263
Totenritual 299
touristische Geschichtsnutzung 335
Tradition, erfundene 41
Tradition, orale, mündliche 158
Tradition(en) 40, 82, 118, 156, 361

Transdisziplinarität 43, 61
Troia-Streit 146, 293
Typbegriff, archäologischer 191
Typbildung 175f., 199
Typdefinition 175
Typenkarte(n) 246
Typkonzept 180
Typologie 27, 34, 43, 140, 199f., 205, 208, 211, 215, 226f., 358
Typologische Methode 200, 202f., 205, 208
Typserien 202
Typvarianten 174
Typvergesellschaftungen 202
Typvertreter 175

Überlieferung, archäologische 290
Überlieferung, schriftliche 39, 84, 112, 158, 164, 225
Überlieferungschance 164
Überreste 40, 156, 158, 163, 381
Überschreibung (archäologischer Befunde) 158
Übersetzung 30, 82, 149, 261, 265, 283, 300, 322
Übertragungen, geistig-materielle 208, 240
Uhren, physikalische/biologische 218
Umfassender sozialer Tatbestand (fait social total) 186
Umweltanpassung 52, 68, 88, 277
Umweltarchäologie 277
Umweltgeschichte 89
Universalgeschichte 40, 54
Universalismus 179, 263f., 298
Unterdrückungssystem 394, 397
Urbanisierungsprozesse 251
Urgeschichte 17, 38, 53, 69, 79, 82, 97, 112, 127, 157, 200, 238, 241, 246, 311, 326, 361
Ursprünge der Kultur 319, 352, 377
Ursprünge des archäologischen Denkens 72

Veränderungen, kontingente/strukturelle/evolutionäre 317f.
Verfahrenskritik 393
Verflechtung 254, 385, 393
Vergleich 173, 259, 264, 267, 272, 370
Verkehrte Welt 263
Vermarktung 339, 343
Verstehen 73, 125f., 283, 289, 300–303
Völker 60, 82, 86, 128, 132, 312f., 352
Völkergeschichte 127
Volksgeist 327
Vorgeschichte 38, 174, 241

wave of advance-Modell 278
Weltsystem 255
Weltsystemtheorie (world system theory) 74, 241
Wiedergewinnung verlorener Vergangenheit 403
Wiedergutmachung historischen Leids 387
Wissenschaft, kritische 21, 375, 403f.
Wissenschaft, selbstreflexive 404
Wissenschaftsbegriff 395
Wissenschaftsgeschichte 20f., 23, 233, 311, 375
Wissenschaftskultur(en) 134, 351
Wissenschaftssystematik 359
Wissenschaft von den Dingen 378

Zeichenformen (Index, Ikon, Symbol) 265

Zeit 212ff., 217, 233, 237
Zeitalter 165, 219, 293, 336
Zeitgeschichtliche Archäologie 332, 378
Zeitkonzept(e) 211f., 214, 231, 233
Zeitproxy 226
Zentralisierungsprozess 251, 253
Zentralitätsforschung 245
Zentralort 140f., 180, 253
Zentrum und Peripherie 240, 253f.
Zeremonialanlagen 161, 189
Zivilisation 39, 43, 52, 145, 173